EL GIRO SIMBÓLICO

EL GIRO SIMBÓLICO

Prabhuji

EL GIRO SIMBÓLICO
por Prabhuji

Segunda edición

Impreso en Estados Unidos

Publicado por Prabhuji Mission
Sitio: prabhuji.net

Avadhutashram
PO Box 900
Cairo, NY, 12413
USA

Pintura en la tapa por Prabhuji:
«El giro simbólico»
Acrílico en lienzo, Nueva York, 2018
Tamaño del lienzo: 24" x 24"

Library of Congress Control Number: 2024901728
ISBN-13: 978-1-945894-59-6

Índice

Prefacio 1
Introducción.. 5

Sección I: Conceptos, símbolos y mitos

Capítulo 1: El concepto y el símbolo según Platón y aristóteles.............17
Capítulo 2: Mitología y símbolos: explorando las raíces de la comprensión humana 27
Capítulo 3: La fractura conceptual y la integración simbólica 35
Capítulo 4: El concepto: la pantalla de la realidad 49
Capítulo 5: Descifrando el enigma mediante conceptos y símbolos 59
Capítulo 6: Buscando significado en un universo de símbolos 71
Capítulo 7: Semiótica: explorando el lenguaje de los signos y los símbolos...81
Bibliografía de la sección I...91

Sección II: Los símbolos y la filosofía

Capítulo 8: Mitos y símbolos según Friedrich Creuzer.......................... 95
Capítulo 9: Mito y logos: el poder de la narrativa simbólica 111
Capítulo 10: El mito trasciende la razón 121
Capítulo 11: Conceptos, símbolos y lenguaje: la visión de Kant 135
Capítulo 12: Símbolo: el enfoque artístico-religioso de Hegel 153
Bibliografía de la sección II 169

Sección III: Los símbolos y la religión

Capítulo 13: La imaginación: un puente entre el mito y la realidad..... 173
Capítulo 14: Las puertas del mito hacia lo inexplicable 189
Capítulo 15: Redefiniendo la religión: la influencia del concepto en la espiritualidad... 205

Capítulo 16: El simbolismo de la poesía religiosa 213
Capítulo 17: Los símbolos del cristianismo... 249
Capítulo 18: Cristo como símbolo viviente según Juan Damasceno.....275
Capítulo 19: Los símbolos del vaishnavismo *gauḍīya*............................ 301
Capítulo 20: *Mitzvót*: los símbolos del retorno 355
Capítulo 21: Mándalas: encuentros entre símbolos e intuición.............377
Capítulo 22: El simbolismo del mito de la caverna de Platón.............. 385
Capítulo 23: Símbolos, mitos y autoconsciencia: enfoque de Ricoeur.....411
Bibliografía de la sección III...419

Sección IV: Los símbolos y el ser humano

Capítulo 24: Los mitos: ventanas a la psique humana 423
Capítulo 25: El ser humano: un ente hermenéutico y simbólico.......... 433
Capítulo 26: Simbolismo y hegemonía: construyendo realidades mediante el discurso.. 445
Capítulo 27: Simbolismo en la psicología: un sendero de integración . 463
Capítulo 28: Una invitación a la trascendencia en la poesía de Rilke . 485
Capítulo 29: Rastreando los orígenes del lenguaje simbólico 503
Bibliografía de la sección VI...581

Apéndices

Sobre Prabhuji 587
El término Prabhuji por S. G. Swami Ramananda 599
El término *avadhūta*... 601
Sobre la Misión Prabhuji 611
Sobre el Avadhutashram 613
El Sendero de Alineamiento Retroprogresivo...615
Prabhuji hoy...617
Libros por Prabhuji.. 620

ॐ अज्ञानतिमिरान्धस्य ज्ञानाञ्जनशलाकया ।
चक्षुरुन्मीलितं येन तस्मै श्रीगुरवे नमः ॥

oṁ ajñāna-timirāndhasya
jñānāñjana-śalākayā
cakṣur unmīlitaṁ yena
tasmai śrī-gurave namaḥ

Reverencias a ese santo Gurú que, aplicando el ungüento [medicina] del conocimiento [espiritual], elimina la oscuridad de la ignorancia de los cegados [no iluminados] y les abre los ojos.

Este libro está dedicado, con profundo agradecimiento y eterno respeto, a los santos pies de loto de mis amados maestros Su Divina Gracia Bhakti-kavi Atulānanda Ācārya Mahārāja (Gurudeva) y Su Divina Gracia Avadhūta Śrī Brahmānanda Bābājī Mahārāja (Guru Mahārāja).

Prefacio

La historia de mi vida es una odisea desde lo que creía ser, hasta lo que realmente soy... un peregrinaje, tanto interior como exterior. Una travesía desde lo personal a lo universal, desde lo parcial a lo total, desde lo ilusorio a lo real, desde lo aparente a lo verdadero. Un vuelo errante desde lo humano a lo divino.

Todo lo que al alba despierta, en el ocaso descansa; toda llama encendida, al fin se extingue. Solo lo que empieza, termina; solo lo que principia, finaliza. Pero lo que habita en el presente no nace ni muere, porque lo que carece de comienzo no perece jamás.

Como simple autobiográfico y relator de vivencias significativas, comparto mi historia íntima con los demás. Mi historia no es pública, sino profundamente privada e íntima. No pertenece al alboroto de la vida social, sino que es un suspiro guardado en lo más recóndito del alma.

Soy discípulo de veedores, seres iluminados, sombras del universo que son nadie y caminan en la muerte. Soy solo un capricho o quizás una broma del cielo y el único error de mis amados maestros espirituales. Fui iniciado en mi infancia espiritual por la luz de la luna, que me enseñó su luz y me compartió su ser. Mi musa era una gaviota que amaba volar más que cualquier otra cosa en la vida.

Enamorado de lo imposible, atravesé el universo obsesionado por el brillo de una estrella. Recorrí innumerables senderos, siguiendo las huellas y los vestigios de aquellos con la visión para descifrar lo oculto. Cual océano que anhela el agua, busqué mi hogar dentro de mi propia casa.

No pretendo ser guía, coach, profesor, instructor, educador, psicólogo, iluminador, pedagogo, evangelista, rabino, *posek halajá*, sanador, terapeuta, satsanguista, psíquico, líder, médium, salvador, gurú o autoridad de ninguna clase, ya sea espiritual o material. Me permito la osadía y el atrevimiento de no representar a nada ni a nadie más que a mí mismo. Soy solo un caminante a quien puedes preguntarle sobre la dirección que buscas. Con gusto te señalo un lugar donde todo se calma al llegar... más allá del sol y las estrellas, de tus deseos y anhelos, del tiempo y el espacio, de los conceptos y conclusiones y más allá de todo lo que crees ser o imaginas que serás.

Pinto suspiros, esperanzas, silencios, aspiraciones y melancolías... paisajes interiores y atardeceres del alma. Soy pintor de lo indescriptible, lo inexpresable, lo indefinible e inconfesable de nuestras profundidades... O quizás solo escribo colores y pinto palabras. Consciente del abismo que separa la revelación y las obras, vivo en un intento frustrado de expresar con fidelidad el misterio del espíritu.

Desde la infancia, ventanitas de papel cautivaron mi atención; a través de ellas recorrí lugares, conocí personas e hice amistades. Aquellas mándalas diminutas han sido mi verdadera escuela primaria, mi escuela secundaria y mi universidad. Cual avezados maestros, esas *yantras* me han guiado a través de la contemplación, la atención, la concentración, la observación y la meditación.

Al igual que un médico estudia el organismo humano, o un abogado estudia leyes, he dedicado mi vida al estudio de mí mismo. Puedo decir con certeza que sé lo que reside y vive en este corazón.

Mi propósito no es persuadir a otros. No es mi intención convencer a nadie de nada. No ofrezco ninguna teología o filosofía, ni predico o enseño, sino que solo pienso en voz alta. El eco de estas palabras puede conducir a ese infinito espacio donde todo es paz, silencio, amor, existencia, consciencia y dicha absoluta.

No me busques a mí. Búscate a ti. No me necesitas a mí ni a nadie, porque lo único que realmente importa eres tú. Lo que anhelas yace en ti, como lo que eres, aquí y ahora.

No soy un mercader de información repetida, ni pretendo hacer negocios con mi espiritualidad. No enseño creencias ni filosofías. Solo hablo de lo que veo y únicamente comparto lo que sé.

Escapa de la fama, porque la verdadera gloria no se basa en la opinión pública, sino en lo que eres en realidad. Lo importante no es lo que otros piensen de ti, sino tu propia apreciación acerca de quién eres.

Elige la dicha en vez del éxito, la vida en lugar de la reputación, la sabiduría por encima de la información. Si tienes éxito, no conocerás solo la admiración, sino también los verdaderos celos. La envidia es el tributo de la mediocridad al talento y una aceptación abierta de inferioridad.

Te aconsejo volar libremente y jamás temer equivocarte. Aprende el arte de transformar tus errores en lecciones. Jamás culpes a otros de tus faltas: recuerda que asumir la completa responsabilidad de tu vida es un signo de madurez. Volando aprendes que lo importante no es tocar el cielo, sino poseer el valor para desplegar tus alas. Cuanto más alto te eleves, el mundo te parecerá más graciosamente pequeño e insignificante. Caminando, tarde o temprano comprenderás que toda búsqueda comienza y finaliza en ti.

Tu bienqueriente incondicional,

Prabhuji

Introducción

En el campo de la filosofía occidental, el vocablo *giro* alude a cambios más o menos radicales de paradigma que han suscitado transformaciones significativas en las concepciones y prácticas filosóficas imperantes en diferentes momentos o etapas de la disciplina. En este sentido, el giro señala cambios de estrategia, metodología y visión que han determinado cómo la filosofía ha ido abordando y desglosando los problemas e interrogantes a los que se ha ido enfrentando desde sus orígenes. Los diferentes giros, a veces explícitos, a veces implícitos, que han transfigurado el enfoque y la óptica de la filosofía y su modo de abordar la realidad, el mundo y el ser humano a lo largo de siglos y milenios, son precisamente los que han ido moldeando el devenir de la misma tradición filosófica occidental. En otras palabras, la historia de la filosofía occidental es, en parte, el resultado de los giros más o menos radicales que la han pluralizado, guiado y la han hecho evolucionar.

No obstante, la importancia del giro no es únicamente histórica, en el sentido de que podamos aventurarnos a definir la historia de la filosofía como la historia de sus giros. Más allá de eso, la noción de giro es importante porque manifiesta desplazamientos epistemológicos profundos, reconfiguraciones interrogativas y reconceptualizaciones metodológicas que definen la misma filosofía occidental como tal. En este sentido, podríamos afirmar que la filosofía no es sino un giro, eso es, un cambio de paradigma cuyo nacimiento en la Grecia antigua marcó una nueva manera de comprender el mundo y la existencia humana a través de la observación empírica, la argumentación racional y el discurso lógico. La aparición de este nuevo paradigma ha sido a veces mal interpretada como si se tratara de un proceso de transición a través del cual el logos pasó a sustituir al mito, eso es, a las interpretaciones y explicaciones míticas que hasta entonces habían servido al ser humano para entenderse a sí mismo en el mundo. Pero, de hecho, el mito es utilizado por el mismo Platón en muchas ocasiones, para explicar diferentes realidades específicas (carro alado, mito de la caverna y demás).

Como veremos más tarde en mayor detalle y profundidad, la malinterpretación del paso del mito al logos ha tenido consecuencias dramáticas. Ha llevado a arrinconar y desestimar el mito y los símbolos que el mito emplea para acceder a la verdad, y, con ello, ha acabado redibujando los parámetros del pensamiento humano e imponiendo una nueva concepción de la realidad basada en una supuesta racionalidad pura que se ha autoerigido como la única vía aceptable para llegar a lo más profundo del mismo ser humano.

Si la supuesta transición al logos introdujo la razón y la observación como parámetros para entender el mundo y al ser humano más allá del pensamiento mitológico, giros posteriores dentro de la misma tradición filosófica occidental fueron refinando y perfeccionando su óptica y metodología. Estos nuevos giros resultaron fundamentales para la filosofía como disciplina, y más importante, para la manera en que el ser humano podía repensar el mundo y a sí mismo en él. Uno de estos cambios de paradigma dentro del horizonte del logos fue lo que conocemos como la Ilustración. En el campo concreto de la filosofía, esta corriente del siglo XVIII tuvo como uno de sus principales exponentes al filósofo alemán Immanuel Kant, cuya monumental obra *Crítica de la razón pura* nos introdujo, con audacia filosófica, al célebremente llamado «giro copernicano». La revolución kantiana residió en sugerir que las estructuras mentales y las categorías inherentes al ente cognoscente moldean nuestra experiencia y sabiduría, dejando en el olvido la idea de que el conocimiento es simplemente un reflejo pasivo del mundo exterior. La etiqueta «giro», una vez más, sugiere aquí una remodelación total de las estructuras nucleares y periféricas existentes, colocando en una posición destacada y de centralidad lo que antes había sido marginado. Previamente a la filosofía kantiana, lo óntico, o la cosa en sí, se erigía como eje de las reflexiones filosóficas, mientras que el conocimiento yacía circunvalando en su periferia. A partir del pensamiento kantiano, y su giro copernicano, el sujeto trascendental usurpa la posición central, relegando la cosa a su alrededor en una órbita secundaria. Es decir, a partir de Kant, la verdad no residiría ya en el objeto de nuestra observación y comprensión, sino en las estructuras del pensamiento humano. La revolución kantiana, puede decirse, supuso un cambio de paradigma. Estableció las bases para una nueva filosofía que, a partir de ese momento, sería racional y partiría del sujeto trascendental en lugar del objeto. Este cambio de paradigma, no obstante, no se limitó a sacudir los cimientos de las facultades de filosofía, sino que transcendió los límites de la disciplina, impregnando y dando forma a una nueva manera de pensar la realidad, el mundo y al mismo ser humano, filosóficamente pero también en el campo de la religión (mediante su teologización) y de las ciencias tanto sociales como naturales y matemáticas.

Este «giro copernicano» inaugurado por Kant dio lugar más tarde a un nuevo giro conocido como «giro lingüístico» o «giro lingüístico-pragmático», que estableció que el lenguaje no expresa simplemente el pensamiento y las cosas significadas por este, sino que son más bien el pensamiento y la realidad los que están precedidos y regidos por las estructuras del lenguaje.

Lo que esto significa es que, ahora, el cosmos es comprensible no únicamente desde el sujeto racional y trascendental, sino también desde y mediante el lenguaje de dicho sujeto trascendental. Si hasta ese momento el consenso filosófico en general era que el lenguaje se esculpía en función de los objetos del pensamiento, en esta era posgiro lingüístico son los objetos del pensamiento los que adquieren significado según la sintaxis verbal.

La realidad es eminentemente lingüística y es y tiene significado en tanto que se expresa lingüísticamente. En términos del filósofo británico J.L. Austin en su obra *Cómo hacer las cosas con palabras*: «el lenguaje crea la realidad». Este es precisamente el núcleo del cambio de paradigma del giro lingüístico, eso es, lo que también se conoce como «el acto performativo del lenguaje». Decir algo con la intención de hacer algo, no es simplemente describir la realidad sino cambiarla. Esto implica una confrontación con el realismo, para el cual, sobre la base del concepto de *phýsis* (lo que brota y permanece), el hacer no tiene necesariamente la intención de cambiar la realidad, sino simplemente dejar que las cosas sucedan tal como deberían, según su naturaleza, o a lo sumo, corregir aquello que no está *conforme natura* para acercarlo lo más posible a su causa ejemplar. Paradójicamente, ya la sabiduría hebrea lo explicaba al afirmar que la Torá (el lenguaje) fue creada antes que el mundo:

כַּד בָּרָא קוּדְשָׁא בְּרִיךְ הוּא עָלְמָא, אִסְתָּכַּל בָּהּ בְּאוֹרַיְיתָא, וּבָרָא עָלְמָא,
וּבְאוֹרַיְיתָא אִתְבְּרֵי עָלְמָא [...]
[...] דְּעַד אִתְבְּרֵי עָלְמָא, אַקְדִּימַת אוֹרַיְיתָא תְּרֵין אַלְפֵי שְׁנִין לְעָלְמָא, וְכַד בָּעָא
קוּדְשָׁא בְּרִיךְ הוּא לְמִבְרֵי עָלְמָא, הֲוָה מִסְתַּכָּל בָּהּ בְּאוֹרַיְיתָא, בְּכָל מִלָּה וּמִלָּה,
וְעָבִיד לָקֳבְלָהּ אוּמָנוּתָא דְּעָלְמָא.
(ספר הזוהר, פרשת תרומה, קס"א, א')

Cuando el Santo, bandito sea, creó el mundo, contempló la Torá y creó el mundo, y así, el mundo fue creado a través de la Torá... Antes de que se creara el mundo, la Torá lo precedió por dos mil años. Y cuando el Santo, Bendito Sea, quiso crear el mundo, contempló la Torá en cada detalle, e hizo el mundo en correspondencia con Su sabiduría eterna.
(*Zohar*, «*Terumah*», 161.1)

הַתּוֹרָה אוֹמֶרֶת: אֲנִי הָיִיתִי כְּלִי אֻמְנוּתוֹ שֶׁל הַקָּדוֹשׁ בָּרוּךְ הוּא, בְּנֹהַג שֶׁבָּעוֹלָם מֶלֶךְ
בָּשָׂר וָדָם בּוֹנֶה פָּלָטִין, אֵינוֹ בּוֹנֶה אוֹתָהּ מִדַּעַת עַצְמוֹ אֶלָּא מִדַּעַת אֻמָּן, וְהָאֻמָּן
אֵינוֹ בּוֹנֶה אוֹתָהּ מִדַּעַת עַצְמוֹ אֶלָּא דִּפְתְּרָאוֹת וּפִנְקְסָאוֹת יֵשׁ לוֹ, לָדַעַת הֵיאַךְ הוּא
עוֹשֶׂה חֲדָרִים, הֵיאַךְ הוּא עוֹשֶׂה פִּשְׁפְּשִׁין. כָּךְ הָיָה הַקָּדוֹשׁ בָּרוּךְ הוּא מַבִּיט בַּתּוֹרָה
וּבוֹרֵא אֶת הָעוֹלָם, וְהַתּוֹרָה אָמְרָה "בְּרֵאשִׁית בָּרָא אֱלֹקִים". וְאֵין רֵאשִׁית אֶלָּא
תּוֹרָה, הֵיאַךְ מָה דְּאַתְּ אָמַר (משלי ח', כ"ב): "ה' קָנָנִי רֵאשִׁית דַּרְכּוֹ".
(בראשית רבה, א', א')

La Torá dice: «Fui la herramienta artesanal del Santo, bendito sea». Así es el mundo: cuando un rey de carne y hueso construye un palacio, no lo hace de su mente sino con el conocimiento de un artesano. Y el artesano no lo crea de su propia mente, sino que tiene [planos y manuales escritos en]

> hojas y folletos para saber cómo debe hacer las habitaciones y cómo crear las puertas. Así también, el Santo, bendito sea, miró en la Torá y creó el mundo. La Torá dice: «En el principio (*bereshít*) creó Dios». (Génesis, 1:1), y principio (*reshít*) no es otra cosa que la Torá, como dice: «El Señor me adquirió al principio de Su camino».
>
> (*Bereshít Raba*, 1.1)

Es en este contexto de la filosofía occidental, marcado primero por la aparición de un logos que reventaba las costuras de la mitología y posteriormente por los giros copernicano y lingüístico, que surge un nuevo giro al que denominamos «giro simbólico».

Como los giros anteriores, este manifiesta también una modificación en la perspectiva y en la forma en que captamos y comprendemos los fenómenos y la realidad.

Sin embargo, a diferencia de los giros anteriores, el giro simbólico va acompañado de una revalorización de la esencialidad de los símbolos y los signos en la fabricación de significados.

A diferencia de limitarse a un sujeto trascendental que piensa el mundo mediante el lenguaje racional y conceptual, el giro simbólico enfatiza la inmanencia de la dimensión simbólica en la vida humana, que no solo el giro lingüístico y copernicano, sino la misma filosofía occidental en general, han ido velando e ignorando hasta situarla al borde del olvido, empobreciendo así toda posible comprensión del ser humano.

El giro simbólico es un cambio crucial que, a partir de escudriñar las profundidades de nuestro pensamiento modernizado por la Ilustración, nos permitirá ver cómo contribuyen los símbolos a moldear significados y valores, actuando como cinceles y martillos en la conformación de nuestras percepciones del cosmos y el entendimiento de nuestro lugar en él. Como veremos en mayor detalle en los próximos capítulos, los símbolos, como vasijas cargadas de significados enmarañados, destilan efluvios de unas profundidades y sutilezas de nuestra experiencia que, como tales, escabullen las estructuras sintácticas del sujeto trascendental.

En este sentido, cabe enfatizar que el enfoque simbólico tiende un puente que nos incita a embarcarnos en una exploración de las complejas relaciones entre símbolos, mitos, rituales y narrativas, con el fin de recuperar la dimensión simbólica de la existencia humana que los previos giros habían ido enterrando gradualmente.

Como revolución filosófica, el giro simbólico allana el camino hacia la hermenéutica con el fin de poder volvernos a plantear cuestiones cruciales tales como el propósito de la vida, lo trascendental y la simbiosis entre la persona y lo sagrado. Bajo la óptica del giro simbólico, el ser humano trasciende las ligaduras del orden natural y se sumerge en una realidad expansiva que lo engulle y reconfigura. Reformulando, el ser humano es más que un sujeto trascendental capaz de pensar racionalmente el mundo a través de estructuras sintácticas y discursivas.

El lenguaje, el mito, la ciencia y el arte se funden en la experiencia de la humanidad. Desvirtuar la mitología y los símbolos, desterrándolos del conocimiento verdadero, puede considerarse una forma de reduccionismo que ha empobrecido el mismo conocimiento y la filosofía que lo aborda; sin embargo, desvirtuar ahora la ciencia, la filosofía y la razón lógica misma sería caer en la misma trampa.

Por eso, es importante clarificar que el giro simbólico no pretende desenterrar la dimensión simbólico-mitológica del pensar humano para simplemente negar la racionalidad y sustituirla. No se trata de recuperar el mito con el fin de olvidar el logos. Lejos de eso, el objetivo del giro simbólico es permitir que esta dimensión simbólico-mitológica de nuestro ser pueda volver a aflorar y ser tenida en cuenta como fuente de un conocimiento más completo, pero más complejo y también más rico, al que la filosofía occidental había renunciado.

En este sentido, este giro simbólico en la filosofía marca una transición paradigmática que subraya la importancia de los símbolos y los sistemas de lenguaje simbólicos en la generación de sentido y, por tanto, en la elucidación de la realidad y la experiencia humana más allá de lo que los paradigmas de los previos giros filosóficos habían determinado.

El ser humano se encuentra atrapado en las diáfanas capas de la realidad, velado por el telón de formas lingüísticas, imágenes artísticas, símbolos míticos y rituales religiosos. Lo que el desvelamiento de la dimensión simbólica nos muestra es que la existencia humana no es un mero transitar por un mundo físico, sino una inmersión en un reino de índole simbólica, donde, sin renunciar a su dimensión física, el ser humano descubre su auténtica esencia, más allá de los límites impuestos por su racionalidad y su lingüisticidad.

El giro simbólico nos ofrece una ayuda invaluable en nuestra incesante búsqueda del autoconocimiento, al permitir que las formas simbólicas emerjan del seno de la consciencia humana para que lo genuinamente humano pueda desplegarse y ser reconocido.

En términos diferentes, los símbolos se erigen como la expresión primordial del espíritu humano, pues en ellos reside la trascendencia y la relevancia ineludible de su comprensión. Los símbolos son el lenguaje del alma o el medio de comunicación de lo más íntimo en nosotros. El giro simbólico nos muestra que los humanos son algo más que «animales racionales», ya que la razón no es el principio esencial que les impulsa y guía en sus actividades tanto científicas como religiosas.

Una religión cimentada exclusivamente en la razón deviene en una experiencia superficial si carece de los lenguajes simbólicos, poéticos y devocionales que enriquecen y profundizan la vivencia religiosa. La postura del racionalismo, que sostiene que la verdad es exclusivamente el dominio de la razón, no es completamente acertada. Nuestra crítica no se dirige a la racionalidad *per se*, sino al racionalismo como la doctrina que limita la verdad al ámbito de lo racional. La razón, aunque fundamental, no debe considerarse como la única herramienta para descubrir la verdad. Abogamos por un uso equilibrado y reflexivo de la razón, evitando caer en el extremo de considerarla como la única fuente válida de conocimiento. Esta perspectiva nos permite abarcar una comprensión más amplia y matizada de la verdad, integrando otras formas de conocimiento capaces de trascender los límites de la razón. Es decir, promovemos el uso, pero no el abuso de la razón.

La racionalidad, en última instancia, constituye tan solo una expresión derivada de principios más básicos y fundamentales que impregnan la existencia humana. Por ejemplo, su connatural relación con el Ser. En el contexto de la filosofía heideggeriana, especialmente en su obra *Carta sobre el humanismo*, se destaca una perspectiva única sobre la esencia del *Dasein* (ser-ahí). Heidegger argumenta que lo que verdaderamente define al *Dasein* no es su naturaleza animal o su capacidad racional, sino su relación con el Ser, es decir, la apertura inherente del *Dasein* hacia el Ser. Para Heidegger, esta conexión con el Ser es mucho más fundamental y primordial que las características de ser animal o racional. Este enfoque subraya la importancia de entender el *Dasein* tanto en términos de sus atributos biológicos o cognitivos como de su profunda relación con el Ser.

En su desesperada aspiración por encapsular la polifacética esencia del *Homo sapiens*, la racionalidad exhibe su insuperable impotencia. Al aprisionar el vasto espectro definitorio del ser humano en el confinado redil de la racionalidad, se desvirtúa la enredada y profunda complejidad de la humanidad, y queda aletargada en una sola y paupérrima dimensión.

Además, el *telos*, o 'propósito', trascendental de la filosofía de las formas simbólicas no se confina no obstante a la mera aprehensión de la naturaleza, sino que se adentra en la autoconsciencia. La esencia simbólica del ser humano permite la autoidentificación mediante diversas formas. Es mediante el símbolo que puede desvelar su auténtico Ser. El espíritu humano se expande en el infinito cosmos cultural, hallando en dicha vastedad su propio espejo y autoconocimiento. Como sugiere el pensador alemán Ernst Cassirer, son las manifestaciones culturales de la humanidad, impregnadas precisamente de una calidad simbólica preponderante, las que nos instan a reevaluar la identidad humana, abogando por una reconfiguración del *Homo sapiens* como *animal symbolicum*, o 'entidad simbólica'.

En este marco conceptual, lo que se ensalza es el aspecto creativo, intrínseco a nuestra esencia, es decir, la aptitud inmanente que nos permite manipular la simbología, metamorfosearla en un utensilio vital para forjar sentido y para actuar como viaducto hacia la interpretación de nuestra existencia. El *Homo sapiens* no solo emerge del lodazal como una criatura racional y lingüística, sino que simultáneamente, y a través de la mediación de los símbolos, se desvela a sí mismo como un animal simbólico. Esto se evidencia con Buda, Mahoma, Moisés, Jesús, Lao Tze, Mahāvīra y Śrī Chaitanya Mahāprabhu. Más aún, y como muy bien muestra el Sendero Retroprogresivo en su pirueta simbólica, la presencia de lo simbólico no pende del hilo de la realidad objetiva, sino al contrario: la existencia de entes es fruto de la condición simbólica humana.

Si la especie humana, con su capacidad imaginativa trascendental, no urdiera la realidad en el telar de su psique, los entes desaparecerían de su percepción. Lo que esto indica es que, del mismo modo que el giro copernicano de Kant y el posterior giro lingüístico que lo complementa, el giro simbólico también constituye un giro epistemológico que reubica en el centro lo que antes había sido condenado a vagar por la periferia, permitiendo así que ahora sea el símbolo el que irrumpa desde los abismos de la consciencia para abrirnos a un autoconocimiento de mayor profundidad, riqueza y complejidad.

Nuestro objetivo es abordar una doble tarea. Primero, adherimos a la estructura metafísica occidental para profundizar en su concepción del Ser. No obstante, implementaremos un giro simbólico en el que el símbolo no será reducido a una simple metáfora. En lugar de ello, lo interpretaremos como la esencia de la misma realidad que la tradición occidental intenta describir. Este enfoque simbólico nos permite una comprensión más integral y profunda de los temas en cuestión, alejándonos de interpretaciones superficiales y acercándonos a una visión más holística y significativa.

Sección I

Conceptos, símbolos y mitos

Capítulo 1

El concepto y el símbolo según Platón y Aristóteles

El término «símbolo» ha sido ampliamente tratado desde el ámbito de la filosofía clásica, especialmente por sus dos pilares: Platón y Aristóteles. Para nuestro análisis, recurriremos a algunas de las citas seleccionadas y comentadas por Iulian Butnaru en su tesis doctoral *Naturaleza y alcance del símbolo*, las cuales consideramos especialmente pertinentes.[1] Según Aristóteles, el símbolo hace alusión a la palabra *symbola*, que significa 'contrato', 'convención', 'señal' o 'acuerdo'. Tal como dice en el tratado de lógica *Sobre la interpretación*, más conocido como *Peri Hermeneias* (Περὶ Ἑρμηνείας):

> Así, pues, lo [que hay] en el sonido son símbolos de las afecciones [que hay] en el alma, y la escritura [es símbolo] de lo [que hay] en el sonido.[2]

«Afecciones en el alma» significa que en el ámbito interno del ser humano se alojan representaciones, terminologías y connotaciones. Cuando decimos perro, esa voz afecta al alma de tal manera que en el alma del auditor resuena el significado de la palabra *perro*, en inglés *dog* o en hebreo *kelev.* Tal expresión, al ser vocalizada, evoca imágenes y construcciones mentales preexistentes intrínsecas al alma. Del mismo modo, al plasmar la palabra perro de manera escrita, esta hace referencia a una imagen concreta. Pero esta palabra escrita

1. Iulian Butnaru, *Naturaleza y alcance del símbolo* (Universidad Rovira i Virgili, Tarragona, 2016).
2. Aristóteles, *Sobre la interpretación* 16a3-8, en *Tratados de lógica*, vol. 2, trad. M. Candel (Madrid: Gredos, 1988), 35-36.

no es meramente una representación gráfica, sino que también es un referente auditivo que, a su vez, alude a una construcción mental que representa a una entidad real. Esa realidad impregna en el alma una imagen que representa un contenido, el cual posee un significado que, a su vez, tiene un concepto: mamífero carnívoro doméstico de la familia de los cánidos que se caracteriza por tener los sentidos del olfato y el oído muy finos, por su inteligencia y por su fidelidad al ser humano, que lo ha domesticado desde tiempos prehistóricos. Esta definición induce a una expresión vocal que, correlativamente, nos lleva a su forma escrita: *perro*. De este modo, considerando al perro tangible, la escritura actúa como reflejo de la expresión oral, que es el eco del concepto mental, el cual, finalmente, es una interpretación de la entidad real. Podemos decir que, para Aristóteles, la escritura es símbolo de la voz, la voz es símbolo del concepto y el concepto es símbolo de la realidad concreta.

Desde la perspectiva aristotélica, un símbolo se define como una manifestación, ya sea fruto de una convención o de la naturaleza misma. El concepto, por su parte y como acabamos de ver, es un símbolo natural de la realidad, la cual, conformada por el proceso de abstracción, halla residencia en nuestro entendimiento.

Pongamos un ejemplo: al observar a un individuo y al destilar su esencia, afirmo: Jaime es un ente racional y sociopolítico. Esta esencia conceptual que albergo en mi consciencia es un reflejo fiel de la identidad de Jaime. No es una invención arbitraria, sino una esencia extraída directamente de Jaime; una esencia que él posee. Así, la relación entre mi representación cognitiva y la esencia intrínseca de Jaime es de naturaleza directa y no mediada. Es a partir de esta premisa que Aristóteles concluye que estamos ante un *kata physin*, o 'símbolo natural', es decir, en consonancia con la naturaleza.

En la esfera filosófica, el concepto opera como el reflejo semántico del objeto, aunque al aludir al término, el signo o la locución *perro*, no se está insinuando una inherencia. Expresado de otra manera, el concepto es símbolo de la cosa, pero cuando decimos la voz, el concepto o la palabra *perro* no es natural. Dice Aristóteles que podría mencionar ese concepto con términos diferentes u otras palabras. Es evidente, dada la profusión de lenguas en nuestro orbe, que, si las palabras fueran innatas, la poliglosia sería una quimera. La razón de que podamos describir una realidad con múltiples términos radica en que la palabra es meramente el reflejo sonoro del concepto alojado en el alma. Sin embargo, esta correspondencia entre palabra y concepto no es innata o «por naturaleza», sino que, en términos aristotélicos, es *kata syntheken*, o 'símbolo convencional'. Es posible mencionar la misma realidad con diferentes palabras porque la palabra es el símbolo de la voz *perro* y la voz *perro* es símbolo de lo que hay en el alma, que es el concepto.

No obstante, según Aristóteles, no se trata del concepto por naturaleza sino del *kata syntheken* o 'por convención' o 'convencional'. Esta convención lingüística surge de acuerdos colectivos; por ende, denominar a un can como perro es fruto de un consenso social. Pero, si en otra región se emplea una nomenclatura diferente, no por eso es errónea. Aristóteles no categoriza las palabras en correctas o incorrectas; más bien, sitúa la veracidad o falsedad en el terreno de los conceptos. Para el estagirita, lo realmente importante es el concepto, porque es este, y no la palabra, el que puede ser verdadero o falso. Por ejemplo, si decimos que el perro es un viviente de tres patas, eso será incorrecto, mientras que mencionar el concepto con la palabra perro no puede ser ni correcto ni incorrecto, ya que solo se trata de una convención.

En el pensamiento aristotélico, la noción de símbolo se presenta como una figura representativa. Es común que se identifique al símbolo como una mera construcción destinada a evocar otro objeto; esta interpretación corresponde al denominado «símbolo convencional» (*kata syntheken*) aristotélico. No obstante, es crucial discernir que, para Aristóteles, también prevalece el «símbolo natural» (*kata physin*). En la dimensión anímica, este símbolo natural es la noción o el concepto que retenemos de un objeto, mientras que el símbolo convencional se manifiesta a través del lenguaje oral y escrito. Bajo este prisma, el simbolismo aristotélico se desmarca del entendimiento común de símbolo, aquel que fusiona o amalgama, aunque sin duda encarna una realidad que sirve de puente hacia otra.

Si no fuese por el constructo mental correspondiente, careceríamos de la capacidad de concebir al perro. Y este constructo mental solo es accesible a través de la representación visual interna y la denominación lingüística perro. Así, cada elemento está intrínsecamente ligado, evocando y conduciendo hacia otro. En la cosmovisión de Aristóteles, un símbolo es, en esencia, una entidad que direcciona hacia otra. Derivado de ello, se infiere que, para Aristóteles, la formación conceptual se desarrolla de manera simbólica: las palabras son meras representaciones de los sonidos, y estos sonidos reflejan las emociones anímicas. Es fundamental recordar que, para él, lo que reside en el alma es una representación de la realidad objetiva. De esta manera, en su filosofía, el concepto es el reflejo simbólico de dicha realidad. Aristóteles, al centrar su trabajo en una filosofía basada en conceptos, aprecia lo conceptual desde una perspectiva simbólica. Por eso, en su doctrina, simbolismo y filosofía no se encuentran en extremos opuestos y, por tanto, uno no es la negación del otro, sino que ambos pertenecen al mismo plano. Esta convergencia conceptual y simbólica ha sido el núcleo de nuestro texto, en el cual abordamos lo religioso a través de simbolismos y lo simbólico desde una óptica conceptual.

La noción del símbolo que tanta importancia ha adquirido en corrientes filosóficas como el psicoanálisis y la fenomenología hermenéutica de Ricoeur, tiene un vínculo significativo con el entendimiento platónico del término. En *El Banquete*, obra que los académicos suelen valorar como una síntesis de su filosofía y un reflejo emblemático de su tiempo, Platón esboza la idea clásica del símbolo centrándose en la discusión sobre el amor. En un concurso de elocuencia que convoca a hombres cultivados y críticos, se gesta un diálogo que, más bien, parece ser una serie de discursos en homenaje a Eros, la divinidad del amor. Las exposiciones esgrimidas por los interlocutores no son contradictorias, sino que cada uno expone su propia perspectiva sobre el amor, de manera que el debate se va expandiendo progresivamente. Es entonces cuando interviene Sócrates, quien se dedica a examinar y, en cierta medida, a enmendar, corregir y en parte a dogmatizar los postulados anteriores.

El diálogo permite a Platón proponer la idea de que el amor representa el anhelo de alcanzar lo que está fuera de nuestro alcance y que, en ese sentido, es un vínculo entre lo divino y lo humano, entre lo trascendental y lo terrenal. En esencia, para Platón el amor es una manifestación del afán humano hacia la perpetuidad, la inmortalidad; es una sed incesante de trascendencia y eternidad que simboliza la ambición humana de conservar el bien indefinidamente y de concebir la belleza tanto en el ámbito corporal como en el espiritual. En este contexto de discursos dialogados, Platón incorpora una intervención de Aristófanes, quien presenta un mito con el fin de explicar la influencia de Eros en la humanidad, brindándonos de esta manera una interpretación simbólica:

> En primer lugar, tres eran los sexos de las personas, no dos como ahora, masculino y femenino, si no que había además un tercero que participaba de estos dos, cuyo nombre sobrevive todavía, aunque él mismo ha desaparecido. El andrógino, en efecto, era entonces una cosa sola en cuanto a forma y nombre que participaba de uno y de otro, de lo masculino y de lo femenino [...].
>
> En segundo lugar, la forma de cada persona era redonda en su totalidad, con la espalda y los costados en forma de círculo. Tenía cuatro manos, mismo número de pies que de manos y dos rostros perfectamente iguales sobre un cuello circular. Y sobre estos dos rostros, situados en direcciones opuestas, una sola cabeza y además cuatro orejas, dos órganos sexuales y todo lo demás como uno puede imaginarse a tenor de lo dicho. Caminaba también recto como ahora, en cualquiera de las dos direcciones que quisiera; pero cada vez que se lanzaba a correr velozmente, al igual que ahora los acróbatas dan volteretas circulares haciendo girar las piernas hasta la posición vertical, se movía en círculo rápidamente apoyándose en sus miembros que entonces eran ocho.
>
> Eran tres los sexos y de estas características, porque lo masculino era originariamente descendiente del sol, lo femenino, de la

> tierra y lo que participaba de ambos, de la luna, pues también la luna participa de uno y de otro[...].
>
> Eran también extraordinarios en fuerza y vigor y tenían un inmenso orgullo, hasta el punto de que [...] intentaron subir hasta el cielo para atacar a los dioses. Entonces, Zeus y los demás dioses deliberaban sobre qué debían hacer con ellos y no encontraban solución. Porque ni podían matarlos y exterminar su linaje fulminándolos con el rayo como a los gigantes, pues entonces se les habrían esfumado también los honores y sacrificios que recibían de parte de los hombres, ni podían permitirles tampoco seguir siendo insolentes. Tras pensarlo detenidamente dijo, al fin, Zeus: «Me parece que tengo el medio de cómo podrían seguir existiendo los hombres y a la vez cesar de su desenfreno haciéndolos más débiles. Ahora mismo, dijo, los cortaré en dos mitades a cada uno y de esta forma serán a la vez más débiles y más útiles para nosotros por ser más numerosos».[3]

En el discurso expuesto en esta obra, Platón presenta la entidad insólita y peculiar del andrógino descrito también en el *Talmud* del siguiente modo:

> "אָחוֹר וָקֶדֶם צַרְתָּנִי" וגו' (תהילים קל"ט, ה')... אָמַר רַבִּי יִרְמְיָה בֶּן אֶלְעָזָר בְּשָׁעָה שֶׁבָּרָא הַקָּדוֹשׁ בָּרוּךְ הוּא אֶת אָדָם הָרִאשׁוֹן, אַנְדְּרוֹגִינוֹס בְּרָאוֹ, הֲדָא הוּא דִכְתִיב (בראשית ה', ב'): זָכָר וּנְקֵבָה וּנְקֵבָה בְּרָאָם. אָמַר רַבִּי שְׁמוּאֵל בַּר נַחְמָן, בְּשָׁעָה שֶׁבָּרָא הַקָּדוֹשׁ בָּרוּךְ הוּא אֶת אָדָם הָרִאשׁוֹן, דְּיוֹ פַּרְצוּפִים בְּרָאוֹ, וְנִסְּרוֹ וַעֲשָׂאוֹ גַּבִּים, גַּב לְכָאן לְכָאן וְגַב לְכָאן.
> (בראשית רבה, ח', א')
>
> «Me has modelado por detrás y por delante» (Salmos, 139:5). Rabbí Yirmeyá Ben Elazár dijo: «Cuando el Santo, bendito sea, creó al primer ser humano, lo creó [como] un andrógino,

3. Platón, *Banquete* 189d-190e, en *Diálogos*, vol. 3: Fedón, Banquete, Fedro, trad. M. Martínez Hernández (Madrid: Gredos, 1986), 222-224.

como está dicho: "Varón y hembra los creó" (Génesis, 5:2)». Rabbí Shemuél bar Najmán dijo: «Cuando el Santo creó al primer ser humano, lo creó con dos caras, luego lo serró e hizo para él dos espaldas, una hacia un lado y otra hacia el otro».

(*Bereshít Raba*, 8.1)

Este ser andrógino ostentaba atributos de los géneros masculino y femenino en un mismo cuerpo. Su morfología se definía por una silueta esférica, alineando sus extremidades y torso en un patrón circular. Esta forma les dotaba de cuatro extremidades superiores e inferiores, respectivamente, culminando en un semblante bifacial sobre un cuello singular y una sola cabeza. Tales seres, dotados de una fortaleza extraordinaria, albergaban la temeraria intención de confrontar a los dioses. La narrativa mitológica nos informa que estos entes concibieron el audaz plan de tomar por asalto el Monte Olimpo, la morada de los dioses. Zeus, para salvaguardar la supremacía olímpica, optó por fraccionar estos seres, reduciendo a la mitad su movilidad bípeda, obligándolos a desplazarse únicamente con dos piernas. Tras tal segregación, cada fragmento humano se halla en una búsqueda incesante de su complemento ausente. Cada uno de nosotros, en palabras de Platón, «Por tanto, cada uno de nosotros es un símbolo de hombre, al haber quedado seccionado en dos de uno solo, como los lenguados. Por esta razón, precisamente, cada uno está buscando siempre su propio símbolo».[4] Desde aquel acto de Zeus, el anhelo humano reside en reencontrar su mitad perdida.

Según la tradición mitológica, inicialmente emergió una figura andrógina, simultáneamente masculina y femenina, que Zeus decidió seccionar, dando lugar a entidades masculinas y femeninas independientes. A partir de este acto, el individuo masculino anhela reencontrarse con su contraparte femenina, y recíprocamente, la entidad femenina aspira a su correspondencia masculina. El ser masculino halla plenitud en el femenino y, a la inversa, el femenino en el masculino. En otras palabras: lo masculino y lo femenino se

4. Platón, *Banquete* 191d-e, en *Diálogos*, vol. 3: Fedón, Banquete, Fedro, trad. M. Martínez Hernández (Madrid: Gredos, 1986), 226.

interrelacionan de forma intrínseca, dejando a entrever que un indicador no es monolítico sino dual, donde cada segmento se refleja y direcciona hacia el otro. El símbolo se compone de dos partes, no de una sola, y cada una de ellas remite o se orienta a la otra. Un símbolo, por su naturaleza, requiere de dualidad hasta el punto de permitirnos afirmar que, sin la unión de dos partes, no habría símbolo. Un indicador genuino exige la conjugación de ambas partes, la cohesión de estas dos facetas.

Desde una perspectiva analítica es plausible sostener que, en virtud de su escisión primordial, el individuo humano opera como un indicativo o un signo que, de manera incansable, persigue su contrapartida simbólica. Lo que esto significa es que el simbolismo se distingue precisamente por su función referencial: encapsula ese nicho de la realidad situado más allá de las barreras tangibles, cuya raigambre no emana de acuerdos preestablecidos, sino de procesos de integración. Ello implica que el símbolo se caracterice por la referencia: lleva a término ese segmento de la realidad que se halla entre los confines físicos y que no se establece por convención, sino por reunificación.

Análogamente al signo, el símbolo se halla intrínsecamente definido por su carácter referencial. Este axioma ha consolidado dentro del discurso filosófico la concepción del símbolo subsumido en la categoría del signo, una idea patente en ciertos fragmentos del diálogo platónico *El Sofista*. Este manuscrito, uno de los exponentes primordiales de la obra de Platón, emerge en su última fase creativa, aproximadamente entre 362 y 367 n. e., antecediendo su tercera visita a Sicilia. Esta obra tiene como eje temático la descripción y definición de lo que significa ser un sofista, y cómo este se relaciona con la epistemología, estableciendo un contraste palpable con la figura del filósofo y del político. En su desarrollo, Platón plantea cuestiones ontológicas de profundidad, con especial énfasis en una reevaluación crítica de la teoría de las ideas. Es menester destacar que *El Sofista* se erige como continuador del *Teeteto*, retomando cuestiones esenciales debatidas previamente y situando su narrativa un día posterior al mencionado diálogo. A lo largo de *El Sofista*, al abordar el tema de las imágenes reflejadas en espejos y en el agua,

Platón propone una concepción del signo que se asemeja, en gran medida, al concepto moderno de símbolo:

> Teeteto: –¿Qué podríamos decir que es una imagen, extranjero, sino algo que ha sido elaborado como semejante a lo verdadero, y que es otra cosa por el estilo?
> Extranjero: –¿Dices que esa otra cosa por el estilo es verdadera, o cómo llamas a esa otra cosa?
> Teeteto: –No es en absoluto verdadera, sino parecida.
> Extranjero: –¿Dices acaso que lo verdadero es lo que existe realmente?
> Teeteto: – Así es.
> Extranjero: –¿Y qué? Lo que no es verdadero, ¿no es acaso lo contrario de lo verdadero?
> Teeteto: –¿Y cómo no?
> Extranjero: –Dices entonces que lo que se parece es algo que no es, si afirmas que no es verdadero. Pero existe.
> Teeteto: –¿Cómo?
> Extranjero: –No de un modo verdadero, según dices.
> Teeteto: – No, por cierto, si bien es realmente una imagen.
> Extranjero: –Lo que decimos que es realmente una imagen, ¿acaso no es realmente lo que no es?[5]

De la misma manera que una representación gráfica emula y a la vez se diferencia intrínsecamente de la entidad que refleja, el símbolo también coincide y discrepa de lo que simboliza. Sin embargo, mientras que el signo enlaza una cosa con otra mediante un acuerdo tácito, emplazando un elemento al otro, el símbolo, al evocar su correspondiente segmento, recompone lo simbolizado en su totalidad. El signo apunta hacia algo ajeno a él, mientras que el símbolo indica y remite a la realidad simbolizada. En este marco, el símbolo requiere completitud, como es el caso del andrógeno cuyas mitades anhelan la reunión después de su segmentación. Por

5. Platón, *Sofista* 240a-c, en *Diálogos*, vol. 5: *Parménides, Teeteto, Sofista, Político*, trad. M. Isabel Santa Cruz, Álvaro Vallejo Campos y Néstor Luis Cordero (Madrid: Gredos, 1988), 394-397.

lo tanto, en el símbolo, una parte no es verdadera si carece de la otra; y solo son verdad al estar unidas. Es decir, un segmento carece de total autenticidad sin su complemento, y solo en su coalescencia logran representar una verdad plena.

Individuamente, ni el hombre ni la mujer encapsulan la veracidad total; mientras que conjuntamente, trascienden la mera adición de sus partes. Así, como se deriva del diálogo de Platón, el conjunto hombre-mujer supera su unión individual, engendrando un estrato de realidad superior que se encuadra dentro del concepto simbólico. Dentro del ámbito de los símbolos, el conjunto manifiesta una esencia que supera meramente la combinación de sus componentes individuales, siendo el todo superior a la suma de las partes, lo que en occidente se denomina «sinergia». La palabra en griego puede decir mucho al respecto: *Syn* (conjuntamente) y *ergon* (acción, trabajo). El símbolo es una sinergia de aquello que trabaja o actúa en conjunto para manifestar una realidad superior.

Observemos, a modo de ejemplo, la estrella de David: desglosada, consta de dos triángulos, pero al congregarlos, su significación excede la simple superposición geométrica. La estrella de David está formada por dos triángulos separados, pero juntos son mucho más que dos triángulos. Análogamente, los componentes de una cruz son una línea vertical y otra horizontal; sin embargo, su fusión trasciende la mera intersección lineal. Según Platón, el conocimiento humano de la naturaleza es hipotético, no por la debilidad intelectual humana, sino por la ausencia de la realidad del objeto que debe conocerse. Porque no se puede conocer la realidad natural sino en función de unirla con la idea inteligible. De hecho, el único conocimiento accesible para un ser imperfecto es el simbólico, ya que este tipo de conocimiento considera al objeto por lo que realmente es, como argumenta J. Borella en *Criza simbolismului religios*, es decir, como «un símbolo [...] real, una imagen que participa de manera ontológica de su modelo».[6]

---

6. Jean Borella, *Criza simbolismului religios*, Editura Institutul European, Iaşi, 1995, p. 26. Traducción Iulian Butnaru.

Capítulo 2

Mitología y símbolos: explorando las raíces de la comprensión humana

> Llamamos «símbolo» a un término, un nombre o una imagen que puede ser conocido en la vida diaria, aunque posea connotaciones específicas además de su significado corriente y obvio.[7]
>
> Carl Gustav Jung

Como acabamos de ver, el símbolo es, por un lado, lo que permite al ser humano conocer la realidad de manera holística, integral y total. Le permite reconocer la diversidad en la unidad y viceversa, motivo por el cual no debe renunciar a la multiplicidad en pos de la unidad ni a la unidad en pos de la multiplicidad. Resuelve el problema central de Platón en el Parménides, donde hace una crítica a su teoría de las ideas y problematiza lo uno y lo múltiple. No obstante, lo simbólico no consiste en una metodología epistemológica, sino que es el principio unitario de la realidad misma, siendo esta una unidad compuesta, integral y compleja en vez de simple. Al respecto, los griegos distinguían entre *holon* (unidad simple) y *panta* (unidad compuesta), siendo esta última la realidad compuesta de dos partes que han sido violentamente divididas y que deben reconciliarse y reintegrarse. A raíz de esto, podemos decir del símbolo que es una unidad compuesta y no simple, al igual que todo lo sagrado, como puede apreciarse, por ejemplo, en el vocablo empleado en hebreo, para decir Dios, *Elohim*, donde '*El*' es singular e '*him*' es

7. Carl G. Jung, *El hombre y sus símbolos*, trad. Luis Escolar Bareño (Barcelona: Ediciones Paidós Ibérica, 1995), 17.

plural, poniendo de relieve que lo singular y lo plural se integran mutuamente en Dios.

Por el otro lado, el símbolo es también una imagen auditiva cargada de sentido. Aunque es posible que en una primera instancia la expresión «imagen auditiva» pueda parecernos contradictoria, ya que, desde una óptica superficial, no relacionamos la imagen con lo auditivo, esta aparente contradicción es uno de los aspectos fundamentales del símbolo.

> וְכָל־הָעָם רֹאִים אֶת־הַקּוֹלֹת וְאֶת־הַלַּפִּידִם וְאֵת קוֹל הַשֹּׁפָר וְאֶת־הָהָר עָשֵׁן וַיַּרְא הָעָם וַיָּנֻעוּ וַיַּעַמְדוּ מֵרָחֹק׃
>
> (שמות כ', ט"ו)
>
> Y todo el pueblo vio los estruendos y las llamas, y el sonido del cuerno (*shofar*), y la montaña humeando; y cuando el pueblo lo vio, retrocedieron y se pararon lejos.
>
> (Éxodo, 20:15)

El símbolo late en una dialéctica entre lo manifiesto y lo inmanifiesto, lo percibido con lo imperceptible, la imagen y el sentido. Es precisamente gracias a este carácter dialéctico que el símbolo se nos presenta como una imagen auditiva, es decir, una imagen cuyo sentido no reside en lo que expone o muestra, sino en lo que oculta. Dado que su significado no es evidente, la única manera de accederlo es a través de un relato o narración en el seno de una comunidad. Mediante historias, el símbolo se va cargando de sentido y este va adquiriendo significado. Siempre hay un colectivo detrás de un símbolo, que lo conoce, lo va viviendo, experimentando y que va narrando su historia a quienes lo escuchan. Es lo que, en el *Bhāgavata Purāṇa* (7.5.24), Prahlāda denomina *śravaṇam*, o 'escuchar', y *kīrtanam*, o 'hablar' acerca de Viṣṇu. La imagen se observa, pero su sentido se capta auditivamente a través del relato de la comunidad.

El símbolo integra la realidad visual de la imagen y la realidad auditiva del relato, generando una fraternidad que, a su vez, otorga el testimonio del relato que permite a otras personas o congregaciones comprender auditivamente lo que ven en dicha imagen. Es mediante el oír que los miembros de la comunidad comprenden lo que ven. Esta unión es, precisamente, la que reconcilia a la comunidad con una identidad en la cual todos aquellos que contemplan el símbolo y participan de su sentido, se hermanan en la imagen. El símbolo une, reintegra y reconcilia lo escindido y fracturado, mientras que, por el contrario, el *diábolo* es lo que divide, fragmenta o dualiza. En virtud de lo dicho hasta ahora, podemos afirmar que se reconoce la presencia de un símbolo cuando una imagen adquiere significado mediante una narración que es significativa para una hermandad concreta.

Como hemos avanzado en el párrafo anterior, la cuestión del símbolo, y su auténtica naturaleza compuesta, está intrínsicamente relacionada con la cuestión de la historia, relato o narración, entendidos bajo la noción mito. De hecho, es precisamente la narrativa del mito la que permite que el símbolo pueda ocultar y a la vez mostrar su pleno significado. El término griego *mytho*, que se traduce como 'relato' o 'cuento', es el género que narra la génesis de una realidad a través de las hazañas de entes sobrenaturales. Según Paul Ricoeur, un mito es una narración simbólica que nos relata un acontecimiento extraordinario que se remonta a la noche de los tiempos.[8] Estas narraciones simbólicas ancestrales encapsulan las imágenes acústicas de la realidad, ancladas en una comunidad, sociedad o nación. En este sentido, el mito se caracteriza por ser una evocadora narrativa oral que se transmite de generación en generación, enriquecida con imágenes fabulosas de significado profundo. Los relatos mitológicos, transmitidos durante milenios, se hallan intrínsecamente entrelazados con los temas esenciales de la existencia humana y las civilizaciones. Los mitos atesoran una riqueza insondable de significado que provee indicios acerca de los misterios más profundos de la existencia, a la vez que permiten al individuo armonizar e integrar su vida con la realidad. Sin embargo, es crucial entender que los mitos constituyen verdaderos depósitos de las vivencias profundas inherentes a la existencia humana. Representan los rincones más recónditos del espíritu o las sutilezas

8. Paul Ricoeur, *The Symbolism of Evil*, trans. Emerson Buchanan (New York: Harper & Row, 1967), 161–171. Traducción propia.

literarias del alma en su incansable búsqueda de significado. Mircea Eliade ha definido el mito del siguiente modo:

> El mito es, pues, la historia de lo acontecido in illo tempore (en aquel tiempo), el relato de lo que los dioses o los seres divinos hicieron al principio del tiempo. «Decir» un mito consiste en proclamar lo que acaeció ab origine (tiempo primordial). Una vez «dicho», es decir, «revelado», el mito pasa a ser verdad apodíctica: fundamenta la verdad absoluta. «Así es porque está dicho que es así», declaran los esquimales netsilik para justificar lo bien fundadas que están su historia sagrada y sus tradiciones religiosas. El mito proclama la aparición de una nueva «situación» cósmica o de un acontecimiento primordial. Consiste siempre en el relato de una «creación»: se cuenta cómo se efectuó algo, cómo comenzó a ser.[9]

Más aún, el mito trasciende las limitaciones del tiempo cronológico, desplegando revelaciones acerca de la actividad creadora y la sacralidad inherente a las obras de estas entidades sobrenaturales conocidas por sus acciones en las épocas primigenias. Esto implica que el mito narra una historia considerada sagrada, describiendo un evento que sucedió en una era primigenia, un periodo mítico en los albores de la existencia. En otras palabras, el mito explica cómo, a través de las acciones de entidades sobrenaturales, se originó una determinada realidad. Esta realidad puede abarcar la totalidad del cosmos, o limitarse a aspectos más específicos como una isla, una especie de planta, una conducta humana o una institución social. En esencia, el mito funciona como una narración que expone los orígenes de algo, explicando cómo fue creado o comenzó a existir. Aunque los mitos no se centran en eventos históricos verificables, representan una forma de verdad profunda sobre el mundo y su naturaleza intrínseca. El mito no habla de lo que ha sucedido realmente, pero los mitos son la auténtica realidad del mundo.

---

9. Mircea Eliade, *Lo sagrado y lo profano*, cap. «El tiempo sagrado y los mitos». trad. Luis Gil Fernández y Ramón Alfonso Díez Aragón (Barcelona: Ediciones Paidós Ibérica, 1998), 72.

Mientras que un símbolo representa una entidad rica en significado, el mito se encarga de desentrañar y comunicar el significado subyacente de dicho símbolo. En la esencia del ser humano reside la capacidad de percibir lo sagrado, lo cual implica que puede asignar significado y utilidad a casi todos los aspectos de la realidad que lo rodean. Sin embargo, para que la técnica —entendida como la aplicación práctica de conocimientos para la obtención de un fin específico, ya sea la subsistencia o la adquisición de conocimiento— cumpla su función mediadora, es imprescindible la existencia de esferas de la realidad que se mantengan al margen de la instrumentalización. Estas son realidades que, por su naturaleza, escapan a la posibilidad de ser utilizadas como medios para un fin.

Siguiendo el pensamiento de Platón en el diálogo *Teeteto*, se sugiere que la filosofía, al igual que la religión, debe abordarse con un equilibrio entre el juego serio y la seriedad lúdica.[10] Es fundamental mantener esta dualidad para no caer en la trampa de tomarlas con una seriedad extrema que nos haga olvidar su naturaleza esencialmente exploratoria y abierta. Al tomarlas demasiado en serio, corremos el riesgo de romper la esencia misma de lo que buscamos entender o vivir plenamente, pues la rigidez nos aleja de la flexibilidad necesaria para jugar adecuadamente el juego de la vida. Del mismo modo, una ligereza excesiva puede llevarnos a perder lo que es valioso por no otorgarle la importancia debida. Similarmente, tomarse la religión con una seriedad extrema, asumiendo que Dios comunica sus mensajes exclusivamente a los seguidores de una corriente particular, revela una visión limitada y excluyente de la espiritualidad. Esta perspectiva sugiere que Dios muestra preferencia o privilegio por un grupo específico, olvidando la universalidad y la accesibilidad del divino a todos los seres humanos, sin distinción. La idea de que Dios se dirige únicamente a los adherentes de una denominación específica es una simplificación que ignora la complejidad y la riqueza de la experiencia espiritual humana. La espiritualidad, en su esencia,

10. Plato, *The Theaetetus of Plato*: with translation and notes, trans. Benjamin Hall Kennedy (Cambridge: Cambridge University Press, 1881), 167. Traducción propia.

invita a un diálogo abierto y a una búsqueda compartida, más allá de las fronteras de creencias particulares.

En la contemporaneidad, la palabra *mito* frecuentemente se emplea para referirse a conceptos tales como 'ficción', 'ilusión', 'leyendas' o 'relatos tradicionales'. A lo largo de la historia de la interpretación y el análisis académico, el mito ha sido frecuentemente malentendido, incluso por eruditos y expertos. Su interpretación más común y superficial a menudo lo ha relegado al rango de mera ficción narrativa. Esta comprensión limitada ha tenido consecuencias graves, pues ha contribuido a un entendimiento deficiente del famoso tránsito del mythos al logos. Wilhelm Nestle postuló un supuesto amanecer de la filosofía occidental con Tales de Mileto en su obra de 1940, titulada *Vom Mythos zum Logos: die Selbstentfaltung des griechischen Denkens von Homer bis auf die Sophistik und Sokrates* (*Del mito al logos: El autodespliegue del pensamiento griego desde Homero hasta la sofística y Sócrates*). Contrariamente a las interpretaciones reduccionistas, cuyas intenciones han acabado por menoscabar la trascendencia ontológica del mito, este último se devela como una narrativa consagrada, de índole supratemporal, vehiculizadora de sucesos arquetípicos, acontecidos en una era primordial, aurora mítica del Ser. Distante de la mera fabulación desprovista de sustancialidad, el mito se sirve del lenguaje simbólico y de la alegoría narrativa para adentrarse en la realidad y trasmitir conceptos inasibles para el entendimiento humano con el fin de revelarnos verdades fundamentales y universales.

Al ser examinado desde esta perspectiva, el mito trasciende su condición original de mero preámbulo del logos. El logos, entendiéndose como la racionalidad lógica y discursiva, ha acabado violentando y desmereciendo al mito y adquiriendo una cualidad intrínseca como forma de pensamiento y comprensión singular, enaltecida por derecho propio, capaz de proveernos de una verdad racional y verificable. No obstante, en lugar de concebir la transición del mito al logos como un mero progreso de substitución, que es como se ha entendido tradicionalmente, resulta más acertado concebirla como una metamorfosis en la relación del ser humano con el mundo. Es más, podemos incluso aventurarnos a decir que, en realidad, nunca hubo una suplantación del mito por el logos, sino más bien una convivencia; el mito siempre existió y siempre habitó junto al concepto.

El mito se refiere a elementos existentes en el mundo, los cuales atestiguan su autenticidad. Si el mito habla de la creación del ser humano, ahí se encuentran los hombres, mujeres y niños como prueba de su veracidad. Es desde este marco que el mito desvela perspectivas existenciales acerca del mundo y de la vida humana, adquiriendo una cualidad de veracidad capaz de referirse a realidades tangibles. Si el mito narra la creación de los cielos y la tierra, ambos se encuentran presentes respaldando la veracidad del relato mitológico. La noción según la cual el mito pertenece exclusivamente al pensamiento primitivo, mientras que la filosofía es característica de la modernidad, no es más que un sesgo impuesto por la Ilustración, que propendía hacia una desmitificación de la historia. Dejemos, si es necesario, que nuestro estudio desborde los límites y las restricciones que ciertos aspectos de la conceptualización y las lógicas filosóficas y científicas han implantado, empobreciendo así lo más profundo del ser humano.

El mito narra la manifestación de lo sacro en lo profano, la irrupción de lo sobrenatural en el dominio de la naturaleza y la intrusión de lo absoluto en lo relativo. De esta manera, la infiltración de lo sagrado en el mundo se consolida como el fundamento mismo de su existencia tal como lo conocemos. En su famosa *Carta sobre el humanismo*, Martin Heidegger se refiere a este ámbito de la realidad con el término «lo sagrado», el cual describe como una dimensión de la experiencia humana que trasciende cualquier forma de creencia organizada.[11] A través de su relación con lo sagrado, el ser humano traza su trayectoria histórica que se materializa en imágenes, las cuales sirven para unificar y fortalecer la identidad de comunidades, colectivos o pueblos. Estas historias cargadas de simbolismo brindan a las comunidades la capacidad de desarrollar una consciencia de su propia historia y otorgan un profundo sentido a su existencia. El ser humano se distingue por ser un ente que trasciende la limitada

11. Martin Heidegger, *Carta sobre el Humanismo*, trad. Helena Cortés y Arturo Leyte (Madrid: Alianza Editorial, 2000), 70-71.

esfera de los instintos animales, aventurándose hacia el ámbito de lo trascendental. La experiencia de lo sagrado ofrece una oportunidad para restaurar la armonía perdida: reconciliarse consigo mismo, mejorar las relaciones interpersonales, reconectar con el entorno natural y abrirse a la dimensión trascendental. En este contexto, el símbolo actúa como un medio para sanar dichas disrupciones. Cada grupo social, ya sea una comunidad, un colectivo, una tribu o un pueblo, tiene su propio relato vinculado a lo sagrado, forjando imágenes e identidades únicas que reflejan su particular relación con lo divino. De esta manera, se conforman los textos sagrados, que no son sino la cristalización de estas relaciones, sirviendo como pilares fundamentales en la construcción de la identidad y el sentido comunitario.

Siendo relatos simbólicos, podemos afirmar que los mitos reflejan la inagotable búsqueda de la Verdad a lo largo del devenir histórico humano, brindando señales orientadoras que nos han legado los buscadores previos. Los mitos son quimeras que nos conducen hacia la realidad, estratagemas que nos guían hacia la autenticidad, falacias que nos orientan hacia la verdad. Representan indicios o columnas de nuestro potencial, heredadas de nuestros antecesores, que nos encaminan de regreso a nuestra fuente, con todas sus complejidades y sus riquezas. Proponemos retomar el sendero del símbolo y el mito para embarcarnos en la búsqueda y el desvelamiento del sentido pleno de nuestra existencia, de nuestro ser.

Capítulo 3

La fractura conceptual y la integración simbólica

La evaluación de un concepto requiere un análisis detallado y riguroso de su **significado**, **origen**, **evolución**, **consistencia**, **validez** y **utilidad.** En primer lugar, hay que adentrarse en un laberinto en busca de su **significado** más profundo, como quien explora una cueva en busca de un tesoro con el fin de obtener claridad sobre su definición y significado. En segundo lugar, se tratará también de excavar y cuidar de sus raíces, de los **orígenes** que dan vida a la idea con la finalidad de evaluar su relevancia y pertenencia en el contexto actual. En tercer lugar, veremos también cómo ha **evolucionado** con el tiempo y sus aplicaciones en diferentes contextos y disciplinas. En cuarto lugar, procederemos, como si de científicos se tratara, a examinar cómo encajan todas las piezas entre sí de manera **consistente** y su correspondencia con la realidad. Esto nos llevará a la quinta etapa de actuar como jueces para evaluar su **validez** y determinar si cuenta con el respaldo de una evidencia empírica y si puede ser aplicado efectivamente a contextos diferentes, lo que implicará revisar la evidencia que lo respalda y constatar si esta es consistente y fiable. Finalmente, nos maravillaremos de cómo, como un camaleón, puede cambiar y adaptarse a nuevos campos y situaciones, y así poner de manifiesto su **utilidad**, lo que implicará, además, cotejar si el concepto es útil para entender un problema específico. Dicho de otra manera, se tratará de determinar si el concepto posee relevancia dentro del contexto en el que se utiliza y si contribuye con una perspectiva valiosa en el proceso de entendimiento del problema en cuestión.

1. Aristóteles, en su exploración de la naturaleza del pensamiento, distinguió tres tipos de conceptos a través de los cuales describió la intrincada taxonomía intelectual del ser humano, como si se tratara de una danza de cognición y comprensión que surca el cosmos de lo conocido y lo desconocido. Como veremos a continuación, (1) los «atribuidos al todo», (2) los *per se* y (3) los católicos o «que integran una multiplicidad» son conceptos que se manifiestan de formas distintas en la matriz de la realidad y del conocimiento. El principio de «lo uno atribuido al todo» se despliega ante nosotros como una representación de la predicación universal. En este plano, algunos conceptos —un selecto conjunto de ideas primordiales— se instalan en el conjunto de lo existente, sin margen para la excepción. Tomemos, por ejemplo, el concepto aristotélico de ser. Este representa un ideal omnímodo, un imperativo que se impone sobre el cosmos entero. Cada partícula de existencia puede ser adscrita bajo la definición de 'algo que es' (*tò ón*). Esta expresión se aplica en muchos sentidos (*légetai pollakhôs*), pero en relación con una sola cosa y una naturaleza y no por mera homonimia.[12] Estos principios se encuentran en las cumbres del intelecto y son reconocidos como «universales», sosteniendo con igualdad absoluta a todos los seres en su dominio.
2. En un ámbito más restringido, Aristóteles nos presenta el término *kath'autó* (κατ'αὐτο) que hemos traducido como *per se*, una expresión latina que podemos interpretar como 'en sí mismo', 'por sí mismo' o 'como tal'. Aquí nos encontramos con conceptos que se tornan ineludibles cuando deseamos definir un objeto o entidad. Consideremos el árbol, ese ente natural, que, para concebirlo en su plenitud, es imprescindible incluir el concepto de tronco o raíz. Esta esencia es una condición *sine qua non* que nos permitirá considerar algo como árbol. Estos conceptos *per se* son diferentes de los universales, pues

12. Aristóteles, *Metafísica IV*, 2, 1003a33-34, trad. Tomás Calvo Martínez (Madrid: Gredos, 1994), 162-163.

no se aplican a la totalidad de lo existente, sino solo a ciertas entidades específicas.[13]

3. Finalmente, Aristóteles también nos introduce al concepto *olon to pléroma* (ὅλον τὸ πλήρωμα), que suele traducirse al latín como *quoad integrum*, y que aquí podemos traducir como 'lo católico' o 'universal en sentido relativo', o también como 'común a todos'. Este se refiere a conceptos que, si bien no se extienden a todo lo existente, sí encuentran aplicación en una diversidad abrumadora de objetos y entidades. Un ejemplo representativo sería el concepto de color, un atributo que puede ser aplicado a una vastedad de entidades: objetos, plantas, animales, entre otros. Aquí, en el reino de lo 'católico', encontramos conceptos que, al igual que los *per se*, no alcanzan la universalidad absoluta, pero sí se expanden sobre una multiplicidad impresionante de objetos o entidades.
4. Los conceptos 'atribuidos al todo' se proyectan como principios omniabarcantes, estirándose hacia los confines de lo existente, adheridos al ser de cada ente, de cada cosa que es. Son aquellos conceptos que portan la universalidad en su esencia, erigiéndose como principios que se aplican a la totalidad de lo existente. Por su parte, los conceptos *per se* son aquellos que nacen y se consolidan como fundamentales para la definición de un objeto o entidad, otorgándole su naturaleza intrínseca. Son el destello esencial que brilla en el núcleo de cada cosa, el rasgo característico que define y diferencia, convirtiendo lo abstracto en concreto, lo indefinido en definido. Finalmente, los conceptos 'católicos' se dispersan como semillas en el viento, encontrando residencia en una multitud de objetos o entidades. Estos últimos difieren de los conceptos atribuidos al todo en que no reclaman la totalidad de lo existente, sino que cohabitan en una variedad de manifestaciones. Son conceptos que, mientras que no asumen una universalidad absoluta, encuentran su significado en una pluralidad de fenómenos concretos.

---

13. Aristóteles, *Metafísica* V, 7, 1017a, trad. Tomás Calvo Martínez (Madrid: Gredos, 1994), 222.

Al dirigir nuestra mirada hacia objetos del mundo fenoménico como un libro, un perro, un psitácido o un individuo humano, descubrimos un manto de particularidad que los envuelve. En contraste, cuando estos objetos son objeto de nuestra mente, la particularidad se diluye y da paso a un dominio de universalidad. Aun cuando nuestras palabras sean pronunciadas millones de veces, refiriéndose a millones de libros, perros o entes humanos, cada una de estas criaturas mantiene su particularidad intacta. Mi mascota canina no es una mera representación del concepto de perro, ni yo soy una manifestación del concepto universal de ente humano. No obstante, al dar forma mental a la realidad y forjar conceptos, la actividad cognitiva tiende a operar en términos de universalidad. Esta es la condición normal del proceso conceptual, ya que implica la construcción de un marco general capaz de albergar una multiplicidad de casos particulares.

A pesar de esto, debemos reconocer que hay situaciones en las que la actividad de conceptualización adquiere un tono más concreto y específico. En ciertos escenarios, la conceptualización se concentra en la singularidad del objeto, dando cuenta de su unicidad y características peculiares. Podríamos considerar, por ejemplo, la conceptualización de una obra de arte determinada, donde la mirada se enfoca en su estilo singular, su autor, su contexto histórico-cultural y demás aspectos que la distinguen. Así, la conceptualización se estrecha, se vuelve más precisa, y se concentra en una manifestación particular. No obstante, aun en estos casos de atención focalizada, la actividad de conceptualización es, en esencia, una operación de abstracción que intenta recoger las características esenciales y comunes de lo particular. A través de este proceso, procuramos identificar similitudes y patrones que nos permitan clasificar y comprender diferentes manifestaciones singulares bajo un mismo patrón homogeneizante.

Aunque la mente humana sea capaz de crear conceptualizaciones que se centren en casos específicos y particulares, el carácter fundamental de esta actividad implica la generación de conceptos de naturaleza universal, abarcando y englobando una multiplicidad de ejemplos y manifestaciones singulares. El paradigma universal que encarna el término «libro» subsiste exento de dimensiones concretas, carente de colores, desprovisto de textura y desnudo de contenido textual. En contraposición, el libro materializado en su individualidad ostenta atributos singulares en aspectos como magnitud, tonalidades, textura y contenido explícito. La noción forjada en la mente humana es invariablemente un ente universal, mientras que la entidad concreta, tangible, radica siempre en la particularidad. Cuando se entrelaza con la particularidad, la universalidad se esfuma, tal como la estructura conceptual pierde su significado al ser confrontada con la experiencia empírica. Por consiguiente, las ideas, los conceptos, se tornan obsoletos, irrelevantes en territorios ajenos a su hábitat natal, es decir, fuera del reino etéreo de las ideas donde se alzan y prosperan. En este sentido, la quididad del concepto se difumina al enfrentar el escollo del mundo empírico, pues la esencia del pensamiento conceptual, en su autarquía y autonomía, no resiste el embate de la cruda realidad. El concepto está condenado a tener una existencia lógica, que no vale para la ontología de la facticidad, de las cosas y hechos particulares. Así, el concepto se erige como un monarca cuyo imperio se circunscribe al ámbito de lo ideal, en la esfera intangible de las representaciones mentales, y cuyo poder se evapora al cruzar las fronteras de su dominio hacia el mundo concreto. Lo que resulta paradójico, no obstante, es que el concepto que se abstrae de la realidad y está hecho para conocerla, no pueda hacerlo. Pareciera que lo ontológico que es la realidad, y lo lógico que es su conocimiento, fuesen irremediablemente incompatibles. Lo cual, obviamente, a muchos nos recuerda a Santo Tomás en *De Veritate*, donde cunde la idea de que «el individuo es incognoscible».

La locución *tánatos* (Θάνατος) emerge del léxico helénico antiguo, con la connotación de 'muerte'. En la mitología de dicha cultura, Tánatos era la deidad asociada con la muerte y el inexorable destino. Vástago de la noche (Nix) y consanguíneo gemelo del sueño (Hipnos), Tánatos revestía a la muerte de una figura lóbrega, ominosa, y se le atribuía la labor de guiar a las almas de los difuntos al inframundo. Las representaciones en el arte de dicha mitología frecuentemente le mostraban portando una guadaña, instrumento asociado a la muerte y utilizado para segar y cortar. Segar la forma de una cosa es seccionar la forma de la cosa real, viva. Posteriormente a ser amputada y transmutada a la mente, la forma mental se convierte en una forma inerte, exánime.

Por ejemplo, la forma mental de un perro no experimenta el hambre ni la euforia al retorno del amo, del mismo modo que la forma mental de un niño, un amigo o una madre no padece, no respira, no ama, no vive. Lo que esto nos permite ver es que el concepto consiste en la esencia mental de la cosa, pero, como tal, está desprovista de vida. La cognición es el proceso mediante el cual el objeto intencional se presenta o hace presente en el sujeto. Este proceso cognoscitivo que presenta o hace presente el objeto en el sujeto implica la introducción de la forma de la cosa en la mente. Sin embargo, mientras que la forma en la cosa retiene su vitalidad, en la mente se vuelve inerte. Expresado de otra forma, la conceptualización despoja de vida a lo que se está conceptualizando. A diferencia de la tanática conceptualización de la realidad, la simbolización nos permite acceder a algo sin privarlo de su contexto vital o, como diría Ortega y Gasset, de su circunstancia: «Yo soy yo y mi circunstancia, y si no la salvo a ella no me salvo yo».[14]

Aquí yace la discrepancia entre conceptualizar y simbolizar: el concepto, en su naturaleza extractiva, divide, fractura y fragmenta, mientras que, como hemos visto antes, el símbolo, en su carácter unificador, junta, fusiona e integra. Mientras que la transfiguración del mito en teología y filosofía implica la mutación del símbolo en concepto, es únicamente a través del mito que es posible conservar la vida del Ser. Paul Ricoeur se refiere a esto con su famosísima expresión «El símbolo como metáfora viva».

Este mismo proceso cognoscitivo que hemos definido bajo el nombre de conceptualización es igualmente aplicable al de la autocomprensión. En aras de lo dicho hasta ahora, el fenómeno egoico se manifiesta por una autorreferencialidad y autoconceptualización profunda. El ego, concretamente, es una representación conceptual de nuestra identidad inherente. No obstante, experimentar la

---

14. José Ortega y Gasset, *Obras completas*, vol. 1 (Madrid: Taurus/Fundación José Ortega y Gasset, 2004), 757.

existencia desde el prisma de nuestra identificación mental implica apreciarla desde una versión mortecina de nuestro ser, una *exuvia* en términos simbólicos. El fenómeno egoico no manifiesta nuestra auténtica esencia, sino simplemente una conceptualización, una idea preconcebida de nuestro ser. La metamorfosis desde lo que presumimos ser hacia nuestra auténtica identidad implica un salto cuántico desde la esfera conceptual hacia la realidad simbólica. Siendo mera conceptualización, el ego se halla enraizado en la memoria, en un pasado ya desvanecido. Esta predisposición por conceptualizar equivale a embalsamar o renegar el presente. Al proceder desde nuestra versión embalsamada de nosotros mismos, nos desligamos y alienamos tanto del ahora como del *continuum* de la realidad misma, de la esencia vital. En ese sentido, conceptualizar es descontextualizar, y no existe entidad exenta de contexto. En la exégesis filosófica, la ruptura de lo que se percibe de sí mismo y la transformación hacia lo que verdaderamente se es implican un tránsito del ámbito conceptual hacia la realidad simbólica. Como decía José Ortega y Gasset: «Yo soy yo y mis circunstancias, y si no las salvo a ellas no me salvo yo».

Lo mismo que sucede cuando nos conceptualizamos a nosotros mismos, sucede también cuando conceptualizamos a nuestros congéneres, pues lo que hacemos es sumergirnos en un acto metafórico de «homicidio intelectual» que nos lleva a establecer relaciones con «entidades expiradas». Al «diseccionar» o «amputar» la forma intrínseca de mi tía y trasladarla a la esfera de mi mente, se forja un nexo con su «envoltura» conceptual, en detrimento de una interacción con su esencia genuina. Es desde este horizonte de reflexión que la simbolización nos insta a la descentralización del yo y la centralización del mito. A diferencia de la conceptualización, la simbolización nos permite comprender el mito como el relato que modela y da forma al «yo», en vez de entenderlo como una construcción del ego-idea. No se trataría de un ego creador de un mito, sino de un mito que modela un «yo».

Es precisamente, así como lo señala el *Zohar*:

וַאֲנָא סִימָנָא בְּעַלְמָא

(ספר הזוהר, בראשית, פרשת ויחי, רכ"ה, א')

Y yo soy una mera señal en el mundo.

(*Zohar*, Génesis, «*Vayehi*», 225a)

El vocablo arameo *alma* alberga la resonancia de 'cosmos' o 'espacio', así como 'perennidad' o 'temporalidad'. Asimismo, *he'elem* se traduce del hebreo como 'evanescencia' o 'desaparición'. «Yo soy una señal en el mundo» sugiere que el «yo-conceptual», el «yo-idea», no es más que una señal, una inscripción o una simbología dentro del marco del tiempo y del espacio, que constituyen el escenario donde se desvanece la divinidad última. El tiempo y el espacio, como el mundo (*olam*), no son más que el 'desvanecimiento' o la careta de la última deidad. Somos únicamente un emblema de la consciencia que se encubre en el espacio y el tiempo. Lo que esto nos muestra es que nos resultará inalcanzable aceptar nuestra auténtica esencia desde una perspectiva conceptual científica. Abrazar el amor, la iluminación o la divinidad seriamente, equivale a vincularnos con ellos como una verdad mítica o una realidad simbólica. Si la física pudiera comprobar la divinidad, con toda certeza eso no sería la divinidad. La ciencia solo es capaz de constatar realidades objetuales. Todo dios comprobado científicamente, eso es, conceptualizado, sería obviamente de naturaleza óntica; sería otro objeto y perdería su naturaleza simbólica.

Sin embargo, y en contradistinción al mero concepto, el símbolo adquiere la enigmática función de evocar mediante objetos, íconos, resonancias, léxicos o ademanes, una esencia que transciende su acepción primigenia o manifiesta. La esencia de un símbolo reside en su capacidad para hacer de mensajero de una representación más abstrusa o sofisticada. Estos símbolos, que por cierto se yerguen como mohínes en diversas esferas tales como la sacralidad religiosa, la esfera política, la sublime expresión artística y la rica literatura, operan como el oráculo de Delfos, transmitiendo semánticas que surcan más allá de lo explícito. De la cruz como estandarte del sacrificio y resurrección de Cristo, a la bandera como un tejido que entrelaza la identidad de una nación en su trama, los símbolos son un legado indeleble. Sumado a su polifacético carácter, los símbolos son, como camaleones, capaces de mutar en significado, en función del contexto cultural, histórica y social en la que se erigen. Tal es el caso del color albo, que viste de pureza e inocencia a Occidente y, en cambio, se engalana de luto y partida en ciertas culturas asiáticas.

Adentrémonos ahora en las profundidades del símbolo y prestemos atención a su etimología. La voz *símbolo* emerge de las cenizas del latín *symbolus*, heredero a su vez de la lengua griega con *symbolon*, refiriéndose a la 'señal' o 'emblema'. En la Hélade de antaño, los *symbolon* eran fragmentos que, al unirse, confirmaban una alianza, amistad o camaradería entre almas entrelazadas. Inicialmente, este objeto cumplía la función de emblema de camaradería o código secreto entre individuos con inclinaciones hospitalarias. Uno de los anfitriones procedía a fracturar una tablilla de arcilla, reteniendo para sí una de las porciones y cediendo la otra al visitante como muestra de hospitalidad. Este objeto se convertía entonces en un signo de reconocimiento mutuo, un símbolo tangible de la alianza establecida entre ambos. En este proceso, al ser dividida, la tablilla, originalmente entera, manifestaba en su fracción una metamorfosis material y simbólica. Así, su forma y su propósito adquirían una nueva dimensión. Una vez dividida, cada porción de arcilla mantenía la memoria de su entereza original, pero ahora era portadora de una nueva carga simbólica, testimonio de la generosidad y la acogida, en una danza simbiótica de dar y recibir, de dividir y compartir. La porción retenida por el huésped, un vestigio de la tablilla inicial, era una promesa latente, una posibilidad de reencuentro. Su contraparte, entregada al visitante, funcionaba como un pasaporte simbólico, un comprobante de la hospitalidad brindada y un signo distintivo para futuros encuentros. En su dualidad, estos fragmentos de arcilla representaban la dialéctica entre la pertenencia y la alteridad, la familiaridad y la extranjería, el anfitrión y el visitante. El vocablo *symbolus*, tomado por los romanos, remite a una insignia, estandarte o señal que fungía como medio de identificación o como formalizador de pactos. En la era medieval, esta denominación «símbolo» adquirió uso en la Iglesia Católica para hacer alusión a un signo o emblema con la facultad de figurar una noción abstracta o un pensamiento teológico.

El mito, que trasciende su naturaleza de relato cargado de simbolismo, es en sí mismo un símbolo que tiene la potestad de tender un puente entre lo ostensible y lo no evidente, lo perceptible y lo inaprensible, lo empírico y lo trascendental. Su función radica en tender lazos entre lo relativo y lo absoluto, lo perceptible por los sentidos y lo inaccesible a ellos, lo evidente y lo auténtico. Como hemos expuesto antes haciendo uso de El Banquete de Platón, y concretamente del mito contado por Aristófanes, el símbolo alude a 'juntar dos partes', es decir, amalgamar una dualidad que, como ahora hemos visto, encierra un medallón de arcilla que podía ser dividido en dos, convirtiéndose en emblema de camaradería. La relevancia del símbolo estriba en su capacidad para hacer de mediador entre lo visible y lo invisible, tornando comprensible lo incomprensible. El símbolo nos concede la oportunidad de experimentar la textura de lo intangible y desvela como evidente lo que habitualmente se desvanece en la sombra de lo inadvertido. A diferencia del concepto, que divide, fragmenta y oculta la esencia de la realidad, el símbolo concreta lo abstracto, otorgándonos la llave para acceder a lo velado y lo recóndito. En su esencia, el símbolo se transforma en una convocación de lo que se encuentra ausente, ostentando el poder de promover la integración y unificación de múltiples maneras:

- Identificación y sentido de pertenencia: los símbolos pueden ayudar a las personas a identificarse con un grupo, comunidad o nación, lo que a su vez crea un sentido de pertenencia y unidad entre los miembros de dicho grupo.
- Expresión de valores y creencias: los símbolos funcionan como vehículos portadores de valores y creencias compartidas entre sujetos. Esto contribuye a la concreción de una conexión sustancial entre individuos y la divulgación mutua de sus ideales.
- Facilitar la comunicación: cuando se emplean símbolos en calidad de un idioma compartido para la comunicación, se brinda un marco que favorece un entendimiento más claro y propicia la cohesión entre los participantes de la interacción.

- Evocación de emociones: los símbolos, al estimular emociones y sentimientos en las personas, desempeñan un papel fundamental en la conexión y solidaridad entre los miembros de una comunidad o grupo.
- Establecimiento de tradiciones y rituales: es posible encontrar símbolos como componentes integrales de tradiciones y rituales que son compartidos por comunidades. Esta integración facilita la conexión entre los individuos a través de un una historia y cultura común.
- Representación de metas comunes: es factible que los símbolos se utilicen como herramientas que encapsulen objetivos comunes. Tal representación simbólica fomenta un sentido de propósito compartido, impulsando a los individuos a entablar una sinergia de esfuerzos para alcanzar estos fines.

Así, los símbolos, en su quid, son herramientas habilidosas que levantan con agilidad las capas de la comunicación, liberando un torrente de emociones intensas. No obstante, es crítico destacar que simultáneamente, los símbolos se arraigan con determinación en las vetustas vías que han sido trazadas por tradiciones y rituales a lo largo de la historia. Asimismo, los símbolos reflejan con magnificencia los valores, convicciones y aspiraciones que emanan de la comunidad. Mediante el delicado entrelazamiento de elementos simbólicos, se erige un puente que trasciende las fronteras de la diversidad humana y converge en una hermandad conceptual. Estos signos, que capturan la esencia misma de la expresión cultural y social revelan una intrincada danza entre el símbolo y el individuo. Nuestra identidad colectiva amalgama visiones, culturas y experiencias, y engendra una sinfonía de significados compartidos que resuena en el corazón de la humanidad. Es a través de esta amalgama que los símbolos encienden la chispa del sentido de pertenencia, nutren la comunicación entre diversos seres y despiertan un abanico de emociones que se despliegan en el vasto panorama de la experiencia humana.

Más aún, estos elementos, que tienen el potencial de amalgamar a los individuos y consolidar su vínculo con los demás, albergan la virtud de aglutinar una multiplicidad de significados en una única representación visual. Cuando un colectivo, una comunidad, una nación cristaliza un sentido en una representación visual y luego transfiere dicho sentido a las futuras generaciones, tal representación adquiere la potestad de cohesionar. El ser humano experimenta una ruptura interna, una escisión y un aislamiento; sin embargo, el sentido contenido en el símbolo tiene el poder de integrarlo y unificarlo.

El ser humano se halla apartado de otros congéneres, de la naturaleza y de lo trascendental, y es en este contexto que el símbolo adquiere una función integradora. El símbolo, en su esencia trascendental, se erige como un punto de convergencia de significados compartidos. Su poder yace en su capacidad de engendrar una gama de emociones, desencadenar asociaciones intrincadas y transmitir valores culturales impregnados en las fibras de la colectividad. Atravesando las fronteras de lo individual, el símbolo engendra un sentimiento de pertenencia y cohesión en las comunidades que abraza.

La transmisión del símbolo de generación en generación lo metamorfosea en un vínculo que entrelaza a las personas con su historia, identidad y tradiciones comunes. La implementación de estos signos en las esferas cotidianas y sociales, como estandartes ondeantes, emblemas orgullosos, insignias reverenciadas, rituales sagrados y ceremonias solemnes, brinda a las personas la capacidad de identificarse con una comunidad, manifestar su adhesión y contribuir a la construcción de un sentido colectivo de pertenencia.

Los símbolos, cual instrumentos de comunicación imbuidos de poderío, destilan significados complejos en formas visuales o representaciones con una inmediatez reconocible y comprensible para aquellos que comparten un contexto cultural consustancial. Los símbolos posibilitan la amalgama entre individuos, cincelando un sentido compartido de propósito y unidad inquebrantable. Al ser portadores de significaciones culturales, los símbolos son capaces de superar las divisiones individuales y promover la incorporación de los individuos a un colectivo, estableciendo una unidad que es religiosa, es decir, simbólica.

Los símbolos se convierten en catalizadores de una comunión inefable, en portadores de una sabiduría codificada que trasciende las barreras del lenguaje verbal. Son heraldos que unen a las almas, enraizando sus pasos en la rica tierra de las tradiciones, construyendo puentes entre generaciones y guiando a la humanidad hacia un futuro común, en el cual la diversidad y la unidad caminarán de la mano.

Capítulo 4

El concepto: la pantalla de la realidad

En este capítulo volveremos a la cuestión del concepto para abordarlo en mayor profundidad. Como hemos dicho antes a título introductorio, un concepto es una abstracción mental que representa objetos, acciones, sentimientos, fenómenos u otros elementos perceptibles o imaginables. Es la idea sobre alguna cosa, su captación formal y la dilución de su esencia. Bajo esta premisa, podemos decir pues que los conceptos se erigen como herramientas cognitivas a través de las cuales procuramos interpretar el mundo que nos circunda, con la intención de clasificar, categorizar y generalizar información. Los conceptos brotan a partir de la experiencia, la observación, la reflexión o la comunicación. Por ejemplo, la conceptualización del «amor» es una edificación abstracta que apresa la multiplicidad de un sentimiento experimentado en nuestras vinculaciones personales; la noción de «justicia», por su parte, evoca una idea de equidad y trato neutral en el seno de la sociedad; mientras que el concepto de «círculo» alude a una figura geométrica plana cerrada, donde todas sus partes se encuentran a equidistancia del núcleo. Derrida, hablando de conceptos, dice que la filosofía es el arte de crear conceptos y, en ese caso, solo es filósofo el que puede crear y manipular conceptos.

Esta táctica de la razón creadora proviene del hermetismo esotérico egipcio antiguo. Dentro de sus enseñanzas esotéricas, se sostiene que la razón tiene el poder de dar forma a la nada. Solo aquel que reside en la nada, o tiene la capacidad de sumergirse en ella, puede realmente crear. Más tarde, este acto se denominará en latín «creación *ex nihilo*», o «creación a partir de la nada», aun posteriormente fue retomada por los pensadores del renacimiento italiano del siglo XVI y empleada por los filósofos idealistas como Kant o Hegel y racionalistas como Descartes o Leibniz, así como por científicos notables como Tesla y Newton. Así, en realidad Derrida no está más que enunciando una idea antiquísima.

Etimológicamente, la denominación «concepto» emana del latín *conceptus*, proveniente del verbo *concipere*, y se refiere a lo que ha sido configurado, erigido o concebido en la mente. Es una unidad cognitiva que otorga significación y se emplea para entender las experiencias derivadas de la interacción con el entorno y manifestarlas verbalmente. El concepto, siendo definición, alberga un valor lógico determinado susceptible de ser manejado o manipulado. Como tal, se adquiere mediante la extracción de contenidos de la realidad perceptible a través de un proceso que involucra la apropiación de la forma presente en un objeto, para luego incorporarla en la mente. Se adquiere a través de los sentidos y la atención. La naturaleza en sí misma es vida, por ende, extraer consiste en capturar un fragmento de la vitalidad.

En este sentido, según José Ortega y Gasset, el concepto ostenta una doble faceta. Una de ellas es su veracidad, radicada en la esfera sensible, su faz *ad extra* que se proyecta en el entorno.[15] La otra faceta es su lógica interna, bautizada como «logicidad», su faz *ad intra*, circunscrita al ámbito mental y limitante de su alcance. Los conceptos, emergiendo como constructos mentales de la experiencia y reflexión, son artefactos que nos habilitan a descifrar el mundo y a comunicarnos con eficacia. Son instrumentos para la categorización y generalización de la información, y su valía radica en su capacidad de representar abstracciones complejas y facilitar la comprensión del entorno que nos circunda.

Para obtener un entendimiento más preciso del carácter extractor y delimitador del concepto, resulta útil acudir de nuevo a la etimología. La voz griega *horos* significa 'lo determinado' y se traduce al latín como *terminus*, es decir término, que es a lo que se encuentra condicionado el pensamiento lógico y racional. *Horos*, no obstante, también es familia

15. José Ortega y Gasset, *Meditaciones del Quijote* (Madrid: Residencia de Estudiantes, 1914), 42.

de 'horizonte', y en este sentido implica trazar limites, delimitar, determinar, cortar; es decir, lo que hace el concepto es delimitar el objeto de estudio y arrancarlo o extraerlo de su materialidad concreta e histórica.

Asimismo, Terminus era un dios de la mitología romana que tutelaba los límites y las fronteras. Se le reputaba protector de los bordes entre propiedades, urbes y regiones, y se le ofrendaban sacrificios para mantener la paz y la armonía en estas lindes. Terminus era representado como un monolito sin cabeza que se emplazaba en los puntos donde se fusionaban los límites. En el seno de la sociedad romana, prevalecía la creencia arraigada de que un intento de trasladación de la efigie desencadenaría la cólera implacable de Terminus, abriendo la caja de Pandora de disputas y confrontaciones. Terminus se distinguía de la miríada de entidades celestiales romanas, ya que no se le atribuía festividad consagrada, sino que su culto se amalgamaba en la conmemoración de los Terminales, con fecha fija el 23 de febrero de cada ciclo anual. Durante esta remembranza, los ritos sacrificiales eran ejecutados en las áreas de convergencia de demarcaciones, los marcadores territoriales eran sometidos a rituales de purificación, y se fortalecían las relaciones de armonía entre colindantes. El vocablo *terminus*, por tanto, se encuentra estrechamente vinculado a la palabra latina que denota límite o fin. A su vez, esta denominación tiene su origen en el vocablo latino *terere*, alusivo a 'frotar' o 'desgastar', haciendo eco a los hitos limitantes que frecuentemente eran fabricados de piedra y que, a merced del tiempo y la exposición a los elementos, sufrían una erosión. Esto nos permite argüir que la conexión de la deidad Terminus con la piedra se enlaza a su función de tutela de los límites y fronteras, y al convencimiento de que la piedra constituía un componente cardinal en la definición y preservación de dichos lindes.

En consecuencia, el pensamiento al autonomizarse se autoimpone confines o demarcaciones y la reflexión o especulación se fundamenta en términos. Los términos delimitan las fronteras entre los objetos; establecer límites significa percibir una multiplicidad de diferentes entidades o cosas. Sin embargo, se encuentra en un escalón superior al término. Es intrigante sondear el proceso mental de la conceptualización, el cual se desencadena con la percepción sensorial de un objeto. La 'quididad' de una mesa radica en aquellos elementos que delinean específicamente a la madera como una mesa y no como otra entidad. Por ende, lo que otorga a la mesa su condición de mesa se halla intrínsecamente en la propia mesa. La forma inherente en el objeto se nombra «esencia», en tanto que la misma forma en la mente es conocida como «concepto». Por consiguiente, a través del concepto, la esencia de la cosa que habita en el objeto puede ser igualmente encontrada en la mente. De esta manera, la forma del objeto puede cohabitar tanto en el objeto mismo en calidad de esencia, como en la mente en calidad de concepto. A partir de este nodo cognitivo, el ser humano trasciende la realidad concreta para sumergirse en su cosmos conceptual, erigiendo relaciones, ejerciendo control, dominio y manipulación sobre los conceptos.

En el texto *De Interpretatione* o *Sobre la interpretación* que integra el Órganon, Aristóteles aborda de manera integral, explícita y formal, la naturaleza y la relación del lenguaje tanto con la lógica como con el pensamiento y la realidad. Leemos en el primer capítulo, titulado «Escritura, voz, pensamiento y realidad – Lo verdadero y lo falso»:

> Antes de nada, hay que exponer qué es un nombre y qué es un verbo y, a continuación, qué es una negación, qué una afirmación, qué una declaración y qué un enunciado. Así, pues, lo que hay en el sonido son símbolos de las pasiones del alma, y la escritura es símbolo de lo que hay en el sonido. Y, así como las letras no son las mismas para todos, tampoco los sonidos son los mismos. Ahora bien, aquello de lo que esas cosas son signos primordialmente, las afecciones del alma son las mismas para todos, y aquello de lo que estas son semejanzas, las cosas, también son las mismas.[16]

16. Aristóteles, *Sobre la interpretación* 16a3-8, en *Tratados de lógica*, vol. 2, trad. M. Candel (Madrid: Gredos, 1988), 35-36.

Por eso Aristóteles dirá en *Los tópicos* (VI, II, 149a2) que «es preciso que el que define dé el enunciado en lugar de los nombres».[17] En lugar de aludir directamente a los objetos que ocupan nuestra realidad, nos hallamos inmersos en el análisis de las determinaciones mentales a ellas asociadas. Estas determinaciones, lejos de radicar en las cosas *per se*, hallan su existencia en los repliegues del intelecto humano. Por lo tanto, es en el ansia de precisión y exactitud donde se desvela la falacia de la univocidad. No obstante, la esencia del concepto suele ser, en la mayoría de las ocasiones, ambigua y propensa a malinterpretaciones. A través de las generaciones, la humanidad ha consagrado innumerables esfuerzos en la búsqueda de una mayor exactitud conceptual. Sin embargo, en este intento de conceptualizar la realidad empírica, los conceptos han ido desvinculándose paulatinamente de las cosas a las que se asocian. La realidad, como fenómeno poliédrico y complejo, se revela imposible de delimitar con una precisión y exactitud absolutas. Cada individuo es un sujeto único, cuyo carácter subjetivo condiciona su percepción de la realidad. Nuestra insistencia en abarcarla de forma precisa y exacta nos aleja cada vez más de su verdadera esencia.

Si aspiramos a forjar un concepto claro, unívoco, inmutable y preciso del ser humano, exento de cualquier imperfección o ambigüedad, deberíamos cuestionarnos si realmente existe alguien que cumpla con dichas características. En efecto, la realidad nos enseña que no se conoce a ningún ser humano que posea una claridad absoluta. Conforme el concepto se perfecciona, se aleja cada vez más de la realidad que pretende conceptualizar. Es decir, mientras que la realidad es heterogénea, múltiple, móvil, contingente, material e imperfecta, el concepto es uno, inmóvil, inmaterial, necesario y perfecto. Es por eso por lo que decimos que el concepto y la realidad son inversamente proporcionales, pues cuanto más conceptualizamos la realidad, menos la conocemos. De manera parecida al concepto claro y unívoco de «ser humano», el círculo que percibimos al contemplar la luna o el sol no posee una morfología absoluta. Sin embargo, al conceptualizar un círculo

---

17. Aristóteles. *Tratados de Lógica (Organon). V: Tópicos*, VI, II, 149a2. Translated by Patricio de Azcárate. Madrid: Biblioteca Filosófica, Medina y Navarro, 1875.

en las profundidades de nuestra mente, lo edificamos como una entidad exacta y perfecta. De forma paradójica, conforme nuestros conceptos se agudizan, estos se distancian gradualmente de la realidad concreta que aspiran a representar.

Seguramente debido a la influencia de la revolución kantiana y sus posteriores refinamientos en pos de la racionalidad, esta escisión que el pensamiento conceptual abre entre el concepto y la realidad ha acabado por subvertir el mismo proceso cognitivo, transmutando de la conceptualización de objetos hacia la objetivación de conceptos. Es decir, en lugar de perseguir conceptos que reflejen fielmente las cosas, eso es los entes, aspiramos a que las cosas se acomoden a los conceptos con una precisión creciente. El intelecto humano busca los objetos que previamente conceptualiza. Durante siglos, los humanos se autodefinen como animales racionales, aunque muy pocos responden a esta descripción. Por ende, nos vemos compelidos a hallar humos que satisfagan las características de nuestro concepto. Así, al aludir al ente, nos referimos a una construcción mental conceptualizada.

El concepto en sí se distingue por ser coherente consigo mismo en su faceta interior, ad intra, y simultáneamente se amolda a la cosa en su faceta exterior, *ad extra*, desplegando así coherencia y correspondencia. Conforme progresa, el pensamiento se va emancipando paulatinamente de la cosa y se metamorfosea en un pensamiento acerca del pensamiento. Progresivamente, el concepto se independiza de lo que se conceptualiza y se transfigura en una conceptualización de los propios conceptos. Cuando definimos a un ser humano, no estamos aludiendo a su esencia auténtica, sino a nuestra interpretación de ese individuo. Por eso, Santo Tomás decía el individuo es incognoscible.[18]

Asimismo, si prestamos atención a cómo hablamos de las cosas, no nos referimos al objeto mismo. En realidad, participamos en un juego de espejos con nuestras propias ideas y creencias sobre ese objeto. Pero, con el paso del tiempo, la mente se pone seria y

18. Tomás de Aquino, *De Veritate, cuestión 4. Acerca del verbo*, trad. M.ª Jesús Soto Bruna (Pamplona: Servicio de Publicaciones de la Universidad de Navarra, 2001), 52.

comienza a preocuparse menos por el objeto y más por lo que piensa sobre el objeto, alejándose de lo real y acercándose a lo concebido. Como un marinero en alta mar, la mente va usando su brújula de pensamientos para navegar las aguas tumultuosas de reflexiones y especulaciones sobre las ideas que ha cartografiado. En el discurso que aborda la esencia de cualquier ente físico, se hace imperativo señalar que nuestras palabras no desnudan la esencia intrínseca del objeto, sino que aducen nuestras propias construcciones mentales, creencias e ideales que nos rigen respecto a dicho objeto.

A raíz de ello, la mente, de manera progresiva, se embriaga en el arte de la conceptualización, se aparta de un trato sin intermediarios con lo previamente capturado por sus lóbulos, y se sumerge en los meandros de la divagación respecto a lo preconcebido en su vasto intelecto. A partir de ese instante, nos desprendemos de la realidad concreta y nos internamos en una dimensión ideática mental. Incluso en el dominio de la metafísica, no nos remitimos a cosas tangibles, sino a ideas y pensamientos. Y más aún, conceptualizamos la iluminación, la Verdad o Dios y emprendemos la búsqueda de lo que se amolde a nuestros conceptos.

Ante este escenario, en su texto *Investigaciones lógicas*, la figura prominente de Edmund Husserl propuso la fenomenología como herramienta para volver a *zu den Sachen selbst*, o 'las cosas mismas', eso es, al objeto del cual, como acabamos de ver, la tradición filosófica poco a poco se había ido alejando, especialmente desde el giro copernicano de Kant. Husserl inicia su investigación filosófica con una crítica certera al naturalismo y al psicologismo.[19] Su meta era poder hacer de la filosofía una verdadera ciencia estricta, fundada en principios objetivos. El volver a las cosas mismas responde a una búsqueda de la verdad. Husserl ve como gran problema el reduccionismo de las corrientes que critica. La fenomenología, entendida como el estudio de la esencia de las cosas tal como emergen en la consciencia, parte de la misma consciencia que, a diferencia de un espectador indolente sentado pasivamente ante la pantalla de un

19. Edmund Husserl, *Investigaciones lógicas*, vol. 1, versión de Manuel G. Morente y José Gaos (Madrid: Alianza Editorial, 2006).

cine, se muestra como una consciencia involucrada que participa vigorosamente en la constitución de la película de la realidad. En este marco, es como un alquimista que da vida a lo inanimado. El objeto de la consciencia, eso es, la «cosa en sí misma», no posee un ser «empacado» dentro de ella esperando ser descubierto, sino que es la consciencia la que a través de la intencionalidad en la que palpita como consciencia, le da forma y esencia. Reformulando, para Husserl no hay objeto de la consciencia sin consciencia, del mismo modo que solo hay consciencia si esta es consciente de algo, de un objeto, y, por lo tanto, solo podemos hablar de consciencia como consciencia-de-algo. A eso, además, debemos añadir que la ontología de los objetos (que siempre son objetos-de-la-consciencia) no yace herméticamente en sí mismo, sino que más bien es la consciencia la que, cual orfebre, forja su ser. En cierto modo, los objetos son entidades ontológicamente insípidas hasta que la consciencia los constituye como ser.

En esta conjunción, la intencionalidad emerge como el conducto por el cual la consciencia, en una prosecución incansable, se orienta y se aferra a los objetos, despojándolos de sus velos accediendo y descifrando su esencia desnuda. Podemos agregar que esto se hace a través de la *epojé* (el detenerse, el detener los juicios). No es este el lugar para extendernos en conceptos como *noesis*, o 'la actividad de la consciencia' y de *noema*, que es 'el objeto intencional al cual se dirige la consciencia'. La intencionalidad, aquí, se erige como nuestro nexo para trascender la apariencia engañosa de los objetos y desvelar su esencia cruda y desnuda, inmersa en el caldo de nuestra vivencia subjetiva. En su esencia última, la manifestación de los objetos en la esfera de la consciencia y la intrínseca intencionalidad que ello entraña se tornan factores vitales para comprender la realidad fenoménica, desde la enunciada perspectiva husserliana.

Según Husserl, la realidad no es un ente monolítico e impasible que aguarda más allá de los límites de la consciencia, sino que, contrariamente, se edifica en las entrañas mismas de la interacción consciencial con el cosmos. Así, la realidad es un edificio cuyos ladrillos coloca la consciencia para dejarla aparecer como un fenómeno en el teatro de nuestra consciencia. Más aún, la fenomenología husserliana propone que la esencia de los objetos no se halla arraigada en sus entrañas, sino que brota, como una fuente manantial, de su manifestación en la consciencia. Aquí, la consciencia entra en juego, no como un observador apático sino más bien como un dinámico arquitecto cuya intencionalidad captura y dota de significado a los objetos, asumiendo un papel cardinal en su manifestación.

A pesar del intento husserliano de redibujar los parámetros del conocimiento humano con el fin de recuperar la realidad tal como es en su esencia, el problema del conocimiento continúa siendo su obstinación al omitir el símbolo y confiar el conocimiento únicamente al concepto. El problema de basar el conocimiento en conceptos es que la realidad siempre se constituirá a imagen y semejanza de los sujetos y de su «yo», o de su consciencia. Es como ocultar el ser de la realidad bajo el velo de un universo de conceptos extendido por el sujeto a todos los ámbitos, hasta generar un marco puramente conceptual. Con este marco, la filosofía y la ciencia intentan dar sentido a los seres humanos, sacrificando una realidad más original a la que solo los símbolos, los mitos y la religión otorgan acceso. La filosofía, mientras deje de lado los símbolos y reduzca la comprensión de la realidad a su conceptualización, seguirá anclada en el mismo problema: el auténtico Ser se le escurrirá entre los dedos cada vez que apriete las manos.

Capítulo 5

Descifrando el enigma mediante conceptos y símbolos

La mitología y la filosofía, en su afán por desentrañar la esencia del Ser, siguen sendas distintas. La mitología apela al poder de los símbolos mientras que la filosofía, como hemos visto, se vale de los conceptos para pensar la realidad. Un símbolo, en su esencia, puede definirse como una imagen invisible que se muestra por medio de otra visible y que adquiere sentido a través de un relato audible. Es una entidad ya sea en forma de imagen, palabra o acción que excede su significado superficial o literal, lo visible, evocando un trasfondo más profundo y abstracto, es decir, lo invisible. Como hemos mostrado anteriormente, el símbolo es una imagen auditiva que transmite mediante una imagen sensible una historia suprasensible que le da sentido desde lo metafísico a lo físico. La sintaxis del símbolo es la relación que tiene cada elemento del símbolo; su semántica es el significado que obtiene a la luz del sendero metafísico; y su pragmática es el contexto cultural o grupal en el que esa semántica cobra sentido. Los miembros del grupo o comunidad pueden entender el símbolo cabalmente porque forman parte de su historia. Solo quien pertenece al grupo, puede ser parte de su símbolo y solo quien es parte del símbolo, puede entenderlo.

En otras palabras, un símbolo encapsula ideas, emociones o valores abstractos, estableciendo un vínculo trascendente y significativo con ellos, engendrando una conexión simbólica y profunda con la condición humana. El símbolo, en su esencia primigenia, oficia como umbral hacia una esfera que trasciende lo aprehensible, alzándonos hacia significados y vivencias que exceden las fronteras de lo meramente perceptible. Terence Mckenna diría que la realidad visible es solo la punta del iceberg de lo que realmente está ocurriendo. Por medio de su facultad evocadora, el símbolo despierta emociones, sensaciones, intuiciones y conexiones que nos enlazan con experiencias abstractas y universales. Asimismo, el mito nos sumerge en un horizonte simbólico que nos invita a explorar la existencia, así como los pliegues metafísicos, insondables en su esencia más íntima.

En contraste radical con la mitología, la filosofía, en su perenne y enmarañada pesquisa por el sentido del Ser, a decir de Heidegger, se respalda desde sus orígenes en el concepto como piedra angular. Las construcciones conceptuales, cual edificios mentales, nos capacitan para jerarquizar, diseccionar y aprehender la realidad de manera racional y abstracta. A través de la asunción conceptual, la filosofía persigue la conquista intelectual y sistemática de los fenómenos y las ideas. Los conceptos nos proporcionan la habilidad de explorar las conexiones entre los objetos y los principios filosóficos, fomentando así nuestra comprensión de la existencia. Pero como hemos ido avanzando anteriormente, mientras que los conceptos van cortando, separando, distinguiendo y diferenciando, el símbolo va uniendo, religando, reconciliando y suturando aquello que el concepto ha roto. El concepto apunta a la diferencia, el símbolo a la unidad. Goethe, apuntando a lo mismo dirá que la síntesis es la verdadera razón.

Inmersos en el torbellino metafísico de la búsqueda trascendental, tanto el mito como la filosofía se lanzan con ímpetu hacia la exploración del enigma existencial. La complejidad se revela como un enigma en perpetuo devenir, solo accesible a los más intrépidos exploradores del pensamiento. Los símbolos están arraigados en una cultura o comunidad específica. Estos símbolos encarnan una rica historia, creencias y valores compartidos por quienes pertenecen a estas tradiciones culturales. Es importante reconocer que los símbolos tienen un significado más allá de lo literal. Actúan como vehículos que nos conectan con ideas abstractas y universales. A través de ellos, el mito nos sumerge en una dimensión simbólica que nos permite explorar y comprender fenómenos complejos de la existencia y cuestiones trascendentales. Los símbolos se despliegan como tesoros encriptados, enredados en la telaraña de la tradición, evocando códigos que abren portales hacia comprensiones más allá de lo superficial.

Así pues, aunque contrapuestos por un lado, el mito y la filosofía se entrelazan por otro lado en la exploración del sentido del Ser. A través de ellos, podemos desentrañar la complejidad de la existencia y comprender su profunda significación. La entelequia simbólica se erige como argamasa inescrutable del mito, al fusionar en sus símbolos los abismos del significado y entrelazar, en vínculo elíptico, lo finito y lo trascendente. El mito, a su vez, utiliza estos símbolos como transmisores de narraciones que encierran arcanos y preceptos universales, engarzando la comprensión del Ser en el vasto eón cósmico. Retomando los ejemplos mencionados anteriormente, la cruz cristiana, emblema arraigado en el cristianismo, y la estrella de David, ícono vibrante del judaísmo, emanan una profusión de narrativas, creencias y valores.

Los símbolos están enraizados en contextos culturales específicos, a diferencia de los conceptos filosóficos que trascienden fronteras. En un contraste formidable con los símbolos —cuya sacralidad y significado tienden a ser circunscritos dentro de microcosmos culturales— los conceptos filosóficos subyacen impávidos frente a tal limitación. Como herramientas que son, estos conceptos se erigen en pilares fundamentales del pensamiento, permitiendo al erudito reflexionar y especular acerca de sus percepciones y sensaciones. Operando como las ganzúas cognoscitivas en el arsenal del filósofo, estos conceptos ofrecen una plataforma para el escrutinio sistemático de su entorno abarcando un espectro que comprende desde la decodificación del esqueleto ontológico, pasando por los cimientos epistemológicos, los dilemas éticos, la taxonomía de la justicia, hasta llegar a las insondables profundidades de la metafísica.

Los conceptos filosóficos, al diferenciarse radicalmente de la fugacidad simbólica, emergen como prismas mentales de alcance supracultural, cincelados con minuciosidad por los filósofos para desentrañar las vetas más herméticas de la realidad. Abordan la existencia, apuntando a los pilares fundamentales de la realidad. Los símbolos, por su parte, se manifiestan en una diversidad de campos como la religión, la política, la literatura y la publicidad. Consisten en las herramientas que cual llaves maestras permiten el acceso a realidades que trascienden la literalidad de las palabras y las imágenes concretas. Estos emisarios de significado, con su poder de evocación que trasciende la apariencia superficial, dejan un impacto emocional duradero al mismo tiempo que modelan las sendas de la cognición y la conducta. Emergen como catalizadores oscuros que vehiculan la transmisión de ideas abisales, valores encriptados y emociones indescifrables, transgrediendo los límites estranguladores de la palabra desnuda y de las imágenes meramente tangibles.

Enraizados en las profundidades abisales de nuestro inconsciente colectivo, estos símbolos polifónicos, impregnan las esferas de la consciencia, descorriendo los dominios ignotos. En el área religiosa, cruces, estrellas y mándalas se usan para simbolizar creencias y vivencias místicas. Tienen un fuerte impacto emocional, devocional y trascendente, ayudando a los religiosos a conectarse con su fe y comprenderla mejor. En el dominio de lo sacro, la iconografía, abarcando un espectro de artefactos emblemáticos, se erige como columna vertebral en la representación de creencias, teoremas teológicos y experiencias metafísicas. Estos símbolos, titanes de significado y conexiones trascendentales, construyen puentes etéreos entre las almas y su fe, abriendo las puertas a abismos de entendimiento y experiencias sagradas.

La esfera política contrasta con lo expuesto anteriormente, donde símbolos como estandartes, blasones, himnos patrióticos y emblemas desfilan como centinelas que marcan y protegen el paisaje cultural, político y filosófico de naciones y partidos. En estos emblemas encontramos valores y un sentido de identidad; inspiran metas compartidas y crean un lazo entre ciudadanos generando un sentido de pertenencia y movilizando emociones en la ciudadanía. Un proverbio popular que algunos atribuyen a Confucio dice «los símbolos son más importantes que las palabras en el avance de la humanidad». En el escenario del arte, los símbolos llevan consigo significados y abstracciones, a menudo más sugerentes. En la literatura, más concretamente, los símbolos asumen matices de significados y conceptos abstractos que invitan a la reflexión.

Autores y artistas juegan con metáforas, alegorías y símbolos visuales para escarbar en la complejidad de temas, desatar emociones y expandir imaginaciones, generando un buffet de interpretaciones que enriquece la experiencia. En publicidad, los símbolos llaman la atención, creando un vínculo entre nosotros y las marcas. Los símbolos son desencadenantes emocionales, catalizadores de la imaginación que, en sus diversas formas, propician hermenéuticas subjetivas, exaltando la experiencia estética, instigando y conminándonos a saltar en abismos reflexivos sobre la quintaesencia humana.

También en esta arena mercadológica y publicitaria hay una estratagema simbólica, en tanto que aquí los símbolos se despliegan para atrapar la mirada, tejer asociaciones benéficas y amalgamar la psique con objetos de consumo. Los símbolos son armas astutas, que atraen y vinculan al público a marcas y productos como abejas a la miel. Logotipos, eslóganes y distintivos visuales se transforman en símbolos potentes heraldos de identidades de empresa y valores incrustados en la marca y anhelos del consumidor. En su sagacidad única, los símbolos comunican y transmiten significados que trascienden lo prosaico del léxico y la imaginería. Diseminados en la variopinta escena humana, estos símbolos son el pan que nutre el diálogo, el viento que aviva emociones y el cincel que moldea percepciones y actos. Será Octavio Paz quien explicara que los símbolos son las piedras de toque de nuestras identidades culturales. Los símbolos hablan más allá de palabras, enriqueciendo la comunicación y evocando emociones. En esencia, nos unen a algo más grande, nos alimentan, nos hacen vivir. No solo de conceptos vive el hombre, sino de todo símbolo que surja de la boca del dios. Desentrañar y venerar la simbología es una invitación a sondar los abismos de la experiencia humana, en un tango con nuestra innata capacidad para lo simbólico y lo trascendental. Desvelar y exaltar la simbología equivale a un descenso a las cavernas de la psique humana, entablando un diálogo con nuestra esencia simbólica y trascendental.

Tal como hemos adelantado anteriormente, el símbolo y el concepto son términos relacionados pero distintos en cuanto a su función, alcance y significado. Como se postuló en pasajes previos, ambos cohabitan el reino semántico, y aunque su correlación pueda parecer inextricable, divergen marcadamente en sus roles y connotaciones. Abocándonos, pues, al núcleo de la presente exposición, examinaremos con escrutinio las discrepancias fundamentales que los distinguen.

Naturaleza

En el vasto escenario de la experiencia humana, los símbolos se presentan como intrincadas piezas de un rompecabezas, capaces de transmitir significados más allá de su existencia física. Estos emisarios perceptivos, expresados a través de formas visuales, sonoras y gestuales, cobran sentido gracias a la atribución que les otorgamos. Los símbolos, en su variada gama de manifestaciones, trascienden los límites perceptuales. Desde las enarboladas banderas hasta los cautivadores logotipos, los símbolos dejan huellas en nuestras memorias. Las letras del alfabeto son diminutas piezas que toman vida al conjugarse, dando forma a palabras que expresan nuestros pensamientos. Los números son abstracciones numéricas que confieren orden y estructura a nuestras concepciones cuantitativas. Estos ejemplos concretos nos brindan una visión de la potencia y la profundidad de los símbolos en nuestra comunicación y comprensión del mundo.

Por otra parte, los conceptos emergen como representaciones tangibles de abstracciones mentales. Son herramientas cognitivas que nos permiten clasificar y comprender categorías específicas de objetos, eventos, fenómenos o relaciones. Los conceptos nos brindan el andamiaje intelectual necesario para organizar y dar sentido al vasto panorama de nuestras percepciones. Mediante ellos, construimos un lenguaje común y compartido, facilitando la comunicación y el intercambio de conocimientos entre los individuos. Los conceptos surgen como manifestaciones objetivadas de las ideas. Se alzan como instrumentos cognitivos que nos facilitan la interpretación, categorización y comprensión de nuestras percepciones. Los conceptos, como pilares intelectuales, nos dotan de la estructura necesaria para organizar y dotar de significado al complejo panorama que nos rodea. A través de ellos, construimos un lenguaje que permite al ser humano la vivencia y comunicación de emociones y el intercambio de ideas y conocimientos. Estos elementos cognitivos constituyen fundamentos básicos en el desarrollo del entendimiento y el razonamiento humano, otorgándole la posibilidad de organizar y conferir sentido al entorno que nos circunda.

Función

Los símbolos pueden ser comparados con abejas laboriosas que vuelan de un lugar a otro, recolectando y transportando el polen de ideas, conceptos y significados a través del campo floreciente del lenguaje que todos compartimos. Pero eso no es todo, también tienen una dimensión sentimental en tanto que pueden evocar emociones y sentimientos, y arrancarnos lágrimas de los ojos o una sonrisa de la boca. Más aun, actúan como uniformes que unen a un equipo; representan y fortalecen la identidad de un grupo o cultura, siendo una fuente de orgullo y un recordatorio de lo que tienen en común. Los símbolos se constituyen como naves excelsas en la travesía de la comunicación, portando las ideas, las construcciones conceptuales y los significados a través de un lenguaje armónico y acordado. Además, se despliegan como conjuradores de emociones y latidos del alma, y, con la misma maestría, se presentan como pabellones que reafirman y enarbolan la identidad cultural y colectiva.

Por su parte, los conceptos son como cajones que nos ayudan a mantener todo en orden en el armario. Sin ellos, reinaría el caos y el desorden. Los conceptos, por tanto, entran en acción cuando necesitamos organizar, categorizar y tratar de entender este inmenso y, a veces, desconcertante mundo en el que vivimos. En el campo de la comunicación, sin conceptos solo estaríamos gruñendo y gesticulando constantemente. En el dominio cognitivo, los conceptos nos permiten agrupar cosas similares. Por ejemplo, el concepto «frutas» puede referirse a manzanas, peras, o plátanos, pero no guitarras.

Concreción

Los símbolos, que encuentran su morada tanto en el mundo tangible como en el perceptible, sirven como vasos comunicantes para representar el vasto universo de conceptos e ideas abstractas. Los símbolos se enmascaran o disfrazan en una gran variedad de formas. Una imagen es un portal hacia significados más profundos; un sonido posee connotaciones ocultas; un gesto es un término de un idioma universal; y una palabra encarna una realidad trascendente. Los símbolos se definen como entes que portan una naturaleza tangible o que se hacen perceptibles a nuestros sentidos, y desempeñan un papel crítico en la representación de elementos abstractos o conceptuales. Son camaleónicos en su naturaleza, y su esencia puede tomar la forma de un constructo visual, una onda sonora, una expresión corporal o una secuencia de caracteres inmortalizados.

Un símbolo es un elemento tangible que representa un concepto o noción, mientras que los conceptos son abstracciones mentales carentes de forma física y, por ende, desafían la detección sensorial. Los conceptos son construcciones mentales destinadas a organizar y otorgar sentido a la información, pero necesitan de los símbolos como vehículos de transmisión o comunicación. Los conceptos son herramientas intangibles, forjadas en las fraguas del pensamiento, que sirven como brújulas intelectuales al ser humano en su travesía de la interpretación de su entorno. Los símbolos, por su parte, emergen como balizas tangibles, portando en sus espaldas el peso de representar esas abstracciones etéreas. Cual puentes, traducen las ideas abstractas a un lenguaje que nuestros sentidos puedan comprender. Para decirlo de otra forma, los conceptos son los arquitectos que moldean significados y estructuras, mientras que los símbolos son los mensajeros que transportan esas edificaciones mentales a través de las ondas de la comunicación.

A diferencia de lo que la tradición filosófica occidental parece haber creído, especialmente a partir de la Ilustración, estas diferencias en naturaleza, función y concreción que distinguen el símbolo del concepto no significan que símbolo y concepto sean incompatibles. Todo lo contrario, cuando se permite su coexistencia, el concepto se apropia cabalmente del símbolo. A diferencia del arrinconamiento del símbolo en favor del concepto, o incluso de la sustitución del símbolo por el concepto, a las que antes nos hemos referido, la apropiación idónea del símbolo por parte del concepto radica en no procurar su desplazamiento, sino en otorgarle el espacio para su ser. La factibilidad de conceptualizar el símbolo, pero sin menoscabar ni obliterar su naturaleza, reside en la precariedad, la provisionalidad y la libertad. A través de la observación meditativa, se asoma una conceptualización despojada de la abstracción aristotélica y un acercamiento al símbolo que no lo arranca, sino que nos inserta, incluye o incorpora en él. En nuestra aspiración filosófica hacia el estudio del símbolo, no podemos desestimar el valor del concepto, sino que proponemos una modalidad de conceptualización que preserve la inherente profundidad y potencia del símbolo. Esta otra modalidad de conceptualización de raíz no aristotélica es la analogía, y su mayor virtud es la de conceptualizar sin matar al símbolo. Los conceptos de analogía, univocidad y equivocidad de los que hablamos se remiten a la escolástica, pero poseen su origen en los conceptos de sinonimia, homonimia y paronimia de Aristóteles. Existen tres tipos de analogías mediante las cuales es posible constituir o configurar un concepto: la analogía de atribución intrínseca, la analogía de atribución extrínseca y la analogía de proporcionalidad.

La analogía de atribución intrínseca

Si bien es cierto que los conceptos de analogía, univocidad y equivocidad se utilizan en la escolástica realista, nosotros nos vamos a valer de estos conceptos sin la necesidad de adscribirnos a esa escuela. La analogía de atribución intrínseca es su correlato lógico, su expresión semántica. La analogía de atribución intrínseca es aquella según la cual un conjunto de elementos o entes adquieren su significado según un analogado principal que les pertenece intrínsecamente a todos. Por ejemplo, «saludable» es una cualidad que le pertenece intrínsecamente al agua, pero porque conserva la salud del organismo. El medicamento es intrínsecamente saludable, pero porque cura al organismo. Hacer ejercicio es saludable, pero siempre y cuando conserve la salud del organismo. «Saludable» le pertenece intrínseca y propiamente al organismo porque es el que lo conserva, y recibe la causa del agua, el medicamento y el ejercicio. Entonces, los otros elementos de la analogía participan de la propiedad que le corresponde propiamente al organismo y adquieren su significación remitiéndose a este. Por eso se dice que en esta analogía hay un analogado principal, porque es el que posee propiamente el significado y se lo otorga a los demás.

La analogía de atribución extrínseca

La analogía de atribución extrínseca es aquella mediante la cual una propiedad pertenece intrínseca o propiamente a una entidad y, simultáneamente, pertenece también a otra de manera extrínseca o impropia. Por ejemplo, en la expresión 'Jesús es el león de la tribu de Juda', el atributo león le pertenece intrínsecamente al león y extrínsecamente a Jesús porque no es un león. Lo que hace esta analogía es mostrar que la fuerza del león es semejante a la fuerza de Jesús. De hecho, la analogía de atribución extrínseca vendría a ser algo así como una metáfora en la que la atribución extrínseca pertenece propiamente al león, pero también, aunque de una manera muy accesoria, a Jesucristo.

La analogía de proporcionalidad

El enunciado de la analogía de proporcionalidad, que posee un *logo* o 'medida' que 'comunica' los cuatro elementos de la analogía, dice que A es a B lo que C es a D; o lo que es lo mismo, 1 es a 2 lo que 3 es a 4. Por ejemplo, «Platón es a Aristóteles lo que Hegel es a Marx». Si sabemos que Platón fue el maestro de Aristóteles, comprenderemos que Hegel fue el maestro de Marx y estaremos efectuando una proporción. Del mismo modo, si decimos que «Bolivia le es a la Argentina lo que Canadá le es a EE. UU.» estaremos enunciando una proporcionalidad. En la analogía de proporcionalidad, el símbolo visible posee menos jerarquía que el invisible que es supereminente.

En los tres casos de analogía es posible la conceptualización del símbolo sin matarlo. En la analogía de atribución intrínseca, el signo visible participa del invisible y adquiere su significación de él. La propiedad pertenece al signo invisible, que es el analogado principal, pero secundariamente también pertenece al visible, que es su expresión. En el estudio de esta analogía, discernimos una esencia común o compartida, dada primordialmente en el analogado principal o, según su magnitud, en el contexto de proporción. Sin embargo, este marco nos concede la libertad de incorporar diversidad en los analogados subsiguientes.

En la analogía de atribución extrínseca existe una representación metafórica. Es decir, una analogía basada en atribuciones externas. Por ejemplo, Jesús dice que el reino celestial es similar a una semilla de mostaza.

> El reino de los cielos es semejante al grano de mostaza, que un hombre tomó y sembró en su campo; el cual a la verdad es la más pequeña de todas las semillas; pero cuando ha crecido, es la mayor de las hortalizas, y se hace árbol, de tal manera que vienen las aves del cielo y hacen nidos en sus ramas.
>
> (Mateo, 13:31-32)

En el reino celestial no existen semillas de mostaza. En el cielo no se encuentra una versión superior y perfecta de la semilla de mostaza terrenal. No obstante, Jesús emplea un signo visible como metáfora de lo invisible.

Finalmente, el símbolo continúa vivo en la analogía de proporcionalidad en tanto que hay uno que es más y otro que es menos. Es decir, la justicia en el mundo inteligible es mucho más plena que la justicia en el mundo perceptible. La belleza de la realidad inteligible supera con creces a la belleza de la realidad perceptible. La analogía de proporcionalidad significa que existe una proporción en el ente que muestra el Ser, pero una proporción mucho mayor en el Ser.

Lo que estas tres analogías ponen de manifiesto es que, a diferencia de la conceptualización como univocidad, hay un modo de conceptualizar que preserva el símbolo, en lugar de omitirlo. El giro simbólico recupera las condiciones que permiten que la filosofía pueda pensar la realidad mediante conceptos, pero preservando el símbolo.

Capítulo 6

Buscando significado en un universo de símbolos

Más allá de las facultades racionales y lingüísticas con las que a partir de la Ilustración se definió al ser humano, la especie humana también se distingue por su naturaleza simbólica. Es debido a esta naturaleza simbólica que la humanidad, desde sus albores, ha generado narraciones mitológicas sagradas que han explorado la figura de un Dios origen, fuente o creador del mundo. La corte de las divinidades mitológicas y el panteón de la filosofía se inclinan ante esta realidad. Heidegger, navegando en las aguas tumultuosas de la metafísica, izó su estandarte en la búsqueda del sentido del Ser.

Estos relatos mitológicos están cargados de una significación cuya doble estructura de forma y finalidad ha servido para dotar la odisea de la existencia humana de coherencia y rumbo. La significación, operando en la penumbra como un demiurgo taciturno, erige esqueletos y finalidades que, con maestría quirúrgica, cosen coherencia a la experiencia humana. Es a través de esta estructura de forma y propósito (*telos*) que componen la significación que, el *Homo sapiens*, ahora como un *Homo symbolicus* proceloso y polifacético, navega los mares tempestuosos de su existencia, inmerso en una dialéctica de creación y rastreo de semánticas, forjando alquimias en las esferas de lo mítico y lo filosófico por igual. El mito emerge como una facultad de la mente humana que confiere orden a lo caótico y otorga un propósito a lo que carece de sentido, encauzando así esta configuración hacia una dirección determinada. Tanto el mito como el concepto tratan de conferir orden, pero mientras el mito apunta hacia un orden con relación al ser, el concepto se esfuerza por organizar el caos egoico a nivel existencial. El anhelo humano por alcanzar la felicidad y la plenitud se manifiesta como el eje conductor de esta configuración, y la mente humana busca consuelo y significado a través de sus propias narrativas, desechando aquellas que carecen de trascendencia. Es precisamente desde esta perspectiva que es posible afirmar que, del mismo modo que no existe nada ajeno al ámbito del lenguaje, tampoco existe nada ajeno al ámbito del mito. Mito y lenguaje son dos ámbitos que se interpenetran y se necesitan. De hecho, si el mito es relato, y el relato lenguaje, el ser humano no puede relacionarse con el mundo sin una significación que le dé sentido. Al mismo tiempo, si el significado brota del lenguaje, y es el lenguaje el que nos abre al mundo, o incluso habitamos el mundo mediante el lenguaje, o mejor, el mundo del lenguaje, entonces debemos admitir con Heidegger que el lenguaje es la morada del Ser y el hombre su pastor.

Es mediante el lenguaje que, el *Homo sapiens*, artífice de su propia odisea, urde narrativas míticas como andamios sobre los cuales escalar hacia una comprensión más sublime. El *Homo symbolicus*, en su incursión hermenéutica en la construcción de narrativas míticas, despliega un armazón expositivo que amalgama su experiencia y aspira a infundirle un sutil cariz en simbiosis con su afán axiológico hacia la culminación ontológica. Son intentos de conjurar un armazón coherente que respalde la búsqueda de plenitud. Por medio del mito, el entramado cognitivo humano logra sobrepasar el velo de la realidad tangible y se interna en una dimensión en la que los sucesos ostentan una resonancia más abisal y evocativa. El mito es un catalejo que nos permite mirar más allá de la cortina de lo ordinario, de lo meramente fáctico y mesurable, en un cosmos donde el eco de cada acción resuena con propósito. Tal narrativa es un atlas, un tomo antiguo y gastado por el uso, por el cual navegamos en busca de la esencia de nuestra humanidad.

Es así como la fábula mitológica adquiere la estatura de un elemento *sine qua non* para la exploración de la condición humana y el acercamiento a un entendimiento más exhaustivo de la existencia. La intelección humana, armada con mitos cual baluartes, brega para metamorfosear lo incoherente en coherencia e instilar propósito en lo azaroso, proyectando su anhelo de plenitud. Al abrazar el mito, uno se empodera en la búsqueda de patrones en el caos, dando propósito y cohesión a lo inexplicable. Muchos de aquellos que se adhieren únicamente a una perspectiva racionalista, habiendo cuestionado y desacreditado los mitos, experimentan un profundo sentimiento de desorientación y vacío existencial. Se percatan de que sus vidas carecen de un propósito trascendente y se ven inmersos en un contexto de relaciones superficiales y meramente transaccionales, desprovistas de genuino afecto y compromiso. Esta constatación surge debido a que nuestra realidad se encuentra intrínsecamente vinculada a la búsqueda y el hallazgo de sentido en ámbitos que transcienden los límites impuestos por el racionalismo. Al despojarse de las narrativas mitológicas, el racionalismo ha sacrificado la trascendencia por el mero pragmatismo utilitario, negándose a sí mismo la posibilidad de zambullirse en el foso del significado intrínseco e indescifrable y establecer conexiones con una dimensión más elevada de la existencia. La razón humana puede poseer dos funciones, crear verdades o descubrirlas, nosotros nos situamos junto a los descubridores y no con quienes las manufacturan.

El giro racionalista nos ha privado el acceso a aquella plataforma que se alimenta de un sentido que sobrepasa la mera racionalidad y engloba relaciones íntimas y significativas con los demás y con el entorno que nos envuelve. En ausencia del mito, las relaciones humanas se ven relegadas a un utilitarismo, donde el amor, la amistad, la empatía y la compasión quedan sometidos a intereses meramente pragmáticos. Este enfoque limitado y estrecho deja un vacío emocional en la vida al desvanecerse la esencia misma de nuestras interacciones, dejando lugar para la despersonalización y la alienación. Es en este contexto que se evidencia la importancia del mito como fuente vital de significado.

Los mortales son seres fracturados y los símbolos míticos les ayudan a suturar esas fracturas en búsqueda de la unidad sagrada primigenia llamada el Sendero Retroprogresivo. A través de la mitología, las sociedades han hallado el cauce para impregnar de sentido su existencia, explorar los enigmas trascendentales y entablar una íntima comunión con su entorno. Estas sociedades han explorado los abismos inescrutables y establecido un vínculo sacralizado con el universo circundante. Al reivindicar y aprehender la pertinencia del mito, podemos restaurar un sentimiento de plenitud y trascendencia, y nutrir nuestras interacciones con autenticidad y propósito de mayor envergadura. Al desentrañar la significación simbólica del mito en nuestras vidas, avivamos la llama de una restauración mística y transfiguradora, nutriendo nuestras relaciones con una autenticidad ontológica y un propósito que se arraiga en la enigmática profundidad.

Uno de los fundamentos conceptuales en la filosofía heideggeriana se cimienta en el enigma de lo que en alemán se ha llamado *die Welt des Lebens* o *Lebenswelt*, y que podemos traducir como 'el mundo de la vida'. Con 'el mundo de la vida', Heidegger se refiere al contexto cotidiano y práctico compartible y compartido por los seres humanos. No obstante, este crisol que abarca la aprehensión del ser humano en su existencia cotidiana, irradiando sobre el entorno que nos rodea, el hábitat en el que moramos, trabajamos y nos entrelazamos con nuestros semejantes, hace referencia a la dimensión ontológica de la existencia humana y no meramente epistemológica.

Según la perspectiva heideggeriana, el cosmos de lo vivencial constituye el telón de fondo donde germinan y florecen nuestras inquietudes, necesidades latentes y anhelos desbordantes, y donde desvelamos y conferimos sentido a nuestro universo. Según Heidegger, este universo vital se halla perpetuamente latente en nuestra existencia cotidiana, aunque con frecuencia lo demos por hecho y no lo cuestionemos. Sin embargo, cuando reflexionamos y analizamos nuestra interpretación de este mundo vital que indefectiblemente late en nosotros, descubrimos perspectivas novedosas y modos frescos de aprehender con mayor profundidad nuestra propia existencia. La interconexión que articula nuestra entidad con el cosmos se caracteriza por su índole pragmática, no teórica. El universo de lo vivencial se corresponde con el espectro integrado por la totalidad de los entes que nos circundan. Es imperativo comprender que no todas las entidades que irrumpen en nuestro horizonte son componentes esenciales de nuestro cosmos, sino solo aquellas que se nos revelan como familiares y cargadas de significado. En otras palabras, solo los entes que albergan para nosotros un sentido concreto y significativo adquieren el estatus de integrantes de nuestro mundo vital. Pongamos por caso que en nuestro jardín reside un sapo que ha logrado eludir a una serpiente. Sin embargo, esa dramaturgia es ajena a nuestro mundo, es extranjera a nuestra realidad. Ignoramos la existencia del sapo y de la serpiente y, por ende, ese drama no nos afectará, no nos conmoverá ni nos emocionará y, por tanto, no nos modificará ni alterará en modo alguno. En consecuencia, el mundo de la vida está formado por el conjunto de entes que sí nos son familiares y significativos porque atribuyen sentido a nuestra vida. Los demás, a pesar de coexistir igualmente, permanecen en una suerte de purgatorio ontológico, externos a la realidad que habitamos y experimentamos.

Este hecho, aunque a primera vista pueda parecer banal, es esencial para comprender cómo nos vinculamos con el mundo y cómo definimos nuestro lugar dentro de este. En este sentido, es fundamental subrayar que la auténtica conexión con el mundo no se sustenta en una relación teórica o abstracta, sino en la praxis y en la significación. Heidegger explicita esto con una frase muy famosa en la obra *Ser y Tiempo*: «Ser es en todo caso el ser de un ente».[20] Heidegger tiene esta perspectiva, que preguntarse por el sentido del Ser, es preguntarse siempre por el sentido del ser del ente concreto, vivo, histórico. Solo a través de esta última es posible establecer un vínculo profundo y auténtico con el entorno, proporcionándole a nuestra existencia un sentido pleno y concreto, en ningún caso dependiente de horizontales trascendentales *a priori* ni propósitos supremos previvenciales.

Este mismo aspecto fue abordado de manera contundente por Friedrich Nietzsche, quien ya nos había advertido que la creencia en que la vida habite un propósito o significado prefigurado no era más que una falacia, dado que, en última instancia, la vida se despliega en un orden caótico y absurdo. En su obra *Así habló Zaratustra*, Nietzsche introduce la noción del «eterno retorno», expresión con la que sugiere que todo cuanto acontece en el universo se repetirá

20. Martin Heidegger, *El ser y el tiempo*, trad. José Gaos (México: Fondo de Cultura Económica, 1951; 6.ª reimp., 1995), §3, 18.

incansablemente.[21] Dicha proposición enigmática indudablemente mina cualquier propósito o dirección final prestablecida en la historia del mundo, es decir, descarta cualquier posibilidad de progreso en favor del retroprogreso.

Asimismo, Nietzsche rechaza situar en una deidad la significación de la vida, proclamando que nos corresponde la tarea de construir nuestra significación existencial a través de la construcción de nuestros propios valores y metas. La premisa de Nietzsche sugiere que la vida se erige como una existencia destituida de sentido, exigiendo la creación consciente de nuestras metas y valores para hallar significado.

En simetría con este planteamiento, Alberto Camus esgrime que la existencia se yergue como un enigma absurdo, desprovisto de una finalidad o propósito intrínseco. En el vasto espacio del universo filosófico, Camus enarbola la bandera de la futilidad de la búsqueda de un sentido absoluto en la existencia. *El Mito de Sísifo* desvela la tensión entre la búsqueda del ser humano por hallar sentido en un cosmos indiferente y la realidad que nos recuerda la falta de significación en la existencia. Desde su postura implacable, solo aquellos atrapados en las garras de la creencia en un significado trascendental se precipitan hacia el suicidio. En *El Mito de Sísifo*, Camus aborda el tema del suicidio. Si la vida carece de sentido, ¿el suicidio podría ser la respuesta? En una de sus reflexiones Camus dice:

> No hay más que un problema filosófico verdaderamente serio: el suicidio. Juzgar si la vida vale o no vale la pena de vivirla es responder a la pregunta fundamental de la filosofía. Las demás, si el mundo tiene tres dimensiones, si el espíritu tiene nueve o doce categorías, vienen a continuación. Se trata de juegos; primeramente hay que responder.[22]

21. Friedrich Nietzsche, *Así habló Zaratustra: Un libro para todos y para nadie*, trad., introd. y notas de Andrés Sánchez Pascual (Madrid: Alianza Editorial, 2003), 308–9, cap. «El convaleciente».

22. Albert Camus, *El mito de Sísifo: Ensayo sobre el absurdo*, trad. Luis Echávarri (Buenos Aires: Editorial Losada, 1945), 3, cap. «Un razonamiento absurdo».

Aquellos cautivos en las redes del engaño trascendental marchan hacia el abismo sombrío de la autodestrucción. Si bien esta postura podría parecer un eco desalentador, también nos abre las puertas hacia la liberación y el autodescubrimiento. Enfrentados a la indiferencia cósmica, la ausencia de un sentido existencial prestablecido nos brinda la oportunidad de erigirnos como arquitectos de nuestro sentido, hallando en lo tangible un abrigo de significado. Frente a la faz impávida del cosmos podemos ser los creadores de nuestro propio sentido y propósito enlazándonos con otros y comprometiéndonos con causas que nos son afines e intrínsecas, discerniendo el valor en lo inmediato y palpable. A través de este abrazo al absurdo, nos despojamos del desconcierto que conlleva la fatigante búsqueda de un sentido absoluto y trascendental. De esta manera encontramos, en cambio, un deleite y un propósito en las acciones y relaciones en nuestra cotidianeidad. En el universo absurdo pintado por Camus, el sentido no se desvela, sino que se erige y se reconfigura en cada latido del existir. Y es en este acto de creación donde podemos encontrar una forma de libertad y un propósito que, aunque efímero y contingente, puede otorgar valor y riqueza a nuestras vidas.

Esta corriente existencialista con la que Camus aborda la cuestión del sentido de la vida parece arraigada en las ideas y obras de autores anteriores dentro del firmamento filosófico, entre los que podemos destacar a Arthur Schopenhauer y, más concretamente, su magna obra *El mundo como voluntad y representación*.[23]

En esta travesía filosófica, Schopenhauer desvela la ilusión de un sentido trascendental, sumergiendo al lector en un mar de perplejidades y cuestionamientos. La búsqueda desesperada de un propósito absoluto se desvanece en la vorágine de sufrimiento y descontento que nos envuelve. Schopenhauer sostuvo que el único sendero para encontrar algo similar a la felicidad es a través de la negación del deseo y la renuncia a las ambiciones mundanas. Basándose en sus conocimientos de *vedānta* y budismo, apela a la

23. Arthur Schopenhauer, *El mundo como voluntad y representación*, vol. 1, trad., introd. y notas de Pilar López de Santa María (Madrid: Editorial Trotta, 2004), secciones 68-71, 214-229.

negación de la voluntad, y propone vías de escape más que caminos a la felicidad. En su profunda reflexión, la renuncia a los deseos efímeros y la contemplación de la naturaleza y el arte emergen como faros luminosos en la noche oscura de la comprensión. En la esfera del pensamiento occidental, numerosos eruditos han concluido que el Homo sapiens no es más que una aglomeración biológica, una suma de células, predestinada a degradarse y reintegrarse a los elementos, tal como se declara en el ancestral Génesis:

> בְּזֵעַת אַפֶּיךָ תֹּאכַל לֶחֶם עַד שׁוּבְךָ אֶל־הָאֲדָמָה כִּי מִמֶּנָּה לֻקָּחְתָּ כִּי־עָפָר אַתָּה וְאֶל־עָפָר תָּשׁוּב׃
>
> (בראשית ג', י"ט)

> Con el sudor de tu frente comerás el pan hasta que vuelvas a la tierra, pues de ella fuiste tomado; pues polvo eres y al polvo volverás.
>
> (Génesis, 3:19)

Los posicionamientos de Schopenhauer y Camus, pero también de Nietzsche y Heidegger, abren un nuevo paradigma de corte hermenéutico en el que el ser humano, mediante su aparato cognoscitivo, se esfuerza en dotar de estructura a lo amorfo y atribuir significado a lo nimio e intrascendente. Dicha escaleta, homologable a un guion fílmico o teatral, encierra el anecdotario, la trama, los seres, las interlocuciones y todos los detalles necesarios para su despliegue. Al relatar o narrar, esculpimos un escenario sobre el cual nos sumergimos en la edificación de una crónica que trasciende la mera concatenación de eventos, dotando de congruencia y significado a la vicisitud humana. En el umbral de este universo dictado por la narrativa, el individuo se atribuye un cometido y encarna un ser, adoptando una nueva identidad. Gracias al relato, nos convertimos en actores y protagonistas, desplegando nuestras habilidades interpretativas y generando sentido a través de las interacciones y elecciones que realizamos en el desarrollo de nuestro papel. Este proceso narrativo nos permite dar forma y estructura a los aspectos caóticos y desordenados de la realidad, y nos brinda la capacidad de atribuirles un sentido y una dirección. De este modo, encarnar un personaje específico y participar en la historia que nos hemos forjado nos concede un marco interpretativo y una base simbólica desde la cual construimos significado y comprendemos nuestra existencia. A través de la actividad narrativa, nuestra mente se esfuerza por conferir orden, significado y propósito mediante una trama que moldea los personajes. Al sumergirnos en esta representación ficcional, nos embarcamos en un viaje donde creamos sentido y nos adentramos en la complejidad de nuestra propia existencia.

Capítulo 7

Semiótica: explorando el lenguaje de los signos y los símbolos

Como ya habíamos avanzado, la creación de significado a través del relato mitológico sucede mediante signos y símbolos, cuyo estudio recibe el nombre de semiótica, término que se deriva de la palabra griega *sēmeiōtikós* (σημειωτικός), que a su vez proviene del griego *semeion*, equivalente en español a los vocablos 'símbolo' o 'señal'. La semiótica, o semiología dependiendo del enfoque académico, es la rama de la filosofía que, con la ayuda de componentes de otras vertientes académicas como la lingüística, la sociología y la psicología. Estudia, de manera científica, la comunicación a través de las señales, indicaciones, representaciones, signos y símbolos. Esto incluye tanto el análisis interpretativo como el generativo de dichos elementos. A pesar de que la disciplina de la semiótica en sí es relativamente moderna, los inicios del estudio de los signos y sus significados tienen raíces milenarias. En la Grecia clásica, filósofos como Platón y Aristóteles ya investigaron con especial interés acerca de la formación y transmisión de significados a través del lenguaje y la comunicación.

Antes de ahondar en el contenido de esta disciplina, cabe distinguir brevemente entre dos términos que a veces se han entendido como sinónimos, pero que encierran sutiles diferencias: la semiología y la semiótica. La semiología fue definida por su principal precursor, Ferdinand de Saussure, en el siglo XIX como «una ciencia que estudie la vida de los signos en el seno de la vida social».[24] Podría entenderse como el estudio de los símbolos y los

24. Ferdinand de Saussure, *Curso de lingüística general*, trad., pról. y notas de Amado Alonso (Buenos Aires: Editorial Losada, 1945), §3, 43.

signos, es decir, todo aquello que comunique un mensaje que un receptor debe interpretar, así como la forma en la que los humanos los crean. Para Saussure, el objetivo de la semiología era entender los signos de la comunicación.

Por otro lado, la semiótica podría entenderse como la disciplina que pretende comprender cómo se articulan los procesos de significación, conduciendo así hacia dos campos de conocimiento: la lingüística y la epistemología. El filósofo estadounidense Charles Peirce (1893-1914), considerado como uno de sus fundadores, definió la semiótica como «doctrina formal o cuasi necesaria de los signos», la cual se basaría en la relación entre un símbolo, un objeto y un intérprete.[25] En cierto modo, y de manera parecida a la semiología, la semiótica como disciplina tendría la tarea de estudiar y comprender cómo se articulan los procesos de significación en todos los sistemas de comunicación posibles. Asimismo, la semiótica engloba tres ramas fundamentales que son la sintaxis, la semántica y la pragmática, las cuales pueden concebirse como los tres ejes centrales del discurso en relación con el signo, y consecuentemente, las tres vertientes cruciales del análisis semiótico. Aunque inicialmente la semiótica se asociaba únicamente con el campo de la lingüística, reconocidos académicos de la disciplina, como el italiano Umberto Eco (1932-2016), han sostenido que las raíces de la semiótica pueden encontrarse en los trabajos de la mayoría de los grandes pensadores de la tradición occidental.

Además de la semiótica y la semiología, también debemos mencionar la semiosis, a la cual podríamos definir como la instancia donde «algo adquiere significado para alguien», es decir, cuando algo se convierte en portador de sentido. El término *semiosis* proviene del griego *sēmeíōsis* (σημείωσις), derivado del verbo *sēmeiô*, (σημειῶ), que podríamos traducir como 'marcar' y que consiste en el proceso de producción de significados a partir de signos. Dicho proceso sucede en el ámbito mental del intérprete, iniciándose con la percepción del signo y finalizando con la presencia del signo en su mente.

25. Charles Sanders Peirce, *La ciencia de la semiótica* (Buenos Aires: Ediciones Nueva Visión, 1974), 13.

Por lo que se refiere al signo, Peirce diferenció tres tipos diferentes, como son el icónico, donde el signo es similar a lo que representa; el indexético, donde el signo se asocia con aquello de lo cual es signo; y el simbólico, donde el signo es únicamente un eslabón arbitrario. Entre una gran variedad de clasificaciones, encontramos también la denotación (el significado del signo), la connotación (otros signos que se asocian con él), el pragmático (signos que entre unos pueden representar a otros) y sintagmático (signos que se eslabonan encadenándose). El signo, además, puede también estudiarse a través de las tres ramas de la semiótica, como hemos indicado anteriormente. Es decir, podemos analizar la sintaxis, la semántica y la pragmática del signo. Veamos estos tres ámbitos más detenidamente:

La sintaxis del signo analiza la relación entre diversos signos o símbolos. Consideremos, a modo de ilustración, la correlación entre un punto y una coma, o la distinción entre letras mayúsculas y minúsculas. Esta dimensión abarca el dominio de las letras y los números, y examina cómo interactúan entre sí. Así, mientras que «semiótica» es una disposición adecuada de signos, «semiocita» es un error sintáctico. Por ejemplo, mientras que 1+1=2 sería una estructura sintáctica correcta, +11=2 sería un error. Un error sintáctico se produce cuando un signo no está alineado correctamente en relación con otro. En el ámbito de la lingüística, tal error refiere a deficiencias en la estructura de la oración. Básicamente, la sintáctica es la rama que analiza cómo se vinculan, relacionan y coordinan entre sí los signos.

La semántica del signo estudia la relación de un signo con un designado, cuyo resultado es un significado concreto. Por ejemplo, un semáforo: cuando se ilumina en verde, su interpretación es «proceder», mientras que su luz roja transmite el mensaje «parar». En esta situación, el designado o el referente sería el «deténgase» y el significado sería el frenar y no continuar avanzando o «prohibido avanzar». Dentro del contexto de la semántica, los signos se pueden clasificar en tres diferentes categorías: naturales, icónicos y convencionales.

- **Naturales:** el trueno es un signo natural que presagia la inminencia de una precipitación.
- **Icónicos:** ejemplares de los signos icónicos son los distintivos o logotipos de marcas reconocidas como Adidas, Coca Cola o Nike, así como los escudos de equipos deportivos.
- **Convencionales:** los signos convencionales o artificiales derivan su significado de un acuerdo colectivo o por consenso social. El semáforo es un ejemplo clásico, porque en su naturaleza, actúa como un emblema de la construcción social y las normativas colectivas. A través de la historia, se ha impuesto una interpretación consensuada a cada uno de los colores que emiten sus luces. No obstante, bien podríamos haber acordado una paleta cromática distinta con atribuciones diversas y otros significados. Sin embargo, por convención, hemos acordado que el color verde nos invita a continuar nuestra marcha, mientras que el rojo nos exige frenar. En este panorama de simbolismo, lo que el signo denota —sea por naturaleza o acuerdo— se convierte en su significado primordial.

En estos tres tipos de signos, el designado será el significado, natural o convencional, asociado con un signo. Ilustrativamente, cuando una tetera libera un silbido, nos comunica que el agua en su interior ha alcanzado el punto de ebullición.

Por último, **la pragmática del signo** examina la interacción que mantienen el signo con los contextos del receptor y del intérprete, lo que además también incluye aspectos como el propósito del transmisor, lo insinuado o las connotaciones o las acciones manifestadas en promesas, interrogantes o directrices. Asimismo, esta tercera rama de la semiótica estudia el impacto del trasfondo histórico y cultural en la decodificación de un signo. Pongamos como ejemplo el conocido gesto de saludo del nacionalsocialismo alzando un brazo. En occidente, si una persona extiende su brazo derecho de esa manera inmediatamente será catalogado con connotaciones nazis. Sin embargo, replicando el mismo gesto ante miembros de una tribu Bantú, es improbable que se le asocie a dicha ideología, dado que dentro de este contexto el trasfondo histórico es irrelevante. La diferencia está basada en el hecho que dicho contexto histórico no es pertinente para que alguien pueda deducir esa señal en su significado. Todo signo adquiere un significado específico según el contexto en que se manifiesta. Al representar un símbolo religioso ante un observador ajeno a esa tradición no reconocerá la sacralidad del símbolo en cuestión. Si la otra persona no conoce el contexto cultural adecuado le será imposible entender su significado. Tomemos el ejemplo de la Cruz y la evangelización de América. Los esfuerzos por trasmitir su significado en la obra evangelizadora fueron arduos, justamente debido a la falta de trasfondo histórico. Por eso, se pueden observar en la historia cruces con tintes aborígenes, que hoy serían vistas como sincréticas desde una perspectiva católica, pero que responden a la necesidad de poder trasmitir el sentido de la Cruz, desde el horizonte del observador aborigen.

Una vez que hemos visto de manera detallada qué son los signos y cómo operan, será también importante reconocer la distinción esencial entre signo y símbolo. Por un lado, el signo no se limita a un mero significado, sino que también evoca valores y connotaciones emocionales, y puede ser interpretado por todo ser humano e incluso ciertas especies de animales. Sus significados están relacionados con una situación concreta, un propósito determinado o una función específica. El signo exhibe universalidad y trasciende las barreras del lenguaje porque es entendible y descifrable más allá del idioma de forma inmediata, sin necesidad de un contexto específico para ser dilucidado. Funciona como una representación tangible con una interpretación inequívoca, clara y directa. El signo es utilitario, pues su principal propósito es la comunicación eficaz de datos o la transmisión de información.

Por su parte, el símbolo, imbuido de un matiz cultural, es polisémico, ya que su significado varía según el receptor. Ninguna fenomenicidad agota su significado y, por ende, acepta una variedad de interpretaciones. Su comprensión no es universalmente humana y escapa por completo a la esfera animal, dada su naturaleza amplia, profunda y abstracta. Todo esfuerzo por acceder al símbolo requiere una base de conocimiento preexistente, comúnmente presentada en forma de narración. La función del símbolo es la transmisión de ideas, sensaciones, emociones, estados anímicos, valores e ideales, y su uso carece de sentido utilitario. El símbolo actúa como puente, conectando, integrando, fusionando, religando y consolidando.

Igual que sucede con los signos, la semiótica también aborda las tres dimensiones del símbolo, eso es, su sintaxis, su semántica y su pragmática.

Para empezar, **la sintaxis del símbolo** aborda la naturaleza de la relación sintáctica entre símbolos. También en el ámbito simbólico una realidad se muestra siempre a través de otra y nunca por sí misma de forma directa. Una realidad sacra se muestra mediante otra. La principal característica del símbolo es la relación o interacción que el signo perceptible o manifestado mantiene con lo imperceptible o inmanifiesto, eso es, el vínculo del signo visible con lo invisible. Veamos como ejemplo de este vínculo el modo en que, debido a la prohibición existente, los primeros cristianos se identificaban secretamente entre sí adoptando un pez como símbolo secreto. Al encontrarse, cada uno trazaba una mitad, culminando en la figura del pez, recordando la historia de Jonás y su paralelismo con la resurrección de Jesús. Usando el pez como ilustración, el significado oculto sería la resurrección de Jesús, y es a través de este símbolo que llegamos a entender ese concepto intangible. Así, un solo signo adquiere significado al relacionarse con otro. Del mismo modo, la estrella de David, formada por dos triángulos, ilustra este concepto; uno apunta a lo terrenal, el otro a lo divino. En esencia, un símbolo es la fusión del signo visible e invisible.

La semántica del símbolo, por otro lado, analiza el vínculo que se crea en dicha relación en la que el signo perceptible muestra y oculta simultáneamente el signo imperceptible. Un signo muestra el otro porque lo señala al mismo tiempo que lo oculta; de hecho, si se interpreta literalmente, es imposible acceder a la esencia subyacente del signo oculto. No en vano encontramos a Heráclito en su famoso fragmento DK B Fr. 93 afirmando que «El soberano, cuyo oráculo es el que está en Delfos, no dice ni oculta, sino da señales» (ὁ ἄναξ οὗ τὸ μαντεῖόν ἐστι τὸ ἐν Δελφοῖς, οὔτε λέγει οὔτε κρύπτει ἀλλὰ σημαίνει).[26] Si nos limitamos a la expresión evidente, superficial, sin indagar en sus dimensiones más profundas, probablemente nos sea imposible descifrar la amplitud del signo imperceptible y su significado último. De este modo, la semántica del símbolo nos permite afirmar que un símbolo tiene simultáneamente la dualidad de revelar y esconder, y que sería erróneo sostener tanto que el símbolo solo muestra como que simplemente oculta. Si el símbolo solo revelase, no habría necesidad de discernir ni descifrar y quedaría eliminada la necesidad de interpretar, tratándose únicamente de un término definido; en otras palabras, si se exhibiera plenamente, no sería un símbolo sino un concepto. Asimismo, tampoco resulta adecuado afirmar que el símbolo solo oculta, porque de ser así implicaría que no es un signo, dado que no cumpliría su función de señalar y no estaría realizando su labor esencial de indicar o hacer alusión.

Indaguemos un poco más en este aspecto central de la doble función del símbolo de revelar y ocultar a la vez a través de conectarlo con la diferencia que antes hemos establecido entre el signo **natural y el convencional**. Como hemos visto antes, el signo natural, a diferencia del signo convencional, no requiere de un contexto histórico-comunitario para impregnarlo de significado. Cuando ahora afirmamos que el símbolo constituye una señal perceptible que revela y, simultáneamente, oculta lo imperceptible, nos situamos ante un vínculo **horizontal** entre un signo y otro, y al mismo tiempo frente a una conexión **vertical**, en la cual el signo tangible adquiere su significado participando del signo intangible. Lo que esto muestra, finalmente, es que la semántica del símbolo implica una relación basada en la interdependencia de ambos signos.

Esta interacción entre las dimensiones **vertical** y **horizontal** puede ser visualizada como una cruz. Para un individuo ajeno a la cultura occidental y el cristianismo, una cruz es un objeto carente de todo significado. Para apreciar la cruz, resulta imprescindible y esencial saber algo acerca del cristianismo. El contexto histórico es

26. Heráclito, *Fragmentos presocráticos: de Tales a Demócrito*, introd., trad. y notas de Alberto Bernabé (Madrid: Alianza Editorial, 2008), DK B 93, 131.

lo que nos permite articular estas dos dimensiones, hasta el punto de que sin dicha contextualización sería difícil concebir la convergencia entre lo vertical y lo horizontal y, en última instancia, establecer la participación necesaria para que lo perceptible pueda estar en consonancia con lo imperceptible.

Esto puede observarse en el ejemplo del semáforo, donde el signo visible es su luz roja, mientras que el concepto o significado «detente» permanece conceptual, intelectual o intangible. En la dimensión vertical, aquello que podemos ver muestra una idea invisible, es decir, lo perceptible representa una noción abstracta. La dimensión horizontal, por su parte, es la sintáctica, pues los signos —como hemos visto antes— no pueden ser dispuestos de cualquier manera. Por ejemplo, alterar la posición de los elementos que conforman una oración cambiaría su significado. Asimismo, en matemáticas la disposición 1+1 difiere de 11. Un 1 está relacionado con otro 1 en la premisa del +, porque si ponemos un 1 al lado de otro 1, sin un + o un – entre ellos, ya no tendremos dos unos, sino que tendremos un 11. Esta última relación, comprensible solo para quienes han estudiado matemáticas en occidente, no esconde un significado esotérico, sino puramente conceptual que oculta de fondo dicha relación sintáctica.

Por último, **la pragmática del símbolo** nos sitúa en el marco de una historia. Todo símbolo posee un trasfondo, un contexto, un colectivo y una historia que le confiere significado. El símbolo consiste, concretamente, en la conjunción entre un icono, que es el aspecto palpable, y un mito que es el relato oculto e imperceptible. En ese sentido, el símbolo se caracteriza por su capacidad de ofrecer indicios que invitan a ser rastreados. Para ello, no obstante, es imprescindible la existencia de una comunidad o pueblo que narre un relato que permita dilucidar el significado del signo visible. Eso es, resulta necesaria la presencia de una colectividad que articule una historia, proporcionando claridad al contenido del signo manifiesto. Como hemos dicho antes, no obstante, el símbolo también es una imagen acústica y, por tanto, es mucho más que un mero indicador visual. De hecho, en el universo del relato mitológico, el símbolo se juega en la esfera lingüística, donde el papel protagónico corresponde a los hablantes y los signos son las palabras. En ese sentido, la dimensión pragmática del símbolo está tan configurada por la intencionalidad de los hablantes al comunicarse como por el contexto que enmarca dicha comunicación. Es por este motivo que podemos afirmar que lo visible y lo audible mantienen una estrecha relación.

Bajo la premisa que el signo y su significado se encuentran unidos de manera inseparable, al igual que las dos caras de una moneda, Ferdinand de Saussure realiza un escrutinio inédito al desglosar meticulosamente la estructura del signo lingüístico. Para empezar, el semiólogo suizo diferencia entre la lengua y el habla. Por un lado, la lengua sería como un esquema abstracto impermeable a las variaciones individuales y contextuales que da vida a un sistema de comunicación. La lengua es más bien una orquesta en movimiento perpetuo. Entendida de este modo, la lengua se enmarca como el armazón incorpóreo e intangible del lenguaje que reside en la psique de los comunicadores. El habla, por otro lado, vendría a ser la encarnación del lenguaje en la vida diaria, erigiéndose como la concretización pragmática de la lengua en un contexto específico.

Crucial es señalar que, en la visión de Saussure, el lenguaje es medio para la interacción humana. En ese sinfín de signos, la realidad cobra forma. Los ladrillos de nuestro entendimiento se moldean a través de estas interacciones. Podríamos decir que no somos nosotros quienes manejamos las palabras, sino que las palabras nos guían, como las estrellas orientan al marinero. En este sentido, el «yo» se convierte en una constitución de dicha lingüística simbólica que podría ser denominada «mito». Si nos observamos, notaremos que nosotros no hablamos sino, más bien, somos hablados.

Bibliografía de la sección I

- Aristóteles. *Metafísica*. Traducción de Tomás Calvo Martínez. Madrid: Gredos, 1994.
- Aristóteles. *Sobre la interpretación*. En *Tratados de lógica*, vol. 2. Traducido por M. Candel. Madrid: Gredos, 1988.
- Aristóteles. *Tratados de Lógica (Organon) V: Tópicos*. Traducido por Patricio de Azcárate. Madrid: Biblioteca Filosófica, Medina y Navarro, 1875.
- Borella, Jean. *Criza simbolismului religios*. Iaşi: Editura Institutul European, 1995.
- Camus, Albert. *El mito de Sísifo: Ensayo sobre el absurdo*. Traducido por Luis Echávarri. Buenos Aires: Editorial Losada, 1945.
- Eliade, Mircea. *Lo sagrado y lo profano*. Traducido por Luis Gil Fernández y Ramón Alfonso Díez Aragón. Barcelona: Ediciones Paidós Ibérica, 1998.
- Heidegger, Martin. *Carta sobre el humanismo*. Traducción de Helena Cortés y Arturo Leyte. Madrid: Alianza Editorial, 2000.
- Heidegger, Martin. *El ser y el tiempo*. Traducción de José Gaos. México: Fondo de Cultura Económica, 1951; 6.ª reimp., 1995.
- Heráclito. *Fragmentos presocráticos: de Tales a Demócrito*. Introducción, traducción y notas de Alberto Bernabé. Madrid: Alianza Editorial, 2008.
- Husserl, Edmund. *Investigaciones lógicas*. Vol. 1. Versión de Manuel G. Morente y José Gaos. Madrid: Alianza Editorial, 2006.
- Jung, Carl G. *El hombre y sus símbolos*. Traducción de Luis Escolar Bareño. Barcelona: Ediciones Paidós Ibérica, 1995.
- Nietzsche, Friedrich. *Así habló Zaratustra: Un libro para todos y para nadie*. Introducción, traducción y notas de Andrés Sánchez Pascual. Madrid: Alianza Editorial, 2003.
- Ortega y Gasset, José. *Meditaciones del Quijote*. Madrid: Residencia de Estudiantes, 1914.
- Ortega y Gasset, José. *Obras completas*. Vol. 1. Madrid: Taurus/ Fundación José Ortega y Gasset, 2004.

- Peirce, Charles Sanders. *La ciencia de la semiótica*. Buenos Aires: Ediciones Nueva Visión, 1974.
- Platón. *Diálogos*. Vol. 3: *Fedón, Banquete, Fedro*. Traducción de Carlos García Gual, M. Martínez Hernández y Emilio Lledó Íñigo. Madrid: Gredos, 1986.
- Platón. *Diálogos*. Vol. 5: *Parménides, Teeteto, Sofista, Político*. Traducido por M. Isabel Santa Cruz, Álvaro Vallejo Campos y Néstor Luis Cordero. Madrid: Gredos, 1988.
- Ricoeur, Paul. *The Symbolism of Evil*. Translated by Emerson Buchanan. New York: Harper & Row, 1967.
- Saussure, Ferdinand de. *Curso de lingüística general*. Traducción, prólogo y notas de Amado Alonso. Buenos Aires: Editorial Losada, 1945.
- Schopenhauer, Arthur. *El mundo como voluntad y representación*. Vol. 1. Traducción, introducción y notas de Pilar López de Santa María. Madrid: Editorial Trotta, 2004.
- Tomás de Aquino. *De Veritate, cuestión 4. Acerca del verbo*. Introducción y traducción de M.ª Jesús Soto Bruna. Pamplona: Servicio de Publicaciones de la Universidad de Navarra, 2001.

Sección II

Los símbolos y la filosofía

Capítulo 8

Mitos y símbolos según Friedrich Creuzer

Friedrich Creuzer (1771-1858) fue un respetado filólogo y arqueólogo alemán que sentó las bases para el estudio de la mitología comparada. Su perspectiva inauguró una nueva visión que tendría un impacto significativo en campos como la filosofía, la antropología y la filología. Sin embargo, a pesar del carácter innovador de su obra en los estudios comparativos de mitología y simbolismo, su trabajo no ha sido exhaustivamente examinado.

En este capítulo abordaremos sus dos obras seminales, *Simbolismo y mitología de los pueblos antiguos, especialmente los griegos*, donde presenta un estudio comparativo que rastrea las raíces de la mitología de Homero y Hesíodo en Oriente, y por otro lado *Idea y validez del simbolismo antiguo*, con la que el autor nos proporciona un claro y conciso portal de entrada a su teoría simbólica a través de cuatro facetas seminales:

1. La visión comparativa que definirá su investigación.
2. El enfoque bifurcado hacia el símbolo, considerando tanto su forma como su esencia o contenido.
3. La naturaleza equívoca del símbolo.
4. La cualidad polar que distingue al símbolo y que la figura del Sileno ejemplifica en forma de una dualidad enriquecedora.

Los estudios de Creuzer, que se centran en la etapa arcaica de la historia oriental correspondiente a la era autóctona de los pueblos orientales más antiguos, exploran cómo, a través del mito y el símbolo, el desarrollo artístico se fue moviendo de Oriente a Occidente. Para ello, Creuzer se centra en el periodo heroico de la civilización griega, paralelo justamente a la aparición del mito. En su obra *Simbolismo y mitología*, Creuzer comienza su exploración a partir del lenguaje estacionario y mudo del simbolismo oriental. En palabras del propio autor:

> El mito, en su forma más antigua, a través de la brevedad cerrada y de la totalidad instantánea de su acción, se adhería aun fielmente al símbolo, que solo gradualmente, alejándose, se disolvió en la corriente.[27]

En esta cita, Creuzer explica que el mito debe entenderse como aquello que expresa lo más originario del ser humano que, en aquellos momentos, era capaz de dibujar una forma expresando instantáneamente una trizadura intuitiva en la plataforma dual de sujeto-objeto o espacio-tiempo. Esto fue así hasta que, gradualmente, la conceptualización fue ganando terreno y el mito fue perdiendo su carácter de forma de expresión originaria por los motivos que veremos más adelante. Esta noción preconceptualizadora del mito no debe verse como algo extraño y ajeno. Todo lo contrario, así como el niño simboliza antes de conceptualizar, también en la niñez de la humanidad se forjaron los símbolos originarios. Para explicar este punto, el autor alude concretamente al impacto e influencia que tuvo el arte griego sobre el mito, el cual, posteriormente «[...] llegó a ser simplemente un medio de divertimiento». Como escribe el mismo Creuzer:

> El mito abandonó el más bajo suelo de la realidad, se elevó con el ritmo de la poesía y se transformó en teatro mediante creaciones ideales.[28]

En el mundo antiguo al que el autor hace referencia en esta obra, los mitos del periodo heroico eran relatos que se narraban para entretener y divertir, pero también para explicar fenómenos que

27. Friedrich Creuzer, *Simbolica e mitologia*, en *Dal simbolo al mito*, vol. II (Milán: Edizioni Spirale, 1983), 60. Traducción al español por Iulian Butnaru.
28. Ibid., 59.

de otra manera no podrían ser entendidos. Porque, como continúa diciendo Creuzer:

> La naturaleza se complace en expresar sus visibles conceptos por medio de símbolos visibles, así como la divinidad ama mostrar sus ideas por medio de imágenes sensibles.[29]

Proponemos cambiar la palabra *naturaleza* por *Ser* a fin de poder mostrar mejor lo que el autor quiere decirnos con esta cita. La *phýsis* griega se refiere a aquello que brota y permanece, a aquella fuerza que da vida y que sostiene todo lo visible.

La divinidad, que no es imagen, se hace visible a través del arte y las representaciones, de la misma manera que el Ser se complace en expresar sus conceptos por medio de símbolos visibles. Nuevamente, vemos cómo el símbolo se manifiesta como una imagen visible cargada de un sentido invisible. La esencia del símbolo consiste en aquello que une la imagen visible y el sentido invisible, la imagen al ojo y la palabra al oído. En este sentido, el símbolo, manipulado por la casta eclesiástica o la religión organizada, actúa como la máxima representación de una primigenia revelación trascendental. Solamente aquellos que contaban con un acceso religioso al universo podían hacer y manipular los símbolos, entendidos como la expresión del origen sagrado de la realidad, de tal suerte que solo una casta sacerdotal podía fenomenizar un sentido mediante una imagen. A través de una narración, se presentaba una cosmovisión y un sentido a la vida del pueblo. Su cometido era el de explicar los misterios trascendentales que llenaban de sentido la realidad empírica del ser humano. Existen arqueólogos que marcan el enterrar a los muertos como un hito clave de la humanidad. Si consideramos que el hecho de realizar un acto como este marca el inicio de la humanidad, es porque entendemos que el hombre se reconoce como un ser llamado a la trascendencia, y que naturalmente, lo expresa mediante símbolos, como lo es un funeral.

Así pues, en la antigüedad, el mito, la religión y el arte no eran disciplinas separadas. Tampoco lo era la ciencia, porque el mito, en

29. Ibid., 12.

cierta manera, también ejercía de explicación científica de la realidad. Por contradictorio que pueda parecer, mito, religión, ciencia y arte se retroalimentaban. No existía divorcio, fragmentación o ruptura alguna entre todos estos saberes, que en su complicidad los unos con los otros creaban una sabiduría integral. Esto explicaría que, en la antigüedad, los grandes religiosos fueran también artistas. La integralidad del hombre se rompe cuando se abandona el mito. No solo su saber se separa, sino el hombre mismo.

Creuzer se refiere, más concretamente, a la era monoteísta primordial, cuando prevalecía la «íntima prontitud del espíritu». Lo profundo era intuido con claridad y se vivía permanentemente en esa revelación unitaria que el autor identifica con el término «luminosidad» y que define como la «condición originaria del género humano» que, posteriormente, fue sufriendo un «ofuscamiento gradual». La consciencia recibía la iluminación y, al no estar mediatizada por los conceptos, le era posible captar el Ser a través del símbolo de manera intuitiva y, por tanto, plena. El ser humano no se dedicaba a especular, sino a pintar, bailar, cantar y hacer inteligible la revelación recibida. No había sospecha ni cuestionamiento, sino solo un agradecimiento por lo recibido que se expresaba artísticamente, dibujando simbólica u oralmente, pues se narraba y verbalizaba mitológicamente. Los grandes maestros iluminados hablaban o pintaban y, a través de sus palabras, pinturas o dibujos, creaban imágenes (símbolos) que ofrecían significados. En este sentido, la religión de la antigüedad era verdadera y se desplegaba como tal, proporcionando acceso a la realidad simbólica sagrada a través de un mito que conducía a la imagen y una imagen que nos devolvía al mito. Por este motivo, Creuzer pasa a explicar lo siguiente:

> En toda la antigüedad, las más altas ideas del hombre y sus más importantes recuerdos fueron hechos sensibles por medio de las acciones simbólicas y alegóricas. ¡Qué eran las celebraciones más antiguas, sino los periodos del año traducidos en acciones, junto con la memoria de las grandes

bendiciones por el cultivo de la tierra y las culturas! Era un año sagrado personificado en un ciclo de acciones alegóricas.[30]

Creuzer sostiene que, en la primitiva antigüedad, los seres humanos salieron de las cavernas y tuvieron grandes ideas sacras, y todas ellas —junto con las manifestaciones de recuerdos— expresaban realidades sensibles por medio de simbologías y alegorías que se pintaron en cuevas o que se escribieron en papiros. Desde el principio, el ser humano solo ha podido hablar de lo sagrado a través de lo simbólico y alegórico. Por eso, todo libro sagrado antiguo no debe ser leído de manera literal, sino artística, como bien se dice en las antiguas escrituras de la tradición hebrea:

> וְעַתָּה כִּתְבוּ לָכֶם אֶת הַשִּׁירָה הַזֹּאת וְלַמְּדָהּ אֶת־בְּנֵי־יִשְׂרָאֵל שִׂימָהּ בְּפִיהֶם לְמַעַן תִּהְיֶה־לִּי הַשִּׁירָה הַזֹּאת לְעֵד בִּבְנֵי יִשְׂרָאֵל.
>
> (דברים ל"א, י"ט)

> Y ahora escribíos el poema [o cántico] este; y enséñalo a los hijos de Israel, pónselo en su boca para que sea para Mí —el cántico este— por testigo contra los hijos de Israel.
>
> (Deuteronomio, 31:19)

Sería un gran error leer, entender y estudiar las escrituras sagradas exclusivamente como libros o tratados de historia o ciencia, en lugar de leerlas fundamentalmente como literatura artística simbólica. Así lo corrobora también el Nuevo Testamento, donde se recuerda la cena del Señor:

> Mientras comían, Jesús tomó el pan, dio gracias a Dios, lo partió, se lo dio a sus seguidores y dijo: «Tomen este pan y coman, este es mi cuerpo». Luego tomó la copa y después de dar gracias se la dio a ellos y dijo: «Beban todos de esta copa, porque esto es mi sangre que establece el nuevo pacto, la cual es derramada para perdonar los pecados de

30. Ibid., 80.

> muchos. Les digo que nunca volveré a beber vino hasta el día en que beba con ustedes el vino nuevo en el reino de mi Padre». Después cantaron una canción de alabanza y se fueron al monte de los Olivos.
>
> (Mateo, 26:26-30)

Aunque la religión católica ha interpretado este texto metafísico de manera física y ha concluido que, en la cena, los comensales se están comiendo el cuerpo de Jesús, debemos destacar que la existencia fáctica de Jesús, Buda, Mahoma o Mahavira, sería lo menos significativo porque, por paradójico que pueda parecer, lo verdadero es precisamente lo que no está (presente). Aquí yace uno de los factores esenciales de la simbología y de la necesidad del mismo significado simbólico. Lo que el símbolo entraña es una dialéctica entre el 'ser' y el 'estar' en la que lo que 'está', no 'es', y lo que 'es', no 'está'. Porque, en la diferencia ontológica, lo que está presente en el espacio y en el tiempo, no 'es'. El ser 'es', pero no 'existe', y de ahí se deriva la dificultad para percibir lo inexistente. Por otro lado, todo lo objetual 'existe', pero no 'es'. Sin embargo, seres como Jesús, Buda o Chaitanya son y existen simultáneamente, a diferencia de seres ordinarios que solo son conscientes de su existir en el espacio y el tiempo. Heidegger en *Carta sobre el humanismo* dice:

> El hombre es, y es hombre por cuanto es el que ex-siste. Se encuentra fuera, en la apertura del Ser, y, en cuanto tal, es el propio ser, que, en cuanto arrojo, se ha arrojado ganando para sí la esencia del hombre en el «cuidado». Arrojado de este modo, el hombre está «en» la apertura del Ser.[31]

El árbol 'está' y porque 'está', 'no es'; aunque el árbol 'está', 'no es el Ser', sino que como árbol es un ente. Parménides decía que el Ser es uno, compacto, homogéneo y eterno, pero el ente no tiene esas características y, por lo tanto, como ente, no 'es'. Dios, el Ser o

---

31. Martin Heidegger, *Carta sobre el Humanismo*, trad. Helena Cortés y Arturo Leyte (Madrid: Alianza Editorial, 2000), 68.

la consciencia 'es', pero no 'está'; mientras que el ser humano, y lo egoico, 'está' pero no 'es'. La iluminación consiste en Ser plenamente sin necesidad de estar.

En este contexto dialéctico entre el 'ser' y el 'estar' al que nos ha llevado Creuzer, la esencia de un símbolo reside en su capacidad de apelar a la sensibilidad y a la sencillez; la naturaleza se erigía como la genuina maestra y guía de las antiguas civilizaciones, mientras los sacerdotes eran guardianes y pastores vigilantes de esas representaciones simbólicas captadas por los sentidos. En el adiestramiento y preparación para la antigua religión, se halla la interpretación de los símbolos. Una tarea integral de sus funciones como maestros era, precisamente, construir imágenes y otorgarles forma, y a través de ellas señalar, mostrar e interpretar. A esto hay que añadirle que, en aquel antiguo pensamiento, aún no se distinguían los símbolos auditivos de los visuales como lo hacemos hoy. La imagen era un medio de comunicación en manos de los intérpretes en cuya mentalidad lo auditivo y lo visual no se discernían, sino que se unían y se complementaban entre sí, como una vez más nos recuerda Creuzer. Porque, en el símbolo, por su propia naturaleza, el oído y la vista se alimentan uno al otro. Eso explicaría, precisamente, por qué empleamos el término *texto*, que viene de *textura*, porque los antiguos maestros religiosos no solo leían los textos, sino que también los tocaban, los palpaban. Por su parte, el término *sabiduría* en griego proviene de *saborear*, pues al símbolo nos acercamos con todos los sentidos. Las pinturas se escuchaban y las historias se veían. Por eso, aunque la imagen sea para ser vista y el texto para ser escuchado, los maestros iluminados escuchaban lo pintado y veían en imágenes lo narrado. Y, obviamente, no nos estamos refiriendo a una percepción sensorial ordinaria, sino simbólica, como a la que también se hace referencia en el Nuevo Testamento, cuando Jesús dice:

> Los discípulos se acercaron y le preguntaron: «¿Por qué les hablas por parábolas?». Él les respondió: «Porque a ustedes se les concede entender el misterio del reino de los cielos, pero a ellos no. Porque a cualquiera que tiene, se le dará, y tendrá más; pero al que no tiene, aun lo poco que tiene se

> le quitará. Por eso les hablo por parábolas: porque viendo no ven, y oyendo no oyen, ni entienden. De manera que en ellos se cumple la profecía de Isaías, que dijo: "Ustedes oirán con sus oídos, pero no entenderán; y verán con sus ojos, pero no percibirán. Porque el corazón de este pueblo se ha endurecido; con dificultad oyen con los oídos, y han cerrado sus ojos; no sea que con sus ojos vean, y con sus oídos oigan, y con su corazón entiendan y se vuelvan a mí, y yo los sane". Pero dichosos los ojos de ustedes, porque ven; y los oídos de ustedes, porque oyen. Porque de cierto les digo, que muchos profetas y hombres justos desearon ver lo que ustedes ven, y no lo vieron; y oír lo que ustedes oyen, y no lo oyeron».
>
> (San Mateo, 13:10-17)

En la preparación preliminar de las religiones antiguas, encontramos las interpretaciones de los símbolos. Forjar imágenes y esculpir formas constituía una faceta central de su labor como maestros, y a través de estas manifestaciones, señalaban, exponían, comunicaban e interpretaban. Los sabios de la antigüedad creaban imágenes y les otorgaban formas con las palabras. Como hemos dicho, y Creuzer expone lúcidamente, el pensamiento primigenio antiguo aun no discernía, como en la actualidad, entre los símbolos que apelan al oído y aquellos que se relacionan con la vista: la imagen servía como discurso, era palabra, y hablaba a través de los intérpretes. Las imágenes deben ser interpretadas como los textos y el texto sagrado es una pintura que debe ser apreciada.

La realización directa de lo total es muy diferente de cómo se describe. Lo imperceptible debe transformarse en experiencia para ser comunicado y compartido. Si queremos universalizar la Verdad, será necesario conceptualizarla, a menos que recurramos al arte. La expresión mediante el arte hace posible compartirla sin conceptualizarla. Al ser consciente de sí misma, la raíz de la diversidad es la unidad absoluta. Cuando el individuo trata de expresarla fenoménicamente, crea la distinción entre lo visual y lo auditivo. Se asemeja al amor que, siendo una vivencia unitaria, tiene que recurrir a poemas, pinturas o canciones para compartirse. Es decir, aunque podemos ver o escuchar las expresiones del amor, la experiencia es una y la misma en esencia.

Esto nos lleva a entender el símbolo como una «escritura por imágenes», eso es, un todo que, en sus orígenes, antes de que el mito fuera conceptualizado, mezclaba y unía lo visual y lo auditivo en uno. Porque en el símbolo mismo, todo es uno. En relación con esta cuestión, Creuzer escribe de nuevo en *Simbolismo y mitología* que:

> Originalmente imagen y palabra no divergían una de otra, sino que, crecidas desde una misma raíz (que es la realización misma de la consciencia) estaban profundamente unidas y se compenetraban recíprocamente. Que un pensamiento estuviera impreso en una imagen, o fuera expresado por una palabra, esto se mostraba de un modo evidentemente sensible.[32]

Por ese motivo, Creuzer termina diciendo que «proverbios, breves y concisas expresiones, enigmas y dichos, como el simbólico, eran palabras del libro de la naturaleza, un carácter de su inmutable escritura por imágenes».

Creuzer habla de proverbios y expresiones concisas, lo que, en sánscrito, se denominan *sūtras*, es decir, el máximo de sabiduría encapsulada en un mínimo de palabras. *Sūtra* significa 'hilo' o 'cuerda' y es un término que se utiliza en varias religiones orientales. Dentro de la *sanātana-dharma*, los *sūtras* consisten en una colección de versos encadenados como las cuentas de un collar unidas por la cuerda que las enlaza. En el budismo, religión fundamentada en las enseñanzas del Buda y cuya autoridad absoluta está basada en las palabras de Shakyamuni, los *sūtras* son colecciones de sus discursos o sermones. Estos *sūtras* eran enigmas y dichos simbólicos. Es decir, palabras del «libro de la naturaleza» que podían entenderse como tales porque, precisamente, dicho libro carece del término «yo». Es la aparición del fenómeno egoico, y la creencia en este como un «yo» separado,

32. Friedrich Creuzer, *Simbolica e mitologia*, en *Dal simbolo al mito*, vol. II (Milán: Edizioni Spirale, 1983), 56-57. Traducción al español por Iulian Butnaru.

lo que crea una rotura casi insalvable, un antes y un después, el salto del símbolo que es acústico y visual a la vez, un todo que es uno, al símbolo conceptualizado y categorizado desde un «yo» y su red de conceptos con la que absorbe la realidad. La aparición del fenómeno egoico genera una división tanto externa como interna; es decir, por un lado, inaugura una estructura polarizada entre un yo-sujeto y una naturaleza-objeto separada del primero, y por el otro lado abre una escisión en el mismo ser humano que sucede a partir de un proceso de autoconceptualización mediante el cual el ser humano se separa de sí, de la consciencia. Esta escisión de sí mismo lo lleva a iniciar una búsqueda de sí mismo que lo conducirá a ejercer un autocontrol que, en última instancia, lo llevará a una confrontación consigo mismo. Es de este intento de dominarse a sí mismo que nace la fe organizada o la religión institucional, que enseña y predica un control generalmente violento. Este conflicto interno del ser humano, no obstante, se refleja en haber perdido la capacidad de leer ese libro de la naturaleza, de poder ver, tocar y oír a la vez, generándose así un conflicto con la realidad circundante, con el entorno, con la naturaleza, dando nacimiento a la ciencia y la tecnología.

La autoconceptualización que surge a partir del fenómeno egoico da lugar a la autoconfrontación y la religión institucionalizada, que, junto con la ciencia y la tecnología como herramientas sustitutorias de los símbolos, pueden llevar al ser humano a su propia destrucción. La religión malentendida puede aniquilarlo desde su interior, así como la ciencia mal utilizada desde su exterior. Ante estos peligros, el ser humano debe optar por una vida menos conceptualizada y más simbólica. Solo cuando ignore a los moralistas y escuche a la naturaleza, será capaz de (volver a) leer en el libro que une lo visual y lo auditivo. Mientras siga disuelto en su formación egoica, la verdad preconceptualizada de la naturaleza permanecerá inaccesible. Para leer el «libro de la naturaleza del Ser», debemos escuchar viendo. Por eso, sus letras no son sonidos sino imágenes, cargadas de colores, formas y texturas. El maestro es aquel artista que escucha lo que se ve y lo pinta para que pueda oírse.

He aquí la importancia del símbolo. En este contexto, Creuzer argumenta que el símbolo es:

> Lo que inesperadamente, a través de la vista hablaba al hombre desde las profundidades de la naturaleza, como signo o advertencia, y se imponía como algo de extraordinario; esto era un *simbalon*... La relación de estos signos con la cosa indicada es originaria y divina.[33]

Como esta última cita bien explica, lo simbólico es aquello que nos habla desde las profundidades de nuestro interior. Es decir, el ser humano no inventa el símbolo, sino que se tropieza con este, y se ve seducido y cautivado. Su voz se ve y su imagen se escucha desde lo más genuino en nosotros, desde nuestra auténtica y esencial naturaleza. El símbolo es un signo que nos advierte que ha llegado el momento de despertar, como si se tratara del sonido de un reloj despertador. Más aún, como signo o advertencia, el símbolo se nos impone, dice Creuzer, «como algo de extraordinario», al modo de la Ereignis, 'el evento Heideggeriano', o como el rayo de Heráclito, que todo lo gobierna. Es en estos términos que Creuzer entiende que «la relación de estos signos con la cosa indicada es originaria y divina». Un símbolo une el signo visible con la realidad invisible, «originaria y divina». Allí se funde todo lo que sucede, la sustancia y el origen de todo, como podemos leer en esta cita sánscrita:

> अहं सर्वस्य प्रभवो मत्तः सर्वं प्रवर्तते ।
> इति मत्वा भजन्ते मां बुधा भावसमन्विताः ॥

ahaṁ sarvasya prabhavo
mattaḥ sarvaṁ pravartate
iti matvā bhajante māṁ
budhā bhāva-samanvitāḥ

33. Ibid., 27.

> Yo soy la fuente de todo; de Mí todo evoluciona; comprendiéndolo así, los sabios, dotados de meditación, me adoran.
>
> (*Bhagavad-gītā*, 10.8)

Pero como acabamos de decir, la fuente del símbolo no es una mera invención caprichosa del ser humano, sino que se arraiga en esa misma vinculación primitiva, primordial y originaria de los signos que nos desvelan la verdadera naturaleza de lo que es. En contraposición a esto, encontramos las religiones institucionalizadas, así como la ciencia, la filosofía y la tecnología, cuya concepción «creacionista» de sus símbolos nos recuerda la máxima de Rilke, «En tanto no recojas sino lo que tú mismo arrojaste, todo será no más que destreza y botín sin importancia».[34] Tras su nacimiento, y con el paso del tiempo, la religión institucionalizada fue adoptando elementos del ritualismo popular, la enseñanza esotérica y la adoración a los misterios. Si representa algo de la Verdad, es porque está conectada de alguna manera a la antigua religión mística. La fe organizada, por sí misma, no tiene nada verdadero que agregar, sino lo contrario:

> Solamente lo que es importante puede devenir significativo, y solamente lo que es esencial puede concordar con la dignidad del símbolo. Allí donde presentamos y tememos lo que nos da mucho que pensar, lo que reclama el hombre como todo, lo que nos remite al misterio de nuestra existencia, lo que llena y mueve nuestra vida, los vínculos y las relaciones más preciosas, unión y separación, amor y renuncia […] son cosas que el símbolo necesita y que tiende a unir en sí.[35]

---

34. Rainer Maria Rilke, citado en Hans-Georg Gadamer, *Verdad y método*, trad. de Ana Agud Aparicio y Rafael de Agapito, 5ª ed. (Salamanca: Ediciones Sígueme, 1993).

35. Friedrich Creuzer, *Simbolica e mitologia*, en *Dal simbolo al mito*, vol. II (Milán: Edizioni Spirale, 1983), 39-40. Traducción al español en Iulian Butnaru.

Para ser símbolo, debe integrar las realidades más profundas de la vida que están en conflicto. Sin división, el símbolo carece de sentido. Como hemos visto, el nacimiento del ego lleva al ser humano a la escisión de sí mismo y a una búsqueda por autodominarse y autocontrolarse. Pero, es justamente en este conflicto que el símbolo cobra su sentido, pues su última función no es otra que reintegrar la escisión en la que yace hundido el ser humano. No nos estamos refiriendo al símbolo conceptualizado por la religión u otras disciplinas. El símbolo que une lo fracturado es el intuido por el maestro, que se manifiesta desde lo trascendente, auditiva y visualmente a la vez. Solo el maestro sabe interpretarlo de manera artística, no así el ser humano que está subsumido y egoicamente dominado. Debido a su modo conceptualizador de colonizar la realidad, el ego es incapaz de suturar sus propias heridas, como también se entiende en el *Talmud* cuando se dice que:

אֵין חָבוּשׁ מַתִּיר עַצְמוֹ מִבֵּית הָאֲסוּרִים.

(תלמוד בבלי, מסכת ברכות, ה', ב')

Un prisionero no puede liberarse a sí mismo de la prisión.

(*Talmud Bavlí*, «*Berajót*», 5b)

Ningún símbolo manufacturado humanamente por el ego podrá llevarnos más allá de la conceptualización. Por eso, es incapaz de suturar su autofractura o su desnaturalización. Solo el mito y el símbolo pueden ofrecernos pasaje seguro para acceder a «allí donde presentamos y tememos lo que nos da mucho que pensar, [...] lo que nos remite al misterio de nuestra existencia, lo que llena y mueve nuestra vida». Los términos que usa Creuzer en esta cita inevitablemente traen a colación las palabras de Bertrand Russell en su famosísimo ensayo escrito en 1916, *Principios de reconstrucción social*, donde reflexiona acerca del panorama político de la época, tratando una diversidad de temas. Con una visión amplia y tolerante, enfoca su atención en la forma de pensar de los individuos:

> Los hombres temen al pensamiento más de lo que temen a cualquier otra cosa del mundo; más que la ruina, incluso más que la muerte. El pensamiento es subversivo y revolucionario, destructivo y terrible. El pensamiento es despiadado con los privilegios, las instituciones establecidas y las costumbres cómodas; el pensamiento es anárquico y fuera de la ley, indiferente a la autoridad, descuidado con la sabiduría del pasado. Pero si el pensamiento ha de ser posesión de muchos, no el privilegio de unos cuantos, tenemos que habérnoslas con el miedo. Es el miedo el que detiene al hombre, miedo de que sus creencias entrañables no vayan a resultar ilusiones, miedo de que las instituciones con las que vive no vayan a resultar dañinas, miedo de que ellos mismos no vayan a resultar menos dignos de respeto de lo que habían supuesto. ¿Va a pensar libremente el trabajador sobre la propiedad? Entonces, ¿qué será de nosotros, los ricos? ¿Van a pensar libremente los muchachos jóvenes sobre el sexo? Entonces, ¿qué será de la moralidad? ¿Van a pensar libremente los soldados sobre la guerra? Entonces, ¿qué será de la disciplina militar? ¡Fuera el pensamiento! ¡Volvamos a los fantasmas del prejuicio, no vayan a estar la propiedad, la moral y la guerra en peligro! Es mejor que los hombres sean estúpidos, amorfos y tiránicos, antes de que sus pensamientos sean libres. Puesto que, si sus pensamientos fueran libres, seguramente no pensarían como nosotros. Y este desastre debe evitarse a toda costa. Así arguyen los enemigos del pensamiento en las profundidades inconscientes de sus almas. Y así actúan en las iglesias, escuelas y universidades.[36]

Tememos que las conclusiones de dicho pensar funcionen como ácido, destruyendo y eliminando todo lo que creemos ser y revelarnos lo que somos en verdad. Nos atemoriza descubrir que,

36. Bertrand Russell, *Principios de reconstrucción social* (Madrid: Espasa-Calpe, Colección Austral, 1944)

aunque hay pensamientos, no existe realmente un «pensador» y los pensamientos surgen desde la consciencia pura. Como advirtió San Agustín de Hipona, que merecidamente obtuvo el título de Doctor de la Iglesia de occidente:

> Y alertado por aquellos escritos (de los neoplatónicos) que me intimaban a retornar a mí mismo, entré en mi interior guiado por ti; [...] y cuando por vez primera te conocí, tú me tomaste para que viese que existía lo que había de ver y que aún no estaba en condiciones de ver. Y reverberaste la debilidad de mi vista, dirigiendo tus rayos con fuerza sobre mí; y me estremecí de amor y de horror. Y advertí que me hallaba lejos de ti en la región de la desemejanza [...].[37]

San Agustín sigue diciendo:

> Y esto es el alma y esto soy yo mismo. ¿Qué soy, pues, Dios mío? ¿Qué naturaleza soy? Vida varia y multiforme y sobremanera inmensa. Vedme aquí en los campos y antros e innumerables cavernas de mi memoria, llenas innumerablemente de géneros innumerables de cosas, ya por sus imágenes, como las de todos los cuerpos; ya por presencia, como las de las artes; ya por no sé qué nociones o notaciones, como las de los afectos del alma, las cuales, aunque el alma no las padezca, las tiene la memoria, por estar en el alma cuanto está en la memoria. Por todas estas cosas discurro y vuelo de aquí para allá y penetro cuando puedo, sin que dé con el fin en ninguna parte. ¡Tanta es la virtud de la memoria, tanta es la virtud de la vida en un hombre que vive mortalmente! [...] He aquí que, ascendiendo por el alma hacia ti, que estás encima de mí, trascenderé también esta facultad mía que

37. Agustín de Hipona, *Las Confesiones*, trad. Ángel Custodio Vega Rodríguez, rev. José Rodríguez Díaz, edición digital en español, libro VII, cap. X: «¿Más claridad de espíritu encontrada en estos libros sobre el Ser divino?», §16.

> se llama memoria, queriendo tocarte por donde puedes ser tocado y adherirme a ti por donde puedes ser adherido.[38]

Los pensamientos pueden surgir solo desde dos fuentes. La primera es desde la creencia de separación, es decir, desde la ilusión de un «yo» separado que piensa los pensamientos. La segunda es desde la consciencia misma como expresión de sus cualidades. Animándonos a pensar, incluso acerca del pensador, el pensar, el pensamiento y lo pensado, caerá sobre nosotros la meditación. Y junto con la meditación, el símbolo nos llevará a la realización de Dios.

---

38. Agustín de Hipona, *Las Confesiones*, trad. Ángel Custodio Vega Rodríguez, rev. José Rodríguez Díaz, edición digital en español, libro X, cap. XVII: «¿Trascender la memoria para llegar a Dios?», §26.

Capítulo 9

Mito y logos: el poder de la narrativa simbólica

Desde la óptica aristotélica, emerge una perspectiva que confiere al mito una función de insigne trascendencia en la aprehensión y elucidación de la realidad ontológica. Según lo expuesto en su magna obra *Poética*, Aristóteles sostiene con firmeza que los mitos se erigen como una forma narrativa que refleja aspectos universales inherentes a la condición humana y conceden una apreciación simbólica del cosmos. Aristóteles denomina «tópicas» a estos puntales que señalan una visión cósmica de la realidad.

El colosal filósofo de Estagira defiende, con inquebrantable vehemencia, la idea de que los mitos, imbuidos de un valor instruccional y ético inalienable, despliegan un potencial educativo y moral de magnitud incuestionable. La magnificencia expositiva de Aristóteles en *Poética* alza vuelo, deconstruyendo las fronteras entre la narrativa y el devenir existencial, develando los mitos como entidades vivas, portadoras de una carga simbólica. Esta riqueza simbólica reverbera en la psiquis colectiva, desentrañando los ecos universales que laten en la esencia misma de la condición humana. Dicho de forma más precisa y detallada, el mito, en su naturaleza polifacética, emerge como una poderosa herramienta hermenéutica y pedagógica, capaz de vehicular y articular, de forma accesible y memorable, ideas abstractas y sofisticadas que subyacen al conocimiento. En contraposición a la perspectiva platónica, Aristóteles aprehende la innegable utilidad intrínseca del mito y su relevancia trascendental en la configuración y transmisión de una sabiduría de carácter arcano y enigmático.

A diferencia de como tradicionalmente se ha explicado que el mito es aquello previo y contrapuesto al logos, cabe advertir de que las palabras *mito*, del griego *mythos* (μύθος), y *logos*, del griego *lógos* (λόγος), son términos sinónimos que pueden traducirse como 'relato'. Sin embargo, mientras que el mito usa el símbolo como vehículo principal, el logos utiliza la lógica y la conceptualización. En ese sentido, mito (*mythos*) puede entenderse como un relato que desvela realidades psicológicas y espirituales (la *psyché* aristotélica), mientras que el logos (*lógos*) revela verdades conceptuales. En términos heideggerianos, la diferencia entre el mito y el logo sería que mientras que el primero nos permite adentrarnos en el Ser, el segundo hace lo diametralmente opuesto, es decir, nos aleja del Ser. Es más, si como afirma Heidegger, «el lenguaje es la casa del Ser», el mito será entonces su más íntima habitación privada.[39]

A nivel estructural, el mito se basa en la presencia de un testigo de un evento excepcional que transmite su experiencia a una colectividad que cree en lo narrado. Esta creencia en el relato permite que el escuchante acceda a lo que fue presenciado directamente por el testigo. Santo Tomás de Aquino dejará claramente establecido en sus enseñanzas que la fe es la capacidad de ver con los oídos a través de los ojos de otro. En este sentido, el narrador actúa como intermediario, permitiendo a la comunidad participar, a través de sus oídos, en la experiencia del testigo.

En las comunidades ancestrales donde la relevancia del mito aún se preserva, se realiza un pertinente discernimiento entre las leyendas consideradas como «narraciones auténticas» y los relatos o fábulas calificados como «invenciones falaces».

Las narraciones auténticas son aquellos relatos que iluminan los intrincados misterios concernientes a los orígenes del cosmos, cuyos actores principales son entidades divinas, sobrenaturales, astrales o celestiales que configuran un escenario místico y trascendental que da sentido a la existencia misma. Todo mito es una narración auténtica, pero no toda narración auténtica es un mito. En estas

39. Martin Heidegger, *Carta sobre el Humanismo*, trad. Helena Cortés y Arturo Leyte (Madrid: Alianza Editorial, 2000), 43.

narraciones se exponen las increíbles y asombrosas peripecias del héroe vernáculo. Este individuo, cuya cuna radica en la humildad más austera, se metamorfosea en el salvador de su comunidad al liberarla de las garras de criaturas monstruosas, al vencer la penuria o las calamidades, o al realizar gestas de una nobleza y beneficio inestimables. Otra clase de narración auténtica son las crónicas asociadas a los hombres medicinales, donde se esbozan las teogonías que explican cómo un chamán obtuvo sus habilidades sobrehumanas, o cómo emergió un específico círculo de chamanes. En contraposición a las narraciones auténticas, las invenciones falaces se refieren a aquellas narrativas que describen hazañas y acciones desprovistas de sacralidad o contenido sobrenatural, y que carecen de una función edificante.

De manera parecida a esta distinción entre narraciones auténticas y falaces, para Platón, para quien no existía oposición entre mito y logos pues ambos sirven *per se* para comunicar la verdad, hay también una diferencia entre mitos falsos y mitos verdaderos, siendo los falsos aquellos que proponen a dioses carnales y lujuriosos y que, por tanto, no reflejan la dignidad de la divinidad.

En otros contextos culturales, como serían por ejemplo las comunidades indígenas americanas, también se recogen multitud de estas fábulas, donde animales como el búfalo, el coyote o el lobo son personajes recurrentes. Estos relatos, aunque carecen de la solemnidad de los mitos, también forman parte de la rica tradición oral de estas culturas. De manera parecida al mito griego, estas narraciones de culturas precolombinas también muestran una demarcación entre los 'relatos auténticos' y los 'cuentos espurios'. Ambas variantes narrativas retratan una secuencia de eventos que se despliegan en un pasado arcano y maravilloso. Los protagonistas de las mitologías son frecuentemente entidades divinas y entes metafísicos, mientras que los cuentos son poblados por héroes o criaturas prodigiosas, y todos estos caracteres confluyen en una idiosincrasia esencial: su ajenidad a la realidad cotidiana. Empero, los mismos colectivos aborígenes discernieron que se trataba de historias de disímil radicalidad. Todo lo evocado en los mitos les compete directamente, en contraste con los cuentos y fábulas que aluden a eventos que, aunque han desencadenado mutaciones en el mundo, como las características anatómicas o fisiológicas de ciertos seres, no han transmutado la condición humana *per se*.

Las enunciaciones preliminares esgrimidas hasta ahora son suficientes para subrayar algunas características cardinales del mito. Según Mircea Eliade:

> El mito cuenta una historia sagrada; relata un acontecimiento que ha tenido lugar en el tiempo primordial, el tiempo fabuloso de los «comienzos». Dicho de otro modo: el mito cuenta cómo, gracias a las hazañas de los seres sobrenaturales, una realidad ha venido a la existencia, sea esta la realidad total, el Cosmos, o solamente un fragmento: una isla, una especie vegetal, un comportamiento humano, una institución. Es, pues, siempre el relato de una «creación»: se narra cómo algo ha sido producido, ha comenzado a ser.[40]

En términos generales, el mito, tal como se vive en las sociedades arcaicas, puede ser delineado de la siguiente manera: en primer lugar, el mito se esboza como una narración que refleja las gestas de seres metafísicos a través de la cual se desentrañan la historia de dichos seres y sus intervenciones en el teatro humano.

En segundo lugar, la relevancia asignada al mito yace en su consideración como un absoluto de veracidad, concibiéndolo como un relato que alude a realidades trascendentales y ostenta una cualidad sacra al ser percibido como obra directa de los seres metafísicos.

En tercer lugar, el mito siempre tangencia el concepto de principios, comienzos u origen, ya sea para narrar el albor de entidades o para dilucidar la fundación de comportamientos, instituciones o formas de labor. Esto clarifica por qué los mitos se yerguen como paradigmas para cualquier acción humana de relevancia. Tras estas tres primeras características podemos afirmar que, en términos generales, los atributos fundamentales del mito tejen un camino

40. Mircea Eliade, *Mito y realidad*, trad. Luis Gil (Barcelona: Editorial Labor, 1991), cap. I, «La estructura de los mitos», 6.

hacia el entendimiento de su magnitud y su misión entre las culturas más arcaicas. Las propiedades *sine qua non* del mito auspician una evaluación aguda de su significación y papel dentro de los núcleos sociales ancestrales. En ese sentido, podemos decir que el mito anula el sentido progresista de la modernidad, donde todo lo que viene será superior a lo pasado, y revaloriza lo ancestral. En su capacidad de narración sacralizada, el mito proporciona un esquema emblemático y anímico, inestimable en la elucidación de la estructura cósmica y la quintaesencia de la existencia humana.

En cuarto lugar, el mito también se caracteriza por tener un dominio erudito capaz de conferir un entendimiento de la proveniencia de las entidades, facultando, por ende, el control y manipulación de estas según el arbitrio individual. El conocimiento del mito es la llave de la caja de Pandora, liberando el entendimiento de los orígenes y concediendo el poder para moldear el destino. Gracias a ello, el mito se torna en la espada de Damocles, suspendida sobre el origen de las entidades, permitiendo a quienes la blanden controlarlas como maestros de marionetas. Este conocimiento no se limita a un entendimiento meramente externo o abstracto, sino que se experimenta y se vive ritualmente. Tanto al narrar el mito ceremonialmente como al llevar a cabo el ritual que encuentra su justificación en él, se logra una conexión íntima con dicho conocimiento. Mircea Eliade dice que el hombre moderno, privado de los rituales tradicionales, se encuentra desnudo frente a la realidad cósmica y esto porque, según Campbell, los rituales no son simples repeticiones de la tradición, son el acto creativo de la tradición misma.

En quinto lugar, es crucial destacar que el mito se vive en el sentido de que se experimenta una dominación por parte de la potencia sagrada, la cual exalta los eventos que se recuerdan y se reactualizan. Vivir los mitos implica, por tanto, una experiencia auténticamente religiosa, dado que se distingue de la vivencia ordinaria y de la vida cotidiana. Esta experiencia es religiosa porque revive eventos fabulosos, estimulantes y significativos. Podemos estar presentes en las obras creadoras de los seres sobrenaturales, abandonando la existencia en el mundo cotidiano para adentrarse en un plano transfigurado, resplandeciente y saturado de la presencia de estos seres.

Los rasgos característicos que acabamos de definir nos permiten afirmar que el mito posee la capacidad de transportarnos desde lo cotidiano a dimensiones sobrenaturales para cohabitar con seres mitológicos. No se trata meramente de una conmemoración pasiva de los sucesos míticos, sino más bien de su reiteración activa. Los personajes y eventos del mito se vuelven presentes, y uno se convierte en contemporáneo de ellos. Esto implica también que ya no se vive en el tiempo cronológico ordinario, sino en un tiempo primordial, aquel en el cual el acontecimiento tuvo lugar por vez primera. Por consiguiente, se puede hablar de un «tiempo fuerte» del mito, que es un tiempo asombroso y sagrado en el cual algo novedoso, poderoso y significativo se manifestó en toda su plenitud. Revivir aquel tiempo, reintegrarlo de manera frecuente, ser testigo nuevamente del espectáculo de las obras divinas, reencontrarse con los seres sobrenaturales y absorber una vez más su lección creativa, es un anhelo sutil que se puede percibir en todas las repeticiones rituales de los mitos. En resumen, los mitos revelan que el mundo, el ser humano y la vida misma tienen un origen y una historia que trascienden lo natural, y que dicha historia es portadora de un significado profundo, inestimable y ejemplar.

Como ya hemos mencionado, otros de los elementos clave que distinguen el mito del logos es la cuestión de la fe y de la creencia. Si el mito posee una carga de poder espiritual, eso se debe a que su creencia puede influir en la apertura o el cierre de horizontes. Dicho de otra forma, la puerta hacia el ámbito espiritual se abre al escuchar atentamente o al abrirnos a la voz del Ser. De modo parecido, Heidegger afirma que hay que permanecer abierto a la voz del Ser, hay que estar en el *pathos* de la escucha porque escuchar es confiar. No es preciso solicitar a mis amigos una prueba de identidad con el fin de verificar que los nombres que me han dado son auténticos. Si un familiar me llama por teléfono, no requiero que me envíe fotografías para asegurarme de que realmente se encuentra en el lugar que afirma estar. La amistad y los lazos familiares se fundamentan en la confianza mutua. No es necesario someter a comprobación que mi querido amigo, quien reside en Nueva Delhi y afirma llamarme desde su hogar, realmente lo esté haciendo desde allí, ya que le otorgo mi credibilidad y confío en su palabra. La fe representa un tipo de conocimiento adquirido a través de otros, y es por medio de la fe humana que podemos acceder al conocimiento histórico en su totalidad. Mediante la fe humana, puedo comprender que tanto mis propias manos como los objetos que me rodean, aunque aparenten ser sólidos, en realidad, son conglomerados de partículas atómicas en constante movimiento. Esto implica que nuestra concepción de la realidad es, antes que nada, una creencia basada en nuestra propia interpretación de esta. Una construcción de la narrativa científica desafía incluso mis propias experiencias personales. A través de la fe humana, abrazamos la mecánica cuántica, un campo que, según los ilustres científicos de nuestros días, aún escapa a una comprensión cabal. Por eso, Heráclito afirma que «No escuchándome a mí, sino a la razón (logos), sabio es reconocer que todas las cosas son una».[41] Al afirmar que el logos debe ser escuchado, Heráclito postula la importancia de escuchar (al logos) como medio para acceder al Uno, al mismo tiempo que, y a pesar de pertenecer a una tradición mitológica de estructura predominantemente visual, sitúa al logos dentro de un marco auditivo.

De esto se desprende, en primer lugar, que el mito se caracterice por ser una narrativa simbólica llena de significado para ser creída a través de la escucha; y en segundo lugar que, al emplear la razón (logos), siempre recurrimos a la fe; es decir, que es gracias a nuestra creencia en el mito que podemos razonarlo. En última instancia, el logos, la razón, se fundamenta en la fe. La actividad mental se configura como un acto de relato, y aquello que concebimos como «realidad» se erige como una construcción emanada de dicho relato, debido a que la existencia mitológica se revela incluso como más auténtica que la realidad física. Del mismo modo, la existencia de Dios adquiere una dimensión de mayor veracidad en su condición de mito que en el contexto de una religión organizada.

Es importante, no obstante, no confundir el mito con la fantasía. Para establecer una distinción esencial entre ambas, es crucial

41. Heráclito, *Fragmentos presocráticos: de Tales a Demócrito*, introd., trad. y notas de Alberto Bernabé (Madrid: Alianza Editorial, 2008), DK B 50, 132.

considerar que en la primera existió una creencia auténtica por parte de las personas, mientras que la segunda siempre fue reconocida como una manifestación ficticia y artística. La mitología se distingue por haber sido objeto de genuina creencia en determinado momento histórico. Por ejemplo, la mitología escandinava cobra su particular matiz mítico debido a la genuina creencia en la existencia de entidades metafísicas como Thor, Odin y Sleipnir. De forma paralela, la mitología helénica se consolida basándose en la profunda convicción de los antiguos griegos acerca de la presencia de divinidades como Zeus, Hefesto y Cerbero. En una posición diametralmente opuesta, producciones literarias como *Blancanieves y los siete enanitos* se clasifican dentro del dominio de la fantasía, en tanto que ninguna entidad sustenta realmente la creencia en la existencia de estos personajes. Así pues, en el imaginario colectivo, los mitos ostentan un grado de veracidad que no se les atribuye a los relatos de fantasía. Estos últimos, a pesar de su riqueza y profundidad, no generan en sus lectores la misma clase de fe o compromiso que los mitos logran evocar. En otras palabras, la dimensión de realidad que las historias míticas aportan resulta crucial en la construcción y consolidación de cosmovisiones colectivas, aspecto ausente en las narrativas de fantasía.

Sin embargo, y como argumenta Slavoj Žižek, el mito no tiene la función de simplemente sustituir la realidad objetiva esculpida a base de conceptos por otra realidad simbólica más real en sí misma. Según el autor, el mito no es en absoluto circunstancial al ser humano, eso es, no es una creación ociosa que el ser humano practique ocasionalmente. De hecho, el ser humano perpetuamente se ve constreñido a crear narraciones y mitos que otorguen significado a su mundo y su existencia, y en ese sentido el mito juega, y siempre ha jugado, un papel central en el desarrollo, la comprensión y en la vida del ser humano. Dichos relatos y mitos que el hombre crea incesantemente semejan medicinas para hacer frente a la complejidad y el caos de su entorno, otorgándole una sensación de coherencia y continuidad en el vertiginoso torbellino de la vida. Sin embargo, Žižek sostiene también que estos mitos, con frecuencia, no reflejan la realidad tal como es, sino que son quimeras que nos auxilian en nuestro afán por lidiar con las turbulencias del mundo. En ese sentido, nos contamos historias para no ver la realidad, pero nos las acabamos creyendo, por lo cual la realidad queda vedada.

Así, aunque estos mitos pueden tener un valor psicológico innegable, no poseen necesariamente veracidad en el sentido objetivo. En este entorno, Žižek plantea que la veracidad no se encuentra enclaustrada en los relatos que tejemos a nuestro alrededor, sino más bien en aquello que se alza más allá de ellos, en la realidad concreta de los sucesos que nos atraviesan cotidianamente.[42] Expresado de otro modo, aunque los mitos pueden resultar provechosos para nosotros desde una perspectiva emocional y existencial, no debemos incurrir en el error de equipararlos con la verdad objetiva. En ese sentido, Žižek propone cuestionar y superar los confines definidos por los mitos con el fin de percibir de manera más aguda y profunda la realidad que nos envuelve para, de este modo, decodificar la realidad y nuestra existencia humana de manera más auténtica. El argumento de Žižek, no obstante, abre el interrogante acerca de si la realidad misma podría ser considerada un mito, en tanto que se constituye como una narración mítico-mental que es objeto de creencia.

42. Esta idea es central en la obra de Žižek, particularmente en su compromiso con el psicoanálisis lacaniano y su crítica de la ideología. Véase *El sublime objeto de la ideología* (1992) y *Viviendo en el fin de los tiempos* (2011).

Capítulo 10

El mito trasciende la razón

El mito y la filosofía representan dos perspectivas divergentes en el abordaje, pero no en el contenido del significado de nuestra existencia. El mito, portador de intrincado simbolismo, resuena como una fuente inagotable de inspiración que eleva y fortalece al individuo. La filosofía, por su parte, se yergue como una disciplina indagatoria que busca el sentido a través del uso de la razón y la lógica (*logos*). El símbolo tiene el poder de dar vida y articularla, nos da el poder del Ser. La filosofía nos da poder sobre el ente, aunque el ente siempre será más de lo que se muestra. Aunque la filosofía revela, también oculta. Por tanto, pierde el poder que pretende poseer. Por eso definimos la filosofía como «un mito sin poder».

Como hemos visto hasta ahora, el mito, nacido desde las culturas y tradiciones de la humanidad, emerge como un relato que trasciende la apariencia superficial y se adentra en nuestra dimensión simbólica. Los símbolos, en su intrincada iconografía, despiertan emociones vívidas, imparten enseñanzas morales y establecen una conexión íntima entre el individuo y los estratos más profundos de su existencia. En su complejo enmarañamiento semántico, suscitan en la psique turbulencias emocionales, inculcan preceptos morales y establecen una comunión trascendental con las profundidades insondables de su vivencia. Más aún, a través de las narrativas míticas y los arquetipos, el mito trasciende las restricciones de la razón y se adentra en los recovecos de la condición humana, proponiendo un marco hermenéutico que confiere significado a la realidad humana. La filosofía, en contraste, se alza como una disciplina forjada sobre los cimientos inquebrantables de la razón y la lógica, y se ocupa en la construcción de conceptos y la argumentación lógica, intentando acceder a conclusiones que otorguen coherencia y claridad a la experiencia humana.

Así, mientras el mito emerge desde su riqueza simbólica como un inagotable torrente de profundidad existencial, la filosofía se sumerge en las catacumbas de la lógica en la búsqueda de sentido. A pesar de sus divergencias, sin embargo, ambos enfoques se complementan para aproximarnos al enigma de la significación, permitiéndonos investigar y explorar las alturas de la trascendencia y la comprensión de nuestra realidad desde la perspectiva humana.

La filosofía, en una de sus ramas como la antropología filosófica, es como un detective perspicaz que busca comprender la naturaleza del ser humano. Las explicaciones superficiales no le satisfacen y, por lo tanto, aplica una lógica rigurosa y reflexiona profundamente para descubrir las respuestas a estas preguntas fundamentales. Cual geólogo examinando capas de roca, la filosofía cuestiona las capas de la realidad, el conocimiento y la moralidad, en busca de las joyas de la verdad. No está interesada en atajos, respuestas predeterminadas, interpretaciones tradicionalistas o creencias incuestionables; se toma su tiempo para analizar y reflexionar, empleando la razón como brújula para su búsqueda. Revestida de su manto de disciplina exploratoria, la filosofía alza su estandarte intelectual en un intento de percutir y descifrar el *ethos* ontológico del Ser, urdiendo una matriz conceptual de elucubraciones abstractas. Como un cartógrafo de lo insondable, se adentra en la existencia para desgajar respuestas telúricas, poniendo bajo microscopio los baluartes sobre los cuales se alzan los intersticios del compendio humano. Al formular y analizar teorías, la filosofía se convierte en un fascinante viaje intelectual que va tras la naturaleza de la existencia humana, buscando descubrir qué hace que el mundo gire y qué papel juega el ser humano en él.

Más aún, la filosofía también se zambulle en los supuestos que damos por sentado y los analiza críticamente. El resultado: conclusiones sólidas que aportan coherencia. Es una disciplina sin miedo a desafiar lo establecido y revelar lo que está oculto a simple vista. Utilizando como eje la síntesis y examen de teorías, la filosofía se adentra en la brega de descifrar la morfología de la realidad y el significado intrínseco del periplo humano. Los filósofos, cual herreros del intelecto, esgrimen artilugios conceptuales que engloban la lógica y el razonamiento de vertientes deductiva e inductiva, para analizar las ideaciones abstractas, destilar conclusiones fundamentadas y congruentes. En esta tesitura, la filosofía se yergue con un enfoque conceptual, a la vez que se caracteriza por su compromiso de sujetar a escrutinio crítico los fundamentos y conceptos que moldean nuestra concepción del orbe.

El sendero filosófico es de preguntas interminables y respuestas que parecen siempre próximas. Pero al continuar avanzando, al desafiar los límites del entendimiento, se abren nuevas puertas. Es un proceso enriquecedor que invita a mirar más allá de lo obvio y sumergirse en un océano desconocido. A través del escrutinio analítico y la introspección crítica, se maniobra en el ámbito académico para brindar exposiciones diáfanas y cimentadas acerca de la teleología y la ontología inherentes a la realidad, instigando a la rumiación intelectual y a la inquisición de respuestas que rebasen el umbral superficial. Es preciso recalcar la inextricable importancia de abordar estas cuestiones con agudeza crítica y rigor epistémico, pues constituyen la base de la construcción del conocimiento.

La filosofía, en su afán por comprender y adquirir conocimiento, utiliza el concepto como herramienta fundamental para desvelar y dominar el ente. A través de conceptos, la filosofía empodera a las personas para analizar y manipular las cosas que quiere conocer, como un detective que examina pruebas. Pensemos en un «concepto filosófico» como un mapa mental que traza las características centrales de algo, como un objeto, una idea o un fenómeno. Es como tener una red que atrapa y organiza información sobre algo específico. Con estos conceptos bien elaborados, como linternas en la oscuridad, la filosofía busca entender las bases y cualidades fundamentales de la existencia y cómo todas estas piezas encajan y se relacionan entre sí en un vasto rompecabezas. Este concepto filosófico, anclado en la abstracción, cristaliza los atributos cardinales de un objeto, noción o fenómeno. A través de la destilación de conceptos certeros, la filosofía despliega su ímpetu en desentrañar tanto la naturaleza y atributos fundamentales del ente como la interacción enredada que subsiste entre ellos. Es en este pabellón de abstracción sublime donde el concepto filosófico hace su aparición como una amalgama mental que subsume los rasgos arquetípicos de cualquier entidad, ya sea esta de índole concreta o etérea. Con una perspicacia digna de un alquimista, la filosofía decanta conceptos impolutos y, en su travesía, explora lo más recóndito de la naturaleza, desenmascara las propiedades ontológicas de los entes y las relaciones que los anudan.

Consideremos por un momento los conceptos como bloques de construcción. La filosofía es como un manual que nos enseña cómo usar estos bloques para construir algo significativo. Un concepto en filosofía representa las partes críticas de un objeto, idea o fenómeno, de la misma manera que un bloque representa una parte de la estructura que se esté construyendo. Al organizar estos conceptos de forma precisa, la filosofía nos da las habilidades para entender las partes individuales y cómo se unen para formar un todo más grande. Es como crear una imagen clara a partir de piezas individuales. Utilizando el aparato conceptual, la filosofía provee un esqueleto exegético que habilita al ente humano a zambullirse en el ente por medio de una pesquisa minuciosa y profunda. Este artificio de análisis y manipulación conceptual, formidable en su ejecución, confiere al filósofo una especie de dominio imperioso sobre el ente, permitiéndole descifrar sus misterios más arcánicos y comprender la maquinaria subyacente de su operatividad.

Es imperativo enfatizar, que esta conexión entre el armamento conceptual y el dominio del ente no se encuentra encapsulada exclusivamente dentro de los límites de la filosofía. En disciplinas hijas de la filosofía, como la ciencia y la tecnología, la utilización de conceptos precisos es igualmente crítica y nos permite desentrañar y modelar entidades de formas innumerables, pavimentando el camino para avances sin precedentes. A través de conceptos nos sumergimos en las profundidades para destapar los secretos ocultos. Al hacerlo, nos embarcamos en un viaje de descubrimiento, escudriñando cada rincón en busca de verdades escondidas. Esta habilidad de sumergirse con destreza y detalle en los mecanismos esenciales nos empodera en nuestra búsqueda de entendimiento. Es como si cada concepto fuese una brújula que apunta hacia un tesoro de comprensión.

Según Heidegger la sociedad moderna se ha extraviado en la búsqueda de posesiones y logros, olvidando el núcleo de su ser. Esto no es coincidencia, pues como hemos ido viendo a lo largo de estos capítulos, la sociedad occidental ha sido moldeada por siglos de pensamiento occidental que, con la filosofía a la cabeza, ha valorizado la razón y la objetividad sobre la experiencia humana interna, el razonamiento lógico sobre la mitología y el concepto sobre el símbolo. Esta selección, no obstante, ha generado un desequilibrio que ha tenido repercusiones importantes en la exploración del Ser y en cómo el ser humano afronta su existencia. Desde la óptica heideggeriana, el *zeitgeist*, o 'espíritu del tiempo', contemporáneo es eminentemente antropocéntrico, padece una amnesia metafísica respecto al «ser» en su esencia y se halla encadenado a la perpetua seducción de la subordinación de entidades concretas. Aunque para Heidegger la filosofía aún puede recuperar la «pregunta por el Ser», también es cierto que, en su última etapa, recurrió a la poesía como medio para expresar lo que la filosofía no puede alcanzar.

O sea, la cosmovisión prevalente ha transmutado hacia la orquestación y dominación de objetos y fenómenos materiales. Afirmaba Heidegger que tal desplazamiento ontológico surge como consecuencia de una tradición intelectual occidental prolija y enraizada en el concepto de *orthótes* en Platón, que consiste en considerar que lo que aparece es inexacto hasta que sea corregido por el sujeto que descubre su idea. Es decir, lo aparente solo se transforma en verdadero porque el sujeto lo compara con lo inaparente. Esto implica que el ente se haya subsumido a la idea y, por tanto, que la fenomenología haya adoptado los principios de la metafísica que, bajo la égida de la filosofía dogmática, ha encumbrado la racionalidad y objetividad, relegando a los márgenes la preponderancia de la experiencia subjetiva del homínido.

Con la atención clavada obsesivamente en la orquestación y dominio óntico, el ser humano se ha desligado de las fibras que le conectan con la realidad. Esta autarquía óntica surge como un férreo celador, segregando al hombre de un vínculo otrora inextricable con su ser y su entorno. Al abrazar la destreza en la manipulación de los entes, hemos dejado que nuestra armonía con la esencia más profunda y el suelo bajo nuestros pies se deshilache y desintegre. No es solo la pérdida, sino un empobrecimiento de nuestra relación con el entorno; un entorno que brinda y sostiene, que podría enseñar si pudiéramos abrirnos a sus lecciones.

Uno de los conceptos importantes en el pensamiento de Heidegger, que es el *das geviert* o *geviert* traducido como 'la cuadratura', responde a una comprensión más profunda de la realidad, que va más allá de la visión dual. En lugar de centrar la mirada en opuestos, se supera la visión dualista introduciendo la idea de cuaternidad o cuadratura, que implica una estructura más compleja y dinámica, y que utiliza para referirse a las relaciones entre los cuatro aspectos que conforman la realidad: Tierra, Cielo, Dioses y Mortales. Este tema en especial es abordado en su obra *Der Ursprung des Kunstwerkes* o *El origen de la obra de arte* y responde a una instancia superior en el pensamiento heideggeriano. El uso del término cuadratura alude al ímpetu heurísticamente geométrico con el que la filosofía occidental ha intentado enclaustrar y moldear la realidad dentro de rígidos esquemas ontológicos, como si de un gran armario se tratara donde la filosofía quisiera guardar todo lo que conoce sobre la realidad, categorías aquí, conceptos allá. Pero Heidegger abre la puerta del armario y nos muestra que está desordenado. No solo eso, sugiere que tal vez, en lugar de intentar guardar cosas, deberíamos sentarnos y contemplar el espacio que tenemos. Solo entonces podemos empezar a comprender nuestro mundo. Heidegger aduce que este acto de estratificación rigurosa de la realidad en conceptos jerarquizados engendra una paradoja casi prometeica. Esta quimera epistemológica que coarta la habilidad de aproximarse a un compendio sin adulteraciones del espectro de nuestra existencia. Heidegger entiende que la cuadratura busca el control y el dominio de la realidad a través de su conceptualización impuesta que reduce la realidad a un mundo objetual fácil de clasificar, controlar y manipular.

Ante dicho molde de pensamiento tan rígido, el mismo Heidegger propone una nueva perspectiva con una conexión más auténtica fundamentada en la experiencia directa del Ser y el mundo, pero que solo será posible si antes renunciamos a nuestro afán de etiquetar y encasillar la realidad en conceptos ya definidos. En consecuencia, si el ser humano realmente desea acercarse a su ser y conocerse, primero deberá abrirse a maneras refrescantes de conocer y relacionarse con el mundo. La vida inauténtica genera una angustia (*angst*) existencial que nos sumerge en distracciones para evitar enfrentar la propia finitud y la posibilidad de la nada. Por decirlo de otro modo, deberá hacer algo así como deshacerse de un viejo par de anteojos y observar la realidad con una visión renovada, abierta a descubrir y entablar relaciones de formas nunca consideradas. Es en franca pugna contra la especificada articulación noética que Heidegger erige su postura, abogando por una simbiosis más veraz con el substrato de la realidad, que toma su cimiento en la inmersión en la *essentia*, o 'esencia', y el firmamento ontológico. Lo que Heidegger está proponiendo es una nueva aproximación a la realidad que subvierta la hegemonía del razonamiento conceptual y su violenta tendencia natural a confinar la realidad en un corsé de conceptos prefabricados. Ergo, se nos encomienda la tarea titánica de despojarnos de la supeditación a la realidad a través de la prismática conceptual y de, en su lugar, zambullirnos en la oquedad de metodologías emergentes de cognición y enlace con el orbe. Esto dará lugar a que surja una metamorfosis en nuestra relación con la realidad objetual, permitiendo el florecimiento de una pluralidad de entendimientos con el mundo. En este contexto, y según Heidegger, la principal labor de la filosofía consiste en la recuperación de la perdida conexión con el Ser, así como el redescubrimiento del auténtico significado de la naturaleza humana. En lugar de intentar dominar el mundo y controlar la realidad objetual, la filosofía debe aprender a vivir en total armonía y sintonía con el Ser . Solo entonces será posible una realización auténtica que nos lleve a encontrar el sentido de la vida. Este diagnóstico y la posterior propuesta heideggeriana resulta esencial para el giro simbólico. Como se ha mostrado anteriormente, a diferencia de la conceptualización filosófica del mundo que nos ha llevado al olvido del Ser, el mito simbólico permite e incluso facilita que el Ser nos envuelva. En el pensamiento simbólico, la autoridad y significado emanan del símbolo, contrariamente a la filosofía occidental donde el concepto ejerce un total dominio sobre la realidad. Esencialmente, en el pensamiento simbólico, el individuo está inmerso en el símbolo, mientras que, en la filosofía, el concepto es una herramienta utilizada para controlar y manipular. El manipulador del concepto se mueve en la técnica, abandonando la tierra. A través del concepto, dominamos, controlamos y manipulamos las cosas, mientras que, en el símbolo, somos nosotros los que pertenecemos a un relato.

En el diálogo platónico *El Banquete*, nos encontramos con una alegoría paradigmática que la tradición moderna ha denominado «el juego de las máscaras».[43] En este enigmático juego, los interlocutores se enmascaran asumiendo diversas identidades y adoptando distintos roles, con el fin de representar situaciones imaginarias. Este esquema lúdico, según se ha interpretado, tenía como propósito fundamental ejercitar a los jóvenes en la capacidad de distinguir entre apariencia y realidad, alentándolos a desentrañar la verdad que yace oculta tras las máscaras y las representaciones superficiales. En este contexto, el ser humano surge como participante activo en la perpetua representación de un relato común al que todos pertenecemos. En línea con esto, Heidegger, a través de su filosofía ontológica, establece que el lenguaje constituye la morada del Ser, y que el ser humano actúa como su pastor, de modo que son la existencia y el sentido de todo los que radican precisamente en esta narrativa, y no al contrario. Desde este punto de vista, Heidegger nos concibe como pastores de la narrativa y también como actores o personajes pertenecientes al relato. Labramos la ilusoria impresión de que somos nosotros quienes hablamos la lengua y estructuramos la narrativa, cuando, en realidad, es la lengua la que nos habla a nosotros y es la narrativa la que nos moldea. En este intrincado juego de máscaras, lo primordial no somos nosotros, sino la narrativa que nos atraviesa. En este sentido, somos un producto suyo, pues no hay nada fuera del mito, no hay nada fuera del lenguaje, no hay nada fuera de la palabra que narra el relato. Por ende, es fundamental considerar que la filosofía, a pesar de sus nobles pretensiones,

---

43. Giovanni Reale, *Eros, demonio mediador: El juego de las máscaras en el Banquete de Platón*, trad. Rosa Rius y Pere Salvat (Barcelona: Herder Editorial, 2004), 21.

también se encuentra en el ámbito de los mitos, aunque le falte el poderío que estos despliegan. La filosofía, pese a sus intentos de trascender la narrativa mitológica, no es más que otro personaje en el gran drama de la existencia. Todos nos hallamos inmersos en una narrativa cuya estructura subyacente dicta cada uno de nuestros libretos y determina cada uno de nuestros roles.

Decir que el símbolo se apropia del ser humano es decir también que, como parte de un relato, incluso la filosofía se encuentra dentro del mito. El constructo conceptual consiste en una invención humana mientras que el ser humano emerge de la simbología. Esta simbología, al superar nuestras propias limitaciones, hace que el mito se sitúe en un plano superior al de la filosofía. Esta *semiosis*, al alzarse más allá de las restricciones humanas, evidencia que el pensamiento mitológico supera en magnitud epistemológica al pensamiento filosófico.

La filosofía busca dilucidar el misterio que desafía la comprensión, mientras que el mito es el bastión de lo inherentemente incomprensible. Mientras la filosofía intenta descifrar lo enigmático, el mito alberga ese esquivo núcleo de lo indescifrable. Aunque el mito intenta esclarecer, nunca completa su tarea y siempre deja interrogantes sin respuesta y proposiciones abiertas. Ya que el concepto es una invención humana y la filosofía surge del símbolo, la filosofía se halla intrínsecamente ligada al mito. Debido a que el poder es parte intrínseca del símbolo, la filosofía, por su naturaleza conceptual, constituye un mito carente de poder o desprovisto de su vitalidad inherente. Obviamente, símbolos como la estrella de David, la media luna, la cruz, el Señor Chaitanya o Jesús ostentan una potente resonancia simbólica. Sin embargo, si relego al Señor Chaitanya exclusivamente a una organización *vaiṣṇava*, a la cruz únicamente al ámbito del catolicismo, o a la estrella de David solamente a una institución jasídica determinada, estaría sustrayendo la potencia intrínseca del símbolo. La razón radica en que, en esos casos, un constructo conceptual estaría eclipsando el profundo alcance del símbolo al apropiarse de este.

Heidegger aborda esta cuestión ya desde el principio de su *Ser y Tiempo*, donde encontramos una inesperada mención a Martín

Lutero. Heidegger lo evoca primordialmente por sus críticas incisivas respecto a la arquitectura conceptual de la teología establecida en su tiempo. Leemos:

> La teología busca una interpretación del Ser del hombre relativamente a Dios lo más radical posible, sacada del sentido mismo de la fe y constantemente fiel a este sentido. Empieza lentamente a comprender de nuevo la idea de: Lutero: que su sistema dogmático descansa sobre un «fundamento» que no brotó de una primaria cuestión de fe, y que sus conceptos. no solo no bastan para resolver los problemas teológicos, sino que los encubren y desfiguran. Conceptos fundamentales son aquellas determinaciones en las cuales se alcanza del dominio de cosas que sirve de base a todos los objetos temáticos de una ciencia una comprensión previa y directiva de toda investigación positiva. Su genuina definición y «fundamentación» solo la logran, por ende, estos conceptos en un escudriñar, congruentemente previo, el dominio mismo.[44]

Lutero argumentaba que la teología estaba sustentada en una estructura conceptual que no emergía genuinamente de la vivencia auténtica. Sostenía que el léxico empleado no resultaba idóneo para tratar cuestiones teológicas, pudiendo incluso distorsionar o desvirtuar las enseñanzas en su más pura esencia. En un gesto aparentemente tangencial al núcleo teológico, Heidegger evoca a Lutero, pero lo hace desde un ángulo decididamente filosófico, ponderando cómo concebimos el «ser». En *Sein und Zeit*, Heidegger sostiene que la filosofía no es exclusiva de las mentes altamente eruditas, inmersas en complejas cavilaciones desde sus aisladas estancias académicas, sino que más bien está intrínsecamente ligada a nuestra vivencia cotidiana. Sostiene que, antecedente a cualquier acto cognitivo dirigido hacia un objeto, idea o vivencia, ya

44. Martin Heidegger, *El ser y el tiempo*, trad. José Gaos (México: Fondo de Cultura Económica, 1951; 6.ª reimp., 1995), §3, 19-20.

estamos imbuidos de un preámbulo conceptual o afectivo respecto a dicho objeto. Antes de conceptualizar un objeto o experiencia, ya albergamos un preconcebido sentir o percepción sobre ello. En toda reflexión o análisis, subyace una estructura de entendimiento innato, un trasfondo siempre subyacente que nos permite una comprensión de la cosa incluso cuando no se piensa conscientemente en ella. De hecho, si observamos de cerca el dominio científico comprobamos que su edificio no se erige exclusivamente sobre la piedra angular de observaciones empíricas, datos o pruebas experimentales. Antecedente a cualquier investigación científica, se encuentra una noción o experiencia preexistente. Siempre existe una experiencia previa a cualquier investigación científica, porque resulta inviable abordar un tema de estudio si carecemos de una idea al menos básica o rudimentaria sobre ello. Siempre hay un fundamento, un cimiento previo antes de emprender un estudio o adquirir conocimientos adicionales. Siempre hay algo o alguien que ya sabemos antes de investigarlo o aprenderlo. Es por eso que, para Heidegger, conocer es consustancial a nuestra naturaleza y existencia.

Lutero manifestó su desacuerdo con la forma en que se enseñaba la religión, argumentando que una exagerada conceptualización tergiversaba su esencia real y deformaba su auténtico sentido. Según Heidegger, algo similar ocurre en nuestro intento por definir teóricamente el mundo y la vida, incurriendo en el fallo de circunscribir lo esencial de la existencia a meras estructuras conceptuales.

Coincidimos con Hans-Georg Gadamer en subrayar que el reconocimiento de Heidegger hacia la perspectiva luterana en *Ser y Tiempo* no está relacionado con temas confesionales. A Heidegger le interesa el descubrimiento de Lutero sobre cómo un marco dogmático, en el que los conceptos cristalizan en teorías inamovibles, puede desviar nuestra comprensión de la realidad, ya sea esta secular o religiosa. Heidegger vio en Lutero una figura que reconocía que la religión se había desplazado de ser un acontecimiento existencial a una mera construcción doctrinal. Lutero priorizaba la vivencia religiosa sobre cualquier manual o guía prescriptiva que dictase nuestra experiencia religiosa y espiritual. La experiencia intrínsecamente auténtica se despoja de superestructuras conceptuales teórico-filosóficas; su esencia no radica en la proyección normativa o expectativa de la realidad, sino en su manifestación desnuda y genuina. La genuina experiencia se presenta sin el velo de interpretaciones teóricas. No se contempla desde la perspectiva de lo que debería ser o lo que se anticipa, sino desde la realidad tal cual es. Inspirado por Lutero, Heidegger puede ver una cierta similitud con la situación de una filosofía exageradamente complicada, perdida en terminologías enrevesadas y en una jerga oscura. Con una mirada crítica, Heidegger aboga por un reencuentro con la quintaesencia de los fenómenos, tal como estos emergen en la pura percepción. Dicho reencuentro, que como hemos indicado antes implica eludir lo conceptual a través de lo cual la tradición filosófica ha factualizado la realidad y con ello, ocultado su Ser más esencial, es lo que el mismo Heidegger denomina *destruktion*, y que el mismo describe como un proceso de retorno a lo original, consistente en deshacerse de los conceptos e ideas preconcebidas. Heidegger se refiere con ello a un ejercicio filosófico que demanda la deconstrucción de estructuras conceptuales sedimentadas para reanudar el vínculo con lo primigenio. Tal como él mismo escribe:

> Si ha de lograrse en punto a la pregunta misma que interroga por el Ser el "ver a través" de su peculiar historia, es menester ablandar la tradición endurecida y disolver las capas encubridoras producidas por ella. Es el problema que comprendemos como la destrucción del contenido tradicional de la ontología antigua, llevada a cabo siguiendo el hilo conductor de la pregunta que interroga por el Ser, en busca de las experiencias originales en que se ganaron las primeras determinaciones del Ser, directivas en adelante.[45]

Es necesario reorientarse hacia la autenticidad de lo primordial, previamente a que fuese oscurecido u obnubilado por estructuras conceptuales y sus respectivas elaboraciones teóricas. Es imperativo

45. Martin Heidegger, *El ser y el tiempo*, trad. José Gaos (México: Fondo de Cultura Económica, 1951; 6.ª reimp., 1995), §6, 32-33.

reconectar con la frescura de lo primigenio y la esencia original, antes de que fuese ensombrecida por abstracciones teóricas y sus intrincadas postulaciones. Existe una necesidad imperiosa de desviar el curso de diálogos teóricos que se encuentran alienados de la existencia tangible y concretar que la filosofía recupere su intrínseca vivacidad y relevancia epistemológica. Su intención consiste en cesar los debates teóricos desconectados de la vida real y que la filosofía recobre su vitalidad significativa.

> La destrucción tampoco tiene el sentido negativo de un sacudirse la tradición ontológica. Debe, a la inversa, acotarla dentro de sus posibilidades positivas, y esto quiere decir siempre dentro de sus límites, que le están dados fácticamente con la manera de hacer la pregunta en todo caso y la limitación del posible campo de la investigación impuesta de antemano por esta manera. Negativa no es la destrucción relativamente al pasado; su crítica afecta al «hoy» y a la forma dominante de tratar la historia de la ontología, sea esta forma fundamentalmente doxográfica, de historia del espíritu o de historia de los problemas.[46]

Es así como Martin Heidegger, inspirado por Lutero, enfatiza el retorno a la esencia de la filosofía: centrarse en lo que es realmente importante, vital y significativo, evitando así quedar atrapado en trivialidades, detalles y teorías que oscurecen más de lo que clarifican. Aunque el jergón filosófico pueda revestirse de una apariencia de profundidad, frecuentemente carece de tangibilidad ante la realidad vivencial concreta. Las discursividades sofisticadas, en su afán de erudición, paradójicamente oscurecen nuestra relación con lo real. Las paradojas del discurso, al anhelar ilustración y estudiosidad, se distorsionan y alejan nuestra conexión con la realidad subyacente, porque la experiencia con el Ser es teorética y preontológica. Heidegger, en su perenne evolución, refleja una transición hacia un pensamiento postmetafísico. Para superar los límites de la filosofía,

46. Ibid., §6, 33.

se requiere un enfoque inherentemente filosófico, un hecho palpable al concluir su *Carta sobre el humanismo*, donde escribe:

> Ya es hora de desacostumbrarse a sobreestimar la filosofía y por ende pedirle más de lo que puede dar. En la actual precariedad del mundo es necesaria menos filosofía, pero una atención mucho mayor al pensar, menos literatura, pero mucho mayor cuidado de la letra. El pensar futuro ya no es filosofía, porque piensa de modo más originario que la metafísica, cuyo nombre dice la misma cosa. Pero el pensar futuro tampoco puede olvidar ya, como exigía Hegel, el nombre de amor a la sabiduría para convertirse en la sabiduría misma bajo la figura del saber absoluto. El pensar se encuentra en vías de descenso hacia la pobreza de su esencia provisional. El pensar recoge el lenguaje en un decir simple. Así, el lenguaje es el lenguaje del Ser, como las nubes son las nubes del cielo. Con su decir, el pensar traza en el lenguaje surcos apenas visibles. Son aún más tenues que los surcos que el campesino, con paso lento, abre en el campo.[47]

La comprensión de que la vida no puede ser plenamente apresada por meros conceptos es fundamental para la metafísica auténtica. La genuina aproximación metafísica emerge, paradójicamente, al comprender que nuestra tarea no es esencialmente metafísica. Valorar los conceptos requiere la comprensión de su insuficiencia frente a la vida, pues la existencia misma escapa a las estructuras conceptuales rígidas. Los conceptos solo adquieren valor en la vida cuando nos percatamos de que esos mismos conceptos carecen de valor alguno para la vida, porque la existencia siempre rehúye las estructuras conceptuales.

---

47. Martin Heidegger, *Carta sobre el Humanismo*, trad. Helena Cortés y Arturo Leyte (Madrid: Alianza Editorial, 2000), 90-91.

Capítulo 11

Conceptos, símbolos y lenguaje: la visión de Kant

Podría decirse que la noción griega de conocimiento abasta tres dimensiones posibles. Por un lado, la *aisthèsis*, que a menudo se ha traducido como 'estética', denota la captación o aprehensión de un objeto por medio de la experiencia sensible. Como tal, requiere la intervención de al menos uno de los cinco sentidos, eso es, la vista, el oído, el olfato, el gusto o el tacto, para ver, escuchar, oler, degustar o sentir. En segundo lugar, el conocimiento también se da mediante el *nous*, que podemos definir como el entendimiento del intelecto o de la mente, que refleja la capacidad de la razón de intuir mentalmente de forma inmediata. En este sentido, se trataría de un conocimiento intuitivo y directo de lo que nos rodea, a veces parecido a algo así como el «sentido común» al que hace referencia Aristóteles, o incluso a la aprehensión directa e inmediata de las ideas en el caso de Platón. En tercer lugar, el conocimiento también procede por *diànoia*, es decir por un uso discursivo de la razón que nos permite obtener conocimientos a través del uso encadenado de premisas que, en última instancia, nos conducen a una conclusión. La palabra *diànoia*, o 'razón', contiene el término *dia*, que significa 'a través de' en griego. Por su parte, la palabra «discurso» se compone de *dia* y *cursus*, que proviene del latín *currus* y significa 'carro', permitiéndonos traducir la expresión 'razón discursiva' como algo así como 'andar en carro'.

Por lo tanto, no es casual que Parménides se encontrara en un carro alado cuando comenzó su discurso. Andando en carro se presta a dar un discurso, es decir, a razonar el Ser. Esta metáfora sugiere un trayecto del pensamiento mediante el cual la razón elabora discursivamente un proceso que también capta la cosa, pero siempre a través del uso de principios y premisas que, posteriormente, nos conducen al conocimiento. En este sentido, la diferencia entre el entendimiento (*nous*) y el razonamiento o razón discursiva (*diànoia*) es que el primero consiste en la aprehensión inmediata de la idea de una cosa, mientras que el segundo hace referencia a un conocimiento no inmediato, y por tanto mediado, a través (*dia-*) de premisas y principios que nos llevan a una conclusión. Por ejemplo, la idea «mesa» es la de una superficie horizontal con un tipo de soporte. Pero si deseamos razonar a fin de conocer la mesa, deberemos empezar por decir que toda superficie horizontal, cuando está sostenida por algún tipo de soporte, es una mesa.

Kant divide su celebre obra *Crítica de la razón pura* en tres grandes capítulos que responden a los títulos «Estética trascendental», «Analítica trascendental» y «Dialéctica trascendental». Aquello que los tres capítulos tienen en común es, de buenas a primeras, que el enfoque de Kant con relación a la estética, el análisis y la dialéctica es puramente trascendental y, por tanto y por defecto, no empírico como tal. El mismo Kant define el término trascendental del siguiente modo: «Llamo trascendental a todo conocimiento que se ocupa, en general, no tanto de objetos, como de nuestros conceptos *a priori* de objetos».[48] Es decir, el enfoque Kantiano con relación al conocimiento no parte de las cosas, eso es, no se pregunta qué son las cosas en sí mismas, sino cómo es que nosotros las conocemos. Kant realiza un giro epistémico. Pasa de la pregunta por la cosa misma (la sustancia), a la pregunta por la capacidad de conocer del hombre. En el fondo, es un giro antropológico, que se pregunta más por el hombre que por la realidad. Para eso, tiene que negar la cosa en sí, y quedarse con el fenómeno, que es lo que en definitiva conocemos. Esto, si se puede observar bien, tiene una finalidad creativa, pero la limita enormemente. Por un lado, Kant tiene, en el sujeto trascendental, y en las categorías *a priori*, la posibilidad de un conocimiento que, en su unión, de algún modo generen realidad cognoscible. Por otro lado, la negación de la cosa en sí

48. Immanuel Kant, *Crítica de la razón pura*, trad., estudio preliminar y notas de Mario Caimi (México: Fondo de Cultura Económica, 2009), 45 (A12).

es una limitación de la realidad, que solo es en tanto cognoscible por el hombre, y eso es muy pobre. La realidad nunca puede estar limitada por el ser humano y su capacidad de conocimiento o creación. Por eso, para Kant la metafísica (el estudio del Ser y de principios inmutables, por ejemplo, «el todo es mayor a la parte») no responde a su modelo. Por otro lado, la metafísica, en el realismo, es el grado de saber más elevado después del conocimiento empírico (la física, la biología) y del conocimiento de entes ideales y sus leyes (las matemáticas). Me parece importante señalar contra qué tipo de filosofía reacciona Kant: contra el empirismo por un lado y contra el racionalismo por el otro. Contra el empirismo, al insistir en la importancia de elementos *a priori* en la formación del conocimiento; y contra el racionalismo, al señalar que estos elementos *a priori* no son ideas innatas, sino formas de la mente que hacen posible la experiencia. Su filosofía trascendental busca reconciliar las aparentes tensiones entre el empirismo y el racionalismo. Si quieres saber cuál es la filosofía de un filósofo, pregúntate a quién está criticando. A partir de ahí, el filósofo de Königsberg se embarca en un profundo estudio para responder a la pregunta de cómo es posible el conocimiento, y que más tarde dará pie y se bautizará como el «giro copernicano».

El estudio de Kant arranca con la *aisthèsis* o 'percepción sensorial', y empieza por afirmar que todo conocimiento empieza siempre y efectivamente con la experiencia sensible. No obstante, rápidamente concibe que lo que percibimos es el fenómeno, es decir, no el objeto en un supuesto estado puro sino el objeto tal como se nos aparece o se nos presenta sensorialmente. Esta diferencia entre objeto en estado puro, o cosa en sí misma (*noumen*), y objeto tal como se nos aparece (fenómeno) será fundamental para entender el resto de la investigación kantiana. Pongamos el ejemplo de una botella. Cuando nos fijamos en ella, no vemos la botella íntegramente, en su totalidad y plenitud, de una sola vez, sino que debemos darle la vuelta, girarla y esperar a que todos sus aspectos se presenten gradualmente a los sentidos. Los objetos, por tanto, se nos presentan siempre primero a nivel de la 'percepción sensible' (*aisthèsis*) filtrados por lo que Kant llamará las dos formas puras de la sensibilidad, eso es, el espacio y el tiempo, los cuales podemos definir con Kant del siguiente modo: el espacio, por un lado, es aquella forma pura de la intuición sensible que configura nuestra percepción de la extensión y ubicación de los objetos. No se trata, no obstante, de una característica externa al ser humano, sino de una estructura subjetiva *a priori* que subyace a nuestra experiencia. Kant sostiene que el espacio es tridimensional y que todas nuestras percepciones se insertan y entrelazan dentro de este marco espacial. Es nuestra manera de conocer varios entes al mismo tiempo, a través de la coexistencia.

El tiempo, por su parte, se revela como la otra forma pura de la intuición sensible que determina la secuencia y la duración de los eventos. Es una estructura subjetiva *a priori* que nos permite experimentar y organizar nuestras percepciones en una sucesión temporal. El tiempo se despliega como una dimensión lineal, y todas nuestras experiencias se encuentran dispuestas y conectadas en este continuo temporal. Es nuestra manera de conocer un mismo ente en o a través de varios momentos.

Después de haber visto cómo entiende Kant el espacio y el tiempo, en cuanto formas puras de la experiencia sensible, podemos volver al ejemplo de la botella para mostrar que esta únicamente se nos aparece gradualmente (temporalmente) en algún lugar o espacio (espacialmente). No obstante, el espacio y el tiempo a través de los cuales se nos aparece la botella, no yacen en la cosa que se nos aparece sino más bien en el mismo aparecer de la cosa, es decir en la experiencia sensorial en sí, que Kant sitúa en el realme del sujeto trascendental y no del objeto empírico. Esto lleva a Kant a afirmar que las formas puras de la sensibilidad se erigen como estructuras fundamentales e innatas de nuestra facultad de percibir y experimentar el mundo sensible. Estas formas puras preceden a cualquier experiencia empírica y establecen el marco *a priori* a través del cual obtenemos conocimiento de los fenómenos. Dicho de otro modo, el espacio y el tiempo no son propiedades inherentes a los objetos sino condiciones necesarias, es decir *a priori*, para la percepción y comprensión de los fenómenos en todas nuestras vivencias sensoriales. O, dicho aún de otra manera, dentro de la perspectiva kantiana, no hay fenómenos sin sujeto.

Inspirados en la cosmovisión kantiana, reconocemos que es a través de la manifestación corpórea y sensitiva que tenemos una receptividad de las entidades tangibles que nos circundan. Este conocimiento sensorial (*aisthèsis*) es el horizonte en el cual todo conocimiento es posible. En concreto, es a partir de la experiencia sensible que el sujeto puede pensar y comprender los fenómenos. Es en este punto que Kant introduce el entendimiento (*nous*) como esa facultad intrínseca y esencial de nuestro ser, a través de la cual discernimos y categorizamos los conceptos que otorgan estructura y orden a nuestra percepción del mundo. Los sentidos nos dan a conocer realidades particulares, contingentes y móviles, mientras que las categorías del entendimiento otorgan a esas realidades una unidad universal, necesaria e inmóvil que Kant llama «juicio sintético *a priori*». Para ponerlo de otra forma, el entendimiento toma la materia (fenómenos) y le da forma. Para conocer las cosas sensibles Kant argumenta que es el entendimiento (*nous*) el que produce y utiliza lo que él denomina «categorías», aplicándolas a los datos de la sensibilidad.

Estas categorías son de naturaleza fundamental y dan forma al armazón conceptual requerido para la percepción de los fenómenos. Son, por así decirlo, moldes mentales que procesan la información sensorial presentada a través de la intuición. Con respecto a las categorías, su estatus como entidades universales y necesarias es el catalizador que organiza el espectro de experiencias en un sistema cohesivo y discernible. Pensémoslas como utensilios conceptuales con los que nos equipamos para destilar y taxonomizar nuestras experiencias mundanas.

Kant propuso concretamente las categorías de unidad, pluralidad y totalidad (como categorías de cantidad); realidad, negación y limitación (como categorías de cualidad); inherencia y subsistencia (sustancia y accidente), causalidad y dependencia (causa y efecto) y comunidad (interacción entre agente y paciente); y posibilidad-imposibilidad, existencia-inexistencia y necesidad-contingencia (como categorías de modalidad). Lo que es importante aquí, más allá de las categorías en sí, es el hecho que Kant las comprende como conceptos puros a priori que nos permiten clasificar cualquier otro concepto *a posteriori*. En ese sentido, las 'categorías' son productos de la misma facultad del entendimiento que se revelan como condición *sine qua non* para pensar y comprender el mundo y lo que hay en este.

La producción de las categorías por parte del entendimiento (*nous*) no debe comprenderse como si de ideas platónicas o cartesianas simplemente innatas se tratara, con vida propia en un mundo ideal. Por el contrario, Kant sostiene que el entendimiento las produce dentro del mismo proceso de la experiencia sensible y, por lo tanto, y en palabras del mismo Kant, «no tienen vida fuera del entendimiento del fenómeno». Las categorías pueden verse como nuestra forma de entender o pensar los objetos en tanto que estos nos afectan, se nos dan, y durante el período a lo largo del cual nos afectan, se nos aparecen, como fenómenos de la experiencia. Como seres humanos, argumentaría Kant, no tenemos ninguna otra forma de comprender el mundo que nos rodea y en el que vivimos. Entendemos solo lo que podemos entender y cómo podemos comprenderlo. Así, por ejemplo, si ponemos el ejemplo de una mesa de madera, podremos decir que, en primera instancia, los sentidos nos proveen del objeto tal como este se nos aparece, en este caso a la vista. El objeto se nos aparece en el espacio y el tiempo, es decir, gradualmente y en un espacio y posición. En su aparición a la mente a través de los sentidos, no obstante, el entendimiento aplica inmediatamente las categorías de unidad, totalidad, diferencia, causalidad y demás, a todos los datos sensibles que conforman la 'mesa' que se nos aparece *qua* fenómeno.

Aplicar categorías, es decir conceptualizar, es un proceso de sintetización que sucede mediante división y fragmentación. Por ejemplo, alto es distinto de bajo, bueno es lo contrario de malo, lindo es diferente de feo, inteligente es distinto de tonto y valiente es lo contrario de cobarde. Es decir, uno se entiende en oposición al otro. Lo que hacen las categorías es ordenar, uno abajo y otro arriba, e ir creando dicotomías que excluyen el uno del otro. Es por eso por lo que Kant dirá que el entendimiento determina la cosa sensible conforme a un concepto que lo determina y que lo distingue de lo opuesto y del contrario. Es solo a partir de estos conceptos puramente formales que entonces podemos aplicar otros conceptos *a posteriori*, como tamaño, madera, pata, superficie y demás. El conocimiento se produce, precisamente, al realizar esta síntesis entre categorías y datos sensoriales.

El conocimiento, bajo esta perspectiva, se configura como una entidad hilemórfica, compuesta de contenido (materia) y forma. Los objetos, a través de la certeza sensible, nos brindan el contenido mediante el reconocimiento de las formas puras de la sensibilidad. En esta etapa, adquirimos conocimiento de las propiedades sensoriales de los objetos, como el color, el sabor, la magnitud, el olor, la textura, la forma, el sonido y otros aspectos. No obstante, cada experiencia sensorial es contingente, singular y única.

La aprehensión objetiva de entidades con diversas características físicas y estéticas da forma a nuestras experiencias. Una experiencia que se repite nos conduce a una conclusión. Por ejemplo, si observamos repetidamente que un fragmento de metal se expande al ser expuesto al calor, utilizamos la categoría de totalidad para inferir que todos los metales se dilatan en altas temperaturas. Así, transformamos una serie de experiencias particulares en un concepto universal. En consecuencia, el conocimiento, según Kant, adquiere una naturaleza científica al aplicar teorías a la realidad. Al afirmar que un metal específico se expande con el calor, empleamos la categoría de particularidad. Del mismo modo, al afirmar que todos los metales se dilatan en presencia del calor, recurrimos a la categoría de universalidad.

Asimismo, podemos afirmar, negar y sostener que no existe metal que no experimente expansión ante altas temperaturas, utilizando las categorías de totalidad y negatividad. A pesar de la aparente vacuidad epistemológica de la negación, las categorías confieren necesidad a un conocimiento desprovisto de tal cualidad. Establecen leyes y un marco conceptual que dotan de inteligibilidad y valor epistémico a los datos sensibles aparentemente irrelevantes. De este modo, el conocimiento asume una tintura científica al someter la teoría al escrutinio de la realidad. En consecuencia, la categoría desempeña un papel crucial al establecer el marco conceptual donde la experiencia sensible se convierte en un fenómeno inteligible.

Por su parte, el entendimiento kantiano opera a través de dos facultades esenciales: la síntesis y el juicio. La síntesis engloba la amalgama de la diversidad sensorial en conceptos, representando la tarea de unificar datos en una experiencia coherente. Por otro lado, el juicio implica la aplicación de categorías a la síntesis de la intuición, generando afirmaciones sobre los objetos de la experiencia. Así pues, si por un lado las categorías son los conceptos fundamentales que utilizamos para organizar y comprender la experiencia sensible, por el otro el entendimiento es la facultad cognitiva que se vale de dichas categorías para procesar y generar conocimiento acerca del mundo fenoménico. De este modo, las categorías y el entendimiento permiten a la mente humana organizar, interpretar y construir conocimiento a partir de la información sensorial.

Así, el proceso cognitivo kantiano se configura como una intrincada red de síntesis y juicio, un juego constante de interpretación y construcción que posibilita a la mente humana trascender la mera experiencia sensorial y adentrarse en los dominios del conocimiento formal y abstracto. Sin el entendimiento, el mundo se nos 'aparecería' como caos, como una explosión de imágenes, olores, ruidos, rasguños por los que deambularíamos timoratos, violentados y sin dirección alguna. El proceso cognitivo ordena el mundo tal como este se nos aparece, *qua* fenoménico, y no tal como supuestamente es en sí mismo. Este es un detalle importante para tener en cuenta dentro del universo filosófico kantiano.

El entendimiento solo tiene acceso al fenómeno, que es el objeto en tanto que se nos presenta a través de la experiencia sensible. En cambio, no tenemos acceso al noúmeno, que es el objeto como cosa en sí misma. Por ejemplo, el objeto empírico en sí mismo (noúmeno) sería el arcoíris como colección de gotitas de dimensiones, formas y entramados concretos; por otro lado, el fenómeno, que es la aparición del noúmeno a través de la experiencia, sería la banda de colores que vemos en el cielo. Según Kant, el ser humano no tiene acceso al noúmeno mediante el entendimiento ni la razón pura.

Dicho esto, cabe clarificar que el fenómeno no es un noúmeno imperfecto, falso, o deficiente. Según Kant, los fenómenos no deben entenderse aquí como ilusiones, sino como el objeto tal como se nos aparece a nosotros, y comprendemos, filtrado por las formas de la sensibilidad (espacio y tiempo) y las categorías. Más aún, los fenómenos tampoco son creaciones inferidas de nuestra mente, cuya existencia es prescindible. Todo lo contrario, los fenómenos deben ser considerados realidades externas que existen en el espacio y el tiempo de nuestra experiencia. Los fenómenos son cosas que se nos muestran; las cosas en sí mismas, las cuales son distintas de los fenómenos, no se nos muestran y, además, no podrían ser jamás percibidas mediante las representaciones fenoménicas, aunque las cosas deben ser consideradas como objetos externos a nosotros y, por tanto, se deben presentar en la intuición empírica.[49]

Más aún, los fenómenos son imprescindibles ya que para ser yo autoconsciente, deben existir objetos fuera de mí que se me den en el espacio/tiempo. Cuando soy consciente de mí, lo soy **solo** en tanto que estoy siendo consciente de estos objetos. Eso es, no hay autoconocimiento sin conocimiento de algo que no sea yo.

A veces se ha afirmado también que el noúmeno (el objeto en sí mismo) y el fenómeno (el objeto como experimentado) son objetos diferentes, uno que existe en el espacio y el tiempo de la experiencia humana (fenómeno) y como tal es objeto del entendimiento, y otro (el noúmeno) que vive fuera de esas coordenadas, y por tanto de nuestro acceso a él mediante la experiencia y el entendimiento. No obstante, para Kant, el fenómeno y el noúmeno no son dos objetos reales diferentes pertenecientes a dos mundos paralelos, uno al alcance de nuestros sentidos y las formas puras de la intuición (espacio y tiempo) y otro ajeno a nosotros y a nuestras facultades de acceder a él. Al contrario, según Kant, solo hay un objeto (en sí mismo), pero que a nosotros se nos aparece como fenómeno filtrado a través de nuestra sensibilidad y entendimiento, y no podría dársenos de ninguna otra manera porque estas son nuestras facultades humanas.

El esquema kantiano, no obstante, no se reduce a la *aisthèsis* (conocimiento o percepción sensible) y al *nous* (entendimiento), sino que también integra la razón (*diànoia*), replicando así la estructura clásica del conocimiento tal como la dibujó la filosofía griega del *lógos*. Si por un lado el entendimiento es la facultad de producir conceptos

49. Immanuel Kant, *Crítica de la razón pura*, traducción, estudio preliminar y notas de Mario Caimi, edición bilingüe alemán–español (México: Fondo de Cultura Económica, 2009), 369 (A 369/B 396).

y de relacionarlos mediante juicios, la razón humana, por su parte, es la encargada de enlazar estos juicios mediante razonamientos y producir ideas trascendentales que, aunque de por sí no sirven para aumentar el conocimiento de los objetos, sí que cumplen una función «reguladora». Si, como hemos visto antes, el entendimiento se ocupa directamente de los fenómenos y de unificarlos en juicios, la razón es la facultad de unificar los juicios a la luz de un principio superior, tratando siempre de buscar una síntesis mayor del conocimiento, siguiendo una tendencia natural hacia lo incondicionado. Kant distingue un uso lógico y un uso puro de la razón. El primero consiste en emplearla en el terreno formal, como facultad de realizar inferencias o razonamientos, mientras que el segundo sería el que pretende descubrir la totalidad de las condiciones, es decir, completar la unidad de las categorías. Es precisamente de este uso puro que surgen las ideas trascendentales. Así, mientras que por un lado las ideas regulan, dan unidad y sistematizan los conocimientos del entendimiento, por el otro lado, la razón es la facultad de producir y aplicar categorías, leyes y principios generales (mediante dichas ideas trascendentales) a aquello que experimentamos a través de los sentidos y el entendimiento. No obstante, y a diferencia del mundo eidético de Platón, y tal como sucede con las categorías, las ideas —tal como las concibe Kant— tampoco tienen vida más allá del mismo proceso de pensamiento, sino que más bien son los límites que regulan los conceptos y que, por tanto, estos no pueden transgredir.

Las tres ideas trascendentales mediante las cuales la razón unifica las grandes experiencias de la vida son las de mundo, alma y Dios. Según Kant, no podemos tener un concepto válido de estas ideas. Son, sin embargo, tan naturales a la razón como las categorías al entendimiento, con la diferencia de que mientras las últimas nos conducen a la verdad, es decir a la concordancia de nuestros conceptos con su objeto, las ideas trascendentales producen una simple ilusión que, a pesar de ser una ilusión, es irresistible y difícil de combatir. Veamos más de cerca estas tres ideas:

El mundo: experimentamos cosas como la dureza, el olor, el sabor, la textura, la forma, el sonido, el color y la temperatura, que son aspectos físicos individuales. Sin embargo, es imposible experimentar todos los aspectos físicos en su totalidad. Nadie puede afirmar que ha experimentado todo lo físico, ya que la experiencia humana se limita a la particularidad o la singularidad, no a la totalidad. Cuando hablamos de la totalidad de aspectos físicos, lo llamamos «mundo». Para el ser humano, todos los aspectos físicos ocurren dentro de este «mundo», al mismo tiempo que no experimentamos el mundo en su totalidad. Por lo tanto, el mundo es un postulado de la razón. La razón crea la idea de mundo para articular los fenómenos físicos, articulación a la que denomina «antinomia de la razón». El término «antinomia» significa 'una ley que está delante'. En este caso, el ser humano pone delante la «ley de la razón», sin la cual no podría unificar los fenómenos físicos que llama colectivamente «mundo».

El alma: también poseemos experiencias de fenómenos psíquicos. El ser humano sabe que piensa, desea, ama, siente, recuerda y demás. Todos estos son fenómenos psíquicos particulares, ya sea una idea, una emoción, una sensación o una reflexión. Sin embargo, carecemos de la experiencia de la totalidad de los fenómenos psíquicos. A esta totalidad la denominamos «alma». Kant dirá que poseemos la experiencia de sentir y pensar, pero carecemos de la experiencia de nuestra alma. Si, en este contexto, hacemos filosofía basándonos en el concepto de alma, estaremos utilizando lo que él denomina el «paralogismo de la razón», entendiendo por paralogismo 'un logos que es paralelo al otro'. Al igual que articulamos la ley del mundo, también articulamos la ley del alma.

Dios: a continuación, suponemos que el mundo y el alma son abarcados por una idea de totalidad absoluta que articula todos los fenómenos físicos y psíquicos. Dicha idea se denomina «Dios». Por lo tanto, Dios es el ideal de la razón. Kant dirá que Dios es el «símbolo absoluto», porque nos permite unir la totalidad de los fenómenos. La grandeza del pensamiento kantiano es que la razón sintetiza todas las experiencias y ese es el valor que le da a la metafísica. Estas son ideas, y que se diferencian de los conceptos puros del entendimiento como sustancia, causa efecto, relación, posibilidad y demás. Estos últimos están aparentemente alejados de la intuición sensible empírica, y tienen sentido solo en relación con la espacialidad y la temporalidad. Esto no sucede con las ideas de Dios, alma y mundo, que solo tendrían sentido en relación con la totalidad absoluta en cada campo.

Aunque, como hemos dicho anteriormente, Kant es el máximo exponente de la Ilustración y del giro copernicano con el que la tradición filosófica refina todavía más su *logocentrismo* en detrimento del pensamiento simbólico, la misma filosofía kantiana abre, quizás más inadvertida que advertidamente, interesantes puertas a la recuperación de la importancia del símbolo en el pensamiento. Para mostrar que esto es así, empezaremos por referirnos a un breve fragmento del tercer capítulo de la obra *Dialéctica y simbolismo en Kant* de Cirilo Flórez Miguel, donde leemos lo siguiente:

> La objetividad de las ideas de que habla Kant no hay que ir a buscarla en el mundo de los objetos, que es el terreno del entendimiento, sino en el mundo del lenguaje, mundo del sujeto...Y ahí reside precisamente la tarea de la dialéctica kantiana, que es crítica de la ilusión y legitimación del uso correcto de las ideas, que es un uso simbólico, que no olvida nunca que la razón es la razón de un sujeto finito.[50]

Kant sostiene que la verdadera objetividad no reside primordialmente en el objeto en sí, sino en la esfera lingüística del sujeto y en su capacidad de emitir juicios a través del entendimiento. Es en este ámbito lingüístico donde el objeto adquiere universalidad, como más tarde también argumentará Heidegger cuando se referirá al lenguaje como la morada del Ser y al ser humano como su pastor.

En este contexto, Kant critica fuertemente la postura que considera nuestras percepciones sensibles como fuentes indiscutibles de conocimiento, calificando de dogmático a todo aquel que confíe con certeza infundada en la validez de las percepciones sensibles como única fuente de conocimiento. Aunque, como hemos visto anteriormente, no rechaza la importancia de la percepción sensible,

---

50. Cirilo Flórez Miguel, «Dialéctica y simbolismo en Kant», Azafea. Revista de Filosofía 3 (enero de 1990): 87.

reconociéndola incluso como el origen de todo conocimiento, sí que afirma que el conocimiento no es reducible únicamente a lo que se experimenta a través de los sentidos. Para Kant, opuestamente a Hume, el verdadero conocimiento trasciende la mera experiencia de ver, oír, palpar, oler o degustar. Si aceptáramos que la comprensión simplemente sucede dentro de los confines de lo que percibimos, estaríamos admitiendo que los objetos percibidos poseen una existencia y significado intrínsecos independientemente de nuestra experiencia y procesamiento de ellos a través de nuestras facultades cognitivas y lenguaje.

Es por esto que, en contraposición al dogmatismo, Kant propone una postura crítica ante la idea de que la realidad sea meramente tal como lo percibimos a través de nuestros sentidos. La intención de Kant es justificar y validar nuestras experiencias, reconociendo que su validez no proviene solo de la percepción sino del sujeto que percibe e interpreta lo percibido por el lenguaje. Por consiguiente, nuestra percepción del mundo no es válida de forma inherente, sino en la medida en que somos capaces de articular mediante el lenguaje dicha percepción. Como explica Cirilo Flórez Miguel:

> La distinción entre la ilusión (que ven nuestros ojos) y el fenómeno (que es la síntesis entre lo que ven nuestros ojos y lo que colocamos nosotros como sujetos) nos lleva al tema de la objetividad en la *Crítica de la razón pura*. Esta noción de objetividad es una de las medulares de toda la Crítica (tanto en su primera Crítica, *Crítica de la razón pura,* como también en la segunda y tercera críticas, eso es, la *Crítica de la razón práctica* y la *Crítica del juicio*). Es el resultado de un proceso constitutivo de síntesis a cargo del dinamismo a apriórico del sujeto.[51]

Como ya mencionamos, Kant llama trascendental a «todo conocimiento que se ocupa, no tanto de los objetos, cuanto de nuestro modo de conocimiento de objetos en general, en cuanto que

51. Ibid., 92.

tal modo debe ser posible *a priori*».[52] Así, pone de relieve que su interés filosófico yace en explorar nuestra manera de aprehender y conocer las cosas y no en la naturaleza intrínseca de estas. La objetividad proviene del trabajo conjunto de lo que aporta la sensibilidad y el entendimiento con el fin de construir artísticamente el objeto que se presenta ante la consciencia en forma de concepto.

En este sentido, y en tanto que este objeto no responde a las características de objeto meramente empírico, sino que más bien se trata de una producción artística, podemos entender este objeto como *símbolo*. Pues, aunque captamos los objetos, lo que realmente percibimos es el modo en que estos se manifiestan como fenómenos influenciados por nuestros sentidos y filtrados por el espacio y el tiempo. Los seres humanos no aprehendemos el objeto en sí o el noúmeno en su esencia pura, sino que nuestro entendimiento dispone de categorías que, al incorporar la percepción sensorial, generan el símbolo, que en definitiva es lo que nosotros conocemos. Por lo tanto, el sujeto no capta el mundo, sino el símbolo que él se forja del mundo; no conoce la realidad, sino el símbolo que el mismo moldea de esta.

Aunque contemplamos un árbol, este árbol que apreciamos consiste en una representación generada a partir de nuestra percepción. Asimismo, en el ámbito de nuestra autopercepción, la imagen que discernimos es solo un símbolo de lo que soy, moldeada a partir de lo percibido que llamamos «yo». Alberto Vanzo dice:

> Vemos que un árbol tiene hojas, podemos formular la hipótesis de que todos los árboles tienen hojas, o el segundo árbol tiene hojas, el tercero tiene hojas y continuar de esta forma. Para verificar estas hipótesis hace falta que las representemos: tienen que ser nuestros pensamientos. Para tener un pensamiento hace falta tener conceptos porque pensar es representar algo por medio de los conceptos.[53]

---

52. Immanuel Kant, *Crítica de la razón pura*, trad., estudio preliminar y notas de Mario Caimi (México: Fondo de Cultura Económica, 2009), 45 (A12).

53. Alberto Vanzo, *Kant e la formazione dei concetti* [*Kant y la formación del concepto*] (Trento: Verifiche, 2012), 21-22. Traducción al español por Iulian Butnaru.

Por lo tanto, a diferencia de Aristóteles, para Kant los conceptos son símbolos. Esta reflexión nos remite a un interrogante que vincula la dimensión estética con la moralidad y la facultad racional. Según ha sido analizado, la razón es la que aplica las categorías a las manifestaciones objetivas o fenómenos percibidos sensitivamente. Tal como lo expone Kant en la *Crítica del juicio*:

> Por lo que y creo que se puede denominar la idea estética (término que proviene del griego αἰσθητική [*aisthetiké*], forma femenina del adjetivo αἰσθητικός, en latín *aesthetica*, que significa estar dotado de percepción o sensibilidad, perceptivo, sensitivo), una representación inexponible de la imaginación, y la idea racional un concepto indemostrable de la razón.[54]

Kant afirma que la percepción estética escapa a los límites de la racionalidad, dada la imposibilidad de ser justificada, demostrada o validada por esta última. Bajo dicho prisma, la noción se presenta como un procesamiento y formulación subjetiva. A partir de lo dicho, Kant sostiene:

> Por lo que yo digo que lo bello es el símbolo de la moralidad, y que sólo bajo este punto de vista (en virtud de una relación natural para cada uno, y que cada uno exige de los demás como un deber) es como agrada y pretende el asentimiento universal, porque el espíritu se siente en esto como ennoblecido, y se eleva por cima de esta simple capacidad, en virtud de la cual recibimos con placer las impresiones sensibles, y estima el valor de los demás conforme a esta misma máxima del juicio.[55]

54. Immanuel Kant, *Crítica del juicio*, trad. del francés por Alejo García Moreno y Juan Ruvira, con introducción de F. Barni (Madrid: Librerías de Francisco Iravedra y Antonio Novo, 1790), §56, 249.
55. Ibid., §58, 262-263.

La estética moral sostiene que lo que consideramos bello guarda una relación intrínseca con nuestra noción de lo moralmente bueno. Lo estéticamente correcto despierta en nosotros una apreciación positiva; lo bueno nos agrada, como si la moralidad fuera poseedora de una cualidad placentera inherente y el espíritu se sintiera ennoblecido con la belleza del objeto. Dicha confluencia entre moralidad y belleza nos eleva a una trascendencia de la mera percepción sensorial. El ser humano juzga y valora a través de esta lente, postulando que para la mente humana lo bello es inherentemente bueno, como Nietzsche dijo que en el arte y en la estética, lo bueno es una consecuencia de la belleza.

En este entramado, el concepto que articula el individuo es el puente que une nuestra esencia y el cosmos, es el símbolo que integra nuestra alma y el mundo. Este vínculo entre la psique humana y el universo se establece mediante el concepto que coloca el sujeto y sirve de enlace. El alma humana y el mundo se reconcilian a partir de este símbolo que es el concepto facilitado por el lenguaje. Sin el lenguaje, sería imposible conceptualización alguna. Wittgenstein dijo: «Los límites de mi lenguaje significan los límites de mi mundo».[56]

En aras de lo dicho hasta ahora, es posible sostener que la semilla del giro simbólico se encuentra implícita en el mismo giro copernicano de Kant, ya que, según él, la realidad sucede en el lenguaje, gracias al cual el concepto al que se eleva el objeto mediante las categorías adquiere las cualidades del símbolo, como el mismo Kant ha mostrado. Es, no obstante, la noción kantiana de lenguaje la que aquí se nos revela como de especial interés.

Como hemos visto, Kant desarrolló la teoría idealista de las categorías. La categoría, término que proviene del griego *katêgoria*, y que podemos traducir como predicado o atributo, es una noción abstracta y general que permite el reconocimiento, la diferenciación y la clasificación de las entidades. O, para ilustrarlo de otra forma, las categorías son los conceptos esenciales con los cuales el sujeto agrupa y organiza el mundo circundante. Como también hemos

56. Ludwig Wittgenstein, *Tractatus logico-philosophicus*, trad., introd. y notas de Luis M. Valdés Villanueva, 4.ª ed. (Madrid: Tecnos, 2002), 5.6, 234.

mostrado anteriormente, estas categorías o conceptos son a priori, pues las produce el entendimiento al abordar el fenómeno en el espacio y el tiempo. Como tales, las categorías son espontáneas y no surgen ni dependen de la experiencia sensible, lo cual nos conduce a afirmar, en primer lugar, que el entendimiento produce las categorías mediante el lenguaje y, a consecuencia de ello, que las condiciones trascendentales de todo conocimiento se expresan mediante juicios con los cuales decimos la realidad.

Al ser poseedor del lenguaje, el ser humano emite juicios. Un juicio es una proposición afirmativa o negativa que adjudica una propiedad a una entidad. Un juicio puede decir «esta mesa es redonda». Otro juicio puede decir «algunas mesas son blancas». Otro juicio puede decir «todas las mesas son cosas». En cuanto a la cantidad, anunciar la proposición según «estas», «algunas» o «todas» se refiere a la cantidad: «esta» corresponde a la categoría de la singularidad (este S es P), «algunas» de la particularidad (algún S es P), y «todas» de la totalidad (todo S es P). La singularidad, la particularidad y la totalidad son categorías. Las categorías las deducimos de los modos de hablar, los juicios o el lenguaje. Si descubrimos tres maneras de hablar sobre las cosas es porque hay tres juicios de cantidad.

Si decimos «el cielo es lindo», la cualidad será afirmativa (S es P). Si luego decimos «la tierra no es húmeda», la cualidad de este juicio será negación (S no es P). Y si decimos «el hombre es no Dios», será infinitivo (S es no P). Por ende, poseemos tres categorías, afirmación, negación e infinitivo, que dependen de tres diferentes maneras de hablar. Lo que esto indica es que la deducción trascendental de las categorías depende de la deducción trascendental de los juicios, motivo por el cual, el ser de las cosas depende de nuestra manera de hablar de las cosas. O, expresándolo de otro modo, el ser depende del lenguaje. Las impresiones sensibles representan imágenes que, en tanto que, construidas por el sujeto como fruto de su percepción, despiertan al pensamiento. En modos parecidos se ha expresado Flórez Miguel, cuando afirma lo siguiente:

> A Kant le preocupa la comunicación de nuestras sensaciones, conocimientos, sentimientos y pensamientos e intenta buscar una explicación al tema de la comunicación dentro del marco general de su filosofía. En la intuición sensible es posible una comunicación directa dado que entre nuestra intuición y la cosa hay una referencia directa y clara que puede ser mostrada. En el caso de nuestros pensamientos, la comunicación de estos solo puede ser indirecta a través de símbolos, que posibilitan que las palabras de nuestro lenguaje no se limiten a mostrar el mundo de las cosas, sino que también expresan nuestra experiencia del mundo por medio de analogías que, gracias al poder creador de la imaginación, trascienden los límites de la experiencia sensible.[57]

La inquietud principal de Kant era dilucidar cómo el ser humano logra comunicar sus pensamientos, ya sea mediante palabras, conceptos o símbolos. Según él, ignoramos lo que percibimos, porque solo percibimos sensaciones y no la verdadera esencia del objeto en sí. Existe una realidad trascendente, un noúmeno, al cual no podemos acceder mediante nuestros sentidos ni a través del razonamiento. Immanuel Kant estuvo muy próximo a descubrir que nuestra realidad se compone solo de pensamientos, emociones y percepciones.

---

57. C. Flórez Miguel, «*Poiesis* y *mimesis* en la experiencia estética kantiana», en *En la cumbre del criticismo: Simposio sobre la «Crítica del juicio» de Kant*, ed. A. R. Rodríguez y G. Villar (Barcelona: Anthropos, 1992), 107-121, p.110.

Capítulo 12

Símbolo: el enfoque artístico-religioso de Hegel

La semilla del pensamiento simbólico que el mismo Kant tímidamente sacó a la luz dentro de su revolución filosófica se manifestará más claramente en la filosofía de Hegel, quien sí concedió al símbolo el peso que este tiene en el pensamiento humano dentro del ámbito de lo artístico y lo religioso, como estados superiores de existencia. Esta evolución de Kant a Hegel, no obstante, parte de ciertas convergencias, paralelismos y también divergencias.

Por un lado, Kant y Hegel convergen en sus postulados acerca del uso de los conceptos por parte del entendimiento. El primero, al tratar de aprehender y comprender la realidad, en el marco de la analítica trascendental, exhibe una tendencia a solidificarla, aprisionándola en unas categorías formales, expresamente estáticas y binarias. Tal proceder, inherente al entendimiento, refleja un intrínseco dualismo que aflora, por ejemplo, cuando postula que la vida solo puede ser comprendida en contraposición a la muerte, que la noción de bajo solo adquiere sentido en relación con lo alto, que la luz carece de significado sin la oscuridad y así sucesivamente.

Por su parte, Hegel, aún sin negar las categorías como modo de conceptualización de la realidad, se desmarca de manera significativa de los postulados kantianos e impugna sus categorías como meros conceptos estáticos y universales aplicados a la experiencia sensible. Esta crítica viene del hecho que, para Hegel, las categorías kantianas son «demasiado *a priori*», lo que en el marco del pensamiento de Hegel quiere decir que son a-históricas. Es decir, Hegel piensa que no es posible afirmar que las categorías son *a priori* y, al mismo tiempo, decir que no tienen vida previa al entendimiento. Por eso, Hegel las ve como excesivamente estáticas. Kant, por el contrario, quizás pensó que, si las hacía más dinámicas, acabarían perdiendo su carácter «formal», normativo, y que eso lo retornaría a Hume. La verdad para Hegel no es la posición estática de una categoría por encima de la otra, sino el proceso mediante el cual las categorías colisionan abriéndose campo a una unidad mucho más amplia y trascendental, rompiendo las fronteras que las limitan a la particularidad. Hegel argumenta de manera enfática que las categorías, encorsetadas y sedentarias, no son competentes para capturar la opulencia y la enredada naturaleza de una realidad siempre mutable y, en consecuencia, ofrece un paradigma filosófico en el cual las categorías son transformadoras y se elevan por medio de la dialéctica de contradicción y negación.

Ambos filósofos también convergen respecto de la razón. Kant sitúa al entendimiento como el instrumento para el logro del conocimiento y a la razón como una facultad operante en territorios ignotos, incitando al intelecto. Cuando la certeza se establece, el pensamiento se aquieta, ya que solo se requiere pensar cuando lo conocido deja de ser útil. En ese sentido, el pensamiento se dirige hacia lo desconocido que nos afecta (el fenómeno). Por su parte, Hegel sostiene que la razón misma, en su despliegue dialéctico, engendra y supera las categorías en su proceso de aprehensión de la realidad.

Si, para Kant, la razón integra a través de paralogismos, antinomias o el ideal de la razón, para Hegel la razón integra los conceptos a través de la historia, y es basándose en eso que afirmará que la *diànoia*, 'la razón', es una razón histórica. Es decir, una razón que va sintetizando los momentos del entendimiento, o *nous*. Ejemplificando la cuestión, el entendimiento puede determinar que cierta religión es superior, pero posteriormente puede afirmar que esa misma religión es obsoleta o inferior a otra. En algún momento de la historia, el entendimiento puede determinar que se debe negar al cuerpo y la materia, y en cambio más tarde afirmar que es necesario afirmarlos. Así pues, el entendimiento procede como una afirmación, negación y síntesis: piensa «esto es bueno», luego afirma «esto es malo», para posteriormente proceder a una síntesis pensando «no es ni tan bueno ni tan malo». La razón, por su parte, se erige como un movimiento perpetuo del pensamiento que abarca todas las dimensiones de la experiencia, sintetizándolas en una totalidad más vasta. Esta danza dialéctica, que Marx coreografió más tarde con los términos tesis, antítesis y síntesis, es la clave para una visión más comprensiva y vivaz de la realidad.

Hegel argumenta que, mientras que el concepto se encuentra en el reino del entendimiento, el pensamiento reside en el ámbito de lo simbólico, que él mismo define como una forma de conocimiento que trasciende la mera categorización binaria y penetra en los reinos abstractos e integradores. La razón no es conceptual, sino simbólica, una instancia que engloba múltiples significados y plenitudes. En el ámbito de la razón, los conceptos no se estancan en una perpetua inmovilidad, sino que se suceden en un fluir constante, en un devenir donde se niegan y se afirman incesantemente, como en un eterno movimiento dialéctico. Este proceso culmina en una síntesis en la cual las dicotomías originales, lejos de persistir, se desvanecen, dando lugar a una nueva unidad enriquecedora. En consecuencia, en el dominio de la razón, no se despliega la dualidad, sino una unidad dialéctica que transciende la fragmentación y la polarización conceptual. En el concepto habita la verdad, mientras que en el símbolo la verdad carece de relevancia. La verdad consiste en la adecuación del pensamiento a la cosa, pero las cosas existen solo en los objetos y los objetos solo en los conceptos. En el símbolo, la verdad trasciende la objetualidad.

Cada momento del entendimiento se revela como una instancia a través de la cual la razón se despliega con el objetivo de conocerse a sí misma. No obstante, según Hegel, esta razón no es una facultad meramente humana, como hubiera dicho Kant, sino que es absoluta, espiritual y, como tal, trasciende al ser humano, revelándose y conociéndose a sí misma a través de la historia de la filosofía. Hegel identifica el absoluto con la historia, y hace de la divinidad algo inmanente al mundo. Al concebir al absoluto como algo que en su autodespliegue se realiza a sí mismo, suprime toda posibilidad de pensar en un Dios trascendente, porque ese absoluto, fuera de su autorrealización en los momentos de la historia, no es nada, de manera tal que es un absoluto inmanente al tiempo.

Esta es la gran crítica de Kierkegaard al pensamiento de Hegel: Hegel convierte en necesario todo lo posible, una vez que ya ha sido, elimina la contingencia y somete al devenir a Dios mismo. Por eso, Kierkegaard responde con el existencialismo más puro, de la contingencia, de la angustia. Este Espíritu Absoluto, al que podemos entender como Dios, se conoce y se vale de aquellos que con su actividad reflexiva permiten la mediación mediante la cual el Ser se piensa a sí mismo, tal como más tarde también sugirió Heidegger que, de tal modo que los seres humanos somos *Dasein*, Ser-ahí en el mundo, el ahí (*da*) del Ser (*sein*), es el ahí donde se formula la pregunta del Ser y por el Ser.

En la razón de Dios, de este Espíritu Absoluto, sucede la unión más perfecta que existe. Dios es el símbolo que une el ser y el pensar. El pensamiento es el verdadero Ser y el Ser es el pensamiento. Pero no el pensamiento humano, sino del Ser que se vale de lo humano sin ser humano. No es la consciencia humana sino la divina, la Absoluta, la que se piensa a sí misma mediante el ser humano. Por lo tanto, el Espíritu hegeliano, que aquí tomamos como Dios, se va afirmando en la historia de la filosofía, para luego negarse y posteriormente sintetizarse, una vez tras otra, en un proceso de autoconsciencia retroprogresivo que lo conduce a la autoconsciencia absoluta. Dicha autoconsciencia, o Verdad, es el delirio báquico en el cual todos esos momentos se integran en un solo saber absoluto. El símbolo en Hegel será la unión sagrada de ser y pensar, a través de la cual Dios, el Espíritu Absoluto, recupera su identidad.

La *Fenomenología del Espíritu* seguramente sea la obra más importante de Hegel y la que mayor repercusión ha tenido en el campo de la filosofía y otras disciplinas y saberes.[58] La totalidad de la obra se consagra a ilustrar precisamente lo que el mismo título indica: el proceso detallado a través del cual el Espíritu se manifiesta. Hacia la conclusión del texto, Hegel hace referencia directa al arte; concretamente a la relación entre el Espíritu y la religión estética, a través de la cual nos introduce a su concepto de arte entendido

58. Robert Stern. *Routledge Philosophy GuideBook to Hegel and the Phenomenology of Spirit*. (London: Routledge, 2002), 2. Traducción propia.

como una creación del Espíritu, más que como el fruto de un artista individual. Según Hegel, el arte es un impulso intuitivo que emerge como la manifestación de un Espíritu o consciencia en su búsqueda de autoconsciencia, y como el vehículo a través del cual esta consciencia se afirma y evoluciona en el mundo.

Según su visión, el Espíritu se convierte en «artista», eso es, en aquel que entrelaza lo innatamente orgánico con las extrañas construcciones del pensamiento, transcendiendo la mera labor de amalgamar o sintetizar lo visual con lo oculto. En este proceso, el mismo Espíritu se transforma en un artesano espiritual, un demiurgo simbológico. No obstante, lo que el arte desvela en este proceso de automanifestación o autoconsciencia del espíritu en el mundo es, según el mismo Hegel, el Espíritu ético. Para decirlo con otras palabras, la «semilla» o el espíritu genuino de la religión artística es la sustancia universal, esencia de cada individuo y poseedora de la capacidad de trascender el arte. Dentro de esta visión, Hegel afirma que:

> Más tarde, el espíritu va más allá del arte para alcanzar su más alta presentación; la de ser no solamente la sustancia nacida del sí mismo, sino también, en su presentación como objeto ser este sí mismo; no solo de alumbrarse desde su concepto, sino de tener su concepto mismo como figura, de tal modo que el concepto y la obra de arte creada se saben mutuamente como uno y lo mismo.[59]

El Espíritu en la filosofía de Hegel no se refiere a la esencia humana individual, sino a una entidad trascendental que contiene todo y a todos en sí. Es el Ser o consciencia suprahumana en la que todos los seres humanos participan, es el Espíritu Universal, la Totalidad que contiene la particularidad en su forma más suprema. Esta consciencia evoluciona progresivamente a través de distintos medios como la ciencia, la filosofía y el arte, hasta aproximarse al punto de culminación o plenitud de su seidad, que no es otro que la religión, la

59. G. W. F. Hegel, *Fenomenología del espíritu*, trad. Wenceslao Roces con la colaboración de Ricardo Guerra (México: Fondo de Cultura Económica, 1966), cap. VII, «La religión», sec. B, «La religión del arte», 409.

dimensión sublime del Espíritu Absoluto. Eso nos permite, al mismo tiempo, entender la historia como el camino del Espíritu hacia su plena autorrealización, *itinerarium ad menti Deum* o como 'el itinerario de la mente hacia Dios'.

En el mismo capítulo seis de la *Fenomenología del Espíritu*, Hegel describe al Espíritu como un artista que, más allá de simplemente sintetizar, fusiona lo natural con las peculiares estructuras del pensamiento. En este proceso, el Espíritu adopta una nueva forma, convirtiéndose en un alfarero espiritual, un obrero del ámbito inmaterial. El Espíritu se revela a sí mismo mediante una representación perceptible, desplegando o comunicando su esencia inmanifiesta. De ahí su simbolismo, pues es precisamente a través de la imagen perceptible que emite un significado imperceptible. Por tanto, la exposición de *Fenomenología del Espíritu* trata del conocimiento absoluto en su transformación, o la transición de un estado a otro, a través de los cuales el Espíritu Absoluto procede a conocerse a sí mismo a través de la historia de la filosofía y la cultura.

No obstante, la religión artística no es el final del proceso de la historia, sino que ejerce de medio a través del cual el Espíritu se manifiesta como Espíritu ético en el que el Ser se reconcilia consigo mismo. Es decir, lo que beneficia a la humanidad es lo que el Espíritu lleva a cabo consigo mismo, y nosotros solo necesitamos la sensibilidad requerida para percibir dicho movimiento espiritual. El Espíritu es la sustancia universal que yace en todo y todos, es decir, allí donde realizamos nuestra propia individualidad. Dicho de otro modo, nuestra autenticidad no se encuentra inherentemente en nosotros, sino en la capacidad de conectarnos con esa esencia universal que es el Ser. Al conectar con esta esencia universal, descubrimos nuestra verdadera naturaleza, que consiste en formar parte de ella.

Este proceso simbólico que estamos definiendo implica acceder a esta esencia universal para descubrir nuestra realidad o, lo que sería lo mismo, reconciliarnos con el Ser. Al interactuar con la esencia universal del Espíritu mediante el símbolo, encontramos nuestra seidad. Esta tarea de reconciliación a través de lo simbólico proviene del Espíritu, no del individuo, emanando desde lo trascendental y no de lo empíricamente humano. Es por eso por lo que Heidegger, en su *Carta sobre el humanismo*, sostiene que en la relación entre *Sein* (Ser) y *Dasein* (Ser-ahí), la preeminencia la tiene el *Sein*.

Esta reconciliación del Espíritu Absoluto a la que hemos hecho referencia se manifiesta en un proceso a través del cual el Espíritu pasa por las etapas de lo artístico y lo religioso. Según el pensamiento de William Blake (1757-1827), gran poeta, pintor y grabador británico, recientemente considerado por el periódico *The Guardian* como «el mayor artista que Gran Bretaña ha producido», el cristianismo se manifiesta como arte, mientras que Jesucristo, como su máximo exponente, funge como la fuente y el paradigma de la actividad artística. Tales concepciones constituyen la piedra angular de su perspectiva tanto religiosa como artística, materializándose de múltiples maneras a lo largo de su trayectoria. Esto es evidente desde sus primeras narrativas sobre el genio poético en *Todas las religiones son una*, hasta los aforismos tardíos de la placa Laocoön. En una oportunidad, el afamado artista afirmó que «La religión es arte, no un medio para enriquecerse». Solo un poeta místico de la altura de William Blake podría haber expresado un postulado de esa magnitud.

La palabra *arte*, por su parte, tiene sus raíces en el vocablo latino *ars, artis*, que transmite la idea de una actividad cargada de creatividad. Su equivalente griego es τέχνη (*téchne*), que se traduce como 'técnica'. Esto explica su uso en épocas pretéritas para designar tanto a oficios que requerían habilidades manuales específicas, como la forja de metales, o también a las áreas reconocidas hoy en día como artísticas, tales como la literatura, la danza, la poesía, la pintura o la música. En otras palabras, el arte está relacionado con la manera de ejecutar determinadas actividades.

La religión, al igual que el arte, consiste en una manera de hacer, amar, ver, hablar, vivir, existir. Porque la religión consiste en ser partícipes con Dios en su labor de creación, es decir, vivir como colaboradores de Dios en su acto creativo y, por tanto, ser cocreadores. Aunque el arte no es religión, sí que indudablemente es un vector que nos ofrece señales hacia nosotros mismos; una ruta o dirección hacia lo sacro, siendo en lo sacro que la belleza expresa el bien, como Hegel ya avanza. Lo mencionado resulta evidente en la Edad Media, con las catedrales señalando a lo alto del cielo, con espectaculares monumentos llenos de arte sacro. Vasta recorrer las catedrales e iglesias, sinagogas y mezquitas para apreciarlo.

El artista experimenta, sin duda, una aproximación a lo sagrado, aunque generalmente no es considerado por la sociedad como tal. Una de las grandes dificultades de Prakāśānanda Sarasvatī de reconocer al Señor Chaitanya Mahāprabhu como un sabio, un santo iluminado, fue justamente que veía en él un artista que cantaba y danzaba. Para Prakāśānanda Sarasvatī, las actividades del Señor Chaitanya eran arte, pero no religión. La sociedad, por lo general, no relaciona lo artístico con lo religioso. Un sacerdote, un *brāhmaṇa* o un rabino serán aceptados como religiosos, pero no como poetas, cantantes, pintores o escultores. En cambio, es indudable que el artista se conoce a través de su labor artística, del mismo modo que el religioso es también un artista que se hace y conoce a sí mismo a través de su labor. En la religión, Dios es el artista desde donde surge el arte a través del cual se conoce. Dios es consciente de sí mismo a través de la obra del artista y religioso, ya sean los cuentos del Rabbi Najman de Breslav o la danza y los poemas del Señor Chaitanya. Ya se dice en Éxodo (31:1-5) que Bezalel, un artista y creador de cultura, fue la primera persona en ser «llena del Espíritu de Dios».

> וַיֹּאמֶר דָּוִיד לְשָׂרֵי הַלְוִיִּם לְהַעֲמִיד אֶת־אֲחֵיהֶם הַמְשֹׁרְרִים בִּכְלֵי־שִׁיר נְבָלִים
> וְכִנֹּרוֹת וּמְצִלְתָּיִם מַשְׁמִיעִים לְהָרִים־בְּקוֹל לְשִׂמְחָה׃
> (דברי הימים א', ט"ו, ט"ז)

> Entonces David habló a los jefes de los levitas para que designaran a sus parientes los cantores, con instrumentos de música, arpas, liras y címbalos muy resonantes, alzando la voz con alegría.
>
> (1 Crónicas, 15:16)

La moral artística no se nutre de regulaciones, leyes o principios convencionales dictados por algo o alguien. Lo que guía lo artístico es su intuición estética, es decir que al artista le sería imposible dañar al prójimo porque sería un acto estéticamente repugnante. El baremo del artista es la armonía, el orden y la belleza. Como hemos avanzado antes, cuando hemos dicho que lo artístico concluye en lo religioso, el arte desemboca en la religión, que, en última instancia, es desde donde el Espíritu puede manifestar su 'eticidad' u 'orden ético' (*sittlichkeit*).

El célebre artista italiano Jean Albert Carlotti expuso con gran precisión su perspectiva de lo que es la belleza. Mientras observaba a su esposa limpiar y organizar su estudio, declaró: «La belleza son los átomos y las moléculas trabajando mutuamente en armonía y paz; no se necesita ni restar ni aumentar nada más, solo se necesita paciencia para verla en su totalidad y en su pureza. Eso eres tú. Eres preciosa». A lo que su esposa, conmovida, respondió: «¡Gracias por mostrarme lo que realmente es la belleza!».

La belleza puede interpretarse de muchas formas, pero todas convergen en la noción de orden y unidad, fundamentales para la creación de la forma. El compositor francés André Jolivet dijo: «la belleza es objeto de la inteligencia y es fuente de placer. La belleza es objeto de inteligencia o de conocimiento intuitivo porque es el resultado de condiciones accesibles solo a la inteligencia, a saber, la integridad, la proporción (o unidad en la variedad) y la claridad (o esplendor de inteligibilidad). Es cierto que la belleza sensible es accesible a los sentidos y los pone en un estado de satisfacción».[60]

Mientras el ser humano no viva como ser «creador» le será absolutamente imposible aproximarse, entender o comprender al verdadero creador. Decir que Dios se conoce a sí mismo en las obras concretas del artista y religioso nos lleva de nuevo a Hegel, cuando este argumenta que el Ser se manifiesta objetivamente a través del arte (que es algo así como lo que el *vedānta* denomina Īśvara), ya que es en esta relación que puede ganar «su más alta presentación; la de ser no solamente la sustancia nacida del sí mismo», eso es, no solo sustancia creada desde lo humano sino también «en su presentación como objeto ser este sí mismo». El proceso de autoconocimiento y plena manifestación del Ser tiene un doble sentido, pues como Hegel continúa diciendo: «no solo de alumbrarse desde su concepto,

60. Juan Granados Valdez, «La estética tomista de Jolivet, Nédoncelle, Pieper y Pareyson», Konvergencias. Filosofía y culturas en diálogo, no. 33 (octubre 2021), Buenos Aires.

sino de tener su concepto mismo como figura, de tal modo que el concepto y la obra de arte creada se saben mutuamente como uno y lo mismo». Lo que Hegel está diciendo con esto es que la idea de la obra de arte, la propia obra de arte y el objeto representado en el símbolo son uno y lo mismo. Solo el Espíritu puede realizar esta reconciliación absoluta mediante lo simbólico, que fusiona el ser y el pensamiento, cuya unión es el símbolo. Aunque el símbolo trasciende al concepto, los seres humanos lo comprenden a través de él. Por ende, el símbolo se convierte en una representación del concepto. Esto es precisamente lo que permite a Hegel afirmar que:

> El arte comienza por el hecho de que él, tomando estas representaciones según su universalidad y su esencial ser en sí, las concibe en una imagen para ofrecérselas de nuevo a la intuición de la consciencia inmediata y las sitúa fuera para el espíritu bajo la forma objetiva de dicha consciencia.[61]

El artista, en su particular habilidad, encapsula la esencia universal del Ser en su propio ser esencial, trasladándola a una representación tangible a través de su intuición, pues es intuitivamente que percibe la consciencia inmediata del Ser. Esta percepción inmediata de la consciencia no es digerida claramente por el artista hasta que su obra no está terminada. El artista carece de la capacidad para formular teóricamente la existencia antes de haber plasmado la obra. Una vez que la obra ha sido realizada, el artista puede entender, elaborar y conceptualizar la consciencia. Después de terminada, la obra es capaz de objetivar esa imagen mediante la conceptualización. Dicho de otro modo, el artista intuye la naturaleza sin poder conceptualizarla hasta verla artísticamente expresada. De esta manera, el artista goza de una percepción inmediata de la consciencia, o del Ser, transcribiéndola a través de la pintura, la danza, el canto o la escritura. Este proceso artístico de manifestar la esencia de la realidad a través

61. G. W. F. Hegel, *Lecciones de estética*, vol. 1, trad. Raúl Gabás (Barcelona: Ediciones Península, 1989), «Segunda parte: Desarrollo del ideal en las formas especiales del arte bello». «Sección primera: La forma simbólica del arte», subsección «Introducción: Sobre el símbolo en general», 279-80.

de la intuición inmediata, previamente a su conceptualización, sucede a través del símbolo. En este sentido, podemos citar a Paul de Man cuando afirma que:

> El símbolo es la mediación entre el espíritu y el mundo físico, al cual pertenecen de modo evidente el arte, la piedra, el color, el sonido o el lenguaje. Esto dice Hegel, en términos no poco claros, en la sección sobre el arte simbólico.[62]

En el símbolo, el ser humano accede a la reconciliación de lo manifestado y lo no manifestado, la realidad perceptible y la imperceptible, el mundo visible y el invisible. Al escuchar una melodía, leer un poema o ver una pintura, percibimos lo manifestado. Sin embargo, accedemos a la realidad imperceptible mediante la explicación conceptual del sentido de la obra de arte. Por lo tanto, la pintura atañe a la vista, así como al oído, siendo su sentido no exclusivamente visual, sino también auditivo. El sentido de la pintura no reside solo en lo que muestra, sino en lo que dice. La pintura no solo se mira, sino que también se escucha. Una pintura simbólica, por tanto, debe ser vista y escuchada. Una obra de arte es un auténtico símbolo si debe ser visto y oído conjuntamente para que toda la verdad que encierra pueda mostrarse.

> וְכָל־הָעָם רֹאִים אֶת־הַקּוֹלֹת וְאֶת־הַלַּפִּידִם וְאֵת קוֹל הַשֹּׁפָר וְאֶת־הָהָר עָשֵׁן וַיַּרְא הָעָם וַיָּנֻעוּ וַיַּעַמְדוּ מֵרָחֹק׃
>
> (שמות כ', ט"ו)

> Y todo el pueblo vio los estruendos y las llamas, y el sonido del cuerno (*shofar*), y la montaña humeando; y cuando el pueblo lo vio, retrocedieron y se pararon lejos.
>
> (Éxodo, 20:15)

62. Paul de Man, «*Sign and Symbol in Hegel's Aesthetics*» (Signo y símbolo en la estética de Hegel), Critical Inquiry 8, n.º 4 (1982): 761-75, en la p. 763. Traducción al español por Iulian Butnaru.

”וְכָל־הָעָם רֹאִים אֶת־הַקּוֹלֹת“. וּכְבָר פֵּרַשְׁתִּי טַעַם ”רוֹאִים אֶת־הַקּוֹלוֹת“. כִּי כָּל הַהַרְגָּשׁוֹת מִתְחַבְּרוֹת אֶל מָקוֹם אֶחָד.

(פירוש אבן עזרא לשמות כ', ט"ו)

«Todo el pueblo vio los estruendos». Ya he explicado el significado de «vio los estruendos», que todos los sentidos están conectados a un lugar.

(*Comentario sobre Éxodo* por Ibn Ezra, 20:15)

Como hemos visto al principio de este capítulo, el arte forma parte del proceso histórico a través del cual el Espíritu se manifiesta en su completa plenitud, lo que equivaldría a también decir que la evolución artística corresponde al reflejo del desarrollo espiritual. En ese sentido, la evolución del arte es paralela a la del espíritu: comienza con expresiones artísticas abstractas y únicas, evoluciona a través del desarrollo de la autoconsciencia y culmina con la emancipación de la objetividad. Es por esto por lo que podemos afirmar que el arte no es una mera disciplina o técnica más de la que el Espíritu podría prescindir. Lejos de ello, el arte, o más concretamente la religiosidad artística que Hegel formula, se revela como esencial e imprescindible en el despliegue del Espíritu en el que el ser humano se reconcilia consigo mismo como lo que auténticamente es.

Al mismo tiempo, si el arte puede cobrar dicha importancia es porque su naturaleza simbólica le permite, justamente, manifestar el Espíritu en forma de Consciencia Absoluta o Ser. El mismo Hegel lo explica en la *Fenomenología del Espíritu* cuando dice que es «Esta adquiere, mediante la elevación del todo al puro concepto, su forma pura, perteneciente al espíritu».[63]

Si esta adecuación es posible, es decir, si el Espíritu puede manifestarse y comprenderse en la obra de arte, ello se debe a que es en la misma obra de arte que el Espíritu encuentra cómo revelarse. Al hacerlo, la obra obtiene su forma más pura, lo que nos llevaría a poder decir que el arte es la objetivación de un «yo» absoluto.

63. G. W. F. Hegel, *Fenomenología del espíritu*, trad. Wenceslao Roces con la colaboración de Ricardo Guerra (México: Fondo de Cultura Económica, 1966), cap. VII, «La religión», sec. B, «La religión del arte», 410.

Pero para que esto sea posible, y el arte pueda jugar el papel que juega, debemos entender el arte como simbólico. Hegel trata el símbolo primordialmente en relación con el arte, siendo ello particularmente relevante cuando este se enfoca en la belleza artística, que representa la máxima expresión del Espíritu Absoluto. Es por esto por lo que Hegel afirma que el arte simbólico se despliega allí donde:

> En ella la idea busca todavía su auténtica expresión artística, pues en sí misma es todavía abstracta e indeterminada y, por eso, no tiene en sí misma la aparición determinada, sino que se encuentra frente a las cosas, exteriores para ella, de la naturaleza y del mundo humano.[64]

En otras palabras, es precisamente el símbolo el que permite a la obra de arte reflejar el Espíritu Absoluto y, al mismo tiempo, y gracias a ello, adquirir su forma más pura. Más aún, el Ser no pretende limitarse solo a la conceptualización, sino que busca también ser expresado artísticamente. Entendido dentro del proceso de despliegue histórico del Ser como Espíritu Absoluto, podemos afirmar que la conceptualización del Ser solo es posible a través de su previa manifestación como arte simbólico. La reconciliación simbólica es propia del arte religioso, y para que el Ser pueda ser conceptualizado, deberá también ser danzado, cantado, escrito, esculpido, tallado, pintado, expresado en obras de arte.

El Ser evoluciona en su autoconsciencia, pero no puede conocerse solo a través de las ideas filosóficas. Aunque la consciencia, o el Espíritu Absoluto, aspira a su autorrealización, esta le está vedada de manera inmediata, siendo el carácter simbólico de la religión artística el que facilita el proceso de automanifestación y autodesvelamiento. Por eso, el anteúltimo capítulo de la *Fenomenología del Espíritu* trata sobre religión y saber absoluto.

---

64. G. W. F. Hegel, *Lecciones de estética*, vol. 1, trad. Raúl Gabás (Barcelona: Ediciones Península, 1989), «Segunda parte: Desarrollo del ideal en las formas especiales del arte bello». «Sección primera: La forma simbólica del arte», 264.

El concepto y el arte son pasos del proceso que están intrínsicamente conectados entre sí. En cierta manera, es posible decir que la autocomprensión del Espíritu empieza con la conceptualización empírico-científica de la naturaleza. Esta comprensión científica se autosupera, evolucionando hacia una conceptualización filosófica, pero esta tampoco puede mostrar por sí sola la plena profundidad del Espíritu Absoluto y debe autotranscenderse y mutar en la expresión o religiosidad artística. Debido a su naturaleza simbólica, el Espíritu despliega su propia y plena seidad en la religiosidad artística, permitiendo que el ser humano se reconcilie con su más íntimo y auténtico ser. Ahí yace la importancia del símbolo.

Desde esta perspectiva, Hegel define al símbolo como:

> El símbolo es un objeto sensible, que no debe ser considerado en sí mismo tal como se nos ofrece, sino en un sentido más extenso y general. Hay, pues, en el símbolo, dos términos: el sentido y la expresión. El primero es una concepción del espíritu; el segundo, un fenómeno sensible, una imagen que se dirige a los sentidos.[65]

Hegel interpreta el símbolo como una imagen sensible, una existencia externa que no es fruto de la invención humana, sino manifestación del Espíritu. Aunque el ser humano cree ser el autor de la obra, el auténtico creador es el Espíritu a través del individuo que da forma y significado a la obra de arte; es decir, es lo universal que crea, actuando por medio de lo individual. En ese sentido, la obra artística está presente intuitivamente en el artista de manera inmediata. Aunque este desconoce plenamente la conceptualización y el significado que encierra, el artista la intuye porque la verdadera fuente yace en el Espíritu. Como hemos avanzado anteriormente, es solo al terminar la obra que el artista ha plasmado de manera intuitiva, que entonces el pleno «significado

65. Georg W. F. Hegel, *Lecciones sobre la estética*, trad. Hermenegildo Giner de los Ríos (Madrid: Jorge A. Mestas, Ediciones Escolares, 2003), vol. 1, en la «Segunda parte: Desarrollo del ideal» y en la «Primera sección: De la forma simbólica del arte», 121-22.

y expresión» de la obra permite al artista, y a quien la observa, entenderla y autocomprenderse en la obra misma.

Hegel define el símbolo como compuesto de dos aspectos: el significado (auditivo) y la expresión (visual). El significado del símbolo es auditivo y se basa en la narración de una colectividad o en la descripción de un artista. La expresión artística puede ser percibida visualmente, pero carece de significado sin la explicación del artista. El símbolo es la unión de la expresión visual de la pintura con la explicación auditiva del artista. La expresión visual está relacionada con una manifestación sensible, mientras que el significado es su representación mental. Por lo tanto, el significado de la obra de arte reside en cómo se manifiesta en un sentido más extenso y universal.

Hegel atribuye al símbolo una propiedad de ambigüedad, un detalle que ha capturado la atención de muchos expertos en simbolismo. La filosofía especulativa de Hegel identifica una dialéctica entre lo universal y lo específico, lo general y lo particular, entre lo interior y lo exterior, entre el signo y su significado, entre el indicador y lo indicado. 'Lo concreto' o 'lo específico' sería la imagen, y 'lo universal' o 'lo general' haría referencia a las palabras empleadas para describirla. Por ejemplo, he llamado *Dasein* a una de mis pinturas; la visualización de esta pintura es el aspecto específico, pero su interpretación es universal. La pintura es representación externa, mientras que su interpretación es interna; si la pintura es el indicador, las palabras empleadas para explicarla constituyen su interpretación.

No obstante, y como el mismo Hegel clarifica en la *Estética*, «esa duda solo cesa por el hecho de que cada uno de los dos aspectos, la significación y su forma, es mencionado explícitamente, expresando a su vez la relación entre ambos».[66] Por ejemplo, consideremos la similitud entre la pintura expuesta y la explicación que la acompaña acerca del *Dasein*. En este caso, la expresión visual y la auditiva son simultáneas porque pinté lo que *Dasein* es para mí. Cuando se revelan y se relacionan ambas caras de una idea, la dualidad o ambivalencia

66. G. W. F. Hegel, *Lecciones de estética*, vol. 1, trad. Raúl Gabás (Barcelona: Ediciones Península, 1989), «Segunda parte: Desarrollo del ideal en las formas especiales del arte bello». «Sección primera: La forma simbólica del arte», 272.

cede, y surge el símbolo. La obra de arte deviene símbolo junto con la fusión entre la explicación del *Dasein* y la exposición visual de la pintura. En un símbolo, el autor permite y facilita esa unión entre lo verbalizado y lo ilustrado.

Como el mismo Hegel señala, la representación universal (el significado) y su figura tangible (el signo) se encuentran cara a cara en el símbolo. Como hemos visto en capítulos anteriores, los símbolos están intrínsecamente ligados a los mitos, pues contienen una unión directa entre ambas facetas de la realidad y se consideran completos en sus representaciones, sus imágenes y deidades. El símbolo existe debido a la discrepancia entre el signo y el significado, lo cual no es evidente ni verificable en el mito. Por eso, Hegel afirma que «la mitología tendría que ser entendida simbólicamente». Con «simbólicamente», se refiere a que los mitos «abrazan en sí significados sobre la naturaleza de Dios, en cuanto productos del Espíritu». Es en este sentido que, también en Hegel, vemos la integración del mito como relato simbólico por cuanto unión de una representación visual con una auditiva. La integración e inseparabilidad de lo auditivo y lo visual del símbolo permite al Espíritu desvelarse en toda su plenitud.

El proceso de autorrealización o autocomprensión del Ser que somos vendría a ser una jornada fuera de nosotros mismos en busca del Ser, solo para descubrir que siempre estuvimos inmersos en el Ser. Este proceso de autocomprensión implica renunciar a nuestras ideas o creencias sobre quiénes somos para despertar a nuestra identidad verdadera; se trata de dejar de lado nuestra aparente esencia para descubrir, aceptar y reconciliarnos con nuestra genuina naturaleza. Hegel afirma que al ir más allá del arte, cuando en esta obra artística el hombre acceda a la sustancia universal del Ser, se dará cuenta de que la obra de arte termina en la religión. Es decir, todo símbolo, es sagrado.

Bibliografía de la sección II

- Agustín de Hipona. *Las Confesiones*. Traducción de Ángel Custodio Vega Rodríguez, revisada por José Rodríguez Díaz.
- Butnaru, Iulian. *Naturaleza y alcance del símbolo*. Tesis doctoral, Universidad Rovira i Virgili, 2014.
- Creuzer, Friedrich. *Simbolica e mitologia*. En *Dal simbolo al mito*, vol. II. Milán: Edizioni Spirale, 1983.
- De Man, Paul. "Sign and Symbol in Hegel's Aesthetics" [*Signo y símbolo en la estética de Hegel*]. *Critical Inquiry* 8, n.°4 (1982): 761-75.
- Eliade, Mircea. *Mito y realidad*. Traducido por Luis Gil. Barcelona: Editorial Labor, 1991.
- Flórez Miguel, Cirilo. «Dialéctica y simbolismo en Kant». *Azafea. Revista de Filosofía 3* (enero de 1990): 87.
- Flórez Miguel, Cirilo. «Poiesis y mimesis en la experiencia estética kantiana». En *En la cumbre del criticismo: Simposio sobre la «Crítica del juicio» de Kant*, editado por A. R. Rodríguez y G. Villar, 107–21. Barcelona: Anthropos, 1992.
- Granados Valdez, Juan. «La estética tomista de Jolivet, Nédoncelle, Pieper y Pareyson». *Konvergencias: Filosofía y culturas en diálogo*, n.° 33 (octubre 2021). Buenos Aires.
- Hegel, Georg Wilhelm Friedrich. *Fenomenología del espíritu*. Traducción de Wenceslao Roces con la colaboración de Ricardo Guerra. México: Fondo de Cultura Económica, 1966.
- Hegel, Georg W. Friedrich. *Lecciones de estética*. Vol. 1. Traducción del alemán de Raúl Gabás. Barcelona: Ediciones Península, 1989.
- Hegel, Georg Wilhelm Friedrich. *Lecciones sobre la estética*. Traducido por Hermenegildo Giner de los Ríos. Vol. 1. Madrid: Jorge A. Mestas, Ediciones Escolares, 2003.
- Heidegger, Martin. *Carta sobre el humanismo*. Traducción de Helena Cortés y Arturo Leyte. Madrid: Alianza Editorial, 2000.
- Heidegger, Martin. *El ser y el tiempo*. Traducción de José Gaos. México: Fondo de Cultura Económica, 1951; 6.ª reimpresión, 1995.
- Heráclito. *Fragmentos presocráticos: de Tales a Demócrito*. Introducción,

traducción y notas de Alberto Bernabé. Madrid: Alianza Editorial, 2008.

- Kant, Immanuel. *Crítica de la razón pura.* Traducción, estudio preliminar y notas de Mario Caimi. Edición bilingüe alemán-español. México: Fondo de Cultura Económica, 2009.
- Kant, Immanuel. *Crítica del juicio.* Traducida del francés por Alejo García Moreno y Juan Ruvira. Introducción de F. Barni. Madrid: Librerías de Francisco Iravedra y Antonio Novo, 1790.
- Reale, Giovanni. *Eros, demonio mediador: El juego de las máscaras en el Banquete de Platón.* Traducido por Rosa Rius y Pere Salvat. Barcelona: Herder Editorial, 2004.
- Russell, Bertrand. *Principios de reconstrucción social.* Madrid: Espasa-Calpe, Colección Austral, 1944.
- Stern, Robert. *Routledge Philosophy Guide Book to Hegel and the Phenomenology of Spirit.* London: Routledge, 2002.
- Vanzo, Alberto. *Kant e la formazione dei concetti* [*Kant y la formación del concepto*]. Trento: Verifiche, 2012.
- Wittgenstein, Ludwig. *Tractatus logico-philosophicus.* Traducción, introducción y notas de Luis M. Valdés Villanueva. 4.ª ed. Madrid: Tecnos, 2002.
- Žižek, Slavoj. *El sublime objeto de la ideología.* Traducción de Isabel Vericat Núñez. México: Siglo XXI Editores, 1992.
- Žižek, Slavoj. *Viviendo en el fin de los tiempos.* Traducción de Albino Santos Mosquera. Madrid: Akal, 2011.
- Nietzsche, Friedrich. *La voluntad de poder.* Traducido por Aníbal Froufe. Madrid: Ediciones Akal, 2010.
- Nietzsche, Friedrich. *Sobre la utilidad y los perjuicios de la historia para la vida.* Traducido por Dionisio Garzón. Madrid: Edaf, 2000.
- Agamben, Giorgio. *¿Qué es lo contemporáneo? y otros ensayos.* Traducido por Flavia Costa. Buenos Aires: Adriana Hidalgo Editora, 2009.
- Engels, Friedrich. *El origen de la familia, la propiedad privada y el Estado.* Traducido por el Grupo de Traductores de la Fundación Federico Engels. Madrid: Fundación Federico Engels, 2006.
- Marx, Karl, y Friedrich Engels. *Manifiesto Comunista.* Traducido por Pedro Ribas. Madrid: Alianza Editorial, 2015.

Sección III

Los símbolos y la religión

Capítulo 13

La imaginación: un puente entre el mito y la realidad

> La imaginación es más importante que el conocimiento. El conocimiento se limita a lo que sabemos y comprendemos, mientras que la imaginación abarca el mundo entero.
>
> ~ Albert Einstein

El término *imaginación* deriva del latín *imaginatio* ('representación', 'imagen' o 'ilusión'), que a su vez proviene del vocablo *imago* ('retrato', 'similitud' o 'apariencia'). Entendemos la imaginación como una competencia multidimensional, presente en incontables aspectos de la vida humana, que se extiende desde la invención artística hasta la exploración científica. Es un talento que desborda los confines del razonamiento ordinario y que, como tal, ha sido objeto de escrutinio de variadas disciplinas. También ha fascinado a pensadores desde la antigüedad hasta haberse convertido en un punto de acaloradas discusiones dentro de la tradición filosófica, desde la cual muchos filósofos de prestigio la han abordado de maneras diferentes.

En la Grecia clásica, Platón concebía la imaginación como un fenómeno engañoso que nos distancia del verdadero conocimiento. Para él, la imaginación consistía en una imitación de la realidad que producía copias de segunda mano del mundo verdadero de las ideas o las formas. Platón no diferencia la imaginación, o en griego *eikasía* (εικασία), de la sensación o el conocimiento por imágenes, y la entiende como una suposición, considerándola como el primer grado de conocimiento sensible en la metáfora de la línea. A diferencia de Platón, Aristóteles otorgó a la imaginación un papel positivo dentro del proceso de conocimiento y el razonamiento. Aristóteles la llama *phantasía* (φαντασία) y, no solo la distingue tanto de la sensación como del pensamiento discursivo (διάνοια, *diànoia*), sino que le asigna el papel de acompañante necesaria a todo conocimiento, aunque también la considera capaz de error, pues, según el estagirita, la imaginación ayuda a la conceptualización de la información sensorial. Aristóteles definía la imaginación como «la facultad de formar imágenes sensibles». En su obra *De Anima*, Aristóteles argumenta que la imaginación es una función cognitiva que se encuentra entre la percepción y el pensamiento. En su obra *Poética*, la considera esencial para la poesía y en la retórica, importante para la persuasión. Como dice Jolivet, la imaginación es la facultad de conservar, reproducir y combinar las imágenes de las cosas sensibles. Su objeto es todo lo recibido por los sentidos.

La imaginación asocia, disocia y combina, para crear imágenes. Podríamos decir que son sus métodos principales. La necesidad de la imaginación para poder comprender ideas abstractas es central. Ya a las puertas de la modernidad, René Descartes comprendió la imaginación como una forma de pensamiento que demandaba un esfuerzo mental superior al simple entendimiento.[67] No obstante, y sin rechazar por completo la utilidad de la imaginación, no la vio como indispensable para comprender racionalmente la realidad.

Para David Hume, en cambio, es a través de la imaginación que captamos la realidad a partir de nuestras percepciones sensoriales. La imaginación es el mecanismo que nos permite integrar impresiones sensoriales separadas en una percepción coherente del mundo. Según Hume, la imaginación puede separar las ideas para luego unirlas de la manera que le parezca. Además, reconoce que la imaginación supera las nociones y que la combinación de ideas no sería posible sin imaginación. En ese sentido, la imaginación es lo que manifiesta a nivel mental lo que está ausente en la intuición sensible o la percepción directa a través de los sentidos.

---

67. René Descartes, *Meditaciones metafísicas*, seguidas de las objeciones y respuestas, en Descartes, trad. y estudio introd. de Cirilo Flórez Miguel (Madrid: Editorial Gredos, 2011), sexta meditación, 206.

Para Immanuel Kant, la imaginación consiste en una facultad básica que cumple una función crucial en la percepción y el conocimiento. Según él, permite al ser humano integrar las impresiones sensoriales en una experiencia coherente. En su *Crítica de la razón pura*, Kant nos dará una excelente definición de imaginación al decir que: «Imaginación es la facultad de representar en la intuición un objeto aun sin la presencia de él», lo que significa que es la capacidad de formular representaciones o impresiones mentales que pueden tener o no una relación directa con la realidad.[68] Esta facultad productiva se manifiesta también como la capacidad artística de expresar lo que jamás ha visto. Eso es, es un proceso mental y creativo que fabrica representaciones de lo percibido, o no, a través de nuestros sentidos, aunque en ausencia de estímulos concretos externos. Por ejemplo, podríamos formarnos una imagen mental del océano sin estar realmente viendo el mar. Por lo tanto, la imaginación estará no obstante directamente relacionada con la memoria pues, en general, lo que imaginamos posee un vínculo con la realidad anterior. En este sentido, la imaginación puede ser considerada como un instrumental de desciframiento de la realidad, permitiendo la construcción de teorías variadas.

Para Hegel, la imaginación es una labor activa y creadora. Se trata de una capacidad mental del ser humano aplicable a cualquier disciplina que consiste básicamente en pensar con imágenes. En general, la imaginación difiere de la representación y la memoria, aunque se relaciona con ambas. Está relacionada íntimamente con la representación porque la imaginación resulta de combinar elementos que en algún pasado fueron representaciones sensibles. Sin embargo, se relaciona también con la memoria porque si no fuera posible recordar dichas representaciones sería imposible imaginar. Etimológicamente, la imaginación es una nueva representación de imágenes sin la cual el conocimiento sería imposible.

Según Jean Paul Sartre, la imaginación emerge como una luminaria de la consciencia que disipa las brumas de la realidad

68. Immanuel Kant, *Crítica de la razón pura*, trad., estudio preliminar y notas de Mario Caimi (ed. bilingüe alemán-español; México: Fondo de Cultura Económica, 2004), 177 (§24 - B151).

tangible y proyecta haces de luz hacia futuras posibilidades. Inmerso en las profundidades de la fenomenología de Husserl, reivindica a la imaginación como un baluarte entre la percepción y el pensamiento. Sus obras, *La imaginación* (1936) y *Lo imaginario* (1940) promueven esta premisa. Aquí, lo «imaginario» brota como una dimensión paralela, habitada por objetos surgidos de la «consciencia imaginativa», capaz de invocar la presencia de lo ausente y engendrar objetos ficticios y una realidad alterna, un «antimundo», que reniega de la realidad misma y, en contraposición, exalta la libertad de la consciencia. Desde su perspectiva, la imaginación consiste en un acto de libertad que desafía la realidad dada. Sartre se encuentra entre los defensores de la imaginación, refutando con determinación la tendencia a su subestimación. Sin embargo, no fue hasta el siglo XX cuando su examen fue abordado desde un enfoque científico, específicamente, por la neurología y la psicología.

A pesar de los estudios filosóficos y posteriormente también científicos, la imaginación se ha visto comúnmente condenada y despreciada. Al escuchar la palabra *imaginación*, a menudo pensamos en algo inútil, carente de valor, porque nadie busca logros imaginarios, sino lo real. Sin embargo, el ser humano tiene una poderosa capacidad de imaginar que puede ser utilizada tanto para destruir como para crear. George Bernard Shaw dice que: «La imaginación es el principio de la creación. Imaginas lo que deseas, persigues lo que imaginas y finalmente, creas lo que persigues».[69] Todo lo positivo y lo negativo, lo creativo y lo destructivo, lo bueno y lo malo, lo bello y lo feo en el mundo ha llegado a través de la imaginación. Tanto el arte como la guerra son producto de la imaginación, como también lo son los grandes descubrimientos científicos. Se trata de una capacidad muy poderosa que, dependiendo de cómo se utilice, puede llevarnos al paraíso o al infierno. Si se utiliza incorrectamente, puede incluso destruirnos o hacernos enloquecer.

---

69. George Bernard Shaw, *De vuelta a Matusalén: Un pentateuco metabiológico*, trad. Julio Gómez de la Serna (Buenos Aires: Editorial Losada, 1945), prefacio.

Imaginemos un poder espiritual que fluye como un rio caudaloso tanto dentro como fuera de nuestro cuerpo. Imaginemos que dicho fluir está presente en los muebles, las paredes, el suelo y en cada objeto de nuestro hogar. Imaginemos también que lentamente todo el planeta y el cosmos entero se han espiritualizado con dicho fluir, y que todo el universo se ha desmaterializado y espiritualizado por completo. Por medio de la capacidad de imaginar de manera consciente, vamos eliminando los patrones mentales, porque al imaginar que todo es solo consciencia se evaporan conceptos como *interior* y *exterior*, *dentro* y *fuera*. La imaginación nos permite, así, disolver todo límite y toda frontera. Bajo los auspicios de una imaginación pura, todo lo que existe es un océano infinito e ilimitado de consciencia pura. Sin embargo, lo que realmente ocurre no es que estemos creando una imagen ajena a la realidad a partir de la nada, sino que más bien la imaginación es lo que nos está permitiendo acceder a la realidad en sí a través de diluir los límites que nos permiten penetrar la realidad. Resulta imposible acceder a la realidad o el reconocimiento de la consciencia sin trascender nuestro propio condicionamiento mental. Como seres condicionados, solo tenemos acceso a nuestras propias elucubraciones acerca de la realidad. La realidad es lo que es trascendental a todo condicionamiento. En este sentido, y a modo de ejemplo, la capacidad de imaginar sería como el ácido capaz de disolver el condicionamiento intelectual acumulado.

La imaginación se encuentra intrínsecamente enlazada a la simbolización. En el acto simbólico, la imagen adopta una dualidad de significados, y lo hace a través de dos tipos de imaginación: una receptiva y pasiva, y otra activa y creadora. La imaginación receptiva y pasiva es la que acoge la influencia sagrada del símbolo. Por un lado, esta imaginación acoge pasivamente el signo espiritual, que como tal es imperceptible a los sentidos pues no se manifiesta en forma de imagen. No obstante, y al mismo tiempo, el mismo signo debe transformarse en imagen mediante la imaginación activa o creadora para poder ser comprensible.

Como ilustración, sirvámonos del caso de Dios, que, aunque no puede ser percibido visualmente, en el cristianismo se vuelve visible a través de Jesucristo, convirtiéndose así Jesucristo en la imagen de Dios. Es por eso por lo que, según el Nuevo Testamento, Jesús proclama que «el que me ha visto a mí, ha visto al Padre», o *ego sum imago Dei*, concepto que fue esclarecido en el Segundo Concilio de Nicea. En dicho concilio se habla del Cristo Eucarístico, por lo tanto, Jesús es la imagen del Padre y la eucaristía es la imagen de Jesús.

Este argumento sobre la imaginación nos permite establecer que, en esencia, el símbolo es imperceptible, pero se concreta en el ámbito visible por medio del ser humano para volverse comprensible. Es no obstante importante explicar que no es el ser humano quien genera tal imagen, sino que es esta la que emerge del propio símbolo al este revelársenos a nuestras facultades. El símbolo existe independientemente de lo humano, deviniendo imagen sensorial para ser comprendido. Se observa un aspecto activo, ya que la persona acoge el estímulo, el influjo de esa revelación, y modela la imagen, y aunque el autor de tal imagen sea la persona misma, siempre recibe inspiración de lo divino.

La deidad de Kṛṣṇa instalada en el templo, por ejemplo, es una creación humana, pero su inspiración no proviene del humano sino de lo sagrado. Por ende, el símbolo actúa como causa eficiente, y el humano como causa instrumental. Aunque cabe acotar que, en religiones como la católica, el humano no es causa, sino ocasión de realización de la voluntad divina. De una u otra forma, todas las religiones son la consecuencia de un proceso en que la «nada» deviene «algo» a través de alguien para ser percibido por todos.

La imaginación actúa como la receptora de la influencia conceptual de lo sagrado, generando una imagen sensible que sirve como indicativo de una realidad invisible. Maimónides explica:

הִנֵּה כָּל כְּלִי גַּשְׁמִי שֶׁתִּמְצָאֵהוּ בְּכָל סִפְרֵי הַנְּבוּאָה, הוּא אִם כְּלִי תְּנוּעָה מְקוֹמִית לְהוֹרוֹת עַל הַחַיִּים, אוֹ כְּלִי הַרְגָּשָׁה לְהוֹרוֹת עַל הַהַשָּׂגָה, אוֹ כְּלִי הַמִּשּׁוּשׁ לְהוֹרוֹת עַל הַפְּעֻלָּה, אוֹ כְּלִי הַדִּבּוּר לְהוֹרוֹת עַל הַשְׁפָּעַת הַשְּׂכָלִים עַל הַנְּבִיאִים, כְּמוֹ שֶׁיִּתְבָּאֵר.

הִנֵּה תִּהְיֶה הַיְשָׁרַת הַהַשְׂאָלוֹת הָהֵם כֻּלָּם – לְיַשֵּׁב לָנוּ שֶׁיֵּשׁ נִמְצָא חַי פּוֹעֵל לְכָל מָה שֶׁזּוּלָתוֹ מַשִּׂיג לְפָעֳלוֹ גַּם כֵּן. וְהִנֵּה נְבָאֵר כְּשֶׁנַּתְחִיל בְּהַרְחָקַת הַתְּאָרִים, אֵיךְ יָשׁוּב זֶה כֻּלּוֹ לְעִנְיָן אֶחָד וְהוּא עַצְמוֹ יִתְבָּרַךְ לְבַד; כִּי אֵין כַּוָּנַת זֶה הַפֶּרֶק אֶלָּא לְבָאֵר עִנְיַן אֵלּוּ הַכֵּלִים הַגַּשְׁמִיִּים הַמְיֻחָסִים לוֹ – יִתְעַלֶּה מִכָּל חִסָּרוֹן – וְשֶׁהֵם

כֻּלָּם – לְהוֹרוֹת עַל פְּעֻלּוֹת הַכֵּלִים הָהֵם אֲשֶׁר הַפְּעֻלּוֹת הָהֵם – שְׁלֵמוּת אֶצְלֵנוּ בַּעֲבוּר שֶׁנּוֹרֶה עַל הֱיוֹתוֹ שָׁלֵם בְּכָל מִינֵי הַשְּׁלֵמוּת כְּמוֹ שֶׁהֶעִירוּנוּ בְּאָמְרָם ”דִּבְּרָה תּוֹרָה כִּלְשׁוֹן בְּנֵי אָדָם“.

אָמְנָם כְּלֵי הַתְּנוּעָה הַמְּקוֹמִית הַמְּיֻחָסִים לוֹ יִתְעַלֶּה, בְּאָמְרוֹ: ”הֲדֹם רַגְלָי“ (ישעיהו ס"ו, א'), ”וְאֶת־מְקוֹם כַּפּוֹת רַגְלַי“ (יחזקאל מ"ג, ז'); וְאָמְנָם כְּלֵי הַמִּשּׁוּשׁ הַמְּיֻחָסִים לוֹ יִתְעַלֶּה, בְּאָמְרוֹ: ”יַד־ה'“ (שמות ט', ג'), ”בְּאֶצְבַּע אֱלֹקִים“ (שמות ל"א, י"ח), ”מַעֲשֵׂה אֶצְבְּעוֹתֶיךָ“ (תהילים ח', ד') כוזה, ”וַתָּשֶׁת עָלַי כַּפֶּכָה“ (תהילים קל"ט, ה'), ”וּזְרוֹעַ ה'“ (ישעיהו נ"ג, א'), ”יְמִינְךָ ה'“ (שמות ט"ו, ו'); וְאָמְנָם כְּלֵי הַדִּבּוּר הַמְּיֻחָסִים לוֹ: ”פִּי ה' דִּבֵּר“ (ישעיהו א', כ'), ”וְיִפְתַּח שְׂפָתָיו עִמָּךְ“ (איוב י"א, ה'), ”קוֹל ה' בַּכֹּחַ“ (תהילים כ"ט, ד'), ”וּלְשׁוֹנוֹ כְּאֵשׁ אֹכָלֶת“ (ישעיהו ל', כ"ז); וְאָמְנָם כְּלֵי הַהַרְגָּשָׁה הַמְּיֻחָסִים לוֹ: ”עֵינָיו יֶחֱזוּ עַפְעַפָּיו יִבְחֲנוּ“ (תהילים י"א, ד'), ”עֵינֵי ה' הֵמָּה מְשׁוֹטְטִים“ (זכריה ד', י'), ”הַטֵּה אֱלֹקַי אָזְנְךָ וּשְׁמָע“ (דניאל ט', י"ח), ”קְדַחְתֶּם בְּאַפִּי“ (ירמיהו י"ז, ד').

(רמב"ם, מורה הנבוכים, תרגום אבן תיבון, חלק א', פרק מ"ו)

Ahora bien, todos los órganos físicos que encontrarás [atribuidos a Dios] en los escritos de los profetas son órganos de locomoción, que indican vida; u órganos de sensación, que indican percepción; u órganos de tacto, que indican acción; u órganos del habla, que indican el desbordamiento de los intelectos hacia los profetas, como se explicará.

Ahora bien, el objeto de todas estas indicaciones figuradas es establecer para nosotros que existe una existencia viviente, el hacedor de todo lo demás, y que también es consciente de todo lo que ha creado. Explicaremos, cuando hablemos de la inadmisibilidad de los atributos divinos, que todos estos diversos atributos transmiten exclusivamente una noción, a saber, la esencia de Dios, exaltado sea. Pues el único objeto de este capítulo es explicar en qué sentido estos órganos físicos se atribuyen a Él, el Ser más perfecto, a saber, que son meras indicaciones de las acciones realizadas por estos órganos. Tales acciones, que son consideradas por nosotros como perfecciones [ya que las necesitamos para llevar a cabo nuestras imperfecciones], se atribuyen a Dios, porque queremos expresar que Él es el más perfecto en todos los aspectos, como hemos señalado con anterioridad

> al explicar la frase rabínica: «La Torá habla en el lenguaje del ser humano».
>
> Los órganos de locomoción que se le atribuyen, exaltado sea, aparecen en versículos como: «El estrado de mis pies» (Isaías, 66:1); «el lugar de las plantas de mis pies» (Ezequiel, 43:7). Se le atribuyen órganos del tacto, exaltado sea, en casos como: «la mano del Señor» (Éxodo, 9:3); «con el dedo de Dios» (Éxodo, 31:18); «la obra de tus dedos» (Salmos, 8:4), «y has puesto tu mano sobre mí» (Salmos, 139:5); «el brazo del Señor» (Isaías, 53:1); «tu diestra, oh, Señor» (Éxodo, 15:6). Los órganos del habla se le atribuyen en casos como los siguientes: «La boca del Señor ha hablado» (Isaías, 1:20); «Y abriría sus labios contra ti» (Job, 11:5); «La voz del Señor es poderosa» (Salmos, 29:4); «Y su lengua como fuego devorador» (Isaías, 30:27). Se le atribuyen órganos de la sensibilidad en los siguientes casos: «Sus ojos contemplan, sus párpados prueban» (Salmos, 11:4); «Los ojos del Señor que se mueven de un lado a otro» (Zacarías, 4:10); «Inclinad hacia mí vuestro oído y escuchad» (Daniel, 9:18); «Has encendido un fuego en mi nariz» (Jeremías, 17:5).
>
> (Maimónides, *Guía de los perplejos*, 1.46)

Dentro de este contexto, podemos reconocer distintos tipos de símbolos: naturales, convencionales, icónicos y sobrenaturales. El símbolo sobrenatural es la transmutación de la nada en algo, por medio de alguien. Puesto que el fenómeno, o la entidad, en realidad ocultan o encubren su fundamento, tenemos una variedad de símbolos, por ejemplo, el metafórico. Jesús compara el reino celestial con una semilla de mostaza que, como tal, no tiene existencia en el reino trascendental, pues su presencia se limita al mundo sensible y, por lo tanto, es una metáfora del universo inteligible.

Desde el punto de vista metafísico, la causa es superior al efecto. No obstante, si abordamos la cuestión desde una perspectiva fundamentalmente lógica, se llega a la conclusión de que el efecto hereda la perfección de su causa, encontrándose dicha perfección de manera más acentuada en la causa que en el efecto resultante. Si nos cuestionamos qué posee una temperatura más elevada, ¿sería el fuego que proporciona calor al hierro o sería el propio hierro que ha sido calentado por el fuego? La respuesta a esta interrogante resulta bastante obvia. Así, si consideramos que la realidad trascendental es la causa fundamental del universo tangible, podemos inferir que la realidad superior es la generadora de nuestra plataforma perceptible. El visionario, mediante una percepción directa e intuitiva, alcanza a comprender la realidad suprasensible formando una representación en su imaginación, la cual puede ser proporcional si el atributo en cuestión tiene presencia en el mundo perceptible, o metafórica si dicha cualidad no se halla en el universo sensible. Observamos perfecciones en esta vida, tales como existencia, consciencia o dicha. Y se supone que, en la realidad trascendental, estas perfecciones son mucho más superlativas. En este sentido, se da una proporcionalidad cuando la perfección existe tanto en el universo inteligible como en el sensible, como sucede con la existencia, la consciencia o la dicha, y hay una correlación entre ambas. Lo que algunas filosofías llaman «participación».

Aunque Jesús es una encarnación en forma humana, su auténtica naturaleza es eterna, más allá del tiempo. De manera similar, el Señor Chaitanya Mahāprabhu es la consciencia universal, o Dios mismo, manifestándose en la forma de un devoto. En cierto sentido, todos somos reflejos de esta consciencia, ya que nuestra esencia verdadera es eterna. La separación entre seres humanos como nosotros y seres como Jesús o el Señor Chaitanya sucede a nivel de la consciencia: Jesús es un hijo de Dios, igual que nosotros, pero con la distinción de ser plenamente consciente de este hecho. El Señor Chaitanya es una personificación de Dios, como cada uno de nosotros, pero es consciente de ello. Tanto el oficial de policía como el perro de detección de drogas son miembros de la fuerza policial, pero la principal diferencia es que el oficial lo entiende plenamente.

La imaginación en cierta forma semeja un espejo capaz de reflejar la realidad inteligible. Hegel diría que es un espejo porque a través de la especulación o especulo el ser se conoce a sí mismo y a través de la imagen sensible puede adquirir algo de su esencia. El ser se conoce a través del ente. La revelación consiste en un darse en imágenes y palabras. Nuestra imaginación debe, pues, fungir como faro que confiere sentido al vasto cosmos, y no como una cortina tras la cual nos ocultamos.

Al aventurarnos por la senda de lo religioso, resulta esencial tener presente que los personajes míticos que lo pueblan son, en su esencia, entidades de naturaleza simbólica. Aunque están imbuidos de significado, otorgan cohesión y exteriorizan aspectos profundos de la condición humana, al mismo tiempo que carecen de una existencia objetiva y palpable en el ámbito físico. Mientras mantengamos presente tan trascendente distinción, las divinidades pueden ser vivenciadas de modo trascendental en nuestra existencia, otorgándonos respaldo y auxilio invalorables. No obstante, si se les confiere una corporeidad objetiva, y se las convierte en «ídolos», las divinidades mutan en obstáculos que nos abocan hacia un universo ficticio e irreal de enajenación. Resulta imperativo que la realidad objetiva tangible no anule ni aniquile lo intrínsecamente subjetivo. Mantengamos vívido nuestro cosmos interior, pero sin amalgamar ambas dimensiones.

Tomemos, a título ilustrativo, el *Śiva-liṅga* de la cosmovisión hindú, abrazado por una miríada de simbolismos, interpretaciones y significados. Dentro de la mitología de India, la fuerza generatriz inherente a este símbolo se entrelaza estrechamente con Śiva, la divinidad trascendental. El *liṅgam*, palabra que en sánscrito significa 'signo', 'símbolo' o 'marca', representa una imagen abstracta o anicónica de Śiva, una divinidad principal dentro del shaivismo. Śiva, cuyo nombre significa 'el auspicioso', simboliza la pureza e inocencia inalteradas de nuestra consciencia, el aspecto más refinado de nuestro ser que permanece inmaculado. Este ícono sirve comúnmente como la figura central de veneración en los templos dedicados a Śiva, aunque también puede hallarse en santuarios menores o en formas naturales que se consideran manifestaciones divinas por sí mismas. Tradicionalmente, el *liṅgam* se asienta sobre una base en forma de disco conocida como *yoni*, que simboliza el principio femenino, en contraste con la verticalidad del *liṅgam* que representa el principio masculino. Este conjunto simboliza la unión de los aspectos femenino y masculino del universo, y el proceso continuo de creación y regeneración, reflejando la interconexión entre el microcosmos y el macrocosmos.

El concepto de *liṅgam* como 'signo' se extiende a su interpretación espiritual en textos antiguos como el *Śvetāśvatara Upaniṣad*, donde se afirma que Śiva, el Señor Supremo, está más allá de cualquier *liṅgam*, entendiendo por esto último que trasciende cualquier característica distintiva, incluyendo los signos de género. Esta característica subraya la naturaleza trascendental de Śiva, quien es considerado como el símbolo supremo de la «Realidad sin forma». En este contexto, el *liṅgam* simboliza la unión de lo material, o Prakṛti, con la consciencia pura, o Puruṣa, enfatizando la concepción de una realidad última que fusiona la esencia primordial con el espíritu trascendente.

Para algunos, encarna la sexualidad y la matriz misma de la energía vital, mientras que para otros simboliza pureza, lo fresco y lo regenerador. En el *Liṅga Purāṇa*, se bosqueja al *Liṅga* primordial como una manifestación ontológica, despojada de atributos sensoriales como olor, color o sabor. Representa el poder generativo y la conjunción de los principios masculino y femenino en la engendración de la creación. En la sagrada tradición hindú, el *liṅgam* se encuentra intrínsecamente entrelazado con el concepto del huevo cósmico, arquetipo que personifica la totalidad cósmica y la infinitud misma. Es contemplado como un espejo de la verdad absoluta, fuente inagotable de conocimiento y emblema de lo ilimitado.

Este simbolismo refleja un entendimiento profundo de la creación, ofreciendo a la humanidad un objeto de veneración que, a su vez, actúa como un recordatorio de que es meramente un símbolo de la consciencia inmanifestada que Śiva encarna. La pregunta surge entonces: ¿cómo venerar a esa divinidad omnipresente, omnipotente y que todo lo impregna? La mente humana necesita un foco de atención para dirigir sus rezos y ofrendas. Es por esto que todas las tradiciones religiosas del mundo designan un objeto o símbolo hacia el cual dirigir las plegarias, incluso aquellas que renuncian a la adoración de cualquier forma física de divinidad, como se observa en la tradición sij con sus escrituras o en el islam con la Kaaba. Conscientes de la naturaleza de la mente humana, los *ṛṣis* de la antigüedad védica otorgaron la libertad de adorar a la divinidad suprema en cualquier forma que se considerara apropiada. Así, incluso una simple piedra puede servir para recordar a los fieles que es solo un símbolo, representando la consciencia omnipenetrante que trasciende todo nombre y forma.

Es impostergable recalcar que la hermenéutica de los aludidos símbolos y las enigmáticas visiones, desentrañadas en el contexto de la meditación, abraza una índole eminentemente íntima y subjetiva. El espectro de vivencias y comprensiones, irremediablemente únicas, encuentra su arraigo en la senda espiritual, emocional y cultural inalienable de cada ser. En tal escenario, los símbolos y las visiones devienen en herramientas primordiales que posibilitan el ahondamiento en las simas de la consciencia individual, explorando las tenebrosas profundidades del inconsciente y accediendo a las capas internas y abismales de la psique. Mediante esta odisea introspectiva, se puede aspirar a una aprehensión más profunda y una aceptación más plena de la propia identidad, traduciéndose ello en un incremento del equilibrio y la armonía internos. La simbología intrínseca de las múltiples deidades que pueblan el panteón hindú reside en el dominio mítico. En rigor objetivo, estas entidades carecen de corporeidad palpable en nuestro ámbito existencial. Así, la subsistencia de los dioses mitológicos se erige como una realidad primordialmente subjetiva.

En la sociedad humana, estamos acostumbramos a permitir que lo objetual sepulte lo subjetual o que lo subjetual proyecte una ilusión sobre la realidad objetual, hasta tornarla etérea, razón por la cual Husserl insiste en que no hay *cogito* sin *cogitatum*. Para no caer en ese error, debemos ver la paridad entre ambos integrantes de la relación. En un extremo se erigen la dimensión simbólica y la conceptual, el mito y el logos. En el otro, la filosofía y la teología. La conceptualización científica persiste en negar realidades subjetivas, mientras que la teología se obstina en su encono contra la ciencia. He aquí la paradoja, como se le conoce en Occidente. La disciplina histórica, en su esencia, enfrenta inherentes limitaciones para apresar y consignar la veracidad en toda su plenitud. La historiografía se centra primordialmente en la acumulación y el escrutinio de hechos objetivos, desatendiendo aspectos de mayor calado y naturaleza simbólica.

En el contexto de la India, emergen dos mecanismos epistemológicos disímiles: el primero, conocido como historia, se dedica a la minuciosa documentación de los acontecimientos transcurridos en el tiempo; en contrapunto, el segundo, bautizado como *purāṇa*, o 'mitología', se encomienda a la titánica tarea de registrar y perpetuar la Verdad primordial. El último enfoque mencionado, distante de la ortodoxia historiográfica, adopta una perspectiva más abarcadora e integradora, trascendiendo los límites de la objetividad e incursionando en el ámbito de lo fundamental y atemporal. Aquí, la verdad es algo más que una cadena de eventos, y se manifiesta como principios y leyes universales que capturan la esencia de la existencia. De tal forma, la división entre historia y purāṇa ilustra la tensión entre objetualidad y subjetualidad, la realidad material frente a lo inmaterial, y el contraste entre lo transitorio y lo sempiterno. Esta tensión escapa a cualquier resolución y, por tanto, perdura. Subraya la paradoja inherente en la búsqueda humana de la Verdad.

Resulta de suma relevancia subrayar que en el subcontinente indio no se ha abrazado la práctica de consignar narrativas convencionales sobre veneradas figuras espirituales como Buda, Mahavira o Kṛṣṇa. Tal determinación radica en el anhelo de preservar la prístina profundidad de sus enseñanzas, evitando así su deformación al ser reducidas a meros acontecimientos históricos dentro de la estrecha percepción humana. Estas personificaciones encarnan una sabiduría y una belleza inconmensurables, trascendiendo los confines de la consciencia colectiva. Reducirlas al ámbito de la nebulosa inconsciencia equivaldría a una pérdida trascendental para la humanidad. Oriente, sabiamente, ha optado por no documentar narrativas históricas sobre maestros, sabios y santos iluminados. En su lugar, ha dado forma a mitos que encapsulan su esencia sublime y su eterno legado.

Un mito se alza como una narración simbólica que se dirige hacia una verdad elusiva que inexistente solo es, sin proporcionar información precisa sobre la misma. Es como un dedo que, en silencio, señala hacia la luna. Las deidades orientales no encarnan relatos históricos ni individuos tangibles. Son ídolos sagrados que evocan estados meditativos y plasman elementos internos, como la serenidad interior. Representan lo visible de lo invisible, lo palpable de lo intangible, las manifestaciones objetuales de lo subjetual. Son las expresiones icofánicas de lo enigmático y lo anicónico; fenómenos fundantes de un fundamento sin fundamento, *Abgrund*.

Así, Oriente se adentra en un paradigma epistemológico divergente, que trasciende la objetividad convencional y abraza una dimensión más profunda y holística de la realidad. Al contemplar detenidamente a las deidades en un silencio profundo, adentrándonos en un estado receptivo, nos sorprendemos por los efectos que emergen en nuestro paisaje interno que produce unos efectos que generan sorpresa. Algo en la estatua, en su manifestación artística objetual, resuena con nuestra disposición interna. Al presentarnos ante las estatuas de Buda, Śiva o Kṛṣṇa, no como agentes activos, sino como testigos silenciosos, podemos apreciar su magnitud simbólica. Entonces es posible desentrañar el auténtico sentido de la mitología. La apreciación de los hechos o verdades yace en la perspectiva desde la cual los observamos. Contemplamos nuestro entorno, vislumbrando una sucesión de eventos comunes. No obstante, solo una mirada meditativa nos concede la posibilidad de adentrarnos en la realidad de acontecimientos trascendentales, en una realidad fuera de lo común, empírico y mensurable. Tan solo unos ojos impregnados de auténtico amor pueden percibir el genuino significado de un grano de arena o de una galaxia.

Observamos y vemos una flor botánica, compuesta de sépalos, pétalos, androceo y gineceo. No obstante, se precisan ojos meditativos serán para aprehender la realidad de una flor como una sonrisa emanada de la propia tierra. Pues si bien un aspecto de la flor es físico, su realidad trasciende con creces ese ámbito. Solo cuando percibamos una flor como una manifestación de lo divino, estaremos entrando en comunión con la Verdad última. La realidad solo puede ser aprehendida a través de una visión meditativa que nos transporta más allá de las limitaciones empíricas y mundanas. Desde una perspectiva ordinaria, la existencia se teje con meros eventos insípidos, hechos inanimados y sucesos desconectados, episodios fortuitos y accidentales. Al contemplar la realidad con ojos meditativos, todo se armoniza y vislumbramos su genuino significado. Entonces, nos percatamos de que vivir en los confines de los eventos, sucesos, incidentes o episodios históricos es una existencia carente de sentido y trascendencia.

La envergadura y la omnipotencia de la imaginación humana nos advertirían de la ineludible posibilidad de ser seducidos por nuestras propias convicciones. Sin embargo, en ausencia de tan preciado discernimiento, nos arriesgamos a sucumbir ante la insidiosa atracción de nuestra propia fantasía, abrazando como realidades tangibles construcciones puramente imaginarias. Cabe recalcar, con insistencia, que, si bien nuestra imaginación puede constituir una herramienta formidable, no debe transformarse en un bastón que nos inste a evadirnos de la cruda realidad. Es de vital importancia que nos comprometamos con firmeza a resistir la seducción de convertir la imaginación en un arquitecto de universos paralelos, un refugio cautivador diseñado para eludir los desafíos que saturan nuestra existencia cotidiana. En su lugar, sugeriría que utilicemos nuestra imaginación para profundizar nuestra conexión con la realidad, adoptándola como un recurso para descifrar y apreciar la magnitud del mundo que nos envuelve. El Sendero Retroprogresivo, en su sabiduría, preserva lo físicamente objetual en su estado original, permitiendo que lo subjetual, lo simbólico y lo mitológico pervivan en su esencia. Mantengamos un equilibrio perfecto entre ambos, sin incurrir en confusiones, a fin de preservarnos como seres religiosos, pero también como mentes lúcidas y sanas.

Capítulo 14

Las puertas del mito hacia lo inexplicable

Mito, metáfora y leyenda, enredados en la densa trama de la narrativa y la esfera imaginativa, suelen confundirse por su inherente vinculación. Sin embargo, cada uno alberga una connotación y aplicación particulares. El **mito**, arropado en su relato, anhela desentrañar los entresijos de los fenómenos y sucesos mediante la presencia de elementos trascendentes o divinos. Su difusión, en su mayoría de naturaleza oral, se erige como un instrumento de transmisión de valores, normas sociales y creencias enraizadas en una cultura específica. Por su parte, la **metáfora**, figura retórica de distinguido linaje, establece vínculos de semejanza entre dos entidades, incluso si en su literalidad no se asemejan. Su propósito reside en la descripción figurada de algo o alguien, generando imágenes mentales más vívidas o imbuidas de una impronta poética. La **leyenda**, por último, se erige como una narración cimentada en elementos históricos o reales, pero que ha evolucionado con el tiempo mediante la inclusión de elementos imaginativos y fantásticos. A menudo, se emplea como vehículo para transmitir valores y moralejas, aunque también puede servir como fuente de entretenimiento. Por tanto, mientras el mito desvela los sucesos divinos, la metáfora conecta elementos poéticamente y la leyenda amplifica los eventos históricos.

El atributo cardinal que distingue a la especie humana radica en su preclara aptitud para desafiar los confines de lo corpóreo y adentrarse en la dimensión metafísica. Aristóteles, en su obra *Metafísica*, postula una premisa fundamental: «Todos los hombres, por naturaleza, desean saber».[70] Esta idea, compartida también por Platón, establece el deseo de saber cómo una inclinación innata en el ser humano. Ambos filósofos conciben este anhelo de comprensión como el cimiento de la filosofía. Este deseo se ve estimulado por un sentido de maravilla y curiosidad frente a los fenómenos naturales, impulsando al hombre a indagar y entender el mundo que lo rodea. La consecución de tal proeza requiere la instauración de un *ethos* renovado; un marco ético y moral que habilite el acceso del individuo al quid de su existir. Surge así un abanico de cosmovisiones que, mediante estructuras simbólicas, se metamorfosean en mitologías y credos religiosos, brindando a la humanidad la ventura de un reencuentro consigo misma y la consecución de un estado de sublimidad. La ciencia da poder para dominar la naturaleza, pero no brinda sentido a la vida. En cambio, el mito le quita ese poder y se lo devuelve al Ser, creando la morada que permite habitar en la sublimidad.

Ernst Cassirer, un filósofo distinguido de la tradición alemana, marcó un hito en el pensamiento con su obra maestra *Antropología Filosófica*, con la cual nos ofrece un análisis sofisticado de la condición humana y su posición dentro del entramado cósmico. El texto presta especial atención a aspectos como la naturaleza humana, la cultura que nos envuelve, la lingüística y la libertad, las cuales entiende como piezas de un rompecabezas. En este estudio, Cassirer se aventura especialmente en las aguas de la mitología y la religión, en las que encuentra similitudes y conexiones, pero al mismo tiempo importantes diferencias con respecto a sus enfoques, funciones, formas de práctica y transmisión a lo largo del tiempo. Cassirer empieza por definir la mitología como un intento de explicar lo incontrolable, mientras la religión busca un vínculo con lo divino. Así, según Cassirer, la mitología se concentra en el estudio y la explicación de los mitos, los cuales varían ampliamente según su origen, como los griegos y los romanos, constituyendo una vasta recopilación de relatos que involucran seres sobrenaturales y cuyo propósito reside en otorgar

70. Aristóteles, *Metafísica*, Libro primero, capítulo 1, 980a21, trans. Tomás Calvo Martínez (Madrid: Editorial Gredos, 1994), 69.

sentido a diversos aspectos del mundo. Por otro lado, define también la religión como un conjunto de creencias en deidades, mayormente honradas a través de la oración, pero que deviene un constructo de interpretación que busca desentrañar la esencia del universo y el fundamento de la realidad.

Una de las diferencias destacables entre religión y mitología es que, mientras que en las religiones es común encontrar seguidores que profesan fe en uno o varios dioses específicos, en la mitología, la presencia de seguidores o creyentes no está tan arraigada. A consecuencia de ello, el mito está siempre sujeto a la interpretación de cada individuo, mientras que la religión se manifiesta como un fenómeno colectivo que incluye rituales en los que los fieles se reúnen para vivir su relación con el dios que adoran.

A pesar de estas diferencias, existe también una estrecha interrelación entre la mitología y la religión que reside en su implicación de confianza y atribución de poder a entidades no terrenales, es decir, a deidades. Esto ha llevado a algunos estudiosos a sostener incluso que la mitología puede considerarse una forma de religión, puesto que, en los mitos, los personajes creen y tienen fe en deidades inmortales a las que conceden un poder absoluto.

Para ahondar ahora en la cuestión del mito y la religión, así como en su relevancia, deberemos atender primero a ciertos términos y cuestiones que nos permitirán contextualizarlos como fenómenos de nuestro estudio. Empecemos, pues, por decir que, según todo lo argumentado en todos estos capítulos, el ser humano se nos ha revelado, en su carácter de ente autodeterminado, como un ser confrontado por una percepción de desvinculación con el entorno natural, marcado por un sentimiento de desafiliación en relación con sus pares y por una disonancia interna con su quid que lo llevan a vivir en un hiato respecto a lo supramaterial. Es en este contexto que debemos entender la obra del mito y la religión como portadora de la concepción de lo divino, eso es, de una entidad trascendental despojada de atributos discernibles que persiste y se sustenta solamente en su codificación simbólica. Como veremos en los siguientes párrafos, ni la religión ni el mito podrían ser lo que son sin lo simbólico.

Con deleite intelectual, uno podría abordar meticulosamente el término *existir*, cuyas raíces etimológicas se hallan firmemente ancladas en el verbo latino *existere*, fruto de la amalgama de *ex*, que simboliza 'la noción de salir o estar fuera', y *sistere*, que se traduce como 'mantener una postura erecta'. En los días de la Roma antigua, la palabra *existere* se invocaba para caracterizar la irrupción o revelación de algo en la esfera de lo fenoménico, lo cual implica una manifestación corpórea y patente. Con el paso del tiempo, *existere* adquirió un matiz que hacía referencia a la presencia y realidad de los seres humanos, es decir, a su existencia en el mundo. Por eso, la manifestación de Dios fuera de su estado inmanifiesto se realiza exclusivamente a través de su simbolismo. Los símbolos son máscaras de Dios. Para decirlo con terminología kantiana, son el fenómeno del noúmeno, ya que todas las religiones son fenoménicas ya que son una expresión de la divinidad, pero no son la divinidad. Tal como señala el *Śrīmad-bhāgavatam*:

मायाजवनिकाच्छन्नमज्ञाधोक्षजमव्ययम् ।
न लक्ष्यसे मूढदृशा नटो नाट्यधरो यथा ॥

māyā-javanikācchannam
ajñādhokṣajam avyayam
na lakṣyase mūḍha-dṛśā
naṭo nāṭyadharo yathā

> Estando más allá del alcance de la limitada percepción de los sentidos, Tú eres el factor eternamente irreprochable que está cubierto por la cortina de energía alucinante. Tú eres invisible para el observador necio, de la misma manera que un actor al desempeñar un papel no es reconocido.
>
> (*Śrīmad-bhāgavatam*, 1.8.19)

Entendida así, y recuperando lo dicho antes por Cassirer, la religión se erige como tal con la dimensión social, colectiva, en la que un ser humano desarraigado, de la naturaleza y de sí mismo, busca y ve en lo simbólico, como máscara de lo divino, la esencia de su realidad y el universo. La cuestión de la colectividad es importante para entender bien la importancia de la religión y de lo divino en toda sociedad.

Colectividades y comunidades humanas, consciente o inconscientemente, enfocan sus emociones y atención en intereses determinados. En este sentido, el término «egregor» representa el pensamiento unificado de una comunidad o colectividad que, mediante una imagen, proporciona un sentido histórico y unificador a la vida de dicho grupo. Un egregor es una concentración de energía que reside en el plano astral, y que está vinculada a un concepto particular, arquetipo, emoción o forma de pensamiento. Existen egregores compuestos por energías positivas, y también existen egregores negativos, que se asocian a emociones poco auspiciosas y desfavorables. El egregor es la contraparte psíquica de un colectivo humano. Cuando un número considerable de individuos enfoca su atención en el mismo asunto con similar vehemencia, se genera una energía conjunta. Todos estamos familiarizados con este efecto revitalizador, que experimentamos al colaborar en un proyecto apasionante o durante un instante vibrante. La concentración de actividades amalgama las intenciones de cada participante en una consciencia colectiva que parece impulsar el conjunto. Así, se desarrolla una serie de procesos ordenados entre los participantes, más allá de la percepción individual. Las intenciones específicas de un colectivo suministran las características particulares a la entidad conocida como egregor, mientras que las que otorgan la energía son las emociones. La atención otorga la dirección y la forma mientras que la emoción suministra el material. La palabra *egregor*, que algunos interpretan como una 'entidad colectiva', es en realidad una malinterpretación del término griego *egrégoros* (ἐγρήγορος) que simplemente significa 'vigilante'.

Es verdad que cualquier colectivo puede verse como poseedor de una fuerza sutil, formada por las contribuciones de todos sus miembros pasados y presentes. Este poder, por ende, es más considerable y puede generar efectos más potentes cuanto más antiguo sea el grupo y mayor sea el número de individuos que lo componen. La potencia e influencia de un egregor es proporcional al número de seres humanos que lo forjan y mantienen por medio de su atención y emociones. Todo egregor es una entidad inteligente capaz de aprender, desarrollarse y evolucionar, y que se resiste a toda amenaza contra su existencia o la de sus creadores, los cuales siempre que sean invocados acudirán en ayuda de aquel que les suministre alimento en la forma de emoción, atención e intención. La naturaleza inmanifestada e intangible, junto a su poder concreto y tangible, otorgan una dimensión sacra a esta entidad energética.

Son varias las escuelas ocultistas y las tradiciones esotéricas en cuyos rituales el egregor ocupa un lugar central. Los pioneros en explorar sus propiedades fueron las logias masónicas, unidas por sus enigmáticos códigos e iniciaciones. Diferentes escuelas ocultistas emplean también el egregor como instrumento profético, mientras que el chamanismo, por su parte, crea una vía de acceso a la energía cósmica por medio del trance y las ceremonias grupales.

Otro concepto importante es el de *tulpa*, el cual alude a una entidad creada a través de facultades mentales. En las múltiples tradiciones del ocultismo occidental, esta noción es evocada para caracterizar lo que se podría concebir como una figura imaginaria, pero dotada de una voluntad, razonamiento y visión propios, ostentando cierta autonomía. Aunque en occidente muchos divulgadores de misticismo creen que el término *tulpa* proviene del budismo, la verdad es que se trata de una elaboración de la teosofía que fusiona diversos conceptos budistas. Los estudiosos del budismo combinaron el concepto budista de emanación *tulku* con un concepto teosófico similar, dando origen a la palabra *tulpa*, que presuntamente significa 'fantasma que emana'. No obstante, es pertinente señalar que, en la lengua tibetana, *tulpa* no tiene representación; se opta por *sprul-pa*, que describe una entidad malévola engendrada por un mago y que se materializa al ocupar un ente viviente. Aunque en el budismo hay acontecimientos semejantes a la moderna definición de *tulpa*, no son exactamente lo mismo. Un ejemplo podría ser el milagro de Shravasti, donde se dice que el Buda histórico multiplicó su forma para demostrar la veracidad de su *dharma pratītyasamutpāda*. Sin embargo, es importante aclarar que, en el budismo, se considera que el Buda Shakyamuni era capaz de realizar este tipo de milagros debido a su estado de iluminación. Los fenómenos sobrenaturales, o *iddhi en pali*, atribuidos al Buda en su travesía terrenal, son la manifestación de una consciencia elevada y plena.

Estos conceptos que acabamos de presentar, pertenecientes a diferentes tradiciones y culturas, nos permiten mostrar lo que previamente habíamos avanzado, eso es, que lo divino se manifiesta mediante el símbolo y el mito a los seres humanos. Estas formas simbólicas y míticas actúan como un puente que conecta lo humano con lo divino, lo aparente con lo real, pues el ser humano deposita su fe y devoción en el símbolo. La manifestación de la inmanifiesta divinidad se realiza de manera exclusiva mediante la simbología. El símbolo, como una lupa concentradora de rayos solares dispersos que logra la combustión, posee la capacidad de reunificar y fortalecer.

Más aún, el símbolo facilita la convergencia de creencias, convicciones, credos y supersticiones, que, una vez amalgamadas, son dirigidas hacia el símbolo como objeto de fe. Asimismo, el símbolo propicia la integración de sentimientos y emociones dispersas que, al unificarse, pueden dirigirse conscientemente hacia el símbolo como acto de devoción, como hemos visto con los conceptos de *egregor* y *tulpa*. El poder atribuido a figuras como Moisés, Jesús, Mahoma, Buda, Shankara o el Señor Chaitanya no es de índole personal, sino que posee una dimensión simbólica. La potencia del maestro o gurú está más relacionada con el símbolo que con la propia individualidad. Ser un símbolo implica ser una imagen dotada de profundo significado. El símbolo puede adoptar la forma del Monte Sinaí, y esta imagen simbólica estará imbuida de significados como libertad, liberación, amor, paz, futuro, esperanza, unidad y camaradería. Cada vez que la comunidad evoca el Monte Sinaí, se sumerge en estos significados. Aunque cada individuo interprete el Monte Sinaí de manera personal, todos experimentarán la fraternidad en relación con dicho símbolo. Mi interpretación personal o la tuya sobre la resurrección de Jesús, así como nuestras perspectivas sobre las vidas de Mahavira, Buda, Mahoma o Chaitanya, carecen completamente de relevancia. Lo esencial radica en resguardarnos, congregarnos y fortalecernos en virtud del símbolo que representa a Dios.

En la vastedad cronológica de la historia se hallan entes que han ostentado el estatus de blasones humanos. El cúmulo de ilustraciones es abrumador, encarnado por prohombres, cruzados sociales, luminarias históricas o seres investidos de un halo superior, cuyos hechos y existencia han forjado un lugar en el panteón de la simbología asociada a ciertos valores, ideales o cruzadas. Mahatma Gandhi se erige como un caso emblemático, metamorfoseándose en un baluarte de la resistencia pacífica en pos de la liberación y justicia en la India, y su designación e iconografía han hallado eco global en la representación de tales principios. Asimismo, individuos de la talla de Martin Luther King Jr., Nelson Mandela, Che Guevara y otros han sido elevados a la inmortalidad simbólica en el ámbito de específicas disputas políticas y sociales. Es interesante que el mito, en estos casos del ámbito político y social, nunca puede estar vivo, sino que es mito después de muerto, o incluso, la forma de su muerte es la que los hizo mitos.

Esta metamorfosis del individuo en símbolo se desencadena cuando su existencia y sus acciones se impregnan de una connotación de magnitud y trascendencia que supera su mera entidad y su era temporal, es decir, cuando su imagen o su nombre encarnan algo que sobrepasa su personalidad intrínseca y su propia individualidad histórica. Se concibe como una certidumbre incontrastable que personas de una envergadura iluminada se han cincelado en el tiempo como íconos; sus vidas y doctrinas, y los legados perpetuados, han alcanzado una profundidad y relevancia que van más allá de ser meros personajes en una página de la historia. En esta tesitura, el proceso de simbolización se yergue sobre la premisa de reconocer y atribuir valor simbólico a un ser. Esto acontece cuando las acciones y experiencias de dicho ser adquieren una relevancia que trasciende lo meramente fáctico. Se trata de la aprehensión de un sentido más profundo y significativo en su legado, que resuena en las creencias, aspiraciones y anhelos de las generaciones venideras. Los seres iluminados, mediante la impartición de saberes y el ejemplo vivencial, han logrado insuflar inspiración y trascender las limitaciones espaciotemporales de su época. En su legado encontramos un tesoro de valores que nos hablan, sin importar de dónde seamos o qué idioma hablemos. Cuando hablamos de amor y bondad, perspicacia e indagación espiritual, algo asombroso sucede. Como olas en un océano infinito, estas palabras se mueven a lo largo del tiempo, y en el proceso, ayudan a dar forma a cómo pensamos sobre la vida, lo que es correcto, y lo que se encuentra más allá de lo mundano.

Jesús, Buda, Mahoma, más que simples nombres, son símbolos, pero esto no significa un culto indiscriminado ni una adopción monolítica de sus doctrinas. Más bien nos sirven como mapas, llenos de rutas y caminos que podemos tomar en nuestra propia búsqueda de entendimiento y crecimiento. Su cualidad emblemática engendra un espectro de perspectivas y una diversidad de apropiaciones entre diferentes colectivos y tradiciones sacras. Cada ente humano puede vislumbrar en ellos un patrón para su autodescubrimiento espiritual y moral, ajustando y recontextualizando su legado en función de su contexto y bagaje personal. La metamorfosis de un ser humano en símbolo acontece cuando su trayectoria vital y sus actos se erigen en una entidad de trascendencia tal, que sobrepasa su propia individualidad histórica. En otras palabras, cuando su imagen y su nombre encarnan algo de una magnitud superior a ellos mismos, sus enseñanzas y legados resuenan en el seno de la humanidad, adquiriendo una representatividad arquetípica de valores universales y esenciales para la condición humana. La simbolización alberga un abanico diversificado de interpretaciones y apropiaciones, agudizando la perspicacia y el florecimiento espiritual en diferentes marcos temporales y culturales.

Este sería el caso icónico de Jesús de Nazaret, cuya existencia y preceptos han calado hondo en la psique de incontables almas, erigiéndose como una estampa de caridad, compasión y renovación.

En un contexto paralelo, Buda emerge como la personificación de la iluminación espiritual y la emancipación del dolor en el budismo, mientras que, por su parte, la vida y enseñanzas de Mahoma, el profeta y precursor islámico, se postulan como un venerable faro para multitudinarias comunidades musulmanas. Es pertinente acotar que el halo de preeminencia y magnetismo que rodea estas figuras proféticas en la travesía de mi ser, no se cimienta en hallazgos científicos o evidencia arqueológica, ni se ancla en restos antiguos, escrituras sagradas o manuscritos. El poder simbólico radica en ellos como arquetipos trascendentes de la existencia, del inconsciente y de la manifestación más eximia del potencial humano. Ellos personifican los supremos valores de la vida, tales como el amor, la compasión y la dicha. Jesús no se metió en lo más profundo del alma gracias al relato cristiano. Cristo no es parte de nuestro inconsciente colectivo porque haya existido, sino que existe porque es un arquetipo de toda la humanidad.

Así como el corpus científico faculta el acceso al conocimiento, a la técnica, a la manipulación controladora de los objetos y al dominio maquinativo, así también el símbolo puede proporcionar sentido a la existencia. La ciencia, en su afán de abismar al ser humano en la ignorancia de su propio ser, lo conduce irrefrenablemente hacia la conquista de los objetos, e incluso a su propia objetivación, convirtiéndolo en un mero objeto fáctico más, tanto a nivel fisiológico como psicológico. La técnica y la maquinación, a su vez, nos arrastran hacia el descuido de nuestra esencia más íntima, sumiéndonos en una búsqueda desesperada por el control y la posesión en la que se valora en demasía lo que uno posee en detrimento de lo que uno es.

Asimismo, la transformación del símbolo en concepto, del mito en filosofía y de la religión en teología convierte su intrínseca capacidad evocadora en un dominio técnico, sustituyendo su facultad para articular diferencias por una conceptualidad monogámica. Cuando esto sucede, es el concepto que absorbe el símbolo y lo domina. Mientras que en el dominio simbólico es el símbolo mismo quien ejerce el poder, en el ámbito conceptual es el sujeto quien detenta el control del símbolo y lo plasma según su propia imagen y semejanza. Esta sería, en alguna medida, la etapa superior del dominio de la técnica que denuncia Heidegger.

Esta metamorfosis desconecta al ser humano de su realidad, sumiéndolo en la vacuidad inherente al concepto, subyugado al control del prójimo, manipulado por la naturaleza y dominado por Dios. Pues, así como el ser humano se entrega al Dios de la religión, el Dios de la teología se convierte en un Dios sometido al yugo del concepto. Ya que siempre es más lo que no conocemos de Dios que lo que sí conocemos. El Dios de la teología siempre será un Dios parcializado. Cada deidad teológica se erige como un ídolo subyugado al dominio humano, inerte frente a la posibilidad de trascender las barreras conceptuales. Al cristalizar la revelación divina en un marco conceptual, esta se metamorfosea en una ley que constriñe el comportamiento del propio Dios. Con esta conceptualización, el divino ser queda enclaustrado dentro de una estructura férreamente determinada, vedado de cualquier expresión más allá de los límites predeterminados.

De ahí, emanan estructuras teológicas específicas que varían según las distintas culturas. Es arduo para un fiel devoto de Kṛṣṇa aceptar que la Suprema Personalidad de Dios imponga edictos al pueblo de Israel. De igual manera, un judío ortodoxo no puede concebir al «Dios de los ejércitos» danzando entre humildes pastorcillas y reses. Los judíos aguardan la llegada del Mesías, mientras que los cristianos esperan el segundo advenimiento de Jesús. Un judío ortodoxo identificaría al Mesías a través de su erudición en los recovecos del *Talmud*, un aspecto que un cristiano no podría admitir. Un cristiano no lograría concebir que, en su segunda venida, Jesús se entregara a la meditación a la sombra de un árbol, a semejanza de Buda, o que danzara en las calles como el Señor Chaitanya. Los judíos ortodoxos no podrían conciliar la aceptación de un Mesías que arrebatara a la audiencia mediante el rapto. Dios no puede, en virtud del concepto, traspasar las fronteras que han sido erigidas y que le constriñen. En consecuencia, se observa un cambio trascendental en la concepción de Dios: su papel evoluciona desde ser percibido como el supremo gobernante del cosmos a una entidad que, de manera inédita, se sitúa en una posición subordinada al ser humano. Este giro, profundo, pero claro, fruto de la conceptualización del símbolo, de la filosofización del mito y en última instancia de la teologización de la religión, recalibra nuestra comprensión de la relación entre la divinidad y la humanidad:

כִּי לַה' הַמְּלוּכָה וּמֹשֵׁל בַּגּוֹיִם:

(תהלים כ"ב, כ"ט)

Porque la realeza es del Señor, y Él gobierna sobre las naciones.

(Salmos, 22:29)

En el camino religioso, nos vemos compelidos a abandonar el empleo del lenguaje veritativo y falaz, tal como es concebido en la esfera científica. Siguiendo la teoría de la correspondencia, delineada por prominentes pensadores como Aristóteles, Tomás de Aquino y, más recientemente, Bertrand Russell, una afirmación alcanza el estatus de veracidad cuando se ajusta meticulosamente a la realidad objetiva. En otras palabras, desde una óptica científica, la veracidad yace en la concordancia precisa entre el discurso verbalizado y el objeto al cual hace alusión. No obstante, dado que Dios no puede ser reducido a la condición de un simple objeto, estos principios resultan inaplicables a su Ser trascendente.

La eficacia del símbolo, por su parte, radica en su capacidad para conferir fortaleza e integración. Si el símbolo nos conecta con el amor, el respeto, la compasión, la devoción, el sentido, la entrega y la dicha, se erige como algo sagrado, desentendiéndose de los confines de la perspectiva científica. Una vida aferrada al dominio conceptual y distanciada del ámbito del mito se despliega sin experimentar la sacralidad inherente, ya que, en el dominio conceptual, lo trascendente se ve oprimido por el imperio de las artes técnicas ejercidas por el ser humano. Sumido en las fauces de una existencia conceptual, el ser humano se ve aprisionado por su propia maquinación y se convierte en esclavo de su propio control. El símbolo, en cambio, opera como un agente emancipador al dotar al ser humano de una simbología capaz de sobrepasar los límites de su conceptualización limitada. Una vida orientada hacia el concepto y alejada del mito se vive sin experimentar lo sagrado, ya que, en el ámbito conceptual, lo trascendente queda subyugado al dominio de la técnica humana. Por su parte, el símbolo inefable, en su esencia intrínseca, excede las limitaciones ontológicas del lenguaje y la comprensión humana, erigiéndose como un objeto de naturaleza cualitativa que da cabida a lo inexplicable y ambiguo. El símbolo es el testigo de lo carente de atributos, lo cual engloba una dimensión de incognoscibilidad inherente. Como entidad manifiesta y perceptible, el símbolo encarna la facultad de evocar lo ausente y lo imperceptible y, en una simultaneidad paradójica, hace que lo inefable hable. En este sentido, el símbolo constituye la expresión iconofánica de un misterio anicónico, el testimonio visual de una esfera de enigma que se resiste a cualquier forma de ícono o representación visual.

La voz *iconofánico*, cimentada en el vocablo griego *εικονοφάνεια* (*eikonofaneia*), se refiere a la aversión hacia las imágenes religiosas y la veneración de estas. Los cimientos históricos de su empleo se sitúan en la era bizantina, donde emergió la conocida controversia iconoclasta; esencialmente, un enfrentamiento que proscribía el uso de representaciones gráficas con connotaciones religiosas en las prácticas de culto. Por otro lado, el término anicónico señala aquellos objetos o fenómenos que carecen de representación visual, o se oponen a su representación mediante imágenes. Originado en el griego *άνικονος* (*anikonos*), el término *anicónico* denota lo desprovisto de imágenes. Por ende, el símbolo se configura como el epítome visual de lo invisibilizado, la encarnación perceptible de aquello que trasciende la experiencia sensorial, perpetuando así la paradoja de su propia existencia. Por lo tanto, el símbolo consiste en la expresión visual de lo invisible, la manifestación sensible de aquello que trasciende la experiencia de los sentidos.

En el seno de la cosmogonía helénica, Dioniso, venerado como uno de los augustos dioses olímpicos, ocupa un sitial de privilegio, desplegando su divinidad en la esfera de la fertilidad y el néctar embriagador. Es el inductor de la manía ritual y el éxtasis, un dechado de impulso creador que alumbra tanto los campos agrícolas como los escenarios teatrales. Su filiación lo vincula con Zeus y Sémele, convirtiéndolo en nieto de Harmonía y bisnieto de los dioses Afrodita y Ares, aunque otras variantes mitológicas sugieren su origen como vástago de Zeus y Perséfone. Enarbolando su regio estandarte, la Epifanía es erigida en su honor, siendo este festín el escenario privilegiado donde las máscaras adquieren una función protagónica en las representaciones dramáticas que se entrelazan con la efeméride. El otrora dios consagrado al teatro infundía vida a tragedias y comedias en los compases de la festividad, confiriendo a los personajes un ropaje facial en forma de máscaras. Además, estas máscaras poseían un trasfondo ritual dentro de la solemnidad de la Epifanía, ya que se atribuía a estos artefactos una suerte de conjuro mágico que permitía a los actores establecer contacto directo con el divino Dioniso, transformándose así en sus avatares terrenales. En virtud de esta concepción, las máscaras se erigían en objetos sagrados, regalados con el don del respeto y dotados de un significado trascendental en las ceremonias religiosas que engalanaban la celebración.

Por su parte, el pueblo judío en la festividad jubilosa de *Purim* se disfraza y se pone máscaras que enriquecen la celebración. Para comprender la íntima conexión entre las máscaras y *Purim*, es menester adentrarse en su origen. La lectura de la *Meguilat Ester*, que se entona durante esta festividad, evoca el simbolismo de las máscaras, pues la Reina Ester es el nombre de la heroína que protagoniza la historia, vocablo que deviene del verbo hebreo *lehastir* que significa 'ocultar' o 'esconder'. Antes de entrar al palacio, su nombre era Hadasa, en hebreo 'estrella', pero se vio compelida a velar su identidad judía. En las enseñanzas judaicas, Ester es conocida como *Hester Paním*, que conlleva la idea de 'ocultamiento facial'. Cabe destacar que la palabra *paním* también puede traducirse como 'interior' (*pnim*), lo cual sugiere que, al enmascarar su rostro, Dios arropa su esencia interna para manifestarse en su vertiente externa y superficial.

> אֶסְתֵּר מִן הַתּוֹרָה מִנַּיִן? "וְאָנֹכִי הַסְתֵּר הַסְתֵּר אַסְתִּיר" (דברים ל"א, י"ח)
> (תלמוד בבלי, מסכת חולין, קל"ט, ב')
>
> ¿Dónde [se encuentra] Ester en la Torá? «Y ciertamente esconderé [*haster astir*] Mi rostro» (Deuteronomio, 31:17-18).
> (*Talmud Bavlí*, «*Julín*», 139b)

Tanto en la Epifanía como en *Purim* se vislumbra una sugerencia que plantea la posibilidad de que lo divino, en su magnificencia, opte por manifestarse de forma accesible a la humanidad a través de una imagen. Es así como el Ser Supremo decide revelarse a los mortales al envolverse en una máscara y adoptar los nombres de Adonai, Jehová, Padre, Alláh, Kṛṣṇa, Govinda, Śiva, Brahman, Shangdi, Shen, Zhù, Bhagavān, Īśvara, Akal Purakh, Aten y Mitra entre otros.

El judaísmo, desde un enfoque mitológico, se presenta como una crónica coherente y continua que ha sido heredada a través de las generaciones. Estas narrativas son un compendio de las proezas y vivencias del pueblo hebreo. En el núcleo de estos relatos, encontramos episodios claves como la aparición del Dios adorado por Abraham, Isaac y Jacob. Además, se documenta la liberación del pueblo de la servidumbre en Egipto, su paso por el Mar Rojo, y la divina revelación en el Monte Sinaí. El desenlace culmina con el arribo del pueblo hebreo a la tierra que les fue prometida. Todo esto configura una trama histórica rica y multifacética. Para cada judío, este mito hebraico adquiere un significado de envergadura profunda.

No obstante, es imperativo recalcar que, mientras que Jacob, el Monte Sinaí y el Mar Rojo poseen una relevancia sustancial y simbólica para los judíos, carecen de significancia alguna para culturas como la coreana, tailandesa o congoleña. Lo que para el pueblo judío se erige como un monte de índole sagrada, para un integrante de la etnia Mapuche no presenta connotación especial alguna. Este discernimiento pone en evidencia la naturaleza contextual de los mitos y su significado. Cada cultura, en virtud de su historia, creencias y vivencias colectivas, desarrolla una mitología singular que reverbera en lo más hondo de su identidad. En el epicentro de una comunidad singular, los mitos emergen como entidades cargadas de potencia simbólica, incrustándose en el legado tradicional y modelando su comprensión del cosmos.

Por consiguiente, se torna incontestable que la significación inherente a estos mitos no alardea de universalidad ni objetividad, más es parte de la óptica cultural y las percepciones subjetivas del individuo y su entorno. Por ende, ciertos preceptos que podrían ser elevados al panteón de lo sacro por algunos, resultan meras trivialidades para otros. Es imprescindible reconocer que la diversidad cultural y la multiplicidad de perspectivas nos convocan a comprender y honrar las diversas formas en que se concibe el mundo y los mitos en diversas comunidades y tradiciones. En este sentido, el judaísmo, en similitud con cualquier sistema mitológico, exhibe una opulenta dotación simbólica que confiere sentido y cohesión a la identidad hebrea. No existen los símbolos porque hay pueblo judío, hay pueblo judío porque existen los símbolos.

Sin embargo, cuando el ser humano intenta apropiarse o controlar dicha imagen, lo divino se torna velado, dejando tras de sí únicamente su poderosa resonancia. Esa resonancia, emanada por lo oculto de lo divino, surge como resultado de la manipulación y la técnica. Al sintonizarse con esa resonancia, el ser humano establece un vínculo auténtico con la vida y logra comprender su relación con el Ser en sí. Aunque el Ser se mantenga reacio a la tecnología, no se retira por completo, sino que se manifiesta como una presencia ontológica en el mundo a través de su cautivante resonancia. No obstante, cuando el símbolo se metamorfosea en concepto, su interpretación se restringe a una única perspectiva. Aquel que osa interpretarlo de manera divergente será tildado de falaz, falso, erróneo, idólatra o hereje. La interpretación exclusiva se erige como la única verdad, enarbolando su estandarte como dogma inquebrantable. Cuando el símbolo es conceptualizado, ya no se evalúa por sus cualidades intrínsecas, sino por su criterio de verdad o falsedad.

A diferencia de las diversas disciplinas teológicas que se autoproclaman como instancias liberadoras y redentoras para el ser humano, el Sendero Retroprogresivo se erige como un paradigma que busca emancipar a Dios de los yugos impuestos por la metafísica y el concepto, abogando por la propagación de un Dios simbólico en el cual el ser humano encuentra una fuente inagotable de esperanza y significado.

Capítulo 15

Redefiniendo la religión: la influencia del concepto en la espiritualidad

Como hemos visto anteriormente, a diferencia del concepto, que manifiesta su poder en las esferas políticas, sociales, económicas y filosóficas, el poder simbólico es de naturaleza psicológica y espiritual. Dicho esto, el símbolo puede, no obstante, adquirir también un carácter conceptual cuando se conceptualiza su diversidad de significados. En este proceso, el símbolo se transforma en un concepto que reemplaza la imagen original de la cosa, renunciando así a su riqueza significativa en aras de una estructuración conceptual. Al experimentar esta metamorfosis, el símbolo amplía su comprensión, pero limita su alcance; gana veracidad, pero sacrifica su universalidad al verse inmerso en el juego de lo verdadero y lo falso.

Esta conceptualización del símbolo es un proceso que convierte el significado polisémico en unisémico y como resultado de ello, como ya hemos advertido, el símbolo pierde su riqueza significativa, obteniendo una estructuración conceptual cerrada y empobrecida. Aunque, al conceptualizarse, el símbolo adquiere un entendimiento más claro y profundo, dicha conceptualización lo sumerge en una dualidad de verdad-falsedad que restringe su alcance. Al reemplazar la imagen, el concepto debilita su poder y vitalidad, ya que impone limitaciones y restringe su potencial, produciéndose un trueque que Paul Ricoeur denomina «la metáfora viva», en el cual el símbolo es intercambiado por la muerte de la idea.

Para permitir que una cosa permanezca viva, en lugar de considerarla de manera aislada, debemos verla en su contexto. Esto es de relevancia especial para pensar al ser humano. Supongamos que estamos delante de Pedro y Pablo, a quienes deseamos conocer, y con dicha finalidad definimos al primero como animal racional y político. A continuación, definimos también a Pablo como animal racional y político. Si dicha definición les cabe a ambos, significará que hay una o varias cualidades esenciales que le pertenecen a los dos. Es decir, la esencia sustancial de Pedro es exactamente la misma que la de Pablo. En dicho caso, resultará completamente irrelevante estudiar a ambos o a cualquier otra persona si el conocimiento que obtendré de ellos es un conocimiento formal en el cual su individualidad e historia carece de sentido. Si la definición de ambos es exactamente la misma no tendrá sentido alguno hablar de Pedro o de Pablo. Del mismo modo, si estudiamos las semejanzas formales entre A y B, no conoceremos propiamente ni A ni B, sino a un tercero que es la semejanza entre los dos. Eso significa que, para conocer a A o B, deberemos conocer lo propio de cada cual. En lugar de limitarnos a la semejanza entre ellos, deberemos ver la diferencia. En este sentido, y como bien advierte Aristóteles, el concepto solo nos da a conocer la semejanza, pues «nace el arte cuando de muchas observaciones experimentales surge una noción universal sobre los casos semejantes» (*Alfa de la Metafísica,* capítulo 1); es decir, que, de muchos conocimientos particulares, surge una idea universal por semejanza. Es precisamente esta semejanza la que da pie a la conceptualización de la cosa y, con ella, a su misma muerte, pues esa semejanza, esa conceptualización, separa a la cosa de su materialidad concreta, vaciándola de su significado o verdad más inherente.

Del mismo modo, si defino a un ser humano como animal racional y político, pero excluyo su biografía, historia, talentos y carácter, no podré conocerlo a él o ella más allá de la imagen mental que yo me pueda crear de su dimensión formal. En este caso, no conoceré a la persona, y simplemente me estaré relacionando con la imagen mental que yo he creado de ella. Lo que la conceptualización hace, a través de asemejar a la cosa, es formalizarla, demarcarla y delinear sus límites, a la vez que renuncia a su ser, aquello que la hace ser lo que realmente es. Duns Scoto se oponía a la analogía, es decir a la semejanza, en apoyo de la univocidad o *hecceidad*. De hecho, solo en el símbolo es posible conocer lo que es propiamente una realidad en su unidad, ya que la unidad que procura el concepto es lógica, mientras que la realidad es ontológica. Por eso decimos que el símbolo no es idea, sino realidad pura. Cuando introduce el término *Dasein*, eso es, el «ser-ahí», Heidegger en ningún momento plantea un ser separado del «ahí» sino justamente lo contrario, pues el ser es, *per se*, ser-ahí. Lo que Heidegger está diciendo con ello es que no es posible pensar el ser fuera del ahí del Ser. Pensar el ser es pensar el ser-ahí como su único modo de ser, lo cual sugiere un pensar liberado de la conceptualización.

Como hemos visto anteriormente, la palabra *símbolo* significa 'unir' o 'reconciliar'. La vida está relacionada con la unión, mientras que la muerte tiene que ver con la fractura, la división y la dualidad. De hecho, el rival del *sim-bolon* es el *día-bolon*, término que significa 'desunir', 'separar' o 'dividir' y que solemos traducir como 'diablo'. En virtud de esta etimología, se desprende que mientras que la filosofía mata, la religión otorga vida porque une e integra. El símbolo busca la integración y restablece la unidad religiosa, mientras que el diablo se encarga de la separación, la división, la fractura y el fragmento.

El mito y la religión son simbólicas mientras que la filosofía y la ciencia son conceptuales. Mediante el símbolo y el mito, la religión une lo fracturado. Mediante el concepto, no obstante, la filosofía y la ciencia fracturan, dividen o separan, extrayendo la realidad concreta de la cosa. El simbolismo consiste justamente en permitir que la cosa sea lo que es, en su propio ser, sin ser mentalizada o conceptualizada, sino que integrada con su propia existencia, vida e individuación.

En contraposición, la conceptualización, en su enredado desarrollo, engendra la blasfemia de la idolatría, donde el vocablo *ídolo* emergió del oscuro abismo de *idōlum* y *eidōlon* en las lenguas latinas y griegas, connotando una 'imagen' o 'representación'. En un principio, *eidōlon* (ídolo) se utilizaba para referirse a las imágenes o estatuas de deidades veneradas en las antiquísimas religiones politeístas. El griego *eidōlon*, no obstante, es también origen del verbo *eido* (εἴδω), que susurra «yo vi», del cual ha evolucionado la voz *idea*, que expresa 'forma', 'aspecto', 'apariencia' o 'imagen mental'. Mientras que *ídolo* señala una imagen, *idea* remite más bien a una imagen conceptual, Ambos términos comparten el sombrío sentido de representación, ya sea física o mental. La idolatría ha sido repudiada unánimemente por la fe institucionalizada sobre la base de las interpretaciones de determinados pasajes de las escrituras:

> אַל־תִּפְנוּ אֶל־הָאֱלִילִם וֵאלֹהֵי מַסֵּכָה לֹא תַעֲשׂוּ לָכֶם אֲנִי ה' אֱלֹהֵיכֶם:
> (ויקרא י"ט, ד')

> No os dirijáis hacia ídolos ni os hagáis dioses de fundición, Yo Soy el Señor vuestro Dios.
>
> (Levítico, 19:4)

No obstante, se hace imprescindible destacar la existencia de sinagogas engalanadas con exquisitos Rollo de Torá, resguardados en el epicentro de la sinagoga dentro de un sagrado arca llamado en hebreo un *aarón hakódesh*. El Rollo de la Torá se envuelve, según la tradición asquenazí, en una refinada tela denominada *vímpel*, mientras que en la tradición sefardí se coloca en un cofre vertical de silueta ojival llamado *tik*. Por su parte, las iglesias cristianas se embellecen con esculpidas representaciones de santos, la Virgen María y Jesús. Este asunto ha sido fuente de debates dentro del contexto de la iglesia primitiva, debido a que un gran número de cristianos denominados «iconoclastas» creían que toda manifestación visual era una forma de idolatría. Leemos:

> Sin embargo, ya en el Antiguo Testamento Dios ordenó o permitió la institución de imágenes que conducirían simbólicamente a la salvación por el Verbo encarnado: la serpiente de bronce, el arca de la Alianza y los querubines.[71]

Según lo mencionado, el segundo concilio ecuménico de Nicea (787) justificó la veneración de los íconos de Cristo, pero también de la Madre de Dios, los ángeles y todos los santos. Al encarnarse,

---

71. Catecismo de la Iglesia Católica, 2ª ed. (Ciudad del Vaticano: Librería Editrice Vaticana, 1997), §2130.

el Hijo de Dios introdujo una nueva «economía de imágenes» (CCC 2131). Desde entonces, las enseñanzas de la Iglesia Católica han sido:

> El culto cristiano de las imágenes no es contrario al primer mandamiento que proscribe los ídolos. En efecto, «el honor dado a una imagen se remonta al modelo original», «el que venera una imagen, venera al que en ella está representado». El honor tributado a las imágenes sagradas es una «veneración respetuosa», no una adoración, que solo corresponde a Dios.[72]

Como hemos dicho, la muerte de la cosa en la idea ocurre en la conceptualización porque conceptualizar consiste en arrancar o extraer la cosa, dividiendo la materia y la forma. No en vano el término *muerte* proviene del griego *thanathos*, cuyo significado es 'separar', en este caso, el alma del cuerpo.

Si en lo hilemórfico residen unidos tanto la materia como la forma, al conceptualizar se arranca y separa la forma de la materia, siendo introducida en el intelecto, pero desmaterializada, dando a luz el concepto. Por eso podemos afirmar que conceptualizar corresponde a sacar la forma de la materia y sumarla desmaterializada al intelecto. Al separar la materia de la forma arrebatamos la vida de lo hilemórfico. Cuando nace el concepto, el ser humano deja de relacionarse con lo hilemórfico para relacionarse exclusivamente con la forma. Es decir, y como hemos anunciado antes, el nacimiento del concepto implica la muerte de la cosa.

Es más, cuando creamos una idea conceptualizada, la convertimos en un ídolo. Idolatrar significa adorar una imagen mental en lugar de la cosa en sí. La conceptualización del mito nos sumerge en una realidad donde solo quedan ídolos, pero se desvanece la adoración. Sin embargo, en el mito simbólico, el ídolo se convierte en un mero accesorio, mientras que la adoración ocupa un lugar de primordial importancia. El ídolo se convierte en una herramienta, un instrumento

72. Ibid., 2132.

o una excusa para aquellos que carecen de conocimiento en el arte de adorar.

Para la mente humana, resulta arduo relacionarse con lo informe, tal como lo revela el *Bhagavad-gītā*:

क्लेशोऽधिकतरस्तेषामव्यक्तासक्तचेतसाम् ।
अव्यक्ता हि गतिर्दुःखं देहवद्भिरवाप्यते ॥

kleśo 'dhikataras teṣām
avyaktāsakta-cetasām
avyaktā hi gatir duḥkhaṁ
dehavadbhir avāpyate

> Grande es la dificultad para aquellos cuyas mentes se encuentran tras lo no manifestado (Nirguṇa-brahman), porque lo no manifestado es difícil de lograr para los seres encarnados.
>
> (*Bhagavad-gītā*, 12.5)

Los sabios iluminados, en su penetrante retroprogresión, perciben que la gran mayoría de los seres humanos requieren de un ídolo como accesorio. La inabarcable trascendencia de lo informe exige un punto de apoyo en el trayecto de la mente. Indudablemente, este reposo debe ser inspirador, integrador y empleado con sabiduría. No existe tradición religiosa que no haya hecho uso de los ídolos en su práctica, en mayor o menor medida. Cuando el símbolo es sometido a la conversión conceptual y el mito es transmutado en teología, los ídolos son vaciados y se reducen a meras piedras y metales inanimados, ante los cuales no se inclinaría ninguna persona dotada de un mínimo discernimiento. El concepto desmitifica al ídolo, dejando tras de sí únicamente estatuas de piedra, mármol o metal vacías, depuradas de la idea. La conceptualización crea ídolos hechos puramente de forma, de idea, ocultando el símbolo original sin comprender su esencia. El símbolo original no es reducible al concepto y solo puede ser comprendido por el corazón. Esto último nos recuerda las palabras de Blaise Pascal cuando dice que: «El corazón tiene sus razones, que la razón no conoce».[73] El corazón... ese misterio que dicta nuestras vidas, ese corazón que impulsa a una variedad de emociones a veces contradictorias. Él, que nos hace decir cosas que nunca hubiésemos revelado o hacer lo que nunca pensamos... Las razones del corazón no son siempre racionales, las ganas y el deseo, la razón las ignora.

En nuestros días, presenciamos cómo el público se arrodilla ante la cruz y las estatuas de la Virgen María, besa las *mezuzót* y los rollos de la Torá, ofrece incienso y fuego a las divinidades, pero sin una participación íntegra de sus corazones. Nos encontramos en presencia de ídolos, pero en ausencia de una auténtica adoración, y por tanto nos postramos ante símbolos desprovistos de veneración. La idolatría emerge cuando los ídolos adquieren una preponderancia superior al acto mismo de adoración. Es imperativo tener en cuenta que los ídolos pueden asumir formas tanto físicas como mentales y conceptuales. Cuando falta «participación íntegra en el corazón», las formas de idolatría pueden ser muchas.

Aunque Dios no puede ser conceptualizado, puede ser simbolizado. Todo aquello que nos exalta, inspira e integra, impregnándonos de un profundo sentido, encarna lo divino. Por otro lado, cualquier fuerza que fraccione, rompa o fracture la unidad pleromática (plenitud) del símbolo se vuelve diabólica. Si encontramos inspiración en un poema, dicho poema se convierte en un símbolo de Dios. Si nos elevamos al contemplar un ocaso, dicho atardecer se convierte en un símbolo divino. Sin embargo, si persiste en una existencia conceptual, el ser humano ineludiblemente morará en la vacuidad de las formas sin esencia. Solo al vivir simbólicamente, logrará integrar los diversos aspectos en constante conflicto.

Así como la poesía tiene por finalidad conmover nuestros corazones en lugar de relatar sucesos históricos, el símbolo persigue la integración en lugar de transmitir descubrimientos científicos. El concepto en sí mismo no puede trascender la verdad entendida como la perfecta correspondencia entre el objeto y la mente-sentido.

73. Blaise Pascal, *Pensamientos*, trad. Ediciones elaleph.com (Barcelona: Ediciones elaleph.com, 2001), 207, fragmento 277.

Sin embargo, el símbolo, debido a su carga significativa, supera la mera percepción sensorial y posee la capacidad de unir lo racional con lo supraracional, la mente con lo supramental.

El Sendero Retroprogresivo se refiere a la práctica de la adoración en la cual los símbolos o ídolos se convierten en etapas a lo largo del sendero de cuyo vocabulario se han eliminado los términos «Verdad» y «mentira», así como los conceptos de «error» y «falsedad». Este sendero no presenta una nueva verdad o una verdad adicional, sino que consiste en liberar a la religión del dominio exclusivo del concepto y emancipar a la espiritualidad tanto de la verdad como de la falsedad.

Capítulo 16

El simbolismo de la poesía religiosa

El simbolismo de la poesía religiosa Los Vedas, guardianes sagrados de erudición en el legado védico de la India, surgen como un monumento literario que se yergue desde tiempos inmemoriales. Estos escritos se componen bajo la forma de himnos poéticos que se remontan a épocas milenarias. Como una de las colecciones más primitivas y veneradas de textos sagrados en la herencia de la India védica, los Vedas reflejan una combinación sublime de lo lírico y lo introspectivo. Enraizados en la penumbra de la antigüedad, estos textos escritos en sánscrito abordan un oceánico abanico temático que va desde la cosmología y el mundo natural hasta la espiritualidad y la ética, reflejando la variedad de la experiencia humana. La lírica védica es un jardín de simbolismo, donde cada pétalo es una metáfora, y el aroma que emana es el conocimiento y la sabiduría que trascienden eras. La lírica védica se despliega con una opulencia simbólica. Sus himnos, al ser recitados en rituales y ceremonias, se erigen como un efímero pero potente conducto para establecer comunicación con las esferas de lo divino. Tales versos sagrados consisten en encomios y preces dirigidos a las divinidades que expresando una veneración inquebrantable por la naturaleza y el cosmos. O, dicho de otro modo, los sagrados Vedas contienen laudaciones y plegarias dirigidas a las divinidades y se asemejan a una bóveda que alberga los principios para una existencia virtuosa en equilibrio con el orden cósmico. A través de la poesía védica, con su armazón métrico y su tonada melódica, se ambicionaba catalizar una experiencia trascendental en el núcleo afectivo y cognitivo de los participantes. Su texto principal es el *Bhagavad-gītā*, cuyo título podría traducirse como 'El canto del Señor'. Como dice el filósofo hindú Rabindranath Tagore: «La India es el canto de la poesía. La India es el poeta».

Añádase que, los *brāhmaṇas* y *upaniṣads* emergen con su compendio de prosa y verso. Estos manuscritos ahondan en la intrincada matriz del misticismo, arrojando luz sobre la naturaleza del continuum espaciotemporal, la esencia ontológica del Ser y la sublimación espiritual. Los Vedas albergan himnos que son conductos de erudición y devoción a través de los cuales se forja una conexión abismal entre la experiencia humana y la divinidad; en ellos confluyen el tributo cognitivo y la piedad, propendiendo una sinergia entre lo humano y lo celeste, forjada en un dialecto ancestral y una estética literaria de magnificencia.

La forja de textos sagrados en moldes poéticos es una práctica difundida entre varias tradiciones religiosas. En lo que concierne a la Biblia, se encuentran numerosos libros que se adscriben a la categoría poética en virtud de su estilística única y contenido de carácter lírico, entre los que destacan los Salmos, los Proverbios, el libro de Job y el Cantar de los Cantares. Los Salmos son un acervo que engloba 150 himnos y fragmentos poéticos, elementos indispensables en las prácticas de veneración y en la liturgia de la antigua Israel. Los Salmos transitan por un espectro temático heterogéneo, incluyendo loas a la deidad, invocaciones suplicatorias, testimonios de gratitud, lamentos, sapiencia y meditaciones.

Por su parte, los Proverbios nos ofrecen un conglomerado de aforismos, máximas y adagios que buscan suministrar discernimiento pragmático para que la vida se desenvuelva bajo los estandartes de la sabiduría. Dichos proverbios están meticulosamente construidos en versos y hacen uso de figuras retóricas, como la metáfora y la representación visual, para comunicar su mensaje implícito.

Por otro lado, el libro de Job se erige como una narración poética que escudriña con meticulosidad en los temas cardinales relativos al padecimiento humano y la equidad divina. Valiéndose de una sucesión de diálogos y alocuciones, el manuscrito de Job cuestiona las posturas habituales en torno a la retribución y el discernimiento divino. Por último, el Cantar de los Cantares, asimismo conocido como la Oda de Salomón, se despliega como un poema lírico que exalta el amor y la pasión romántica entre dos entidades humanas. Tal opúsculo hace uso de imaginería y metáforas poéticas para delinear el amor bajo el prisma de la hermosura natural y el deseo vehemente.

En su conjunto, estos libros poéticos de la Biblia reflejan la pluralidad de expresión y la profundidad espiritual inmersa en la tradición judeocristiana. A través de su empleo de la poesía, estos textos transmiten mensajes de adoración, sabiduría, reflexión espiritual y expresión devocional.

El Corán, el texto sagrado supremo de la fe islámica, no se constituye por poesía o versos en el sentido clásico y consabido. Este volumen singular se erige como una creación literaria excepcional por su estilo inigualable y contenido. Se halla redactado en una prosa melodiosa y emplea una modalidad de lenguaje poético conocida como prosa madianita. Pese a que el estilo del Corán ostenta una cualidad intrínsecamente poética, no se adhiere a las estructuras formales de la poesía árabe clásica, como los patrones métricos y las rimas usuales en la poesía preislámica. En cambio, se distingue por su uso de la repetición, paralelismos y ritmo melodioso que contribuyen a su cadencia singular. El Corán, inexorablemente, cumple el papel de ser el vehículo de las revelaciones divinas por medio del Profeta Mahoma. Como compendio religioso y normativo, reflexiona sobre un amplio espectro de temáticas, desde la ontogénesis del cosmos y la piedad ante lo sacro hasta la dinámica entre lo divino y los mortales, pasando también por la ética y la justicia. El lenguaje y la estética del Corán han sido exaltados por su elegancia y la dialéctica embriagadora, esculpiendo así un surco perdurable en la tradición literaria árabe.

En el marco budista, nos encontramos ante un conjunto de creaciones literarias que, aunque impregnadas de elementos líricos, se resisten a la clasificación como textos poéticos en el sentido ortodoxo. Estos manuscritos son, en esencia, compendios, versos, doctrinas y literatura originada en venerados maestros budistas, quienes impregnan sus obras con un toque poético en la estructura y el lenguaje. Un ejemplo paradigmático es el Dhammapada, un recetario de versos, cuyo linaje se atribuye a Siddhartha Gautama, honorado como el Buda. En esencia, el Dhammapada contiene las enseñanzas medulares del budismo, navegando por la sabiduría, la moral, la contemplación y la odisea para la emancipación de las garras del sufrimiento.

En el umbral del budismo, un elenco literario de vertiginosa dimensión desvela fragmentos embebidos de simbolismo lírico. Las liturgias literarias pertenecientes al panteón budista configuran un conjunto litúrgico, erudito, abrigado por manifestaciones líricas que, no obstante, esquivan la categorización de poeticidad en su apariencia más ortodoxa. En la cosmovisión budista, numerosas escrituras, sagaces y con un aliento elocuente, yacen imbricadas con elementos de la lírica, si bien se abstienen de acoger la tradicional taxonomía poética.

Concomitantemente, se encuentran *sūtras*, manuscritos y postulados de ascendencia budista, cuyos canales léxicos se valen de una lírica taciturna para desenredar una complejidad filosófica de naturaleza trascendental. Los *sūtras* y legados de poetas y eruditos budistas, como el asceta Zen Ikkyū Sojun, recurren a la lírica para articular vivencias trascendentales. El budismo, en su pragmatismo y vivencia empírica, arma estos textos como sables dialécticos en la brega hacia la iluminación. Este conjunto de escritos, al hacer uso de un lenguaje lírico, se transforma en un agente provocador que destila la esencia de la investigación de la realidad. El budismo, con su énfasis en la primacía de la experiencia vivencial, utiliza su corpus literario entrelazado con la poesía, como una herramienta polifacética para la transmisión y profundización de sus enseñanzas.

Por otro lado, el jainismo, esculpido en la vastedad temporal de la ancestral India, presenta un legado literario trascendental. Con una gama literaria profusa, el jainismo abarca escritos sacros, que a menudo incluyen versos poéticos que sirven de vehículo para el trasiego de los valores y enseñanzas fundamentales de esta antiquísima tradición religiosa. Aunque la prosa predomina, no puede soslayarse la existencia de textos que utilizan las vestiduras líricas para abordar dimensiones más sublimes de la existencia. Entre la literatura canónica, resaltan los *āgamas*, textos envueltos en un manto de poesía, rimas y ritmo, que albergan los sermones y enseñanzas de los Tīrthaṅkaras, estos últimos entendidos como seres iluminados en la cosmovisión jaina. Labrados en armoniosas estructuras versificadas, son considerados los baluartes y cimientos de la doctrina y aplicación jainas, los pilares ontológicos y axiológicos del jainismo. Los *āgamas*, emblema del refinamiento literario, se aventuran en esferas de la no violencia (*ahimsā*), la renuncia, la compasión y la emancipación metafísica. Estos nos vienen acompañados de obras como el *Pravachanasara* y *Niyamasara* de Kundakunda, que revela la naturaleza intrínseca del jainismo. Estos textos versificados son herramientas veneradas para fomentar una inmersión en los fundamentos jainas y establecer un vínculo sacro con sus principios.

A su vez, el sijismo, inspirado por Guru Nanak en el siglo XV, guarda sus tesoros literarios en el Guru Granth Sahib, un compendio que trasciende los límites temporales. El Guru Granth Sahib es un crisol de poesía e himnos, considerado el undécimo y último Gurú perenne de la fe sij. Los manuscritos en cuestión se hallan en Gurmukhi, un sistema escritural específico del sijismo. El *Guru Granth Sahib*, sublimado como el verbo sempiterno de la suprema deidad, opera en dualidad: orientador metafísico y venerable fuente sacral para los partidarios sijes. Los himnos y elegías, con su fulgurante diversidad métrica y estilística, irradian doctrinas de amor, equilibrio, equidad y unidad en un espectro de perplejidades. Lo musical es medular en el sijismo; es preceptivo entonar estos versos líricos en *kīrtana*, con armonías particulares.

Inmerso en el orbe japonés, el sintoísmo, linaje espiritual de raigambre atávica, ostenta un afán perenne por el enaltecimiento de los kami, que son deidades encarnadas en la quintaesencia de la naturaleza. Tal como queda reflejado en el *Kojiki* o *Furukotofumi*, 'Registro de cosas antiguas': «Los *kami* tejieron la creación con hilos divinos». Carente de una sistematización literaria y de un abanico de textos análogos a otras matrices religiosas, la literatura sagrada sintoísta alberga composiciones líricas que se erigen como pilares fundamentales del ethos shinto. Aunque la literatura sagrada del sintoísmo no posee una estructura y extensión comparables a las de otras tradiciones religiosas, existen ciertas composiciones poéticas y textos considerados partes integrantes del acervo shinto. Majestuoso entre estos, el *Kojiki*, con aplomo y reverencia, puede ser interpretado como 'Registro de sucesos arcanos'. Este libro, compilado durante el siglo VIII, contiene una conglomera de mitos, relatos e historias genealógicas que se vinculan con los orígenes de Japón y sus divinidades. A pesar de que el *Kojiki* no se encuentra estrictamente compuesto de forma poética, hace uso de un lenguaje simbólico para describir las acciones y los personajes divinos.

Otra obra de trascendencia insondable es el *Nihon Shoki*, o 'Crónicas de Japón'. Paralelamente al *Kojiki*, el *Nihon Shoki* constituye una amalgama historiográfica y mitológica, incorporando epopeyas relativas a las deidades y los cimientos primordiales de Japón. Este documento, cargado de una pluralidad de narrativas y leyendas, ensambla meticulosamente mitos y acontecimientos históricos que perduran como un compendio imprescindible para la exégesis de la identidad y el legado cultural japonés. Aunque no puede considerarse literatura totalmente poética, incorpora en su estilo literario elementos poéticos en la narrativa. Además de estos textos, existen colecciones de poemas denominadas *waka*, escritas en periodos posteriores y que reflejan la sensibilidad religiosa y estética del sintoísmo. Estos poemas suelen estar relacionados con la naturaleza, los *kami* y las experiencias espirituales. Los *waka* son formas poéticas tradicionales de Japón y han sido transmitidas a lo largo de los siglos.

Como hemos visto en todo este compendio de literatura religiosa perteneciente a una amplia variedad de tradiciones y culturas, en virtud de su inigualable habilidad para comunicar lo etéreo y sutil, es la poesía la que se erige como el medio literario idóneo para la articulación de lo sacro, en contraste con la prosa, que a menudo padece de una cierta sequedad en este ámbito. La métrica lírica, en su apogeo, se abisma en las insondables honduras de la vivencia trascendental, atrapando con una elocuencia depurada la magnificencia de la belleza y lo trascendental en términos escogidos con destreza. La poesía sacra, intrínsecamente unida a lo divino y lo humano, se vale de la simbología y las metáforas para comunicar verdades que se erigen más allá de los confines del razonamiento. Los himnos líricos, cargados de devoción, infunden un sentido de reverencia y despliegan un portal hacia un estado meditativo que se desenreda más allá de la percepción común, ofreciendo al lector un pasadizo hacia la experiencia mística que trasciende los confines del conocimiento convencional.

Mediante la poesía sacra, se aspira a transcender las limitaciones de la comunicación vernácula y penetrar en una dimensión más abisal de nuestra realidad, emprendiendo una odisea para atravesar el umbral de la comunicación mundana y sumergirse en los abismos del enigmático silencio. Los versos, imbuidos con una densidad semántica casi tangente, convocan a la meditación y la convergencia hacia lo suprahumano, estrechando la brecha entre lo tangible y lo trascendental. Suscitan vehementemente una introspección meditativa, y una confluencia con lo numinoso, erigiendo una arquitectura invisible que enlaza los reinos humanos con lo metafísicamente inalcanzable. La incorporación de la poesía en los escritos sagrados abraza la misión de proyectar lo sacro con mayor vehemencia y evocación. El entrelazado de la poesía en la literatura sagrada no es fortuito, sino que es un cálculo meticuloso para vigorizar la representación de lo sacro, actuando como un acelerador de partículas trascendentales. La poesía se erige cual cincel en mano de un escultor, decodificando los misterios que yacen en la consciencia y restaurando la conexión perdida con lo supramundano. En la esfera de la poesía, se percibe un arabesco léxico, erudito y polifacético, que abraza lo inefable y lo delicado, instaurando vigorosamente la conexión ancestral con los reinos sobrenaturales trascendentales a nuestra percepción fenomenológica.

וְכָל מַחֲלֹקֶת הַתַּנָּאִים וְהָאָמוֹרָאִים, וְהַגְּאוֹנִים וְהַפּוֹסְקִים בֶּאֱמֶת, לַמֵּבִין דָּבָר לַאֲשׁוּרוֹ – דִּבְרֵי אֱלֹקִים חַיִּים הֵמָּה, וּלְכֻלָּם יֵשׁ פָּנִים בַּהֲלָכָה. וְאַדְרַבָּה: זֹאת הִיא תִּפְאֶרֶת תּוֹרָתֵנוּ הַקְּדוֹשָׁה וְהַטְּהוֹרָה. וְכָל הַתּוֹרָה כֻּלָּהּ נִקְרֵאת "שִׁירָה", וְתִפְאֶרֶת הַשִּׁיר הִיא כְּשֶׁהַקּוֹלוֹת מְשֻׁנִּים זֶה מִזֶּה, וְזֶהוּ עִקַּר הַנְּעִימוֹת. וּמִי שֶׁמְּשׁוֹטֵט בְּיַם הַתַּלְמוּד – יִרְאֶה נְעִימוֹת מְשֻׁנּוֹת בְּכָל הַקּוֹלוֹת הַמְשֻׁנּוֹת זֶה מִזֶּה.
(הרב יחיאל מיכל הלוי אפשטין, הקדמה לספר ערוך השלחן)

Y todas las disputas de los *Tannaim*, *Amoraim*, *Geonim* y *Poskim* (diferentes generaciones de santos hebreos talmúdicos y postalmúdicos), en realidad, para quien comprende la

> esencia de las cosas, son todas «palabras vivas del Dios vivo», y todas son aspectos válidos de la *Halajá* [o 'El camino a seguir'] (la ley divina). Además, esta es la gloria de nuestra santa y resurrección pura Torá: Toda la Torá se llama *shirá* (un poema o una canción), y la grandeza de una canción es cuando las voces difieren, que es la esencia de todas las melodías. Quien se adentre el 'mar del *Talmud'* será testigo de diversas melodías en muchas voces diferentes.
>
> (Rav Yejiel Michl Ha'Levi Epstain,
> introducción al libro *Aruj Ha'Shulján*)

En virtud de lo expuesto en este capítulo, la mitología se nos revela como una forma poética cuyo lenguaje nos permite vislumbrar destellos de lo trascendente. Por ejemplo, en el *Śrī Caitanya-caritāmṛta* se dice que:

> গচ্ছন্ বৃন্দাবনং গৌরো ব্যাঘ্রেভৈণখগান্ বনে ।
> প্রেমোন্মত্তান্ সহোন্নৃত্যান্ বিদধে কৃষ্ণজল্পিনঃ ॥
>
> *gacchan vṛndāvanaṁ gauro*
> *vyāghrebhaiṇa-khagān van*
> *premonmattān sahonnṛtyān*
> *vidadhe kṛṣṇa-jalpinaḥ*
>
> En el camino a Vṛndāvana, el Señor Śrī Chaitanya Mahāprabhu pasó por el bosque de Jhārikhaṇḍa e hizo cantar el *mahā-mantra Hare Kṛṣṇa* y danzar a todos los tigres, elefantes, ciervos y aves. Así, todos esos animales quedaron abrumados de amor extático.
>
> (*Śrī Caitanya-caritāmṛta*, «*Madhya-līlā*», 17.1)

Es necesario aplicar un escrutinio filológico para discernir que el texto en cuestión está impregnado, cual tintura en pergamino, en la poesía en su forma más límpida y prístina.

Es precisamente en la intersección entre la lingüística y la epistemología que radica la virtud. Lejos de ser una narración factual, es una proposición poética que destila un significado más profundo, imposible de transmitir de otro modo. Este verso insinúa que, al interactuar directamente con un ser iluminado, la naturaleza instintiva se trasciende y supera. Frente a la presencia de lo divino, la propensión animal instintiva se eleva más allá del apego romántico humano, adentrándose en el recinto sagrado de la devoción. Este no es un suceso ordinario, sino una metáfora rica que representa la transformación profunda que puede tener lugar bajo la guía de un maestro espiritual iluminado. La poesía, en su elevada expresión, nos permite vislumbrar estos misterios insondables de la experiencia espiritual.

En los intricados vericuetos de los hadices que conforman la tradición islámica, se relata una narración en la que el profeta Mahoma, mientras realizaba la tarea de cuidar un rebaño de ovejas, fue visitado por dos individuos que lucían túnicas de inmaculado blanco, portando un recipiente dorado que contenía la blanca pureza de la nieve. Estas figuras se precipitaron sobre él, aprisionándolo contra la tierra. Con movimientos deliberados, insertaron su mano en el pecho del profeta y extrajeron su corazón. Seguidamente, de este órgano cardinal se sacó una gota de líquido de negrura profunda, que fue sometida a un proceso de purificación mediante la ablución en la nieve, para luego ser reintegrada con cuidado a su lugar primordial antes de que estas entidades etéreas se desvanecieran. Siguiendo el modelo de las narrativas infantiles presentes en los Evangelios, estas historias no pretenden alcanzar veracidad histórica, sino que se despliegan como metáforas vivas que arrojan luz sobre el enigma de la experiencia profética. Esta narrativa simbólica hace referencia explícita al proceso de purificación interna, ineludible en el sendero de la evolución retroprogresiva, en la transmutación espiritual que subyace en el trayecto desde lo mundano hacia lo sagrado.

Algo parecido se nos desvela en el Nuevo Testamento (Juan, 20:1-18), donde leemos:

> El primer día de la semana, muy de mañana, cuando todavía estaba oscuro, María Magdalena fue al sepulcro y vio que habían quitado la piedra que cubría la entrada. Así que fue

corriendo a ver a Simón Pedro y al otro discípulo, a quien Jesús amaba, y les dijo:

—¡Se han llevado del sepulcro al Señor, y no sabemos dónde lo han puesto!

Pedro y el otro discípulo se dirigieron entonces al sepulcro. Ambos fueron corriendo, pero, como el otro discípulo corría más aprisa que Pedro, llegó primero al sepulcro. Inclinándose, se asomó y vio allí las vendas, pero no entró. Tras él llegó Simón Pedro, y entró en el sepulcro. Vio allí las vendas y el sudario que había cubierto la cabeza de Jesús, aunque el sudario no estaba con las vendas, sino enrollado en un lugar aparte. En ese momento entró también el otro discípulo, el que había llegado primero al sepulcro; y vio y creyó. Hasta entonces no habían entendido la Escritura, que dice que Jesús tenía que resucitar.

Jesús se aparece a María Magdalena

Los discípulos regresaron a su casa, pero María se quedó afuera, llorando junto al sepulcro. Mientras lloraba, se inclinó para mirar dentro del sepulcro, y vio a dos ángeles vestidos de blanco, sentados donde había estado el cuerpo de Jesús, uno a la cabecera y otro a los pies.

—¿Por qué lloras, mujer? —le preguntaron los ángeles.
—Es que se han llevado a mi Señor, y no sé dónde lo han puesto —les respondió.
Apenas dijo esto, volvió la mirada y allí vio a Jesús de pie, aunque no sabía que era él. Jesús le dijo:
—¿Por qué lloras, mujer? ¿A quién buscas?
Ella, pensando que se trataba del que cuidaba el huerto, le dijo:
—Señor, si usted se lo ha llevado, dígame dónde lo ha puesto, y yo iré por él.

—María —le dijo Jesús.
Ella se volvió y exclamó:
—¡Raboni! (que en arameo significa: Maestro).
—Suéltame, [a] porque todavía no he vuelto al Padre. Ve más bien a mis hermanos y diles: «Vuelvo a mi Padre, que es Padre de ustedes; a mi Dios, que es Dios de ustedes».
María Magdalena fue a darles la noticia a los discípulos. «¡He visto al Señor!», exclamaba, y les contaba lo que él le había dicho.

El deceso de Jesús a través de la crucifixión y su subsiguiente resurrección después de tres días son presentados no como crónica histórica sino como metáfora poética. Aquí se revela una veracidad simbólica, alegando que aquel que expira en Dios conquista la inmortalidad al revivir en otra dimensión de la existencia. Aquellos que dejan atrás el cuerpo físico en un plano de consciencia superior abandonan lo terrenal para ascender a lo celestial, es decir, mueren a las restricciones del tiempo y el espacio para renacer en la eternidad.

Pareciera que todas las religiones, una vez institucionalizadas, han intentado, con obsesiva dedicación, validar que esta literatura simbólica, mitológica, poética, se refiere a sucesos históricos o científicos, como si su valor tuviera que medirse por su grado de veracidad. Estas maniobras, más que nada, evidencian su falta de entendimiento, puesto que estas Sagradas Escrituras se refieren a realidades y verdades simbólicas. Sostener que un poema es falaz sería un enunciado tan absurdo como insensato. Al igual, sería ridículo proponer que una canción es buena simplemente porque es verídica. Lo simbólico no se presta al juego de la verdad como adecuación o como ciencia, sino al juego de la funcionalidad y la experiencia. En lo simbólico no hay aplazados ni herejes, solo personas que viven el símbolo.

Los poemas y las canciones no pueden ser categorizados como verdaderos o falsos, pues su valor radica en su capacidad —o a veces incapacidad— para conmover. Al valorar un poema, existen diversos elementos a ponderar, siendo uno de los más notables la habilidad del poeta para emplear las palabras y crear un ambiente que evoca emociones en el lector, así como el impacto emocional o intelectual que el poema produce tras su lectura.

Como sucede con los poemas, los símbolos tampoco pueden ser juzgados como verdaderos o falsos. La poesía no se evalúa críticamente en términos de su veracidad, del mismo modo que los símbolos y los mitos no pueden tampoco valorarse basándose en parámetros de verdad o falsedad. Es imposible obviar que el fulcro de su importancia se aferra a la habilidad de transmutar significado y densidad simbólica en un compendio, permitiéndonos deambular por las experiencias. Dichos componentes, independientemente de su grado de exactitud, funcionan como catalizadores, incitando a la reflexión y a la meditación, facilitando la conexión con las dimensiones más abisales de la existencia humana. La poesía, como manifiesto artístico, trasciende las meras palabras. En su espectro abarcador, hallamos súplica, devoción, meditación y profunda perplejidad. La poesía detenta una dimensión religiosa, pues nos conduce hacia una comunión con la totalidad, sobrepasando el razonamiento conceptual y permitiéndonos aventurarnos más allá de la percepción mental de la realidad de los hechos factuales.

En este sentido, la poesía se desnuda como un fenómeno asombroso, con la capacidad de dividir las aguas que encubren las profundidades de nuestro ser, otorgándonos la oportunidad de transitar desde la mente hacia un estrato supramental. Gracias a esta capacidad, la poesía se erige como sendero hacia la vinculación con lo divino y lo trascendental. Es de rigor académico asimilar que la poesía no se restringe a las esferas de dominio de luminarias literarias como William Shakespeare, Homero, Dante Alighieri, Rabindranath Tagore, Pablo Neruda o Emily Dickinson, por mencionar solo algunos. Mediante una indagación empírica y erudita, uno debería dilucidar con acuidad que la poesía, ese vasto edificio lingüístico y cultural, no se restringe tampoco únicamente al panteón de los célebres William Wordsworth o Johann Wolfgang von Goethe. Todo lo contrario, la poesía, en tanto que arraigada en la esencia del ser humano, despliega sus alas en un arco temático multifacético que abarca los estratos más sublimes y abstrusos de la cognición humana. Todos estos poetas arriba mencionados han experimentado destellos luminosos de la poesía, siendo rozados por relámpagos efímeros del misterio. Un solo destello puede catalizar el florecimiento de un gran poeta. No obstante, sin el reconocimiento de la consciencia, grandes artistas permanecen en las penumbras de la ignorancia. En la presencia de los auténticos maestros iluminados, como Moisés, los profetas, Jesús, Mahoma, Mahavira, Buda, Shankara, Lao Tze o el Baal Shem Tov, los artistas previamente mencionados son relegados a la categoría de meros versificadores. Los poetas pueden alcanzar altitudes destacables, pero los seres iluminados poseen alas que les permiten volar en absoluta libertad. La poesía fluye de manera fluida, constante y plena a través de los maestros iluminados de todas las épocas y lugares.

Todo lo expuesto hasta ahora en este capítulo muestra que la totalidad de la literatura sagrada de todas las tradiciones religiosas no debería ser abordada como un periódico o un libro de historia o física, sino como un compendio de poemas. Resulta absurdo acercarse a la religión desde una perspectiva exclusivamente conceptual, ya que la religión se sustenta en narrativas simbólicas dotadas de una significación profunda.

Los sabios, independientemente de su origen, espacio temporal o linaje, no se limitaron a experimentar meros destellos fugaces de la consciencia, sino que se vieron consumidos por ella, transmutándose en entidades poéticas en sí mismas. De la estirpe de los maestros iluminados, surge la poesía, con una vitalidad vigorosa. Con las palabras de un Buda, ocurre algo inusitado: el corazón tiembla y las emociones florecen, pues aquí la poesía se convierte en un proceso sublimatorio que refina la humanidad hacia lo divino. De los luminosos abismos de la consciencia, surge la poesía, una marea que reverbera y disuelve las fuertes defensas del corazón. Pero este mar no es solo una tormenta de emoción, sino que más bien es un alquimista que forja el alma humana hacia un cénit divino mediante el peso de sus herramientas, los versos y los símbolos, que no son meros remolinos en el río de la imaginación. Al contrario, los versos y los símbolos son más como los tentáculos de un kraken que sumergen al navegante en las profundidades de su ser para descubrir tesoros enterrados en la catacumba de la consciencia. La poesía y el símbolo no deben ser vistos únicamente como expresiones artísticas o productos de la imaginación, sino como herramientas dotadas de un profundo poder para despertar a nuestro estado original. A modo de ejemplo, podemos mencionar a Kabir, San Juán de La Cruz, Fray Luis de León, Farid al Din, Hildegarda de Bingen, Rumi, San Francisco de Asís, Mīrābāī, Buleh Shah, Sahajo, Nanak, Rab Solomón Ibn Gabirol, Rab Yehuda Ha'Levi o Rab Israel Najara. Compartimos aquí algunos de sus poemas, comenzando por Rumi:

Mi corazón, quédate cerca

Mi corazón, quédate cerca al que conoce tus caminos
Ven bajo la sombra del árbol que conforta con flores frescas,
No pasees despreocupadamente por el bazar de los perfumeros,
Quédate en la tienda del azucarero.
De no encontrar el verdadero equilibrio, cualquiera puede engañarte:
Cualquiera puede adornar algo hecho de paja
Y hacerte tomarlo por oro.
No te inclines con un tazón ante cualquier olla hirviendo
En cada olla sobre el fogón, encontrarás cosas muy diversas:
No en todas las cañas hay azúcar, no en todos los abismos hay cimas;
No todos los ojos pueden ver, no en todos los mares abundan perlas.
¡Ay ruiseñor, con tu voz de miel oscura! ¡Sigue lamentándote!
¡Solo tu éxtasis puede penetrar en el duro corazón de la roca!
¡Ríndete y si el Amigo no te acoge,
Sabrás que tu interior se está revelando como un hilo
Que no quiere pasar por el ojo de una aguja!
¡El corazón despierto es una lámpara, protégela con la basta de tu manto!
Apresúrate y escapa este viento porque el clima es adverso.
Y cuando hayas escapado, llegarás a una fuente
Y allí encontrarás a un Amigo que siempre nutrirá tu alma
Y con tu alma siempre fértil, te convertirás en un gran árbol que crece interiormente
Dando dulce fruto por siempre.

El despertar

En el alba de la felicidad,
Me diste tres besos para despertar
A ese momento de amor.
Traté de recordar en mi corazón
Lo que había soñado durante la noche,
Antes de estar consciente
De este movimiento de la vida.
Encontré mis sueños
Pero la luna me alejó,
Me elevó hacia el firmamento
Y me dejó allí suspendido
Viendo cómo mi corazón había caído en tu camino,
Cantando una canción.
Entre mi amor y mi corazón
Sucedían cosas que lentamente
Me hicieron recordar todo.
Me diviertes con tus caricias,
Aunque no pueda ver tus manos.
Me has besado con ternura,
Aunque no haya visto tus labios.
Te escondes de mí,
Pero eres tú por quien sigo viviendo.
Quizás llegará el momento
En que te canses de besarme,
Y estaré feliz aunque me insultes;
Solo te pido: mírame siquiera.

A continuación, un maravilloso poema de San Francisco de Asís:

El cántico de las criaturas

Altísimo, omnipotente, buen Señor,
tuyas son las alabanzas,
la gloria y el honor y toda bendición.
A ti solo, Altísimo, te corresponden
y ningún hombre es digno de pronunciar tu nombre.
Loado seas, mi Señor, con todas tus criaturas,
especialmente el señor hermano sol,
él es el día y por él nos alumbras;
y es bello y radiante con gran esplendor: de ti.
Altísimo, lleva significación.

Loado seas, mi Señor,
por la hermana luna y las estrellas:
en el cielo las has formado
claras y preciosas y bellas.
Loado seas, mi Señor, por el hermano viento,
y por el aire y el nublado y el sereno y todo tiempo,
por el cual a tus criaturas das sustento.
Loado seas, mi Señor, por la hermana agua,
que es muy útil y humilde y preciosa y casta.
Loado seas, mi Señor, por el hermano fuego,
por el cual alumbras la noche:
y es bello y alegre y robusto y fuerte.
Loado seas, mi Señor,
por nuestra hermana la madre tierra,
que nos sustenta y gobierna
y produce distintos frutos
con flores de colores y hierbas.
Loado seas, mi Señor,
por los que perdonan por tu amor
y sufren enfermedad y tribulación.
Bienaventurados aquellos que las sufren en paz,

pues por ti, Altísimo, coronados serán.
Loado seas, mi Señor,
por nuestra hermana la muerte corporal
de la cual ningún hombre vivo puede escapar.
¡Ay de aquellos que morirán en pecado mortal!
Bienaventurados los que encontrarán en tu santísima voluntad,
pues la muerte segunda no les hará mal.
Load y bendecid a mi Señor,
y dadle gracias y servidle con gran humildad.

He aquí un poema de Santa Teresa de Ávila:

Vivo sin vivir en mí

Vivo sin vivir en mí,
y tan alta vida espero,
que muero porque no muero.
Vivo ya fuera de mí,
después que muero de amor;
porque vivo en el Señor,
que me quiso para sí:
cuando el corazón le di
puso en él este letrero,
que muero porque no muero.
Esta divina prisión,
del amor en que yo vivo,
ha hecho a Dios mi cautivo,
y libre mi corazón;
y causa en mí tal pasión
ver a Dios mi prisionero,
que muero porque no muero.
¡Ay, qué larga es esta vida!
¡Qué duros estos destierros,
esta cárcel, estos hierros

en que el alma está metida!
Solo esperar la salida
me causa dolor tan fiero,
que muero porque no muero.
¡Ay, qué vida tan amarga
do no se goza el Señor!
Porque si es dulce el amor,
no lo es la esperanza larga:
quíteme Dios esta carga,
más pesada que el acero,
que muero porque no muero.
Solo con la confianza
vivo de que he de morir,
porque muriendo el vivir
me asegura mi esperanza;
muerte do el vivir se alcanza,
no te tardes, que te espero,
que muero porque no muero.
Mira que el amor es fuerte;
vida, no me seas molesta,
mira que solo me resta,
para ganarte perderte.
Venga ya la dulce muerte,
el morir venga ligero
que muero porque no muero.
Aquella vida de arriba,
que es la vida verdadera,
hasta que esta vida muera,
no se goza estando viva:
muerte, no me seas esquiva;
viva muriendo primero,
que muero porque no muero.
Vida, ¿qué puedo yo darle
a mi Dios que vive en mí,
si no es el perderte a ti,
para merecer ganarle?

Quiero muriendo alcanzarle,
pues tanto a mi Amado quiero,
que muero porque no muero.

Estos poemas son del Rabino Solomón ibn Gabirol:

Éxtasis

שְׁאָלוּנִי שְׂעִפַּי הַתְּמֵהִים:
לְמִי תָרוּץ כְּגַלְגִּלֵּי גְבֹהִים?
לְאֵל חַיַּי תְּשׁוּקַת מַאֲוַיַּי
וְנַפְשִׁי עִם בְּשָׂרִי לוֹ כְמֵהִים!
מְשׂוֹשִׂי גַּם מְנָת כּוֹסִי וְעוֹשִׂי
אֲשֶׁר עֵת אֶזְכְּרָה אוֹתוֹ וְאָהִים —
הֲיִנְעַם טוּב לְנִשְׁמָתִי עֲדֵי כִי
תְבָרֵךְ שֵׁם אֲדֹנָי הָאֱלֹהִים!

Mis pensamientos, en asombro
me preguntaron por qué,
hacia las ruedas giratorias en lo alto volé,
en éxtasis corro sin cesar,
el Dios vivo es mi anhelar,
me lleva en alas de fuego a volar,
cuerpo y alma hacia Él quieren llegar.

El Dios viviente es mi gozo y mi acontecer,
Esta ansia en mí Él hizo nacer,
Al pensar en Él, palpito con placer.
¿Podrá la canción, con toda su belleza,
sumergir mi alma en la felicidad con certeza
ante el Dios de Dioses, en su grandeza?

Ante mi Rey

שְׁעָלַי אֶפְרְשָׂה תָּמִיד לְמַלְכִּי / וְאֶקֹּד לוֹ עֲלֵי אַפִּי וּבִרְכִּי
לְפָנָיו אֶעֱרֹךְ לִבִּי כְּקָרְבָּן / וְדִמְעִי אֶשְׁפְּכָה נֶגְדּוֹ כְּנִסְכִּי
מְיַחֵל כָּלְתָה נַפְשִׁי לְחַסְדּוֹ / כְּתוֹחַלְתִּי לְאוֹר בֹּקֶר בְּחָשְׁכִּי
הֲלֹא פָּנָיו אֲשַׁחֵר אִם יְאַחֵר / וְיָדַעְתִּי אֱמֶת כִּי יַעֲנֶה כִּי
וְלִבִּי מַר יְשִׂיחֵנִי בְּמַאְמַר / זְכַרְיָה כִּי מְאֹד מָתוֹק לְחִכִּי
וְנִשְׁמָתִי תְּדַבֵּר עַל לְבָבָהּ / דְּעִי כִּי לֶאֱלֹהַּ חַי תְּחַכִּי.

En oración ante mi Rey me postro,
inclinando a Él mi rodilla y mi rostro,
Mi corazón, su sacrificio ha de ser,
Mi lágrima como oblación líquida he de ofrecer.

Aguardo la caricia del sol,
miro la luz del albor
que disipe mi noche sin Dios,
y al cansancio de mi alma diga adiós.

Aunque tarde en llegar
Su rostro he de buscar
Hallaré su palabra sin duda
Que consuele mi corazón amargo con ternura.

La promesa que Zacarías otorgó,
¡qué dulzura en nuestra pena encontró!
Mi alma le dirá a mi corazón con devoción
Que confió en el Dios viviente de la salvación.

Mīrābāī compuso nectáreos poemas devocionales:

Es verdad que fui al mercado

Mi amiga, fui al mercado y compré al Oscuro.
Tú clamas de noche, yo clamo de día.
En realidad yo batía un tambor todo el tiempo mientras estaba comprándolo.
Dices que he dado mucho; yo digo demasiado poco.
En realidad lo puse en una balanza antes de comprarlo.
Lo que pagué fue mi cuerpo social, mi cuerpo local, mi cuerpo familiar, y todas mis joyas legadas.
Mīrābāī dice: El Oscuro es mi esposo ahora.
Debes estar conmigo cuando me acuesto; tú me lo prometiste en una vida anterior.

No te vayas, no te vayas

No te vayas, no te vayas. Toco tus plantas. Estoy vendida a ti.
Nadie sabe dónde encontrar el sendero *bhakti*, enséñame dónde debo ir.
Me gustaría que mi cuerpo se convierta en una pila de incienso y sándalo y que tú le pongas una antorcha.
Cuando haya caído a cenizas grises, espárceme sobre tus hombros y pecho.
Mīrā dice: Tú alzas las montañas, yo tengo un poco de luz, quiero mezclarla con la tuya.

Mis ojos

Mis ojos están sedientos de ti.
Todo el día
miro el camino,
mis ojos dolientes.
El pájaro en la rama canta,
también doloroso para mí.
La gente habla
y se ríe de mí.
Pero Mīrā está vendida a Hari.
Ella es su esclava por muchas vidas.

Mi amor es mi casa

Mi amor es mi casa,
miré hacia el camino durante años
pero nunca logré verlo.
Saqué el plato de veneración,
regalé mis joyas.
Después de esto, él envió palabra.
Mi oscuro amante ha venido,
la dicha está sobre mis brazos.
Hari es un océano,
mis ojos lo tocan.
Mīrā es un océano de dicha,
Lo toma todo en su interior.

Déjame verte

Concédeme Tu gracia
En el calor de finales de mayo
La tierra se deseca, los pájaros sufren
A medida que mayo da paso a junio.
El pavo real grita lastimeramente
Y el cuco se lamenta por las nubes
Cuando llegan las lluvias.
Las mujeres celebran el festival Tīj
En el mes de Bhādon
Los ríos se arremolinan
Nadie se ausenta entonces
En el mes de Kwār
Las conchas de las ostras ansían la lluvia
En el mes de Kārttik
La gente adora en el templo.
Pero en mi caso
Tú eres mi sola divinidad
Fríos son los días de Mārgaśīrṣ.
Así que ven pronto a protegerme
En el mes de Pauś
La tierra está cubierta de espesa escarcha.
Ven tú mismo a verlo
En el mes de Māgh
Celebran el Vasant-pañcamī
En Phālgun cantan canciones
Celebran Holi con alegría y juegos
Y queman bosques enteros en hogueras
En el mes de Caitra
El anhelo surge en el corazón
Concédeme Tu vista
En el mes de Vaiśākh
Los árboles estallan en flor
Y el cuco entona su canto lastimero
El día ha pasado ahuyentando cuervos

Y también he consultado a los astrólogos
Mīrā está abandonada y desdichada
¿Cuándo tendrá ella Su vista?

Mi cántaro se estrella

Mi cántaro se estrella contra el suelo.
Estoy anonadada.
Su belleza me enloquece. Padre, madre, hermano y hermana
todos dicen lindas palabras. Ven a casa, olvídalo.
Pero el oscuro danzador me habita.
Su amor es luz a través de todo mi cuerpo.
Déjalos decir que estoy perdida.
El secreto. Giridhār sabe.

Tormenta

Espesas sobre mi cabeza
las nubes del monzón,
un deleite para este afiebrado corazón.
Temporada de lluvias,
temporada de suspiros descontrolados-
¡el Oscuro regresa!
Ah, inflamado corazón,
Ah, cielo bordeado de humedad
la lengua del rayo primero
y luego el trueno,
convulsivas lluvias escupidas
y luego el viento, persiguiendo el calor del verano.
Mīrā dice: Oscuro, he esperado
es hora de llevar mis cantos a las calles.

Comparto también dos maravillosos poemas de Śrīlā Bhaktivinoda Ṭhākura:

Vṛndāvana

Quiero compartir este maravilloso poema compuesto por Śrīlā Bhaktivinoda Ṭhākura en Jagannātha Purī el 18 de julio de 1871 y traducido de la version en inglés hecha por Swami B.V. Giri.

(1)

Mi tesoro, Śrī Kṛṣṇa, siempre se divierte en la morada eterna de Vṛndāvana. Él reside entre los árboles del bosque que están llenos de conocimiento divino y están decorados con enredaderas espirituales y brotes de amor divino.

(2)

El más puro modo de adoración se exhibe en las orillas del Kālindī y reside eternamente en los corazones de los devotos que allí se encuentran. El *bhāva* más elevado adquirido por las *jīvas* se manifiesta en Govardhāna, donde residen animales como las vacas.

(3)

Allí, la disposición eterna es en el ánimo de las *sakhīs* así como el afecto fraternal, y la dicha es la única mercancía. No hay lujuria, envidia, ni nada semejante, y solo se efectúan gestos de amor divino.

(4)

Ese reino está lleno de las *rasas* de la servidumbre, la amistad, el afecto paternal y el amor conyugal. En efecto, Vraja-dhāma es el hogar del amor divino. Allí, las *jīvas* no experimentan el nacimiento, la muerte, la resistencia ni la enfermedad. Se refugian en el néctar del *prema*.

(5)

Esa tierra, la más querida por Kṛṣṇa, está más allá de la materia y de toda percepción sensorial mundana. Trasciende eternamente el tiempo y el espacio. Aquel que tenga un cuerpo material y cuya mente esté apegada a la materia nunca podrá alcanzarlo.

(6)

Aquellas *jīvas* que han descubierto el feliz refugio de Śrī Guru y Kṛṣṇa son sumamente afortunadas. Trascienden los cuerpos mental y físico, y alcanzan esa morada de dicha.

(7)

Alcanzan una forma divina, entran en Vraja y se refugian a los pies de las *sakhīs*. Encuentran la felicidad sirviendo a Rādhā-Kṛṣṇa, dejan atrás todas las miserias y ascienden al grado de *mahā-bhāva*.

(8)

Por lo tanto, ¡oh, amigos, vayamos a Vṛndāvana! Esa tierra no está muy lejos. Controlen sus sentidos, entren en su interior, y finalmente alcanzarán el *samādhi*.

(9)

Durante un tiempo, nuestra experiencia del tiempo y el espacio materiales puede permanecer, pero la conexión íntima del *ātmā* con esa tierra acabará desarrollándose. ¡Oh, *sādhus*! Sepan que la tierra de Vṛndāvana es donde finalmente contemplarán a Rādhā-Govinda.

(10)

Allí, entrarás en las aguas del Yamunā con gran éxtasis y jugarás con las *sakhīs* mientras sirves a Śrī Rādhikā. Rādhikā, la Señora de las *jīvas*, que es la más querida de Kṛṣṇa, la Diosa de todas, te dirá palabras de amor.

(11)

Oirá el sonido de la flauta de Govinda, que atraviesa el corazón de la *jīva* y enloquece al mundo. Te llevará a la fuerza a la base de un árbol *kadamba* en flor y te ahogarás en el néctar del amor divino.

(12)

Al entrar en las aguas del Yamunā, el fuego del *prema* arderá aún más fuerte y tu corazón empezará a palpitar. Al regresar a la orilla del río, verás la forma de Kṛṣṇa y de repente quedarás inconsciente.

(13)

Śrī Vṛndāvana-dhāma proporciona deleite a todas las *jīvas*. No hay mayor necio que el que abandona Vṛndāvana y se va a otra parte. ¡Oh, hermano, piensa en ello! Nunca encontrarás el amor divino en ningún otro lugar.

(14)

La convivencia con las mujeres, las bromas, las historias, las botellas de vino, los adornos, y demás, son la raíz de todas las miserias. Es un error por tu parte considerarlos como felicidad. Debes entender esto muy claramente.

(15)

La fiebre entrará en tu cuerpo y te hará temblar. Tu garganta se llenará de mucosidad. Tus oídos serán incapaces de oír, tu nariz no podrá oler y tus ojos dejarán de ver.

(16)

Los que consideras tus amigos más queridos se convertirán en extraños. Tus familiares te rehuirán. Te detendrán en la puerta como un portero y tus hijos se burlarán de ti.

(17)

Todos tus amantes anteriores te odiarán. El alcohol ya no te dará ninguna felicidad. Los huesos que masticabas y con los que disfrutabas te causarán ahora una miseria incalculable, ya que te quedarás sin dientes.

(18)

Llevar adornos no te hará parecer más atractivo y tu cuerpo se parecerá al de un mono. ¿Dónde han ido a parar tu gran espejo y tus adornos? Piensa en esto y despréndete.

(19)

Por lo tanto, hermano, ¡vayamos ahora a Vṛndāvana! Allí encontrarás la felicidad eterna. El amor divino por Kṛṣṇa es eterno y nunca causa ninguna desdicha. Con ello, llegarás a ser impecable.

(20)

Alcanzarás una forma divina y una residencia en Vṛndāvana. Tu cuerpo mundano permanecerá en el mundo material. Cuando mueras, tu cuerpo compuesto de los cinco elementos, permanecerá aquí, pero nunca dejarás Vraja.

(21)

Así, Kedarnātha Datta describe la verdad sobre Vṛndāvana. Mi guru es Chaitanya Gosāi. Cuando estás en la asociación de Sus servidores, tu mente nunca se desviará hacia la materia. ¡Oh, hermano, toma refugio en Śrī Chaitanya!

Upadeśa

Śrīlā Bhaktivinoda Ṭhākura compuso el siguiente poema en Jagannātha Purī el 13 de julio de 1891. Fue publicado en *The Gauḍīya*, Volumen 18 en julio de 1940.

(1)

Oh, queridos amigos, escuchad amablemente mi súplica, si deseáis la dicha eterna. No aceptéis la felicidad en las cosas materiales. Tratad de entender lo que es de naturaleza trascendental. Saboread la esencia de esas cosas.

(2)

El deleite que se encuentra en beber alcohol y comer carne es totalmente miserable. Todo es una mera ilusión de felicidad. El placer obtenido de los sentidos puede parecer felicidad, pero la dicha eterna no puede encontrarse en ellos.

(3)

¿Por qué deambulas continuamente, atado por las esperanzas por todos lados y asociándote con tus *anarthas*? Nuestros deseos no tienen fin, al igual que un ciervo que siempre permanece sediento. El único resultado será un océano de miseria.

(4)

Incluso cuando habitamos la forma de un árbol, y la *jīva* parecida a un pájaro se aleja de él, ¿de qué servirá cualquier gratificación de los sentidos? En ese momento, la luna, el sol, el viento y el agua podrán mostrar su fuerza, pero no podrán invitarte a regresar (porque ya te has marchado y has dejado esa forma de árbol).

(5)

(En el momento de la muerte) Tus seres queridos llorarán lastimosamente, y tu mente arderá con gran lamentación y angustia - ¿podrán todas estas cosas despertarte? Al caer bajo un hechizo tan grande, rodarás de un lado a otro y finalmente te transformarás en cenizas, heces de gusano y demás.

(6)

Sientes afecto por este cuerpo que te ha obligado a vagar por tantas tierras, pero acabará siendo devorado por perros y chacales. Por mucho que lo cuides, las terribles garras del tiempo nunca soltarán este cuerpo. ¡Ay!

(7)

Por lo tanto, abandona tu vagabundeo y esfuérzate por alcanzar la meta más elevada. Adora a Kṛṣṇa y absórbete en pensamientos sobre Él. Atravesando el plano físico y la vasta extensión de la esfera mental, dirijámonos a Vṛndāvana.

(8)

Vestido como un pastor de vacas, del color de una nube de lluvia, juvenil, refulgente y apacible, se cobija bajo un hermoso árbol de los deseos. El sonido de Su extraordinaria flauta enloquece a todas las *jīvas* - de este modo, Śyāma es el Señor del corazón.

(9)

Las *jīvas* parecidas a las vacas le pertenecen a Él. Aunque Él tiene una opulencia ilimitada, aun así Su dulzura (*mādhurya*) es lo más prominente. Sentado bajo un árbol *kadamba*, el poder de Su flauta es dichosamente atractivo. Él captura las mentes y los corazones de los *sādhakas*.

(10)

Mediante el desapego, extinguirás todo tu apego a las cosas materiales. Mediante el conocimiento adecuado destruirás la ignorancia. Mediante la salpicadura de agua en forma de audición y canto, se manifestará la maravillosa enredadera del *prema*.

(11)

Si deseas estar cerca de Kṛṣṇa, toma siempre la asociación de *sādhus* y rehúye las malas compañías. Kṛṣṇa no está muy lejos. Kṛṣṇa se convertirá en tu vida misma si bebes el néctar del amor divino.

(12)

Todos los tipos de *yajña*, *homa*, actividades fruitivas, filosofías como *Advaitavāda*, y el vino embriagador de *jñāna* - sabe que todos ellos son tus enemigos. Como *jīva*, eres un servidor de Kṛṣṇa. *Jñāna* y karma son tus grilletes, y solo *prema* es tu verdadera riqueza.

(13)

El cuerpo material, la mente y demás son tus enemigos. Debes mantenerlos a todos firmemente dominados. Procura que no se rebelen y te arrojen al reino del disfrute material bajo la apariencia de karma, *jñāna*, yoga y *dharma*.

(14)

Por la fuerza del *prema* manténgalos supeditados a *sevā*. Involúcrelos en actividades nacidas del *kṛṣṇa-prema*, entonces estos adversarios se convertirán en tus amigos. No podrán atarte a los objetos materiales.

(15)

Canta siempre: «¡Hari! Hari!» fija tu mente, y entrega tu cuerpo a Kṛṣṇa. No dejes que tu mente se detenga en otros pensamientos o deseos. De este modo, realiza *sādhana*.

(16)

Con intenso anhelo interno, permite que *kṛṣṇa-tattva* penetre en tu mente. Luego entra profundamente en los pastos de tu corazón. Contempla allí esa forma de conocimiento divino, que se manifiesta espiritualmente en Vṛndāvana como esa Juventud Divina (Navīna-Kiśora).

(17)

Cuerpo, mente, amigos, hogar, mascotas, comida, riqueza... todas estas cosas se volverán oscuras para ti. Parecerá que te has vuelto totalmente loco y mucha gente te echará tierra encima, pero la riqueza del *prema* permanecerá contigo.

(18)

La riqueza y los bienes de Brahmā, las dieciocho perfecciones místicas, el disfrute y la liberación y demás se vuelven tan insignificantes como un trozo de paja. Debido a la influencia del *prema*, todas estas cosas te temerán y huirán.

(19)

Ay, ¿qué valor tiene toda la tierra del mundo comparada con la riqueza que adquirirás? Alcanzarás a Kṛṣṇa, que es la cresta-joya de la dulzura y la opulencia de los más ricos.

(20)

Eres una *jīva* dotada de conocimiento trascendental, y no estás hecha para una felicidad tan efímera. La dicha de Kṛṣṇa es tu tesoro más preciado. La lengua, los ojos, los oídos y la nariz intentan saciar tu sed, pero no pueden hacerlo ni siquiera por un momento.

(21)

El refugio de los pies de loto de Śrī Chaitanya es mi vida misma. Kedāra dice: «¡Oh hermanos, por favor, escuchad! Él es el timonel que nos ayudará a cruzar este mundo de nacimiento y muerte. No hay nadie más que Él».

El poema *Mārkine Bhāgavata-dharma* fue escrito por S.D.G. A.C. Bhaktivedānta Svāmī Prabhupāda al desembarcar en Boston:

> Mi querido Señor Kṛṣṇa, eres muy bondadoso con esta alma inútil, pero no sé por qué me has traído aquí. Ahora puedes hacer conmigo lo que quieras.
>
> Pero considero que tienes algún interés aquí, pues de lo contrario, ¿por qué habrías de traerme a este terrible lugar?
>
> Aquí, la mayoría de la población está cubierta por las modalidades materiales de la ignorancia y la pasión. Absortos en la vida material, se creen muy felices y satisfechos y, por lo

tanto, no sienten ningún gusto por el mensaje trascendental de Vasudeva. No sé cómo podrían entenderlo.

Pero sé que Tu misericordia sin causa puede hacer que todo sea posible, debido a que Tu eres el místico más experto de todos.

¿Cómo podrán entender las melosidades del servicio devocional? Oh, ¡Señor!, simplemente imploro Tu misericordia para que sea capaz de convencerlos de Tu mensaje.

Por Tu voluntad, todas las entidades vivientes han quedado bajo el control de Tu energía ilusoria, y por lo tanto, si Tú quieres, por Tu voluntad también pueden ser liberadas de las garras de la ilusión.

Yo deseo que Tú las liberes. Por consiguiente, si Tú lo deseas así, solo entonces podrán entender Tu mensaje.

Las palabras del *Śrīmad-bhāgavatam* son Tu encarnación, y si una persona sensata las escucha y recibe repetidamente en una actitud sumisa, podrá entender entonces Tu mensaje.

Él se liberará de la influencia de las modalidades de la ignorancia y la pasión y, así, desaparecerán todas las cosas desfavorables acumuladas en el recinto del corazón.

¿Cómo les hare entender este mensaje de consciencia de Kṛṣṇa? Soy muy desafortunado, incompetente y de lo más caído. Por eso, busco Tu bendición para que yo pueda convencerlos, pues soy incapaz de hacerlo por mi cuenta.

De una u otra manera, ¡Oh Señor!, me has traído aquí para que hable de Ti. Ahora, mi Señor, depende de ti volverme un éxito o un fracaso; como lo quieras.

¡Oh Maestro Espiritual de todos los mundos! Yo únicamente puedo repetir Tu mensaje, así que, si Tú quieres, puedes darme la facultad de hablar adecuadamente para su entendimiento.

Solo por Tu misericordia sin causa se volverán puras mis palabras. Estoy seguro que cuando este mensaje trascendental penetre en sus corazones, se sentirán regocijados, y de esa forma quedarán liberados de todas las condiciones infelices de la vida.

Oh, ¡Señor!, solo soy como un títere en Tus manos. Por eso si me has traído aquí a bailar, entonces, hazme bailar, hazme bailar, ¡Oh, Señor!, hazme bailar como Tú gustes.

No tengo devoción, ni ningún conocimiento, pero tengo una fe firme en el Santo Nombre de Kṛṣṇa. He sido designado como Bhakti-vedānta, y ahora, si Tú gustas, puedes hacer que se cumpla el verdadero significado de Bhakti-vedānta.

Firmado – el más desafortunado e insignificante mendigo, A.C. Bhakti-vedānta Svāmī, a bordo del barco Jaladuta, Muelle Commonwealth, Boston, Massachusetts, E.E.U.U., fechado el 18 de septiembre de 1965.

Por último, este es un poema que escribí hace ya varios años:

Soñé que no estaba

Soñé que no estaba ...
Que jamás había nacido ...
Soñé que hacia una eternidad ...
solo una eternidad ... que no vivo
Qué sueño tan vivo y claro

La presencia de la nada
Perdiéndose en el vacío
Tan libre … nada que lo detenga o impida
Es que … quizás
No soy más que aquel … el otro … el del sueño
Que sueña la existencia de su olvido …
Y quizás …
No soy más que un sueño …
solo un sueño perdido …

Capítulo 17

Los símbolos del cristianismo

Mientras Jesús se destaca como el ícono inspirador, fundamento y base de la historia cristiana, la figura clave de su narrativa es San Pablo, cuyo papel en el cristianismo es objeto de intensos debates. Llevando el título de «Apóstol de los Gentiles», Pablo se entregó a la tarea de propagar la fe entre toda la gente, sin hacer diferencias. En tanto que muchos lo aplaudían, los judíos lo veían de forma diferente. Desde la perspectiva de algunos, Pablo era como un desertor, desviándose de las creencias establecidas y llevando a la mesa algo nuevo: una variante que, según argumentaban, estaba basada en las enseñanzas de Jesús de Nazaret, pero que para ellos se asemejaba a la herejía. La dualidad de la situación es interesante. Mientras unos lo elevan al estatus de héroe, otras voces lo tachan de hereje. Las creencias y los lentes a través de los cuales uno mira juegan un papel crucial en esta división. Tal es la naturaleza de la percepción humana y cómo los valores individuales pueden arrojar sombras o bañar en luz la figura de una sola persona.

El papel que jugó San Pablo en el cristianismo tiene un cierto símil con el de Prometeo, cuyos actos realmente enfurecieron a Zeus hasta el punto de dejarse llevar por la ira y tomar medidas severas tanto contra Prometeo como contra los humanos por haberlo engañado. En un arrebato de cólera, Zeus observó cómo los humanos adoptaban un comportamiento audaz, quemando huesos en sacrificio y deleitándose con la carne. Para Zeus, esto era inaceptable y, por lo tanto, tomó una decisión drástica: les quitaría el fuego. Pensó que con ello les enseñaría una lección por su comportamiento descarado. Pero aquí es donde entra en juego la astucia de Prometeo, que no estaba dispuesto a quedarse de brazos cruzados mientras Zeus imponía su voluntad. Así que ideó un plan atrevido: robaría el fuego que Zeus guardaba tan celosamente. Con inteligencia y valentía, Prometeo se embarcó en esta misión, dispuesto a enfrentarse a los riesgos y las consecuencias. Así que tomó la decisión audaz de subir al Monte Olimpo para hacerse con el fuego. No sabemos exactamente dónde se guardaba ese fuego; algunos dicen que podría haber estado en la fragua de Hefesto o en el carro de Helios. Lo que sí sabemos es que Prometeo era inteligente y hábil, lo que le permitió colarse en el Monte Olimpo y robar el fuego sin que los dioses se dieran cuenta. Para cuando los dioses se percataron de que el fuego faltaba, ya era demasiado tarde: los seres humanos lo tenían en su poder. Prometeo usó el tallo de una planta llamada cañaheja para transportar el fuego. Resulta que esta planta quema muy lentamente, lo que permitió que el fuego durara más tiempo, proporcionando calor a los humanos hasta que se consumió completamente.

En nuestras manos llevamos una chispa divina, como si estuviéramos sujetando las llamas que Prometeo valientemente robó de Zeus. Eso fue todo un reto a los poderes divinos. Las acciones de San Pablo tienen cierta semejanza. Imaginemos al Dios de los judíos, con sus riquezas sagradas, y a San Pablo que, con su audacia, toma esos tesoros espirituales al formar el cristianismo, y los extiende generosamente entre la gente. Aquí tenemos, en dos cuentos, la bravura y la generosidad unidas.

Jesús de Nazaret, comúnmente referido como Jesucristo, nació en un lugar llamado Belén. Considerado por sus seguidores como el Hijo de Dios, es el pilar central del cristianismo. El nombre Cristo proviene del griego y significa 'el ungido', que es similar al título de Mesías. Hay unos textos llamados evangelios, escritos por los primeros cristianos, que cuentan la historia de Jesús.

La historia del Cristo despliega ante nosotros un escenario histórico fascinante. Aunque su nacimiento se ha convertido en el punto de anclaje del calendario moderno, en realidad hizo su debut en la historia unos años antes, concretamente en la época de Herodes, quien dejó este mundo en el 4 a. n. e. La sombra de Herodes era ominosa, por lo que la familia de Jesús decidió que la seguridad residía en la distancia, convirtiendo Egipto en su refugio temporal. Después de que Herodes dejara de ser una amenaza, la familia regresó, estableciendo su hogar en Nazaret. Fue en este entorno que Jesús, el joven enigmático, abrazó el oficio de su padre y comenzó a esculpir madera como carpintero. Aunque en realidad, la palabra que se utiliza en la Biblia es *tekton*, que se refiere a un artesano. Comúnmente se traduce como 'carpintero', pero se puede entender como un constructor, alguien de múltiples habilidades, que puede hacer diversos trabajos manuales, como herrería, carpintería, albañilería y demás. Es acorde a los oficios de la época. Esto sentó las bases de una vida que luego tomaría un rumbo más trascendental y espiritual.

Al cumplir treinta años, Jesús asumió un manto de solemnidad y entró en su ministerio. Estableció lazos con su primo, Juan, quien se había hecho conocido por sus fuertes condenas y convicciones. Un día clave fue cuando Jesús, en un acto de humildad, permitió que Juan lo bautice en el río Jordán. Durante este evento, Juan, con una seriedad grave, reconoció a Jesús como el Mesías profetizado. Juan predicaba asimismo que él era el que allanaba el camino del Mesías. Predicaba la conversión y el arrepentimiento. Lo hacía en el río Jordán, lugar por el que el pueblo judío llegó a Canaán, es decir el lugar de entrada. ¿Por qué? Porque simbólicamente, para entrar al reino, uno debe purificarse, por eso bautizaba y pedía arrepentimiento, para entrar a la tierra prometida. Además, cabe destacar que Juan, al condenar el matrimonio de Herodías con Herodes Antipas, selló su destino, siendo capturado y posteriormente decapitado a instancias de Herodías y Salomé.

Tras ser bautizado, Jesús pasó cuarenta días en soledad y, al concluir, inició su misión de predicar, llevándolo a recorrer Palestina. No sorprende que sus palabras atrajeran a muchos. Pero entre la multitud, doce individuos destacaron sobre el resto, convirtiéndose en sus apóstoles. Jesús habló sobre temas profundos y cuestionó la tradición hebraica. Subrayó la importancia del amor hacia los demás, el desapego de las riquezas, el perdón y la idea de una vida más allá de la terrenal. Uno de sus discursos más conocidos es el Sermón de la Montaña, donde, con elocuencia, delineó los principios centrales de sus enseñanzas. Además, tenía un enfoque particular al enseñar, usando parábolas de naturaleza aparentemente simple en la superficie, pero con capas de significado esperando ser descubiertas por aquellos dispuestos a profundizar. También cabe destacar la cuestión de los milagros. Algunos dicen que realizó hazañas sobrenaturales, y esto solo agregó a su creciente reputación. Los fariseos, descolocados por la audacia de Jesús, se sintieron en peligro y lo etiquetaron como subversivo, aduciendo que él se había autoproclamado rey de los judíos, lo que lo llevó a ser juzgado por Pilato, gobernador romano de la entonces provincia de Judea.

Sin embargo, hay que entender que cuando Jesús hablaba del «reino de Dios», no estaba haciendo campaña política. Su mensaje era más profundo y espiritual. Sabiendo que los acontecimientos venideros eran inevitables, Jesús decidió ir a Jerusalén justo cuando la Pascua estaba al caer. A su llegada, una multitud emocionada lo recibió con los brazos abiertos. Pero había algo que le molestaba: el Templo se había convertido en un mercado. Esto lo indignó y, con determinación, expulsó a los comerciantes que estaban allí. No podía quedarse de brazos cruzados mientras el lugar sagrado se veía tan irrespetado. Durante estos eventos, Jesús compartió una cena con sus discípulos, como una forma de despedida. Esa misma noche, mientras Jesús rezaba en el Monte de los Olivos, sumido en sus pensamientos, fue capturado. Judas, uno de los suyos, lo había traicionado, revelando información a los líderes religiosos. Y así comenzó lo que se conoce como la «Pasión de Cristo»: un período de intenso sufrimiento que terminó con su muerte. Con su sacrificio en pos de sus convicciones, Jesús señaló a sus seguidores un sendero que numerosos de ellos optarían por recorrer, soportando la hostilidad y el martirio. Conforme a los relatos del Nuevo Testamento, si bien Jesús padeció tortura bajo su custodia, Pilato optó por desvincularse del incidente, dejando en manos de los líderes religiosos la determinación del futuro de Jesús, que finalmente decidieron crucificarlo.

La cruz, algo que antes se usaba simplemente para causar dolor, se transformó en el corazón de lo que representa el cristianismo. Aquí está el giro de la trama: se dice que Jesús resucitó tres días después de su muerte. No solo eso, sino que se apareció a sus discípulos y, según el relato, les dejó una misión importante: debían difundir la fe. Después de unos cuarenta días de aparecerse a varios seguidores, Jesús ascendió al cielo. Esto está documentado en un libro de la Biblia llamado *Hechos de los Apóstoles*. Por su parte, y trágicamente, Judas no pudo soportar la culpa de lo que había hecho y tomó su propia vida. Mientras tanto, los apóstoles, llenos de determinación, se dispersaron en el área del Mediterráneo para compartir las enseñanzas que Jesús les había dejado. La exégesis contemporánea ha destilado una fascinante revelación de que Jesús de Nazaret, esa figura icónica, podría no haber buscado el manto de la divinidad. La fuente de esta deificación fue Pablo, un jugador maestro en el tablero teológico, que, con audacia, desplazó al cristianismo de sus raíces hebreas. Este proceso mediante el cual los discípulos de Jesús tratan de revestirlo con un halo divino de sobrenaturalidad extraordinaria es lo que el teólogo Rudolf Bultmann ha llamado «mitologización», en su libro *Historia de la tradición sinóptica*.

Friedrich Nietzsche, ese intelectual enigmático, encontró afinidad en esta perspectiva, elevando a Jesús, mientras despedazaba a Pablo con una crítica fulminante, llegándolo a denominar «genio del odio» en su incendiaria obra *El Anticristo*. En así habló Zaratustra, existe una frase que es la que, podríamos decir, se sugiere algún tipo de admiración: «Ya la palabra *cristiano* es un equívoco: en el fondo no hubo más que un cristiano, y éste murió en la cruz».[74] Numerosas interpretaciones han envuelto a Jesús y Pablo a lo largo de los siglos. El papel de Pablo es un catalizador de debates: como hemos dicho antes, algunos lo alaban como el faro que iluminó el mensaje cristiano, mientras otros lo ven como el desgarrador del vínculo judío. Al analizar las escrituras y pensamientos de Pablo de Tarso, se nos hace evidente que no era un gran admirador de la Torá hebrea. Aunque sin duda previamente a su conversión Pablo era un gran exponente del fariseísmo según Filipenses 3.5 «circuncidado el octavo día, del linaje de Israel, de la tribu de Benjamín, hebreo de hebreos; en cuanto a la ley, fariseo». Algunos piensan que

74. Friedrich Nietzsche, *El Anticristo*, trad. Proyecto Espartaco (2000–2001), §39, 32.

justamente por eso, es que fue elegido Apóstol. Por su perfecto fariseísmo, surgido como discípulo de Gamaliel (Hechos, 22:3). De hecho, parecía propenso a adoptar una perspectiva pagana, lo cual queda de manifiesto en cómo atribuyó características divinas a Jesús. Más aún, en sus escritos encontramos que Pablo no tenía problemas con la esclavitud y creía firmemente en que las mujeres deberían ser sumisas a sus esposos. El pensamiento de Pablo tomó prestado de diferentes ámbitos y adaptó la figura de Jesús a un nuevo conjunto de creencias. Resulta bastante razonable calificar a Pablo de Tarso como una especie de arquitecto del cristianismo. Con mano firme y una visión determinada, sentó las bases de esta religión. Su principal contribución fue expandirla, no solo entre los judíos, sino también entre los no judíos, los gentiles. De modo que, si seguimos el rastro de su obra, veremos que su impacto fue profundo y duradero.

Sin embargo, hay un detalle intrigante en cómo abordó el mensaje de Jesús. Originalmente, la enseñanza de Jesús ponía en el foco a Dios, su Padre. Pablo, no obstante, cambió las reglas del juego y, con un giro hábil, reposicionó el cristianismo para que girara en torno a Jesús mismo. Esto no fue un pequeño ajuste. Fue, en muchos aspectos, una refundación de la visión y los valores centrales de la fe. Esto lo afirma el teólogo protestante N. T. Wright: «[…] a través de los símbolos de la creación, del pan y del vino, y que, de esa manera, somos invitados a ser parte de la historia de Jesús, del evento de la nueva creación en sí y nos convertimos en los cálices y en los portadores del nuevo mundo de Dios y de los eventos salvadores que nos permiten compartirlo».[75]

No obstante, cuando una historia cargada de simbolismo —que en su origen poseía un significado profundo para un grupo específico— atraviesa fronteras y adquiere alcance global, su transformación resulta inevitable. Wright mismo sostiene que los eventos históricos se transforman en teología cuando descubrimos su significado más profundo, de manera tal que el nacimiento de Jesús es tanto un hecho como un símbolo de redención. Dicha redención es, para el

75. N. T. Wright, *Sorprendidos por la esperanza: Repensando el cielo, la resurrección y la vida eterna*, trad. (Barcelona: Editorial CLIE, 2014), 254.

mensaje paulino, una redención universal. Se ajusta, se redefine, y, en el proceso, adopta nuevos matices. Es como un río que fluye, cambiando su curso con el terreno que atraviesa. En esencia, se está recontextualizando y adaptando para resonar en una audiencia más amplia. De tal manera, aquello que en el origen se tenía por reverenciado y singular para una minoría, ahora se difunde y establece lazos con una amplia gama de culturas y perspectivas.

Católico, vocablo derivado de la expresión arcaica griega *katholikos*, *kata hólon*, *kata holou*, *katolou*, según el todo, se traduce como 'universal' y 'de alcance total'. En el contexto de la antigua Grecia, dicha expresión no guardaba vínculo alguno con la fe, sino que más bien era un término empleado por los ciudadanos al unirse para debatir cuestiones de importancia colectiva. Pero entonces, como un camaleón cambiando de color, esta palabra se metamorfoseó. Los cristianos primitivos, en un astuto movimiento, abrazaron el término *católico* para plasmar la naturaleza de la Iglesia en su misión de llegar a corazones y mentes en todos los rincones del mundo. El primero que unió el término «católica» a la mención de la Iglesia fue San Ignacio de Antioquía: «Donde aparece el obispo, allí está reunida la comunidad, lo mismo que donde está Cristo, allí está la Iglesia católica» (*Epistula ad Smyrnaeos*, 8, 2). El cristianismo convirtió el símbolo de una nación particular como era el judaísmo y su historia en proselitismo y en mito universal. No obstante, como el mito no puede ser universal, tuvo que convertirse en filosofía; y del mismo modo que la religión hecha filosofía no puede seguir siendo mito, se convirtió en teología. Los padres de la iglesia hicieron del mito cristiano una teología conceptual de alcance universal, convirtieron el símbolo de una nación y lo desmembraron en conceptos universales, y convirtieron la historia particular en metafísica general.

Así, lo que una vez resonó en las ágoras griegas con un significado encontró más tarde un nuevo hogar en los sermones y cantos de una fe en crecimiento. Esta exposición, no obstante, nos sitúa ante una cuestión esencial: la idea de un símbolo realmente universal es, en cierta medida, un espejismo. Como vimos en los primeros capítulos de este libro, cualquier símbolo, por más que tenga diversos significados, está irrevocablemente entrelazado con la historia de una comunidad concreta. Tomemos al Monte Sinaí como caso en cuestión: su simbolismo cala hondo en la identidad del pueblo judío, y al moverlo de ese contexto, se esfuma esa conexión. La religión, en su esencia, es una experiencia que va más allá de lo cotidiano, emergiendo desde las profundidades del ser humano. Y aquí es donde la teología hace su aparición, con un mandato de alcance mundial. Cuando se procura darle un alcance global al mensaje cristiano, lo que emerge es una metamorfosis: los símbolos mutan en ideas, la religión se reconfigura como teología y el mito se refina hacia la filosofía.

Consideremos el cambio de centrarse en Jesús a desarrollar el cristianismo: esto representa una transición desde el reino de las leyendas hacia el terreno de la lógica, y de la representación simbólica hacia la claridad conceptual. Cuando los símbolos se someten a la fría lógica, toda una dimensión del símbolo se pierde. Heidegger lo vio claro cuando expuso que los análisis estrictos no les hacen justicia a los símbolos. Es como intentar describir una puesta de sol en términos de física; simplemente no capta la belleza. Los símbolos son potentes, aportan matices, sentimientos y perspectivas que la lógica no puede tocar. Es que el misterio y el símbolo tienen una conexión muy especial. Lo simbólico, sin misterio, no tiene sentido, porque se transforma en conceptual, ya que, si no hay misterio, todo lo puedo comprender. Cuando el misterio se hace presente, se reconoce, lo simbólico toma fuerza, y se hace verdadero. Recordemos esto. Es un hecho desafortunado que, cuando el símbolo es forzado a pasar por el filtro de la conceptualización, su capacidad multifacética para interpretación se debilita y su potencial para invocar lo enigmático y lo accesible se reduce. En esencia, es como un maltrato.

> En el principio era el logos, y el logos era con Dios, y el logos era Dios.
>
> (Juan, 1:1)

Somos testigos de un largo proceso de teologización de lo simbólico a partir y a través de una diversidad de posiciones y debates intelectuales. Primero destaca Pablo y, posteriormente San Agustín y

Santo Tomás entre otros, como arquitectos de esta conceptualización, gracias a la cual también ha sido posible crear una «iglesia» como institución o una fe organizada. Por tanto, hemos pasado del mito, el símbolo y la religión a la teologización o conceptualización y, finalmente, a su institucionalización, con todos los atenuantes, eso es, relaciones de poder político y económico incluidas. Mircea Eliade ya daba cuenta de los riesgos, aunque consideraba necesario el camino, en sus palabras: «La transición del símbolo a la teología conceptual es un viaje necesario pero arriesgado. No perdamos la riqueza simbólica en la búsqueda de claridad doctrinal».

Esta transformación que el cristianismo ha experimentado a lo largo del tiempo ha implicado la clarificación y consolidación intelectual de sus principios, lo que ha tenido un gran impacto en cómo se ha propagado y en la esencia de sus símbolos. Pablo de Tarso fue una figura clave en este proceso, superando barreras culturales y expandiendo el número de seguidores. No obstante, es importante destacar que esto no ha sido un camino fácil. Pablo dejó atrás un conjunto diverso de interpretaciones y un legado complejo que todavía genera debates. Al dedicar tiempo y esfuerzo a estudiar a fondo el cristianismo y los cambios que ha sufrido, es posible comprender su evolución, los símbolos asociados y las creencias que lo sostienen. Un análisis meticuloso de este proceso nos ha permitido adquirir la habilidad de apreciar y entender la trayectoria histórica y las enseñanzas del cristianismo de manera perspicaz para, posteriormente, poder reflexionar profundamente sobre la situación y desafíos que enfrenta el cristianismo hoy en día.

Al comienzo de esta religión, los seguidores de Jesús experimentaron un período de florecimiento teológico. Pero no todo fue fácil: hubo debates y conversaciones continuas sobre las enseñanzas de Jesús. En este contexto histórico, surgieron dilemas teológicos y filosóficos significativos que requerían respuestas bien pensadas y ponderadas para aquellos que recién se adentraban en la fe. Entender la tríada: Dios Padre, Jesucristo y el Espíritu Santo representaba un desafío complejo. Un contingente heterogéneo de creyentes emprendió la misión de amalgamar la fe en un ser supremo, cuyo núcleo vibraba con amor puro, con la cruenta realidad del dolor humano y la injusticia. Un enigma imponente se desplegó: ¿existe un nexo que entrelace la omnipotencia y benevolencia de Dios con el rudo paisaje del sufrimiento humano? Con mapas y brújulas internas, zarparon en un periplo espiritual, excavando en busca de respuestas, y tratando de desenmascarar el enigma del pecado humano y de desentrañar la senda hacia la salvación. En esa búsqueda, se cruzaron con la intrincada tarea de armonizar la libertad de elección con la responsabilidad ética, indagando cómo la humanidad, aprisionada por sus propias faltas, podía emanciparse bajo el manto de la gracia divina. Este interrogante dio lugar a un abanico de teorías y puntos de vista que se entrelazaron en las profundidades del cristianismo naciente. Los líderes eclesiásticos, apoyados por teólogos y filósofos, pusieron sobre la mesa sus razonamientos y proporcionaron claridad a las doctrinas nacientes y a los cimientos teológicos. Agustín, por ejemplo, se destacó por su pensamiento perspicaz. Luego vino la escolástica en la Edad Media, con su sofisticada intelectualidad. Ante nosotros se despliega un vasto horizonte de indagación espiritual, enfocado tenazmente en forjar un corpus de doctrinas teológicas de una profundidad casi enigmática.

A través del paso del tiempo, académicos con una sed de conocimiento que no conoce límites, se pusieron a la vanguardia en este colosal emprendimiento para poner bajo el microscopio conceptual los retos cruciales en la teología del cristianismo. En cada paso, se destilaba una incesante dedicación. Se adentraron con determinación en un viaje intelectual que los llevó a los cimientos más profundos de la Iglesia. Su misión era dar sentido y claridad a aspectos que, aunque fundamentales, a menudo parecían inalcanzables. Con dedicación y rigor, estos intelectuales buscaron construir un entendimiento sólido, conectando los puntos de siglos de sabiduría religiosa. Iniciaron un viaje para dar forma concreta a lo que es fundamentalmente simbólico, así como para hallar soluciones lógicas a preguntas enraizadas en mitos. Esto ha generado un cambio: lo que era simbólico ha evolucionado en algo más definido y la religión ahora abarca una amplia gama de doctrinas.

El cristianismo en sus primeros días mostraba una mayor unificación, mientras que en la actualidad se ha diversificado en el catolicismo, la iglesia ortodoxa griega, la iglesia ortodoxa oriental, la iglesia del este y el protestantismo. Es como un extenso mural de enfoques teológicos, donde cada uno tiene su propio carácter y antecedentes, evidenciando un proceso de conceptualización que sigue diversificándose. Se ha emprendido un esfuerzo para evolucionar la vivencia inicial del cristianismo mediante la objetivación de ideas. En este proceso, los elementos simbólicos se han convertido en conceptos y la religión ha adquirido dimensiones filosóficas y teológicas. Los académicos, enfrentando interrogantes de gran magnitud y significado, dedicaron su intelecto a la construcción de sofisticados sistemas teológicos basándose en interpretaciones meticulosas de los textos sagrados. Los expertos, con esfuerzo y dedicación, contribuyeron a un entendimiento más detallado de la fe. Las doctrinas resultantes, firmemente arraigadas en dichas interpretaciones, han moldeado las creencias de innumerables personas a lo largo de los siglos.

Durante los primeros tiempos de desarrollo del cristianismo, pensadores destacados como San Agustín de Hipona y Santo Tomás de Aquino fueron fundamentales en la creación del marco teológico cristiano. Santo Tomás, conocido por su perspicacia, aprovechó sabiamente las enseñanzas de Aristóteles. Por otro lado, San Agustín estaba fuertemente influenciado por las platónicas y neoplatónicas. Hay un libro que lo explica muy bien. *Determinación de la influencia neoplatónica en la formación del pensamiento de San Agustín* por Octavio Derisi. San Agustín menciona en su *Confesiones* que tuvo en sus manos unos «libros de los platónicos», donde descubrió un mundo inteligible por encima del mundo material de los maniqueos, un mundo de ideas o verdades inteligibles que él luego identifica con la mente del Verbo. Ambos, con sus respectivas inspiraciones, fueron clave en el entramado de la teología cristiana.

A través de la historia, la teología cristiana ha seguido un camino de cambio y crecimiento, absorbiendo elementos de filosofía, ciencia y cultura. Hoy en día, se destaca como una sólida área de estudio. Los seminarios y universidades la abordan con seriedad, ofreciendo un espacio para analizar y reflexionar sobre sus aspectos. Tomemos, por ejemplo, la doctrina de la Trinidad. Es fascinante cómo esta enseñanza, que articula la unión de tres entidades o personas distintas dentro de una divinidad, fue moldeada según la teología cristiana. Imaginemos los salones llenos de eruditos apasionados, debatiendo, analizando las escrituras con lentes de aumento. Tras estas efervescentes discusiones, en el año 325, el Primer Concilio de Nicea fue el crisol donde esta doctrina finalmente adoptó su forma definitiva. Asimismo, es importante destacar que hay grupos, denominados «no trinitarios», que no suscriben la idea de la Trinidad y que parten de interpretaciones diferentes sobre los elementos que la conforman. Lo que esto muestra es que la teología cristiana no es un campo sencillo; al contrario, es bastante enrevesado. Las discrepancias en la creencia de algo tan central como la Trinidad son un testimonio de ello.

El proceso de conceptualización de Jesús

Resulta clave hacer una distinción entre dos conceptos: el «inclusivismo absoluto» y el «exclusivismo absoluto». El inclusivismo absoluto puede ser comparado a un orador proclamando un mensaje a todo el público sin excepción. El problema es que, al dirigirse a todos, el mensaje se diluye y no logra conectar realmente con nadie, por lo que carece de efectividad. Por otro lado, un orador sigue el exclusivismo absoluto cuando habla en una sala cerrada, solo a un grupo muy específico de creyentes que comparten la misma interpretación de su fe. Aquí, el mensaje está muy enfocado, pero excluye a muchos. En resumen, el inclusivismo absoluto es como lanzar una red al mar, mientras que el exclusivismo absoluto es como pescar en una pecera. Ambos enfoques tienen sus propias limitaciones, poniendo de manifiesto que el discurso en extremos no sirve de puente entre los seres humanos y que, en cambio, el equilibrio es clave a la hora de comunicarnos.

Pensemos en el orador sagaz como si se tratara de un funambulista que camina por la cuerda floja de la inclusión y la exclusión. Jesús, como maestro comunicador, no hablaba a un grupo hermético, sino a uno permeable y dinámico. La multitud era su auditorio, al cual se dirigía en parábolas enigmáticas, mientras que, en la intimidad, sus discípulos recibían explicaciones llanas. El discipulado trae consigo un acceso privilegiado. Jesús fue sumamente equilibrado en sus enseñanzas. El maestro calibró la profundidad y la accesibilidad para conectar con una audiencia diversa, sin dejar a nadie en el olvido, pero ofreciendo capas adicionales de comprensión a sus discípulos que buscaban con avidez.

Los discípulos de los apóstoles, incluidos los de Pablo, insistieron en transformar un mensaje de una secta judía en una doctrina de alcance global, donde Jesús fuese relevante para todos. Para tal efecto, emplearon tácticas para universalizar este mensaje enraizado en simbolismo. El simbolismo lleva consigo una rica historia, pero si está desprovisto de su contexto histórico pierde su esencia y se diluye su significado. Por lo tanto, su proceder incluyó lo necesario para que el mensaje se extendiera y resonara en una audiencia más amplia. Es importante destacar que cuando una historia tiene raíces en una cultura específica, es principalmente esa comunidad la que puede captar su esencia. Imaginemos que hay un mensaje con un peso simbólico en una religión. Si alguien, que no está familiarizado con las tradiciones y la historia detrás de ello, logra entenderlo fácilmente, entonces ya no estamos hablando de simbolismo. En ese caso, es más acertado decir que el mensaje es conceptual, porque no requiere un conocimiento previo de la cultura para ser comprendido. El enunciado «la línea recta es el camino más corto entre dos puntos» implica un concepto comprensible para cualquiera. Sin embargo, los mensajes simbólicos como *Hare Kṛṣṇa* o *Jaya Śrī Rādhe* no son obvios ni evidentes y no pueden ser descifrados por cualquiera;son complejos y requieren una comprensión más profunda para ser entendidos, pero por eso mismo no saltan a la vista, sino que se descubren a través de una historia o narración.

Generalmente, detrás de un mensaje simbólico se encuentra un pueblo o comunidad. Porque el símbolo, generación tras generación, va desarrollando una tradición o una escuela de pensamiento donde se transmiten interpretaciones de las enseñanzas de los maestros. No obstante, cuando se canoniza una lectura de la tradición del maestro por encima de las otras, se deja de convertir en una tradición. Eso sucede cuando el símbolo se conceptualiza, generando una única interpretación verdadera posible del símbolo. Por consiguiente, aunque el símbolo por antonomasia solicita y reconcilia variedad de interpretaciones, su conceptualización impide esa riqueza de reconciliar e integrar infinidades de interpretaciones, convirtiéndose la polisemia en ortodoxia. Este momento en el que la polisemia se convierte en ortodoxia viene marcado por la diferencia de enfoque con el que se mira el símbolo. A ojos de la religión, el símbolo gozaba de una inmensa riqueza de posibles significados. Sin embargo, la filosofización y teologización de la religión conceptualiza el símbolo y da nacimiento a la ortodoxia. *Ortodoxia* es un término griego compuesto por *doxa* (fe) y *orto* (correcto), por lo que significa 'la fe correcta'.

El término, introducido ya por Platón como *orthótes*, y que traducimos como 'corrección de la religión', establece la existencia de una fe auténtica que los líderes de una determinada religión y sus inmediatos seguidores predican y enseñan, demarcando unos límites fuera de los cuales nace también la «herejía». Herejes son aquellos que no aceptan esa única interpretación y, por tanto, permanecen fuera de la ortodoxia, de la fe correcta, quedando relegados a ser seguidores de lo incorrecto. Así, cualquiera que interprete el libro sagrado de otra manera que no sea la que se ciñe a la «fe correcta» será maldito, cortado, anatematizado o excomulgado de dicha religión porque está rompiendo con ella. La conceptualización, por tanto, no solo crea la ortodoxia, sino que con ella también nace el anatema, eso es, la herejía, que excluye o margina a aquellos que interpretan o piensan el símbolo de manera diferente. La ortodoxia, de hecho, crea la herejía porque precisa de su existencia; el ortodoxo busca y persigue al hereje hasta encontrarlo y excomulgarlo, e incluso en el caso de no encontrarlo, o de no existir, lo produce para justificar su propia existencia. Es por este motivo, que el término *herejía* únicamente existe dentro del contexto de la religión conceptual.

Al conceptualizar sus símbolos, se produce un tipo de congregación concreta. Por tanto, quienes tienen interpretaciones diferentes pueden seguir formando parte de una congregación abierta que acepta que su símbolo es polisémico. La religión conceptual, por el contrario, al crear una estructura basada en la ortodoxia y la herejía, acaba dando lugar a una congregación cerrada que únicamente acepta a aquellos que interpretan el símbolo de una sola manera. La preservación del símbolo y su salvaguarda ante el concepto es lo que, en última instancia, marca la diferencia entre dos articulaciones diferentes de la religión, con todo lo que ello acarrea. Pues mientras que en el símbolo hay algo en común capaz de congregar a todos, el concepto disgrega, discrimina y excluye.

Esta congregación articulada a partir de la ortodoxia y la herejía se establece también en términos de poder. De hecho, su única «fe correcta» se convierte en poder al imponerse forzosamente sobre las demás interpretaciones como la única canónica o válida. Al conceptualizarse el símbolo pierde su fuerza congregante, y por tanto su significado, ya que el término *símbolo* significa precisamente 'congregar', 'unir' o 'reconciliar' una infinidad de diferentes interpretaciones. Entonces, el cristianismo de Jesús deja de ser una religión simbólica para convertirse en una filosofía y una religión conceptual.

El símbolo perdió su riqueza al dirigirse solo a los miembros de la secta y convertirse en un exclusivismo absoluto. Jesús comparte sus enseñanzas desde una postura intermedia entre el exclusivismo absoluto, o el espíritu sectario, y el inclusivismo absoluto que se dirige a todos de cualquier manera. La sabiduría consiste en encontrar el equilibrio entre estos dos extremos. El proceso de conceptualización de Jesús que comenzó con Pablo y sus discípulos se extendió más tarde a los Padres de la Iglesia que estuvieron en Alejandría y comenzaron a incrementar su uso de la filosofía occidental, la cual transcendió el ámbito religioso para incluso interferir en el ámbito social y político, como bien demuestra la filosofía teologizante de San Agustín en *La Ciudad de Dios* (*De civitate Dei*). Es interesante notar también que para pertenecer al imperio romano era necesario pertenecer a la iglesia cristiana, ya que esto significaba ser bautizado y convertirse en un civilizado. De otra manera, uno era considerado un bárbaro si poseía la fe del pago, es decir, si era rural o del campo. En cambio, para ser considerado civilizado debía pertenecer a la ciudad, residir en la *civitas* o Roma donde solo se podía ingresar a través del bautismo. Al ponerse la iglesia a disposición del poder político se transformó en la institución religiosa mantenedora de dicho poder, el cual para su legitimización necesitaba el auspicio de un poder universal. Y, para ello, nada mejor que contar con el apoyo de Dios.

A diferencia de la concepción cristiana, la tradición hebrea es una cultura del oído, como se puede comprobar en el *Shemá Israel* u 'Oye Israel', porque, para esta tradición, la fe se basa en lo que se oye. Lo más importante es lo que transmiten los padres a través de un testimonio en forma de relato, y no tanto en lo que cada individuo pueda ver. El relato es transmitido por un pueblo, mientras que, en la cultura griega, y posteriormente la cristiana, la verdad es una cuestión individual. Tomás les dice a los apóstoles que no creerá hasta que vea a Jesús y ponga su dedo en la llaga, a lo que Jesús le respondió «Bienaventurados los que creyeron sin haber visto» (Juán, 20:29). Para Jesús la fe no es ver sino creer en el testimonio de alguien que narra. La verdad yace en la historia o el relato y, por lo tanto, la fe se mueve en una dimensión que trasciende la comprobación visual de la veracidad o falsedad de los relatos. Fueron los Padres de La Iglesia y San Agustín quienes, más tarde, y bajo la influencia de la filosofía griega, trajeron a colación la cuestión de la visión, es decir, del entendimiento de la idea o el concepto.

Como hemos argumentado anteriormente, la imagen es la idea visible de la cosa, y el concepto su imagen invisible, lo que determina que tanto la teología como la idolatría, filtradas por la filosofía griega, por el «giro filosófico» en sí, partan de la vista como metáfora de la verdad, pues según la filosofía griega la verdad reside en lo que se ve, bien con los ojos, bien con la mente. Es precisamente a esto que los iconoclastas llamaron concupiscencia *ad oculus*.

Este nuevo enfoque trajo consigo un profundo cambio porque ya no se trataba de la resonancia del símbolo hebreo que se escucha, sino de una búsqueda de la Verdad al estilo helénico en lo que se ve. Este es un cambio realmente relevante porque, si hasta aquí el foco residía en la concordancia entre lo que decimos y lo que observamos, a partir de ahora la validez de la narración quedaba en manos de nuestra capacidad para conceptualizar su veracidad.

Es justamente dentro de este nuevo contexto que «la religión verdadera», la interpretación exacta o la ortodoxia del símbolo ocupará un lugar central. San Agustín escribió un libro titulado *La verdadera religión*, texto eminentemente filosófico que habla y debate extensamente de Platón. Este texto en concreto es uno de los fundamentos de este renacimiento del cristianismo, pues es a través de esta visión griego-platónica de San Agustín que el cristianismo se fusiona con la mitología filosófica griega, despojándose en el proceso de su esencia simbólica hebrea. Es aquí donde se produce lo que podemos llamar una mitologización del cristianismo o, lo que sería equivalente, una helenización de lo que, en sus comienzos, era básicamente una rama del judaísmo. Esta helenización no solo se debe a la filosofía griega, platónica más concretamente, que impregnó el cristianismo, sino al impulso colonialista de los griegos que los llevaba a propagar sus creencias. Los hebreos, por el contrario, nunca entraron en la carrera de ganar adeptos, porque para ellos, cuanto más exclusiva, más potente era su fe. La revelación sinaítica es de un pueblo escogido, sin la necesidad de que nadie se les uniera. Jesús no apareció en la escena con la idea de fundar un nuevo «ismo» religioso, sino que era fiel a sus raíces ancestrales.

Desde Jesús como símbolo al cristianismo conceptual

En el proceso de transformación del cristianismo primitivo a las varias doctrinas organizadas que conocemos hoy, vemos claramente cómo los elementos de la leyenda fueron destilados y refinados. Centrándonos en la figura de Jesús, encontramos una historia impregnada de significado simbólico. Tras la interpretación teológica de un influyente pensador cristiano como Pablo, Jesús se convierte en el logos, o el principio fundamental, en esta nueva perspectiva. De manera similar a la que el mítico Prometeo desafió a los dioses al robar el fuego y dárselo a la humanidad, Pablo trabaja para elevar la narrativa de Jesús más allá del reino de los mitos, dando un propósito y significado renovados a los seguidores de la fe. En su empeño por universalizar un mito nacido en una colectividad o nación, su abstracción se torna ineludible, transformándolo de este modo en teología. Cuando se construye un edificio teológico, las ideas convergen hacia una sola dirección, una única hermenéutica o relato conceptual. Toda teología que se conceptualiza deja de ser la narración simbólica radicada en una comunidad, conglomerado o linaje, para revestirse de un carácter universal en su mensaje. Abstraer el mito implica aniquilar su significado. En consecuencia, universalizar la simbología hebrea conlleva ineludiblemente la conceptualización de figuras como Abraham, Isaac y Jacob, la revelación en el monte Sinaí y la figura de Moisés. La crónica sacra, al abstraerse, se ve despojada de su auténtico significado originario, no meramente para la nación hebrea, sino para la humanidad en su totalidad. En efecto, el fruto de cualquier intento de universalizar un relato simbólico culmina en una ganancia en transparencia comprensiva a costa de la potencia de su significado. El significado no siempre coexiste en armonía con el razonamiento, la lógica y el entendimiento. Como en el amor, la convicción de que la persona que amo es la más bella en la Tierra, puede carecer de sentido, pero estar cargada de significado.

Cuando el Jesús paulino dirige a sus discípulos hacia la proclamación universal, se produce un tránsito legítimo desde el mito hacia el logos que da lugar al cristianismo. Desde este momento cardinal, es imposible concebir un cristianismo ortodoxo desnudo de teología. En el caso de Pablo en particular, es adecuado aceptar que no se adhiere a la aproximación radical de la existencia y mensaje de Jesús, sino que se embarca en un proceso de conceptualización de sus doctrinas. Sin embargo, cabe resaltar que no se trata de una creación de su ingenio, sino de una liberación de las restricciones impuestas por el marco judío, desplegándolo al paisaje cultural helénico que, en consecuencia, es lo que le confiere una perspectiva de alcance cosmopolita, poniendo énfasis en la liberación y la libertad que Jesús ofrece:

> Para que seamos libres nos ha liberado Cristo. Permaneced, pues, firmes y no os dejéis someter de nuevo al yugo de la esclavitud… Ya no hay distinción entre judío y gentil, entre esclavo y libre, entre varón o mujer, porque todos sois uno en Cristo.
>
> (Carta de Pablo de Tarso a los Gálatas, 5:1;3:28)

El judaísmo, por su parte, expresa una reticencia ante la propagación y diseminación, ya que custodia y defiende el mito hebreo, sosteniendo la inaccesibilidad del símbolo. El Jesús delineado por Pablo diluye el mito primigenio hebreo al dilatar la entrada angosta por la que solo una exigua minoría puede adentrarse, pero que, al expandirla, ninguno puede atravesar. En consecuencia, es imprescindible para el cristianismo incorporar y mantener la simbología hebrea; su ausencia sería insostenible para la integridad de la doctrina. En otras palabras, el cristianismo mantiene una simbología hebrea helenizada o colonizada. En cambio, el judaísmo sostiene una perspectiva divergente. Yeshayahu Leibowitz (1903-1994), un académico eminente, sostuvo enfáticamente que el Nuevo Testamento no ostenta una relevancia significativa dentro de la cosmovisión judía. Se torna de primordial magnitud adquirir entendimiento de que cualquier postulado formulado por una entidad de índole religiosa respecto a Jesús está predestinado a ser fallido. De tal modo, toda teología nacida del seno de la fe sistematizada no puede ser ni verídica ni auténtica. En realidad, no existe divergencia alguna entre los que profesan adoración a Jesús y aquellos que le acosaron. La casta sacerdotal, instigadora de su fin, simplemente ha mutado en denominación y vestimenta, pero en espíritu es exactamente la misma. La pertinencia de las instituciones, ya sean judías, católicas, hindúes o budistas, se disipa, dado que todas despliegan una similitud metódica en su operación.

Nuestras adquisiciones en la disciplina cristiana son tributarias de textos, cursos y conferencias, pero mi visión de Jesús es hija directa de la meditación. Solo aquel que ha desvelado la veracidad de su esencia puede realmente abrazar la comprensión de Jesús. En las profundidades de la meditación, se produce el verdadero encuentro con todos los maestros iluminados de la historia. Las discrepancias entre ellos no son más que superficiales adornos culturales o intelectuales. Al trascender el reino del pensamiento, nos encontramos más allá de la dialéctica de las diferencias como interpretaciones excluyentes. La fe corporizada sostiene con fervor que Jesús representa la única vía hacia la salvación. No obstante, la esencia de la realidad se revela en la luz de que cada maestro iluminado personifica un camino único, dado que las rutas hacia la Verdad son tan innumerables como estrellas en el cielo nocturno.

Las religiones se unen en el símbolo

Fruto de la ortodoxia que genera la conceptualización del símbolo, el predicador, con su hábito ceremonial, no busca la Verdad en su forma pura, sino que pretende edificar un emporio a su alrededor. En este paradójico escenario, el clérigo emerge no como guía, sino como el único artífice del concepto de pecado, únicamente para poder comerciar con la oferta de su redención. Desde su postura mercantil, respaldado por una interpretación conceptual de la religiosidad, se ve compelido a afirmar con vehemencia que su camino es el único legítimo, y que cualquier otro sendero está plagado de errores. En su cálculo, lo que busca no son creyentes genuinos, sino individuos convencidos; no persigue seguidores o discípulos fieles, sino una clientela que consuma sus dogmas. Por este preciso motivo, todas las religiones organizadas proclaman con tenacidad ser el único camino hacia la salvación, y nos condenan si nos aventuramos en otras sendas. Se revela como una paradoja conspicua que el gremio eclesiástico, ese entramado institucionalizado que con su actuar favoreció la erradicación de seres luminosos como Jesús, se erijan paradójicamente como los arquitectos de los cánones de sus escrituras sacras, además de asumir el papel de hermeneutas autorizados de sus lecciones vitales. No obstante, la asimilación genuina de la esencia de las enseñanzas Jesuíticas resulta prácticamente inasequible a través de la mediación del gremio eclesiástico. La esencia del mensaje de Jesús se descubre, no en los dogmas dictados desde púlpitos, sino en la introspección, en las profundidades abisales de nuestro ser interno. A este santuario sagrado no llegan los oradores de sermones, sino los místicos visionarios. Durante incontables siglos, la religión institucionalizada se ha esforzado por preservar la humanidad en un estado de inmadurez perenne, temerosa de que, al alcanzar una madurez plena, sus miembros dejen de ser susceptibles a la manipulación infantil. Es de vital importancia internalizar que la necesidad de salvación es una invención y que, de hecho, somos partícipes y productos de la naturaleza misma. Al estigmatizar la esencia natural del Ser, engendramos sentimientos de culpa, una herramienta efectiva en manos de la casta sacerdotal para orquestar su artimaña comercial. Por eso, para el psicólogo suizo Carl Jung, Jesús no es una persona histórica, sino un arquetipo del inconsciente colectivo. Él no habla de Cristo, sino de lo crístico.

Resulta inmensamente arduo concebir que Jesús proclamó su crucifixión como sacrificio redentor de la humanidad pecadora, en lugar de optar por una lectura más verosímil de que dicho sacrificio no es sino fruto de una doctrina impuesta por la estirpe sacerdotal a los textos sagrados. Tras todo, los evangelios primigenios fueron inscritos un siglo, como mínimo, tras el deceso de Jesús. No existe requerimiento de sacerdotes ni de redención alguna. Lo verdaderamente imperioso es la liberación de la culpabilidad y la autopercepción pecadora. No obstante, la casta sacerdotal lo obstaculiza. Lo esencial radica en el reconocimiento de la consciencia. Hablamos del Jesús prepaulizado, eso es, conceptualizado y convertido en cristo, símbolo del cristianismo. Ocurre lo mismo con Mahoma y el islam, Buda y el budismo, Mahavira y el jainismo, el Señor Chaitanya y vaishnavismo *gauḍīya*. La experiencia interior de los maestros iluminados desafía toda institucionalización, aunque posteriormente, al intentar organizar las enseñanzas del maestro, se asesine su esencia, quedando solo un ídolo muerto, incapaz de transformación.

Podemos considerarnos seguidores de Jesús, pero sin necesidad de albergar simpatía por ningún cristianismo. De hecho, para realmente conectarnos con Jesús, es vital trascender todo cristianismo. Las iglesias obstruyen la comprensión de las auténticas enseñanzas de Jesús. El enigma de la identidad de Jesús yace en el corazón de la historia. Muchos han osado cuestionar, otros han respondido, aunque solo en fragmentos. Tanto el interrogante como su eco resuenan revestidos con profundos prejuicios. Aquellos que cuestionan se rebelan ante su divinidad; los que responden se muestran ciegos ante su humanidad. Ambos, inquisidores y contestadores, están dispuestos a aceptar un Jesús a medias. Los judíos se inclinan ante su humanidad, más niegan su aspecto divino. Los cristianos, ávidos de creer en un Jesús divino, reniegan de su humanidad. Aquellos que rehúsan reconocerlo como un ente de carne y hueso, a la par con la humanidad, reciben el nombre de docetistas. Otros, los arrianos, no consienten en verlo como divino. Este misterio no es exclusivo de Jesús, sino que atañe a todo maestro iluminado. Tanto Jesús como cualquier sabio iluminado solo puede sumergirse en el abismo de nuestra alma al ser abrazados en su totalidad, como un faro viviente.

Este debate sobre la humanidad o divinidad de Jesús, que ha supurado a lo largo de la historia del cristianismo, está anclado en otro dilema histórico que ha girado en torno al hecho de a si Jesús era hijo del hombre o de Dios. Ambos debates son mero producto de la conceptualización y teologización que hemos descrito hasta ahora y que nada tienen que ver con la perspectiva simbólica desde la cual la humanidad-divinidad, y el ser hijo del hombre o de dios, no suponen contradicción alguna. El conflicto no reside en Jesús, sino en nuestras incesantes batallas por enjaularlo en conceptos. Jesús se erige como un puente simbólico entre lo relativo y lo absoluto, lo manifiesto y lo oculto, lo efímero y lo sempiterno, lo humano y lo divino. Cada interacción entre polaridades resuena con un éxtasis inefable, una danza de poderes complementarios. El susurro ardiente del encuentro entre lo masculino y lo femenino se despliega en una danza extática. Y en el corazón de tal dinámica, encontramos la figura de Jesús, el sublime encuentro entre las polaridades más profundas: lo humano y lo divino, convergiendo en una única entidad vibrante. Del mismo modo, la figura del Señor Chaitanya Mahāprabhu resuena como un eco profundo de la aparente dualidad divina, pues él personifica el embriagante encuentro entre las polaridades más sagradas del amante y el amado, fusionándose en un único ser, en un baile perpetuo de adoración mutua. Todo interrogante o eco surgido de la esfera conceptual religiosa sobre la humanidad o divinidad de Jesús, se halla inexorablemente en desacuerdo con la Verdad, pues indagaciones o respuestas de esta índole solo alcanzan la genuinidad al emanar de la fuente de la inocencia simbólica.

La distinción entre Jesús y la vastedad de la humanidad no yace en lo que **es**, sino **en la consciencia de lo que es**. Jesús es hijo de Dios, tal como nosotros; la divergencia radica en que, a diferencia del resto, él lo sabe y es plenamente consciente de ello. Existe la posibilidad de que alguien nos haya conferido una fortuna de millones de dólares, pero en nuestra ignorancia, no seremos más que unos plebeyos. Solo en el momento en que la Verdad se nos revele, emergeremos como un ser opulento. Todos somos tan vástagos de Dios como él, pero la ignorancia humana edifica la gran disparidad. Jesús es el «único» hijo de Dios, pues es el único plenamente despierto a dicha realidad. Jesús es tan humano como cualquiera de nosotros, y nosotros somos tan divinos como él; conocer a Jesús es descubrir nuestra verdadera esencia. La humanidad en Jesús o en nosotros no son dos manifestaciones dispares, pues lo humano es un reflejo de lo divino y lo divino es el quid de lo humano. Comprender a Jesús conlleva adentrarse en ese sublime encuentro en la noche estrellada entre lo humano y lo divino.

Inherente en cada uno de nosotros yace una chispa divina, un retoño celeste del Supremo Arquitecto, ignorada en la obscura caverna de nuestro interior. Absortos nos encontramos, fascinados más por la vanidad de las posesiones que por la esencia de nuestro ser. Lo que requiere revelación no es más que nuestra innegable naturaleza divina, escondida bajo la superficie como la consciencia. Nuestro Progenitor Celestial, soberano indiscutible del cosmos infinito, languidece en el olvido de nuestra memoria. Ni Jesús ni ningún maestro iluminado ostentan privilegios exclusivos sobre nosotros. Nada justificaría una preferencia divina, pues ello implicaría una injusticia suprema. Cada ser es depositario de idénticas potestades. En la plataforma divina, todos compartimos un terreno de igualdad indiscutible. La desigualdad es una invención humana, un espectro de nuestra creación. A través de la lente divina, cada alma es equivalente, no existiendo distinciones entre uno y el cosmos entero. Jesús, encarnación genuina de la humanidad, abrazó con fervor la existencia terrenal, siendo un ejemplo de autenticidad. A pesar de su compromiso con la plenitud de la experiencia humana, no se puede negar su simultánea divinidad.

Sin embargo, persiste un contingente de escépticos, quienes arguyen que entidades como Jesús o el Señor Chaitanya no pueden ser divinas, ya que un Ser Supremo no puede confinarse a un marco espaciotemporal. Argumentan que la infinitud no puede restringirse a la finitud, ni lo ilimitado ceñirse a lo limitado. Les resulta inexplicable cómo la eternidad puede materializarse en el plano temporal, o cómo la infinitud de la consciencia puede encarnarse en un receptáculo tan limitado. Les parece absurdo pensar en la divinidad entregada a danzas y cantos callejeros o impartiendo enseñanzas públicamente.

अवजानन्ति मां मूढा मानुषीं तनुमाश्रितम् ।
परं भावमजानन्तो मम भूतमहेश्वरम्

avajānanti māṁ mūḍhā
mānuṣīṁ tanum āśritam
paraṁ bhāvam ajānanto
mama bhūta-maheśvaram

Los necios se burlan de mí cuando desciendo con forma humana. Ellos no conocen mi naturaleza trascendental como Señor Supremo de todo lo que existe.

(*Bhagavad-gītā*, 9.11)

El velo más profundo de la realidad revela la encarnación divina en cada diminuta criatura: Dios se despliega en cada bebé. Surgiendo con gracia, las flores se vuelven efigies divinas; y en los cachorros, Dios se revela en su inocencia. En cada brote de promesa, un reflejo sagrado emerge. En la inmensidad de un cosmos ordinario, un humano tiene el poder de sembrar semillas suficientes para llenar un vecindario con su progenie. Así, pensar que el Supremo Arquitecto de la Existencia, el Padre Inefable, está limitado a un solo hijo, es una suposición que roza lo absurdo.

Si percibimos a Jesús como símbolo, en vez de alejarnos de figuras como Buda, Mahoma, Moisés o Lao Tzu, se nos acerca, se nos invita a la fraternidad. Sin embargo, cuando el símbolo se petrifica en concepto, la realidad simbolizada se distorsiona y surge la discordia de la herejía. La herejía, como hemos visto, es el fruto amargo de la conceptualización, la rigidez de una verdad que olvida su origen en el simbolismo. Un símbolo espiritual es verdadero cuando nos une con todas las religiones, cuando edifica puentes hacia todas las creencias, no cuando erige muros. Cuando muta en conceptos, la religión se transforma en teología, la morada de los herejes, los gentiles, los apóstatas y los paganos. Este movimiento de conceptualización es lo que impide que el ser humano descubra en el símbolo la auténtica unidad subyacente de toda la humanidad. El símbolo, en su esencia, unifica, integra, reúne los fragmentos. Su naturaleza reside en la interpretación que nos une a todos los caminos espirituales, a todos los senderos hacia la divinidad. En la danza etérea de los símbolos se desdibuja la realidad representada, facilitando la comunión entre todas las creencias.

Ningún volumen teológico puede desentrañar la verdadera figura de Jesús; solo a través del arco de la meditación intensa podemos rozar su esencia. En el tierno nido de los pensamientos, construido con ramitas delicadas de devoción durante la meditación, contemplamos al Cristo neonato, apaciguado por la paloma de nuestra paz interna. La llegada de la flamante Consciencia Crística a la aldea de nuestra meditación será un espectáculo inefablemente cautivador, fortalecedor y expansivo para nuestra alma. Uno debe prepararse para la venida de Cristo, adornando el árbol navideño de su consciencia meditativa con relucientes percepciones del divino Cristo, estrellas de sabiduría que centellean eternamente y botones de loto de amor divino.

Capítulo 18

Cristo como símbolo viviente según Juan Damasceno

Fiel cristiano de ascendencia árabe, San Juan Mansur (675-749 n. e.), apodado Damasceno por haber nacido en Damasco, Siria, fue el precursor de la tradición de los aristotélicos cristianos y es reconocido también como uno de los dos grandes poetas de la Iglesia Oriental. Durante la segunda mitad del siglo VII n. e., Siria, al igual que Palestina, se encontraban bajo dominio musulmán. En la primera etapa de la ocupación, los musulmanes mantenían un cierto grado de tolerancia hacia los cristianos. El padre de Juan, Sergio Mansur, era un hombre de recursos y recaudador fiscal del califato para los cristianos, posición que no le impidió ser un ferviente católico y asistir a sus correligionarios. Juan y su familia vivieron bajo gobernación islámica, lo que más tarde creó la inusual situación de ser un Padre de la Iglesia Cristiana, viviendo abiertamente su fe cristiana en la corte del califa, protegido de las represalias de un emperador cristiano al que criticó sin restricciones por sus herejías.

Como filósofo y autor teológico, Juan nunca buscó originalidad, sino que su labor consistió en ordenar y recopilar los escritos de sus predecesores. Durante su juventud, San Juan Damasceno se dotó de una sólida formación en teológica, filosófica, música y astronómica. Se vio inspirado por su preceptor, Cosme, un monje de grandes conocimientos que había llegado a la ciudad como prisionero cristiano y a quien el padre de Juan, Sergio, compró su libertad para asignarlo como tutor de sus hijos. Juan Damasceno fue un polemista, autor de *Controversias entre un sarraceno y un cristiano*, una de las primeras del género Su mayor obra fue *La fuente del conocimiento*, escrita hacia el año 743 n. e.

A pesar de su formación, en su juventud Juan se inclinó a seguir los pasos de su padre como jefe del departamento de recaudación de impuestos, posición que finalmente heredó y desempeñó con integridad y eficacia, ganándose la admiración de los líderes musulmanes preeminentes de la ciudad. Cerca del año 700 n. e. y después de varios años en el cargo, decidió entregarse a la vida ascética y vivir el evangelio de manera radical. Juan distribuyó todas sus pertenencias y riquezas entre los pobres, liberó a sus sirvientes y emprendió una peregrinación por Palestina. Junto a su hermano, quien más adelante asumiría el papel de obispo de Maiouna, se entregaron al camino monástico. Juan fue honrado con la ordenación presbiteral y se le confió el deber de predicar en la Basílica del Santo Sepulcro en Jerusalén. Fue en ese entorno sacrosanto donde Juan dedicó la mayor parte de su tiempo a la oración y al análisis contemplativo de las Sagradas Escrituras. Más tarde ingresó en el monasterio de San Sabas, entre Jerusalén y Belén, donde comenzó a escribir sus primeras obras contra los iconoclastas y a componer himnos y poemas hasta su muerte a una avanzada edad.

En cuanto Juan Mansur arribó al monasterio de San Sabas, se le impartieron las siguientes reglas a seguir: «Nunca intentes imponer tu voluntad. Aprende a morir para ti mismo para que alcances la completa renuncia a todas las criaturas. Consagra a Dios tus acciones, sufrimientos y oraciones. No te enorgullezcas debido a tus conocimientos o cualquier otra cosa, en cambio, convéncete cada vez más de tu ignorancia y debilidad. Abandona la vanidad, desconfía de tus propios juicios, y no codicies apariciones y privilegios extraordinarios del cielo. Expulsa de tu recuerdo todo lo que te unía al mundo. Cumple fielmente con el silencio y comprende que es fácil incurrir en un pecado, haciendo solo el bien».

Siguiendo estas pautas al pie de la letra, San Juan Damasceno alcanzó prontamente un alto nivel de excelencia espiritual. No abandonaba el monasterio excepto para evangelizar en Jerusalén. Sus homilías transcritas se difundían como un valioso tesoro, propagándose por el Oriente. Una de sus prédicas más renombradas fue acerca de la transfiguración, en la que reflexiona sobre su tema favorito: la dualidad de la naturaleza de Cristo. Cita los textos fundamentales de las Escrituras en respaldo de la primacía de San Pedro y defiende la doctrina católica de la Confesión sacramental en la que atribuye diversas gracias a la intercesión de la Virgen María.

El segundo de sus tres sermones acerca de la Asunción es especialmente destacable por su detallada descripción de la ascensión del cuerpo de la Virgen María al cielo, un relato, aclara, que se fundamenta en la tradición más antigua y confiable. El dogma de la Asunción de la Virgen María al Cielo sería proclamado muchos siglos después. Tanto las reglas que Juan recibe al ingresar en el monasterio, como las posteriores prédicas y homilías, son importantes en tanto que enmarcan su posición en el debate en torno a lo que se conoce como la crisis iconoclasta.

Por aquellos días, Constantinopla se encontraba inmersa en una profunda tormenta eclesiástica cuyo epicentro podría formularse del siguiente modo: ¿es lícito dentro de la iglesia católica la representación pictórica de figuras sacrosantas como Cristo, la Virgen María y los santos? Dicha tormenta inició su recorrido en el año 730, cuando León III, el emperador bizantino de la época decidió interponer un edicto que erradicaba el culto a las imágenes. La corroboración de este edicto llegó posteriormente, en el año 754 n. e., a través del Concilio de Hiereia. Este movimiento del emperador no fue arbitrario, sino una respuesta a las prácticas ya arraigadas a inicios del siglo VIII entre los cristianos, quienes tenían la tendencia de ilustrar las paredes de sus iglesias con frescos y de crear íconos de madera para embellecer sus hogares y para ostentar durante procesiones en las arterias de Constantinopla.

En realidad, esta contienda, que atravesó el umbral de un siglo, estuvo permeada por una violencia abrumadora. Cinceló una división profunda en la Iglesia, con ambas facciones recibiendo alternativamente la carga de los anatemas. También se persiguió de manera incesante a los monjes que defendían los íconos, resultando en la destrucción de la mayoría de las obras anteriores a este período. De este modo, los íconos más antiguos del siglo VI que han resistido el paso del tiempo provienen de regiones considerablemente alejadas de la capital bizantina, particularmente del Monasterio de Santa Catalina en el Sinaí. Desde la lente de los iconoclastas, el respeto a las imágenes se interpretó como idolatría y un enfrentamiento directo a los edictos de Moisés. A esta postura se une la creciente influencia del islam en aquellos momentos, una fe que descarta tajantemente la representación de íconos, y también se suma que la veneración de estas representaciones sucede primordialmente en la esfera privada, sugiriendo que se trata de una costumbre predominantemente femenina.

Juan Damasceno tomó partida abiertamente en el debate, siendo uno de los más sólidos y fervientes defensores del culto a las imágenes sagradas durante el amargo período de la controversia con los iconoclastas, que abogaban por su destrucción. De hecho, exasperado por los escritos de San Juan Damasceno, el emperador bizantino ideó un plan para perjudicarlo. Logró apoderarse de un manuscrito del santo, que recordemos vivía como sujeto de una potencia extranjera y, a través de expertos escribanos, diseñó una falsa epístola en la que Juan se comprometía a entregar Damasco al monarca. Con tal misiva en su poder, León III advirtió al califa de Damasco, «como un fiel aliado», de la existencia de un traidor en su medio. Pese a que San Juan proclamó su inocencia, el califa asumió la autenticidad de la carta y ordenó la amputación de su mano derecha. Sin embargo, según el biógrafo primigenio del santo, esa mano fue sobrenaturalmente anexada al brazo por la intervención de la Virgen María. El califa reconoció la inocencia de San Juan debido al milagro y lo reinstauró en su posición. Pero para entonces, el santo ya se había desilusionado del mundo y decidió retirarse al monasterio de San Sabas, en Palestina, donde alrededor del año 749 n. e., siendo casi centenario, se despidió del mundo terrenal.

Debido a sus profundos conocimientos y su gran erudición en teología y otras materias seculares, Juan fue apodado «el Santo Tomás del Este». Tanto es así que León XIII lo nombró Doctor de la Iglesia en 1890 debido a su significativo aporte a la teología y liturgia de la Iglesia oriental. Es conocido por sus tres «Discursos en contra de quienes difaman las sagradas imágenes». Dejó un importante legado doctrinal con su obra *De Fide Orthodoxa*, que ofrece una síntesis original del pensamiento patrístico griego y las decisiones doctrinales de los Concilios de su época, y que sigue siendo una referencia esencial tanto para la teología católica como para la ortodoxa. También escribió *De Haeresibus*, sobre las herejías cristianas más difundidas de su tiempo. Sus postulados, junto con los de San Germán de Constantinopla, fueron confirmados durante el Segundo Concilio de Nicea, incluso después de su muerte. Su gran obra, *La fuente del conocimiento*, es la primera suma teológica de la historia. Esta obra es tripartita y se divide en:

1. La dialéctica: una parte filosófica donde se exponen los conceptos esenciales de la lógica aristotélico-porfiriana (conceptos como sinonimia, homonimia, paronimia y demás). También se tratan temas de la naturaleza trinitaria (conceptos como persona, hipóstasis). ¿Por qué se relaciona la *Isagogé* (introducción al libro de las categorías hecha por Porfirio, que fue como el manual estándar de lógica de la época) y la trinidad? Porque son útiles dado el esquema género, especie, diferencia específica, especie o individuo, y se ajustan con facilidad al de esencia, relaciones de origen e hipóstasis.
2. Un repertorio de herejías: *De Haeresibus*, ya mencionado en el texto. Es un repertorio calcado del Panarion de Epifanio de Salamina, exceptuando la herejía 100 (el monotelismo: herejía que explica que Cristo tuvo dos naturalezas, pero solo una sola voluntad divina, condenada en el Concilio III de Constantinopla) y las cuestiones con el islam.
3. Un conjunto de cien capítulos teológicos, titulado *La fe ortodoxa*: Esta parte tiene un plan que consta de cuatro partes, *De Deo uno* (Sobre el Dios único), Creación, Historia de la Salvación y Cuestiones Diversas. La parte de la historia de la Salvación corresponde a la Cristología. Constituye el núcleo histórico de las sumas teológicas en lengua latina. Es una de las principales fuentes de la teología medieval. Se le debe la teoría de los nombres divinos, algo importante a destacar: esta teoría dice que hay una distinción entre los nombres negativos, que nos dicen lo que Dios no es, y los nombres positivos, que nos dicen «lo que conviene» a la naturaleza de Dios, pero no significan tal naturaleza misma.

Su devoción pura a través de su trabajo literario enriqueció de sobremanera la liturgia de la iglesia oriental. Los escritos de Juan Damasceno en favor del culto a las imágenes aparecieron en un periodo histórico concreto en el que la práctica de venerar imágenes sagradas entre los cristianos era prácticamente nula. Esta situación se originaba de una tradición que la desalentaba, apoyándose en interpretaciones de pasajes bíblicos como «No te harás imagen, ni ninguna semejanza de lo que esté arriba en el cielo, ni abajo en la tierra, ni en las aguas debajo de la tierra. No te inclinarás a ellas, ni las honrarás» (Éxodo, 20:4-5); «Ni levantarás para ti pilar sagrado, lo cual aborrece el Señor tu Dios» (Deuteronomio, 16:22); y «No os haréis ídolos, ni os levantaréis imagen tallada ni pilares sagrados, ni pondréis en vuestra tierra piedra grabada para inclinaros ante ella; porque yo soy el Señor vuestro Dios» (Levítico, 26:1).

Contra la estricta campaña que el emperador bizantino León Isauro había desatado contra la veneración de imágenes sagradas, Juan, a petición del Papa Gregorio III, asumió durante toda su vida el papel de defensor incansable de estas imágenes, implementando varias estrategias para desafiar la mentalidad iconoclasta. La posición de Juan se basaba en una interpretación de las escrituras sagradas, cuyo a argumento principal era el suceso central de la fe cristiana, eso es, la Encarnación del Verbo de Dios: si el Hijo de Dios se había presentado como hombre y había pasado de ser invisible a visible y tangible, entonces Jesús era la imagen divina que simbolizaba y materializaba al Dios invisible:

> Él es la imagen del Dios invisible, el primogénito de toda creación.
>
> (Colosenses, 1:15)

Al estudiar los decretos del segundo Concilio de Nicea, convocado a raíz del conflicto interior de la iglesia católica conocido como iconoclastia, es posible comprender lo intrincado del dilema. La palabra iconoclastia deriva del griego *eikon*, que significa 'imagen', y *klastes*, que se traduce como 'destructor', lo que indica que el término «iconoclastia» está ligado íntimamente a la demolición o destrucción de imágenes. Los iconoclastas, entre los que se encuentran figuras eclesiásticas como San Agustín o San Ambrosio, eran teólogos y líderes cristianos que defendían la idea de que el cristianismo, siguiendo los escritos bíblicos del Antiguo Testamento, no debería conservar imágenes ni venerarlas. Según su perspectiva, no se debían albergar representaciones gráficas dado que Dios es inaprehensible. Crear una representación tangible del Dios intangible sería una forma de idolatría. En contraposición encontramos a los defensores de dichas representaciones, entre los que destaca precisamente San Juan Damasceno, quien está considerado un portavoz destacado en esta controversia, habiendo profundizado en el tema de Jesús como emblema del Padre. Como veremos luego de manera más detallada, Juan argumentaba que Cristo es la representación de Dios Padre y nosotros somos el reflejo de Cristo. Así como el Padre se torna visible en el Hijo, así el Hijo se torna visible en las imágenes, que son ventanas hacia el cielo. El Padre es la autoridad de Cristo y Cristo es nuestra autoridad; por lo tanto, quien nos observa ve a Cristo y quien ve a Cristo ve al Padre. Así, accedemos al Padre a través del Hijo.

El enigma planteado por los iconoclastas trascendía ampliamente el ámbito del arte cristiano y ponía en entredicho la concepción cristiana en su totalidad. La postura de los defensores de las imágenes era inequívoca. Conforme a un aforismo de San Germán, el Patriarca de Constantinopla, víctima de la herejía iconoclasta, lo que se cuestionaba era la totalidad de la economía divina en su manifestación humana, pues contemplar el rostro humano del Hijo de Dios es ver un reflejo del Dios invisible.

> Y aquel Verbo fue hecho carne, y habitó entre nosotros [y vimos su gloria, gloria como del unigénito del Padre], lleno de gracia y de verdad.
>
> (Juan, 1:14)

Bajo esta premisa, la representación del rostro humano del hijo de Dios podría considerarse una representación visible del Dios invisible.

El mismo Juan Pablo II, en su carta apostólica a los obispos de la iglesia católica al cumplirse el doceavo centenario del Segundo concilio de Nicea (787 n. e.), escribe lo siguiente:

> El arte puede representar, pues, la forma, la efigie del rostro humano de Dios y llevar al que lo contempla al inefable misterio de este Dios hecho hombre por nuestra salvación. Así el Papa Adriano pudo escribir: «Las sagradas imágenes son honradas por todos los fieles, de forma que, por medio de un rostro visible, nuestro espíritu sea transportado por atracción espiritual hacia la Majestad invisible de la Divinidad a través de la contemplación de la imagen, en la que está representada la carne que el Hijo de Dios se ha dignado tomar para nuestra salvación. De esta manera adoramos y alabamos, glorificándolo en espíritu, a este mismo Redentor, puesto que, como está escrito, Dios es espíritu y por esto adoramos espiritualmente su divinidad».[76]

Asimismo, en la catequesis de la audiencia general del 6 de mayo de 2009, Benedicto XVI recordó que:

> San Juan Damasceno fue, además, uno de los primeros en distinguir, en el culto público y privado de los cristianos, entre la adoración (*latreia*) y la veneración (*proskynesis*): la primera solo puede dirigirse a Dios, sumamente espiritual; la segunda, en cambio, puede utilizar una imagen para dirigirse a aquel que es representado en esa imagen.[77]

Obviamente, el santo no puede en ningún caso ser identificado con la materia de la que está compuesta la imagen. Esta distinción

---

76. Juan Pablo II, Carta Apostólica Duodecimum Saeculum a los Obispos de la Iglesia Católica con ocasión del XII centenario del II Concilio de Nicea, 4 de diciembre de 1987, III, 9. Citando la Carta de Adriano I a los Emperadores, en Mansi XI, 1062AB.

77. Benedicto XVI, Audiencia general del miércoles 6 de mayo de 2009, en el sitio web del Vaticano, https://www.vatican.va

es muy importante para responder de modo cristiano a aquellos que pretendían ver como universal y perenne la observancia de la severa prohibición del Antiguo Testamento de utilizar las imágenes en el culto. Esta era la gran discusión también en el mundo islámico, que acepta esta tradición judía de la exclusión total de imágenes. San Juan Damasceno articula su apologética a través de dos categorías fundamentales: la imagen y la veneración. Nos apoyamos en fuentes fidedignas como la famosísima obra *Sobre las imágenes sagradas*, compuesta de tres discursos que, paulatinamente van esclareciendo y agregando nuevos desarrollos al anterior. En la primera parte titulada *Contra los que atacan las imágenes sagradas* dice:

> En otros tiempos, Dios no había sido representado nunca en una imagen, al ser incorpóreo y no tener rostro. Pero dado que ahora Dios ha sido visto en la carne y ha vivido entre los hombres, yo represento lo que es visible en Dios. Yo no venero la materia, sino al creador de la materia, que se hizo materia por mí y se dignó habitar en la materia y realizar mi salvación a través de la materia. Por eso, nunca cesaré de venerar la materia a través de la cual me ha llegado la salvación. Pero de ningún modo la venero como si fuera Dios. ¿Cómo podría ser Dios aquello que ha recibido la existencia a partir del no ser? (...) Yo venero y respeto también todo el resto de la materia que me ha procurado la salvación, en cuanto que está llena de energías y de gracias santas. ¿No es materia el madero de la cruz tres veces bendita? (...) ¿Y no son materia la tinta y el libro santísimo de los Evangelios? ¿No es materia el altar salvífico que nos proporciona el pan de vida? (...) Y, antes que nada, ¿no son materia la carne y la sangre de mi Señor? O se debe suprimir el carácter sagrado de todo esto, o se debe conceder a la tradición de la Iglesia la veneración de las imágenes de Dios y la de los amigos de Dios que son santificados por el nombre que llevan, y que por esta razón habita en ellos la gracia del Espíritu Santo. Por tanto,

> no se ofenda a la materia, la cual no es despreciable, porque nada de lo que Dios ha hecho es despreciable.[78]

A causa de la encarnación, la materia aparece como divinizada. Se trata de una nueva visión del mundo y de las realidades materiales. Dios se ha hecho carne y la carne se ha convertido realmente en morada de Dios, cuya gloria resplandece en el rostro humano de Cristo. Sin dudas, Damasceno percibía cierto docetismo en los iconoclastas. Por consiguiente, las invitaciones del Doctor oriental siguen siendo de gran actualidad, teniendo en cuenta la grandísima dignidad que la materia recibió en la Encarnación, pues por la fe pudo convertirse en signo y sacramento eficaz del encuentro del hombre con Dios.

Así pues, San Juan Damasceno es testigo privilegiado del culto de las imágenes, que ha sido uno de los aspectos característicos de la teología y de la espiritualidad oriental hasta hoy. Sin embargo, es una forma de culto que pertenece simplemente a la fe cristiana, a la fe en el Dios que se hizo carne y se hizo visible. La doctrina de San Juan Damasceno se inserta así en la tradición de la Iglesia universal, cuya doctrina sacramental prevé que elementos materiales tomados de la naturaleza puedan ser instrumentos de la gracia en virtud de la invocación (epíclesis) del Espíritu Santo, acompañada por la confesión de la fe verdadera.

Su enfoque adopta una estructura convencional que, aunque presenta ciertas especificidades, permanece anclado en el estudio meticuloso de la definición, las justificaciones y las diversas formas de estas dos ideas clave. Para empezar, su análisis acerca de la imagen se organiza de la siguiente manera.

Inicialmente, Damasceno concentra su interés por la idea de imagen. Según él, esta se refiere a «una semejanza, un modelo y una reproducción de algo que muestra en sí misma lo representado», es decir a una correspondencia, un patrón y una representación de algo que proyecta en sí misma lo que está representando. Por consiguiente,

---

78. Benedicto XVI, «San Juan Damasceno», Audiencia general, 6 de mayo de 2009, en https://www.vatican.va. Véase también *Contra imaginum calumniatores* I, 16, ed. Kotter, pp. 89-90.

la imagen entraña una relación directa con lo simbolizado, aunque simultáneamente se diferencia notablemente, ya que no puede reflejar todos los aspectos del modelo original. O, como en el caso de Jesús como Hijo, quien, aunque siendo la imagen del Padre, tiene diferencias, porque el Hijo no es el Padre. Leemos:

> Πρῶτον, τί ἐστιν εἰκών; Εἰκὼν μὲν οὖν ἐστιν ὁμοίωμα καὶ παράδειγμα καὶ ἐκτύπωμά τινος ἐν ἑαυτῷ δεικνύον τὸ εἰκονιζόμενον, πάντως δὲ οὐ κατὰ πάντα ἔοικεν ἡ εἰκὼν τῷ πρωτοτύπῳ τουτέστι τῷ εἰκονιζομένῳ –ἄλλο γάρ ἐστιν ἡ εἰκὼν καὶ ἄλλο τὸ εἰκονιζόμενον– καὶ πάντως ὁρᾶται ἐν αὐτοῖς διαφορά, ἐπεὶ οὐκ ἄλλο τοῦτο καὶ ἄλλο ἐκεῖνο. Οἷόν τι λέγω· Ἡ εἰκὼν τοῦ ἀνθρώπου, εἰ καὶ τὸν χαρακτῆρα ἐκτυποῖ τοῦ σώματος, ἀλλὰ τὰς ψυχικὰς δυνάμεις οὐκ ἔχει· οὔτε γὰρ ζῇ οὔτε λογίζεται οὔτε φθέγγεται οὔτε αἰσθάνεται οὔτε μέλος κινεῖ. Καὶ ὁ υἱὸς εἰκὼν φυσικὴ ὢν τοῦ πατρὸς ἔχει τι παρηλλαγμένον πρὸς αὐτόν· υἱὸς γάρ ἐστι καὶ οὐ πατήρ.
>
> Primeramente, ¿qué es una imagen? Pues bien, una imagen es una semejanza, un modelo y una reproducción de algo que muestra en sí misma lo representado, si bien, evidentemente, la imagen no se parece en todos los puntos al modelo, esto es, a lo representado (es que la imagen es una cosa y otra distinta lo representado), y, sin duda, se ve entre ellos una diferencia dado que no es una cosa distinta eso y otra distinta aquello. Por ejemplo, la imagen del hombre, aunque esta solo reproduce la impronta de su cuerpo sin contener sus capacidades mentales, pues no está viva ni razona ni emite sonido ni tiene percepciones ni mueve ningún miembro. También el Hijo, que es imagen natural del Padre, tiene algo que lo diferencia de Él, pues es el Hijo y no el Padre.[79]

---

79. San Juan de Damasceno, *Contra los que atacan las imágenes sagradas.* Discurso apologético [Sobre las imágenes sagradas 3.14-42], trad. José B. Torres Guerra, Revisiones: Revista de Crítica Cultural 7 (Invierno de 2011 / Primavera de 2013): 21–57, §16.

En un segundo enfoque, Damasceno aborda la cuestión del origen de la imagen, argumentando que su razón de existencia se basa en su habilidad para ilustrar y revelar lo oculto. Leemos:

> Δεύτερον, τίνος χάριν ἐστὶν ἡ εἰκών; Πᾶσα εἰκὼν ἐκφαντορικὴ τοῦ κρυφίου ἐστὶ καὶ δεικτική. Οἷόν τι λέγω· Ἐπειδὴ ὁ ἄνθρωπος οὔτε τοῦ ἀοράτου γυμνὴν ἔχει τὴν γνῶσιν σώματι καλυπτομένης τῆς ψυχῆς οὔτε τῶν μετ' αὐτὸν ἐσομένων οὔτε τῶν τόπῳ διεστηκότων καὶ ἀπεχόντων ὡς τόπῳ καὶ χρόνῳ περιγραφόμενος, πρὸς ὁδηγίαν γνώσεως καὶ φανέρωσιν καὶ δημοσίευσιν τῶν κεκρυμμένων ἐπενοήθη ἡ εἰκών, πάντως δὲ πρὸς ὠφέλειαν καὶ εὐεργεσίαν καὶ σωτηρίαν, ὅπως στηλιτευομένων καὶ θριαμβευομένων τῶν πραγμάτων διαγνῶμεν τὰ κεκρυμμένα καὶ τὰ μὲν καλὰ ποθήσωμεν καὶ ζηλώσωμεν, τὰ δὲ ἐναντία τουτέστι τὰ κακὰ ἀποστραφῶμεν καὶ μισήσωμεν.

> En segundo lugar, ¿en razón de qué existe la imagen? Toda imagen sirve para representar y mostrar lo oculto. Por ejemplo, el hombre no tiene un conocimiento inmediato ni de lo invisible, ya que el alma está cubierta por el cuerpo, ni de lo que sucederá después de él, ni de lo que dista de lugar y se halla ausente, pues está limitado por el espacio y el tiempo. Por eso fue ideada la imagen, para guiar el conocimiento, para mostrar y divulgar lo oculto, evidentemente al objeto de que resultara útil, hiciera un bien y nos auxiliara, para que, cuando los acontecimientos fueran registrados y celebrados, distinguiéramos lo oculto en ellos y sintiéramos añoranza y admiración de las cosas buenas, pero rechazáramos y odiáramos sus contrarios, es decir, las malas.[80]

En una tercera fase, Damasceno señala que todas las imágenes no son idénticas y propone una clasificación en categorías. Comienza

80. Ibid., §17.

con la imagen natural, categoría que utiliza para distinguir lo que es por naturaleza, de lo que existe de manera circunstancial e imitativa. Un ejemplo de esta imagen sería el Hijo, como un reflejo natural y exacto del Padre, ya que «el Hijo es imagen natural del Padre, idéntica y semejante en todo al Padre, menos en la ausencia de generación y la paternidad» (Damasceno, §18). Este tipo de imagen también se aplica al Espíritu con respecto al Hijo, cuya única discrepancia se encuentra en el origen, ya que este último es engendrado y no procedente.

La segunda categoría de imágenes se refiere a aquellos elementos que fueron concebidos desde la eternidad por la inmutable voluntad del Padre, y que aparecen en el momento en que Él ha determinado, «Sucede que son imágenes y modelos de las cosas que llegarán a ser por su intervención» (Damasceno, §19), y que se manifestarán en momentos específicos de la historia.

La tercera modalidad de representación visual se vincula con el ser humano, emergiendo como una imitación, dado que el ser creado no puede compartir la misma naturaleza con su Creador. Desde su existencia concreta, el hombre ejerce dominio sobre la creación, tal como se describe en el Génesis. En relación con esto, la cuarta modalidad se refiere específicamente a las Sagradas Escrituras, las cuales simbolizan elementos, configuraciones y arquetipos de entidades incorpóreas e invisibles que obtienen una forma tangible para facilitar un entendimiento aproximado de Dios y los ángeles:

> Τέταρτος τρόπος εἰκόνος τῆς γραφῆς σχήματα καὶ μορφὰς καὶ τύπους ἀναπλαττούσης τῶν ἀοράτων καὶ ἀσωμάτων σωματικῶς τυπουμένων πρὸς ἀμυδρὰν κατανόησιν θεοῦ τε καὶ ἀγγέλων διὰ τὸ μὴ δύνασθαι ἡμᾶς τὰ ἀσώματα ἄνευ σχημάτων ἀναλογούντων ἡμῖν θεωρεῖν, καθώς φησιν ὁ πολὺς τὰ θεῖα Διονύσιος ὁ Ἀρεοπαγίτης. Ὅτι μὲν γὰρ εἰκότως προβέβληνται τῶν ἀτυπώτων οἱ τύποι καὶ τὰ σχήματα τῶν ἀσχηματίστων, οὐ μόνην αἰτίαν φαίη τις εἶναι τὴν καθ' ἡμᾶς ἀναλογίαν ἀδυνατοῦσαν ἀμέσως ἐπὶ τὰς νοητὰς ἀνατείνεσθαι θεωρίας καὶ δεομένην οἰκείων καὶ συμφυῶν ἀναγωγῶν. Εἰ τοίνυν τῆς ἡμῶν προνοῶν ἀναλογίας ὁ θεῖος

λόγος, πάντοθεν τὸ ἀνατατικὸν ἡμῖν ποριζόμενος, καὶ τοῖς ἁπλοῖς καὶ ἀμορφώτοις τύπους τινὰς περιτίθησι, πῶς μὴ εἰκονίσει τὰ σχήμασι μεμορφωμένα κατὰ τὴν οἰκείαν φύσιν καὶ ποθούμενα μέν, διὰ δὲ τὸ μὴ παρεῖναι ὁρᾶσθαι μὴ δυνάμενα; Φησὶ γοῦν ὁ θεορήμων Γρηγόριος, ὅτι πολλὰ κάμνων ὁ νοῦς ἐκβῆναι τὰ σωματικὰ πάντη ἀδυνατεῖ· «Ἀλλὰ καὶ τὰ ἀόρατα τοῦ θεοῦ ἀπὸ κτίσεως κόσμου τοῖς ποιήμασι νοούμενα καθορᾶται.» Ὁρῶμεν δὲ καὶ ἐν τοῖς κτίσμασιν εἰκόνας μηνύούσας ἡμῖν ἀμυδρῶς «Ποιήσωμεν ἄνθρωπον κατ' εἰκόνα ἡμετέρανκαὶ καθ' ὁμοίωσιν», καὶ εὐθέως ἐπήγαγε· «Καὶἀρχέτωσαν τῶν ἰχθύων τῆς θαλάσσης καὶ τῶνπετεινῶν τοῦ οὐρανοῦ», καὶ πάλιν «καὶ ἄρχετετῶν ἰχθύων τῆς θαλάσσης καὶ τῶν πετεινῶν τοῦοὐρανοῦ καὶ πάσης τῆς γῆς καὶ κατακυριεύσατεαὐτῆς.

La cuarta forma de la imagen es la de la Escritura, que representa figuras, formas y modelos de las cosas invisibles y carentes de cuerpo, que reciben un modelo corporal de cara a una comprensión aproximativa de Dios y de los ángeles dado que nosotros no podemos contemplar las cosas que carecen de cuerpo sin unas figuras análogas a nosotros, según declara Dionisio Areopagita, gran entendido en las cosas de Dios. Es que de manera lógica se proponen modelos de lo que carece de modelo y figuras de lo que carece de figura, y nadie diría que la única causa de ello es la capacidad analógica que hay en nosotros, que es incapaz de ascender de forma inmediata hacia las contemplaciones inteligibles y necesita ayudas de carácter adecuado a ella y de su misma naturaleza. Ciertamente, si la Palabra divina, que vela por nuestra capacidad analógica y nos proporciona de todas partes lo que nos puede hacer ascender, rodea de ciertos modelos a lo que es simple y carece de forma, ¿cómo no dotará de imagen a los seres que están dotados de formas y figuras según su propia naturaleza y son amados, si bien no pueden ser vistos al no estar presentes? En esta línea es que Gregorio, el teólogo, afirma que la inteligencia no es capaz,

> pese a sus muchos esfuerzos, de trascender por completo las realidades corporales. «Pero, desde la creación del mundo, también lo invisible de Dios se hace visible al ser contemplado por la inteligencia a partir de sus obras». También vemos en lo creado imágenes que nos revelan de manera aproximativa las manifestaciones de su libre voluntad como en función de su capacidad de mandar. Pues dice Dios: «Hagamos al hombre a nuestra imagen y semejanza», y al punto añadió: «Y que [los hombres] manden sobre los peces del mar y las aves del cielo», y de nuevo «y mandad sobre los peces del mar y las aves del cielo y sobre toda la tierra y dominadla» (Génesis, 1:26-28).[81]

Esto significa que las Sagradas Escrituras posibilitan la definición de imágenes que desempeñan una función similar a las realidades divinas, contribuyendo a una gradual y cuidadosa contemplación de aspectos que, de otra manera, resultarían incomprensibles.

La quinta categorización se enfoca en las imágenes en el discurso teológico que anticipan o simbolizan futuros eventos. Un ejemplo puede ser la zarza ardiente, representando la presencia divina, o el agua como metáfora del bautismo (Éxodo, 3:2 y Éxodo, 16:33).

Luego, la sexta categorización se centra en imágenes que sirven como recordatorios de eventos asombrosos o como advertencias de acciones censurables, con la intención de influir en el comportamiento futuro y modificarlos. Esta categoría tiene dos dimensiones: una se refleja en elementos clave de la escritura, como las tablas de la ley (Deuteronomio, 5:22), una imagen tangible; la otra, en representaciones específicas de la historia del pueblo de Israel, como el arca o las doce piedras del río Jordán (Éxodo, 16:33 y Éxodo. 28: 9-12). Esta clasificación le permite concluir:

> Ἕκτος τρόπος εἰκόνος ὁ πρὸς μνήμην τῶν γεγονότων ἢ θαύματος ἢ ἀρετῆς πρὸς δόξαν καὶ τιμὴν καὶ στηλογραφίαν τῶν ἀριστευσάντων καὶ ἐν ἀρετῇ διαπρεψάντων ἢ κακίας

81. Ibid., §21.

πρὸς θρίαμβον καὶ αἰσχύνην τῶν κακίστων ἀνδρῶν, πρὸς τὴν εἰς ὕστερον τῶν θεωμένων ὠφέλειαν, ὡς ἂν τὰ μὲν κακὰ φύγωμεν, τὰς δὲ ἀρετὰς ζηλώσωμεν. Διπλῆ δὲ αὕτη· διά τε λόγου ταῖς βίβλοις ἐγγραφομένου – εἰκονίζει γὰρ τὸ γράμμα τὸν λόγον, ὡς ὁ θεὸς τὸν νόμον ταῖς πλαξὶν ἐνεκόλαψε καὶ τοὺς τῶν θεοφιλῶν ἀνδρῶν βίους ἀναγράπτους γενέσθαι προσέταξε – καὶ διὰ θεωρίας αἰσθητῆς, ὡς τὴν στάμνον καὶ τὴν ῥάβδον ἐν τῇ κιβωτῷ τεθῆναι προσέταξεν εἰς μνημόσυνον αἰώνιον καὶ ὡς τὰ ὀνόματα τῶν φυλῶν ἐγκολαφθῆναι τοῖς λίθοις τῆς ἐπωμίδος ἐκέλευσεν, οὐ μὴν ἀλλὰ καὶ τοὺς δώδεκα λίθους ἀρθῆναι ἐκ τοῦ Ἰορδάνου εἰς τύπον τῶν ἱερέων – βαβαὶ τοῦ μυστηρίου, ὡς μέγιστον τοῖς πιστοῖς ἐν ἀληθείᾳ – τῶν αἰρόντων τὴν κιβωτὸν καὶ τῆς τοῦ ὕδατος ἐκλείψεως. Οὕτω καὶ νῦν τὰς εἰκόνας τῶν γεγονότων ἐναρέτων ἀνδρῶν πρὸς ζῆλον καὶ μνήμην καὶ ζῆλον ἡμῶν πόθῳ ἀναγράφομεν. Ἢ τοίνυν πᾶσαν εἰκόνα ἄνελε καὶ ἀντινομοθέτει τῷ ταῦτα προστάξαντι γίνεσθαι ἢ ἑκάστην δέχου κατὰ τὸν ἑκάστῃ πρέποντα λόγον καὶ τρόπον.

La sexta forma de la imagen es la que sirve para recordar los acontecimientos asombrosos o virtuosos, para que ganen en gloria y honor y sean recordados los más destacados y distinguidos por su virtud; o para recordar los ejemplos reprobables, para que los más malvados de los hombres sean objeto de escándalo y se avergüencen: para que lo uno y lo otro les sirva a los que lo contemplen en el futuro, de manera que huyamos de las cosas malas y nos afanemos tras la virtud. Esta forma de la imagen es doble. Por una parte opera a través de la palabra registrada en los libros: es que la letra representa la palabra, y así Dios grabó la Ley en las Tablas y ordenó que quedaran registradas por escrito las vidas de los varones que Lo aman; y también lo hace a través de la visión sensible, y así mandó que estuvieran puestas en el Arca la jarra y la vara, para memoria eterna, y ordenó que se grabaran los nombres de las tribus en las piedras del efod, y además que las doce piedras se sacaran del Jordán como

> figura de los sacerdotes (¡qué gran misterio, pues es inmenso para quienes creen en verdad!) que alzan el Arca, y de la separación del agua. Así también ahora registramos con amor las imágenes de los hombres virtuosos del pasado, para que sirvan de estímulo, para guardar su memoria y para que nos estimulen. En efecto, retira toda imagen y oponte con la ley a quien ordena que se hagan, o bien acepta cada una de acuerdo con la razón y el modo que a cada una le conviene.[82]

Una vez que ha definido meticulosamente la imagen, Juan Damasceno teje una argumentación en defensa de la imagen en torno a dos pilares fundamentales. Primero, la conexión íntima del hombre con Dios, articulada en la encarnación de Cristo.

> Τίς πρῶτος ἐποίησεν εἰκόνα; Αὐτὸς ὁ θεὸς πρῶτος ἐγέννησε τὸν μονογενῆ υἱὸν καὶ λόγον αὐτοῦ, εἰκόνα αὐτοῦ ζῶσαν, φυσικήν, ἀπαράλλακτον χαρακτῆρα τῆς αὐτοῦ ἀιδιότητος, ἐποίησέ τε τὸν ἄνθρωπον κατ' εἰκόνα αὐτοῦ καὶ καθ' ὁμοίωσιν. Καὶ Ἀδὰμ εἶδε θεὸν καὶ ἤκουσε τῆς φωνῆς τῶν ποδῶν αὐτοῦ περιπατοῦντος τὸ δειλινὸν καὶ ἐκρύβη ἐν τῷ παραδείσῳ, καὶ Ἰακὼβεἶδε καὶ ἐπάλαισε μετὰ τοῦ θεοῦ – δῆλον δέ, ὅτι ὡς ἄνθρωπος ἐφάνη αὐτῷ ὁ θεός –, καὶ Μωσῆς ὡς ὀπίσθια ἀνθρώπου εἶδε, καὶ Ἡσαΐας ὡς ἄνθρωπον εἶδε καθήμενον ἐπὶ θρόνου, καὶ Δανιὴλ ὁμοίωμα ἀνθρώπου εἶδε καὶ ὡς υἱὸν ἀνθρώπου ἐλθόντα ἐπὶ τὸν παλαιὸν τῶν ἡμερῶν. Καὶ οὐ φύσιν θεοῦ εἶδέ τις, ἀλλὰ τὸν τύπον καὶ τὴν εἰκόνα τοῦ μέλλοντος ἔσεσθαι· ἔμελλε γὰρ ὁ υἱὸς καὶ λόγος τοῦ θεοῦ ὁ ἀόρατος ἄνθρωπος γίνεσθαι ἐν ἀληθείᾳ, ἵν' ἑνωθῇ τῇ φύσει ἡμῶν καὶ ὁραθῇ ἐπὶ γῆς. Προσεκύνησαν οὖν πάντες οἱ ἰδόντες τὸν τύπον καὶ τὴν εἰκόνα τοῦ μέλλοντος, καθὼς Παῦλός φησιν ὁ ἀπόστολος ἐν τῇ πρὸς Ἑβραίους ἐπιστολῇ· «Κατὰ πίστιν ἀπέθανον οὗτοι πάντες μὴ κομισάμενοι τὰς εὐαγγελίας, ἀλλὰ πόρρωθεν αὐτὰς ἰδόντες καὶ ἀσπασάμενοι». Ἐγὼ οὖν οὐ μὴ ποιήσω εἰκόνα τοῦ δι' ἐμὲ ὀφθέντος σαρκὸς

82. Ibid., §23.

φύσει καὶ προσκυνήσω καὶ τιμήσω αὐτὸν διὰ τῆς εἰς τὴν εἰκόνα αὐτοῦ τιμῆς καὶ προσκυνήσεως; Εἶδεν Ἀβραὰμ οὐ φύσιν θεοῦ («θεὸν γὰρ οὐδεὶς ἑώρακε πώποτε»), ἀλλ' εἰκόνα θεοῦ καὶ πεσὼν προσεκύνησεν. Εἶδεν Ἰησοῦς ὁ τοῦ Ναυῆ οὐ φύσιν ἀγγέλου, ἀλλ' εἰκόνα (φύσις γὰρ ἀγγέλου σωματικοῖς οὐχ ὁρᾶται ὀφθαλμοῖς) καὶ πεσὼν προσεκύνησεν, ὁμοίως καὶ Δανιὴλ (ἄγγελος δὲ οὐ θεός, ἀλλὰ κτίσμα καὶ δοῦλος θεοῦ καὶ παραστάτης), προσεκύνησε δὲ οὐχ ὡς θεῷ, ἀλλ' ὡς θεοῦ παραστάτῃ καὶ λειτουργῷ. Κἀγὼ μὴ ποιήσω εἰκόνα τῶν φίλων τοῦ Χριστοῦ καὶ μὴ προσκυνήσω οὐχ ὡς θεοῖς, ἀλλ' ὡς εἰκόσι φίλων θεοῦ; Οὔτε γὰρ Ἰησοῦς οὔτε Δανιὴλ ὡς θεοῖς προσεκύνησαν τοῖς ὀφθεῖσιν ἀγγέλοις, οὐδὲ ἐγὼ ὡς θεῷ προσκυνῶ τῇ εἰκόνι, ἀλλὰ διὰ τῆς εἰκόνος καὶ τῶν ἁγίων τῷ θεῷ προσάγω τὴν προσκύνησιν καὶ τὴν τιμήν, δι' ὃν καὶ τοὺς αὐτοῦ φίλους σέβω καὶ δι' αἰδοῦς ἄγω. Οὐχ ἡνώθη φύσει ἀγγέλων ὁ θεός, ἡνώθη δὲφύσει ἀνθρώπων. Οὐκ ἐγένετο ὁ θεὸς ἄγγελος, ἐγένετο δὲ ὁ θεὸς φύσει καὶ ἀληθείᾳ ἄνθρωπος. «Οὐ γὰρ δή που ἀγγέλων ἐπιλαμβάνεται, ἀλλὰ σπέρματος Ἀβραὰμ ἐπιλαμβάνεται». Οὐκ ἐγένετο φύσις ἀγγέλων υἱὸς θεοῦ καθ' ὑπόστασιν, ἐγένετο δὲ φύσις ἀνθρώπου υἱὸς θεοῦ καθ' ὑπόστασιν. Οὐ μετέσχον ἄγγελοι οὐδὲ ἐγένοντο θείας κοινωνοὶ φύσεως, ἀλλ' ἐνεργείας καὶ χάριτος, ἄνθρωποι δὲ μετέχουσι καὶ κοινωνοὶ θείας φύσεως γίνονται, ὅσοι μεταλαμβάνουσι τὸ σῶμα τοῦ Χριστοῦ τὸ ἅγιον καὶ πίνουσι τὸ αἷμα αὐτοῦ τὸ τίμιον· θεότητι γὰρ καθ' ὑπόστασιν ἥνωται καὶ δύο φύσεις ἐν τῷ μεταλαμβανομένῳ ὑφ' ἡμῶν σώματι τοῦ Χριστοῦ ἡνωμέναι καθ' ὑπόστασίν εἰσιν ἀδιασπάστως καὶ τῶν δύο φύσεων μετέχομεν, τοῦ σώματος σωματικῶς, τῆς θεότητος πνευματικῶς, μᾶλλον δὲ ἀμφοῖν κατ' ἄμφω, οὐ καθ' ὑπόστασιν ταυτιζόμενοι (ὑφιστάμεθα γὰρ πρῶτον καὶ τότε ἑνούμεθα), ἀλλὰ κατὰ συνανάκρασιν τοῦ σώματος καὶ α ἵματος. Καὶ πῶς οὐ μείζονες ἀγγέλων οἱ φυλάττοντες διὰ τῆς τηρήσεως τῶν ἐντολῶν εἰλικρινῆ τὴν ἕνωσιν; Ἡ μὲν φύσις ἡμῶν βραχύ τι παρ' ἀγγέλους ἠλαττωμένη διὰ τὸν θάνατον καὶ τὴν τοῦ σώματος παχύτητα, ἀλλ' εὐδοκίᾳ καὶ συναφείᾳ θεοῦ γέγονεν ἀγγέλων μείζων· παρίστανται γὰρ αὐτῇ μετὰ φόβου καὶ τρόμου ἄγγελοι καθημένῃ ἐπὶ τοῦ θρόνου τῆς δόξης ἐν τῷ Χριστῷ καὶ παραστήσονται ἔντρομοι ἐν τῇ κρίσει· οὐ συγκαθεύδοντες οὐδὲ κοινωνοὶ τῆς θείας δόξης ὑπὸ τῆς γραφῆς ἐρρήθησαν («εἰσὶ γὰρ πάντες λειτουργικὰ πνεύματα, εἰς διακονίαν ἀποστελλόμενα διὰ τοὺς μέλλοντας κληρονομεῖν σωτηρίαν») οὐδ' ὅτι συμβασιλεύσουσιν οὐδ' ὅτι συνδοξασθήσονται οὐδ' ὅτι ἐπὶ τῆς τραπέζης τοῦ πατρὸς καθίσουσιν, οἱ δὲ ἅγιοι υἱοὶ θεοῦ, υἱοὶ τῆς βασιλείας καὶ κληρονόμοι θεοῦ καὶ συγκληρονόμοι Χριστοῦ. Τιμῶ οὖν τοὺς ἁγίους καὶ συνδοξάζωτοὺς δούλους καὶ φίλους καὶ συγκληρονόμους Χριστοῦ, τοὺς δούλους ἐκ φύσεως καὶ φίλους ἐκ προαιρέσεως καὶ υἱοὺς καὶ κληρονόμους ἐκ θείας χάριτος, ὥς φησιν ὁ κύριος πρὸς τὸν πατέρα. Εἰπόντες τοίνυν περὶ εἰκόνος εἴπωμεν καὶ περὶ προσκυνήσεως, καὶ πρῶτον, τί ἐστι προσκύνησις.

¿Quién fue el primero que creó imágenes? El mismo Dios, el primero, engendró a su Hijo unigénito y su Palabra, imagen viva de Él, imagen natural, impronta idéntica de su eternidad; y creó al hombre a imagen y semejanza de sí mismo. Y Adán vio a Dios y oyó el ruido de sus pasos cuando deambulaba al caer la tarde, y se ocultó en el Paraíso. Y Jacob lo vio y peleó con Dios (es evidente que Dios se le mostró como hombre). Y Moisés vio como las espaldas de un hombre, e Isaías lo vio como un hombre sentado en un trono, y Daniel vio lo que semejaba un hombre y como a un hijo de hombre que se dirigía a Él de avanzada edad. Y nadie vio la naturaleza de Dios sino su tipo y la imagen de lo que iba a ser. Es que el Hijo y Palabra de Dios, el invisible, se iba a convertir verdaderamente en hombre, para que se uniera a nuestra naturaleza y se lo viera en la tierra. Pues bien, todos los que lo vieron veneraron a la figura y a la imagen del que se iba a convertir en hombre, según afirma Pablo, el Apóstol, en la carta a los hebreos: «Todos estos murieron en la fe, sin recibir la promesa, sino que la vieron y saludaron desde lejos». Así pues, ¿no haré yo una imagen del que ha sido visto por mi bien en una naturaleza de carne, y la veneraré y honraré a través del honor y reverencia que le corresponde a su imagen? Abraham no vio la naturaleza de Dios («es que a Dios no lo ha visto nadie hasta el presente») sino una imagen de Dios y, postrándose, la adoró. Josué, el hijo de Nun, no vio la naturaleza de un ángel sino su imagen (es que la naturaleza de un ángel no se ve con ojos corporales) y, postrándose, la adoró; de forma semejante también Daniel (un ángel no es Dios sino una criatura y un siervo de Dios y su asistente), pero lo adoró no como a Dios sino como a un asistente de Dios y ministro suyo. Y yo, ¿no haré una imagen de los amigos del Cristo y no la veneraré, no como a dioses sino como a imágenes de los amigos de Dios? Es que ni Josué ni Daniel veneraron a los ángeles que habían visto como a dioses, ni yo adoro la imagen como a Dios, sino que por medio de la imagen y de los santos presento mi veneración a Dios y le rindo honor, por el cual también reverencio a sus amigos y los trato con respeto. Dios no se unió a la naturaleza de los ángeles, se unió a la naturaleza de los hombres. Dios no se convirtió en ángel, Dios se convirtió en hombre por naturaleza y en verdad. «Es que no se hace cargo de los ángeles sino de la semilla de Abraham». El Hijo de Dios no asumió la naturaleza de los ángeles por hipóstasis sino la del hombre. Los ángeles no tuvieron parte en la naturaleza divina ni la compartieron, aunque sí alcanzaron su potencia y su gracia, mientras que los hombres tienen parte en la naturaleza divina y la comparten cuantos participan del cuerpo santo de Cristo y beben su preciosa sangre. Es que está unido a la divinidad por la hipóstasis, y en el cuerpo de Cristo, del que nosotros participamos, están unidas de manera inseparable por hipóstasis dos naturalezas, y participamos de las dos naturalezas, del cuerpo de forma corporal, de la divinidad de manera espiritual; y, más aún, participamos de los dos según el modo de ambos, siendo identificados no en virtud de la hipóstasis (es que primero existimos y luego nos

> unimos) sino por la mezcla conjunta de cuerpo y sangre. Y, ¿cómo no son mayores que los ángeles los que preservan pura la unión por la observancia de los mandamientos? Nuestra naturaleza se halla en situación algo inferior a la de los ángeles a causa de la muerte y la densidad del cuerpo; pero, por la benevolencia de Dios y nuestra unión con Él, nuestra naturaleza ha superado a la de los ángeles. Se hallan junto a ella con miedo y temblor cuando se sienta sobre el trono de la gloria en Cristo y, en el Juicio, estarán presentes llenos de temblor: de ellos no se dijo en la Escritura que se sienten con Él ni que participen de la gloria divina («Es que todos son espíritus que prestan su ayuda, enviados para servir por causa de quienes van a heredar la salvación») ni que fueran a reinar juntamente ni que fueran a recibir gloria conjunta ni que se sentarán en la mesa del Padre; ellos no, sino los santos hijos de Dios, hijos del reino y herederos de Dios y coherederos con Cristo. Así pues, honro a los santos y glorifico juntamente a los siervos, amigos y coherederos de Cristo, siervos por naturaleza, amigos por predilección e hijos y herederos por gracia divina, según dice el Señor ante el Padre. Tras hablar acerca de la imagen, hablemos también acerca de la veneración y, primero, acerca de qué es la veneración.[83]

Cristo asume completamente la humanidad, y se plantea, como hemos leído: «¿No haré yo una imagen del que ha sido visto por mi bien en una naturaleza de carne, y la veneraré y honraré a través del honor y reverencia que le corresponde a su imagen?». Hay ejemplos en las Escrituras donde figuras como Josué (Josué, 5:14) y Daniel (Daniel, 8:17) veneran una imagen de Dios, sin temor.

El segundo pilar se centra en la veneración debida a quienes han tenido una relación singular e íntima con el Creador. Como hemos leído en la cita anterior, Damasceno afirma: «Y yo, ¿no haré una imagen de los amigos del Cristo y no la veneraré, no como a dioses

83. Ibid., §26.

sino como a imágenes de los amigos de Dios? [...] ni yo adoro la imagen como a Dios, sino que por medio de la imagen y de los santos presento mi veneración a Dios y le rindo honor, por el cual también reverencio a sus amigos y les trato con respeto». Lo que Damasceno recalca aquí es que la veneración no se dirige a la imagen misma, sino a lo que representa.

Las imágenes son puntales para remontarnos hacia lo sagrado, símbolos visibles de la realidad invisible. Según Damasceno, la función de la imagen es de carácter epistemológico, porque orienta el conocimiento en situaciones que la comprensión humana se ve limitada. Por ejemplo, al tratar de comprender lo imperceptible, el curso de sucesos futuros o en situaciones donde la persona está ausente y limitada por las restricciones de espacio y tiempo. El argumento de Juan Damasceno sugiere, entonces, que la imagen fue diseñada como un recurso para permitir al ser humano aproximarse a lo que en otras circunstancias le resultaría incomprensible, haciendo accesible a los sentidos lo inaccesible, y es precisamente de este modo que el ser humano puede distinguir entre lo correcto e incorrecto, entre el bien y el mal.

Basándose en lo argumentado hasta ahora, San Juan Damasceno aborda también la veneración de las imágenes y de las reliquias de los santos, convencido que los santos cristianos, al haber sido hechos partícipes de la resurrección de Cristo, no pueden ser considerados simplemente «muertos». Enumerando, por ejemplo, aquellos cuyas reliquias o imágenes son dignas de veneración, San Juan dice en su tercer discurso:

> Πρῶτον μέν, ἐφ' οἷς ἀναπέπαυται ὁ θεὸς ὁ μόνος ἅγιος καὶ «ἐν ἁγίοις ἀναπαυόμενος» ὡς τῇ ἁγίᾳ θεοτόκῳ καὶ πᾶσι τοῖς ἁγίοις. Οὗτοι δέ εἰσιν οἱ κατὰ τὸ δυνατὸν ὁμοιωθέντες θεῷ ἔκ τε τῆς ἑαυτῶν προαιρέσεως καὶ τῆς θεοῦ ἐνοικήσεως καὶ συνεργίας, οἵτινες καὶ θεοὶ λέγονται ἀληθῶς, οὐ φύσει, ἀλλὰ θέσει, ὡς πῦρ λέγεται ὁ πεπυρακτωμένος σίδηρος, οὐφύσει, ἀλλὰ θέσει καὶ μεθέξει πυρός · φησὶ γάρ · «Ἅγιοι ἔσεσθε, ὅτι ἐγὼ ἅγιός εἰμι.»

> Primeramente, aquello en lo que reposa Dios, el único santo y «el que reposa en los santos» (Isaías, 57:15), como la Santa Madre de Dios y todos los santos. Estos son los que se han asemejado a Dios en la medida de lo posible, por su propia elección y la inhabitación y colaboración de Dios, a los cuales también se los llama «dioses» (Salmos, 82:6) con verdad, no por naturaleza sino por convención, igual que se le llama «fuego» al hierro incandescente, que no lo es por naturaleza sino por convención y por su participación del fuego. Es que dice: «Seréis santos porque yo soy santo» (Levítico, 19:2).[84]

Por eso, después de una serie de referencias de este tipo, San Juan Damasceno llegó a deducir serenamente que:

> Dios, que es bueno y superior a toda bondad, no se contentó con la contemplación de sí mismo, sino que quiso que hubiera seres beneficiados por él que pudieran llegar a ser partícipes de su bondad; por eso, creó de la nada todas las cosas, visibles e invisibles, incluido el hombre, realidad visible e invisible. Y lo creó pensándolo y realizándolo como un ser capaz de pensamiento (*ennoema ergon*) enriquecido por la palabra (*logo[i] sympleroumenon*) y orientado hacia el espíritu (*pneumati teleioumenon*).[85]

Y para aclarar aún más su pensamiento, añade, siguiendo en cierta manera al mismo Platón cuando este decía que toda filosofía comienza con el asombro, que también nuestra fe comienza con el asombro ante la creación, ante la belleza de Dios que se hace visible:

> Es necesario asombrarse (*thaumazein*) de todas las obras de la providencia (*tes pronoias erga*), alabarlas todas y aceptarlas

84. Ibid., §34.

85. Benedicto XVI, Audiencia general, 6 de mayo de 2009, «San Juan Damasceno (Sobre las imágenes sagradas)», https://vatican.va, citando *Contra imaginum calumniatores* II, 2 (PG 94, col. 865A).

todas, superando la tentación de señalar en ellas aspectos que a muchos parecen injustos o inicuos (*adika*); admitiendo, en cambio, que el proyecto de Dios (*pronoia*) va más allá de la capacidad de conocer y comprender (*agnoston kai akatalepton*) del hombre, mientras que, por el contrario, solo él conoce nuestros pensamientos, nuestras acciones e incluso nuestro futuro.[86]

Más aún, Damasceno especifica que no debemos confundir la adoración con la *doulia*, eso es, la veneración consciente, de lo que se desprende que la imagen sea una ventana hacia el cielo para lo humano y un espejo para lo divino que se mira en ella, como el mismo Juan debate:

> Entrando, como si dijéramos, por el camino real, siguiendo la enseñanza divinamente inspirada de nuestros Santos Padres, y la tradición de la Iglesia Católica pues reconocemos que ella pertenece al Espíritu Santo, que en ella habita, definimos con toda exactitud y cuidado que de modo semejante a la imagen de la preciosa y vivificante cruz han de exponerse las sagradas y santas imágenes, tanto las pintadas como las de mosaico y de otra materia conveniente, en las santas iglesias de Dios, en los sagrados vasos y ornamentos, en las paredes y cuadros, en las casas y caminos, las de nuestro Señor y Dios y Salvador Jesucristo, de la Inmaculada Señora nuestra santa Madre de Dios, de los preciosos ángeles y de todos los varones santos y venerables. Porque cuanto con más frecuencia son contemplados por medio de su representación en la imagen, tanto más se mueven los que estas miran al recuerdo y deseo de los originales y a tributarles el saludo y adoración de honor, no ciertamente la latría verdadera que según nuestra fe solo conviene a la naturaleza divina; sino que como se hace con la figura de la preciosa y vivificante cruz, con los evangelios y con los demás objetos sagrados de culto, se las honre con la ofrenda de incienso y de luces, como fue piadosa costumbre

86. Ibid., PG 94, col. 865A.

de los antiguos. «Porque el honor de la imagen se dirige al original», y el que adora una imagen, adora a la persona en ella representada.[87]

Como asimismo vemos en el Nuevo Testamento, donde se dice que:

> Dios, habiendo hablado muchas veces y en muchas maneras en otro tiempo a los padres por los profetas, en estos postreros días nos ha hablado por el Hijo, al cual constituyó heredero de todo, por el cual asimismo hizo el universo, el cual siendo el resplandor de su gloria, y la misma imagen de su sustancia, y sustentando todas las cosas con la palabra de su potencia, habiendo hecho la purgación de nuestros pecados por sí mismo, se sentó a la diestra de la Majestad en las alturas, hecho tanto más excelente que los ángeles, cuanto alcanzó por herencia más excelente nombre que ellos.
>
> (Hebreos, 1:1-4)

La importancia de San Juan Damasceno con relación a la cuestión que nos ocupa puede resumirse en su argumento medular en torno a la encarnación de Cristo: «Hoy, dado que Dios se ha presentado en carne y ha convivido con los hombres, hago una representación de lo visible en Dios». Al mismo tiempo, y para despejar cualquier indicio de idolatría, Juan Damasceno sostiene que la veneración a los íconos no era adoración, sino reverencia, al tiempo que proclamaba la dignidad de la materia: «No me postro ante la materia, sino ante el creador de esta», «el honor que se otorga a la imagen se traslada a su prototipo», aseveraba.

Por último, San juan Damasceno también vio en la imagen un potencial pedagógico, por ejemplo, en la simbología de la Virgen de Guadalupe para con los aborígenes, que ha sido camino de conversión de miles de ellos. La imagen ahorraba palabras, y ellos entendían el mensaje a pesar del choque cultural de tamaña

87. Concilio II de Nicea, Definición sobre las sagradas imágenes y la tradición, sesión VII (787), en Magisterio del II Concilio de Nicea (VII Ecuménico), Apologética Católica, https://apologeticacatolica.org

dimensión. Consciente de la corriente de peregrinos que fluían a Jerusalén, resaltó la utilidad de las imágenes para educar a las multitudes y conmover sus corazones: al igual que los lugares sagrados y las reliquias son pruebas palpables de la venida de Cristo.

La crisis en pos y en contra del uso de imágenes se desvaneció con el deceso del emperador Teófilo (842 n. e.). Su cónyuge, santa Teodora, propulsó a los defensores de los íconos, restauró la paz y proclamó el «triunfo de la ortodoxia» (843 n. e.). Jamás el ícono había ostentado tal preponderancia. Se encontrará en el epicentro de la liturgia y se constituirá en un poderoso instrumento para la evangelización durante el próximo siglo.

Hay tres posturas básicas, dando cuenta de la situación actual. Estas posturas las denominamos «la católica», «la ortodoxa» y «la de inspiración protestante». Esta última se refiere al seguimiento de los postulados de los reformadores del siglo XVI, que consideran a la imagen como algo innecesario para la vida cristiana. Se califica de idólatras a los cristianos que emplean imágenes en lugares de culto.

Las posturas católica y ortodoxa presentan varios puntos en común: el valor comunicativo de la imagen, y el reconocimiento del fundamento cristológico, también ampliamente explicado y con una conclusión perfecta. Pero hay una diferencia interesante a resaltar. Al momento de hablar de estatus de la imagen con relación a la revelación, ambas doctrinas afirman que pertenecen al depósito de la fe, trasmitido por la tradición, pero la valoración es diferente. Los ortodoxos afirman que las imágenes, al estar presentes desde el origen del cristianismo, son un elemento esencial de la revelación cristiana, y que poseen la misma dignidad que la escritura. Revelan y hacen presente a Dios. Tienen un carácter sacramental. Sin embargo, para los católicos, no son un elemento esencial de la revelación. Son accesorios y carecen de carácter sacramental.

Jesús es el símbolo del Padre y su papel es unir lo perceptible con lo imperceptible. Jesús tiene una dimensión invisible y otra visible, por lo que él es el nexo que une la sustancia física y el espíritu. Lo efímero y lo eterno, lo humano y lo divino, puesto que en él convergen ambas realidades.

Capítulo 19

Los símbolos del vaishnavismo *gauḍīya*

El 7 de marzo de 1486, en la noche de luna llena del mes de Phālguṇa, en la región de Bengala, se produjo un evento de significativa trascendencia: el advenimiento de Śrī Chaitanya Mahāprabhu. Su nacimiento tuvo lugar en una India que, bajo el reino de la lógica y los gobiernos islámicos, necesitaba un profundo cambio tanto social como intelectual, moral, político y espiritual. Basándose en las escrituras védicas, grandes sabios habían profetizado dicho acontecimiento como la manifestación terrenal del amor divino. Chaitanya emergió en una familia de la casta brahmin, en la ciudad de Navadwip, en la actual Bengala Occidental de la India, situada a aproximadamente a setenta y cinco millas al norte de la animada Calcuta. A orillas del Ganges, la vibrante ciudad de Navadwip se extendía en ambas direcciones del río sagrado.

A lo largo de su vida, Śrī Chaitanya fue conocido y venerado bajo múltiples denominaciones. Se le llamó Śacīnandana en honor a Śacī, su madre. Debido a su nacimiento bajo un árbol de neem, fue afectuosamente apodado Nimai durante su infancia y juventud. La población local lo identificaba como Gaurāṅga, debido a su piel dorada y clara y su notable belleza física. En una etapa posterior de su vida, al adoptar el sendero de la renuncia, o *sannyāsa*, adoptó formalmente el nombre de Chaitanya. Con el crecimiento de su reputación como santo devoto y maestro iluminado, se le concedió el título honorífico de Mahāprabhu, que se traduce como 'gran maestro' o 'gran señor'.

Los ancestros de Chaitanya eran originarios de Sylhet en el este de Bengala. Habían abandonado su hogar ancestral, estableciéndose en Navadwip, un prominente centro de aprendizaje de la época.

La nueva residencia familiar fue fundada en las proximidades del río Ganges, lugar de nacimiento del padre de Chaitanya llamado Jagannātha Miśra. La madre de Chaitanya se llamaba Śacī-devī, primogénita de Nīlāmbara Cakravartī, un erudito astrólogo de Navadwip. Ella enfrentó la tragedia de perder ocho hijas consecutivas en el parto. En su noveno embarazo dio a luz a su hijo Viśvarūpa y doce años más tarde, Śrī Chaitanya.

La aparición de Śrī Chaitanya se alineó con la celebración de *Dolā-yātrā*, el festival de la primavera dedicado al Señor Kṛṣṇa, que tradicionalmente sucede durante la luna llena de los meses de febrero o marzo. Este hecho no es meramente anecdótico en los estudios teológicos *vaiṣṇavas*; más bien se le atribuye una profunda significación espiritual. Se interpreta que Kṛṣṇa, perpetuamente sumido en el amor hacia sus adoradas *gopīs*, adoptó la disposición emocional y el resplandeciente matiz dorado de Śrīmatī Rādhārāṇī. En la riquísima mitología del hinduismo, Rādhā emerge como una figura central. Esta *gopī*, o 'pastorcilla de vacas', trascendió su papel cotidiano para convertirse en la consorte predilecta del dios Kṛṣṇa durante su estancia en Vrindavan, un período donde Kṛṣṇa compartió su existencia con las *gopīs*. A pesar de ser la esposa legítima de otro *gopa*, o 'vaquero', Rādhā se distinguió como la más amada entre las amantes de Kṛṣṇa, acompañándolo íntimamente. Dentro del marco del movimiento *bhakti*, una corriente devocional del vaisnavismo, se interpreta frecuentemente que Rādhā, en su condición femenina, encarna el alma humana, mientras que en su forma masculina, representa la divinidad suprema. Este simbolismo refleja una profunda alegoría sobre la unión del ser humano con lo divino, un tema recurrente en diversas tradiciones filosóficas y espirituales. Asimismo, dentro de la teología *vaiṣṇava gauḍīya*, Rādhā es considerada la energía interna de Kṛṣṇa, o *hlādinī-śakti*. Es decir, Rādhā y Kṛṣṇa serían dos aspectos de una misma entidad.

রাধাকৃষ্ণ এক আত্মা, দুই দেহ ধরি' ।
অন্যোন্যে বিলসে রস আস্বাদন করি' ॥
সেই দুই এক এবে চৈতন্য গোসাঞি ।
রস আস্বাদিতে দোঁহে হৈলা একঠাঁই ॥

rādhā-kṛṣṇa eka ātmā, dui deha dhari'
anyonye vilase rasa āsvādana kari'
sei dui eka ebe caitanya gosāñi
rasa āsvādite doṅhe hailā eka-ṭhāñi

Rādhā y Kṛṣṇa son uno y el mismo, pero han asumido dos cuerpos. Así gozan uno de otro, saboreando las dulzuras del amor. Ahora, para disfrutar de *rasa*, han aparecido en un cuerpo como Śrī Chaitanya Mahāprabhu.

(*Śrī Caitanya-caritāmṛta*, «*Ādi-līlā*», 4.56-57)

De este modo, Kṛṣṇa dejó su venerada Vrindavan para manifestarse en su sagrada y oculta morada de Navadwip, considerada el Vrindavan oculto. En su encarnación como Śrī Chaitanya, se considera que derramó sobre las tierras de Bengala un caudal de amor divino.

নমো মহাবদান্যায় কৃষ্ণপ্রেমপ্রদায় তে ।
কৃষ্ণায় কৃষ্ণচৈতন্যনাম্নে গৌরত্বিষে নমঃ ॥

namo mahā-vadānyāya
kṛṣṇa-prema-pradāya te
kṛṣṇāya kṛṣṇa-caitanya-
nāmne gaura-tviṣe namaḥ

¡Oh, Tú, ¡la encarnación más magnánima!, Tú eres Kṛṣṇa mismo que has aparecido en la forma de Śrī Kṛṣṇa Chaitanya Mahāprabhu. Has adoptado el color dorado de Śrīmatī Rādhārāṇī, y estás repartiendo por todas partes el amor puro por Kṛṣṇa. Te ofrecemos respetuosas reverencias.

(*Śrī Caitanya-caritāmṛta*, «*Madhya-līlā*», 19.53)

La misión de Chaitanya Mahāprabhu fue, en esencia, otorgar *vraja-prema*, con un énfasis particular en *gopī-prema.* Este mensaje es crucial para aquellos que aún no comprenden el *Bhagavad-gītā* desde su perspectiva simbólica devocional. En la actualidad, numerosos devotos en Occidente muestran un interés creciente en profundizar su comprensión de lo que Mahāprabhu vino a revelar, expresado en el mantra:

অনর্পিতচরীং অনর্পিতচরীং চিরাৎ করুণয়াবতীর্ণঃ কলৌ
সমর্পয়িতুমুন্নতোজ্জ্বলরসাং স্বভক্তিশ্রিয়ম্ ।
হরিঃ পুরটসুন্দরদ্যুতিকদম্বসন্দীপিতঃ
সদা হৃদয়কন্দরে স্ফুরতু স্ফুরতু বঃ শচীনন্দনঃ ॥

anarpita-carīṁ cirāt karuṇayāvatīrṇaḥ kalau
samarpayitum unnatojjvala-rasāṁ sva-bhakti-śriyam
hariḥ puraṭa-sundara-dyuti-kadamba-sandīpitaḥ
sadā hṛdaya-kandare sphuratu vaḥ śacī-nandanaḥ

> Que el Señor Supremo, a quien Se conoce como hijo de Śrīmatī Śacī-devī, Se sitúe trascendentalmente en lo más íntimo de tu corazón. Resplandeciente con el brillo del oro fundido, ha aparecido en la era de Kali, por Su misericordia sin causa, para otorgar lo que ninguna encarnación había ofrecido jamás: la melosidad más sublime y radiante, la melosidad del amor conyugal.
>
> (*Śrī Caitanya-caritāmṛta*, «*Ādi-līlā*», 1.4)

Tanto en India como en Occidente existe un anhelo similar por entender la esencia del *Śrīmad-bhāgavatam*, que se centra en el *gopī-prema*. La evolución devocional no es estática; el *bhakti* es una corriente en constante movimiento. Comienza con *sādhana-bhakti*, evoluciona a *bhāva-bhakti*, asciende a *prema-bhakti*, y finalmente alcanza las etapas superiores de *vraja-bhakti* y *gopī-bhakti*. Este camino culmina en el *bhakti* que Śrīmatī Rādhikā siente por Kṛṣṇa. Por lo tanto, es esencial comprender la verdadera razón de la venida de Śrī Chaitanya Mahāprabhu. Su propósito no se limitaba a la difusión del *nama*; iba mucho más allá. El fruto supremo del *nama* es la realización de Kṛṣṇa, el océano de *rasa*, o 'néctar'.

A lo largo de la historia, eminentes devotos de Śrī Chaitanya, incluyendo figuras de la talla de Śrīla Vṛndāvana dāsa Ṭhākura, Śrī Locana dāsa Ṭhākura, Śrīla Kṛṣṇadāsa Kavirāja Gosvāmī, entre otros, han legado una rica herencia literaria. Esta tradición, enriquecida en los últimos doscientos años por luminarias como Śrī Viśvanātha Cakravartī y Śrī Bhaktisiddhānta Sarasvatī Ṭhākura se caracteriza por su profundo arraigo en los *śāstras* venerados Vedas, *purāṇas*, *upaniṣads*, así como el *Rāmāyaṇa* y el *Mahābhārata*. Estas obras, fruto de un meticuloso estudio y una devoción inquebrantable, destacan por su singularidad compositiva y su excepcional presentación. Son fuente inagotable de conocimiento trascendental, testimonio de una tradición erudita que ha sabido perpetuarse a través de los siglos. Śrīla Murāri Gupta, médico y devoto contemporáneo de Śrī Chaitanya, documentó meticulosamente los primeros años de su vida. Además, la etapa final de la vida del Señor fue fielmente registrada por su secretario privado, Śrī Dāmodara Gosvāmī, también conocido como Śrīla Svarūpa Dāmodara. Su presencia constante junto a Śrī Chaitanya en Purī le permitió una observación detallada y profunda. Estos registros, plasmados en *kaḍacās*, o 'cuadernos de apuntes', formaron la base sobre la cual se erigieron posteriormente las obras literarias que detallan la vida y enseñanzas del Señor. Estos textos, frutos de un registro exhaustivo y devoto, se han convertido en pilares fundamentales para el estudio y la comprensión de la vida de Śrī Chaitanya Mahāprabhu. Su presencia fue una manifestación de divinidadasí como un catalizador de cambios profundos en la estructura política, judicial y social de la región. Se sostiene que Śrī Chaitanya, además de insuflar un renovado espíritu religioso y devocional, estableció un nuevo orden y así marcó un punto de inflexión en la historia y la cultura de Bengala.

La luna llena baña las noches del mundo con sus rayos suaves y plateados. Śrī Chaitanya nació en la noche durante un eclipse de luna llena, como si la naturaleza misma estuviera proclamando el ascenso de una luna diferente, una de naturaleza única y divina. Siguiendo la tradición, la gran mayoría de los habitantes de Navadwip se encontraban en el sagrado rio Ganges cantando los Santos Nombres del Señor con el fin de contrarrestar las posibles influencias negativas de dicho eclipse. Esta nueva luna simbolizaba una plenitud, pureza, frescura, gentileza, generosidad y belleza poética que eclipsaba a la luna ordinaria y a cualquier otra fuente de alegría terrenal.

En aquel momento, siendo primavera, los árboles aún desnudos se adornaban con brotes frescos y retoños de color cobrizo. Los capullos de mango atraían enjambres de abejas zumbadoras en busca de néctar, mientras que arbustos florales y enredaderas ondeaban sus ramas y esparcían su fragancia en el viento. Parecía como si la propia diosa de la naturaleza, vestida de novia, anticipara la llegada de su consorte, el Señor de los mundos infinitos, adornándose con toda su belleza para la inminente unión sagrada. La transformación de la naturaleza en tal esplendor sugería que era el día destinado para el encuentro del Creador con su creación.

Las mujeres de la ciudad soplaban conchas marinas, creando una vibración auspiciosa que llenaba la tierra y el cielo. La paz reinaba en todas direcciones; las aguas de los ríos fluían tranquilas, y hasta las plantas y criaturas más comunes parecían rebosantes de júbilo. El nombre del Señor Supremo resonaba en los labios de todos, y cada corazón desbordaba de felicidad. Era como si todos contuvieran el aliento, expectantes ante la aparición de Nimai, el hijo de Śacī.

জগৎ ভরিয়া লোক বলে–'হরি' 'হরি' ।
সেইক্ষণে গৌরকৃষ্ণ ভূমে অবতরি ॥

jagat bhariyā loka bale - 'hari' 'hari' 'hari'
sei-kṣaṇe gaurakṛṣṇa bhūme avatari

Mientras el mundo entero cantaba así el Santo Nombre de la Suprema Personalidad de Dios, Kṛṣṇa descendió a la Tierra en la forma de Gaurahari.

(*Śrī Caitanya-caritāmṛta*, «*Ādi-līlā*», 13.94)

কলিকালে নামরূপে কৃষ্ণ-অবতার ।
নাম হৈতে হয় সর্বজগৎ-নিস্তার ॥

kali-kāle nāma-rūpe kṛṣṇa-avatāra
nāma haite haya sarva-jagat-nistāra

En esta era de Kali, el Santo Nombre del Señor, el *mahā-mantra* Hare Kṛṣṇa, es la encarnación del Señor Kṛṣṇa. Solo con cantar el Santo Nombre, nos asociamos directamente con el Señor. Todo aquel que lo hace, sin duda alguna, es liberado.

(*Śrī Caitanya-caritāmṛta*, «*Ādi-līlā*», 17.22)

আপনি শ্রীকৃষ্ণ যদি করেন অবতার ।
আপনে আচরি' ভক্তি করেন প্রচার ॥

āpani śrī-kṛṣṇa yadi karena avatāra
āpane ācari' bhakti karena pracāra

[Advaita Ācārya pensó:] «Si Śrī Kṛṣṇa apareciera como una encarnación, predicaría la devoción mediante Su ejemplo personal».

(*Śrī Caitanya-caritāmṛta*, «*Ādi-līlā*», 3.99)

নাম বিনা কলিকালে নাহি আর ধর্ম ।
সর্বমন্ত্রসার নাম, এই শাস্ত্রমর্ম ॥

nāma vinu kali-kāle nāhi āra dharma
sarva-mantra-sāra nāma, ei śāstra-marma

En esta era de Kali, no hay más principio religioso que el de cantar el Santo Nombre, que es la esencia de todos los himnos védicos. Este es el contenido de todas las escrituras.

(*Śrī Caitanya-caritāmṛta*, «*Ādi-līlā*», 7.74)

Después del nacimiento del Señor Chaitanya, los sabios astrólogos se reunieron para realizar un análisis detallado de su carta astral, un paso esencial antes de proceder con la ceremonia de nombramiento que es un ritual profundamente arraigado en las tradiciones védicas. Después de un exhaustivo y profundo estudio de las configuraciones celestes, llegaron a la conclusión unánime de que el nombre de Viśvambhara sería el más adecuado para el recién nacido. Este nombre, imbuido de significado, se traduce como 'el sustentador, alimentador y protector del universo' (*bhara* es 'sostener', 'nutrir' o 'apoyar', y *viśvam* significa 'universo').

A pesar de la importancia y profundidad de este nombre, que refleja un papel cósmico y una conexión espiritual intrínseca, los habitantes de su comunidad continuaron dirigiéndose a él con el apodo de Nimai, un término afectivo que evoca su nacimiento bajo un árbol de neem. Esta dualidad en la designación de Chaitanya, entre un nombre que simboliza su papel divino y un apodo que refleja su humanidad, cercanía e intimidad, ilustra la compleja interacción entre su identidad trascendental y su conexión con la comunidad.

Desde su más tierna infancia, Śrī Chaitanya Mahāprabhu demostró señales premonitorias de su misión divina. En la ceremonia de *anna-prāśana*, a la edad de seis meses, se le presentaron monedas y el *Śrīmad-bhāgavatam*, y eligió este último, presagiando su futura devoción espiritual. Esta elección simbólica marcó el inicio de un sendero lleno de revelaciones y enseñanzas.

En su niñez, Śrī Chaitanya interactuó con una serpiente, un evento que dejó atónitos a los presentes, pero que se resolvió sin incidentes. En otra ocasión, un ladrón intentó secuestrarlo con la intención de robarle, pero, irónicamente, lo devolvió a su hogar, dejando al ladrón confundido y al niño ileso. Estos episodios ilustran la naturaleza excepcional de sus primeros años.

El Señor Chaitanya también se manifestó cuando recibió la visita en su hogar de un *brāhmaṇa* peregrino. En un acto de desobediencia infantil, consumió repetidamente las ofrendas destinadas a la divinidad, obligando al *brāhmaṇa* a cocinar una y otra vez. Finalmente, reveló su identidad divina al *brāhmaṇa*, un momento trascendental que subraya su conexión con lo divino desde una edad temprana.

Durante su infancia, Nimai experimentó un cambio significativo en su entorno familiar cuando su hermano Viśvarūpa, motivado por su intensa vocación religiosa, renunció a su hogar para emprender la vida de un monje errante. Este acontecimiento marcó profundamente a sus padres, quienes, temerosos de que Nimai siguiera un camino similar, se mostraron reticentes a iniciar su educación formal, preocupados por la posibilidad de que una instrucción extensiva lo indujera a un desapego hacia los asuntos mundanos y lo llevara también a abandonar el hogar.

Ante esta situación, Nimai demostró una inteligencia precoz y una habilidad singular para influir en las decisiones de sus padres. En una ocasión, tras ser reprendido por Śacī-mātā por una travesura infantil, Nimai reaccionó sentándose en un montón de basura, provocando la consternación de su madre. Al ser cuestionado por su comportamiento, Nimai replicó con una lógica perspicaz: argumentó que, siendo un *brāhmaṇa*, se esperaba que adquiera conocimiento y discernimiento; sin embargo, al ser privado de educación, le sería imposible diferenciar lo correcto de lo incorrecto o lo puro de lo impuro. En su visión, la falta de instrucción lo colocaba en una posición de ignorancia, donde no podía distinguir un lugar limpio de uno sucio.

Este episodio, documentado en el *Ādī Khaṇḍa* del *Caitanya-bhāgavata* de Śrīla Vṛndāvana Dāsa Ṭhakura, ilustra la agudeza intelectual de Nimai desde una temprana edady su habilidad para utilizar la argumentación lógica y la retórica para alcanzar sus objetivos, incluso en el ámbito familiar. Su capacidad para confrontar y superar obstáculos en su búsqueda de conocimiento revela aspectos cruciales de su carácter y prefigura su posterior influencia como santo líder espiritual.

Tras presenciar la elocuencia y la astucia con la que Nimai argumentaba, Jagannātha Miśra reconoció la futilidad de restringir su acceso a la educación formal. Consecuentemente, inscribió a Nimai en la prestigiosa academia de Gaṅga Dāsa Paṇḍita. En un lapso sorprendentemente breve, Nimai dominó la gramática sánscritay se adentró en disciplinas más complejas. Su habilidad era tal que, al encontrarse con eruditos en las calles, a menudo los retaba con preguntas intrincadas sobre gramática y lógica, dejándolos perplejos y avergonzados por su incapacidad para contestar. Un método que puede compararse con la mayéutica de Sócrates, que muchas veces terminaba en la perplejidad y la imposibilidad de responder. Paso necesario para dar a luz la verdad. Estos académicos llegaron a evitarlo cruzando la calle al verlo acercarse. Sin embargo, a través de estas interacciones, Chaitanya estaba en realidad impartiendo una lección sobre el verdadero propósito del aprendizaje. Expresó este propósito en el *Caitanya-*

bhāgavata (1.12.49), donde planteó la pregunta fundamental: «¿Cuál es el propósito del aprendizaje? Es conocer la devoción a Kṛṣṇa. Si uno no aprende esto, ¿qué sentido tiene ser educado?». Es decir, la causa final del aprendizaje es espiritual.

কেহ কেহ সাক্ষাতে ও প্রভু দেখি' বোলে "কি কার্যে গোঙাও কাল তুমি বিদ্যা-ভোলে?" ॥
কেহ বোলে,–"হের দেখ, নিমাঞি-পণ্ডিত! বিদ্যায কি লাভ?–কৃষ্ণ ভজহ ত্বরিত ॥
পড়ে কেনে লোক?–কৃষ্ণ-ভক্তি জানিবারে সে যদি নহিল, তবে বিদ্যায কি করে?" ॥

keha keha sākṣāte o prabhu dekhi' bole
"ki kārye goṅāo kāla tumi vidyā-bhole?"
keha bole,-"hera dekha, nimāñi-paṇḍita!
vidyāya ki lābha?-kṛṣṇa bhajaha tvarita
paḍe kene loka?-kṛṣṇa-bhakti jānibāre
se yadi nahila, tabe vidyāya ki kare?"

Alguien también le dijo directamente a Nimāi: «¿Por qué pierdes Tu tiempo con la educación mundana?».
Otra persona dijo: «Mira, Nimāi, ¿qué ganas con estudiar? Solo adora a Kṛṣṇa».
¿Por qué estudia la gente? La educación es solo para comprender el servicio devocional al Señor Kṛṣṇa. Si no se cumple ese propósito, ¿para qué sirve su educación?
(*Caitanya-bhāgavata*, «*Ādi-khaṇḍa*», 12.47-49)

En el *Śrī Caitanya-caritāmṛta* se afirma:

প্রভু কহে, – "কোন্ বিদ্যা বিদ্যা-মধ্যে সার?"
রায় কহে, – "কৃষ্ণভক্তি বিনা বিদ্যা নাহি আর" ॥

prabhu kahe, - "kon vidyā vidyā-madhye sāra?"
rāya kahe, - "kṛṣṇa-bhakti vinā vidyā nāhi āra"

> En cierta ocasión, el Señor preguntó: «De todos los tipos de educación, ¿cuál es el más importante?». Rāmānanda Rāya contestó: «La única educación importante es el trascendental servicio devocional a Kṛṣṇa».
>
> (*Śrī Caitanya-caritāmṛta*, «*Madhya-līlā*», 8.245)

Esta perspectiva resalta la primacía de la devoción espiritual por encima del conocimiento meramente académico. Desafortunadamente, Jagannātha Miśra falleció antes de que Nimai concluyera sus estudios. Nimai, observando fielmente los ritos funerarios, honró la memoria de su padre antes de retomar su educación. Al poco tiempo, su reputación como un estudiante brillante se extendió, lo que le permitió eventualmente abrir su propia escuela, atrayendo a muchos alumnos que buscaban aprender de su vasto conocimiento y su enfoque devocional.

Durante su adolescencia, Śrī Chaitanya mostró un carácter juguetón, a menudo gastando bromas a los *brāhmaṇas* locales y a las muchachas que realizaban rituales en el Ganges. Estas interacciones, aunque traviesas, reflejan una profunda comprensión de las costumbres y creencias de su tiempo, y resaltan su habilidad para comunicarse y afectar a las personas de su entorno de maneras significativa y, a veces, sorprendente.

En la época de Śrī Chaitanya Mahāprabhu, Bengala era un hervidero de dialéctica y argumentación. Navadwip, el lugar donde Śrī Chaitanya vio la luz por primera vez, creció y se educó, se erigía como el núcleo de la instrucción y el pensamiento lógico de toda la India. La escuela del *Navya-nyāya* era prominente. El *Navya-nyāya*, también conocido como la *darśana* de la Lógica y Filosofía India Neológica, surgió en el siglo XIII n. e. gracias a los esfuerzos del eminente filósofo Gaṅgeśa Upādhyāya de Mithilā. Este nuevo enfoque se basó en los fundamentos del clásico *darśana Nyāya* y encontró continuidad en las contribuciones de Raghunātha Śiromaṇi de Navadwip. No obstante, para comprender plenamente el desarrollo del *Navya-nyāya*, también es crucial reconocer las influencias significativas de destacados pensadores anteriores como Vācaspati Miśra y Udayana.

El *Navya-nyāya* floreció a lo largo de los siglos y se mantuvo activo en la India hasta el siglo XVIII n. e. En un momento de ferviente intelectualidad, los eruditos de esta escuela de pensamiento destacaron por sus avances considerables en los campos de la lógica y la filosofía indias, lo que solidificó la posición del *Navya-nyāya* como un linaje eminentemente respetado en el contexto intelectual de la nación. La escuela dejó una huella indeleble en el desarrollo del pensamiento filosófico de la India, y su legado ha perdurado hasta nuestros días como tema de estudio y admiración.

Navadwip emergía como el epicentro más relevante de los estudios lógicos de la época, y su reputación era de tal magnitud que muy pocos osaban aceptar un desafío contra un erudito proveniente de tal lugar. Los académicos forjados en Navadwip eran considerados invencibles en el debate. Los centros de estudio y escuelas se hallaban repletos de estudiantes de toda la India, y aquel capaz de refutar a un erudito de Navadwip adquiría instantáneamente fama en todo el subcontinente. Navadwip era el núcleo neurálgico de los eruditos indios, y allí residían algunos de los nombres más destacados de la lógica. Śrī Chaitanya Mahāprabhu, a quien se le adjudica un notable dominio en la lógica, se convirtió en el más célebre erudito de la región y, aún en sus años mozos, mostró proezas intelectuales y debatió y triunfó sobre luminarias del intelecto.

En aquella época, Navadwip recibió la visita de Keśava Kāśmīrī, un erudito de renombre que se dedicaba a viajar y debatir con otros académicos. Los *paṇḍitas* de Navadwip, conscientes de su prestigio y temerosos de ser eclipsados en un enfrentamiento intelectual, se vieron en un dilema. Preocupados por la reputación de su ciudad como centro de sabiduría, optaron por nombrar a Nimai como su campeón. Razonaron que si Nimai, que aún era muy joven, era derrotado, el prestigio de Navadwip permanecería intacto. Por otro lado, una victoria elevaría el honor de toda la comunidad.

Cuando Nimai y Keśava Kāśmīrī se enfrentaron en su debate intelectual, el *paṇḍita* de Cachemira desplegó su habilidad componiendo cien versos improvisados en alabanza al Ganges. Nimai, con su aguda perspicacia, recordando perfectamente todos los versos, destacó varios errores gramaticales, métricos, léxicos y retóricos. Esta intervención deslució el desempeño de Keśava Kāśmīrī, y los espectadores aclamaron la victoria de Nimai. Después del debate, la perplejidad invadió a Keśava Kāśmīrī, un erudito en las letras, al enfrentar la realidad inesperada de ser corregido por un joven mero aprendiz de gramática. Este evento lo llevó a una introspección profunda en la soledad de su estancia. En la quietud de la noche, una visión onírica se presentó ante él: Sarasvatī, la venerada deidad del conocimiento le impartió una directriz trascendental: someterse a la voluntad del Señor. Esta revelación marcó un punto de inflexión en la vida del Kāśmīrī Paṇḍita, quien, bajo la guía divina, halló su camino espiritual como discípulo de Śrī Chaitanya. Este giro de eventos subraya la confluencia entre el saber académico y la sabiduría espiritual, un tema recurrente en la exploración filosófica de la relación entre el conocimiento humano y lo divino.

Poco tiempo después, Nimai contrajo matrimonio con Lakṣmī Devī, hija de Vallabhācārya. Algunos meses más tarde, emprendió un viaje a Bengala Oriental, la actual Bangladesh, para impartir enseñanzas y obtener ingresos. Durante su ausencia, Lakṣmī Devī falleció a causa de una mordedura de serpiente. A su regreso, Nimai encontró a su madre sumida en la desolación y le ofreció palabras de consuelo, recogidas en el *Caitanya-bhāgavata*:

লোকানুকরণ-দুঃখ ক্ষনেক করিযা কহিতে লাগিলা নিজে ধীর-চিত্ত হৈযা ॥
কস্য কে পতি-পুত্রাদ্যা মোহ এব হি কারণম্ ॥
প্রভু বলে,–"মাতা, দুঃখ ভাব' কি-কারণে? ভবিতব্য যে আছে, সে খণ্ডিবে কেমনে? ॥
এই-মত কাল-গতি, কেহ কা'রো নহে অতএব, 'সংসার অনিত্য' বেদে কহে
ঈশ্বরের অধীন সে সকল-সংসার সংযোগ-বিযোগ কে করিতে পারে আর? ॥
অতএব যে হৈল ঈশ্বর-ইচ্ছায হৈল সে কার্য, আর দুঃখ কেনে তায? ॥
স্বামীর অগ্রেতে গঙ্গা পায যে সুকৃতি তা'র বড আর কে বা আছে ভাগ্যবতী?" ॥

lokānukaraṇa-duḥkha kṣaneka kariyā
kahite lāgilā nije dhīra-citta haiyā.
kasya ke pati-putrādyā moha eva hi kāraṇam.
prabhu bale,-"mātā, duḥkha bhāva' ki-kāraṇe?

bhavitavya ye āche, se khaṇḍibe kemane?
ei-mata kāla-gati, keha kā'ro nahe ataeva, 'saṁsāra anitya' vede kahe īśvarera
adhīna se sakala-saṁsāra saṁyoga-viyoga ke karite pāre āra?
ataeva ye haila īśvara-icchāya
haila se kārya, āra duḥkha kene tāya?
svāmīra agrete gaṅgā pāya ye sukṛti
tā'ra baḍa āra ke vā āche bhāgyavatī?"

Después de lamentarse como un hombre corriente durante algún tiempo, comenzó a hablar con paciencia.
¿Quién en este mundo material es el marido, el hijo o el amigo de quién? En realidad nadie está emparentado con nadie. Solo la nesciencia es la causa de este malentendido.
El Señor dijo: «Oh madre, ¿por qué te sientes tan triste? ¿Quién puede comprobar lo que está destinado a suceder?».
Tal es la corriente del tiempo. Nadie está emparentado con nadie, por eso los Vedas declaran que este mundo material es temporal. Todos los universos están bajo el control del Señor Supremo. ¿Quién sino el Señor Supremo puede unir o separar a las personas?
Por lo tanto, todo lo que ha sucedido por deseo del Señor Supremo estaba destinado. ¿Por qué habrías de lamentarte?
¿Quién es más afortunada y piadosa que una mujer que abandona su cuerpo antes de que muera su marido?
(*Caitanya-bhāgavata*, «*Ādi-khaṇḍa*», 14.181-187)

El Señor Chaitanya expresó que tanto la vida como la muerte están regidas por la voluntad divina y que el fallecimiento prematuro de una esposa, dejando a su esposo viudo, es considerada afortunada. En el año siguiente, Nimai continuó con su labor docente en casa de Mukunda Sañjaya. Sus días transcurrían enseñando a sus alumnos intensamente desde el alba hasta el mediodía, dedicando las tardes y noches a profundizar en sus propios estudios. Durante este período, Śacī Devī, profundamente anhelante de ver a su hijo establecido en un nuevo matrimonio, inició las diligencias para ello. Encomendó a Kāśīnātha Paṇḍita la responsabilidad de gestionar las negociaciones matrimoniales de Nimai con Viṣṇupriyā, la devota hija de Sanātana Miśra. Sanātana Miśra, un *brāhmaṇa* de reputación impecable y devoto ferviente de Viṣṇu, era reconocido por sus numerosas virtudes. Su carácter se distinguía por la caridad, la hospitalidad, la veracidad y el autocontrol. Además, su posición como erudito en la corte real le confería una considerable riqueza. En este contexto, Buddhimanta Khān, otro ciudadano adinerado de la localidad se ofreció voluntariamente para sufragar los gastos de la boda. Cuando se identificó el momento astrológicamente propicio para la ceremonia, Nimai lideró una procesión nupcial fastuosa y festiva hacia la residencia de Sanātana Miśra. Allí se realizaron los rituales tradicionales, culminando en la unión matrimonial de Nimai y Viṣṇupriyā.

A pesar de estar unido en matrimonio con Viṣṇupriyā, una esposa tanto hermosa como virtuosa, Chaitanya Mahāprabhu comenzó a experimentar un creciente desinterés por los placeres y responsabilidades de la vida conyugal. En 1509, cuando se aproximaba a los veintitrés años, emprendió un viaje a Gayā. Su objetivo era realizar rituales de ofrecimiento, conocidos como oblaciones, en el venerado Brahma-kuṇḍa, con el propósito de honrar la memoria y facilitar el tránsito espiritual de su difunto padre.

Tras sumergirse en las aguas purificadoras de Brahma-kuṇḍa y completar estos rituales sagrados, Mahāprabhu visitó Cakraberia Tīrtha, emplazamiento del célebre templo que alberga las huellas del Señor Viṣṇu. Durante su meditación en este lugar sagrado, Mahāprabhu escuchó la recitación de las glorias divinas según las escrituras, lo que desencadenó en él un torrente de síntomas extáticos trascendentales, manifestados en un flujo incesante de lágrimas, comparable al caudal del río Ganges.

Fue en este estado elevado de consciencia que Mahāprabhu se encontró con Īśvara Purī, quien estaba destinado a convertirse en su maestro. La reunión entre ambos fue marcada por una oleada de amor extático por Kṛṣṇa, inundando sus corazones. Mahāprabhu le reveló a Īśvara Purī que el propósito más profundo de su viaje a Gayā había sido, en realidad, este divino encuentro.

প্রভু বলে,–"গযা-যাত্রা সফল আমার যত-ক্ষণে দেখিলাঙ চরণ তোমার ॥
তীর্থে পিণ্ড দিলে সে নিস্তরে পিতৃ-গণ সেহ,–যারে পিণ্ড দেয, তরে' সেই
জন তোমা' দেখিলেই মাত্র কোটি-পিতৃ-গণ সেই-ক্ষণে সর্ব-বন্ধ পায
বিমোচন ॥
অতএব তীর্থ নহে তোমার সমান তীর্থের্ ও পরম তুমি মঙ্গল প্রধান ॥
সংসার-সমুদ্র হৈতে উদ্ধারহ মোরে এই আমি দেহ সমর্পিলাঙ তোমারে ॥
'কৃষ্ণ-পাদ-পদ্মের অমৃত-রস পান আমারে করাও তুমি'–এই চাহি দান" ॥

prabhu bale,—"gayā-yātrā saphala āmāra
yata-kṣaṇe dekhilāṅa caraṇa tomāra
tīrthe piṇḍa dile se nistare pitṛ-gaṇa
seha,—yāre piṇḍa deya, tare' sei jana
tomā' dekhilei mātra koṭi-pitṛ-gaṇa
sei-kṣaṇe sarva-bandha pāya vimocana
ataeva tīrtha nahe tomāra samāna
tīrther o parama tumi maṅgala pradhāna
saṁsāra-samudra haite uddhāraha more
ei āmi deha samarpilāṅa tomāre
kṛṣṇa-pāda-padmera amṛta-rasa pāna
āmāre karāo tumi'—ei cāhi dāna"

El Señor dijo: «Mi viaje a Gayā se convirtió en un éxito en cuanto vi tus pies de loto. Aquel que viene aquí a ofrecer oblaciones libera a sus antepasados y quizás también a sí mismo. Sin embargo, en cuanto te vi, millones de antepasados fueron liberados inmediatamente de su esclavitud material. Ningún lugar sagrado podría igualarte. De hecho, santos como tú son la única razón real por la que cualquier lugar santo es capaz de santificar al peregrino. Por favor, sácame de este océano de enredo material. Te entrego mi cuerpo y mi vida a ti. Todo lo que te pido es que por favor me des a beber el néctar de los pies de loto de Kṛṣṇa».

(*Caitanya-bhāgavata*, «*Ādi-khaṇḍa*», 17.50-55)

Chaitanya Mahāprabhu subrayó enfáticamente que el verdadero valor de visitar lugares sagrados radica en el encuentro y asociación con los santos sabios y maestros realizados que residen en ellos. La peregrinación a lugares santos constituye un medio o instrumento para un fin más elevado. Por eso, es un error asumir que la mera visita a un lugar de peregrinación garantiza el contacto con un auténtico santo o maestro iluminado. El papel del maestro es trascendental, pues posee la capacidad de infundir en los demás el anhelo por el servicio devocional a Kṛṣṇa, objetivo supremo de la vida según la enseñanza de Mahāprabhu.

De acuerdo con la tradición *vaiṣṇava gauḍīya*, Śrī Chaitanya Mahāprabhu, en su condición de devoto y maestro universal es la encarnación de Kṛṣṇa, que adopta la forma de su propio devoto en el estado emocional de Rādhārāṇī, con el fin de impartir los medios para alcanzar el amor divino. Sin embargo, para destacar la importancia de recibir iniciación de un maestro genuino, Mahāprabhu exhibió el pasatiempo de aceptar el mantra de diez sílabas de Kṛṣṇa de manos de Īśvara Purī.

Tras esta iniciación, Nimai se transformó en un ser completamente intoxicado por la devoción a Kṛṣṇa. Śrī Gaurāṅga sufrió una profunda transformación devocional. La iniciación en el *mahā-mantra* por Īśvara Purī transformó su misma esencia radicalmente. A su retorno a Navadwip, se distanció de su anterior identidad como intelectual, erudito, académico y experto. Renunciando a todas sus preocupaciones anteriores, incluyendo su vida familiar y profesional, abandonó la docencia, cerró su escuela y dedicó su existencia a la búsqueda de Kṛṣṇa, invocando su nombre con intensa emoción y experimentando episodios de desmayo por la angustia de la separación. Desde ese momento, la existencia de Śrī Chaitanya experimentó un giro drástico que lo llevó a abandonar la dimensión conceptual, racional y lógica en la que hasta entonces había basado sus conocimientos, y en la que sobresalía. En su lugar, se orientó hacia lo simbólico, espiritual, devocional y supramental, experimentando un viraje que lo llevaría desde la mente conceptual al corazón devocional. El Señor Chaitanya dejó perplejo al mundo, abandonando la conceptualización para danzar y cantar los Nombres Sagrados de Dios en público, proclamando que la unidad y la diversidad de lo divino están más allá de la capacidad de comprensión humana, una afirmación notable viniendo precisamente de alguien que había dedicado su vida a la conceptualización, la especulación y la lógica. Esta contundente expresión de la naturaleza inefable de lo divino causó un impacto profundo en quienes la oyeron. Para Śrī Chaitanya, la forma más elevada de adoración no era mediante la racionalización de lo divino, sino mediante la participación en el símbolo sonoro del *mahā-mantra*.

हरेः शक्तेः सर्वं चिदचिदखिलं स्यात्परिनतिः ।
विवर्तं नो सत्यं श्रुतिमतविरुद्धं कलिमलम् ॥
हरेर्भेदाभेदौ श्रुतिविहिततत्त्वं सुविमलं ।
ततः प्रेम्णः सिद्धिर्भवति नितरां नित्यविषये ॥

hareḥ śakteḥ sarvaṁ cid-acid-akhilaṁ syāt parinatiḥ
vivartaṁ no satyaṁ śruti-mata-viruddhaṁ kali-malam
harer bhedābhedau śruti-vihita-tattvaṁ suvimalaṁ
tataḥ premṇaḥ siddhir bhavati nitarāṁ nitya-viṣaye

En su totalidad, los mundos material y espiritual son las transformaciones de las energías del Señor Hari, el Señor Supremo. Vivarta-vāda, la teoría impersonal de la transformación ilusoria de Brahman es falsa. Es contaminación venenosa en esta era de Kali y contradice las conclusiones de los Vedas. La filosofía de *acintya-bhedābheda-tattva*, la doctrina de la inconcebible unidad y diferencia simultáneamente es la única esencia verdadera de los Vedas. La práctica de esta filosofía promueve a una persona a la etapa perfeccional de desarrollar amor trascendental divino por Śrī Hari, la Verdad eterna absoluta.

(Śrīla Bhaktivinoda Ṭhākura, *Gaurāṅga-līlā-smaraṇa-maṅgala Stotra*, verso 83)

Dentro del vaishnavismo existen cuatro escuelas o *sampradāyas* aceptadas como autorizadas:

- *Brahma-madhva-sampradāya* representada por Śrī Madhvācārya.
- *Lakṣmī sampradāya* representada por Śrī Rāmānujācārya.

- *Śiva sampradāya* representada por Śrīpāda Viṣṇusvāmī
- *Kumāra sampradāya* representada por Śrī Nimbārkācārya

El Señor Chaitanya Mahāprabhu aceptó la doctrina de Śrī Madhvācārya, reconociendo al mismo tiempo ciertos aspectos importantes contenidos en las *tattvas* de las otras tres *sampradāyas vaiṣṇavas*. En palabras textuales del Señor Chaitanya, citadas por Śrī Jīva Gosvāmī:

মধ্ব হৈতে সার-দ্বয় করিব গ্রহণ ।
এক হয় কেবলাদ্বৈত নিরসন নিরসন ॥
কৃষ্ণ-মুর্তি নিত্য জানি' তা হার সেবন ।
সেই ত' দ্বিতীয় সার জান মহাজন ॥
রামানুজ হৈতে আমি লৈ দুই সার ।
অনন্য-ভকতি, ভক্ত-জন-সেবা আর ॥
বিষ্ণু হৈতে দুই সার করিব স্বীকার ।
ত্বদীয়-সর্বস্ব-ভাব, রাগ-মার্গ আর ॥
তোমা হৈতে লব আমি দুই মহা-সার ।
একান্ত-রাধিকাশ্রয়, গোপী-ভাব আর ॥

madhva haite sāra-dvaya kariba grahaṇa
eka haya kevalādvaita nirasana
kṛṣṇa-mūrti nitya jāni' tāṅhāra sevana
sei ta' dvitīya sāra jāna mahājana
rāmānuja haite āmi lai dui sāra
ananya-bhakati, bhakta-jana-sevā āra
viṣṇu haite dui sāra kariba svīkāra
tvadīya-sarvasva-bhāva, rāga-mārga āra
tomā haite laba āmi dui mahā-sāra
ekānta-rādhikāśraya, gopī-bhāva āra

¡Oh gran personalidad! De la *Madhva-sampradāya* aceptaré dos principios esenciales: la refutación del *kevalādvaita* (monismo absoluto) y el servicio a la forma de deidad de Śrī Kṛṣṇa, habiendo aceptado esta forma como eterna. De Śrī Rāmānuja aceptaré la devoción exclusiva (*ananya-bhakti*) y el servicio a los devotos. De Śrī Viṣṇusvāmī aceptaré el sentimiento de que solo Bhagavān Śrī Kṛṣṇa es mi totalidad (*tvadīya-sarvasva-bhāva*) y el camino de la devoción espontánea (*rāga-mārga*). De su *sampradāya* [la línea de Śrī Nimbāditya o Nimbārka] aceptaré dos principios supremamente esenciales: refugiarme exclusivamente en los pies de loto de Śrīmatī Rādhikā (*ekānta-rādhikāśraya*) y en los sentimientos de las *gopīs*.

(Śrīla Bhaktivinoda Ṭhakura, *Śrī Navadvīpa-dhāma-māhātmya*, «*Parikramā-khaṇḍa*», 16.52-56)

Cuando un erudito en lógica del nivel de Nimai Paṇḍit propone que lo trascendente es *acintya-bhedābheda*, o 'inconcebiblemente inconcebible unidad y diferencia, está promoviendo un giro desde lo conceptual a lo simbólico. El término *cintya* significa 'pensable' refiriéndose a un 'concepto' y lo contrario es *acintya*, o 'no conceptual'. *Bheda* se traduce como 'diferencia' y lo contrario es *abheda*, o 'no diferencia'. La visión teológica del *bhedābheda-tattva* afirma que Dios es «simultáneamente uno con Su creación y diferente de ella». Por muy inconcebibles que sean Brahman, Dios o la Verdad última, ninguna escuela lo etiqueta como «inconcebible». Resulta absurdo definir algo como indefinible (*acintya*). Obviamente, no se trata de una definición conceptual, sino de un giro desde el terreno conceptual al simbólico, porque a través del concepto no hay acceso a lo trascendente. El símbolo y el mito otorgan la posibilidad de sumergirse en lo insondable, en la exultación, la demencia y la ingenuidad inmaculada de la inocencia primigenia. Recordemos que un símbolo, en su esencia, puede definirse como una imagen invisible que se muestra por medio de otra visible y que adquiere sentido a través de un relato audible. Es una entidad que tiene un aspecto visible y otro invisible, una imagen, palabra o acción que excede su significado superficial o literal, evocando un trasfondo más profundo y abstracto. El símbolo es una imagen auditiva que transmite mediante una imagen sensible una historia suprasensible que le da sentido desde lo metafísico a lo físico. La sintaxis del símbolo es la relación que tiene cada elemento del símbolo. La semántica del símbolo es el significado que obtiene a la luz del sendero metafísico.

Y la pragmática del símbolo es el contexto cultural o grupal en el que esa semántica cobra sentido. Los miembros del grupo pueden entenderlo cabalmente porque forman parte de su historia. Solo quien pertenece al grupo, puede ser parte de su símbolo y solo quien es parte del símbolo, puede entenderlo. Por lo tanto, es necesario comprender claramente el profundo giro que encierra el término *acintya* dentro de dicho contexto.

Posteriormente, Nimai comenzó a participar activamente en *kīrtanas*, celebraciones extáticas de canto y danza de los nombres sagrados de Kṛṣṇa, llevadas a cabo en la residencia de Śrīvāsa Paṇḍita, un venerable devoto *vaiṣṇava* vecino. Actualmente, la morada de Śrīvasa es conocida como Saṅkīrtana Rāsa Sthalī, evocando el lugar donde Kṛṣṇa realizó su danza *rāsa* con las *gopīs*. Así como esos pasatiempos de Kṛṣṇa son considerados los más destacados, el *saṅkīrtana* encarna el pasatiempo más significativo de Śrī Gaurāṅga. Además, Śrī Chaitanya ocasionalmente dirigía *kīrtanas* en la casa de Candraśekhara Ācārya.

Las resonancias del *kīrtana* de Śrī Chaitanya Mahāprabhu se propagaron hasta Śāntipura, donde resonaron entre sus asociados más cercanos: Nityānanda Prabhu, Advaita Prabhu, Hari Dāsa Ṭhākura, Gadādhara Paṇḍita, Śrīvāsa Paṇḍita y otros distinguidos devotos como Puṇḍarika Vidyānidhi, Murāri Gupta y Buddhimanta Khān. Este acontecimiento marcó el inicio del movimiento *saṅkīrtana*, evocando la imagen de un éxtasis de amor divino, que parecía descender del reino espiritual para apoderarse de los corazones de los fieles, manifestando su presencia a través de la recitación del nombre sagrado de Kṛṣṇa.

Los ateos, aquellos cuya percepción se limita a la materialidad del cuerpo y del mundo tangible, se mostraban incapaces de comprender la transformación experimentada por Mahāprabhu, de manera similar a cómo una mujer estéril no puede comprender la maternidad. Los *pāṣāṇḍīs*, o 'heréticos', de Navadwip, absortos en la mundanidad y ajenos al amor divino, expresaban diversas opiniones sobre los *kīrtanas* de Mahāprabhu, todas ellas adversas. Algunos los criticaban por considerar que perturbaban la tranquilidad y el orden público con su aparente alboroto incoherente; otros los desestimaban, tachándolos de meros festines de ebriedad. Pese a las críticas y condenas de los *pāṣāṇḍīs*, cada uno basado en su limitada comprensión, los devotos mantenían su enfoque inalterable, entregándose completamente al canto de los Santos Nombres junto a Nimai. Al cantar el mantra, Śrī Gaurāṅga bailaba poseído por una divina nectárea locura que contagiaba a todos a su alrededor haciéndoles bailar y cantar con él. Rápidamente, Śrī Chaitanya se transformó en el líder indiscutible de los devotos de Kṛṣṇa en Nadia. Sin embargo, su popularidad no tardó en despertar la envidia de algunos *brāhmaṇas* que trataron de impedir el movimiento de *saṅkīrtana*. Cuando los envidiosos opositores comprendieron la futilidad de sus esfuerzos por sofocar el *kīrtana* a través de su retórica adversa, decidieron elevar sus quejas al Kazi, el magistrado Nawab Hussain Shah, la autoridad local representante del poder musulmán en Bengala. El magistrado era la autoridad sobre una Bengala dominada por los seguidores del islam en aquella época. Este, en un intento por aplacar la disensión, emitió una prohibición contra el *kīrtana*. Incluso acudió personalmente a una casa en la que se realizaba *kīrtana* y rompió una *mṛdanga* con furia. Sin embargo, Nimai, rechazando vehementemente tal injerencia, desafió la orden con una firmeza inquebrantable. Proclamó: «En esta era de Kali, ningún mortal posee la potestad de silenciar el sagrado canto de los Santos Nombres». Nimai, en un acto de desafío abierto, instó a sus seguidores: «Continúen con el *kīrtana*». Los devotos continuaron con sus cánticos durante algún tiempo, pero no pudieron hacerlo libremente. Por miedo del Kazi, Nimai dijo a sus seguidores: «Esta noche, iluminaremos Navadwip con la luz de nuestra devoción. ¿Osará el Kazi interrumpir una manifestación tan divina? Si es menester, mostraremos nuestra resolución, incluso ante el monarca». En sus palabras resonaba una determinación férrea, una invitación a desafiar las convenciones establecidas en nombre de un amor trascendental por Kṛṣṇa.

La respuesta de Nimai fue convocar una manifestación masiva, una procesión de *vaiṣṇavas* y simpatizantes que se extendió por las calles de Navadwip, dirigida valientemente hacia la residencia del Kazi. La muchedumbre, inflamada por un fervor revolucionario, no tardó en causar estragos en los alrededores de la casa del Kazi, destruyendo jardines y huertos. Los pocos soldados a disposición del Kazi resultaron insuficientes ante el imponente número de manifestantes, unidos en su apoyo a Nimai.

El Kazi, abrumado por el temor ante la imponente figura de Nimai, optó por refugiarse en su morada, rehusando todo encuentro. Nimai, enfrentando la negativa del Kazi, expresó su indignación con firmeza y claridad, evidenciando la profundidad de su compromiso con la causa *vaiṣṇava* y la libertad de expresión religiosa.

ক্রোধে বলে প্রভু–"আরে কাজী বেটা কোথা ঝাট আন' ধরিয়া কাটিয়া
ফেল মাথা ॥
পুড়িয়া মরুক সব-গণের সহিতে সর্ব বাড়ী বেড়ি' অগ্নি দেহ' চারি-ভিতে ॥
সঙ্কীর্তন-আরম্ভে মোহার অবতার কীর্তন-বিরোধী পাপী করিমু সংহার...

krodhe bale prabhu-"āre kājī beṭā kothā
jhāṭa āna' dhariyā kāṭiyā phela māthā
puḍiyā maruka saba-gaṇera sahite
sarva bāḍī veḍi' agni deha' cāri-bhite
saṅkīrtana-ārambhe mohāra avatāra
kīrtana-virodhī pāpī karimu saṃhāra"

En ese estado de enfado, el Señor dijo: «¿Dónde está ese tal Kazi? Tráiganlo aquí rápidamente y le cortaré la cabeza. Que el Kazi muera quemado junto con sus asociados. Rodeen la casa y préndanle fuego por todos lados. Me he encarnado para inaugurar el movimiento *saṅkīrtana*. Destruiré a los pecadores que son contrarios al *kīrtana*».

(*Caitanya-bhāgavata*, «*Madhya-khaṇḍa*», 23.388, 399, 402)

Al percibir la inminente amenaza de la multitud que se acercaba con antorchas llameantes, el Kazi comprendió que su situación era insostenible. En ese interín, algunos devotos, inquietos por la visible ira de Mahāprabhu, se esforzaron por apaciguarlo. Sus esfuerzos surtieron efecto: Chaitanya recobró la calma y la furia destructora que lo había embargado se disipó. Ante la entrada principal de la residencia del Kazi, Nimai y sus seguidores tomaron asiento. Nimai delegó a un ciudadano distinguido de Navadwip la tarea de entrar y comunicar sus exigencias al Kazi. Este último, al ser informado de que Nimai no buscaba hacerle daño, se sintió aliviado y accedió a recibirlo.

La reunión entre el Kazi y Nimai Paṇḍita se desarrolló en un clima de cortesía recíproca, una deferencia adecuada dada la posición de autoridad del Kazi. Un lazo de familiaridad surgió entre ellos cuando el Kazi se dirigió a Nimai como sobrino y Nimai le correspondió llamándolo tío (*māmā*). Esta conexión se debía a la tradición bengalí de las relaciones de aldea, que establecían vínculos afectivos más allá de los familiares directos. Dado que el Kazi compartía origen con la madre de Nimai, Śacī, era considerado su hermano de pueblo, y por extensión, tío de Nimai, a pesar de las diferencias de clase social.

En aquel contexto histórico, la interacción entre *brāhmaṇas* y musulmanes estaba fuertemente restringida; un contacto, incluso indirecto, con la sombra de un musulmán obligaba a un *brāhmaṇa* a un baño purificador en el Ganges. Por eso, el diálogo directo y cercano entre Nimai, un *brāhmaṇa* de alta casta, y el Kazi, un magistrado musulmán, rompía con las convenciones establecidas y marcaba un hito significativo en las relaciones interculturales de la época.

La congregación de innumerables ciudadanos que habían seguido a Nimai formó un círculo alrededor de él y del magistrado musulmán, prestando una atención meticulosa a su diálogo. Nimai inició la conversación con una reflexión profunda sobre el Corán y la matanza de vacas que practican los musulmanes.

Nimai, con su presencia serena y una voz melódica, expresaba sus ideas con una lógica irrefutable y una elocuencia cautivadora. Esta combinación de humildad, dulzura en el discurso y argumentación lúcida dejó una impresión duradera en el Kazi.

Entonces, el Kazi le contó a Nimai cómo un temible león con cuerpo humano (el Señor Nṛsiṁhadeva) se le apareció y, atravesándole el pecho con las uñas, le advirtió que dejara de oponerse al canto del Santo Nombre, so pena de perder la vida.

এত বলি’ কাজী নিজ-বুক দেখাইল ।
শুনি’ দেখি’ সর্বলোক আশ্চর্য মানিল ॥

eta bali' kājī nija-buka dekhāila
śuni' dekhi' sarva-loka āścarya mānila

Tras esta descripción, el Kazi mostró su pecho. Tras oírle y ver las marcas, todos los presentes aceptaron el magnífico incidente.
(*Śrī Caitanya-caritāmṛta*, «*Ādi-līlā*», 17.187)

Entonces, el Kazi describió cómo se dirigieron a él diferentes grupos de musulmanes e hindúes, para pedirle que detuviera el movimiento *saṅkīrtana*. Luego concluyó sus palabras con la siguiente declaración.

হিন্দুর ঈশ্বর বড় যেই নারায়ণ ।
সেই তুমি হও,–হেন লয় মোর মন ॥
এত শুনি' মহাপ্রভু হাসিয়া হাসিয়া ।
কহিতে লাগিলা কিছু কাজিরে ছুঁইয়া ॥
তোমার মুখে কৃষ্ণনাম,–এ বড় বিচিত্র ।
পাপক্ষয় গেল, হৈলা পরম পবিত্র ॥
'হরি' 'কৃষ্ণ' 'নারায়ণ'–লৈলে তিন নাম ।
বড় ভাগ্যবান্ তুমি, বড় পুণ্যবান্ ॥

eta śuni' mahāprabhu hāsiyā hāsiyā
hindura īśvara baḍa yei nārāyaṇa
sei tumi hao, — hena laya mora mana
kahite lāgilā kichu kājire chuṅiyā
tomāra mukhe kṛṣṇa-nāma, — e baḍa vicitra
pāpa-kṣaya gela, hailā parama pavitra
'hari' 'kṛṣṇa' 'nārāyaṇa' — laile tina nāma
baḍa bhāgyavān tumi, baḍa puṇyavān

Sé que Nārāyaṇa es el Dios Supremo de los hindúes, y pienso que Usted es el mismo Nārāyaṇa. Esto lo siento dentro de mi mente. Tras oír hablar al Kazi de un modo tan agradable, Śrī Caitanya Mahāprabhu le tocó y, sonriendo, dijo lo siguiente. «El canto del Santo Nombre de Kṛṣṇa que ha salido de sus labios ha producido algo maravilloso: ha anulado las reacciones de todas sus actividades pecaminosas.

Ahora es usted supremamente puro. Por haber cantado tres veces el Santo Nombre del Señor [Hari, Kṛṣṇa y Nārāyaṇa], es usted sin lugar a duda, la persona más piadosa y afortunada».

(*Śrī Caitanya-caritāmṛta*, «*Ādi-līlā*», 17.215-218)

En esta circunstancia excepcional, la conducta del Kazi, despojada de la rigidez protocolar habitual, revelaba una desconcertante familiaridad hacia un ciudadano de estatus ordinario como Nimai. Sumido en la intensidad del momento, el Kazi parecía haberse desprendido por completo de las normas de etiqueta que dictaban su rango social. Su mirada, empañada por las lágrimas, se fijaba en el semblante sereno de Nimai, capturado por una mezcla de reverencia y admiración. Mentalmente, se entregó a los pies de loto de Nimai, un gesto de rendición y devoción. Con humildad y sincera súplica, imploró la gracia divina, anhelando el precioso don de la devoción pura a Dios, un estado de éxtasis espiritual que trascendía las convenciones y distinciones sociales de su tiempo.

এত শুনি' কাজীর দুই চক্ষে পড়ে পানি ।
প্রভুর চরণ ছুঁই' বলে প্রিয়বাণী ॥
তোমার প্রসাদে মোর ঘুচিল কুমতি ।
এই কৃপা কর,–যেন তোমাতে রহু ভক্তি ॥

eta śuni' kājīra dui cakṣe paḍe pāni
prabhura caraṇa chuṅi' bale priya-vāṇī
tomāra prasāde mora ghucila kumati
ei kṛpā kara, —yena tomāte rahu bhakti

Inmediatamente tocó los pies de loto del Señor y dijo las siguientes dulces palabras: «Solo por Tu misericordia se han desvanecido mis malas intenciones. Te ruego me concedas Tu favor, para que así mi devoción esté siempre fija en Ti».

(*Śrī Caitanya-caritāmṛta*, «*Ādi-līlā*», 17.219b-220)

Aunque en un principio el Kazi ordenó detener el movimiento de *saṅkīrtana* de Chaitanya, después de una conversación personal con Gaurāṅga, el Kazi cambió por completo de opinión transformándose en su devoto. Con la resolución del conflicto sobre el *kīrtana*, las maquinaciones de los *pāṣāṇḍīs* resultaron inútiles. La tumba de Chand Kazi, situada en la aldea de Bamanpukur, cerca de Navadwip, se convirtió en un lugar de respeto para hindúes y musulmanes. Algunos historiadores señalan este acontecimiento liderado por Nimai como el albor de la lucha india por la libertad.

Liberado de las restricciones impuestas por el Kazi, Nimai impulsó el *kīrtana* en diversos lugares, fomentando un cambio significativo en aquellos antes hostiles a esta práctica. Entre los conversos más notorios se encuentran Jagāi y Mādhāi, dos hermanos cuya vida de depravación parecía no tener límites.

A pesar de sus innumerables faltas, se habían abstenido de blasfemar contra los devotos, lo cual se reveló como su salvación. Kṛṣṇa, en su encarnación como el hijo de Śacī, envió a Nityānanda Prabhu y a Hari Dāsa Ṭhākura a propagar los Santos Nombres, y fue en este cometido que se toparon con los infames hermanos.

En una ocasión, mientras Nityānanda Prabhu y Śrīla Haridāsa Ṭhākura recorrían una calle principal, se toparon con una tumultuosa multitud. Indagando entre los presentes, descubrieron que el origen del alboroto eran los dos hermanos, Jagāi y Mādhāi, cuyo comportamiento escandaloso era exacerbado por la embriaguez. A pesar de su origen en una familia *brāhmaṇa* respetable, estos hermanos habían caído en desgracia debido a malas influencias, sumergiéndose en vicios y conductas reprobables.

Movido por la compasión, Nityānanda Prabhu decidió intervenir, considerando que la redención de tales almas desviadas sería un acto glorioso que enaltecería el nombre del Señor Chaitanya. A pesar de las obscenidades y la hostilidad enfrentada, Nityānanda y Haridāsa mantuvieron su misión de instar a los hermanos a invocar el Santo Nombre de Hari.

Al día siguiente, en un encuentro subsiguiente, Nityānanda Prabhu, conocido como un *avadhūta* y ajeno a las convenciones sociales, fue atacado por Mādhāi. Sin embargo, en lugar de enojarse, Nityānanda respondió con una paciencia y bondad extraordinarias, instando nuevamente a los hermanos a la devoción. Esta actitud despertó un cambio en Jagāi, quien, impresionado por la magnanimidad de Nityānanda, se arrepintió y solicitó clemencia para su hermano.

Este incidente culminó con la llegada iracunda del Señor Chaitanya, dispuesto a castigar a los transgresores. Nityānanda. Sin embargo, intercedió, recordándole a Chaitanya su misión de salvar a las almas perdidas de esta era. Chaitanya, conmovido por la súplica y el arrepentimiento de los hermanos, accedió a perdonarlos bajo la condición de que renuncien a sus caminos pecaminosos.

Este relato destaca la compasión incondicional y la firmeza en la misión espiritual de Nityānanda Prabhu y Śrī Chaitanya Mahāprabhu, que trascienden las barreras de la conducta y el estatus social, enfatizando la importancia de la transformación interior y la redención genuina.

Tras recibir la bendición de Nityānanda Prabhu, Jagāi y Mādhāi experimentaron un profundo arrepentimiento por sus pasadas transgresiones. Se sumergieron en la comunidad devocional, adoptando prácticas rigurosas de oración y contemplación. Sus malos caminos quedaron atrás, y su pasado pecaminoso se desvaneció gradualmente en el olvido. Transformados, se elevaron a la posición de devotos ejemplares, y Mahāprabhu instruyó a sus discípulos a no juzgarlos por sus antiguas faltas.

Nityānanda Prabhu encomendó a Mādhāi la misión de entonar incesantemente el nombre de Kṛṣṇa y dedicarse al servicio del Ganges, limpiando meticulosamente los escalones del *ghāt*. Este acto de humildad y penitencia, ofreciendo reverencias a cada bañista, transformó a Mādhāi Ghāt. Hoy en día, el lugar conocido como Mādhāi Ghat sigue siendo un testamento de su redención.

La historia de Jagāi y Mādhāi ilustra profundamente las enseñanzas de Chaitanya Mahāprabhu sobre el sendero espiritual. Él, un *brāhmaṇa* de alta casta, junto con Hari Dāsa Ṭhākura, de origen musulmán, y Nityānanda Prabhu, un *avadhūta* al margen de las castas, demostraron que la verdad espiritual trasciende las barreras humanas de casta, clase o religión. Mahāprabhu enfatizó que la promoción del canto de los Santos Nombres y las enseñanzas de Kṛṣṇa nunca debe ser motivada por intereses materiales. Considerar la religión como un medio de lucro material constituye una ofensa grave.

En este pasatiempo, también se revela un secreto esotérico: la ira, una emoción típicamente vista como negativa, puede ser canalizada en servicio a Kṛṣṇa. Narottama Dās Ṭhākura expresó esto en su enseñanza de dirigir la ira contra aquellos que se oponen a Kṛṣṇa. Así, en casos excepcionales, la ira no contraviene el crecimiento espiritual, como lo ejemplifica Hanumān en el Rāmāyaṇa, donde su furia contra Rāvaṇa fue una expresión de su devoción al Señor Rāmacandra.

En el año fundacional del movimiento *saṅkīrtana* en Navadwip, Mahāprabhu orquestó una serie de pasatiempos, cada uno un microcosmos de divinidad. Estos actos desplegaron los seis atributos divinos consagrados en la literatura védica: riqueza, valentía, fama, belleza, sabiduría y desapego. Un incidente particular se destacó, marcando un punto de inflexión en su vida. En su morada, Mahāprabhu se sumergió en la melancolía de una *gopī*, afligida por la aparente indiferencia de Kṛṣṇa. Sumido en este trance, exclamaba repetidamente «*gopī, gopī*». Un alumno, desconcertado y crítico, interpeló a Mahāprabhu: «¿Por qué recitas el nombre de las pastorcillas de vacas y no el de Kṛṣṇa? ¿Qué logras con ello?». Mahāprabhu, aún enajenado en su papel de *gopī* resentida, reaccionó con ira. Acusó a Kṛṣṇa de ser infiel, de traicionar su amor. El estudiante, incapaz de descifrar el profundo significado de sus palabras, se escandalizó, viéndolo como una blasfemia. Mahāprabhu, exacerbado, lo persiguió con un palo, provocando que el alumno huyera aterrorizado.

El relato del estudiante provocó consternación entre los *brāhmaṇas* locales. Conspiraron para que unos rufianes castigaran a Mahāprabhu, propinándole una paliza. La incomprensión y la hostilidad de la comunidad brahmánica hacia él lo sumieron en una profunda tristeza. Como respuesta a este conflicto, Mahāprabhu pronunció un acertijo, una respuesta enigmática a la censura y la incomprensión que enfrentaba.

“করিল পিপ্পলিখণ্ড কফ নিবারিতে উলটিয়া আরো কফ বাড়িল দেহেতে” ॥

karila pippali-khanda kapha nivarite
ulatiya aro kapha badila dehete

Tomé la medicina *pippalikhaṇḍa* para eliminar el exceso de mucosidad, pero en lugar de eliminar la mucosidad del cuerpo, creó más.

(*Caitanya-bhāgavata*, «*Madhya-khaṇḍa*», 26.121)

En otras palabras: «He mostrado tantos pasatiempos maravillosos para enseñar a estas personas la vida espiritual, pero no han sido capaces de comprender nada. De hecho, se están volviendo hostiles a la devoción pura». Llegó a la conclusión de que tenía que tomar medidas extraordinarias para remediar el problema y salvarlos:

অতএব অবশ্য আমি সন্ন্যাস করিব ।
সন্ন্যাসি-বুদ্ধ্যে মোরে প্রণত হইব ॥

ataeva avaśya āmi sannyāsa kariba
sannyāsi-buddhye more praṇata ha-iba

Aceptaré la orden de vida *sannyāsa*, porque así la gente Me ofrecerá sus reverencias, pensando en Mí como un miembro de la orden renunciante.

(*Śrī Caitanya-caritāmṛta*, «*Ādi-līlā*», 17.265)

En una coyuntura crucial, Mahāprabhu optó por la vida ascética como *sannyāsī*. Kaśava Bhāratī, en su ruta hacia Katwa, se cruzó con Mahāprabhu en Navadwip. A él, Mahāprabhu confió su propósito, un secreto que compartió solamente con cinco allegados: su madre Śacī Devī, Gadādhara Paṇḍita, Candraśekhara, Mukunda y Brahmānanda. Sin embargo, la noticia se difundió rápidamente por el pueblo, a excepción de Viṣṇupriyā Devī, su esposa, quien permaneció ajena.

Viṣṇupriyā, hija de Sanātana Miśra, había llegado a la vida de Mahāprabhu con la ilusión de un matrimonio feliz. Pero, a pesar de sus esperanzas, la tranquilidad siempre le fue esquiva, atormentada por la creciente devoción espiritual de su marido y el temor latente de ser abandonada.

A la víspera de su partida, Mahāprabhu se sumergió en un *kīrtana* con sus seguidores, despidiéndose de ellos en silencio. Al anochecer, regresó a su hogar, donde Śacī Mātā y Viṣṇupriyā lo aguardaban. Viṣṇupriyā, manteniendo la tradición, lavó los pies de Mahāprabhu. Esa noche, él cumplió con sus deberes domésticos, orando y cenando en compañía de su madre, antes de retirarse a su aposento.

La habitación se llenó de una tensión palpable, marcada por la inminente separación. Las preguntas angustiadas de Viṣṇupriyā resonaban con una urgencia desgarradora. En la penumbra, las lágrimas de Viṣṇupriyā brillaban, reflejando el dolor de un corazón roto. Ante este escenario emotivo, la determinación de Mahāprabhu tambaleó. Movido por el amor y la compasión, abrazó a Viṣṇupriyā, buscando aliviar su angustia. En ese abrazo, compartió palabras de consuelo y afecto, procurando serenar su atribulado espíritu.

En aquellos momentos, Nimai y Viṣṇupriyā protagonizaron escenas que los poetas han descrito con fervor: un amante y su amada en la antesala de su unión. Nimai, con cuidado y ternura, ayudó a Viṣṇupriyā a adornarse con su sari más fino y joyas doradas. Su habitación, bañada en la luz de un amor puro, desprovisto de lujuria, se convirtió en un refugio de intimidad y cariño. Sin embargo, al final de la noche, con Viṣṇupriyā sumida en un sueño profundo, Nimai rompió sus lazos afectivos y partió sigilosamente hacia Katwa.

Al alba, acompañado de Nityānanda Prabhu, Candraśekhar Ācārya y Mukunda Datta, Nimai emprendió su viaje hacia una nueva vida como *sannyāsī*. Tras cruzar el Nirdayā Ghat en el Ganges, que su nombre evoca la ausencia de piedad en su partida, alcanzó Katwa. Allí, en el *aśram* de Keśava Bhāratī, Mahāprabhu solicitó el *sannyāsa*. Sus amigos esperaban, sumergidos en *saṅkīrtana*, mientras un barbero afeitaba la cabeza de Mahāprabhu, un acto que llenó de tristeza a todos los presentes.

En un gesto inesperado, Mahāprabhu susurró un mantra al oído de Keśava Bhāratī y le pidió que se lo repitiera, invirtiendo así la tradicional relación maestro-discípulo. Keśava Bhāratī, siguiendo el deseo de Mahāprabhu, le dio el nombre de Kṛṣṇa Chaitanya. Con su atuendo azafrán, Mahāprabhu irradiaba una belleza excepcional.

Entretanto, en Navadwip, la noticia de su partida y su conversión en *sannyāsī* causó un profundo dolor. Śacī Devī y Viṣṇupriyā, sumidas en el luto, enfrentaban un vacío insondable. Viṣṇupriyā, joven aún, veía cómo su mundo se desmoronaba, perdida en una soledad abrumadora, con la esperanza de felicidad futura esfumándose como un sueño inalcanzable. Su amor en la separación se convirtió en un paradigma de devoción y sacrificio.

La ciudad entera resonaba con los lamentos de los devotos, un eco de tristeza que perdura hasta hoy. En la memoria colectiva, las palabras de Govinda Ghosh reviven ese sentimiento de pérdida y anhelo, manteniendo viva la historia de Mahāprabhu y su impacto en los corazones de sus seguidores.

হেদে রে নদীয়া বাসি করাও মুখ চাও ।
বহু পাসারিয়া গোড়া চাঁদেরে ফিরাও ॥

hede re nadiya vasi kara-o mukha cao
bahu pasariya gora candere phirao

¡Oh, ciudadanos de Nadia! ¿A quién os dirigiréis ahora? ¡Levantad los brazos al cielo y rezad para que nuestra luna dorada vuelva a casa!

(De un poema escrito por Govinda Ghosh)

Después de su iniciación como *sannyāsa*, Mahāprabhu dejó Katwa, tomando rumbo hacia Śāntipura. Un mensajero, con paso apresurado, se dirigió a Navadwip para informar a Śacī Devī, su madre. Ella, angustiada pero decidida, viajó a Śāntipura para encontrarse con su hijo. En un diálogo cargado de emociones maternales, Śacī Devī suplicó a Mahāprabhu que modificara sus planes iniciales de ir a Vrindavan. En su lugar, le instó a establecerse en Jagannātha Purī, facilitándole así la posibilidad de recibir noticias sobre él.

Al llegar a Puri en marzo de 1510, Mahāprabhu se dirigió directamente al templo de Jagannātha. La majestuosa presencia de la deidad sumió a Mahāprabhu en un éxtasis profundo, llevándolo a desmayarse en el suelo del templo. Sārvabhauma Bhaṭṭācārya, un reconocido erudito del *vedānta* y testigo de este extraordinario evento, se sintió profundamente impresionado. Llevó a Mahāprabhu a su hogar, donde los devotos, a su lado, lo despertaron cantando los Santos Nombres de Kṛṣṇa.

Una vez recuperada su consciencia, Sārvabhauma, con la intención de impartir su conocimiento, ofreció enseñar a Mahāprabhu la visión del *vedānta advaita*. Mahāprabhu aceptó y escuchó pacientemente durante siete días las explicaciones de Sārvabhauma sobre el *Vedānta-sūtra*, basadas en el comentario de Śaṅkara. No obstante, el silencio prolongado de Mahāprabhu inquietó a Sārvabhauma, quien le preguntó si tenía alguna duda. Mahāprabhu expresó entonces su perspectiva: aunque consideraba claros los aforismos de Vyāsa Deva, sus interpretaciones los oscurecían, desviándolos de su verdadero propósito.

প্রভু কহে, – "সূত্রের অর্থ বুঝিয়ে নির্মল ।
তোমার ব্যাখ্যা শুনি' মন হয় ত' বিকল ॥

prabhu kahe, — "sūtrera artha bujhiye nirmala
tomāra vyākhyā śuni' mana haya ta' vikala"

Śrī Caitanya Mahāprabhu reveló entonces Su mente diciendo: «Yo comprendo con toda claridad el significado de los *sūtras*, pero tus explicaciones no han hecho más que agitar Mi mente».

(*Śrī Caitanya-caritāmṛta*, «*Madhya-līlā*,» 6.130)

Según Mahāprabhu, la auténtica comprensión del *vedānta* residía en la doctrina de *acintya-bhedābheda-tattva* o 'la inconcebible unidad y diferencia'.

En un debate iluminador, Mahāprabhu desplegó su maestría en las escrituras para convencer a Sārvabhauma Bhaṭṭācārya de sus perspectivas espirituales. Luego, Bhaṭṭācārya, intrigado, solicitó a Mahāprabhu que interpretara el versículo *ātmārāmāś ca munayaḥ* del *Śrīmad-bhāgavatam* (1.7.10). Primero, Bhaṭṭācārya presentó nueve interpretaciones, demostrando su erudición. Sin embargo, Mahāprabhu, sin referirse a las explicaciones de Bhaṭṭācārya, develó dieciocho interpretaciones distintas, dejando asombrado al erudito. Esta revelación llevó a Sārvabhauma a rendirse ante Mahāprabhu, quien a cambio le mostró sus formas divinas y le iluminó con una comprensión profunda de la verdad divina.

Posteriormente, se reveló que Sārvabhauma Bhaṭṭācārya, destacado en su campo, tenía sus raíces en Navadwip. Esta conexión se hizo evidente al descubrir que su padre y Nīlāmbara Cakravartī, abuelo materno de Śrī Chaitanya Mahāprabhu, habían sido compañeros de estudios. Esta vinculación histórica infundía en Bhaṭṭācārya un sentimiento de afecto paternal hacia el joven *sannyāsī*, Śrī Chaitanya.

Bhaṭṭācārya, un erudito de gran renombre y maestro de varios *sannyāsīs* pertenecientes a la tradición de la Śaṅkarācārya *sampradāya*, sentía un profundo interés por compartir con Śrī Chaitanya las enseñanzas del *vedānta*. Su propia pertenencia a esta corriente filosófica lo motivaba a desear que el joven *sannyāsī* también se enriqueciera con estos conocimientos. Esta aspiración reflejaba un puente entre generaciones y tradiciones, simbolizando un cruce de caminos entre el pasado y el presente, entre lo académico y lo espiritual.

Un mes después, en abril de 1510, Mahāprabhu emprendió un peregrinaje hacia el sur de la India. A instancias de Nityānanda Prabhu, aceptó la compañía de Kṛṣṇa Dāsa, un *brāhmaṇa*, como su sirviente. Sārvabhauma, antes de la partida, ofreció a Mahāprabhu algunas prendas de vestir y le sugirió encontrarse con Rāmānanda Rāya cerca del río Godāvarī. Acompañado hasta Ālālanātha por Nityānanda y otros devotos, se despidieron allí.

Durante su viaje, el Señor Chaitanya, inmerso en el estado nectáreo de una *gopī* separada de Kṛṣṇa, cantaba el Santo Nombre, transformando en devotos a todos los que encontraba. Su compasión y generosidad florecieron aún más en el sur que en Navadwip. En Kurmasthan, Mahāprabhu visitó el templo de Kūrma Deva y se hospedó con un *brāhmaṇa* local. Allí, Vāsudeva Vipra, un *brāhmaṇa* afligido por la lepra buscó su misericordia. Mahāprabhu, en un gesto de compasión, lo abrazó, curando instantáneamente sus aflicciones físicas y espirituales, y lo nombró Vāsudevāmṛta-prada, el dador de inmortalidad.

Continuando su viaje hacia el Godāvarī, Mahāprabhu encontró a Rāmānanda Rāya, un encuentro predicho por Sārvabhauma. Rāmānanda, impresionado por la presencia de Mahāprabhu, se postró ante él. Tras la insistencia de Rāmānanda, Mahāprabhu aceptó quedarse una semana para discutir sobre Kṛṣṇa. En las conversaciones nocturnas, Mahāprabhu desafió a Rāmānanda a explicar el propósito de la vida y los medios para alcanzarlo. Las respuestas iniciales de Rāmānanda, aunque sabias, no satisficieron a Mahāprabhu, quien las consideró superficiales. Finalmente, Rāmānanda alcanzó la conclusión de que el amor extático por Kṛṣṇa representa la cúspide de la devoción espiritual. Mahāprabhu, satisfecho con esta respuesta, instó a Rāmānanda a profundizar aún más. Rāmānanda reveló entonces que el amor romántico trascendental por Kṛṣṇa, especialmente el de las *gopīs* de Vrindavan, es la expresión más elevada de devoción, un amor que en nuestro mundo material se convierte en una fuente de desilusión y sufrimiento, siendo un reflejo pervertido de su contraparte trascendental. En la esfera de la devoción *vaiṣṇava*, Mahāprabhu reconoció el amor hacia Kṛṣṇa, tal como lo experimentan las *gopīs*, como la cúspide y el paradigma de la devoción espiritual. Este reconocimiento dio paso a que Rāmānanda exaltara a Śrīmatī Rādhārāṇī, quien es considerada la más excelsa entre las consortes de Kṛṣṇa.

De acuerdo con el *Nārada Pañcarātra*, un texto de profunda relevancia en la tradición *vaiṣṇava*, Rādhārāṇī se distingue como la soberana de la danza *rāsa*, un acto divino de amor y entrega. En esta danza, la interacción amorosa entre Kṛṣṇa y las *gopīs* alcanza su clímax, simbolizando una unión mística. Esta narrativa resalta la importancia de Rādhārani en el contexto devocionaly proporciona una ventana a la comprensión de la compleja dinámica entre lo divino y lo humano en el ámbito de la espiritualidad hindú. Śrīmatī Rādhārāṇī se erige como la encarnación de la *hlādinī-śakti*, la energía del placer que Kṛṣṇa experimenta. Representa la esencia de la devoción pura y altruista hacia el Señor Kṛṣṇa, siendo la fuente primordial de servicio desinteresado hacia lo divino. En su condición de monarca del reino del amor perfecto, Rādhārāṇī simboliza el núcleo del afecto divino. En este reino, todo lo que existe está impregnado por intensos y variados sentimientos de amor hacia Dios, una manifestación que se nutre y expande a través de Śrīmati Rādhārāṇī.

হ্লাদিনী করায় কৃষ্ণে আনন্দাস্বাদন ।
হ্লাদিনীর দ্বারা করে ভক্তের পোষণ ॥

hlādinī karāya kṛṣṇe ānandāsvādana
hlādinīra dvārā kare bhaktera poṣaṇa

Esa energía *hlādinī* da placer a Kṛṣṇa y nutre a Sus devotos.
(*Śrī Caitanya-caritāmṛta*, «*Ādi-līlā*», 4.60)

एवं विश्वस्य नान्यत्वं तत्स्थायीश्वर दृश्यते।
ह्लादिनी सन्धिनी साम्बत् त्वय्येका सर्वसंस्थितौ॥

evaṁ viśvasya nānyatvaṁ
tat-sthāyīśvara dṛśyate
hlādinī sandhinī sāmbat
tvayyekā sarva-saṁsthitau

¡Oh, Señor! Tú lo sostienes todo. Los tres atributos *hlādinī*, *sandhinī* y *samvit* existen en Ti como una energía espiritual única. Pero las modalidades materiales, que causan la dicha, la miseria y la amalgama de las dos, no existen en Ti, porque Tú no tienes cualidades materiales.
(*Viṣṇu Purāṇa*, 1.12.69)

Según el Krishnaismo *gauḍīya*, la profundidad del éxtasis experimentado por Rādhārāṇī en su servicio devocional era un misterio incluso para el Señor Kṛṣṇa. En un intento por comprender y experimentar esta dicha suprema, Kṛṣṇa asumió la perspectiva emocional de Rādhārāṇī, manifestándose como el Señor Chaitanya Mahāprabhu. Esta encarnación no era otra que Kṛṣṇa imbuido del sentimiento de Rādhā.

Durante su existencia terrenal, el Señor Chaitanya Mahāprabhu desplegó progresivamente la esencia más elevada del amor por Kṛṣṇa, especialmente en los últimos tiempos de sus pasatiempos terrenales. Su experiencia espejaba la de las *gopīs* de Vrindavan, quienes sufrieron una separación intensa cuando Kṛṣṇa partió hacia Mathurā, un adiós sin retorno. En un estado similar de anhelo y desconsuelo, el Señor Chaitanya deambulaba por Jagannātha Purī, abrumado por la ausencia de Kṛṣṇa. Este estado de devoción, conocido como *vipralambha-seva*, o 'servicio en un estado de separación', permitió al Señor Chaitanya saborear el éxtasis de devoción que Rādhārani sentía profundamente. Su experiencia ilustra un aspecto crucial de la devoción *vaiṣṇava*: la intensidad del amor espiritual se magnifica en la separación, una paradoja que subraya el dinamismo y la profundidad de las emociones divinas.

Śrī Chaitanya, tras profundizar en el tema de la devoción suprema, inquirió a Rāmānanda sobre la posibilidad de que un individuo común acceda a tal estado. Rāmānanda, con sabiduría, indicó que imitar las vías de las *gopīs* es el camino esencial para alcanzar la cúspide del servicio devocional, representando el más alto logro en la existencia humana. Este intercambio enriqueció profundamente al Señor Gaurāṅga, quien encontró gran satisfacción en las palabras de Rāmānanda.

Posteriormente, Rāmānanda tomó una decisión trascendental: renunció a su cargo gubernamental y, con el beneplácito del monarca, se trasladó a Puri para disfrutar de la constante asociación de Śrī Chaitanya. Este movimiento marcó un punto de inflexión en sus vidas y en la dinámica de la comunidad espiritual de Puri.

Después, Mahāprabhu continuó su peregrinación por el sur de la India. Al regresar a Puri, se estableció en la residencia de Kaśi Miśra, reconocido maestro espiritual del rey. En un acto estratégico y visionario, Mahāprabhu instruyó a Nityānanda Prabhu para que volviera a Bengala. Su misión era galvanizar y organizar a los devotos en la propagación del mensaje divino y la exaltación de los Santos Nombres. Esta dirección marcó una nueva fase en la difusión del mensaje espiritual de Mahāprabhu, extendiendo su influencia más allá de las fronteras de Puri.

En aquella época, el reino de Orissa estaba bajo el mando de Pratāparudra, cuyo asesor principal era Sārvabhauma Bhaṭṭācārya. Este último anhelaba que Mahāprabhu se encontrara con el monarca, aunque Mahāprabhu se mostraba reacio, siguiendo los estrictos cánones que regían la vida de un renunciante, quienes deben evitar todo contacto con figuras inmersas en el materialismo, categoría en la que un gobernante se incluía por definición. La negativa de Mahāprabhu se mantenía firme, a pesar de los esfuerzos de Sārvabhauma.

La llegada de Rāmānanda Rāya a Puri, tras abandonar sus deberes gubernamentales con el beneplácito y el apoyo del rey, cambió parcialmente la perspectiva de Mahāprabhu. Aun así, él se mantenía inquebrantable en sus principios de *sannyāsī*. Con el advenimiento del Snāna-yātrā, Mahāprabhu se ausentó de Puri, incapaz de soportar la ausencia temporal de la deidad del Señor Jagannātha, y solo regresó para el Ratha-yātrā.

El rey Pratāparudra, en un gesto de deferencia y hospitalidad, se aseguró de que los *vaiṣṇavas* de Bengala estuvieran bien cuidados, lo que llevó a Nityānanda Prabhu y otros a instar a Mahāprabhu a concederle una audiencia. Sin embargo, Mahāprabhu se mantuvo firme en su decisión, llevando a Nityānanda a ofrecer al rey una prenda usada por Mahāprabhu como consuelo. En un arreglo cuidadosamente planeado por Rāmānanda, Mahāprabhu accedió a encontrarse con el hijo del rey, un príncipe joven, y lo bendijo con un abrazo.

Durante el *Ratha-yātrā*, el rey Pratāparudra demostró su humildad al barrer el camino del carro del Señor Jagannātha, un acto que impresionó profundamente a Mahāprabhu. En un momento de pausa durante el festival, mientras Mahāprabhu descansaba en un jardín, el rey, disfrazado de *vaiṣṇava*, se acercó y comenzó a masajear sus pies. Mientras lo hacía, recitó conmovedores versos del *Śrīmad-bhāgavatam*, capturando así la atención y el corazón de Mahāprabhu.

El siguiente verso del *Śrīmad-bhāgavatam* es especialmente querido por Śrī Chaitanya:

तव कथामृतं तप्तजीवनं
कविभिरीडितं कल्मषापहम् ।
श्रवणमङ्गलं श्रीमदाततं
भुवि गृणन्ति ये भूरिदा जनाः ॥

tava kathāmṛtaṁ tapta-jīvanaṁ
kavibhir īḍitaṁ kalmaṣāpaham
śravaṇa-maṅgalaṁ śrīmad ātataṁ
bhuvi gṛṇanti ye bhūri-dā janāḥ

El néctar de Tus palabras y las descripciones de Tus actividades son la vida y el alma de quienes sufren en este mundo material. Estas narraciones, transmitidas por sabios eruditos, erradican las reacciones pecaminosas y otorgan buena fortuna a quien las escucha. Estas narraciones se difunden por todo el mundo y están llenas de poder espiritual. Ciertamente, quienes difunden el mensaje de Dios son los más generosos.
(*Śrīmad-bhāgavatam*, 10.31.9)

"'ভূরিদা' 'ভূরিদা' বলি' করে আলিঙ্গন ।
ইঁহো নাহি জানে, ইহোঁ হয় কোন্ জন ॥

'bhūridā' 'bhūridā' bali' kare āliṅgana
iṅho nāhi jāne, - ihoṅ haya kon jana

Tras escuchar aquel verso, Śrī Caitanya Mahāprabhu inmediatamente abrazó a quien lo recitaba, el rey Pratāparudra, mientras gritaba: «¡Tú eres el más generoso! ¡Tú eres el más generoso!». En ese momento, Śrī Caitanya Mahāprabhu no sabía quién era el rey.
(*Śrī Caitanya-caritāmṛta*, «*Madhya-līlā*», 14.14)

Al escuchar ese verso, Śrī Chaitanya abrazó al rey Pratāparudra, reconociéndolo no como una persona mundana, sino como un genuino *vaiṣṇava*, humilde y devoto. Este evento marcó un punto de inflexión en la percepción de Śrī Chaitanya sobre el monarca.

Poco después, Śrī Chaitanya se embarcó en una peregrinación hacia Vrindavan, eligiendo un recorrido a lo largo del Ganges. Según ciertas narrativas, Śrī Chaitanya se detuvo en Śāntipura, donde posiblemente vio a su madre por última vez, ya que nunca volvería a su tierra natal. En Rāmakeli, cerca de la capital, Śrī Chaitanya conoció a Rūpa y Sanātana, importantes funcionarios en el gobierno de Hussein Shah. Bajo su influencia, estos hermanos renunciaron a sus cargos ministeriales y adoptaron una vida de renuncia.

Al regresar de Vrindavan, Śrī Chaitanya se encontró con Rūpa Gosvāmī en Prayāg y más tarde con Sanātana en Benares. A ambos les impartió enseñanzas sobre prácticas y filosofías devocionales. Instruyó a Rūpa y Sanātana a rescatar los lugares sagrados olvidados donde Kṛṣṇa había realizado sus pasatiempos divinos, a escribir libros sobre devoción y a establecer templos donde la deidad de Śrī Chaitanya pudiera ser venerada, sentando así las bases de la tradición *gauḍīya vaiṣṇava*.

Después de visitar lugares sagrados como Vrindavan, Mathura, Prayāga y Benares, Mahāprabhu regresó a Puri alrededor del año 1515, permaneciendo allí hasta su partida en 1533. En Puri, vivió en una cabaña conocida como Gambhīra, construida en el terreno de Kāśi Miśra, maestro espiritual del rey Pratāparudra. Con el tiempo, su interés por los asuntos mundanos disminuyó notablemente. Estaba rodeado de devotos cercanos como Svarūpa Dāmodara, Rāmānanda Rāya y Paramānanda Purī, pero su consciencia del mundo exterior se fue desvaneciendo gradualmente.

En Mahāprabhu se manifestaron síntomas extáticos extraordinarios. A veces, en un estado de divina locura, corría hacia el templo de Jagannātha y caía inconsciente en su entrada. En otras ocasiones, Mahāprabhu se perdía en las dunas de arena de la playa, confundiéndolas con la colina de Govardhāna en Vrindavan, o se zambullía en el océano creyendo que era el río Yamunā. Una noche de luna llena, mientras caminaba por los jardines de flores cantando los versos del *Śrīmad-bhāgavatam* sobre el *rāsa-līlā*, Mahāprabhu fue atraído por el reflejo plateado de la luna en el océano. Confundiendo el mar con el Yamunā, se lanzó al agua en un trance, imaginándose como un servidor de las *gopīs* en los juegos acuáticos de Kṛṣṇa. Su cuerpo fue arrastrado por la marea hacia Konark.

En aquella fatídica noche, mientras Śrī Chaitanya se sumergía en las profundidades del océano, sus devotos, liderados por Svarūpa Dāmodara, se sumieron en una búsqueda frenética a lo largo de la playa. La desesperación se apoderó de ellos, temiendo que Gaurāṅga hubiera perecido en las olas implacables. Entre sus lamentos, una figura inusual atrajo su atención: un pescador que vagaba por la orilla, invadido por un éxtasis incomprensible, repetía incansablemente los nombres de Kṛṣṇa.

Svarūpa Dāmodara, movido por la intuición, se acercó al pescador y le interrogó sobre la causa de su trance. El pescador, aún sumido en su estado de embriaguez espiritual, reveló que durante su faena nocturna algo colosal había atrapado su red. Al extraerlo del mar, lo que pensó que era un cadáver resultó ser el catalizador de su éxtasis inexplicable. Aterrorizado inicialmente, creyó haber encontrado algún ente místico o espectro.

Al oír esta narración, una chispa de esperanza se encendió en los corazones de los devotos. Svarūpa Dāmodara y los demás comprendieron que el supuesto cadáver del relato del pescador no era otro que Śrī Chaitanya Mahāprabhu. Con palabras de aliento, persuadieron al pescador para que los guiara hasta el lugar del hallazgo. Los devotos, al encontrar a Śrī Chaitanya, lo vistieron con ropas secas. Al recuperar la consciencia, Gaurāṅga compartió las visiones místicas que había experimentado: «Me encontré en Vrindavan, observando a Kṛṣṇa con las *gopīs*, jugando en las aguas del Yamunā, salpicándose y escondiéndose unos de otros. Desde la orilla, yo, como una más de las *gopīs*, contemplaba sus juegos acuáticos».

Cada año, Gaurāṅga enviaba a un mensajero a Bengala para tranquilizar a su madre, Śacī Devī, epítome del amor maternal. En una ocasión, delegó esta misión en Jagadānanda Paṇḍita, quien llevó el mensaje reconfortante de Mahāprabhu y, cumpliendo una petición de Paramānanda Purī, llevó consigo una prenda usada por Mahāprabhu y *prasāda* de la deidad de Jagannātha. Durante su estancia en Bengala, Jagannātha Paṇḍita visitó tanto Navadwip como Śāntipura antes de emprender el camino de regreso a Puri. En esta ocasión, Advaita Prabhu entregó a Mahāprabhu un mensaje, presentado en forma de un enigmático acertijo. El mensaje fue el siguiente:

বাউলকে কহিহ, – লোক হ-ইল বাউল ।
বাউলকে কহিহ, – হাটে না বিকায় চাউল ॥
বাউলকে কহিহ, – কায়ে নাহিক আউল ।
বাউলকে কহিহ, – ইহা কহিয়াছে বাউল ॥

bāulake kahiha, - loka ha-ila bāula
bāulake kahiha, - hāṭe nā vikāya cāula
bāulake kahiha, - kāye nāhika āula
bāulake kahiha, - ihā kahiyāche bāula

Por favor, haz saber a Śrī Caitanya Mahāprabhu, que actúa como un loco, que aquí todos se han vuelto locos como Él. Dile también que, en el mercado, ya nadie pide arroz.
Dile, además, que quienes ahora están locos de amor extático no sienten ya ningún interés por el mundo material.
Di también a Śrī Caitanya Mahāprabhu que quien ha dicho estas palabras [Advaita Prabhu] también Se ha vuelto loco de amor extático.

(*Śrī Caitanya-caritāmṛta*, «*Antya-līlā*», 19.20-21)

La interpretación del acertijo planteado por Advaita Prabhu eludía la comprensión de muchos, generando una diversidad de exégesis. La esencia del enigma apuntaba a una saturación en el «mercado» del Santo Nombre, una metáfora que insinuaba una difusión tan amplia del amor por Kṛṣṇa que la presencia física de Mahāprabhu en este mundo ya no resultaba imprescindible. La respuesta de Mahāprabhu, concisa y serena, fue «Que así sea», reflejando su aceptación a la proposición velada de Advaita. Este intercambio simbólico marcaba el preludio del último acto en la existencia terrenal de Mahāprabhu.

Los años finales de Mahāprabhu estuvieron envueltos en una intensificación de su extática locura divina. Una noche, su rostro rozó frenéticamente las paredes de Gambhīra, como si buscara atravesarlas para reunirse con Kṛṣṇa. Svarūpa Dāmodara y Rāmānanda, en un esfuerzo por apaciguar su tormento espiritual, entonaban melodías de poetas devocionales como Daṇḍi Dāsa, Vidyāpati y Jayadeva. Estos últimos doce años de la vida de Mahāprabhu fueron un continuo entrelazamiento entre la vigilia y el sueño, ambos indistintos en su profundo éxtasis espiritual.

Sobre el misterio que envuelve la desaparición de Mahāprabhu, hay un notable silencio en los escritos de la mayoría de sus biógrafos como Murāri Gupta, Kavi Karṇapūra, Vrindāvana Dāsa y Kṛṣṇa Dāsa Kavirāja. Solo Locana Dāsa aborda este tema en sus crónicas, aunque con una cautela que deja entrever más el misterio que la claridad. Este enigma, arraigado en el corazón de la tradición *vaiṣṇava gauḍīya*, ha fascinado y confundido a devotos y eruditos por igual, manteniendo viva la llama del misterio que rodea la vida y obra de Chaitanya Mahāprabhu. Locana Dāsa escribe:

তৃতীয় প্রহর বেলা রবিবার দিনে ।
জগন্নথে লীন প্রভু হইলা আপনে ॥

tṛtīya prahara velā ravivāra dine
jagannāthe līna prabhu ha ilā āpane

En la tercera guardia de un domingo, Mahāprabhu desapareció en el cuerpo del Señor Jagannātha.

(*Caitanya-maṅgala*, 4.1.24)

De acuerdo con esta crónica, en un crepúsculo dominical, Mahāprabhu se fundió en un abrazo con la imagen divina del Señor Jagannātha dentro del sagrado recinto de Guṇḍicā. A esta escena fueron testigos Śrīvāsa Paṇḍita, Mukunda Datta, Govinda, Kaśi Miśra y varios devotos más. Observaron a Mahāprabhu adentrarse en el santuario; sin embargo, su ausencia prolongada más allá de los umbrales del templo desató una ola de consternación. La búsqueda de Mahāprabhu se extendió por todas las esquinas del templo, pero sus esfuerzos resultaron infructuosos. La incertidumbre y la inquietud se apoderaron de los corazones de los devotos, quienes comenzaron a contemplar la posibilidad de que Mahāprabhu hubiera trascendido el plano material, dejando atrás su forma visible. Este evento, envuelto en misterio y reverencia, marcó un punto crucial en la tradición *vaiṣṇava*, simbolizando la unión mística y final de Mahāprabhu con la divinidad, un episodio que hasta hoy día sigue siendo objeto de profunda contemplación y estudio entre los seguidores y eruditos de esta tradición espiritual.

Pidieron al *pūjārī* del templo de Guṇḍicā que abriera las puertas del templo, pero él respondió:

ভক্ত আৰ্ত্তি দেখি পণ্ডিছাকহয়ে কথন ।
গুঞ্জাবাড়ূর মধ্যে প্রভুর হৈল অদর্শন ॥
সাক্ষাতে দেখিল গৌর প্রভুর মিলন ।
নিশ্চয় করিয়া কহি শুন সর্বজন ॥

bhakta ārtti dekhi paṇḍichākahaye kathana
guñjābāḍūra madhye prabhura haila adarśana
sākṣāte dekhila gaura prabhura milana
niścaya kariyā kahi–śuna sarvajana

> Mahāprabhu ha desaparecido en el interior del templo de Guṇḍicā. Le vi entrar en Jagannātha con mis propios ojos, así que puedo decírselo con toda certeza.
>
> (*Caitanya-maṅgala*, 4.1.27-28)

Existen versiones alternativas sobre el final terrenal de Mahāprabhu, según las cuales, en un momento de éxtasis divino, él dejó su forma mortal ante Gadādhara Paṇḍita, uno de sus más cercanos y devotos amigos. Según esta narrativa, los restos venerados de Mahāprabhu reposarían en el sagrado recinto del templo Ṭoṭā-gopīnātha. Estos relatos, imbuidos de profundo misticismo, nos plantean interrogantes que desafían nuestra comprensión convencional. En las escrituras védicas, se narran episodios de santos ilustres como Dhruva y avatares divinos como Rāmacandra, quienes ascendieron a los reinos espirituales en su forma corpórea. Entonces, ¿acaso es inverosímil pensar que Mahāprabhu, cuya vida estuvo impregnada de lo sobrenatural, haya trascendido de manera similar, ya sea uniéndose a la divinidad de Jagannātha o de Ṭoṭā-gopīnātha?

La existencia de Chaitanya Mahāprabhu, marcada por eventos simbólicos, ofrece una riqueza espiritual de incalculable valor a quienes buscan profundizar en su historia. La legendaria herencia de Śrī Chaitanya radica en que los símbolos adquieren significado a través de la abnegación del concepto, del mismo modo que la religión no conceptualizada y, por tanto, no institucionalizada, adquiere sentido a través del abandono de la teología. Con su orientación devocional, Śrī Chaitanya transmitió al mundo que la mitología se restaura con el tránsito de lo conceptual a lo simbólico. Sumergirse en el éxtasis, la danza y la música es solo factible trascendiendo la lógica. El Señor Chaitanya desertó de la conceptualización y abrazó con plenitud el símbolo sonoro de los Santos Nombres. En el caso concreto de Śrī Chaitanya Mahāprabhu, esta conversión tuvo lugar a partir de que topara con una manifestación de naturaleza simbólica y de gran alcance en el *mahā-mantra*, a través de cuyas sílabas sacrosantas su alma se vio afectada de forma substancial hasta el punto de detectar la presencia inequívoca de lo divino.

Cabe destacar de nuevo que esta afectación y posterior detección es posible gracias al símbolo que, en su núcleo, se nos revela como un medio inteligible que nos brinda un esbozo de una realidad que es trascendente en el ámbito ontológico y que se yergue como inalcanzable para nuestra comprensión pedestre. A la vez que desvela verdades de manera manifiesta, permite una multiplicidad de interpretaciones y significados, dotando al observador de la capacidad de añadir elementos novedosos para descubrir contextos de mayor envergadura. El símbolo, portador de una vida autónoma, se convierte en un vehículo para la expresión de ideas y rumbos. Siendo un elemento sintético, tiene la habilidad de encapsular en una sola palabra, frase o imagen, un universo de enseñanzas. Así, el umbral hacia la dimensión simbólica no se alcanza mediante el discurso racional, sino que exige una captación intuitiva, un destello que elude la lógica estándar. El símbolo nos conmina a rebasar los límites de lo sabido, sumergiéndonos en la vastedad de lo incógnito. La praxis devocional de Chaitanya Mahāprabhu ilustra este intrincado periplo simbólico, en el cual el *mahā-mantra* se erige como un umbral hacia la divinidad en su faceta trascendental encarnada por el Señor Kṛṣṇa.

Este «despertar» en sí mismo, si podemos decirlo así, tiene en el caso de Śrī Chaitanya una fuerte conexión con la iluminación, que en su más pura belleza surge del conmovedor encuentro entre polaridades antagónicas. El ser humano promedio, en su letargo habitual, habita un velo de ignorancia sobre su auténtica esencia. Es solo en el reconocimiento de la divinidad latente en su interior que el éxtasis se despliega. Este regocijo se origina de la venerable conjunción entre lo terrestre y lo supraterrestre, lo material y lo trascendental, la envoltura carnal y el ánima incorpórea. En el vacío de lo sagrado, la humanidad se precipita en una búsqueda implacable de lo divino, un anhelo que perpetuamente elude la saciedad. No obstante, es imperativo notar que, en lo divino, también reside un anhelo por lo humano. En consecuencia, la amalgama de lo humano y lo divino engendra un regocijo que reverbera en el infinito cósmico, un júbilo extático que supera los límites de la imaginación.

Solo al liberarnos de la concepción de nosotros como entidades insulares y circunscritas, podemos desintegrar la dicotomía que escinde lo humano de lo divino. En el trascender de toda limitación, lo eterno se filtra e impregna nuestra realidad temporal. La sombría penumbra que oscurece nuestro ser interno se ve inundada por un fulgor divino. Ni ninguno de nosotros ni Dios volveremos a ser los mismos a pesar de que, en esencia, persistamos en nuestra identidad original, pues cuando lo humano y lo divino se fusionan, ya no existe ni lo humano ni lo divino. Esta transformación es profunda y trascendental, dejando una huella indeleble en la textura de lo que antes eras y lo que Dios fue antes de este encuentro. Una gota de agua no va a cambiar el océano, pero sin dicha gota el océano no sería el mismo. El encuentro de la gota con el mar implica una transformación simultánea de ambas partes. En la iluminación, dejamos de ser personas limitadas y Dios deja de ser una energía impersonal. Ambos renacen como una plenitud fluyendo libremente.

Hemos visto en el capítulo dedicado al cristianismo, cómo la figura mesiánica de Jesús, tal como fue concebida y teologizada por San Pablo, pasó a propagarse entre todas las naciones, convirtiéndose en religiosidad conceptual organizada. También las enseñanzas del Señor Chaitanya, basadas en la renuncia al concepto y en la entrega al poder simbólico del sonido, sufrieron posteriormente una transformación gradual conceptual hasta forjarse en lo que hoy conocemos como vaishnavismo *gauḍīya*. Pasados tres siglos desde que Śrī Chaitanya Mahāprabhu dejó este plano terrenal, la tradición *vaiṣṇava gauḍīya* no permaneció estancada, sino que avanzó. En los primeros años, los seguidores de Nityānanda Prabhu y Advaita Ācārya, contemporáneos de Chaitanya, enseñaron e iniciaron a individuos dispersos por Bengala. Los seis *gosvāmīs* de Vrindavan, discípulos insignes, con pluma en mano y claridad mental, dieron forma escrita a una teología del *bhakti*. Esta teología está alineada con el éxtasis de Śrī Chaitanya y está enfocada en la relación devocional con Rādhā y Kṛṣṇa, que atribuía a Chaitanya un estatus de encarnación combinada, aunque él no avalara tal afirmación.

Jīva Gosvāmī, destacado miembro de los seis *gosvāmīs* de Vrindavan, dejó una marca indeleble como teólogo en la tradición *vaiṣṇava gauḍīya*. Abordó la teología *vaiṣṇava gauḍīya* con rigor impresionante en sus *Ṣaṭ Sandarbhas*, tratados que abarcan un espectro amplio: la realidad espiritual, la relación alma-Dios, la rendición devocional y la afirmación de Kṛṣṇa como la manifestación suprema de lo divino. Rūpa Gosvāmī, su homólogo, es aclamado por su *Śrī Bhakti-rasāmṛta-sindhu*, un tratado exquisitamente sistemático que desentraña los matices del amor y devoción a Dios. Sanātana Gosvāmī, otro de los seis, nos brinda el *Hari-bhakti-vilāsa*, una obra meticulosa sobre *bhakti*, centrada en lo pragmático: rituales, normas, disciplinas. En la constelación de eruditos de la tradición *vaiṣṇava gauḍīya*, Viśvanātha Cakravartī Ṭhākura resplandece por sus contribuciones, quien escribió el *Śrī Camatkāra-candrikā*, obra que desentraña el amor devocional a Kṛṣṇa. Baladeva Vidyābhūṣaṇa, aunque no figura entre los seis *gosvāmīs*, labró un nicho con *Govinda-*

bhāṣya, un comentario magistral sobre el Vedānta-sūtra que defendió la teología *vaiṣṇava gauḍīya* y estableció la preeminencia de Kṛṣṇa. En el relevo generacional, surgen Narottama, Śrīnivasa y Śyāmānanda, discípulos de Jīva Gosvāmī e impulsores cruciales en la propagación de la teología en Bengala y Orissa. El conclave religioso de Kheturi, celebrado alrededor del año 1574, fue presidido por Jahnava Ṭhākurāṇī, consorte de Nityānanda Rāma. Este evento sacrosanto permitió que la tradición *vaiṣṇava gauḍīya* se organizara y sistematizara de manera más eficiente, a medida que sus miembros se familiarizaban con las diversas ramificaciones y sus respectivas teologías y prácticas. A pesar de que sigue siendo una tradición pluralista sin una autoridad central que supervise sus asuntos, este festival permitió a los miembros de la tradición conectarse entre sí y comprender sus creencias compartidas. Esto contribuyó a la cohesión de esta rama de la teología *vaiṣṇava* como una entidad diferenciada. Resulta evidente el proceso de conceptualización que se inicia con la partida del Señor Chaitanya, sus asociados y los seis *gosvāmīs*. La mayor parte de su mensaje fue codificado como teología y filosofía por sus discípulos.

Śrī Chaitanya Mahāprabhu dejó como legado escrito únicamente ocho *ślokas*, conocidos colectivamente como el *Śikṣāṣṭaka*. El *Śikṣāṣṭakam* se cita en el *Śrī Caitanya-caritāmṛta*, la biografía de Chaitanya Mahāprabhu escrita en bengalí por Kṛṣṇadāsa Kavirāja Gosvāmī. El nombre de la oración procede de las palabras sánscritas *Śikṣā*, que significa 'instrucción', y *aṣṭaka*, que significa 'que consta de ocho partes', es decir, estrofas. Estos versos contienen la esencia de todo el mensaje del *bhakti-yoga* dentro de la tradición *gauḍīya*:

(1)

चेतोदर्पणमार्जनं भवमहादावाग्निनिर्वापणं
श्रेयः कैरवचन्द्रिकावितरणं विद्यावधूजीवनम् ।
आनन्दाम्बुधिवर्धनं प्रतिपदं पूर्णामृतास्वादनं
सर्वात्मस्नपनं परं विजयते श्रीकृष्ण संकीर्तनम् ॥

ceto-darpaṇa-mārjanaṁ bhava-mahā-dāvāgni-nirvāpaṇaṁ
śreyaḥ-kairava-candrikā-vitaraṇaṁ vidyā-vadhū-jīvanam
ānandāmbudhi-vardhanaṁ prati-padaṁ pūrṇāmṛtāsvādanaṁ
sarvātma-snapanaṁ paraṁ vijayate śrī-kṛṣṇa-saṅkīrtanam

Gloria al *saṅkīrtana* de Śrī Kṛṣṇa que limpia el espejo del corazón de todo el polvo acumulado por años y extingue el fuego de la vida condicionada de repetidos nacimientos y muertes. Este movimiento de *saṅkīrtana* es la bendición principal para toda la humanidad pues difunde los rayos de la luna de la bendición, es la vida de todo el conocimiento trascendental, aumenta el océano de la bienaventuranza trascendental y nos capacita para saborear el néctar por el cual estamos siempre ansiosos.

(2)

नाम्नामकारि बहुधा निजसर्वशक्ति-
स्तत्रार्पिता नियमितः स्मरणे न कालः ।
एतादृशी तव कृपा भगवन्ममापि
दुर्दैवमीदृशमिहाजनि नानुरागः ॥

nāmnām akāri bahudhā nija-sarva-śaktis
tatrārpitā niyamitaḥ smaraṇe na kālaḥ
etādṛśī tava kṛpā bhagavan mamāpi
dur-daivam īdṛśam ihājani nānurāgaḥ.

¡Oh, mi Señor! Solo tu Santo Nombre puede otorgarle toda clase de bendiciones a los seres vivientes; y por eso Tú tienes cientos y millones de nombres, tales como Kṛṣṇa y Govinda, en estos nombres trascendentales has investido todas tus energías trascendentales y ni siquiera existe reglas estrictas ni difíciles para cantar estos nombres. ¡Oh, mi Señor! Tú eres tan bondadoso que nos has permitido acercarnos a ti fácilmente mediante el canto de tus Santos Nombres, pero yo soy tan desafortunado que no siento atracción por ellos.

(3)

तृणादपि सुनीचेन तरोरपि सहिष्णुना ।
अमानिना मानदेन कीर्तनीयः सदा हरिः ॥

tṛṇād api sunīcena
taror api sahiṣṇunā
amāninā mānadena
kīrtanīyaḥ sadā hariḥ

Uno debe cantar el Santo nombre del Señor en un estado mental humilde considerándose más bajo que la hojarasca de la calle, uno debe ser más tolerante que un árbol, estar desprovisto de todo sentimiento de vanidad y estar dispuesto a ofrecer pleno respeto a los demás. En tal estado mental uno puede cantar el Santo Nombre del Señor constantemente.

(4)

न धनं न जनं न सुन्दरीं कवितां वा जगदीश कामये।
मम जन्मनि जन्मनीश्वरे भवताद्भक्तिरहैतुकी त्वयि॥

na dhanaṁ na janaṁ na sundarīṁ
kavitāṁ vā jagad-īśa kāmaye
mama janmani janmanīśvare
bhavatād bhaktir ahaitukī tvayi

¡Oh, mi Señor!, no tengo ningún deseo de acumular riquezas, ni deseo seguidores, ni una mujer hermosa ni un lenguaje florido. Lo único que quiero es Tu servicio devocional sin causa, nacimiento tras nacimiento.

(5)

अयि नन्दतनुज किङ्करं , पतितं मां विषमे भवाम्बुधौ ।
कृपया तव पादपंकज- स्थितधूलीसदृशं विचिन्तय ॥

ayi nanda-tanuja kiṅkaraṁ
patitaṁ māṁ viṣame bhavāmbudhau
kṛpayā tava pāda-paṅkaja-
sthita-dhūlī-sadṛśaṁ vicintaya

¡Oh, hijo de Mahārāja Nanda!, yo soy Tu siervo eterno, pero de una u otra manera he caído en el océano del nacimiento y de la muerte. Por favor sácame de este océano de muerte y colócame como uno de los átomos de tus pies de loto.

(6)

नयनं गलदश्रुधारया वदनं गद्गदरुद्धया गिरा ।
पुलकैर्निचितं वपुः कदा तव नामग्रहणे भविष्यति ॥

nayanaṁ galad-aśru-dhārayā
vadanaṁ gadgada-ruddhayā girā
pulakair nicitaṁ vapuḥ kadā
tava nāma-grahaṇe bhaviṣyati

¡Oh, mi Señor! ¿Cuándo se adornarán mis ojos con lágrimas de amor fluyendo constantemente al cantar tu Santo Nombre? ¿Cuándo se me ahogará la voz y se erizarán los vellos de mi cuerpo al recitar tu nombre?

(7)

युगायितं निमेषेण चक्षुषा प्रावृषायितम् ।
शून्यायितं जगत् सर्वं गोविन्दविरहेण मे ॥

yugāyitaṁ nimeṣeṇa
cakṣuṣā prāvṛṣāyitam
śūnyāyitaṁ jagat sarvaṁ
govinda-viraheṇa me

¡Oh Govinda! Sintiendo tu separación considero que un momento es como doce años o más, lágrimas fluyen de mis ojos como torrentes de lluvia y en tu ausencia me siento completamente solo en el mundo.

(8)

आश्लिष्य वा पादरतां पिनष्टु पिनष्टु मामदर्शनान्मर्म हतां करोतु वा ।
यथा तथा वा विदधातु लम्पटो मत्प्राणनाथस्तु स एव नापरः ॥

āślisya vā pāda-ratāṁ pinaṣṭu mām
adarśanān marma-hatāṁ karotu vā
yathā tathā vā vidadhātu lampaṭo
mat-prāṇa-nāthas tu sa eva nāparaḥ

No conozco a nadie más que a Kṛṣṇa como mi Señor y Él lo seguirá siendo, aunque me maltrate con su abrazo o me destroce el corazón al no estar presente ante mí. Él es completamente libre de hacer lo que quiera conmigo pues Él es siempre mi Señor adorable sin ninguna condición.

En el *Śrī Caitanya-caritāmṛta* estos ocho versos son seguidos por este bellísimo verso:

এইমত হঞা যেই কৃষ্ণনাম লয় ।
শ্রীকৃষ্ণচরণে তাংর প্রেম উপজয় ॥

ei-mata hañā yei kṛṣṇa-nāma laya
śrī-kṛṣṇa-caraṇe tāṅra prema upajaya

Quien cante de ese modo el Santo Nombre de Kṛṣṇa verá despertar, sin duda, su amor latente por los pies de loto de Kṛṣṇa.

(*Śrī Caitanya-caritāmṛta*, «*Antya-līlā*», 20.26)

El Señor Chaitanya Mahāprabhu es considerado una encarnación o *avatāra* del Señor Kṛṣṇa, sin duda una entidad simbólica que distribuye el amor divino en y a través de lo humano. Como hemos podido ver, la figura de Jesús y la de Śrī Chaitanya han corrido suertes parecidas. Sus propios seguidores han intentado propagar la voz original del maestro a través de generaciones.

En ambos contextos, el ímpetu proselitista ha llevado a una evolución paradójica: la gradual conceptualización y al mismo tiempo, desimbolización de sus enseñanzas. Los seguidores de generaciones posteriores, especialmente en la tradición surgida del segundo caso, impulsados por el deseo de propagar sus creencias 'en cada ciudad y pueblo', se vieron obligados a forjar una teología detallada. Resulta irónico que una tradición iniciada por Śrī Chaitanya Mahāprabhu, quien rechazó las estructuras conceptuales a favor de la inmersión en el símbolo sonoro del *mahā-mantra*, culmine finalmente en un retorno a su forma original como una teología conceptualmente estructurada. Este ciclo de retorno a los principios conceptuales, después de un periodo de énfasis simbólico, refleja una dinámica intrincada en la evolución de la religiosidad institucionalizada.

Capítulo 20

Mitzvót: los símbolos del retorno

El término hebreo *mitzvá* suele traducirse como 'precepto', 'ordenanza' o 'mandamiento'. Las *mitzvót* son los 613 preceptos sagrados que se encuentran en la Torá. La revelación sinaítica no es un mero compendio de dogmas y concepciones teológicas. Es una guía que impregna todos los aspectos de la vida humana y prescribe un amplio espectro de normas y comportamientos cotidianos. Estas directrices dictan la manera de tratar todo en la creación: desde la elección y elaboración de los alimentos, la gestión eficaz del tiempo, hasta las relaciones ya sean comerciales, académicas o sociales. Incluso los actos cotidianos triviales, como el descanso nocturno, no están excluidos de estas normativas que tienen instrucciones precisas sobre cómo llevarlos a cabo. Este conjunto de reglamentos y prácticas se denomina *halajá* en hebreo. Aunque a menudo se traduce como 'ley judía', se entiende mejor como 'el sendero que uno recorre', el trayecto o el camino de la vida.

> וְעַתָּה יִשְׂרָאֵל מָה ה' אֱלֹהֶיךָ שֹׁאֵל מֵעִמָּךְ כִּי אִם־לְיִרְאָה אֶת־ה' אֱלֹהֶיךָ לָלֶכֶת בְּכָל־דְּרָכָיו וּלְאַהֲבָה אֹתוֹ וְלַעֲבֹד אֶת־ה' אֱלֹהֶיךָ בְּכָל־לְבָבְךָ וּבְכָל־נַפְשֶׁךָ: לִשְׁמֹר אֶת־מִצְוֹת ה' וְאֶת־חֻקֹּתָיו אֲשֶׁר אָנֹכִי מְצַוְּךָ הַיּוֹם לְטוֹב לָךְ:
>
> (דברים י', י"ב-י"ג)

> Y ahora, ¡Oh, Israel!, ¿qué te pide el Señor, tu Dios? Solo que temas al Señor, tu Dios, que te encamines por todas Sus sendas, que ames y que adores al Señor, tu Dios, con todo tu corazón y con toda tu alma; que observes los mandamientos del Señor y Sus leyes, que yo te ordeno hoy, para tu bien.
>
> (Deuteronomio, 10:12-13)

La raíz verbal de *halajá* incluye las letras hebreas *Hei*, *Lamed*, *Kaf*, cuyo significado es 'caminar' o 'andar'.

אִם בְּחֻקֹּתַי תֵּלֵכוּ וְאֶת מִצְוֹתַי תִּשְׁמְרוּ וַעֲשִׂיתֶם אֹתָם:
(ויקרא כ"ו, ג')

Si anduviereis (*teleju*) en Mis estatutos, y guardareis Mis mandamientos, y los hiciereis.
(Levítico, 26:3)

Por lo tanto, la *halajá* consiste en el método y la manera de navegar por el océano de la existencia en pos de reconectar con lo divino. Por su parte, el término hebreo *teshuvá* se traduce generalmente como 'arrepentimiento', aunque abarca una gama más amplia de significados.

וְשַׁבְתָּ עַד ה' אֱלֹהֶיךָ וְשָׁמַעְתָּ בְקֹלוֹ כְּכֹל אֲשֶׁר אָנֹכִי מְצַוְּךָ הַיּוֹם אַתָּה וּבָנֶיךָ בְּכָל לְבָבְךָ וּבְכָל נַפְשֶׁךָ:
(דברים ל', ב')

Y habrás de retornar hasta el Señor, tu Dios, y escucharás Su voz, conforme a todo lo que te ordeno hoy; tú y tus hijos, con todo tu corazón y con toda tu alma.
(Deuteronomio, 30:2)

Las letras hebreas *Taf*, *Shin*, *Vav* y *Bet* forman la palabra *tashuv*, o 'retornará', que junto a la *hei* ('ה), que simboliza HaShém o el Señor, indica un retorno a nuestro origen divino. Quien logra caminar el sendero de la *teshuvá* exitosamente es denominado *ba'al teshuvá* (תשובה בעל), o 'maestro del retorno'.

אָמַר רַבִּי אֲבָהוּ: "מָקוֹם שֶׁבַּעֲלֵי תְשׁוּבָה עוֹמְדִין – צַדִּיקִים גְּמוּרִים אֵינָם עוֹמְדִין, שֶׁנֶּאֱמַר: 'שָׁלוֹם שָׁלוֹם לָרָחוֹק וְלַקָּרוֹב' (ישעיהו נ"ז, י"ט). 'לָרָחוֹק' בְּרֵישָׁא, וַהֲדַר 'לַקָּרוֹב'" .
(תלמוד בבלי, מסכת ברכות, ל"ד, ב')

Rabí Abbahú dijo: «En el lugar donde se paran los *ba'alei teshuvá* (maestros del retorno), ni siquiera se paran los justos de pleno derecho, como está dicho (Isaías, 57:19): "Paz, paz al que está lejos y al que está cerca". La paz se extiende primero al que está "lejos" (el maestro del retorno) y solo después se extiende la paz al que está "cerca" (el justo de pleno derecho)».

(*Talmud Babilónico*, «*Berajót*», 34b)

Cuando *teshuvá* se utiliza en el sentido de 'arrepentimiento', alude a un proceso de reconocimiento de las falencias. A través de la observación e introspección, los individuos identifican sus debilidades regresando a su esencia primigenia. *Lashúv* también implica un movimiento rotatorio, significa 'girar', lo que evidencia la existencia de un campo de giro o espacio de adaptabilidad que posibilita las modificaciones requeridas para regresar a nuestra fuente divina. En este marco, la *halajá* se refiere a un caminar retroprogresivo por la senda en la que se avanza retornando a nuestra fuente primordial. Es un proceso retroprogresivo porque en lugar de alejarnos de nuestras raíces, nos aproxima a ellas.

עַל־יְדֵי הַתְּשׁוּבָה הַכֹּל שָׁב לָאֱלוֹהוּת, עַל־יְדֵי מְצִיאוּת כֹּחַ הַתְּשׁוּבָה, הַשּׁוֹרֵר בָּעוֹלָמִים כֻּלָּם, שָׁב הַכֹּל וּמִתְקַשֵּׁר בִּמְצִיאוּת הַשְּׁלֵמוּת הָאֱלֹהִית, וְעַל־יְדֵי הָרַעֲיוֹנוֹת שֶׁל הַתְּשׁוּבָה, דֵּעוֹתֶיהָ וְהַרְגָּשׁוֹתֶיהָ, כָּל הַמַּחֲשָׁבוֹת, הָרַעֲיוֹנוֹת וְהַדֵּעוֹת, הָרְצוֹנוֹת וְהָרְגָשׁוֹת, מִתְהַפְּכִים וְשָׁבִים לְהִקָּבַע בְּעֶצֶם תְּכוּנָתָם בְּתֹכֶן הַקֹּדֶשׁ הָאֱלֹהִי.

(הראי"ה קוק, אורות התשובה, ד', ב')

Mediante la *teshuvá* ('arrepentimiento', 'retorno', 'vuelta atrás'), todo vuelve a la divinidad. Mediante la existencia del poder de la *teshuvá*, que reina en todos los mundos, todo vuelve atrás y se reconecta con la realidad de la totalidad divina. Y a través de las ideas de *teshuvá*, sus pensamientos y emociones, todos los pensamientos, ideas, opiniones, deseos y emociones se transforman y vuelven a anclarse en su cualidad esencial en la esencia de la santidad (*kodesh*) divina.

(Rabí Avraham Isaac HaCohen Kook, *Orot HaTeshuvá*, 4.2)

La *halajá* ofrece un manual, una guía detallada para orientar cada paso. Pero no es una mera práctica religiosa, sino una expresión de una naturaleza inherente para maniobrar por la vida.

וּכְמוֹ שֶׁבְּאִילָן הוֹצָאַת הָעֲנָפִים וְהַפֵּרוֹת שֶׁלּוֹ לְצָרֵף אֶת טִבְעוֹ כַּאֲשֶׁר רָאוּי, וְאִם לֹא הָיָה מוֹצִיא הָעֲנָפִים וְהֶעָלִין וְצוּרַת הַפְּרִי, בְּוַדַּאי הָיָה מְקֻלְקָל, כַּאֲשֶׁר רָאִינוּ שֶׁאֵינוֹ מוֹצִיא שְׁלֵמוּת שֶׁלּוֹ אֶל הַפֹּעַל. כָּךְ הוּא דָּבָר זֶה: אִם לֹא הָיָה מוֹצִיא פְּעֻלַּת הַמִּצְוֹת אֶל הַפֹּעַל, הָיָה נִשְׁאָר בְּכֹחַ מֻטְבָּע בְּחֹמֶר, וְדָבָר זֶה – קִלְקוּל אֵלָיו, כַּאֲשֶׁר נַפְשׁוֹ מִלְמַעְלָה וְהִיא מֻטְבַּע בַּגּוּף. אִם כֵּן הַנֶּפֶשׁ הִיא נִשְׁאַר בְּכֹחַ, וְצָרִיךְ שֶׁתֵּצֵא נַפְשׁוֹ אֶל הַפֹּעַל מִן הַחָמְרִית, וְאֵין זֶה רַק עַל יְדֵי מִצְוֹת אֱלוֹהִיּוֹת. כְּמוֹ שֶׁיֵּצֵא לַפֹּעַל זֶרַע הַנָּטוּעַ בָּאָרֶץ. וְדָבָר זֶה צֵרוּף נַפְשׁוֹ כַּאֲשֶׁר יוֹצֵאת לַפֹּעַל. [...] לְפִיכָךְ מִצְוֹת הַתּוֹרָה אֲשֶׁר נִתַּן לָאָדָם כְּנֶגֶד הָאָדָם וְעוֹלָמוֹ אֲשֶׁר דָּר בּוֹ הָאָדָם וְהוּא מְקוֹמוֹ. וְהָאָדָם בְּעַצְמוֹ יֵשׁ לוֹ רמ"ח אֵבָרִים שֶׁהֵם שְׁלֵמוּת הָאָדָם, וּכְנֶגֶד זֶה נִתַּן לוֹ רמ"ח מִצְוֹת עֲשֵׂה שֶׁהֵם שְׁלֵמוּת הָאָדָם, וְיֵשׁ לוֹ מָקוֹם אֲשֶׁר הוּא בּוֹ, אֲשֶׁר הַמָּקוֹם מַגְבִּיל הַדָּבָר שֶׁלֹּא יֵצֵא. וּכְבָר אָמַרְנוּ כִּי מְקוֹמוֹ שֶׁל אָדָם הוּא תַּחַת הַחַמָּה, וְכָךְ נִתַּן לָאָדָם שס"ה מִצְוֹת לֹא תַעֲשֶׂה כְּנֶגֶד הַחַמָּה שֶׁיֵּשׁ לָהּ שס"ה יָמִים. וְאֵלּוּ שס"ה מִצְוֹת מַגְבִּילִין אֶת הָאָדָם שֶׁלֹּא יֵצֵא חוּצָה וְיַעֲבֹר אֵלּוּ שס"ה מִצְוֹת, וְהֵם מְקוֹמוֹ, כְּמוֹ שֶׁהַחַמָּה שס"ה יָמִים, שָׁנָה, הוּא מְקוֹמוֹ שֶׁל אָדָם.

(מהר"ל, תפארת ישראל, פרק ז')

Del mismo modo que para el árbol producir ramas y frutos es el perfeccionamiento de su propia naturaleza, ser como debe ser, y si no estuviera produciendo ramas, hojas y frutos, se tendría la certeza de que algo no está funcionando bien, pues claramente, no está expresando todo su potencial. Lo mismo ocurre aquí: Si [una persona] no llevara las *mitzvót* a la acción, permanecería como potencial, incrustada en la materia. Y esto se considera un mal funcionamiento, cuando su alma es elevada y sin embargo está incrustada en el cuerpo, pues de esta manera, el alma permanece como un mero potencial, mientras que debería actualizarse desde la materia. Esta [actualización] es posible solo a través de las *mitzvót* divinas, de la misma manera que la semilla actualiza su potencial cuando es plantada en la tierra. Y cuando el alma está actualizando su potencial, está siendo refinada....

> Por lo tanto, las *mitzvót* de la Torá, que fueron dadas a los seres humanos, corresponden al ser humano y al mundo, que es su lugar de residencia. Un ser humano tiene 248 miembros, y en correspondencia con ello, recibió 248 *mitzvót* positivas [acciones a realizar], que son su perfección. Este ser humano también tiene un lugar, y un lugar implica límites que no se deben cruzar. Ya mencionamos que el lugar del ser humano está bajo el sol, y, por lo tanto, el ser humano recibió 365 *mitzvót* negativas [acciones que deben evitarse] correspondientes al sol que tiene 365 días [en su ciclo]. Estas 365 *mitzvót* ponen límites al ser humano para que no salga y las transgreda y, por lo tanto, son su lugar, de la misma manera que el sol, el año de 365 días, es el lugar del ser humano.
>
> (Maharal, *Tif'eret Israel*, Capítulo 7)

En el *Bhagavad-gītā*, Arjuna, el legendario guerrero, le preguntó a Kṛṣṇa:

> **अर्जुन उवाच -**
> **स्थितप्रज्ञस्य का भाषा समाधिस्थस्य केशव ।**
> **स्थितधीः किं प्रभाषेत किमासीत व्रजेत किम् ॥**
>
> *arjuna uvāca -*
> *sthita-prajñasya kā bhāṣā*
> *samādhi-sthasya keśava*
> *sthita-dhīḥ kiṁ prabhāṣeta*
> *kim āsīta vrajeta kim*
>
> Arjuna dijo: «¡Oh, Kṛṣṇa!, ¿cuáles son las señas de aquel cuya consciencia está absorta así en la trascendencia? ¿Cómo habla y qué lenguaje usa? ¿Cómo se sienta y cómo camina?».
>
> (*Bhagavad-gītā*, 2.54)

El comportamiento de cada ser humano refleja su nivel de consciencia. Mientras que los seres ordinarios ejecutan meras actividades, los sabios se sumergen en acciones. La acción y la actividad parecen sinónimos, pero son radicalmente diferentes.

> אָמַר רַבָּה בַּר בַּר חָנָה אָמַר רַבִּי יוֹחָנָן: "מַאי דִּכְתִיב: 'כִּי יְשָׁרִים דַּרְכֵי ה׳ וְצַדִּקִים יֵלְכוּ בָם וּפֹשְׁעִים יִכָּשְׁלוּ בָם' (הושע י"ד, י') – מָשָׁל לִשְׁנֵי בְּנֵי אָדָם שֶׁצָּלוּ אֶת פִּסְחֵיהֶן, אֶחָד אֲכָלוֹ לְשׁוּם מִצְוָה, וְאֶחָד אֲכָלוֹ לְשׁוּם אֲכִילָה גַּסָּה. זֶה שֶׁאֲכָלוֹ לְשׁוּם מִצְוָה – 'וְצַדִּקִים יֵלְכוּ בָם'. וְזֶה שֶׁאֲכָלוֹ לְשׁוּם אֲכִילָה גַּסָּה – 'וּפֹשְׁעִים יִכָּשְׁלוּ בָם'".
>
> (תלמוד בבלי, מסכת נזיר, כ"ג, א')

> Rabba Bar Bar Hanna dijo en nombre de Rabí Yojanán: «¿Cuál es el significado de: "Porque las sendas del Señor son rectas, y los justos andarán por ellas, mientras que los transgresores tropiezan en ellas (Oseas, 14:10)?" [¿Cómo es posible que el mismo camino conduzca a resultados tan diferentes?]. Esto es comparable a dos personas que asaron sus ofrendas de Pésaj [en la víspera de Pascua]. Uno lo comió por el cumplimiento de la *mitzvá* y el otro por glotonería. El que la comió para cumplir con la *mitzvá*, ha cumplido la primera parte del versículo: "Y los justos andarán en ellos", mientras que el otro, que lo comió glotonamente, es descrito por el final del versículo: "Pero los transgresores tropiezan en ellos"».
>
> (*Talmud Babilónico*, «*Nazir*», 23a)

La acción surge en el momento oportuno, respondiendo a las necesidades del presente, mientras que la actividad está impulsada por experiencias pasadas. La acción nace como una respuesta orgánica a las demandas inmediatas del entorno y de la vida misma. La actividad, por otro lado, surge desde nuestras inquietudes y utiliza las circunstancias como mero pretexto para expresarlas. Por lo tanto, la actividad, en lugar de responder a un requerimiento existencial del presente, constituye una liberación de angustias, un desahogo de ansiedades acumuladas desde el pasado expresadas en el momento presente. El origen de la acción es la serenidad. Las actividades reflejan nuestro agitado y alterado estado mental y revelan desasosiego y nerviosismo. La acción aflora en el instante pertinente, mientras que la actividad se caracteriza por su irrelevancia e insignificancia. La acción brota desde el ahora, pero la actividad está enraizada en la memoria, en el ayer.

El objetivo de la actividad reside en el futuro y por eso pertenece intrínsecamente a un pasado proyectado en un mañana, a una memoria que mira hacia el momento siguiente. El único marco que la existencia reconoce es el aquí y el ahora, pero al realizar una actividad, nos ausentamos de la realidad presente. La auténtica acción mitzvótica no se proyecta sobre expectativas futuras ni alberga objetivos subyacentes o motivos ulteriores.

אָמַר רַב נַחְמָן בַּר יִצְחָק: גְּדוֹלָה עֲבֵרָה לִשְׁמָהּ מִמִּצְוָה שֶׁלֹּא לִשְׁמָהּ.
(תלמוד בבלי, מסכת נזיר, כ"ג, ב')

Rav Najman bar Yitzják dijo: «Una transgresión (*aveirá*) cometida por su propia causa es mejor que una *mitzvá* no ejecutada por su propia causa».

(*Talmud Babilónico*, «*Nazir*», 23b)

La acción surge como respuesta espontánea y directa a una situación inmediata en el contexto presente, libre de motivaciones egoístas. Mediante ocupaciones superficiales, o lo que Heidegger denomina «hacedurías», dilapidamos nuestra energía y vitalidad. Solo quienes mantienen la serenidad y la relajación conservan la energía esencial necesaria para canalizarla hacia la acción. La mera actividad surge de la ignorancia y la falta de discernimiento, mientras que la acción emerge de la luminosidad cognitiva o la plena claridad. Inmersos en la acción, las tareas laboriosas se tornan deliciosas, el esfuerzo se convierte en juego, las cargas en felicidad y la pesadez en alegría.

מִצְווֹת צְרִיכוֹת כַּוָּנָה.
(תלמוד בבלי, מסכת ברכות, י"ג, א')

Las *mitzvót* requieren intención.

(*Talmud Babilónico*, «*Berajot*», 13a)

La actividad es tan automática e inconsciente que el ejecutor ni siquiera se percata de su propio comportamiento. Ejemplos de actividades son morderse las uñas, comer excesivamente, consumir sustancias nocivas, hablar desmesuradamente y fumar. Al alinearnos al marco dictado por la *halajá*, sacralizamos nuestra existencia dado que incluso las acciones más simples y triviales cobran relevancia trascendental. La intención no es infundir un matiz superficial de religiosidad o espiritualidad en nuestros días mediante el sentimentalismo, sino enriquecer nuestras vidas con una estructura sagrada, sólida y tangible.

וְכִי מָה אִכְפַּת לוֹ לְהַקָּדוֹשׁ־בָּרוּךְ־הוּא, בֵּין שֶׁשּׁוֹחֵט אֶת הַבְּהֵמָה וְאוֹכֵל אוֹ אִם נוֹחֵר וְאוֹכֵל? כְּלוּם אַתָּה מוֹעִילוֹ אוֹ כְּלוּם אַתָּה מַזִּיקוֹ? אוֹ מָה אִכְפַּת לוֹ, בֵּין אוֹכֵל טְהוֹרוֹת לְאוֹכֵל נְבֵלוֹת? אָמַר שְׁלֹמֹה, 'אִם חָכַמְתָּ – חָכַמְתָּ לָּךְ' וגו' (משלי ט', י"ב). הָא לֹא נִתְּנוּ הַמִּצְוֹת אֶלָּא לְצָרֵף בָּהֶן אֶת הַבְּרִיּוֹת וְיִשְׂרָאֵל, שֶׁנֶּאֱמַר: 'אִמְרַת־ה' צְרוּפָה' (תהילים י"ח, ל"א). לָמָּה? שֶׁיְּהֵא מָגֵן עָלֶיךָ, שֶׁנֶּאֱמַר: 'מָגֵן הוּא לְכָל הַחוֹסִים בּוֹ' (תהילים י"ח, ל"א).

(מדרש תנחומא, פרשת שמיני, סימן ח')

¿Y qué le importa al Santo, bendito sea Él, si uno sacrifica ritualmente al ganado y come [la carne] o si uno sacrifica al ganado apuñalándolo y lo come? ¿Acaso tal cosa Le beneficiará [es decir, al Santo, bendito sea Él,] o Le perjudicará? ¿O qué Le importa a Él si uno come cadáveres o come animales sacrificados ritualmente? Salomón dijo [sobre esto] (Proverbios, 9:12): «Si has obtenido sabiduría, has obtenido sabiduría para ti mismo». Así, los mandamientos fueron dados solo para refinar a los vivientes y a Israel a través de ellos, como se afirma (Salmos, 18:31), «la palabra del Señor es refinada». ¿Por qué? Para que Él sea un escudo sobre ti, [como se afirma] (cont.), «Él es un escudo para todos los que se refugian en Él».

(*Midrásh Tanjuma*, *Parashát* «Sheminí», 8)

En este sentido, la revelación hebrea ofrece una manera profunda y perdurable de conectar y reintegrar lo humano y lo divino.

"הָאֵל תָּמִים דַּרְכּוֹ אִמְרַת־ה' צְרוּפָה מָגֵן הוּא לְכֹל הַחֹסִים בּוֹ" (תהילים י"ח, ל"א). אִם דְּרָכָיו תְּמִימִים, הוּא – עַל אַחַת כַּמָּה וְכַמָּה. רַב אָמַר: "לֹא נִתְּנוּ הַמִּצְווֹת אֶלָּא לְצָרֵף בָּהֶן אֶת הַבְּרִיּוֹת. וְכִי מָה אִכְפַּת לֵיהּ לְהַקָּדוֹשׁ בָּרוּךְ הוּא לְמִי שֶׁשּׁוֹחֵט מִן הַצַּוָּאר אוֹ מִי שֶׁשּׁוֹחֵט מִן הָעֹרֶף? הֱוֵי – לֹא נִתְּנוּ הַמִּצְווֹת אֶלָּא לְצָרֵף בָּהֶם אֶת הַבְּרִיּוֹת".

(בראשית רבה, מ"ד, א')

«En cuanto a Dios — Su camino es perfecto; la palabra del Señor es refinada, Él es un escudo para todos los que se refugian en Él». (Salmos,18:31) Si Su camino es perfecto, ¡cuánto más lo es Él mismo! Rav dijo: Las *mitzvót* fueron dadas para que el hombre pudiera ser refinado por ellas. ¿Realmente crees que, al Santo, bendito sea Él, le importa si un animal es sacrificado por delante o por detrás del cuello? Por lo tanto, las *mitzvót* fueron dadas solo para refinar a los humanos».

(*Bereshít Raba*, 44.1)

Las *mitzvót* no son meras herramientas, instrumentos o mecanismos que facilitan nuestra relación con lo trascendente; son el proceso mismo de alineación con la divinidad. El término *mitzvá*, traducido como 'precepto', está íntimamente relacionado con la palabra *tzavta* (צוותא), que significa 'conexión' o 'vínculo'. Así, cada precepto bíblico es como un símbolo que fusiona lo individual y lo divino.

וְגַם אֶת־שַׁבְּתוֹתַי נָתַתִּי לָהֶם לִהְיוֹת לְאוֹת בֵּינִי וּבֵינֵיהֶם לָדַעַת כִּי אֲנִי ה' מְקַדְּשָׁם:
(יחזקאל כ', י"ב)

Y diles también Mis *sabbaths* [el séptimo día de la semana] para que sirvan de símbolo entre Yo y ellos, a fin de que supiesen que Yo, el Señor, soy el que los santifico.

(Ezequiel, 20:12)

En numerosos versículos y párrafos de la Torá, se alude a las *mitzvót* como símbolos.

וּקְשַׁרְתָּם לְאוֹת עַל־יָדֶךָ וְהָיוּ לְטֹטָפֹת בֵּין עֵינֶיךָ׃
(דברים ו', ח')

Y los atarás [los *tefillín*] por símbolo sobre tu mano y que sirvan como *totafót* (frontales) en tu frente.

(Deuteronomio, 6:8)

Los sabios iluminados de la antigüedad señalan un paralelismo entre las *mitzvót* y la estructura física del ser humano.

דָּרַשׁ רַבִּי שִׂמְלַאי: "שֵׁשׁ מֵאוֹת וּשְׁלֹשׁ עֶשְׂרֵה מִצְווֹת נֶאֶמְרוּ לוֹ לְמֹשֶׁה, שְׁלֹשׁ מֵאוֹת וְשִׁשִּׁים וְחָמֵשׁ לָאוִין כְּמִנְיַן יְמוֹת הַחַמָּה, וּמָאתַיִם וְאַרְבָּעִים וּשְׁמוֹנָה עֲשֵׂה כְּנֶגֶד אֵיבָרָיו שֶׁל אָדָם".
(תלמוד בבלי, מסכת מכות, כ"ג, ב')

Rabí Simlai expuso: «613 *mitzvót* fueron declaradas a Moisés en la Torá, consistentes en 365 prohibiciones correspondientes al número de días del año solar y 248 *mitzvót* positivas correspondientes al número de miembros de una persona».

(*Talmud Babilónico*, «*Makkót*», 23b)

בְּגִין דְּאִית בְּבַר־נָשׁ רמ"ח שַׁיְפִין, לָקֳבֵל רמ"ח פִּקּוּדִין דְּאוֹרַיְיתָא דְּאִינּוּן לְמֶעְבַּד אִתְיְהִיבוּ, וְלָקֳבֵל רמ"ח מַלְאָכִין דְּאִתְלַבְּשַׁת בְּהוֹן שְׁכִינְתָּא וּשְׁמָא דִּלְהוֹן כִּשְׁמָא דְּמָארֵיהוֹן, וְאִית בְּבַר־נָשׁ שס"ה גִּידִין, וְלָקֳבְלֵהוֹן שס"ה פִּקּוּדִין דְּלָאו אִינּוּן אִתְיְהִיבוּ לְמֶעְבַּד, וְלָקֳבֵל שס"ה יוֹמֵי שַׁתָּא.
(ספר הזוהר, פרשת וישלח, ז')

Porque hay 248 miembros en una persona, que corresponden a los 248 preceptos de la Torá dados para cumplir (*mitzvót* positivas) y a los 248 ángeles que la *Shejiná* (la presencia de Dios) está encerrada en ellos y su nombre es como el de su Señor. Y hay 365 ligamentos en una persona que corresponden a 365 perceptos dados para evitar (*mitzvót* negativas) y a los 365 días del año.

(*Zohar*, «*Vayishláj*», 7)

Este verso dice que los 248 preceptos positivos corresponden a los 248 miembros del cuerpo humano. Del mismo modo, los 365 preceptos prohibitivos se equiparan con los 365 ligamentos de la anatomía humana.

El mundo objetual está presente constantemente como lo percibido. Sentidos como la vista, el tacto o el olfato permiten una experiencia sensible directa. A través de nuestras acciones, nos vinculamos de manera directa con dicha plataforma. Si bien podemos experimentar la realidad tangible mediante acciones como caminar, bailar, pintar, comer, escribir o hablar, es imposible procesarla o entenderla a través del pensar. A diferencia de las acciones, el pensamiento carece de acceso directo e inmediato a la realidad.

Cuando usamos la conceptualización mental, el acceso a la realidad queda obstruido por ideas abstractas. El pensamiento conlleva una cierta alienación porque interactuamos con la realidad conceptualmente. El acto de pensar no establece un vínculo directo con la vida ni alcanza para procesarla de manera completa. Por el contrario, por su naturaleza inherente instaura una demarcación, una separación, un distanciamiento. En este mismo sentido Hans-Georg Gadamer sostiene que la Verdad implica una pertenencia y una aproximación al Ser, mientras que la metodología impone distanciamiento y separación. Por ende, si hay deseo de acceder a la Verdad auténtica y genuina, debemos prescindir de los métodos.

Al someter la realidad al análisis o la deducción, inevitablemente nos distanciamos de ella. Cuando reflexionamos «sobre» esta o razonamos «acerca» suyo, erigimos una brecha insalvable. «Sobre» o «acerca de» sugieren un vínculo mediato o una relación indirecta; denotan que no experimentamos ni interactuamos con las cosas en el momento presente. Dichas preposiciones impiden una conexión genuina con los árboles, las flores y demás.

La disertación «sobre» o «acerca de» la realidad nos desvincula, nos separa y nos excluye intrínsecamente de la misma. Los intelectuales, por eminentes que sean, se distancian de la acción, puesto que el pensamiento es esencialmente indirecto y mediato, pero la acción solo puede ser directa e inmediata. De hecho, pensar hace que actuar sea impracticable e inalcanzable. A diferencia de los pensadores, los artistas genuinos logran una relación directa y no conceptualizada con el mundo.

En el mundo que habitamos, muchas personas utilizan sus capacidades cognitivas para especular y rumiar, pero carecen de la energía necesaria para concretar sus ideas y lograr algo tangible con sus vidas. En contraparte, muchos individuos poco reflexivos, poseen un considerable vigor e ímpetu para obrar. Aunque no se detienen a pensar y evaluar, sus deseos los impulsan a hacer mucho. Por desgracia, muchos de estos seres irreflexivos pero de fuerte voluntad han generado considerables conflictos y devastación, causando dolorosos desastres y estragos a lo largo de la historia. Solo la indagación auténtica de la realidad interrumpirá el círculo vicioso del parloteo mental. Cuando la actividad conceptual cesa, la consciencia despierta. Entonces, la facultad cognitiva se metamorfosea y se manifiesta como mayor claridad mental. La energía que alimenta el pensamiento se reformula, convirtiéndose en lucidez.

El proceso purificatorio comienza cuando cesa la actividad mental; no obstante, esto no implica suspender la consciencia misma. Por el contrario, la consciencia persiste, ganando mayor claridad y lucidez, llevándonos a la acción. Acercarse a la realidad, a la esencia de las cosas tal como son, requiere una combinación equilibrada de acción y consciencia.

> וַיִּקַּח סֵפֶר הַבְּרִית וַיִּקְרָא בְּאָזְנֵי הָעָם וַיֹּאמְרוּ כֹּל אֲשֶׁר־דִּבֶּר ה' נַעֲשֶׂה וְנִשְׁמָע:
> (שמות כ"ה, ז')
>
> Tomó Moshé el libro del Pacto y lo leyó a oídos del pueblo. Ellos dijeron: «Todo lo que ha dicho el Señor haremos (*na'asé*) y escucharemos (*nishmá*)».
>
> (Éxodo, 24:7)

En hebreo, *shemá* significa 'oír' o 'escuchar', pero también puede significar 'prestar atención', que es el aspecto activo de la consciencia, como cuando un profesor pide a los alumnos que centren su atención. *Shemá* es más que una petición de escuchar, ya que insta a centrarse.

El mantra principal de la tradición hebrea, «*Shemá* Israel», es una exhortación íntima al pueblo de Israel para que no solo escuche, sino que preste atención. Cuando decimos *shemá*, estamos pidiendo a las personas que escuchen y a la vez estén atentas, por lo que está claro que la palabra *shemá* evoca la toma de consciencia.

Por lo tanto, la expresión *na'asé venishmá* (נַעֲשֶׂה וְנִשְׁמָע), o 'haremos y escucharemos', directamente vinculada a las *mitzvót*, está conectada con las dimensiones de acción y consciencia. Por lo tanto, una contemplación más profunda de *na'asé venishmá* nos revela que es una llamada dual a la acción y a la observación consciente. No solo representa la dimensión de actuar, sino también la de mantenerse atento durante la acción en lo que se denomina «acción meditativa».

Sin embargo, hay quienes malinterpretan esta noción de mantenerse atento durante la acción, asociándola con la necesidad de aislamiento. Esto resulta evidente en la conocida afirmación de Patañjali en su *Yoga Sūtra*:

योगश्चित्तवृत्तिनिरोधः।

yogaś citta-vṛtti-nirodhaḥ

Yoga es la detención de la actividad mental.

(*Yoga Sūtra*, 1.2)

Si estas conocidas y sabias palabras no se entienden correctamente, pueden llevar a muchos a concluir que la clave para apaciguar la mente radica en aislarse de la sociedad. Es un grave error creer que la mera abstención de las actividades mundanas garantiza la verdadera paz. Enclaustrarse en monasterios mientras se mantiene el mismo bullicio mental solo puede llevar a una desvinculación de la realidad. Como diría Kant, la fe auténtica no pertenece a la razón teórica, sino a la razón práctica.

וְעַתָּה יִשְׂרָאֵל שְׁמַע אֶל הַחֻקִּים וְאֶל הַמִּשְׁפָּטִים אֲשֶׁר אָנֹכִי מְלַמֵּד אֶתְכֶם לַעֲשׂוֹת
לְמַעַן תִּחְיוּ וּבָאתֶם וִירִשְׁתֶּם אֶת הָאָרֶץ אֲשֶׁר ה' אֱלֹהֵי אֲבֹתֵיכֶם נֹתֵן לָכֶם:
לֹא תֹסִפוּ עַל הַדָּבָר אֲשֶׁר אָנֹכִי מְצַוֶּה אֶתְכֶם וְלֹא תִגְרְעוּ מִמֶּנּוּ לִשְׁמֹר אֶת מִצְוֹת

ה' אֱלֹהֵיכֶם אֲשֶׁר אָנֹכִי מְצַוֶּה אֶתְכֶם׃[...] וְאַתֶּם הַדְּבֵקִים בַּה' אֱלֹהֵיכֶם חַיִּים כֻּלְּכֶם הַיּוֹם׃

(דברים ד', א', ב', ד')

Y ahora Israel, *shemá* (escucha) los fueros y las leyes que yo os enseño a vosotros para cumplir; para que hayáis de vivir y podáis venir y heredéis la tierra que el Señor, Dios de vuestros patriarcas, os concede a vosotros. No habréis de añadir sobre la palabra que yo os ordeno a vosotros, ni habréis de menguar de ella; para observar las *mitzvót* del Señor, vuestro Dios, que yo os ordeno a vosotros [...]. Empero vosotros, los que estáis adheridos al Señor vuestro Dios, estáis vivos, todos vosotros hoy.

(Deuteronomio, 4:1,2,4)

La milenaria revelación hebrea no exige renunciar a la acción para acceder a la realidad. Al contrario, afirma que la acción es un camino hacia la Verdad. Las acciones halájicas, realizadas con plena consciencia, actúan como puente entre lo aparente y lo real, conduciéndonos de lo relativo a lo absoluto. Los preceptos bíblicos poseen un carácter simbólico, pues nos reintegran con nuestra fuente original. El término *símbolo* deriva del griego *sýmbolon* (σύμβολον), que a su vez se compone de *sýn* (σύν), que quiere decir 'junto', y *bállō* (βάλλω), que es 'lanzar' o 'arrojar'. Originalmente, el verbo *symbállo* significaba 'reunir', 'juntar' o 'unir'. En numerosas tradiciones espirituales, los símbolos se consideran mediadores entre el mundo visible y el invisible. Así, el simbolismo presente en las *mitzvót* nos reconecta con nuestra dimensión absoluta, elevándonos hacia significados y experiencias que trascienden lo perceptible. Las *mitzvót* permiten la divinización de lo humano mediante la acción consciente. Las *mitzvót* permiten a la humanidad entrar en la divinidad y a la divinidad entrar en la humanidad.

Na'asé venishmá (נַעֲשֶׂה וְנִשְׁמָע), que significa 'haremos de manera consciente o atentamente', no surge de una mente limitada, sino que es una expresión de la consciencia pura. Significa entregarse a la acción sin que intervengan los conceptos, dado que la mente nos desconecta de la praxis, de lo que es factual o real, y nos sumerge en el reino teórico de las ideas, las opiniones y las conclusiones. Según la revelación sinaítica, lo sagrado trasciende la mera conceptualización al manifestarse en las múltiples facetas de nuestra cotidianidad. Dios está presente en el agua que bebemos, los alimentos que comemos, la música que oímos, la ropa que vestimos y nuestras interacciones con familiares y amigos.

Aquellos que se sumergen exclusivamente en reflexiones y especulaciones se convierten meramente en entidades pensantes, confinadas a un cosmos de teorías, postulados, nociones, abstracciones, inferencias, deducciones, conceptos y conclusiones. Sin embargo, no deben inhibir el razonamiento, ya que su agudeza intelectual podría atrofiarse. Por lo tanto, el ideal no es evadir la acción, sino dotarla de mayor lucidez y presencia, infundiéndola con más consciencia y claridad, combinando así acción y consciencia.

Na'asé venishmá (נַעֲשֶׂה וְנִשְׁמָע) encapsula la esencia de la meditación, sugiriendo la transición de la mente a la lucidez, el retiro del pensamiento y el avivamiento de la consciencia. El secreto reside en sumergirse en la acción, permitiendo que la mente fluya libremente como un río siguiendo su curso natural sin resistencia. Al trascender la mente, la potencia del pensamiento se redirige hacia su origen: la consciencia pura y genuina. A medida que la actividad mental disminuye y los pensamientos se desvanecen, evolucionamos hacia una existencia lúcida y profundamente consciente. En este estado de quietud mental, no prevalece ningún pensamiento, independientemente de su naturaleza o cualidad. Aunque la mente pueda fluctuar, la conoceidad persiste, constante e inafectada. Aun así, es posible realizar acciones cotidianas como caminar, hablar, oler, trabajar, comer o dormir mientras se permanece plenamente consciente.

La inherente diafanidad de la consciencia trasciende y supera con creces las capacidades del poder mental. Incluso cuando emergen entidades ideacionales, nocionales y conceptuales en el panorama cognitivo, la observación atenta permanece independiente. Finalmente, la actividad mental queda eclipsada por el lumen irradiante de la consciencia. Esta luminiscencia disipa la oscuridad a medida que las siluetas mentales se desvanecen y desaparecen gradualmente, cediendo ante la preeminencia de la consciencia ascendente.

Gradualmente, ingresamos en un proceso de metamorfosis, transmutando de seres pensantes a seres conscientes. Al realizar la consciencia cristalina, nuestras construcciones mentales se desvanecen como sombras ante una radiante luz. La vigorosa lucidez de la observación agudiza la percepción e intensifica la sensibilidad acústica y olfativa. Aunque las acciones en sí mismas permanecen inalteradas, indudablemente se revisten de una cualidad singular y renovada. Estas acciones manifestadas se elevan al ámbito de lo sacro, alineándose con la trascendencia inherente de las *mitzvót*.

El individuo común vive fragmentado, con una separación entre sus palabras y acciones, entre sus pasos e intenciones. En contraste, cada palabra pronunciada por un ser plenamente presente en cada sílaba posee una esencia única, una singularidad innata. En el comportamiento diario de la mayoría de las personas, observamos un claro automatismo, como si actuaran por mera costumbre, desconectados de sus actividades. Sin embargo, cuando alguien que es solo una sombra de existencia actúa, cada mirada, palabra, gesto y movimiento constituye en una extensión plena de su presencia. El ser humano promedio vive ajeno de su propia percepción visual, pero cuando alguien que es nadie nos mira, nos sentimos agujereados, como si todo el cosmos estuviera enfocando su atención en nosotros a través de esos ojos penetrantes.

En el núcleo de los seres simbólicos, no hay fragmentación, disociación, división, disyunción ni fractura, sino una cohesión integradora absoluta que elimina cualquier distinción entre ellos mismos y sus acciones. Siendo el Ser, se tornan la manifestación pura de sus acciones. Las *mitzvót* aspiran, en su esencia, a unir acción y consciencia en una totalidad coherente e indivisible.

La palabra *experiencia* se origina del término latín compuesto de tres partes: el prefijo *ex*, que significa 'separación'; la raíz verbal *peri*, que puede traducirse como 'intentar'; y el sufijo *entia*, que equivale a *qualitas agentis*, o 'calidad de un agente'. Una experiencia o vivencia consiste en presenciar, percibir, sentir o conocer algo. En consecuencia, podemos afirmar que el término *experiencia* se refiere a eventos, interacciones o percepciones que engloban un sujeto y un objeto, es decir, el sujeto que experimenta y el objeto experimentado. Beber es una experiencia que implica la interacción entre un sujeto—el que bebe—y un objeto, como un vaso de agua.

También tenemos experiencias mentales y emocionales. La totalidad de la diégesis humana puede concebirse como una continua secuencia de experiencias. A simple vista, cada experiencia implica una interacción que involucra al sujeto, el objeto y la conoceidad. Esta conoceidad es aquello que conoce o aprehende las experiencias, pero que, paradójicamente, no se configura como una experiencia en sí misma. La realidad objetual, con su inherente dualidad y relatividad, consiste en una construcción ilusoria que consta solo de cuatro componentes: pensamientos, emociones, sensaciones y percepciones. Solo la conoceidad, o la consciencia pura, es verdaderamente real y ontológicamente inmutada, por lo que es identificada con el Absoluto o la divinidad. Cada *mitzvá* actúa como un símbolo que amalgama lo humano con lo divino, uniendo lo relativo con lo Absoluto, lo aparente con lo real. La finalidad de estos preceptos es construir un hogar para la consciencia en la dimensión tangible, dentro del ámbito de las experiencias. Las *mitzvót* nos permiten edificar un espacio para la consciencia en la esfera fenomenológica, en el orbe de las vivencias humanas cotidianas.

"בָּאתִי לְגַנִּי אֲחוֹתִי כַלָּה" (שיר־השירים ה', א'). אָמַר רַבִּי שְׁמוּאֵל בַּר נַחְמָן:
"בְּשָׁעָה שֶׁבָּרָא הַקָּדוֹשׁ־בָּרוּךְ־הוּא אֶת הָעוֹלָם, נִתְאַוָּה שֶׁיְּהֵא לוֹ דִּירָה בַּתַּחְתּוֹנִים
כְּמוֹ שֶׁיֵּשׁ בָּעֶלְיוֹנִים. בָּרָא אֶת הָאָדָם וְצִוָּה אוֹתוֹ וְאָמַר לוֹ: 'מִכֹּל עֵץ הַגַּן אָכֹל
תֹּאכֵל, וּמֵעֵץ הַדַּעַת טוֹב וָרָע לֹא תֹאכַל מִמֶּנּוּ' (בראשית ב', ט"ז–י"ז) וְעָבַר עַל
צִוּוּיוֹ. אָמַר לֵיהּ הַקָּדוֹשׁ־בָּרוּךְ־הוּא, 'כָּךְ הָיִיתִי מִתְאַוֶּה שֶׁיְּהֵא לִי דִּירָה בַּתַּחְתּוֹנִים
כְּמוֹ שֶׁיֵּשׁ לִי בָּעֶלְיוֹנִים, וְדָבָר אֶחָד צִוִּיתִי אוֹתְךָ וְלֹא שָׁמַרְתָּ אוֹתוֹ'. מִיַּד סִלֵּק
הַקָּדוֹשׁ בָּרוּךְ הוּא שְׁכִינָתוֹ לָרָקִיעַ הָרִאשׁוֹן. מִנַּיִן? דִּכְתִיב (שם ג', ח'): 'וַיִּשְׁמְעוּ
אֶת קוֹל ה' אֱלֹקִים מִתְהַלֵּךְ בַּגַּן'. כֵּיוָן שֶׁעָבְרוּ עַל הַצִּוּוּי, סִלֵּק שְׁכִינָתוֹ לָרָקִיעַ
הָרִאשׁוֹן. עָמַד קַיִן וְהָרַג לְהֶבֶל, מִיַּד סִלֵּק שְׁכִינָתוֹ לְרָקִיעַ שֵׁנִי כו'. אָמַר הַקָּדוֹשׁ־
בָּרוּךְ־הוּא: 'שִׁבְעָה רְקִיעִים בָּרָאתִי, וְעַד עַכְשָׁו יֵשׁ רְשָׁעִים לַעֲמֹד בָּהּ'. מֶה עָשָׂה?
קִפֵּל אֶת כָּל הַדּוֹרוֹת הָרִאשׁוֹנִים הָרְשָׁעִים וְהֶעֱמִיד אַבְרָהָם. כֵּיוָן שֶׁהֶעֱמִיד
אַבְרָהָם, סִגֵּל מַעֲשִׂים טוֹבִים, יָרַד הַקָּדוֹשׁ־בָּרוּךְ־הוּא מִן רָקִיעַ שְׁבִיעִי לְשִׁשִּׁי. עָמַד
יִצְחָק וּפָשַׁט צַוָּארוֹ עַל גַּבֵּי הַמִּזְבֵּחַ, יָרַד מִשִּׁשִּׁי לַחֲמִישִׁי כו'. עָמַד מֹשֶׁה וְהוֹרִידָהּ
לָאָרֶץ, שֶׁנֶּאֱמַר: 'וַיֵּרֶד ה' עַל הַר סִינַי' (שמות י"ט, כ') וּכְתִיב (שיר־השירים ה',
א'): 'בָּאתִי לְגַנִּי אֲחוֹתִי כַלָּה'. אֵימָתַי? כְּשֶׁהוּקַם הַמִּשְׁכָּן".
(מדרש תנחומא, פרשת נשא, ט"ז)

«He entrado en mi jardín, hermana mía, oh, esposa». (Cantar de los cantares, 5:1) Rabí Samuel bar Najman dijo: «Cuando el Santo, bendito sea, creó el mundo, anhelaba tener una morada en los mundos inferiores tal como la tiene en los mundos superiores. [Con este fin] creó a Adán, le ordenó y le dijo (Genesis, 2:16-17): 'Puedes comer libremente de cualquier árbol del jardín; pero en cuanto al Árbol del Conocimiento del bien y del mal, no puedes comer de él'. Entonces él [Adán] transgredió Su mandamiento. El Santo, bendito sea, le dijo: 'Esto es lo que yo anhelaba, que, así como tengo una morada en lo alto, también la tuviera abajo. Ahora bien, cuando te he dado una orden, no la has cumplido'. Inmediatamente el Santo, bendito sea, retiró Su Divina Presencia [hasta] el primer firmamento. ¿Dónde se muestra? Donde se dice (Génesis, 3:8): 'Entonces oyeron la voz del Señor Dios que se movía en el jardín'. Puesto que transgredieron el mandamiento, Él retiró Su presencia divina al primer firmamento [y por lo tanto solo podían oír a Dios]. [Cuando] Caín se levantó y mató a Abel, Él inmediatamente quitó Su Presencia Divina del primer firmamento al segundo firmamento y demás. El Santo, bendito sea Él, dijo: 'Yo creé siete firmamentos, y hasta ahora hay malvados [todavía] levantándose sobre [el mundo]'. ¿Qué hizo Él? Replegó todas las generaciones de malvados y resucitó a Abraham. Cuando Abraham se levantó y realizó buenas obras, el Santo, bendito sea, descendió inmediatamente del séptimo firmamento al sexto. [Luego] Isaac se levantó y extendió su cuello sobre el altar, Él descendió del sexto firmamento al quinto y demás. [Entonces] Moisés se levantó, hizo descender [la Presencia Divina] a la tierra, como está escrito (Éxodo, 19:20), 'Y el Señor descendió sobre el Monte Sinaí'. Y [así] está escrito (Cantar de los cantares, 5:1): 'He venido a mi jardín, hermana mía, oh, esposa'. ¿Cuándo? Cuando se erigió el Tabernáculo».

(*Midrásh Tanjuma*, «*Naso*», 16)

Cada *mitzvá* revela la conoceidad que ha sido subsumida en el trasfondo de la vida cotidiana, llevándola a una posición central en el teatro de nuestras experiencias. Sin ser una experiencia en sí misma, la consciencia se torna visible, desvelándose como la base de todas las experiencias. En *Pirkei Avót*, leemos sobre la recompensa por el cumplimiento de las *mitzvót*:

בֶּן עַזַּאי אוֹמֵר, הֱוֵי רָץ לְמִצְוָה קַלָּה כְּבַחֲמוּרָה, וּבוֹרֵחַ מִן הָעֲבֵרָה. שֶׁמִּצְוָה גוֹרֶרֶת מִצְוָה, וַעֲבֵרָה גוֹרֶרֶת עֲבֵרָה. שֶׁשְּׂכַר מִצְוָה, מִצְוָה. וּשְׂכַר עֲבֵרָה, עֲבֵרָה.
(פרקי אבות ד', ב')

Ben Azzai dice: «Apresúrate a cumplir una *mitzvá* 'ligera' (menor) igual que a una 'pesada' (mayor) y huye de una *averá* (transgresión); porque una *mitzvá* engendra una *mitzvá* y una *averá* engendra una *averá*; porque la recompensa de una *mitzvá* es una *mitzvá* y la recompensa de una *averá* es una *averá*».
(*Pirkei Avót*, 4.2)

Para alguien que se ha alejado de su autenticidad, las *mitzvót* parecen actividades forzadas e impuestas. Sin embargo, son acciones espontáneas y naturales para quienes han realizado su verdadera naturaleza. La *mitzvá* practicada revela la *mitzvá* inherente, dado que su aplicación práctica allana el camino hacia su esencia intrínseca. En otras palabras, las *mitzvót* naturales se descifran a través de las *mitzvót* practicadas, como describe Rabí Yehudá HaLevi:

אָמַר הֶחָבֵר: "אֲבָל יִעוּדֵנוּ – הִדַּבְּקֵנוּ בָּעִנְיָן הָאֱלֹהִי בַּנְּבוּאָה, וּמָה שֶׁהוּא קָרוֹב לָהּ, וְהִתְחַבֵּר הָעִנְיָן הָאֱלֹהִי בָּנוּ בַּגְּדֻלָּה וּבַכָּבוֹד וּבַמּוֹפְתִים. וְעַל כֵּן אֵינֶנּוּ אוֹמֵר בַּתּוֹרָה, כִּי אִם תַּעֲשׂוּ הַמִּצְוָה הַזֹּאת, אֲבִיאֲכֶם אַחֲרֵי הַמָּוֶת אֶל גַּנּוֹת וַהֲנָאוֹת, אֲבָל הוּא אוֹמֵר: וְאַתֶּם תִּהְיוּ לִי לְעָם וַאֲנִי אֶהְיֶה לָכֶם לֵאלֹהִים מַנְהִיג אֶתְכֶם, וְיִהְיֶה מִכֶּם מִי שֶׁיַּעֲמֹד לְפָנַי וּמִי שֶׁיַּעֲלֶה לַשָּׁמַיִם כַּאֲשֶׁר הָיוּ הוֹלְכִים בֵּין הַמַּלְאָכִים, וְיִהְיוּ גַם כֵּן מַלְאָכַי הוֹלְכִים בֵּינֵיכֶם בָּאָרֶץ וְתִרְאוּ אוֹתָם יְחִידִים וְרַבִּים, שׁוֹמְרִים אֶתְכֶם וְנִלְחָמִים לָכֶם, וְתַתְמִידוּ בָּאָרֶץ אֲשֶׁר הִיא עוֹזֶרֶת עַל הַמַּעֲלָה הַזֹּאת, וְהִיא אַדְמַת הַקֹּדֶשׁ, וְיִהְיֶה שָׂבְעָהּ וְרַעֲבוֹנָהּ וְטוֹבָתָהּ וְרָעָתָהּ – בָּעִנְיָן הָאֱלֹקִי כְּפִי מַעֲשֵׂיכֶם וְיִהְיֶה נוֹהֵג כָּל הָעוֹלָם עַל הַמִּנְהָג הַטִּבְעִי – זוּלַתְכֶם. [...] וְהָיָה כָּל זֶה וְהַתּוֹרָה

הַזֹּאת וְכָל יִעוּדֶיהָ מֻבְטָחִים, לֹא יִפֹּל מֵהֶם דָּבָר; וְיִעוּדֶיהָ כֻּלָּם כּוֹלֵל אוֹתָם שֹׁרֶשׁ אֶחָד וְהוּא יִחוּל קִרְבַת אֱלֹהִים וּמַלְאָכָיו".
(ספר הכוזרי, חלק א', ק"ט)

El *javer* ('rabino', 'santo' o justo') dijo: «Ahora nuestro propósito es que nos adhiramos con la Naturaleza Divina por medio de la profecía, todo lo que está anexo a ella, y la Naturaleza Divina conectada con nosotros a través de milagros grandiosos y asombrosos. Por esta razón, no encontramos en la Torá afirmaciones tales como: "Si cumples esta *mitzvá*, te llevaré después de la muerte a hermosos jardines y grandes placeres". Pero en cambio, encontramos declaraciones como: "Vosotros seréis mi nación, y yo seré para vosotros un Dios que os guiará. Habrá algunos de vosotros que estarán ante mí, y que ascenderán al cielo, como los que se mezclan entre los ángeles, y también mis ángeles se mezclarán entre vosotros en la tierra. Los veréis solos o en huestes, velando por vosotros y luchando por vosotros. Permaneceréis siempre en la tierra que constituye un peldaño hacia este alto nivel, es decir, Tierra Santa. Su fertilidad o esterilidad, su felicidad o desgracia, dependen de la influencia divina que merecerá vuestra conducta, mientras que el resto del mundo seguiría su curso natural" [...]. Todo esto, esta Torá y sus propósitos están prometidos, nada quedará sin cumplirse. Todos estos propósitos tienen una base, a saber, la anticipación de la proximidad de Dios y Sus huestes».

(Rabí Yehudá HaLevi, *El Kuzari,* 1.99)

Consecuentemente, mediante la meticulosa observancia de los preceptos como actos simbólicos, nos alineamos con el carácter divino o la consciencia. La revelación hebrea posee diversas facetas interpretativas, desde el *pshat* (simple) hasta el *sod* (secreto). Cada *mitzvá* desvela el secreto de que nuestra intrínseca naturaleza es divina. Los preceptos no son meros decretos o leyes, sino que restituyen al individuo fracturado por el concepto a su esencia simbólica primigenia; actúan como eslabones que reintegran lo que creemos ser con lo que somos en verdad.

Capítulo 21

Mándalas: encuentros entre símbolos e intuición

El término «intuición» frecuentemente se entiende como una modalidad de discernimiento o captación inmediata que se caracteriza por hacerse el objeto de la misma presente sin el concurso de un razonamiento lógico o deducción. Con el avance inexorable del tiempo y la progresiva evolución de la filosofía, la intuición ha sido objeto de una innumerable cantidad de reinterpretaciones, todas ellas dependientes tanto del filósofo que las maneje como del contexto filosófico en el que se inscriban. Repasemos brevemente las diferentes lecturas del término que hacen algunos de los filósofos que hemos tratado hasta ahora en estas reflexiones.

Entre las interpretaciones más notables, encontramos la de Platón, para quien la intuición emerge como un conocimiento innato y directo de las «formas» o «ideas»; es el conocimiento de las realidades perennes e inmutables que constituyen el sustrato de las manifestaciones temporales del mundo físico. Aristóteles también habló de intuición en el contexto de la comprensión intelectual directa. Sin embargo, para Aristóteles, la intuición estaba más conectada con la experiencia y la percepción sensorial que para Platón. Santo Tomás de Aquino, por ejemplo, consideraba que la intuición era una forma de conocimiento directo de Dios y de las verdades eternas. Más tarde, y según los proponentes del racionalismo moderno, como Descartes y Spinoza, la intuición consiste en una modalidad de conocimiento evidente e inmediato. Para Descartes concretamente, la intuición es una «visión» mental, clara y distinta, que es la fundación para el razonamiento deductivo. Kant, por su parte, propone conceptualizar la intuición. Según él, nuestras experiencias son posibles gracias a las formas *a priori* de la intuición, concretamente el espacio y el tiempo, los cuales estructuran las percepciones sensoriales.

En el pensamiento contemporáneo, se acostumbra a definir la intuición como una suerte de «sensación de certeza» que se experimenta al confrontar una proposición, previo a su justificación mediante la lógica. A través del prisma de la fenomenología formulada por Husserl, la intuición se concibe como un tipo de «percepción inmediata» o «el reconocimiento súbito de la esencia inherente en un evento». Más tarde, Heidegger definirá la intuición como la aprehensión directa «de lo que se encuentra dado corporalmente tal como ello mismo se muestra». Estas diferentes interpretaciones no son necesariamente excluyentes entre sí, ya que pueden ser interpretadas como facetas de un concepto más amplio de intuición. Sin embargo, en todos estos casos, la intuición es independiente del razonamiento lógico o discursivo que funciona a través de la inferencia y la deducción.

Contrarios a esta lectura de la intuición como una suerte de facultad racional, definiremos la intuición como la captación inmediata del ser de algo prescindiendo de la mediación del razonamiento. En esta capacidad de silente sabiduría la intuición se nos revela como el acceso privilegiado a las múltiples capas de significado que residen en el símbolo. Su naturaleza esquiva los poderes de la razón, pero que, en cambio, sí es accesible a una captación inmediata que no precisa de conceptos. En este sentido, la intuición vendría a ser el recurso ineludible en el proceso de desvelar las variadas manifestaciones del símbolo y la enmarañada estructura que lo caracteriza.

Como hemos visto anteriormente, el símbolo desempeña el papel de un nexo, que salva el abismo entre lo discernible y lo inescrutable, entre lo evidente y lo enigmático, facilitando el ingreso a esferas usualmente vedadas. En efecto, los símbolos funcionan como accesos que nos introducen a modos renovados de comprensión y percepción de la realidad que nos envuelve. Postular que los símbolos pueden ser comprendidos exclusivamente mediante enfoques racionales o estructuras argumentativas es ignorar su profuso abanico y esencia. Independientemente del razonamiento lógico, los conceptos y las categorías, la intuición nos brinda un instrumento para examinar en su totalidad los distintos niveles del símbolo, que frecuentemente permanecen inabordables para el pensamiento analítico. Es gracias a la intuición como visión clara e inmediata de lo que es, que el símbolo se nos puede mostrar en su integridad, facilitándonos la entrada y convocándonos a una travesía de autoexploración y entendimiento más allá de las restricciones del pensamiento unidireccional. El término «integridad» es aquí importante, pues mientras que el concepto capta por sección y diseccionando, la intuición capta el símbolo entero en su totalidad.

Al explorar la vida y los dictados de destacados maestros y sabios esclarecidos dentro de la *sanātana-dharma*, puede manifestarse cierto desconcierto frente al fenómeno de la contemplación divina. Pongamos de relieve a Rāmakṛṣṇa Paramahaṃsa, quien contemplaba a la Madre Kālī, o incluso al Señor Chaitanya, cuya experiencia con Kṛṣṇa era análoga. Innumerables yoguis de elevada estatura espiritual dan fe de las visualizaciones de su deidad durante sus meditaciones. A muchos les resulta enigmática la relación de los devotos de la *sanātana-dharma* con los *devas*, o 'dioses', tales como Kṛṣṇa, Śiva, Gaṇeṣa, Kālī, Durgā o Umā. Con frecuencia, surgen interrogantes acerca de si su existencia es considerada real o meramente simbólica. Aunque, verdaderamente, el fenómeno en discusión no es un monopolio del hinduismo, sino que en efecto impregna la totalidad de las tradiciones espirituales, sí que es precisamente en el hinduismo que esta cuestión se nos hace especialmente evidente.

Las entidades mitológicas hindúes encarnan manifestaciones externas de estados internos del ser humano. Al inmiscuirse en ciertos estados de consciencia, ya sean emocionales o espirituales, se desdobla el acceso a visiones simbólicas de estas divinidades. Aun cuando estas visiones puedan fluctuar en detalles diminutos debido a sus respectivos orígenes culturales y tradiciones, en su esencia, se descorre el velo sobre una congruencia notable. Cada una de estas divinidades es un crisol de cualidades y emociones específicas. El peregrino, al internarse en el entramado abismal de la sabiduría, desvela los significados más ocultos que resguarda su *Iṣṭadeva*, o 'deidad predilecta', y se afana en la incorporación de estos atributos. De este modo, se atraviesa el linde hacia vínculos más abisales con lo inescrutable despejando un sendero que se orienta hacia la esencia divina que reside en el individuo. Esto, a su vez, capacita para trascender los límites de lo mundano y adentrarse, con premura calculada, en la esfera de lo sagrado.

Para discernir la naturaleza de este fenómeno, es imprescindible aprehender que la mitología, contrariamente al pensamiento conceptual, no está anclada en la realidad física objetiva. Aunque el mito se desenvuelve en relación con la realidad, su vinculación no yace en el plano físico del acontecer, sino en el dominio psicológico de la existencia. Por ende, resulta crucial entender que, en su calidad de entidad de dominio psicológico, el mito ostenta una utilidad sin parangón. Los *devas* no encarnan entidades físicas tangibles, sino que son simbolismos de genuina resonancia en la psiquis humana. Constituyen arquetipos que moran en el inconsciente colectivo, conforme a la postulación de Carl Jung, cuyo influjo y realidad es menester no desestimar. Aunque nos enfrentamos a una realidad de carácter supraterrenal, impervia a las avenidas epistemológicas ordinarias de la percepción, a través del cauce de la devoción, esta sublimidad es capaz de llenar con vehemencia la consciencia individual.

Carl Gustav Jung fue un pensador suizo y figura estelar y bastión en el ámbito de la psiquiatría y psicología. Su contribución a la psicología analítica es innegable. Con maestría, delineó la odisea psicológica de la diferenciación del Ser a través de la temporalidad de la existencia, fusionando con destreza los elementos conscientes e inconscientes en la identidad individual.[88] Jung articuló que la diferenciación constituía el quid del desarrollo humano. Vale destacar que él fue la fuerza impulsora de conceptos psicológicos de renombre mundial como, entre ellos, sincronicidad, arquetipos, inconsciente colectivo, complejos psicológicos y dimensiones de extraversión e introversión. Profundizando en la simbología, se aventuró en la colaboración con pacientes aquejados por enfermedades mentales,

88. C. G. Jung, *Tipos psicológicos*, trad. Rafael Fernández de Mauri (Madrid: Editorial Trotta, 2023).

a los que instaba a que, con pluma o pincel en mano, se despojaran de cadenas y dejaran fluir sus pensamientos. Un análisis prolijo de la psique humana llevó a Jung a percatarse de ciertos paralelismos en los patrones conductuales de personas diagnosticadas con esquizofrenia. Observó, con asombro y desconcierto, cómo, al superar la desgarradora fragmentación de su estado mental y al reintegrarse en un estado de unidad, las representaciones pictóricas de sus pacientes comenzaban a adoptar formas circulares. Este relevante cambio le condujo a descubrir que la mente reunificada se manifestaba a través del símbolo del mándala. Con la siguiente frase, resumió su pensamiento sobre la intersección entre psicología y cultura: «La psicología individual es en parte innata y en parte adquirida. La parte adquirida es el conjunto de imágenes ancestrales de la experiencia humana». De allí, la importancia a la cultura y los términos mencionados.

La noción de *maṇḍala* responde a un vocablo esculpido en la lengua sánscrita que puede ser interpretado como 'círculo' o 'disco'. Esta figura geométrica encarna un significado profundo que refleja la totalidad, la integridad y la unidad. Su estructura sugiere un espacio sacro y simbólico, un círculo encajado en una forma cuadrangular, una cosmovisión encapsulada en un diseño a la vez sencillo y enmarañado. Las manifestaciones de los mándalas se caracterizan por su forma circular y su trazado simétrico. Estos arreglos visuales, cuyo atractivo estético es incontrovertible, están compuestos por figuras y patrones reiterativos que se disponen alrededor de un eje central.

La morfología radial de los mándalas ilustra un fenómeno expansivo de la consciencia que fluye desde el epicentro del Ser hacia los confines del universo. Los mándalas llevan consigo la herencia de eones y han sido instrumentos venerados en una variedad de culturas y tradiciones, como las corrientes hindúes, budistas y tibetanas, entre otras. Su influencia, no obstante, no se limita a culturas orientales o precolombinas, como es el caso de las *chacanas* en la cosmogonía andina o los esquemas de los nativos Pueblo y otros, sino que incluso ha tenido una influencia en occidente, concretamente mediante la mandorla en el arte cristiano medieval, los laberintos en las iglesias del periodo gótico y los rosetones de vitrales en catedrales, certificando así la universalidad de este símbolo.

El círculo-mándala se fracciona en compartimentos internos por medio de ejes cardinales, resonando con la orientación del individuo en el cosmos. Este patrón circular, emblema de la rueda vital y la repetición cíclica de los fenómenos cósmicos, coadyuva en guiar al ser humano en su travesía hacia la comprensión de la totalidad de su existencia y su posición en el universo. Los mándalas, con su omnipresente característica de formas concéntricas, evocan la perfección, simbolizando distancias uniformes desde un núcleo. Además, la circunferencia alude a ciclos perpetuos, reminiscente del uróboro helenístico; aunque en contraposición a estas serpientes que se muerden la cola, los mándalas de origen budista suelen ser más descriptivos, ilustrando escenas de la vida y las enseñanzas del Buda.

Especialmente en las culturas orientales, el cometido de estas estructuras es tanto espiritual como terapéutico; sirviendo como prismas que canalizan la atención, promueven la reflexión interna y alimentan la simetría mental, facilitando la concentración, la calma y la conexión con el «yo» que, a su vez, permiten vehicular la expresión y la autoexploración a fin de promover el bienestar emocional. En las doctrinas hindúes, los *yantras* adoptan un trazado lineal, conformando esquemas energéticos cuyo cometido radica en facilitar el acto meditativo y la concentración. Basándome en estos fundamentos, he delineado el método conocido como Filatelia Meditativa. El emblema, como manifestación de una realidad interna subjetiva, puede ejercer como un utensilio invaluable para profundizar en nuestra autocomprensión.

El acto de colorear mándalas es valorado como un ejercicio creativo y relajante, beneficiando la concentración y paz interior. La liza meticulosa y extensa con el mándala nos otorga un sendero hacia los rincones más ocultos de nuestra actividad mental y emotiva. De esta forma, este símbolo se levanta como un artilugio para lograr una visión incisiva de nuestra realidad interna. Este símbolo proporciona un mirador que nos asiste en el desentrañamiento de los enigmas de nuestro inconsciente y las profundidades de nuestro espíritu.

De manera parecida, en las ceremonias mágicas de la tradición del ocultismo occidental, se vislumbra la traza de un espacio sagrado, apartado de lo profano, para lo cual se apela a los círculos mágicos, los cuales desempeñan funciones análogas a los mándalas orientales, instituyendo un recinto custodiado donde se ejecutan las operaciones mágicas y se evocan las energías espirituales.

Jung distinguió que, en un estado de desintegración del Ser, el mándala no se revelaba en las pinturas de los pacientes, mientras que sí aparecía en la reintegración del sujeto con su estado mental. Esta observación crucial demostraba una correlación profunda entre el mándala y el proceso interno del sujeto. La psique manifiesta símbolos particulares en estados específicos y dichas manifestaciones se transmutan en paralelo con las transformaciones internas. Jung postulaba que el mándala constituía una representación del perímetro interior reintegrado del individuo, mutándose en un emblema poderoso que reflejaba el procedimiento curativo del sujeto. Su labor con la psique y los emblemas constituye una contribución notable en el dominio de la psiquiatría.

Mediante sus descubrimientos, abrió caminos vírgenes en la esfera de la examinación y comprensión de trastornos mentales, así como en los mecanismos de curación. La adopción de un enfoque simbólico facilitó una lente refrescante para sondear los secretos de la mente humana. Significativamente, esto permitió que la psiquiatría trascendiera su marco tradicional enfocado en patología y englobara la dimensión simbólica y espiritual en la experiencia humana. Lo importante y subyacente en el trabajo de Jung, pero también en los mándalas como vía de acceso al interior del alma humana, es precisamente la intuición como aprehensión de aquello que yace en el interior de la psique y que, una vez tras otra, se resiste a los procesos razonados de la mente humana. El pensar simbólico es un pensar intuitivo a través del cual el símbolo nos revela una verdad que no necesita ser filtrada por la malla de la razón. Los símbolos, y sus significados, no son meros productos del pensamiento discursivo de la razón, sino que son el ser más íntimo que yace tras la puerta que solo la intuición nos abre.

Capítulo 22

El simbolismo del mito de la caverna de Platón

En estos últimos capítulos, hemos ido viendo que la intuición se nos revela como la visión, o el conocimiento, no conceptual y directo que caracteriza el pensamiento simbólico. Dicho de otro modo, la intuición es aquello que capta el símbolo como medio para penetrar en el ser más insondable de la realidad al que el razonamiento discursivo no tiene acceso. En este contexto, ahora podemos definir la mitología como un corpus de símbolos, cuya naturaleza trasciende los límites de lo literal para apelar a una sensibilidad particular y propiciar un proceso de información y pensamiento característico. Los efectos de este proceso se reflejan en la retroalimentación de dicha información o lenguaje.

Podemos argumentar que la condición humana está intrínsecamente marcada por la necesidad ineludible de alcanzar una plenitud integral, una aspiración que puede ser interpretada como una poderosa metáfora y símbolo. Esta búsqueda de totalidad trasciende los límites de lo meramente individual, abarcando aspectos existenciales, psicológicos y sociales. Tal anhelo de completitud se manifiesta en múltiples dimensiones de la vida humana, impulsando a los individuos a explorar y desarrollar su potencial en diversos ámbitos. En última instancia, esta metáfora y símbolo de la completitud puede ser entendida como un motor fundamental que impulsa la acción y la evolución en la condición humana. Esta aspiración de alcanzar la completitud se origina en nuestra ignorancia sobre nuestra propia naturaleza.

El impulso primario que siente el *Homo sapiens* para embarcarse en la búsqueda del autoconocimiento es un tema universalmente conocido. Las palabras antiguas γνῶθι σεαυτόν (*gnōthi seautón*) del griego y su contraparte latina *nosce te ipsum* nos llegan, resonando como un llamado fundamental hacia la introspección. ¿Qué hace que estos mandatos sean tan potentes? La frase, inscrita en el pronaos del Templo de Apolo en Delfos, Grecia, corresponde a una máxima délfica, lo que la hace parte de la sabiduría divina. En la historia de la humanidad, la han asumido y elaborado muchos autores y corrientes, como Epicteto, Confucio, Jung, el hermetismo y el existencialismo, por nombrar algunos autores y corrientes. Su resonancia a lo largo de diversas corrientes filosóficas y culturas destaca su universalidad y relevancia continua. Su fuerza yace en la habilidad de encender en nosotros la chispa para investigar nuestro ser y ahondar en nuestras capacidades ocultas, mediante la metáfora, el simbolismo y el lenguaje refinado como vehículos para acercarnos a la intricada urdimbre que constituye la existencia humana. Cuando se adoptan modos de expresión que exceden lo meramente lógico y lo literal, se erige un puente hacia el descubrimiento de lo encubierto y el despliegue de verdades enraizadas en la existencia, que permanecen difusas en el lenguaje cotidiano. Al recibir con los brazos abiertos tal postura, se abren las puertas a un entendimiento más hondo y abarcador de lo que nos rodea y lo que yace en nuestro interior, agudizando de manera simultánea nuestras habilidades para el autoescrutinio y la evolución personal. Los dos baluartes que encarnan esta intersección son la mitología y la geometría sagrada, entidades supremas dentro de la constelación del pensamiento simbólico.

Dentro del dominio de la geometría sagrada encontramos entrelazadas la filosofía y las dimensiones místicas que abordan la numerología, alineándose con el legado de la escuela pitagórica. La mitología, en cambio, se yergue como un aliado menos arcano para internarse en la selva simbólica. Es en este maremágnum de simbología que emerge el imponente «Mito de la Caverna» del laureado Platón (428 al 347 a. n. e.), escrito con una narrativa colosal que desenmascara la esencia humana, desde las umbrosas cadenas de la ignorancia hacia la brillante claridad de la erudición. El Libro VII de *La República*, aproximadamente del año 380 a. n. e., es el depositario de esta alegoría magistral, cuyo texto original dice así:

– Después de eso –proseguí– compara nuestra naturaleza respecto de su educación y de su falta de educación con una experiencia como esta. Represéntate hombres en una morada subterránea en forma de caverna, que tiene la entrada abierta, en toda su extensión, a la luz. En ella están desde niños con las piernas y el cuello encadenados, de modo que deben permanecer allí y mirar solo delante de ellos, porque las cadenas les impiden girar en derredor la cabeza. Más arriba y más lejos se halla la luz de un fuego que brilla detrás de ellos; y entre el fuego y los prisioneros hay un camino más alto, junto al cual imagínate un tabique construido de lado a lado, como el biombo que los titiriteros levantan delante del público para mostrar, por encima del biombo, los muñecos.
– Me lo imagino.
– Imagínate ahora que, del otro lado del tabique, pasan hombres que llevan toda clase de utensilios y figurillas de hombres y otros animales, hechos en piedra y madera y de diversas clases; y entre los que pasan unos hablan y otros callan.
– Extraña comparación haces, y extraños son esos prisioneros.
– Pero son como nosotros. Pues, en primer lugar, ¿crees que han visto de sí mismos, o unos de los otros, otra cosa que las sombras proyectadas por el fuego en la parte de la caverna que tienen frente a sí?
– Claro que no, si toda su vida están forzados a no mover las cabezas.
– ¿Y no sucede lo mismo con los objetos que llevan los que pasan del otro lado del tabique?
– Indudablemente.
– Pues entonces, si dialogaran entre sí, ¿no te parece que entenderían estar nombrando a los objetos que pasan y que ellos ven?
– Necesariamente.
– Y si la prisión contara con un eco desde la pared que

tienen frente a sí, y alguno de los que pasan del otro lado del tabique hablara, ¿no piensas que creerían que lo que oyen proviene de la sombra que pasa delante de ellos?

– ¡Por Zeus que sí!

– ¿Y que los prisioneros no tendrían por real otra cosa que las sombras de los objetos artificiales transportados?

– Es de toda necesidad.

– Examina ahora el caso de una liberación de sus cadenas y de una curación de su ignorancia, ¿qué pasaría si naturalmente les ocurriese esto?, que uno de ellos fuera liberado y forzado a levantarse de repente, volver el cuello y marchar mirando a la luz, y al hacer todo esto, sufriera y a causa del encandilamiento fuera incapaz de percibir aquellas cosas cuyas sombras había visto antes. ¿Qué piensas que respondería si se le dijese que lo que había visto antes eran fruslerías y que ahora, en cambio, está más próximo a lo real, vuelto hacia cosas más reales y que mira correctamente? Y si se le mostrara cada uno de los objetos que pasan del otro lado del tabique y se le obligara a contestar preguntas sobre lo que son, ¿no piensas que se sentirá en dificultades y que considerará que las cosas que antes veía eran más verdaderas que las que se le muestran ahora?

– Mucho más verdaderas.

– Y si se le forzara a mirar hacia la luz misma, ¿no le dolerían los ojos y trataría de eludirla, volviéndose hacia aquellas cosas que podía percibir, por considerar que estas son realmente más claras que las que se le muestran?

– Así es.

– Y si a la fuerza se lo arrastrara por una escarpada y empinada cuesta, sin soltarlo antes de llegar hasta la luz del sol, ¿no sufriría acaso y se irritaría por ser arrastrado y, tras llegar a la luz, tendría los ojos llenos de fulgores que le impedirían ver uno solo de los objetos que ahora decimos que son los verdaderos?

– Por cierto, al menos inmediatamente.

– Necesitaría acostumbrarse, para poder llegar a mirar

las cosas de arriba. En primer lugar, miraría con mayor facilidad las sombras, y después las figuras de los hombres y de los otros objetos reflejados en el agua, luego los hombres y los objetos mismos. A continuación, contemplaría de noche lo que hay en el cielo y el cielo mismo, mirando la luz de los astros y la luna más fácilmente que, durante el día, el sol y la luz del sol.

– Sin duda.

– Finalmente, pienso, podría percibir el sol, no ya en imágenes en el agua o en otros lugares que le son extraños, sino contemplarlo como es en sí y por sí, en su propio ámbito.

– Necesariamente.

– Después de lo cual concluiría, con respecto al sol, que es lo que produce las estaciones y los años y que gobierna todo en el ámbito visible y que de algún modo es causa de las cosas que ellos habían visto.

– Es evidente que, después de todo esto, arribaría a tales conclusiones.

– Y si se acordara de su primera morada, del tipo de sabiduría existente allí y de sus entonces compañeros de cautiverio, ¿no piensas que se sentiría feliz del cambio y que los compadecería?

– Por cierto. – Respecto de los honores y elogios que se tributaban unos a otros, y de las recompensas para aquel que con mayor agudeza divisara las sombras de los objetos que pasaban detrás del tabique, y para el que mejor se acordase de cuáles habían desfilado habitualmente antes y cuáles después, y para aquel de ellos que fuese capaz de adivinar lo que iba a pasar, ¿te parece que estaría deseoso de todo eso y envidiaría a los más honrados y poderosos entre aquellos? ¿O más bien no le pasaría como al Aquiles de Homero, y «preferiría ser un labrador que fuera siervo de un hombre pobre» o soportar cualquier otra cosa, antes que volver a su anterior modo de opinar y a aquella vida?

– Así creo también yo, que padecería cualquier cosa antes que soportar aquella vida.

– Piensa ahora esto: si descendiera nuevamente y ocupara su propio asiento, ¿no tendría ofuscados los ojos por las tinieblas, al llegar repentinamente del sol?
– Sin duda.
– Y si tuviera que discriminar de nuevo aquellas sombras, en ardua competencia con aquellos que han conservado en todo momento las cadenas, y viera confusamente hasta que sus ojos se reacomodaran a ese estado y se acostumbraran en un tiempo nada breve, ¿no se expondría al ridículo y a que se dijera de él que, por haber subido hasta lo alto, se había estropeado los ojos, y que ni siquiera valdría la pena intentar marchar hacia arriba? Y si intentase desatarlos y conducirlos hacia la luz, ¿no lo matarían, si pudieran tenerlo en sus manos y matarlo?
– Seguramente.
– Pues bien, querido Glaucón, debemos aplicar íntegra esta alegoría a lo que anteriormente ha sido dicho, comparando la región que se manifiesta por medio de la vista con la morada prisión, y la luz del fuego que hay en ella con el poder del sol; compara, por otro lado, el ascenso y contemplación de las cosas de arriba con el camino del alma hacia el ámbito inteligible, y no te equivocarás en cuanto a lo que estoy esperando, y que es lo que deseas oír. Dios sabe si esto es realmente cierto; en todo caso, lo que a mí me parece es que lo que dentro de lo cognoscible se ve al final, y con dificultad, es la Idea del Bien. Una vez percibida, ha de concluirse que es la causa de todas las cosas rectas y bellas, que en el ámbito visible ha engendrado la luz y al señor de ésta, y que en el ámbito inteligible es señora y productora de la verdad y de la inteligencia, y que es necesario tenerla en vista para poder obrar con sabiduría tanto en lo privado como en lo público.
– Comparto tu pensamiento, en la medida que me es posible.[89]

89. Platón, *Diálogos IV: República*, Libro VII, 514a–517d, trad., introd. y notas de Conrado Eggers Lan (Madrid: Editorial Gredos, Biblioteca Clásica Gredos, 1992), 279-282.

El emblemático «Mito de la Caverna» excede la esfera del mero ámbito epistemológico, encontrando una estrecha conexión con el vasto dominio del pensamiento simbólico. Este relato, saturado de alegorías, se cimienta como un recurso filosófico significativo que desnuda la esencia del ser humano cuando este se encuentra sumergido en la ignorancia y la percepción restringida. Su rica simbología se extiende más allá de la cognición elemental, mostrando cómo el *Homo sapiens* tiene la capacidad de sobrepasar los límites sensoriales y abrirse camino hacia una interpretación más aguda del cosmos. Por tanto, invade el dominio del simbolismo, subrayando la destreza humana en develar misterios y ascender por encima de lo meramente aparente.

Con una pluma afilada y maestría narrativa, Platón nos lleva de la mano a través de un universo simbólico que nos reta a pensar con detenimiento. Albert Camus sostiene que «Los mitos están hechos para que la imaginación los anime».[90] Sugiere que el mito debe ser pensado en lugar de creído ya que los mitos despiertan la mente, pero no la dominan. El mito en sí nos presenta una caverna, en la cual seres humanos están encadenados a la pared, restringidos en sus extremidades y sus cuellos, por lo que su visión se limita al oscuro muro de la caverna. En la complejidad de esta situación, los prisioneros carecen de acceso directo a la verdad. Solo perciben las sombras que se proyectan en el muro, producto de la luz que proviene de un fuego situado detrás de ellos. Esas sombras, ilusiones engañosas, se convierten en su única percepción del mundo. Creyendo erróneamente que constituyen la realidad, las sombras ilusorias, o *māyā*. Crean una realidad ficticia allí donde solo hay una escenografía, o como dijo Schopenhauer «un mundo que es la representación de una voluntad».

A su vez, existe la presencia de otras figuras en la caverna, seres humanos que portan objetos y que hacen comentarios. Estos objetos, al ser iluminados por el fuego, generan sombras que se proyectan en el muro. Los prisioneros, al observar estas sombras en constante

90. Albert Camus, *El mito de Sísifo*, trad. Luis Echávarri, revisión de Miguel Salabert (Madrid: Alianza Editorial, 1995), 159.

movimiento, atribuyen a los objetos una existencia autónoma y los dotan de voces que se comunican entre sí.

En su cautiverio, los prisioneros se convierten en meros espectadores, contemplando pasivamente las sombras que repetidamente se despliegan ante ellos a modo de espectáculo ficticio. Esto les induce a considerar que las sombras constituyen la totalidad de la realidad, eso es, la verdad. Este engaño se perpetúa debido a la falta de una perspectiva más amplia, una visión que les permita desligarse de la prisión sensorial y descubrir la auténtica realidad.

Platón nos sumerge en el desolador panorama de la caverna, pero también presenta una salida a esta prisión de la ignorancia. A través de la ruta ascendente uno de los individuos encadenados se libera y emprende un viaje difícil hacia el ámbito que se encuentra fuera de su confinamiento, hacia la brillantez de la luz solar. Este trayecto simboliza una metamorfosis tanto en términos espaciales como cognitivos, sugiriendo el movimiento desde un estado de limitación a uno de expansión y entendimiento. O, dicho de otro modo:

असतो मा सद्गमय ।
तमसो मा ज्योतिर्गमय ।
मृत्योर्माऽमृतं गमय ॥
ॐ शान्तिः शान्तिः शान्तिः ॥

oṁ asato mā sad gamaya
tamaso mā jyotir gamaya
mṛtyor mā amṛtaṁ gamaya
oṁ śāntiḥ śāntiḥ śāntiḥ

Llévame de lo irreal a lo real,
Guíame de la oscuridad a la luz,
Llévame de la muerte a la inmortalidad.
Oṁ, paz, paz, paz.

(*Bṛhadāraṇyaka Upaniṣad*, 1.3.28)

Este trayecto emblemático corresponde a la búsqueda de la Verdad y la adquisición de un conocimiento que excede las limitaciones de la caverna. La verdad no es algo que poseemos, sino algo por lo que nos movemos. La verdad es como un motor de nuestro trayecto ascendente. Porque toda búsqueda de la verdad es un trayecto ascendente. La verdad genera atracción hacia sí misma, pero como supone dificultad, otorga al mismo tiempo los medios para superarla. La transición del cautivo, desde la sombra hacia el resplandor solar, conlleva una toma de consciencia que lo aproxima a la realidad en su esencia. Es fundamental enfocarse en este hito, pues aquí radica el quid de su viaje: la metamorfosis desde la ignorancia hasta la comprensión. Este pasaje del cautiverio a la libertad implica un cambio de perspectiva radical. Resulta interesante destacar que, paradójicamente, la liberación de las cadenas no conlleva una paz inmediata, sino que marca el inicio de una serie de desafíos y dificultades. El acto de liberación de estas cadenas implica una ruptura con la comodidad de la ignorancia, un abandono de la familiaridad que se experimentaba en la penumbra de la caverna. Muy a menudo lo conocido ya no nos es hostil, mientras que en cambio es lo desconocido lo que pueda liberarnos. O, como dijo Holderling, «Cercano está el dios y difícil es captarlo, pero donde hay peligro, crece lo que nos salva».[91]

La emancipación de las ataduras sitúa al ser humano en la imperiosa necesidad de levantarse y comenzar a caminar. Esta acción simbólica evoca la orden que Jesús dio a Lázaro de levantarse y abandonar la tumba, marcando así un proceso de resurrección y renacimiento, «Levántate, toma tu lecho y anda» (Juan, 5:8). De manera similar, al desprenderse de las ataduras de la ignorancia, el individuo inicia un proceso de búsqueda y transformación que simbólicamente conduce a la vida auténtica y plena.

No obstante, esta transición no es un camino de rosas. Al alzarnos para buscar la Verdad, nos topamos con impedimentos y retos que exigen la entereza de nuestro carácter. El encuentro con el resplandor solar, que representa la Verdad y el saber absoluto, puede ser desorientador para quienes han estado inmersos en tinieblas. Aclimatarse a esta renovada realidad no es un ejercicio sencillo; por

91. Friedrich Hölderlin, *Poesía completa*, trad. Jesús Munárriz (Madrid: Ediciones Cátedra, 2005), poema Patmos, 395.

el contrario, requiere una introspección continua y una reevaluación de nuestras convicciones. Es imperativo que la persona, una vez liberada de sus ataduras, someta a escrutinio todo lo que tenía por cierto, desafiando así las estructuras mentales que anteriormente lo confinaban. En este contexto, la ruptura de las cadenas anuncia el comienzo de un sendero de aprendizaje y descubrimiento incesante. La persona se aventura en una esfera desconocida, donde la duda y la ambigüedad se convierten en acompañantes perpetuas. Sin embargo, es exactamente en este proceso de enfrentamiento y superación de barreras donde se presenta la posibilidad de crecimiento personal y ampliación de la consciencia. Este desprendimiento de las cadenas se convierte en una invitación a la exploración y el trascender. La persona inicia un viaje de autoexploración, deshaciéndose gradualmente de las limitaciones impuestas por la caverna para sumergirse en un universo de un sinfín de posibilidades.

Tras la lectura y análisis de este mito, podemos afirmar que existe una similitud con nuestra situación. Porque si no fuésemos liberados, jamás habríamos abordado esta obra. El mero acto de adquirir un texto de tal naturaleza es, en sí mismo, un testimonio irrefutable de habernos emancipado. En consecuencia, advertimos que, al liberarnos de las cadenas, es cuando emergen las auténticas y arduas problemáticas a afrontar. En el momento de la emancipación, el individuo gira en torno al muro y percibe que aquellas sombrías proyecciones no eran más que meras apariencias engañosas. En ese momento, el individuo en proceso de liberación comprende que las sombras en la pared guardan una sorprendente similitud con los objetos que los sujetos portan, ya que se reducen únicamente a proyecciones sobre el muro generadas por la presencia del fuego. Los objetos, iluminados por las llamas, obstruyen el paso de la luz. La comprensión de este fenómeno revela la naturaleza misma de la ilusión y la apariencia engañosa que nos rodea. La sombra, lejos de ser una entidad concreta, es la manifestación de la privación de luz, la falta de un ser luminoso y real. En vez de constituir una entidad por sí misma, la sombra es la antítesis de la plenitud luminosa ubicada tras el muro.

Esta óptica invita a ponderar sobre la noción de realidad, ligada intrínsecamente a la presencia y la ausencia. Lo que interpretamos como realidad tangible en el muro no es una generación activa. Es la ausencia de luz que obstaculiza la manifestación genuina de lo real. Las figuras que aparecen en el muro son fruto de un obstáculo que impide la trayectoria de la luz, sesgando nuestra percepción. En la trama de la existencia, hallamos un interjuego intrincado entre presencia y ausencia, claridad y obstrucción. La sombra desenmascara la dimensión negativa de la realidad, surgiendo de la interacción entre luz y materia. Esta interacción revela la dualidad entre luminosidad y oscuridad, entre la presencia y la ausencia. Las figuras eximias en sabiduría, pertenecientes a múltiples tradiciones, nos han llamado a superar la ilusión, conocida como *māyā* en sánscrito, que radica en las sombras, y nos animan a orientar nuestro enfoque hacia la luz preeminente, origen y matriz de todas las manifestaciones. Allende las proyecciones engañosas, se halla la Verdad consumada, la cual desvela la unidad y la completitud que residen en la esencia del universo. Al identificar la naturaleza falaz de las sombras y su asociación con la carencia de luz, germina en nosotros la disposición de apreciar la realidad en su carácter más puro y sublime.

Oriente ha afirmado por milenios que Dios no engendra el universo mediante la creación de una otredad con el propósito de obrar. Tanto el *vedānta advaita* como el budismo rechazan la noción creacionista tal como es entendida en las teologías occidentales. La existencia del mundo reside como la sombra misma del resplandor inmaculado, que es *māyā*. Desde la luz de la divinidad, la realidad del mundo surge natural y espontáneamente como su sombra. Aunque la sombra carece de una realidad sustancial, persiste en su ser; aunque carece de genuina existencia, **es**, caminando donde caminamos, avanzando cuando avanzamos, deteniéndose al detenernos, siguiéndonos donde quiera que vayamos, acompasando siempre nuestro movimiento. Al igual que nada puede existir sin su sombra, también la realidad absoluta, o la consciencia, concibe su sombra. Por lo tanto, la realidad que percibimos como mundo no es más que la sombra de la realidad absoluta.

Según esta milenaria concepción se establece una intrincada relación entre lo manifiesto y su reflejo en la ilusión. La sombra no es simplemente la ausencia de luz, sino más bien una manifestación proyectada por la realidad primigenia. Es el resultado obvio e inevitable de la presencia de una entidad. Al igual que una persona que se yergue en su esplendor, su sombra emerge de manera espontánea. De este modo, el mundo fenoménico que nos rodea, con su multiplicidad de formas y apariencias, se erige como una emanación de la sombra cósmica. En este contexto, *māyā* es entendida como una ilusión cósmica que engendra una realidad aparente. Como un juego misterioso y trascendental, la ilusión ofrece una experiencia diversa o múltiple y compleja. Sin embargo, es importante recalcar que esta ilusión carece de una realidad sustancial y, que, en su lugar, es un velo que oculta la auténtica naturaleza del Ser. Es un reflejo engañoso que nos cautiva en su trama de apariencias y percepciones ilusorias. La sombra de Brahman se materializa como *māyā*, una entidad antitética.

En la escala humana, la sombra de *māyā* es la ignorancia individual. La ignorancia es nuestra pequeña porción de *māyā* asignada, nuestra ilusión personal. La insondable *māyā* consiste en una fuente de miseria y angustia y, por eso, anhelamos abolirla. La ignorancia nos rodea y coexiste con lo humano. Si ni siquiera la Suprema Existencia puede deshacerse de la ilusión, resulta ridículo que el ser humano intente desprenderse de ella. Si la ignorancia es intrínseca al universo, donde los opuestos están inexorablemente presentes, y es imposible para Brahman liberarse de *māyā*, todo esfuerzo del ser humano carece de sentido. La erradicación de la ignorancia requiere la voluntad de desvanecernos en la nada. Persistir en el ser impide su desaparición y perpetúa la dualidad. Ambos, ignorancia y ser, subsisten o se disuelven juntos. Al afirmar el deseo de subsistir y anhelar la destrucción de la ignorancia, esta última persistirá como sombra. Es análogo al anhelo irrealizable de querer permanecer mientras la propia sombra desaparece. No hay manera posible de que siendo, nos liberemos de nuestra sombra. La única senda reside en la autodisolución para que la sombra se esfume, y es por este motivo que enfatizo la disolución del ego. Es en la disolución del ente egoico en Brahman que la ignorancia se desvanece en *māyā*.

Porque en cada creación, la realidad óntica surge de Brahman mientras que la ignorancia lo hace de *māyā*. Al desvanecerme, mi sombra se desvanece y converjo en unión con Brahman, no como un «yo» sino como un vacío.

La obra de Jung, psicólogo al que nos hemos referido anteriormente, abarcó un extenso y profundo estudio de esta realidad desde una perspectiva singular, revelando que en lo más íntimo de cada ser humano yace una existencia en las sombras, una personalidad velada. Esta idea, profundamente enraizada en la matriz de la psique humana, suscita un examen absorbente sobre las capas veladas de nuestra identidad y la repercusión que tienen en nuestras experiencias tanto individuales como colectivas. Jung, en su empeño por descifrar los entresijos de la psique humana, exploró el amplio reino de las sombras, dominio en el cual habitan los rasgos escondidos de nuestro carácter. Detectó que estas entidades sombrías emergen como producto de todo aquello que es obstruido o negado. Se trata de fragmentos desatendidos, anhelos sofocados y miedos silenciados. Sin embargo, estas entidades poseen una potencia que anhela expresarse. Se asemejan a semillas en espera de germinación. En ciertas circunstancias, cuando nuestras barreras ceden, estas entidades sombrías se alzan desde las profundidades y exigen protagonismo.

La fenomenología de estas personalidades en penumbra adquiere diversas manifestaciones en la vida cotidiana. Un ejemplo que resalta con particular notoriedad en la literatura psicológica es la llamada «el trastorno de identidad disociativo», condición patológica que ha capturado la atención y el escrutinio de muchos en el campo de la psicología. En escenarios extremos, el individuo se ve inmerso en un estado de fragmentación de su identidad que culmina en la manifestación de personalidades independientes que conviven dentro de la misma entidad humana. En estas circunstancias, se percibe una falta de coherencia y coordinación en los pensamientos, emociones y acciones del individuo, revelando la presencia y la influencia de estas personalidades en penumbra. No obstante, todos albergamos aspectos oscuros y desconocidos en nuestro ser, que pueden manifestarse de formas más sutiles en nuestra vida diaria. Puede ser la aparición de una ira inesperada ante una situación aparentemente trivial, la expresión de un deseo reprimido en un momento de vulnerabilidad o la emergencia de patrones de comportamiento contradictorios y desconcertantes. Estas manifestaciones pueden dejar perplejo al individuo, cuestionando su propia integridad y la coherencia de su identidad. Las personalidades en penumbra, al manifestarse, nos obligan a enfrentar la intrincada naturaleza que es inherente a nuestro ser, y nos animan a adentrarnos en el sinuoso laberinto de nuestra mente.

En la alegoría de la caverna, el cautivo, en algún momento, percibe la viabilidad de emanciparse de las ataduras de la cueva y se dispone a internarse en dominios más profundos de erudición. Su despertar se produce cuando se percata de que el fuego de la caverna no es la fuente suprema de luz, sino que existe una luz más poderosa, trascendental y última: el Sol. En este descubrimiento, el prisionero vislumbra la existencia de dos fuentes de luz: la interna, representada por el fuego de la caverna, y la externa, personificada por la radiante presencia solar. La importancia de la primera fuente de luz, el fuego en el interior de la caverna radica en su capacidad para revelar el funcionamiento de la ilusión de las sombras en el muro. Es a través de esta luz que el prisionero comprende cómo las sombras proyectadas engañan sus sentidos y distorsionan su percepción de la realidad. La luz del fuego, por tanto, se convierte en su guía inicial, indicándole el camino para emanciparse de la caverna y trascender las limitaciones impuestas por las sombras. No obstante, el proceso de liberación del prisionero no está exento de dificultades. Platón enfatiza con determinación y meticulosidad que el prisionero se enfrenta a numerosos obstáculos para adaptarse a la luz del sol. La exposición repentina a una realidad completamente distinta, deslumbrante y desconocida resulta abrumadora para el prisionero, quien se encuentra desacostumbrado a la intensidad y claridad del sol. Esta transición de la oscuridad a la luz demanda un arduo esfuerzo de adaptación y una transformación profunda en la percepción y comprensión del mundo; es justamente a esto que Heidegger llama el cuidado o la cura y utiliza la palabra alemana *Sorge*, que significa 'cuidar de' y 'velar por', al cuidado de las cosas y al cuidado de otros. Además, significa inquietud, preocupación, alarma y en el sentido más amplio, es un desvelo por «sí mismo», por asumir el destino como un interés existencial. Como leímos en la Alegoría de la Caverna:

> – Por cierto, al menos inmediatamente.
> – Necesitaría acostumbrarse, para poder llegar a mirar las cosas de arriba. En primer lugar, miraría con mayor facilidad las sombras, y después las figuras de los hombres y de los otros objetos reflejados en el agua, luego los hombres y los objetos mismos. A continuación, contemplaría de noche lo que hay en el cielo y el cielo mismo, mirando la luz de los astros y la luna más fácilmente que, durante el día, el sol y la luz del sol.[92]

Al principio de su proceso adaptativo, las personas se postrarían ante las sombras, para luego sumergirse en la realidad que reverbera sobre el espejo acuoso. Mantendrían la mirada absorta en esos reflejos hasta alcanzar un grado de familiaridad que les permitiría alzar los ojos hacia las estrellas, la luna -cuya luminosidad no es sino un eco del sol- y, finalmente, hacia la propia luz solar. Para quienes han languidecido en la penumbra, la luz no es un faro de claridad; no desvela, sino que deslumbra y ciega.

No obstante, el relato no halla su término aquí, en el ámbito cognoscitivo, sino que también emerge de manera inexorable la esfera de la moral y la ética. Tras el arduo sendero desde la negrura hacia la luz, es imperativo no fijar la mirada en el propio yo, sino extender la consideración hacia los otros en su totalidad. Este proceso evoca el voto del *bodhisattva* en la tradición budista, un testimonio del compromiso del *bodhisattva* hacia la iluminación, pero no en pro de su propio bienestar, sino en beneficio de todos los seres sintientes, a riesgo de que, al volver, el que ya no es prisionero de la caverna pueda ser atacado, como la misma alegoría expone:

---

92. Platón, *Diálogos IV: República*, Libro VII, 514a–517d, trad., introd. y notas de Conrado Eggers Lan (Madrid: Editorial Gredos, Biblioteca Clásica Gredos, 1992), 279-282.

¿No se expondría al ridículo y a que se dijera de él que, por haber subido hasta lo alto, se había estropeado los ojos, y que ni siquiera valdría la pena intentar marchar hacia arriba? Y si intentase desatarlos y conducirlos hacia la luz, ¿no lo matarían, si pudieran tenerlo en sus manos y matarlo? – Seguramente.[93]

Este fragmento evoca la bella oración de este *śanti-mantra*:

ॐ सह नाववतु ।
सह नौ भुनक्तु ।
सह वीर्यं करवावहै ।
तेजस्विनावधीतमस्तु मा विद्विषावहै ।
ॐ शान्तिः शान्तिः शान्तिः ॥

oṁ saha nāvavatu
saha nau bhunaktu
saha vīryaṁ karavāvahai
tejasvināvadhītamastu
mā vidviṣāvahai
oṁ śāntiḥ śāntiḥ śāntiḥ

Que nosotros (el maestro y los estudiantes) estemos protegidos
Que seamos nutridos
Que trabajemos juntos con energía y vigor.
Que nuestro estudio sea esclarecedor
Que no haya animosidad entre nosotros.
Oṁ, paz, paz, paz.

(*Śānti-mantra* de *Taittirīyopaniṣad*, *Kaṭhopaniṣad* y *Śvetaśvataropaniṣad*)

En ella, justamente, encontramos una plegaria muy extraña que también hace referencia a la cuestión de la animosidad: «Que no

93. Ibid.

haya animosidad entre nosotros» (*mā vidviṣāvahai*). La aceptación de la potencial beligerancia entre discípulo y maestro representa un reto intrínseco a la sacra relación *guru-śiṣya*, o 'maestro-discípulo'. Este dilema surge cuando el maestro asume la tarea de coadyuvar al discípulo en su peregrinaje retroprogresivo de metamorfosis y decide intervenir activamente en el proceso de guía del discípulo hacia su anhelo de mutación. En ese momento en el que el maestro pide al discípulo que renuncie a sus preciados juguetes egoicos, se desencadena un ciclón emocional en su psique. Estos objetos son las joyas más preciadas del aprendiz, impregnadas de un valor emocional y psicológico insondable. Representan los custodios de sus sueños, fantasías e ilusiones, los fragmentos más íntimos y valiosos de su ser. Desde la perspectiva egoica, el discípulo llega a ver al maestro como un enemigo genuino, un ser que conspira para despojarlo de su identidad y sumergirlo en la vorágine de la aniquilación total.

En esta situación, el proceso de transformación se convierte en un desafío para ambas figuras en escena. El maestro, imbuido de sabiduría y compasión, se dedica a la misión de auxiliar al discípulo en la transcendencia de sus apegos egoicos y en el despertar hacia una realidad de mayor magnitud. Sin embargo, desde la óptica limitada del discípulo, esta invitación a desprenderse de sus posesiones más valiosas puede percibirse como un acto de violencia psíquica. La resistencia y el rechazo emergen como reacciones defensivas del ego herido, que se siente amenazado en su propia existencia.

Este proceso de metamorfosis, con su intrínseca complejidad, traza un sendero lleno de desafíos. A medida que el maestro se sumerge más profundamente en la guía del discípulo, más aumenta la posibilidad de conflictos y hostilidades, despertando en el discípulo una profunda disconformidad y animosidad hacia la figura del maestro debido a la propuesta de renunciar a sus apegos egoicos. El maestro, desde su perspectiva sabia, comprende que la eliminación de dichos apegos es un paso imprescindible para la evolución espiritual del discípulo, pero su ego puede rechazar esta perspectiva.

Es importante destacar que esta dinámica de conflicto no surge de manera inevitable o intrínseca en la relación maestro-discípulo. Más bien, es una consecuencia indirecta del compromiso del maestro en la transformación del discípulo. El maestro, en la nobleza inherente a su función de guía, no rehúye la posibilidad de ser malinterpretado o incluso encontrar resistencia. Este sacrificio, lejos de ser un obstáculo, forma parte del núcleo de su vocación. El propósito cardinal del maestro es asistir al discípulo en su emancipación de las restricciones impuestas por el ego y allanar su camino hacia una existencia en la que prevalezca una mayor consciencia y plenitud.

Incluso el egregio Platón enfrentó este dilema de manera explícita y directa. El prisionero liberado que regresa a la caverna para describir la realidad a los compañeros esclavos se arriesga a ser considerado demente. Por eso decimos que, es con el maestro, pero sin el maestro; es con el padre, pero sin el padre. Si el maestro es una oportunidad, debe morir; si no muere, entonces se convierte en el amo y el discípulo en el esclavo. Solo matando simbólicamente al maestro, el discípulo puede eternizarlo, como ya se intimó en la Primera Carta de Pablo a los Corintios, en el Nuevo Testamento, donde dice:

> Porque la Palabra del madero a la verdad es locura a los que se pierden; más a los que se salvan, es a decir, a nosotros, es potencia de Dios.
>
> (1 Corintios, 1:18)

La alegoría de la caverna nos brinda una visión desgarradora de la condición humana y de las consecuencias potencialmente letales de desafiar el *statu quo* cognitivo. En ella, Platón introduce la noción de que la sabiduría y la iluminación no siempre son bienvenidas por aquellos que permanecen en la ignorancia. Los prisioneros restantes, aún encadenados a sus percepciones ilusorias, se resisten violentamente a las afirmaciones de quien ha visto la realidad. Su conocimiento, que desafía la realidad establecida, es visto como una amenaza para la comodidad de su ignorancia. En un giro sorprendente, Platón sugiere que, desbordados por el terror y la confusión, los prisioneros, presos de su estado ignaro, podrían conspirar y, en efecto, eliminar al prisionero liberado si las circunstancias lo permitieran. Dentro del esquema de la alegoría planteada por Platón, esto pone de relieve de manera astuta la amarga ironía de la iluminación: quienes han alcanzado las alturas de la erudición frecuentemente son recibidos con desdeño, burlas y, en algunos casos, con la amenaza de muerte por parte de aquellos cuyas limitaciones intentan erradicar. A través del prisma de esta alegoría, es posible identificar una crítica mordaz, aunque velada, hacia la sociedad ateniense y su conducta respecto a Sócrates, el reverenciado guía de Platón, que fue sentenciado a muerte bajo acusaciones de perversiones juveniles y desprecio a las deidades atenienses.

Sin embargo, al observar con una perspectiva más extensa, la alegoría de la caverna arroja luz sobre la resistencia humana a la modificación y al examen de conceptos arraigados. Esta resistencia puede ascender a cotas tan severas que quienes se aventuran a impugnar lo convencional pueden verse abocados a un destino fatal, en un sentido tanto literal como alegórico. Lo que tenemos ante nosotros se despliega como una metáfora, cargada de simbolismo. Los símbolos se manifiestan como las sombras proyectadas que observan los seres encadenados en la pared de la caverna. Estas sombras no son más que las manifestaciones fantasmales resultantes de los artefactos presentados por un grupo de individuos ante el fulgor de una llama. Los artefactos, cabe destacar, no son innatos a la caverna, sino que se han introducido desde un espacio exterior. De este modo, el camino a seguir implica una persecución diligente y metódica de las visiones, que se tornan cada vez más auténticas y tangibles, hasta llegar a la luminosidad como principio primordial y origen indiscutible de todo lo existente.

Un símbolo, en este marco, se concibe como una entidad, que puede adoptar la forma de una palabra, un relato, una imagen o una representación sensorial, como las que percibimos cotidianamente. Su función esencial reside en su capacidad de establecer una conexión con una realidad alterna. El encanto del lenguaje simbólico estriba en su aptitud para operar como un enlace entre el dominio sensorial y el inmaterial, amalgamando esferas y sacando a la luz verdades más abisales que se ocultan tras la fachada de la realidad exterior.

Siddhartha Gautama, el joven príncipe que trascendería para ser conocido como el Buda, desafió las tentativas de su padre de protegerlo de los estragos de la enfermedad, la senectud y la aflicción. Pese a los empeños paternales por mantener intacta su pureza aristocrática, el venidero Sakya Muni optó por despojarse de las comodidades palatinas y adentrarse en la realidad de quienes le eran súbditos. Durante este recorrido inaugural, se encontró con un hombre de avanzada edad. Su cochero, Channa, le explicó que el proceso de envejecimiento era una condición humana universal, revelación que impulsó a Gautama a continuar sus exploraciones más allá de las murallas palaciegas. En sus viajes subsiguientes, Gautama se topó con un hombre enfermo, un cadáver en descomposición y un asceta. Estos «cuatro encuentros» sacudieron profundamente la psique de Siddhartha Gautama, motivándolo a comprometerse en la conquista metafísica del envejecimiento, la enfermedad y la muerte a través de la vida ascética. Esta narrativa parece ser una adaptación del relato más antiguo encontrado en el *Digha Nikaya* (DN 14.2), donde se representa la juventud de un Buda anterior, Vipassi. Acompañado por su fiel cochero y montado en su caballo Kantaka, Gautama decidió renunciar a su vida como miembro de la realeza para embarcarse en la búsqueda de la Verdad. Se narra que, para evitar que los guardias del palacio detectaran su partida, los dioses amortiguaron el sonido de los cascos del caballo.

Los cuatro encuentros simbólicos experimentados por el joven Buda —un anciano, un enfermo, un cadáver y un renunciante— representan más que simples interacciones con individuos. Cuando Buda se encontró por primera vez con el anciano, no vio simplemente un hombre de edad avanzada, sino un espejo de su propio destino inevitable: la vejez. Al encontrarse con un enfermo, vislumbró su propia susceptibilidad a la enfermedad. Ante un cadáver, Buda no vio solo a una persona fallecida, sino su propia mortalidad. Finalmente, a través de una perspectiva simbólica, llegó a una verdad más amplia, una percepción de la miseria inherente a la existencia humana. Buda interpretó la vejez, la enfermedad y la muerte como el destino inexorable, no solo de sí mismo, de todos los seres humanos. En esta visión simbólica, los individuos que encontró se convirtieron en puentes hacia realidades más amplias.

Un símbolo, en su núcleo más íntimo, se erige como una especie de compuerta. Nos lleva hacia una plétora de información, la cual se relaciona intrínsecamente con las distintas esferas en las que nuestra existencia se manifiesta. Además, los símbolos abrazan elementos cuya magnitud excede la vestimenta superficial, articulando conceptos que se deslizan hacia lo más recóndito del intelecto humano, dejando atrás el territorio de la simple metáfora. El último orden de existencia, representado metafóricamente por el sol en el ámbito filosófico, es completamente metafísico e inefable. Su naturaleza intrínseca desafía la explicación verbal o conceptual. Este plano pertenece a la experiencia de un orden trascendental, un dominio que se escapa de las restricciones de la descripción y definición, del adjetivo y del verbo, situándose en un espacio que es simultáneamente insondable e inefable, resistente a las limitaciones inherentes del lenguaje humano.

Lo que Platón nos ha mostrado con este mito, entre otras cosas, es que un símbolo establece una conexión con la esfera trascendental, generando una multiplicidad de interpretaciones que se extienden hasta lo infinito, ya que resultaría imposible aprehenderlo en su totalidad. La aprehensión del símbolo no se limita meramente a su estudio y asimilación, sino que implica una convivencia o simbiosis íntima con su esencia, en la que el mismo símbolo se convierte en compañero constante. En esa relación, el símbolo se actualiza constantemente, reviviendo información de naturaleza física, emocional, mental y espiritual. La aprehensión del símbolo no responde a una mera estructura sujeto-objeto en la que el primero absorbe y devora al segundo, sino que más bien involucra un coexistir, una cura heideggeriana, que nos abre la puerta al pensamiento simbólico, más allá de la oscuridad a la que nos somete el pensamiento lógico-conceptual.

En el Mito de la Caverna de Platón, nos topamos con un relato que simultáneamente sirve como una metáfora de su pensamiento epistemológico y como una alegoría que aborda el pensamiento simbólico, además de otros temas de alto calado. ¿Qué es lo que hace a este mito tan especial? Para empezar, es fértil terreno para un sinfín de interpretaciones. Cada interpretación, como un diamante en bruto, desvela aristas singulares de su semántica. Nos ofrece un tesoro de exégesis sin límites, todas con valor, contribuyendo a una apreciación más rica y matizada de la elusiva y heterogénea naturaleza de la realidad. Finalmente, tras haber traspasado los límites de la percepción y experimentado la sublimidad de la luz, se instaura el momento de la reversión. Retornar, evocando metafóricamente el reencuentro con la esencia primigenia, con la morada inicial, se torna imprescindible, pues sin una adecuada sincronización de nuestro cosmos interior con la flamante realidad en la que nos encontramos inmersos, toda tentativa resultará en un infructuoso vano.

Hemos residido por extensos períodos en la penumbra, confundiendo la simple percepción sensorial con la auténtica realidad. Nuestro sistema neurobiológico, nuestro encefálico núcleo, cada unidad microscópica de nuestro ser, se ha acostumbrado, de manera casi irreflexiva, a esta interpretación distorsionada del mundo. Posterior a la revelación de la luz, es imperativo llevar a cabo un proceso de realineación, reajustando todas las facetas ocultas de nuestra existencia, para que se acoplen a la realidad recién descubierta a la que se ha despertado. En los recovecos más profundos y oscuros de nuestro ser, cada uno de nosotros alberga distintos aspectos de nuestra propia identidad, fragmentos encapsulados que aún reaccionan a las sombras como si estas fueran manifestaciones palpables de lo real. El acto de retornar a los lúgubres espacios de nuestro interior para liberar a estas facetas esclavizadas se vuelve indispensable, pues se encuentra intrínsecamente ligado a nuestra total adaptación a la realidad que emerge tras el despertar.

El signo constituye una arteria trascendental encapsulada, un microcosmos de liberación. Cada figura simbólica, sea una cruz, la estrella de David, el semicírculo lunar o el místico *Oṁ*, proyecta meras sombras murales. En un estado de servidumbre o cautiverio, las sombras permanecerían como tales. Empero, es posible despojarse de las ataduras y relegar la fascinación por las sombras, orientándose hacia *die kehre*, o 'el giro heideggeriano'. Aquel que dirige su mirada hacia el origen mismo de estas proyecciones murales, se ve envuelto en una sobrecogedora revelación al advertir de que, pese a su capacidad de visión, ha estado observando en una dirección errónea. Solo al comprender las causas que han impreso dichas sombras en la pared, discernirá que el signo trasciende la mera sombra mural, aludiendo a un artefacto. Pero incluso después del despertar, estos signos persistirán como espectros representativos del camino previamente transitado.

Desafortunadamente, es considerable la multitud que permanece enquistada, enaltecida en la veneración de trastos y artilugios durante sucesivas existencias. Numerosos individuos transfieren su embeleso por las sombras a los artefactos y posteriormente a la candela. La percepción de que la sombra está vinculada a un objeto sustancial constituye uno de los escalones cruciales en la experiencia simbólica. El periplo hacia el despertar persiste cuando recolectamos nuestras preconcepciones y desde la penumbra enfocamos nuestra cognición hacia los artefactos. El tránsito desde el símbolo hacia lo simbolizado nos encamina a la ineludible inspección del artefacto, cuestionándonos acerca de su proveniencia y génesis. Es solo en esa encrucijada que distinguimos entre una vela y el sol. La vela, producto humano, es luz manifestada por un individuo que, de algún modo, ha emprendido la tarea de iluminar el interior de una oscura caverna. En efecto, no existe nada pernicioso en la caverna, en las sombras, en los artefactos o en el fulgor de la hoguera; lo verdaderamente perjudicial radica en mantenerse en cautiverio, considerando las sombras como verdades incuestionables y los símbolos como lo auténticamente real. El daño radica en nuestras propias interpretaciones que son fruto de nuestras limitaciones.

Sin embargo, aquello que se extiende desde las cadenas para salir de lo más hondo a lo más alto, de las tinieblas a la luz, es totalmente beneficioso como parte del camino trascendente. Por lo tanto, incluso la pequeña vela merece nuestro respeto y veneración. Porque si en un principio concebimos que las sombras en la pared están ahí gracias a los artefactos, posteriormente nos percatamos de que ha sido gracias al fuego. El fulgor, en su representación, es esa primigenia luminosidad arrastrada por entidades humanas profundamente inspiradas que han sido una metáfora de la luz en sí. El ígneo elemento se alza como el estandarte de los grandes iniciados, profetas y mentores, que, desde su intrínseca humanidad, esparcen una claridad para alumbrar ciertos aspectos de la realidad, metamorfoseándola en umbrías alegorías.

No obstante, no debemos enraizarnos en el fuego, ya que el iluminado es una minúscula flama, pero no la conclusión del sendero. El auténtico maestro es aquel que, al presenciar cómo los cautivos se desligan de sus cadenas y pivotan hacia él, declara con énfasis que él no es el término y exhorta a proseguir en pos de lo que le trasciende. El maestro siempre argumentará que solo ha tomado un destello del fuego arcano de los dioses, tal como nos cuenta la leyenda de Prometeo, el relato de la mitología griega que narra cómo este titán sustrajo el fuego de los dioses para conferírselo a los humanos. Aquí, desde luego, aludimos al fuego del espíritu. Una vez que se supera al ser humano capaz de iluminar la caverna, el cautivo puede emprender su camino hacia la indescriptible realización de la luz solar.

Por ende, los símbolos se erigen como umbrosas bendiciones repletas de significados ocultos. Estas sombras nos susurran la realidad de nuestra servidumbre, invitándonos a inquirir acerca de su origen. Simultáneamente, actúan como una invitación para descifrar los murmullos de aquellas entidades que, detrás de nosotros, manipulan los artefactos. A pesar de su invisibilidad, estas figuras ofrecen guías e información crucial. Si se despierta el atrevimiento por conocer lo auténticamente real, procuraremos revelar la fuente de dichas sombras. El *kehre* nos posicionará frente a los artefactos que el Señor de la Hoguera ha dispuesto para permitirnos contemplar la sombra. Finalmente, tras ofrecer nuestras respetuosas reverencias al Señor de la Hoguera, emprendemos nuestro camino directamente fuera de la caverna, en pos de la luz.

En el proceso retroevolutivo de autoconocimiento, el sendero que conduce a la luz es intrincado pero esencial. Es a través del pensamiento simbólico, esa capacidad innata y compleja de nuestra cognición, que podemos reencontrarnos con la luz solar interna. No obstante, no basta con abordar los símbolos solo desde una perspectiva intelectual. Los símbolos, en su esencia, se resisten a ser reducidos a meros conceptos y, por lo tanto, requieren de una interpretación más profunda, un discernimiento que va más allá de la mera cognición y se adentra en las profundidades del sentir y el ser. Los diccionarios de símbolos, así como las diversas teologías, ofrecen diferentes murmullos de aquellos que manejan los artefactos, explicando lo que cada sombra significa. Constituyen ecos de las sombras, meras aproximaciones que, aunque útiles, no capturan la totalidad de lo que los símbolos representan.

Desafortunadamente, son muchos los que se complacen solamente con estos murmullos como explicaciones de lo simbólico. Se contentan con la interpretación superficial, sin sumergirse en las aguas profundas de la simbología, donde la verdad se revela no a la mente, sino al alma. Aceptan las sombras proyectadas como la realidad, sin darse cuenta de que estas son meras siluetas de una realidad más compleja, más rica y, sobre todo, más esclarecedora. Así se advierte en la Alegoría:

> – Necesariamente.
> – Y si la prisión contara con un eco desde la pared que tienen frente a sí, y alguno de los que pasan del otro lado del tabique hablara, ¿no piensas que creerían que lo que oyen proviene de la sombra que pasa delante de ellos?
> – ¡Por Zeus que sí![94]

Los comentarios mencionados constituyen una invitación extendida a los esclavos para una conceptualización de las sombras o los símbolos. Se establece un escenario en el cual las palabras y los conceptos usurpan el lugar de las experiencias directas existenciales de lo trascendente, una dislocación de la verdad que reside en la vivencia directa y no en la abstracción. Para muchos, este discurso, les otorga una sensación de saber, una falsa seguridad que les permite permanecer tranquilos en su lugar, creyendo con firmeza que han accedido a la verdad acerca de los artefactos y el sol. Cometen el error de confundir el conocimiento y la información con la sabiduría, sin percatarse de que la auténtica sabiduría trasciende la mera acumulación de datos y se adentra en el reino

94. Ibid.

de la experiencia directa y existencial. El esclavo, aquel que se encuentra atado o encadenado, se justifica en su inmovilidad, pues, limitado por sus grilletes, carece de alternativas, no se siente cautivo. Pero si uno es libre, si uno ha roto las cadenas, entonces, tiene que ser sumamente obtuso para permanecer allí, sentado, satisfecho con esas explicaciones acerca de aquellas sombras. No caigamos en el engaño de confundir el eco con la voz, la representación con lo representado o el mapa con el territorio.

De todo lo dicho hasta ahora con relación a los mitos, se desprende que existen dos tipos de mitos: aquellos que facilitan nuestra integración en la totalidad y otros que fortalecen nuestra personalidad egoica. Si los primeros son los mitos que nos amalgaman en el conjunto del Ser, los del segundo tipo son aquellos otros que refuerzan nuestra individualidad y nos fragmentan. Es por esto por lo que Platón sostiene que es esencial saber elegir los mitos que transmitimos a la juventud. Los mitos que elegimos para inculcar en las mentes jóvenes tienen un impacto profundo, configurando la manera en que los individuos interactúan con el mundo y comprenden su lugar dentro del mismo.

La exégesis del mito simbólico, o de lo que de forma alternativa podríamos denominar la hermenéutica del signo, constituye en realidad una interpretación alegórica de cualquier senda espiritual. Este proceso se erige como un vademécum para los paladines en la búsqueda de nuestra genuinidad intrínseca, una brújula para aquellos aspirantes a la gran epifanía de la consciencia. Es un cartograma metafísico que señala la vereda de retorno a aquel espacio atemporal, una suerte de Ítaca esencial, un locus amoenus que, a pesar de las aparentes paradojas existenciales, jamás hemos realmente desamparado. Así, se materializa como un intrincado mapa de coordenadas ontológicas que nos guía de vuelta hacia lo que siempre hemos sido, pero que pareciera que hemos relegado a las sombras del olvido en el enigma de nuestra temporalidad. Se trata de un mapa enigmático y sublime que nos señala el camino de retorno al espacio primordial que, en el gran teatro de la existencia, jamás hemos realmente desocupado.

Capítulo 23

Símbolos, mitos y autoconsciencia: el enfoque de Ricoeur

Uno de los autores que dentro de la filosofía occidental mejor ha abordado la cuestión del mito y el símbolo es Paul Ricoeur, filósofo francés nacido en 1913 y desaparecido en 2005, cuya obra dejó una huella indeleble en el pensamiento del siglo XX.

Desde la perspectiva no solo de la filosofía occidental, sino también del cristianismo, Ricoeur aborda el tema del pensamiento simbólico y el autoconocimiento de ese ser más íntimo que languidece en las sombras a través de la cuestión de la confesión, un fenómeno que él desentraña mediante un análisis del lenguaje, y en particular, del lenguaje simbólico. Como su trabajo muy bien muestra, cualquier perspectiva filosófica que aspire a integrar la confesión en el entendimiento de la autopercepción tiene que construir un paradigma interpretativo que permita decodificar los símbolos, aunque sea en términos rudimentarios. Como dice Paul Ricoeur «Apuesto a que comprenderé mejor al hombre y el vínculo entre el ser del hombre y el ser de todos los entes si sigo las indicaciones del pensamiento simbólico».[95]

En este sentido, Ricoeur postula que es imposible captar de manera integral el empleo reflexivo e introspectivo del simbolismo si no nos remitimos a sus formas más fundamentales. En dicho estrato, la autoconsciencia, normalmente en un lugar privilegiado, queda eclipsada por la magnitud cósmica de lo sacro. En cada símbolo auténtico, observamos la fusión de tres dominios: lo cósmico, lo

95. Paul Ricœur, *The Symbolism of Evil*, trans. Emerson Buchanan (Boston: Beacon Press, 1967), 355. Traducción propia.

onírico y lo poético. Es solo en el contexto de estas tres funcionalidades del símbolo, que logramos discernir su plenitud y riqueza.

Por un lado, Ricoeur vincula los conceptos de confesión y autoconsciencia con la problemática esencial del mal, una dicotomía que él comprende como una manifestación ambivalente en el ser humano. Esta dualidad tiene el potencial de hacer que el individuo se perciba a la vez como culpable y víctima, generando una fractura en su ser. Esta dicotomía sugiere que el mal tiene dos caras: una pasiva, que representa el sufrimiento que uno experimenta, a la que llamamos «dolor», y otra activa que refleja el daño que uno puede infligir, a la cual denominamos «culpa», siendo este el caso que se nos presenta en las Escrituras a través de Adán y Eva, los cuales se erigen a la vez como actores y como afectados por el mal. El mal, cuando es interpretado como culpa, nos arrastra hacia recuerdos pasados, mientras aquel relacionado con el dolor y el temor nos proyecta hacia lo desconocido del futuro. Así, la culpabilidad nos ancla a las sombras de lo que fue, y la angustia, nos enfrenta al abismo inevitable del porvenir, simbolizado por la muerte. Las nociones de culpa y dolor son determinantes en la fragmentación interna del ser humano. La cuestión del mal juega un papel fundamental en tanto que genera una imperiosa necesidad de despojarnos de los episodios traumáticos como la culpa y el dolor. Es en este afán por superar esas tragedias que el hombre se sumerge en la religión, en busca de alivio y olvido. Como el mismo Marx argumentó, la religión no es sino el «opio» que sirve como medio para mitigar el dolor.

El máximo mal que este individuo enfrenta es la ineludible muerte, una constante que, por naturaleza, tiende a evadir. Es por eso, así como sugirió Heidegger, que el ser humano es un *Sein Zum Tode*, o 'ser-para-la-muerte', algo que el mismo ser humano trata imperiosamente de olvidar, enajenándose de sí mismo y dedicándose a habitar en la cultura. Esta consciencia de finitud es frecuentemente marginada por el ser humano que, sumergido en el maremágnum cultural y social, busca evadir la reflexión sobre su finitud. En este proceso de distracción con el que se llena la vida cotidiana, desde el arte hasta la labor diaria, el ser humano se aliena, se distancia de la esencial verdad de su existir finito. Tal alienación no es sino un intento vano de escapar del inexorable destino mortal que a todos nos aguarda. Para escapar de esta certeza, el hombre se sumerge en el ámbito cultural, donde puede obviar temporalmente su finitud. Es en este contexto del mal y la muerte, y de la culpa y el dolor, que Ricoeur, como cristiano, sitúa al símbolo —en este caso de la cruz— como un medio de confrontar y reconciliarse con la culpa y el dolor. Según él, esta fractura en la que vive el ser humano solo puede soldarse de nuevo a través del simbolismo o, dicho de otro modo, de un pensar simbólico fundado en la intuición y que, como tal, permita al ser humano reunirse consigo mismo.

La conexión entre el mal, la culpa y el dolor, por un lado, y el pensamiento simbólico, por el otro, inevitablemente plantea la cuestión de lo sagrado. Desde la perspectiva humana, este interrogante se evidencia a través de diversos elementos o aspectos del mundo que habitamos. El simbolismo hablado nos remite a las manifestaciones en las que lo sagrado hace su aparición en un fragmento del cosmos. Al mismo tiempo, el lenguaje simbólico actúa como una guía, conduciéndonos a los descubrimientos de lo sagrado, conocidos como hierofanías. Es en el marco de estas revelaciones donde el individuo, en su búsqueda de cohesión interna, se aferra a símbolos restauradores que faciliten un reencuentro consigo mismo, tales como el árbol de la vida o montañas revestidas de sacralidad. Estos emblemas otorgan al individuo una sensación de proximidad divina. Es vital para el hombre percibir esa alianza celestial para aplacar tanto sus angustias internas como su culpa.

Así, las primeras representaciones simbólicas emergen vinculadas a fenómenos cósmicos. La acción de simbolizar estas realidades equivale a condensar en un único conglomerado diversas intenciones cargadas de significado que invitan al discurso. Según Paul Ricoeur, el concepto «da que pensar» mientras que el símbolo «da que hablar». La manifestación simbólica es la matriz de significaciones en forma de palabras. Ricoeur así lo establece con firmeza cuando argumenta que simbolizar estas realidades es similar a reunir en un solo conjunto visible una gran cantidad de propósitos con significado que motivan la comunicación. Antes que estimular la contemplación, y por ende la intuición, el símbolo da que hablar.

A partir de aquí, Paul Ricoeur se pregunta si el símbolo, dada su connotación cósmica, precede o incluso se distingue del lenguaje verbal.

La representación simbólica, entendida como una unidad, opera como el substrato desde el cual emergen las exégesis simbólicas articuladas en el léxico, constituyéndose en la raíz de las interpretaciones simbólicas expresadas en palabras. El discurso sobre el cielo, y su interpretación a estructuras verbales, nunca finaliza, como Mircea Eliade ilustra en su estudio comparativo de la fenomenología. Dicho de otro modo, el diálogo en torno a lo divino nunca concluye, debido a que lo sagrado es inagotable. Precisamente, lo sacral se caracteriza por el rechazo a ser encapsulado por una definición última; nadie puede tener la última palabra. Quien afirme que su perspectiva sobre el símbolo es concluyente, simplemente estará agotando la riqueza del símbolo, o peor aún, conceptualizándolo. Prácticamente todas las tradiciones continúan escribiendo y comentando.

Otro de los temas que Ricoeur aborda en este contexto es el del pecado. Para comprender con detenimiento el carácter simbólico del pecado, es imperativo examinar el simbolismo asociado a la noción de impureza y contaminación. Según Ricoeur, en lo más profundo de nuestras emociones, y permeando nuestra perspectiva y comportamiento en torno a la culpa, se hallan arraigados el miedo a la contaminación. Con este tinte de culpa, nos adentramos en el «territorio del temor», y nos planteamos: ¿Podemos realmente comprender y actualizar toda la connotación de esta mancha?

Para tratar este asunto, vamos a aprovechar la amplia simbología que encierra esta vivencia de la culpa. Es gracias a su capacidad para generar símbolos de manera indefinida que seguimos estrechamente ligados a la culpa y al dolor. Vemos la mancha como una etapa ya superada en la consciencia de la culpa individual, tanto desde una perspectiva objetiva como subjetiva. Ricoeur postula que dicha contaminación, cuando se establece una interacción, ostenta una capacidad intrínseca de transmisión y corrupción, emergiendo como un principio activo y dominante. Es imperativo reconocer que nuestras interpretaciones de la impureza y de la mancha deben orientarse primordialmente hacia su dimensión simbólica y no hacia su carácter literal.

No obstante, aún subyace una interpretación primordial que sugiere un valor preeminente de la impureza y una percepción desfavorable de la pureza. El simbolismo del pecado se desliga del simbolismo de la mancha, pero, desde la misma perspectiva, se cruza nuevamente con la intención primordial del simbolismo de la impureza. Esta dualidad otorga al pecado una dimensión concreta, atribuyéndole existencia genuina. Lo que queremos decir es que no existe el símbolo de la impureza porque hay pecado, sino que hablamos del pecado porque en el hombre habita el símbolo de la impureza. Es el símbolo el que crea la realidad de la culpa, y no al revés. Por ende, debemos abordar tanto la promoción de un nuevo simbolismo como la revisión y reconstrucción del antiguo, bajo el influjo del nuevo paradigma.

La ruptura con el simbolismo de la mancha y su posterior restauración en un plano diferente resultan aún más impactantes al considerar la inclusión del simbolismo de la redención, pues resulta imposible comprender uno sin el otro. Según Ricoeur, al adentrarnos en la exploración de la simbólica del mal, resulta primordial enfocar nuestra atención en el simbolismo inherente al pecado en sí mismo. Es imperativo considerar este simbolismo no de manera aislada, sino en conjunto con la concepción de la redención, pues existe una interacción antagónica entre ambos. Mientras el simbolismo del pecado denota la disolución de una relación, la desaparición de un estatus ontológico, el de la redención evoca la idea central de un «reencuentro» o «reunificación». Como ya hemos visto anteriormente, mientras que la ruptura es *día-bolon*, o 'separación', la reconciliación es *sim-bolon*, o 'reunión'.

Así, Ricoeur propone reconsiderar la interpretación de estos símbolos, revelando que, dentro del marco simbólico, el pecado se distingue claramente del concepto de impureza. La falta, la infracción, la desviación, la rebelión y el extravío se postulan como símbolos que denotan una correlación perturbada.

En la consciencia colectiva creamos la cultura, donde relegamos aquellas experiencias primordiales y aquel momento originario que es la culpa y el sufrimiento. La neurosis es el olvido de la tragedia, mientras que es la cultura la que consolida este proceso de olvido.

Este constructo cultural, inherentemente enraizado en nuestro ser, engendra un malestar, un sentimiento de disolución en una masa anónima, reflejando lo que Heidegger articula como el fenómeno del «se dice». Estamos inmersos en este anónimo colectivo: adoptamos las palabras que «se dicen», reflejamos pensamientos que «se piensan», me visto como «se viste», hablo lo que «se habla» y seguimos normas que «se establecen». A pesar de la disolución del individuo en el colectivo, esta homogenización ofrece un sentimiento de pertenencia y una identidad que otorgan propósito a la existencia humana. Este proceso de anonimización, donde el individuo se disuelve y converge con el colectivo, opera como un sostén que, paradójicamente, posibilita al individuo identificarse como un componente esencial de la estructura social y adquirir una identidad definida que aporte sentido a su vida. En esta dinámica, el símbolo emerge como un mecanismo por el cual el ser humano eleva y transforma su dolor, dado que este último es imbuido de una connotación redentora.

La doctrina cristiana sugiere que, mediante el dolor, se logra la expiación de transgresiones y la absolución de culpas. Mediante el símbolo, el ser humano canaliza este sufrimiento, visualizando su participación en el sacrificio crístico, y asumiendo el dolor como un instrumento valioso para la purificación y absolución de su culpa. Por ende, el sufrimiento, lejos de ser un mero padecimiento, se eleva y metamorfosea gracias a la intervención del símbolo religioso. Es en este marco que el individuo formula una representación simbólica del mal, articulada en términos de culpa y temor, noción fundacional para el simbolismo cristiano. La religión, en esta perspectiva, proporciona una estructura que posibilita al hombre navegar las aguas turbulentas del dolor y la culpa con entereza. Para quienes deseen una comprensión más exhaustiva de este fenómeno, es imperativo acudir a la emblemática obra de Paul Ricoeur titulada *Finitud y culpabilidad.*

En este momento del debate, el mismo Ricoeur vincula el mito con la gnosis, proponiendo la función del símbolo como clave de comprensión o herramienta hermenéutica. Su planteamiento consiste en demostrar de qué manera el mito se convierte en una función secundaria de los símbolos primarios. Profundizando, Ricoeur se sumerge en la dialéctica de discernir por qué un mito, en su esencia narrativa, porta un valor simbólico en vez de tener un origen causal. Para abordar este asunto, se hace imprescindible recurrir al análisis de la consciencia mítica tal como la configura la fenomenología religiosa, sustentada por teóricos del calibre de Van der Leeuw, Leenhardt y Mircea Eliade. A primera vista, esta interpretación parece disolver el mito narrativo en una consciencia indivisa que más que anhelar relatar anécdotas, aspira a vincularse de manera afectiva y práctica a la totalidad del cosmos.

En oposición a los fenomenólogos religiosos, que intentan rastrear desde la narrativa hacia las raíces prenarrativas del mito, Ricoeur emprende la ruta opuesta y recorre el sendero que va desde la consciencia anterior a la narrativa hasta arribar a la narración mítica, transición en la que precisamente reside el misterio inherente a la función simbólica del mito. Desde esta base, se deduce la dualidad intrínseca del mito: por un lado, que se traduce en palabras; y, por otro, que, en el mito, el símbolo adopta la forma de un cuento, una narrativa. En la primera etapa del pensamiento de Ricoeur, tiene un papel fundamental la noción de símbolo, es decir la posibilidad de interpelar y de interpretar al mito, viene dada por la capacidad de lectura e interpretación del símbolo, que es aquello que libera sentido, que «da que pensar».

Según la fenomenología religiosa, el mito narrativo es simplemente la expresión verbal de un ethos o una forma de vida que se experimentó y percibió antes de ser articulado en sus inicios. La fenomenología religiosa reevalúa la esencia del mito enfocándose en su estructura mítica subyacente, la cual actúa como matriz para figuras y narrativas específicas de cada tradición mitológica. Desde esta perspectiva fenomenológica, se identifica un vínculo entre esta estructura y las categorías esenciales del mito, enfatizando la conexión con lo sagrado.

Los mitos, en su naturaleza aparentemente caótica y arbitraria, emergen de la dicotomía entre una rica simbología y las limitadas capacidades experienciales del ser humano, que nos brindan meras alusiones a la realidad trascendental que intentan retratar. Por eso, nos volvemos hacia las narrativas y rituales, con el fin de delinear y honrar las manifestaciones de lo divino, como ciertos sitios o artefactos imbuidos de sacralidad.

La dicotomía que se observa entre la arquitectura global del mito y sus expresiones individuales es, fundamentalmente, un reflejo simbólico del deseo de encapsular una esencia que, por naturaleza, es tanto vasta como íntegra. Ya que el concepto de lo sacro no se experimenta en su forma pura, sino que se representa simbólicamente, da lugar a una multiplicidad de mitos. De esta forma, la estructura y episodios específicos del mito se originan tanto del intento de mostrar representaciones circunstanciales de un acontecimiento divino inherentemente simbólico como de la naturaleza evolutiva y episódica del tiempo mismo.

Bibliografía de la sección III

- Aristóteles. *Metafísica.* Introducción, traducción y notas de Tomás Calvo Martínez. Madrid: Editorial Gredos, 1994.
- Benedicto XVI. «San Juan Damasceno». *Audiencia general,* 6 de mayo de 2009. En *Vatican.va.*
- Camus, Albert. *El mito de Sísifo.* Traducción de Luis Echávarri. Revisión para la edición española de Miguel Salabert. Madrid: Alianza Editorial, 1995.
- Catecismo de la Iglesia Católica. 2ª ed. Ciudad del Vaticano: Librería Editrice Vaticana, 1997.
- Concilio II de Nicea. *Definición sobre las sagradas imágenes y la tradición.* Sesión VII (787). En *Magisterio del II Concilio de Nicea (VII Ecuménico). Apologética Católica.* https://apologeticacatolica.org.
- Descartes, René. *Meditaciones metafísicas, seguidas de las objeciones y respuestas.* En *Descartes.* Traducción y estudio introductorio de Cirilo Flórez Miguel. Madrid: Editorial Gredos, 2011.
- Hölderlin, Friedrich. *Poesía completa.* Traducido por Jesús Munárriz. Madrid: Ediciones Cátedra, 2005.
- Juan Pablo II. *Carta Apostólica Duodecimum Saeculum a los Obispos de la Iglesia Católica con ocasión del XII centenario del II Concilio de Nicea.* 4 de diciembre de 1987.
- Jung, C. G. *Tipos psicológicos.* Traducción de Rafael Fernández de Mauri. Madrid: Editorial Trotta, 2023.
- Kant, Immanuel. *Crítica de la razón pura.* Traducción, estudio preliminar y notas de Mario Caimi. Edición bilingüe alemán-español. México: Fondo de Cultura Económica, 2004.
- Nietzsche, Friedrich. *El Anticristo.* Traducción del Proyecto Espartaco. Edición digital, 2000.
- Pascal, Blaise. *Pensamientos.* Traducido por Ediciones elaleph.com. Barcelona: Ediciones elaleph.com, 2001.
- Platón. *Diálogos IV: República.* Traducción, introducción y notas de Conrado Eggers Lan. Madrid: Editorial Gredos, Biblioteca Clásica Gredos, 1992.

- Ricœur, Paul. *The Symbolism of Evil.* Translated by Emerson Buchanan. Boston: Beacon Press, 1967.
- San Juan de Damasceno. *Contra los que atacan las imágenes sagradas. Discurso apologético* [*Sobre las imágenes sagradas 3.14–42*]. Traducido por José B. Torres Guerra. *Revisiones: Revista de Crítica Cultural* 7 (invierno de 2011 / primavera de 2013): 21–57.
- Shaw, George Bernard. *De vuelta a Matusalén: Un pentateuco metabiológico.* Traducción de Julio Gómez de la Serna. Buenos Aires: Editorial Losada, 1945.
- Wright, N. T. *Sorprendidos por la esperanza: Repensando el cielo, la resurrección y la vida eterna.* Traducción al español. Barcelona: Editorial CLIE, 2014.
- Gadamer, Hans-Georg. *Verdad y método*. Traducción de Ana Agud Aparicio y Rafael de Agapito. 5ª ed. Salamanca: Ediciones Sígueme, 1993.

Sección VI

Los símbolos y el ser humano

Capítulo 24

Los mitos: ventanas a la psique humana

En su celebre obra dedicada a Freud, Paul Ricoeur dice:

> Lo que quiero establecer desde ahora es que el psicoanalista es, por decirlo así, parte comprometida en este gran debate sobre el lenguaje. En primer lugar, el psicoanálisis pertenece a nuestro tiempo por la obra escrita de Freud. Es así como se dirige a los no analistas y a los no analizados; sé bien que sin la práctica una lectura de Freud queda truncada y se expone a no abrazar sino un fetiche; pero si esta aproximación al psicoanálisis por los textos tiene límites que solo la práctica podría salvar, en cambio tiene la ventaja de mostrar sobre todo un aspecto de la obra de Freud que la práctica puede enmascarar, aspecto que se expone a omitir una ciencia a la que solo preocupe dar cuenta de lo que pasa en la relación analítica. Una meditación sobre la obra de Freud tiene el privilegio de revelar su designio más vasto, que fue no solo renovar la psiquiatría, sino reinterpretar la totalidad de los productos psíquicos que pertenecen al dominio de la cultura, desde el sueño a la religión, pasando por el arte y la moral. Es por esta razón por la que el psicoanálisis pertenece a la cultura moderna; interpretando la cultura es como la modifica; dándole un instrumento de reflexión es como la marca en forma perdurable. La alternancia en la obra de Freud entre investigación médica y teoría de la cultura da testimonio de la amplitud del proyecto freudiano. Por cierto, es en la última parte de la obra de Freud donde se encuentran acumulados los grandes textos sobre la cultura.Sin embargo, no habría

que representarse al psicoanálisis como una psicología del individuo tardíamente traspuesta a una sociología de la cultura; un examen sumario de la bibliografía freudiana muestra que los primeros textos sobre el arte, la moral, la religión, siguen de cerca a *La interpretación de los sueños*, y luego se desarrollan paralela mente a los grandes textos doctrinales: *Ensayos de Metapsicología* (1913-1917), *Más allá del principio del placer* (1920), *El Yo y el Ello* (1923). En realidad, hay que remontarse más atrás para cap tar la articulación de la teoría de la cultura con la del sueño y de la neurosis; es en La interpretación de los sueños de 1900 donde se esboza la aproximación con la mitología y la literatura. Que el sueño es la mitología privada del durmiente y el mito el sueño despierto de los pueblos, que al *Edipo* de Sófocles y al *Hamlet* de Shakespeare corresponde la misma interpretación que al sueño, he aquí lo que proponía la *Traumdeutung* desde 1900. Ése será nuestro problema. Sea cual fuere esta dificultad, no es únicamente por su interpretación de la cultura por lo que el psicoanálisis se inscribe en el gran debate contemporáneo sobre el lenguaje. Haciendo del sueño no solo el primer objeto de su investigación sino un modelo —en el sentido que discutiremos más adelante— de todas las expresiones disfrazadas, sustituidas, ficticias del deseo humano, Freud invita a buscar en el sueño mismo la articulación del deseo y del lenguaje; y esto de múltiples maneras: primero, no es el sueño soñado lo que puede ser interpretado, sino el texto del relato del sueño; es a este texto al que el análisis quiere sustituir por otro texto que sería como la palabra primitiva del deseo; de modo que el análisis se mueve de un sentido a otro sentido; de ningún modo es el deseo como tal lo que se halla situado en el centro del análisis, sino su lenguaje.[96]

96. Paul Ricoeur, *Freud: una interpretación de la cultura*, traducción de Armando Suárez, con la colaboración de Miguel Olivera y Esteban Inciarte (México: Siglo XXI Editores, 1980), 8-9.

En este capítulo, sin abandonar el prisma de Paul Ricoeur, iniciamos un fascinante viaje a lo largo del cual el lenguaje y la interpretación se nos desvelan como protagonistas del psicoanálisis. No ve esta disciplina como una terapia de doctor con bata blanca sino como una arqueología cultural que va más allá de la terapia médica y se zambulle en un océano de cultura, explorando desde el arte hasta la religión, los sueños y los mitos. Es precisamente desde esta óptica que un estudio de la obra de Freud nos permitirá adentrarnos en la relación que el sueño tiene con el mito, para después perfilar con mayor precisión y agudeza todo aquello que envuelve y define al mito como tal en la psique humana. Veamos a continuación estas cuestiones con mayor detenimiento.

La indagación científica en la esfera onírica adquirió prominencia en el año 1899 con el advenimiento de *La interpretación de los sueños* de Sigmund Freud, cuyo título original *Die Traumdeutung* quizás podría haberse traducido mejor como 'hermenéutica de los sueños', en honor a Hermes, mensajero de Zeus, y al hecho que, como propone el texto en sí, los sueños son mensajeros del inconsciente que demandan ser interpretados. Este texto monumental, una joya en el legado de su autor, destacó por su trascendental impacto y por ser el alba de un nuevo ramo académico que influyó en muchas otras disciplinas dentro de las ciencias sociales y la misma filosofía. Previamente a la revolución freudiana, los sueños eran principalmente el enfoque de chamanes y astrólogos, quienes brindaban explicaciones revestidas de misticismo o religiosidad.

Algunos pensadores del siglo XIX también especularon sobre el significado de los sueños, considerándolos residuos biológicos incoherentes o manifestaciones del alma emancipada. Freud, en su erudición, postuló con convicción que, dada la complejidad de la psique, los sueños debían contener un significado discernible y ofrecer indicios cruciales para comprender y ayudar a los pacientes. Para Freud, el sueño actuaba como un conducto entre la mente consciente y la inconsciente. Desentrañar los sueños, creía Freud, permite alcanzar una mayor claridad introspectiva, fomentar el desarrollo personal y desvelar los misterios de la mente.

En el marco de su obra, Freud desbrozó el camino para el estudio del contenido onírico como mecanismo de acceso al inconsciente del paciente. El enfoque que desarrolló estaba basado en interpretar los sueños como la manifestación simbólica de deseos ocultos. Expresados en un amplio mosaico de signos y metáforas, los sueños, en la concepción freudiana, actúan como orificios en las paredes del psiquismo, permitiéndonos atisbar los aspectos latentes que la mente consciente se empeña en obviar. En este contexto, Freud sostenía que el origen de nuestra constitución psicológica reside en los años tempranos de vida, con cada vivencia inicial contribuyendo a cincelar o esculpir la configuración del yo adulto. Asimismo, postulaba que lo experimentado durante esta etapa, particularmente los anhelos suprimidos y los traumas, impregnaban con significativa incidencia los sueños de la adultez. Freud concebía el sueño como una herramienta empleada por el organismo para trasladar a la memoria consciente aquello que yace velado y censurado en el inconsciente. Dentro del enjundioso discurso freudiano, se dilucidan tres categorías oníricas de inescrutable enrevesamiento.

En primer término, se hallan los ensueños de plasmación, los cuales reflejan los deseos conscientes y no subyugados que, deplorablemente, no han sido colmados en el ámbito de la realidad. Son prodigios de la vigilia que exteriorizan anhelos, presentando un contenido que semeja lo que uno, en su enardecida existencia, anhela experimentar.

En segundo lugar, se despliegan los ensueños de contenido latente, manifestaciones oníricas que alegorizan los deseos reprimidos y los conflictos psicológicos abisales. Su contenido, a primera vista, se nos antoja confuso, absurdo e indistinto, por tanto, requieren de una interpretación sagaz que desvele su encriptado significado y desentrañe los desencuentros internos que se manifiestan simbólicamente en tales ensueños.

En última instancia, aparecen los ensueños de contenido manifiesto, portadores directos de deseos reprimidos o envueltos en el mínimo velo simbólico. En contraposición a los ensueños de contenido latente, el mensaje de tan profundos devaneos se torna más evidente y no exige una interpretación calada para asir los deseos reprimidos que se exteriorizan.

Cabe resaltar que los ensueños, conforme a la concepción freudiana, suelen ser intrincadamente herméticos, permeados por elementos simbólicos y representaciones encriptadas que claman por un análisis e interpretación minuciosos, con el fin de descorrer el velo de su significado auténtico y desentrañar las pulsiones subconscientes que los impulsan. La exégesis hermenéutica de los arcanos simbólicos y las visiones efímeras, en el umbral de la introspección y la vivencia subjetiva, fluctúa inexorablemente sometida a las convicciones, las tradiciones y las perspectivas individuales que yacen en el fuero íntimo de cada ser. Dichas imágenes y símbolos se erigen como vasijas polisémicas, impregnadas de múltiples significados y variadas resonancias personales.

Es en este preciso sentido que, como Freud primero nos sugiere, y posteriormente Ricoeur nos recuerda, podemos pensar los sueños como si se trataran de nuestra propia colección personal de mitos, y los mitos como los sueños compartidos por la sociedad.

En este contexto, Ricoeur concibe al psicoanálisis como un utensilio fecundo para ponderar la cultura y reformularla mediante la interpretación. No obstante, la afirmación freudiana que postula al sueño como mitología privada y al mito como sueño diurno de las colectividades implica considerar a ambos como externalizaciones del anhelo humano estructuradas y mediadas por el lenguaje. Mito y sueño son, en esencia, narrativas susceptibles de interpretación para revelar anhelos subyacentes. Ergo, el lenguaje y la interpretación se tornan imprescindibles para el psicoanalista.[97] Ricoeur concluye que el psicoanálisis focaliza no en el deseo *per se*, sino en su léxico, interpretando textos para descubrir los anhelos que encierran o encubren, participando así activamente en el contemporáneo diálogo en torno al lenguaje.

Entender los mitos como los sueños de una psique colectiva equivale a decir que, en su majestuosa abstracción, los mitos dan cuerpo a la historicidad de un conglomerado, sea este una aldea, un pueblo o una nación. Su finalidad, en esencia, es procurar un raciocinio ilustrado a través de su lectura simbólica. Como espejos

97. Ibid., 10.

de la psique humana, los mitos despliegan realidades sutiles que se materializan en el seno del subconsciente, revelando una autenticidad superior a la intrínseca en los elementos palpables y corpóreos. Así, la existencia mítica se convierte en la portadora de lo auténticamente real, materializando en sus narrativas simbólicas las realidades que emergen del abismo de la psique, superando en autenticidad las manifestaciones materiales.

La inmersión profunda en el océano mítico requiere el eco de las voces de aquellos eruditos que, con lucidez y rigor, han explorado sus abismos: Jung, Eliade, Campbell, Ricoeur, Freud y Nietzsche. Los rastros de sus peregrinaciones intelectuales han dejado un legado incuestionable que ha facilitado una visión panorámica y profunda del fenómeno mítico. Con ojo avizor y meticuloso examen, descorrieron el velo de los mitos, mostrando que en su núcleo yace una guía para el ser humano en su andar cultural. Estos textos ofrecen llaves que abren puertas Equipados con el pensamiento crítico y analítico que nos proporcionan, podemos desentrañar los mensajes de los mitos y, con ello, enriquecer y dar contexto a nuestra existencia.

Mediante el lente riguroso de sus interrogantes, las facetas poliédricas de los mitos han sido desenmascaradas, desplegando así su aptitud para enjaular sentidos insondables y brindar a la humanidad, así como a la forja de identidades culturales, un esquema exegético de incalculable opulencia. Consecuentemente, al zambullirse en sus escritos, el lector es equipado con una llave esotérica que desencadena las rejas de un reino mitológico. Estos textos suministran al estudioso un arsenal de utensilios conceptuales y analíticos para desvelar los manuscritos encriptados en los mitos y para perspicazmente calibrar su aplicabilidad en contextos culturales heterogéneos. Por medio de la sagaz lupa que coloca sobre su objeto de estudio, emergen a la luz las intrincadas capas de los mitos que, en su núcleo, encierran vastos significados y brindan a nuestra vida y cultura un marco que da sentido a lo insondable.

Los mitos son, en este sentido, como cajas fuertes que atesoran significados profundos que dan a nuestras vidas e identidades un contexto más rico. Las escrituras sagradas son como llaves maestras para acceder a una dimensión mitológica y, como tales, entregan herramientas que nos permiten analizar y comprender los mensajes que contienen y nos ayudan a comprender mejor nuestras culturas.

El rastro de las vicisitudes traumáticas de la humanidad se incrusta con perenne persistencia en el abismo del inconsciente colectivo. Así como los traumas individuales se refractan en los sueños íntimos, las cicatrices colectivas se plasman en el lienzo mítico que la sociedad conjura. En la penumbra del sopor, la consciencia colectiva actúa como la mano que modela estos mitos, proyectando sobre ellos las impresiones traumáticas arraigadas en el inconsciente. Similar a como los traumas personales se esbozan como imágenes oníricas, los conflictos sociales se manifiestan a través de la imaginería mítica. El sueño, fiel testimonio de las verdades que evitamos, aquellas que nuestra consciencia teme reconocer, se convierte en la cámara oscura que proyecta los traumas individuales, del mismo modo que las experiencias colectivas se inscriben en el sueño comunitario. Durante este letargo, la sociedad configura su mítica, convirtiendo los traumas del inconsciente en artefactos narrativos.

Las narrativas mitológicas, heredadas a través del hilo generacional, contienen en su núcleo los conflictos, temores y desafíos que han signado la trama histórica de una sociedad. A través de estos relatos simbólicos, la humanidad explora y perpetúa sus experiencias colectivas, permitiendo la disquisición y el entendimiento de los eventos traumáticos que han tallado el sendero histórico y moldeado la identidad de un colectivo. El análisis y la investigación mítica ofrecen un vitral a la historia, una introspección intensificada hacia las dinámicas psicosociales y culturales que dirigen el pulso vital de las colectividades. Mediante la interpretación de símbolos y significantes ocultos en el entramado mítico, se descorre el velo de la sabiduría pretérita y se ilumina el proceso colectivo de metamorfosis y sanación.

Es a través de su esencia simbólica, que el mito proporciona una función cohesionadora, amalgamando experiencias vinculadas a una realidad particular, mas no manifestándola de forma periodística o literal, sino a través de la comunicación simbólica. En la psique humana, lo simbólico adquiere una resonancia más profunda que lo meramente fáctico, lo que ayuda a explicar por qué la identidad de una nación nos afecta más por lo que representa que por su realidad objetiva. Análogamente, nuestra lealtad hacia un club deportivo no radica en su realidad tangente, sino en lo que simboliza emocionalmente en nuestro universo personal.

Desde este prisma, postulamos que el mito desvela la realidad soñada por las comunidades en su vigilia. El mito, en su rol, aborda simbólicamente situaciones o condiciones que impactan a una colectividad. Si un mito narra, por ejemplo, la amenaza diaria de un león colosal que busca devorar un país a una hora puntual sería improcedente centrarse en cuestiones sobre las características corpóreas del felino; sería inepto enfocarse en la pigmentación de su piel en vez de tratar los miedos y angustias de la población. El mito, a través de sus alegorías y su narrativa simbólica, otorga una introspección más sofisticada de las dimensiones emocionales, psicológicas y sociales que impregnan la existencia de una comunidad, permitiendo la exploración y asignación de significado a las experiencias colectivas y dirigiendo los temores, anhelos y ambiciones del pueblo hacia un manifiesto simbólico. Ante este lienzo, no se buscan respuestas literales o descontextualizadas, sino que el enfoque apropiado radica en decodificar y comprender el sentido y propósito que subyacen en las imágenes y símbolos míticos. Así, se accede a una comprensión más fecunda de la realidad humana y se erige un puente entre la banalidad cotidiana y la esencia trascendental. No se trata solo de una técnica de interpretación, sino de un acceso a la trascendencia.

Como acabamos de decir, el mito es relevante porque nos permite transcender la realidad fáctica y literal, abriéndonos a un horizonte de significado mucho más profundo y relevante para el ser humano. Esta transcendencia de lo fáctico debe verse también como un ir más allá de la exactitud histórica de los eventos que los mitos relatan. No importa si Moisés atravesó el Mar Rojo, si Jesús emergió de la muerte o si el Señor Chaitanya se fusionó con las deidades de Śrī Jagannātha. De hecho, los mitos encapsulan las pulsaciones históricas de un pueblo y adquieren valor como expresión de estas. Su significación y sentido, no obstante, no residen en su veracidad histórica. De hecho, Buda o Jesús no son símbolos del espíritu por existir como entes, sino por estar simbólicamente en el seno del Ser. ¿Quién querría un dios que está limitado por el espacio y el tiempo? La existencia histórica de figuras como Abraham, Isaac, Jacob, Jesús, Mahoma, Buda, Lao Tze, Mahavira, Shankara, el Señor Chaitanya o el Rabí Najmán no aporta relevancia alguna a su condición de íconos religiosos. Su estatus simbólico no se halla enraizado en su existencia histórica. Por mucho que la colectividad manifieste una tendencia a interactuar con los mitos hebreos como si de constataciones científicas se tratara, y a interpretar la mitología griega como narraciones apócrifas elaboradas por ancianas, debemos decir que la verdad del mito no depende ni se desprende de la veracidad factual, literal ni histórica de los eventos que narra. Contrariamente a eso, los mitos, esos relatos antiquísimos, llevan a cuestas un poder sorprendente y mucho más relevante que el de los hechos factuales o históricos que relatan, eso es, iluminan el camino hacia saberes, esconden tesoros de sentido y despliegan verdades que dan piruetas más allá de los hechos. Son como llaves maestras, abriendo puertas a lo más hondo del alma humana. Se preguntan sobre quiénes somos, se mezclan en nuestras idas y venidas, y tienden puentes a lo sagrado. Los mitos son como antiguos maestros. Son cuentos, sí, pero contienen profundas enseñanzas. Llevan en su núcleo sabiduría, significados ricos y unas verdades que no se preocupan por fechas y lugares. Nos toman de la mano y nos guían por los misterios de lo humano, en nuestras relaciones y, ¿por qué no?, en nuestras búsquedas del espíritu.

En la cúspide de la erudición mitológica, descansa el valor intrínseco de los mitos, que funge como un vehículo eficaz en la transmisión de pedagogías, el desentrañamiento de significados abisales y la conducción de axiomas que trascienden la mera crónica histórica. Los mitos, así forjados, sirven como implementos epistemológicos, permitiendo una incursión en las profundidades de la ontología humana, elucidando tanto las dialécticas colectivas como los anhelos trascendentales de carácter espiritual. No consiste meramente en recibirlos como narrativas literales, sino en sumergirse en su simbolismo y explorar las múltiples capas de significación que custodian. En este ejercicio, podemos valorar la opulencia cultural y espiritual que los mitos aportan a la humanidad, y su potencial para resonar en nosotros tanto a nivel personal como colectivo.

Capítulo 25

El ser humano: un ente hermenéutico y simbólico

La relación entre el sueño y el mito nos ha ayudado a perfilar la función que el mito tiene en las sociedades humanas, en la psique colectiva de una nación, pueblo o congregación. También nos ha permitido ver cómo el lenguaje y la interpretación juegan un papel axial al que a continuación deberemos prestar especial atención. Para ello, nos adentraremos en la cuestión de la hermenéutica. La hermenéutica es la ilustre disciplina filosófica que estudia nuestros modos de interpretar los textos, discursos, símbolos y signos, todos ellos enmarcados en diversos paisajes culturales y sociales. Lejos de detenerse ahí, su auténtica misión es la de desvelar lo oculto: el significado y la intención que yace latente en los mensajes. Aunque como arte interpretativo, descubre un mundo con múltiples capas y senderos —literatura, arte, religión, derecho, ciencia— la hermenéutica no tiene límites. La interpretación no es una simple fotografía en blanco y negro, sino que más bien es una pintura cuyas pinceladas las dan la historia, la cultura y la danza entre el texto y el lector. Dicho de otro modo, la hermenéutica aspira a fusionar los horizontes del creador y el receptor, instaurando un diálogo interpretativo que enriquece y expande la comprensión del mensaje.

Bajo una óptica heideggeriana, la hermenéutica no se nos presenta como un mero instrumento externo, sino como una propiedad intrínseca de nuestra existencia. De ahí que, desde una perspectiva diametralmente opuesta a la transparencia cartesiana, Heidegger nos describe un ser humano que se yergue como un acertijo cuya esencia se despliega mediante el mismo acto de la interpretación. El ser humano y la interpretación están, por tanto, irremediablemente entrelazados. Por un lado, el ser humano es, en su esencia, un enigma en busca de solución; mientras que, por el otro, es la interpretación la que actúa como llave para descubrir las verdades veladas. En este sentido, Heidegger sostiene que el ser humano debe ser interpretado, es decir, es un texto por descifrar.

Interpretar tiene como prefijo *inter*, lo que señala que su misión es descubrir significados internos u ocultos, que no salen al encuentro de manera evidente. Contemplemos por un momento las realidades que son diáfanas y precisas pero que, debido a su naturaleza autoevidente, no llaman a interpretación. Por el contrario, existen otras realidades que no se desvelan ante una mirada fugaz, sino que requieren ser interpretadas mediante un examen cuidadoso. Tomemos como ilustración la afirmación que realiza Aristóteles en *Ética a Nicómaco* cuando dice que «el principio es más de la mitad del todo».[98] Aquí, el significado es enigmático y su comprensión requiere de un acto interpretativo. Esta no es una realidad que se despliegue ante nuestros ojos con transparencia cristalina, como podría ser el caso de la afirmación matemática 2+2=4, y por tanto exige un proceso de interpretación que arroje luz sobre sus intrincados recovecos. La hermenéutica tiene otro límite, el tipo de mensaje, vemos los tipos de niveles de realidad. Algunos más claros y precisos, y otros más oscuros. Descartes quería hacer de la realidad una realidad matemática, por eso su deseo de precisiones claras y distintas. Podemos entender que la realidad tiene diversas facetas, de la más simple a la más compleja. Pero que la hermenéutica está hecha para aquella faceta fundamental para la vida del hombre y esta no es precisamente clara ni distinta.

Basándose en lo dicho en el párrafo anterior, es pertinente destacar que la realidad del ser humano, debido a su carácter críptico, lejos de ser explícita clama por ser interpretada. En la amplitud de su existencia, la realidad humana se manifiesta como una entidad imbuida de hermenéutica. Su significado parece eludir su comprensión inmediata y, por eso, la comprensión de sí mismo

98. Aristóteles, *Ética a Nicómaco*, I.7, trad. Antonio Gómez Robledo (México: Porrúa, 2003).

implica un desafío constante. El símbolo exhibe una dualidad peculiar, un doble juego de ocultación y desvelamiento pues, al mismo tiempo que revela, también oculta. Como mencionaba Heráclito, el oráculo de Delfos «no muestra ni oculta, solo señala». En el ser humano, su ser-ahí se manifiesta, mientras que el sentido de ese ser permanece velado. La diferencia ontológica radica en la relación entre el Ser y su sentido. El ser humano, en su condición simbólica, revela y oculta simultáneamente su realidad fundamental. La realidad emerge, envuelta en un velo de enigmas, como un texto críptico clamando por la lúcida exégesis de un avezado descifrador. Entre los enrevesados pasillos de la hermenéutica filosófica, un misterio teje su tela, esperando ser desmadejado. O lo que sería lo mismo, el símbolo necesita ser interpretado para que su sentido pueda salir a la luz.

Ernst Cassirer, un erudito cuya pluma trazó caminos en la filosofía alemana del siglo XX, nos habla precisamente de un ser humano simbólico, uno que habita una diáfana red de representaciones simbólicas. Lo sorprendente aquí es la idea de que nuestra experiencia del mundo no es directa, sino que más bien somos navegantes en un océano de símbolos. Más aun, Cassirer es audaz al afirmar que nuestra mano no toca la realidad objetiva en su forma más pura. Nuestra interacción con el mundo, según él, se articula más bien a través de capacidades simbólicas, teniendo como puntales el lenguaje y la creación y utilización de imágenes y signos. Estos símbolos son los ladrillos con los cuales construimos una realidad que enmarca y da sentido a nuestras experiencias. Lo significativo aquí es que esta realidad emerge y evoluciona en un baile con la historia y la cultura.

Cassirer, con rigurosidad analítica, presenta una perspectiva cardinal: el ser humano no desempeña un papel meramente receptivo en cuanto a la información procedente de su entorno; al contrario, como seres humanos, nos hallamos comprometidos en una construcción activa de la realidad, valiéndonos de un conjunto diversificado de símbolos que se manifiestan en áreas como el arte, la religión, la ciencia y el lenguaje. «Más bien, no es solo mirar, sino hacer, lo que forma el centro desde el cual comienza la organización espiritual de la realidad para el hombre».[99] Cassirer hace del hacer, algo central en el hombre. A diferencia de Kant, no es una facultad de conocimiento abstracta la que proporciona la base para la relación con el mundo, sino la orientación activa en el mundo, porque el ser humano siempre ha estado en un mundo y toda forma de referencia al mundo depende de la simbolización. En este planteamiento de Cassirer, el lenguaje se yergue como un recurso fundamental que facilita la comunicación entre individuos, pero cuyo alcance es más profundo, permitiendo la conceptualización y representación de nuestro mundo. Así pues, el lenguaje es para Cassirer el andamiaje sobre el cual construimos categorías y conceptos que son fundamentales para la comprensión de la realidad. Además, el lenguaje actúa como un guardián de la sabiduría, preservando y transmitiendo el conocimiento histórico. No obstante, el repertorio simbólico humano se extiende más allá de las palabras. Los seres humanos también somos maestros en la creación de símbolos e imágenes visuales, las cuales pueden manifestarse en obras de arte, fotografías, películas y más, brindándonos vías adicionales para explorar y articular lo que siente nuestro ser.

La tesis de Cassirer arroja una premisa reveladora al entender al humano como un ser intrínsecamente simbólico. Imágenes y símbolos circundan nuestra existencia, y es a través de estos que damos sentido e interpretación al mundo. Es más, y ahí yace la radicalidad de su planteamiento, los seres humanos no podemos habitar el mundo sin interpretarlo, y más importante todavía, no podemos interpretarlo sin símbolos. Nuestra capacidad de forjar y emplear símbolos es, por lo tanto, el catalizador, junto con el lenguaje y las representaciones visuales como protagonistas en este proceso. La teoría de Cassirer, por tanto, ilumina el papel crítico de la interacción simbólica en la concepción de nuestra realidad y la asimilación del entorno en el que coexistimos.

A colación de lo expuesto por Cassirer, Jacques Lacan, figura emblemática cuya estela se extiende a lo largo y ancho del siglo XX en el

---

99. Ernst Cassirer, *Filosofía de las formas simbólicas, I: El lenguaje*, trad. Armando Morones (México: Fondo de Cultura Económica, 2010)

psicoanálisis y la filosofía, nos señala el camino hacia un territorio en el que los humanos nos encontramos inmersos en un universo simbólico. Imaginemos por un momento que los códigos culturales nos atan, y que nuestras interpretaciones del mundo son marionetas cuyos hilos son manipulados por el lenguaje y los símbolos. Esta imagen se erige sobre las fundaciones freudianas, pero con un giro: el inconsciente es como una lengua ancestral que, desde las profundidades abisales, navega los mares de nuestra psique, modulando sutiles corrientes de pensamientos y emociones.

Según Lacan, el lenguaje y los símbolos actúan como los cimientos de la mente humana sobre los cuales se erige el inconsciente y nuestra subjetividad. El individuo se halla en un dilema: por un lado, el deseo que brota en el corazón; por el otro, las normas que la sociedad le impone. ¿Dónde se libra esta batalla? En el campo del lenguaje y los símbolos. A medida que crecemos, absorbemos el lenguaje y adoptamos los códigos culturales, los cuales, por un lado, nos proporcionan herramientas para interactuar y situarnos en la sociedad, pero, por el otro, son cadenas que limitan nuestra expresión.

A resultas de esta batalla, la identidad del individuo, más que una roca inmutable, brota como un río que fluye, siendo el lenguaje y los símbolos las corrientes que lo guían, hasta el punto de poder afirmar que —según Lacan— los seres humanos no hablamos una lengua, sino que es la lengua la que habla a través de nosotros. Mediante la interacción social y la absorción de significantes culturales, cada individuo configura el paisaje de la realidad en la que vive y un autorretrato basado en el lenguaje y las expectativas sociales. Esto, cabe destacar, puede desencadenar disonancias, pues la imagen moldeada frecuentemente se desvía de nuestras experiencias internas más esenciales, a las que Lacan se refiere como el «yo verdadero». En un giro interesante, Lacan subraya la trascendencia del lenguaje en el psicoanálisis, viendo este campo de la psicología como un diálogo en el que el lenguaje actúa como un bisturí, desentrañando el inconsciente a través de los sueños y actos fallidos. Es bajo esta premisa que Lacan puede avanzar la tesis de que los seres humanos somos entidades simbólicas, sumergidas en una extensa trama de lenguaje y símbolos en la que, por un lado, los símbolos actúan como pilares en la configuración de nuestra identidad y en la gestión de las tensiones entre nuestras aspiraciones y las expectativas impuestas por la sociedad, y, por el otro lado, el lenguaje, mediante los sistemas de significado firmemente arraigados en la cultura, actúa como el prisma mediante el cual percibimos y entendemos el mundo a nuestro alrededor.

Como hemos visto antes, el psicoanálisis se sumerge en las aguas profundas del inconsciente para tratar de entender cómo este océano escondido moldea nuestra existencia cotidiana. Lacan da un paso más allá de este horizonte de lenguaje y símbolos al postular, de manera intrigante, que los seres humanos no sufrimos debido a los eventos en sí, sino a causa de las representaciones mentales que creamos. Es decir, el dolor no surge del reprimiendo paternal, sino de la interpretación y la imagen mental que creamos de nuestro padre. Igualmente, no es la crítica de nuestra pareja lo que nos perturba, sino nuestra representación mental. Así, predominantemente habitamos un dominio de representaciones e imágenes simbólicas en el que nuestra existencia es esencialmente hermenéutica.

Lo que Lacan está diciendo con todo esto es que nuestro mundo no es un mundo cuyo horizonte y significado nos precede, sino el mundo que nosotros mismos hemos esculpido en nuestra consciencia. Este mundo representado, no obstante, no es un mundo falso. De hecho, la imagen mental que tenemos de nuestros padres puede ser tan verídica, si no más, que su presencia física. Las secuelas psicológicas y los traumas surgidos en nuestra infancia pueden persistir a lo largo de nuestra existencia, incluso si las figuras que los originaron ya no están presentes. Nuestro padre, en un sentido simbólico, es más real que la figura paterna concreta. Asimismo, la representación mental que tenemos de nuestra madre puede ser más efectiva que la realidad tangible. Lo mismo sucede con nuestro mismo «yo».

Este posicionamiento, no obstante, abre la puerta a leer esta facultad representativa, y creativa, como una facultad en la que solo tendemos a comprender y comunicar los aspectos de nosotros mismos que encontramos agradables, siendo especialmente difícil enfrentar y entender las facetas de nuestra personalidad que nos desagradan. La autorreflexión honesta se torna ardua cuando se trata de las aristas más sombrías o menos apreciadas de nuestra identidad. Por tanto, nos inclinamos a proyectar y compartir con el entorno solo aquellos rasgos que validan una imagen positiva de nosotros mismos, relegando a la penumbra aquellos aspectos que juzgamos menos dignos o problemáticos. Propendemos a una comunicación selectiva con la diáspora social, privilegiando aquellos rasgos que hallamos conformes a nuestra predilección, al tiempo que evadimos, tal vez subconscientemente, aquellos vectores de nuestra identidad que consideramos disonantes o refractarios a la imagen idealizada que anhelamos proyectar.

La posición de Lacan nos lleva a afirmar que los seres humanos no interactuamos directamente con el mundo tal como es, sino a través de las imágenes que tenemos del mundo en el significado que nosotros le conferimos. Esta misma idea aparecerá en la obra de Jung. Según este, la realidad representada o simbólica con la que interactuamos está compuesta de símbolos que, no obstante, no deben entenderse como meras invenciones aleatorias sino, más bien, como «la expresión de algo que no puede ser caracterizado de mejor manera». El símbolo, según Jung, se erige como la manifestación de un concepto que elude definiciones más precisas y mantendrá su vigencia y vitalidad mientras permanezca preñado de significado, es decir, mientras ostente relevancia interpretativa. Lo simbólico no es mentira, sino todo lo contrario. De hecho, en lo simbólico todo es real, porque tal como dice Cassirer, los seres humanos somos animales simbólicos porque nos relacionamos con el mundo a través de símbolos. Según él, aunque nos consideramos seres racionales, y disfrutamos de la idea de que siempre actuamos con lógica, la naturaleza humana no es estrictamente racional y lógica, sino que es eminentemente simbólica. Nuestra aprehensión de la realidad no puede ser siempre racional debido a las diversas maneras de comprenderla. Nuestras interpretaciones construyen la realidad de nuestra voluntad. Nuestra voluntad construye la representación de nuestro mundo. Es por esto mismo que hemos podido decir que, en lo simbólico, todo es real. Sirva la siguiente anécdota para ilustrar este punto: se cuenta que mientras Jung atendía a un paciente neurótico que le decía que diariamente viajaba a Marte su secretaria le dijo:

> «Dr., porque le da Ud. la razón al paciente concordando que viaja a Marte todos los días?
> ¿Puede realmente curarle mintiéndole o engañándolo?», a lo que Jung le respondió:
> «Perdón, pero ¿de dónde saco Ud. que yo le esté mintiendo a mi paciente? ¿Quién le dijo que él no viaja diariamente a Marte?».

En cierto modo, las posiciones de tanto Cassirer como Jung nos llevan a sostener que el ser humano solo representa lo que quiere y cómo lo quiere. La voluntad es la representación de nuestro mundo porque nosotros solo queremos aquello que entendemos del mundo y nos representamos solo aquello que queremos del mundo. Nuestra voluntad es un espejo de nuestra comprensión del mundo, pues solo deseamos aquello que hemos logrado entender. A su vez, nuestra interpretación del mundo se filtra a través de nuestros deseos, pues solo nos formamos una imagen mental de aquellos aspectos que despertaron nuestro interés. En este contexto, podemos decir que existe una influencia mutua entre nuestros afectos y nuestros pensamientos, lo cual es avalado incluso por la neurociencia. No podemos desear aquello que no comprendemos, del mismo modo que no podemos comprender lo que no deseamos.

El ser humano es un ser simbólico que crea sus símbolos de la realidad con los que interactúa y convive como su auténtica realidad. Este argumento ya latía en la filosofía de Nietzsche cuando este postuló la fundamental premisa de que la experiencia humana está indisolublemente anclada al ímpetu creativo y a la utilización de símbolos para conferir sentido a nuestra existencia. Comencemos por qué Nietzsche pone en tela de juicio la demarcación clásica que aparta lo estético de lo cognitivo o racional. Su argumento va más allá, pues sostiene que lo estético (*aisthèsis*) no es meramente un dominio reservado para el arte o la belleza, sino un prisma a través del cual vivenciamos nuestra totalidad existencial. Esta perspectiva le permite, entonces, postular que nuestras percepciones y comprensiones del mundo están enredadas con nuestra habilidad para simbolizar. Es decir, los símbolos son, en la visión nietzscheana, vehículos de representación que ayudan a interpretar la realidad. Abundan en varias manifestaciones, incluyendo el lenguaje, los mitos, las metáforas y las creencias arraigadas en la cultura. Mediante la aplicación de símbolos, forjamos un cosmos simbólico en el cual cohabitamos y establecemos relaciones con nuestros congéneres. Esto lo lleva a sostener que este reino estético y simbólico es una réplica de la naturaleza turbulenta e impredecible de la realidad. Es decir, los símbolos actúan como herramientas que imponen estructura y orden en el mundo; son, dicho de otro modo, los arquitectos de los significados y las valoraciones que nos guían. En este contexto, podemos afirmar que la invención y utilización de símbolos es una manifestación intrínsecamente humana que nos permite reivindicar nuestra subjetividad y forjar nuestras propias cosmogonías.

Nietzsche también identifica en la creatividad estética un medio para la autosuperación y el trascender de la tragedia humana. Con el arte y la síntesis simbólica como nuestros copilotos, ascendemos desde la llanura de lo común, adentrándonos en la estratósfera de nuevas posibilidades y paradigmas. Estos símbolos nos permiten descifrar y tejer significados en una realidad en la que somos a la vez actores y espectadores. Esto lo entendió muy bien el Nazismo, haciendo de su estética magnánima un símbolo de su autopercibida predestinación como Nación Escogida.

Uno podría argüir que la creatividad estética actúa como una herramienta de liberación, permitiéndonos sobrepasar las barreras de lo común y adentrarnos en la exploración de significados más profundos. Para Nietzsche, la morada del ser humano se encuentra en un cosmos estético, una ilusión conformada por imágenes que nos permite existir más allá de la cruda y dura realidad que a menudo nos resulta insoportable. No es la verdad, sino la belleza y la estética, lo que la constitución del hombre está diseñada para soportar. La verdad desnuda y sin filtrar es un fardo demasiado pesado para la fragilidad humana, por lo que optamos por la construcción de imágenes del mundo que nos permitan velar la crudeza de lo real. Los seres humanos no están preparados para verdades insoportables, así que subliman esas verdades trágicas a través del arte. Habitan el arte para evitar sucumbir a la verdad, es decir, a la tragedia.

Heidegger retoma este punto, argumentando que la metafísica ha creado una imagen del mundo para proteger al ser humano del impacto devastador de la verdad: he aquí la tragedia inherente a la existencia humana. Sin este velo, el hombre se encontraría ante la amenaza de la locura, ante el abismo insondable de una realidad demasiado cruda para ser contemplada sin mediaciones. La interpretación se revela como una estrategia de supervivencia, un mecanismo de defensa frente a la insoportable levedad del Ser. En este sentido, Heidegger sostiene vehementemente que la metafísica tradicional ha diseñado un constructo, una representación del mundo que enmascara la esencia trágica de la existencia humana. Afirma que la metafísica ha procurado hallar certezas y seguridad en un orden objetivo y racionalizado, una iniciativa que, aunque cómoda, ha llevado a la alienación de la auténtica experiencia humana y a la incomprensión de la genuina y trágica verdad de la vida. Heidegger lanza una crítica mordaz hacia la tradición filosófica occidental por su excesivo enfoque en la representación y objetividad. Postula que la metafísica ha perpetuado una concepción del ser humano como un sujeto cognoscente que se posiciona frente al mundo, representándolo de manera objetiva. Esta metodología de carácter metafísico es la que ha desembocado en una distanciación entre el individuo y su cosmos, minimizando la experiencia humana a un simple vínculo cognitivo. Contrariamente a esto, Heidegger nos invita a examinar una perspectiva más rica y profunda de la vida humana, la cual integra y reconoce su inherente naturaleza trágica.

En su obra seminal, *Ser y Tiempo*, Heidegger argumenta que la verdad primordial de la existencia humana es su ser-para-la-muerte. Esto implica que la mortalidad y finitud son elementos constitutivos de nuestra existencia, confrontándonos con la posibilidad de nuestra propia aniquilación. Más aún, y paralelamente a los diagnósticos de los psicoanálisis relacionados con la neurosis y otras condiciones, el diagnóstico filosófico de Heidegger postula la angustia. La angustia emerge como el no ente que nos sustrae el sentido manifiesto. La angustia nos expone a la realidad de que hay un sentido de la vida delineado por la nada o la muerte que la mayoría de los seres humanos desconoce. La muerte, entendida como la ausencia de existencia o la nada de la existencia, se convierte en el sentido oculto de la vida que, como tal, resulta angustioso para el ser humano. Es esta angustia la que nos ha llevado a crear una representación metafísica del mundo.

Heidegger, sin embargo, critica la metafísica tradicional por haber labrado una imagen del mundo que no es más que un sencillo constructo que busca la certeza y la seguridad en un orden racional y objetivo. También sostiene que la consecuencia de esto fue haber negado la auténtica experiencia humana y la verdad de nuestra finitud. Ante ello, Heidegger propone superar esta imagen filosófico-metafísica del mundo y abrirnos a una comprensión más auténtica que reconozca la contingencia y la finitud como aspectos fundamentales de nuestra existencia.

En otras palabras, Heidegger nos ayuda a regresar a Nietzsche, y a todo un hilo de pensamiento que advoca por un pensar simbólico que transciende el pensamiento racional discursivo que, desde el mismo nacimiento de la filosofía occidental en la antigua Grecia, ha poblado nuestra psique humana de verdades empíricas y objetivas que hoy se muestran insuficientes para desvelar e interpretar las sombras donde yacen los profundos significados del alma humana.

La importancia de los diferentes autores mencionados en este capítulo, y concretamente de Nietzsche y Heidegger, es que nos ayudan a redibujar una realidad que la filosofía metafísica tradicional ha acabado ocultando. La crítica de Heidegger, más concretamente, viene acompañada de otra crítica a la técnica. Según el autor, el pensamiento metafísico ha dado pie a la técnica, entendida como práctica instrumentalizadora de la realidad. Aunque la técnica, como el arte o la política, es también un modo de comprensión del mundo, sus raíces metafísicas la llevan a convertirse en una práctica que usa y controla todo aquello que nos rodea. Genera una cosmovisión antropocéntrica de la realidad donde todo se degrada a ser un instrumento listo para ser aprovechado y controlado por un ser humano que se ha convertido en amo y señor. Este diagnóstico, aunque ciertamente innovador, ya ha aparecido en momentos previos de la tradición occidental dando pie a giros filosóficos que han pretendido guiarnos a dimensiones de nuestra existencia que hasta entonces yacían ocultas y, por tanto, ajenas a nuestra interpretación. La importancia de estos giros, como el copernicano o el lingüístico, es que han sabido mostrar dónde yacía el problema y ofrecen un camino capaz de orientarnos a dimensiones de nuestro ser que nosotros mismos, a través de la misma filosofía y la misma ciencia, habíamos enterrado. Con el actual «giro simbólico», fundamentado en las tesis de Cassirer, Freud, Jung, Lacan, Nietzsche y Heidegger entre otros, pretendemos plantear al ser humano no como hacedor de símbolos solamente, sino sobre todo como acogedor de ellos.

Capítulo 26

Simbolismo y hegemonía: construyendo realidades mediante el discurso

La invitación al giro simbólico con la que, de la mano de Nietzsche y Heidegger, hemos cerrado el capítulo anterior debe entenderse como una necesidad de-recuperar o rescatar una dimensión del ser humano que el pensamiento filosófico-metafísico occidental ha ido laminando paulatinamente. A pesar de que el ser humano se considera racional y lógico, también está influenciado por impulsos ocultos y motivaciones subyacentes. Como el campo del psicoanálisis nos ha enseñado, de Freud a Jung pasando por Lacan, en el comportamiento humano subsiste una amalgama de propensiones y pasiones escondidas en las sombras de la consciencia. La conducta humana, por lo tanto, se encuentra influenciada no solo por el puro razonamiento, sino también por aquellos interrogantes aún no desentrañados y enigmas que permanecen indelebles. Por lo tanto, el ser humano se ve impulsado por su conocimiento y comprensión, pero también por los misterios que aún no ha descifrado.

Dos aspectos motivan a los humanos. Uno es el conocimiento que tienen y el otro es lo que saben, pero ignoran que saben. Por ende, no todas sus decisiones pueden explicarse mediante la razón. Su comportamiento oscila entre el pensamiento y la emoción, entre sus deberes y sus deseos. La psique humana se encuentra, por tanto, inmersa en una dinámica bifurcada, en una tensión entre dos polos de una misma hidráulica, eso es, entre lo racional y lo emocional, lo explícito y lo oculto, lo inconsciente y lo consciente. Si bien el humano opera predominantemente en el ámbito de la consciencia, con frecuencia es incapaz de discernir las fuerzas subyacentes que determinan su comportamiento y descifrar sus propias conductas.

Esta misma tensión, y concretamente el polo de lo emocional, lo oculto y lo inconsciente, juega un papel central en la creatividad del ser humano tal como la ha descrito Nietzsche en el capítulo anterior. Eso es, si tenemos la capacidad de crear símbolos que nos permitan entender la realidad de un modo u otro, no es únicamente debido a nuestra capacidad racional, sino a esta otra cara subconsciente del ser humano que se esconde tras la misma razón.

Como seres humanos, en nuestra cotidianidad, hay momentos en que expresamos simpatías o antipatías, o sentimos atracción o aversión, sin entender plenamente las causas, raíces u orígenes. Frecuentemente, nuestras respuestas y reacciones se originan en procesos subconscientes que resultan esquivos a nuestro entendimiento consciente. La consciencia humana está saturada de íconos e imágenes cargadas de significados evidentes, signos universales portadores de significados claros y patentes. Por ejemplo, el símbolo de «no fumar», en el que se nos muestra un cigarrillo cruzado por una línea roja indicando que no se permite fumar en esa área. O bien tomemos, por ejemplo, el símbolo de peligro eléctrico expresado por un rayo que nos advierte del riesgo de electrocución. Estos ejemplos poseen un componente explícito, la representación gráfica, y un componente semántico subyacente. El símbolo consiste, precisamente, en la unidad sintética de sentido entre una polaridad fenomenal que contiene tanto lo perceptible como lo imperceptible, lo manifestado y lo oculto, simultáneamente lo obvio o evidente y lo misterioso o enigmático.

El símbolo que surge de la creatividad humana es, en esencia, una amalgama de significado que concilia lo tangible y lo intangible, entrelazando lo patente y lo latente, el aspecto explícito y lo subyacente implícito. Consideremos, por ejemplo, la representación escultural de Buda, la venerada figura de Kṛṣṇa, el emblemático hexagrama judío o el crucifijo cristiano. Todas ellas presentan una forma identificable a simple vista, pero su significado puede eludir la comprensión inmediata. Aunque su forma es manifiestamente aprehensible, el cúmulo de significados que encierran se mantiene en un plano más elusivo. El símbolo integra tanto el aspecto concreto y discernible como el abstruso y oculto: la forma es su manifestación externa, mientras que su esencia significativa opera en un registro más recóndito.

En el ámbito de la consciencia humana, no obstante, encontramos signos que manifiestan significados que pueden ser tanto conscientes como también inconscientes, indicadores portadores de denotaciones, tangibles e intangibles. El ser humano, en muchas circunstancias, permanece en un estado de parcial ignorancia respecto a la totalidad de los significados transmitidos por los signos. De hecho, una considerable proporción de dichos significados actúa desde las profundidades subconscientes, ejerciendo silenciosamente su influencia en nuestra conducta. Concretamente, nos estamos refiriendo a aquellos signos que, pasando por lo subliminal (*sub*: 'lo que se da por debajo'; *lumen*: 'de la luz de la consciencia'), impactan en nuestras vidas, aludiendo a toda aquella información que se fusiona con nuestra cognición sin que nos percatemos de ello. Por otro lado, un símbolo abarca más que una simple imagen; es una resonancia auditiva cargada de un significado originado, derivado de narraciones extraordinarias compartidas y perpetuadas en el seno de comunidades. Estas narrativas pueden manifestarse y perpetuarse tanto a través de la tradición oral como mediante representaciones pictóricas. En el contexto de un símbolo, la representación gráfica adquiere significado a través de palabras que de manera consciente o inconsciente se asocian con ella.

Dentro del marco semiótico, el símbolo se configura como una entidad predominantemente auditiva. Mientras que objetos como una botella son de conocimiento universal, la estatua del Buda no comparte esa inmediatez de reconocimiento. Paralelamente, mientras un cuchillo es una herramienta de discernimiento inmediato, figuras como Dattātreya o Kārttikeya requieren un grado superior de erudición para su comprensión. No es factible descifrar con certeza el significado de la figura del Buda si carecemos de una explicación previa acerca de quién es dicho personaje y cuál es su historia. Por lo tanto, el símbolo es una entidad auditiva porque solo adquiere sentido al ser complementada con una narración. Es una entidad cuya esencia y propósito se tornan claros únicamente en el contexto de la historia que lo contextualiza.

Según Lacan, y como ya hemos avanzado en el capítulo anterior, las esferas de lo imaginario y lo simbólico no son más que proyecciones intencionadas de lo real, de aquello que pertenece intrínsecamente al dominio tangible. Lo imaginario, enmarcado dentro de una estructura psicológica específica, se erige como el medio por el cual se aprehende lo real, esa dimensión física que nos rodea. Lacan sostiene que el ser humano accede a lo real mediante dos vías fundamentales: lo imaginario, con su catálogo de imágenes, y lo simbólico, articulado en lenguaje.. Lo real se despliega mediante constelaciones visuales y codificaciones verbales, situando a la realidad misma en un ámbito de inaccesibilidad lógica.

Las percepciones sensoriales que logramos procesar se incorporan en el dominio consciente almacenándose en nuestra consciencia. Sin embargo, existen representaciones que, a pesar de afectar a nuestra percepción, residen sin ser entendidas, encontrando su morada en las profundidades inconscientes, que es lo que denominamos como «lo imaginario». Dentro de la esfera de lo imaginario, una vez incorporado y metabolizado en nuestra estructura cognitiva, emerge como un espacio común esencial para interpretar, sopesar y discernir la realidad tangible de nuestro cosmos. Son precisamente estas imágenes las que estructuran y dimensionan nuestra percepción de lo real, mediando nuestra comprensión de la existencia. Es, por lo tanto, a través de dichas imágenes, ya sean de naturaleza consciente o inconsciente, que los seres humanos otorgamos significado al vasto universo que nos envuelve.

Simultáneamente a lo imaginario, lo simbólico, percibido como una secuencia de significados, facilita la formulación de leyes que, al ser específicas a un conjunto humano determinado, se convierten en el referente para valorar cada acción según las recompensas o sanciones que conlleva el acatamiento de las reglas culturalmente establecidas. Lo que es importante de esto, no obstante, es que nos desvela que el individuo, a través del lenguaje, construye una malla de interpretaciones que delinea nuestro propósito existencial. Mediante el uso de palabras, el ser humano otorga sentido a la vida. Directrices, legislaciones, rituales, hábitos y herencias culturales dan forma a nuestra. Determinan qué es correcto o incorrecto, hermoso o grotesco, útil o dañino, permitido o vedado, atractivo o repulsivo. De esta manera, nuestro cosmos se edifica a base de estas concepciones y articulaciones.

Es decir, un símbolo, en su naturaleza, imparte una comprensión que moldea nuestra identidad, y esta, a su vez, imparte valor. Por eso, un símbolo nunca es imparcial o neutral en términos morales.

Ese es el caso, por ejemplo, del emblema de la cruz, la cual encierra una manifestación profunda de valores que van desde la entrega hasta el reconocimiento del sufrimiento, el sacrificio, el padecimiento, la aflicción y el dolor. La misma palabra *sacrificarse* proviene del latín *sacro* y *facere*, es decir, 'hacer sagradas las cosas', sugiriendo así la acción de consagrar o elevar algo a lo divino. Dijimos que el símbolo transmite sentido, el sentido posee una identidad y la identidad transmite un valor. En el contexto de la cruz, esta evoca la noción de sacrificio como un acto noble, asignándole una valoración positiva.

Como hemos visto, la realidad no se nos presenta de manera inmediata, sino que la interpretamos a través de estructuras simbólicas que no solo vienen cargadas de sentido y valor, además, son de carácter eminentemente lingüístico. Cuando afirmamos que un símbolo opera como una imagen auditiva, lo que estamos diciendo es que dicha manifestación está intrínsecamente ligada al discurso lingüístico. El símbolo consiste en una imagen auditiva porque emerge y se manifiesta en el lenguaje. Así, del mismo modo que hemos dicho que la realidad se nos presenta mediante símbolos, al ser estos lingüísticos, deberemos también decir que es precisamente a través del lenguaje que estructuramos y delineamos nuestra existencia.

Sin embargo, y paradójicamente, aunque el lenguaje es nuestra herramienta para impartir significado a la existencia, las palabras que empleamos ya vienen con una carga semántica preexistente.

Es en este sentido que Wittgenstein afirma: «Los límites de mi lenguaje significan los límites de mi mundo»[100] o, como Nietzsche ya había advertido que «más que hechos, [solo hay]

100. Ludwig Wittgenstein, *Tractatus logico-philosophicus*, trad., introd. y notas de Luis M. Valdés Villanueva, 4.ª ed. (Madrid: Tecnos, 2002), 5.6, 234.

interpretaciones».[101] Este planteamiento responde precisamente a lo que se ha denominado el «giro lingüístico», expresión con la que se ha expresado la idea de que, como seres humanos que residimos en el Ser, en última instancia pensamos el mundo con y en el lenguaje, tal como dirá el segundo Heidegger.

La cuestión del lenguaje implica, no obstante, ciertos problemas y contradicciones. En primer lugar, hemos visto que, en vez de una herramienta libremente escogida, el lenguaje se manifiesta en nuestras vidas como una constante predefinida o incluso como una imposición. Los términos que utilizamos para llenar el mundo de significado nos vienen dados, impuestos. Por eso, empleamos palabras sin ser conscientes de sus significados. Utilizamos el lenguaje sin pleno discernimiento de las esencias semánticas de sus componentes, a menudo, sin cuestionar las connotaciones inherentes de sus términos. Los constructos lingüísticos, sus palabras, las narrativas y los discursos con los que decimos el mundo, en realidad no son nuestros sino ajenos. El discurso ajeno habita en nuestro inconsciente de manera inadvertida, saturándolo de expresiones y concepciones que, imperceptiblemente, han anidado en nuestra identidad, infiltrándose en nuestro ser. De manera inadvertida, no solo integramos a nuestro pensamiento las palabras y narrativas externas, sino que, más alarmantemente, permanecemos ignorantes de que las hemos internalizado.

Lacan postula que esta enajenación emerge precisamente porque las acciones de un individuo están inexorablemente ligadas a las del prójimo, lo cual obstaculiza la posibilidad del «individuo» de acceder al anhelo como manifestación de autonomía potencial. Es decir, cada acción humana cobra sentido solo en relación con otras acciones, estableciendo así al individuo como un ente con capacidad de actuar, pensar, anhelar y desear. Sin embargo, cuando las decisiones y acciones de un individuo están condicionadas por las de otro, el primero queda atrapado en una relación de subordinación. Cuando, por el contrario, la operación del ser humano está anudada

101. Friedrich Nietzsche, *La voluntad de poder*, trad. Aníbal Froufe (Madrid: Ediciones Akal, 2010), §476, 337.

o vinculada a la de otro, el primero pierde su libertad y se convierte en el subordinado, al mismo tiempo que ese otro pasa a ser el amo y puede vincularse al esclavo de innumerables maneras. Esta relación asimétrica puede manifestarse en diversas formas.

Por ejemplo, si alguien escucha un argumento que condena determinada ideología y, basándose en ese argumento, decide terminar una relación de amistad porque su amigo apoya dicha ideología, entonces esa persona ha cedido su autonomía y se ha convertido en subalterno de quien propagó el argumento inicial. Por ejemplo, si alguien escucha un argumento que condena cierta ideología y, por ello, rompe una amistad porque su amigo la apoya, ha perdido autonomía y se ha vuelto subalterno de quien difundió el argumento. Es decir, tenemos un discurso y dos sujetos cuando el discurso de uno se convierte en el discurso del otro también: el primero se torna en el amo y el segundo en el esclavo. En la dinámica discursiva, dos entidades interactúan: cuando la retórica de una parte se adopta como propia por la otra, se establece una jerarquía. En este escenario, el primero emerge como dominante, mientras que el segundo adopta una posición subalterna. De este argumento se desprende que la creación de símbolos, al ser de estructura lingüística, es una creación que debe entenderse como perteneciente a un contexto cultural que es el que nos dicta los significados de los términos que empleamos. La creación simbólica con la que nos entregamos a entender la realidad es un proceso que nace de una dinámica discursiva enraizada en la enajenación.

Esta relación de enajenación y de imposición de voluntades nos conduce directamente a la cuestión de la intempestividad. Nietzsche, en su obra *De la utilidad y los inconvenientes de la historia para la vida*, también conocida como la *Segunda Consideración Intempestiva*, sostiene que la auténtica libertad de la voluntad se da a conocer de forma histórica solo cuando se manifiesta de manera intempestiva. Esta intempestividad se presenta cuando la voluntad logra liberarse de las restricciones temporales que la condicionan, porque según el mismo Nietzsche «intempestiva es también esta consideración, puesto que trato de interpretar como un mal, una enfermedad, un defecto, algo de lo que nuestra época está, con razón, orgullosa:

su cultura histórica, pues creo que todos nos otros sufrimos de una fiebre histórica devorante y, al menos, deberíamos reconocer que es así».[102] Así pues, Nietzsche sostiene que somos cautivos de las tendencias de nuestra época, atrapados por los discursos dominantes y preponderantes, y que solo cuando una persona logra distanciarse de estos paradigmas predominantes, eso es, de lo convencional y lo hegemónico, es cuando puede saborear la verdadera libertad. Nietzsche entiende este distanciarse como una especie de desvinculación y discrepancia temporal, una desconexión y un desfasaje de los discursos contemporáneos.

De hecho, el mismo Nietzsche argumenta que, paradójicamente, pertenece realmente a su época aquel individuo que no se encuentra en total sincronía con su tiempo. Quien no sigue ciegamente las tendencias actuales, puede adquirir una visión más apropiada de la actualidad. En otras palabras, solo al posicionarnos más allá de lo que es estrictamente contemporáneo, podemos ser auténticos contemporáneos; si no somos prisioneros de la moda podremos acceder a una perspectiva adecuada acerca de lo que ocurre. La condición de ser contemporáneo implica una posición única: situarse por encima de la época actual.

En contraposición, el historicismo nos relega a un papel subordinado, convirtiéndonos en meros productos de nuestra era, o dicho en otras palabras, hijos de nuestro tiempo. Ser verdaderamente contemporáneo va más allá de estar simplemente alineado con la época presente; implica ser un precursor, un arquitecto de la era futura. En este sentido, la contemporaneidad no es una mera coincidencia cronológica con el presente, sino una actitud proactiva y visionaria. Implica una comprensión profunda de los patrones actuales y una capacidad para influir y moldear lo que está por venir. No es solo experimentar el presente, sino también participar activamente en la creación del futuro. Ser contemporáneo es ser un padre y forjador del futuro, no un mero observador pasivo de la historia en curso. Tal como lo expresó Giorgio Agamben:

---

102. Friedrich Nietzsche, *Sobre la utilidad y los perjuicios de la historia para la vida*, trad. Dionisio Garzón (Madrid: Edaf, 2000), 33.

> La contemporaneidad es, entonces, una singular relación con el propio tiempo, que adhiere a él y, a la vez, toma distancia; más precisamente, es aquella relación con el tiempo que adhiere a él a través de un desfasaje y un anacronismo. Aquellos que coinciden demasiado plenamente con la época, que encajan en cada punto perfectamente con ella, no son contemporáneos porque, justamente por ello, no logran verla, no pueden tener fija la mirada sobre ella.[103]

Según Lacan, estos discursos hegemónicos en los que nos encontramos constantemente atrapados y que, como hemos dicho antes, hemos adoptado y asimilado en lo más profundo de nuestra psique, son reflejos del mismo periodo histórico en el que surgen, actuando como representantes de lo simbólico en las relaciones humanas. El término «hegemónico» se origina en el concepto de hegemonía propuesto por el filósofo italiano Antonio Gramsci, que argumentó que el poder y el control en una sociedad se basan en la coerción y la fuerza, así como en la capacidad de una clase dominante para establecer su visión del mundo como la visión comúnmente aceptada por todos. Por ejemplo, en la Alemania de la II Guerra Mundial, el judío fue simbolizado como avaro y malo y el ario como la víctima. Desde dicha simbología nació el discurso hegemónico que legitimaba tal simbolismo.

Siguiendo ese mismo patrón, en la actualidad, el feminismo se ha convertido en una ideología poseedora de un discurso hegemónico que simboliza al varón como el opresor y a la mujer como la oprimida. Esta simbolización ha dado pie a un feminismo que, como todo constructo ideológico, a menudo presenta una verdad parcial y hasta engañosa. Sabemos que las medias verdades son siempre las más peligrosas. Porque al aferrarnos a la parte de verdad que contienen, corremos el riesgo de aceptar sin reservas todo el sistema que la envuelve. Antes de la creación del feminismo como tal, devaluamos gradualmente la sexualidad, la responsabilidad,

---

103. Giorgio Agamben, *¿Qué es lo contemporáneo? y otros ensayos*, trad. Flavia Costa (Buenos Aires: Adriana Hidalgo Editora, 2009), 13.

la pareja, la familia. Después de desmontar todas esas relaciones, precisamos entonces un nuevo discurso o narrativa que valide dicha desconexión o ruptura. Si una sociedad posee un imaginario en el que la mujer debe permanecer en el hogar educando a sus hijos y ocupándose de las labores domésticas, se necesitará una narrativa o discurso que legitime ese papel. Dicha legitimación provino durante mucho tiempo de la religión organizada. No obstante, cuando cambió el imaginario, también mutó la narrativa y otro discurso se hizo necesario para justificar otro papel, contexto en el cual nuestra sociedad inventó el feminismo como se entiende hoy. Según este nuevo discurso, la mujer debe unirse ahora a la fuerza laboral para, paradójicamente, apoyar y contribuir al desarrollo del capitalismo.

El discurso feminista expresa un conjunto de relaciones entre varón y mujer que básicamente replica el relato marxista acerca de una sociedad basada en la dialéctica entre opresores y oprimidos. Si según el marxismo clásico, el opresor era el burgués y el oprimido era el proletario, bajo la lectura del feminismo de última tendencia, el varón viene a suplantar al burgués y la mujer a ocupar el lugar del proletario. Esta lectura, más aún, ha creado y consolidado una imagen del hombre como ser violento, agresor, injusto, autoritario, misógino, paternalista y dominante, al mismo tiempo que ha pintado una figura femenina subyugada, oprimida, víctima, vulnerable y frágil. No en vano Friedrich Engels dijo: «En la familia, el hombre es el burgués y la mujer representa al proletario».[104] En este contexto, el feminismo, como discurso hegemónico, ha emergido para recopilar y enunciar ese conjunto de interacciones que ya se manifestaban en la sociedad Las mujeres, marginadas, abusadas, explotadas y frágiles tienen que liberarse de los hombres, que son culpables, violentos, poderosos y deshonestos. Todo discurso hegemónico utiliza un patrón de pensamiento para generar una realidad intelectual. Crea un icono que opera en la sociedad, sin importar las circunstancias. Como resultado, los hechos reales se van interpretando gradualmente de acuerdo con

104. Friedrich Engels, *El origen de la familia, la propiedad privada y el Estado*, trad. Grupo de Traductores de la Fundación Federico Engels (Madrid: Fundación Federico Engels, 2006), 81.

ese discurso. Otros ejemplos de ello son los símbolos del maestro y el discípulo. En Oriente, durante numerosas generaciones, el maestro se presentaba como el faro que disipaba la oscuridad y encaminaba al discípulo hacia la Verdad. El glorioso discípulo, por su parte, representaba la entrega, la pasión por la Verdad, la lealtad y la devoción. Tal simbolismo ha ido de la mano por siglos de su correspondiente discurso. Con la difusión de las religiones orientales en Occidente, la simbología de la relación maestro-discípulo se ha transformado bajo el prisma de la mentalidad occidental y de sus propios patrones discursivos, capitalizados durante el siglo XX por la lectura dialéctica con la que el marxismo ha interpretado la sociedad y el mundo, siempre a imagen y semejanza de Occidente. Desde este punto de vista, la imaginación ha generado ahora una fotografía en la que el gurú es representado como autoritario, charlatán, oportunista y manipulador —y equivalente al burgués varón—, y el discípulo como tonto, ingenuo, incauto, indefenso y víctima al que se le ha lavado el cerebro —equivalente al proletario y a la mujer, dando origen al discurso antisectas predominante. Resalta aquí la importancia del compromiso lúcido y deliberado, la entrega consciente del discípulo hacia su maestro. Porque si uno se entrega a su gurú sin darse cuenta de que se está entregando, se estará convirtiendo en su esclavo y la relación será una de alienación en lugar de liberación.

Lo que todos estos ejemplos de discurso hegemónico constatan es que son meros frutos de una estructura discursiva preponderante que acaba interiorizándose y latiendo en el pensamiento de los individuos de una sociedad. En todos estos casos, tanto el antisemitismo como el feminismo o la sectorización de las religiones son expresiones de un mismo patrón marxista-dialéctico fijo que estipula que, como afirma el mismo Marx en el Manifiesto Comunista: «La historia de todas las sociedades hasta el día de hoy es historia de luchas de clases. Libre y esclavo, patricio y plebeyo, señor y siervo, maestro y oficial, en suma, opresores y oprimidos, han estado y están enfrentados entre sí, han mantenido una lucha ininterrumpida [...]».[105] Condicionados por un patrón discursivo *a priori* que determina que toda realidad social es dialéctica, estamos cegados ante el comportamiento real de los individuos. Bajo esa óptica, siempre se percibirá al hombre como maligno y la mujer como víctima; al gurú como un manipulador y aprovechador, y al discípulo como un insensato o ingenuo; al empresario como un explotador y al proletariado como una masa explotada.

El problema aquí es doble. Por un lado, que todos ellos acaban reducidos a meras representaciones de una categorización previa a la experiencia que prescinde de si el individuo en cuestión es honorable, honesto o sincero. Y, por el otro, que esta estructura *a priori* es lo que hemos asimilado en nuestras psiques y la que nos hace pensar que el mundo es de una manera determinada sin tan solo ser conscientes de ello. El discurso hegemónico parece estipular y repetir un mismo patrón dialéctico con el que pretende hacernos explicar la realidad y sus supuestos avances, y con ello acabar sometiendo todo pensamiento y realidad a sus propias estructuras. Es en este contexto que la intempestividad nietzscheana se nos revela como necesaria para impulsar un giro simbólico que nos permita desconceptualizar el símbolo, liberándolo de la razón discursiva, para poder permitir el desvelamiento del Ser que hoy yace adormecido en las mazmorras de una psique colectiva en la que solo parece latir una malla de simbolismo conceptualizado con la que imaginamos y nos representamos el mundo.

Para entender esta noción de la desconceptualización del símbolo, primero deberemos volver a la cuestión del símbolo y retomar su estudio allí donde justo lo dejamos en estos últimos capítulos. Como hemos visto, el símbolo es una imagen que se difunde a través de un discurso que es generado por un sujeto que hegemoniza el significado de esa imagen a través de su interpretación discursiva. Al imponer su propia interpretación de la imagen como la única válida, se adueña del símbolo creando un discurso hegemónico que coloniza la subjetividad del receptor. Este último acepta ese discurso

105. Karl Marx y Friedrich Engels, *Manifiesto Comunista*, trad. Pedro Ribas (Madrid: Alianza Editorial, 2015), 49.

como única interpretación válida de la imagen produciéndose la enajenación, ya que, al aceptar el discurso hegemónico, deja de ser un sí mismo convirtiéndose en un «ser para otro». El discurso hegemónico coloniza y domina con el lenguaje otras posibles interpretaciones y otros posibles intérpretes de la imagen. En este proceso, el símbolo se convierte en concepto, el concepto se torna constructo mental, y este último deviene en poder subjetivo que sujeta al sujeto.

Todo esto nos lleva a poder decir que todo propósito mental es, en última instancia, producto de una red simbólica, cuyo poder como tal puede llegar a propiciar la implantación de un estímulo negativo en el espacio mental de otro individuo, empujándolo a realizar acciones de las que no sea plenamente consciente. Todo lo que deseamos como seres humanos ya está mediatizado por el mundo que habitamos en nuestra mente, y podría llevarnos a aceptar o repudiar algo y luego influir en otro para que repudiase lo mismo que nosotros. Porque, aunque desconozca la razón de mis preferencias o aversiones, tengo la capacidad para hacer que el otro también desprecie lo mismo. En este sentido, el poder de la red simbólica que yace en nuestro subconsciente aumenta a través de cada uno de nosotros en tanto que la perpetuamos, la ensanchamos y la fortalecemos. Esto puede ser considerado una continua retroalimentación. Cuando la red simbólica influye en nosotros, y nosotros la hacemos crecer y la fortalecemos, y esa red, más fuerte, influye mucho más en nosotros. Este proceso es un ciclo inercial, donde tanto la red como sus integrantes crecen por medio de una alimentación cruzada.

La solución a este tipo de círculo es la intempestividad. Supongamos que adopto con insistencia y pasión una convicción de que «X es condenable». Trabajaré sin descanso en cimentar y consolidar este pensamiento hasta que se materialice en acciones tangibles, y trataré de convencer a otros de esta afirmación, inculcándoles mi verdad. Imaginemos que X es la figura de un judío y «condenable» es su atributo. Así, obtenemos una señal, una representación cargada de significado. Si dicha representación oculta su potencial para vehicular valores, se convierte en un símbolo inconsciente.

En este contexto, la intempestividad nietzscheana nos invita a analizar qué discursos nos interpelan, confinan y aprisionan. Solo así podremos liberarnos de esas narrativas y concepciones y, más esencialmente, del «otro simbólico-imaginario-real» de nuestro tiempo. Distanciarnos de nuestra época y de sus discursos imperantes implica, ante todo, como muestra el psicoanálisis, desenmascáranos. Esto exige desvincularnos del «yo» conceptualizado, pues es este quien ha interiorizado y asimilado los discursos de nuestro tiempo. Porque ese «yo» que conceptualizamos como nuestra esencia, no es más que un conjunto de postulados y perspectivas externas sobre nuestra identidad. Este autoconcepto es meramente la cristalización de valoraciones ajenas que delinean nuestra identidad, perpetuados por las interacciones con padres, educadores, colegas y superiores a lo largo de nuestra vida. Ante esto, el acto de emancipación, tanto para el individuo como para las colectividades, reside en la deconstrucción y el cuestionamiento crítico de las narrativas que se nos imponen. La verdadera libertad es eludir las trampas del discurso exterior que hemos interiorizado y asimilado como nuestro, evitando subyugarse a las ideas preconcebidas sin un examen riguroso.

Es evidente que el individuo se halla en un constante estado de condicionamiento por estructuras como la política o la religiosa. Generalmente, nuestra identificación como judío, hindú, cristiano o ateo proviene de una serie de conceptos transmitidos en momentos de escasa consciencia crítica. Gran parte de nuestra identidad emerge de principios incrustados en nuestra psique antes de que pudiéramos cuestionarlos. Este proceso, no obstante, parece inevitable.

De hecho, a pesar de los diferentes contextos en los que uno se desarrolle en el mundo, todo individuo está, en mayor o menor medida, sujetado a algún tipo de influencia o codificación. Esta influencia o programación es de hecho intrínseca al mismo sistema educativo, aun cuando se adorne con aspiraciones de emancipación. Las personas son condicionables y mientras su vida es más inauténtica, menos intempestiva, su vida será más condicionada. Hipotéticamente, si fuéramos criados en las profundidades de la selva, las criaturas salvajes que allí habitan nos inculcarían sus propias estructuras de entendimiento. Inevitablemente, el guardián de un infante moldea su percepción, a menudo sin intención consciente. El acto de educar conlleva inherente un inevitable proceso de condicionamiento.

Irónicamente, todo intento de desprogramación será otro tipo de condicionamiento. Toda relación humana se establece mediante el pensamiento y vertebrado por el lenguaje. Desprogramar con las mismas herramientas será otra forma de imposición externa. Es por este motivo que «el giro simbólico», entendido como la recuperación del símbolo desnudo de conceptualización, se hace necesario para transcender las fronteras y los límites del pensamiento discursivo-conceptual. Así, el pensamiento simbólico debe entenderse como un pensar que no partirá del «yo» conceptualizado, sino de una dimensión más profunda desde la cual el significado simbólico del Ser puede desvelarse en toda su riqueza.

El lenguaje forja nuestra comprensión del mundo y cincela la percepción que tenemos de nosotros mismos. Frente a la enajenación inherente a la naturaleza humana, la meditación emerge como el único proceso de descondicionamiento. Solo a través de la meditación, el pensamiento se desintegra por completo y el ser humano se libera de su encadenamiento a las palabras. Cuando las palabras se desvanecen, es posible vivenciar la realidad en su estado puro. Sin la mediación del pensamiento, se vive en un estado de ser puro.

El reino animal yace por debajo de este estrato lingüístico, mientras que el reino trascendental de lo divino se extiende por encima del límite del lenguaje. Los humanos residimos entre estas dos realidades. Somos, por así decirlo, habitantes de una intersección, una zona liminal entre dos dominios esenciales. La mente humana se conforma y estructura a través de palabras que constituyen la materia prima de nuestro pensamiento y actúan como los cimientos de la construcción mental. Nuestro dominio está saturado de palabras, filosofías, narrativas, relatos, escritos, discursos, teorías e ideologías. Pero la auténtica religión no es materia de estudio y no puede ser ni aprendida ni enseñada. Es imperativo, por tanto, que gradualmente nos despojemos de las palabras para sumergirnos en las profundidades del silencio.

Siempre que se me pregunta por la práctica de la meditación, mi contestación no responde a las expectativas. Más que invertir en el método o la técnica para meditar, es esencial comprender cómo abrazar la inactividad, porque la meditación, en su esencia, surge espontáneamente. El núcleo central de la meditación es encontrar la serenidad en el no hacer. En este estado de no acción, o pasividad según Jean Luc Marion, la meditación surge y se desarrolla de forma natural. Esta orientación va en contra de la tendencia a buscar técnicas activas y métodos concretos, y subraya la importancia de la tranquilidad mental y la no intervención como precursores de un estado meditativo genuino. Este proceso, lejos de ser una tarea difícil y complicada, se facilita con el mero intento. Solo con tratar, simplemente sucede, porque el camino se hace al andar, como diría Antonio Machado.

La introspección profunda conduce a un silencio interior en el que cesa la actividad mental y se disipan las construcciones lingüísticas a las que concedemos una autoridad incuestionable. Se trata simplemente de relajarnos en nuestro interior hasta caer en las profundidades de nuestro propio silencio. Establecernos allí donde no existe ni el más mínimo residuo de actividad mental y, por tanto, donde se desvanecen las estructuras del discurso lingüístico que solemos aceptar como dadas.

La realidad pura se manifiesta cuando la mente no está obstruida por nubes de pensamientos, sino que solo existe un estado de atención consciente, límpida y clara. En la ausencia de pensamientos, el ser alcanza un estado de quietud imperturbable. En esta quietud, se accede a la realidad, un terreno que no se presta al pensamiento. Se puede observar, pero no conceptualizar, ya que pensar la distorsiona, alejándonos de su esencia. En lugar de pensar, simplemente se. Porque aprender es aprehender.

Normalmente, nuestra consciencia está saturada de pensamientos superfluos, como un espejo empañado por el vapor. La mente, en su estado habitual, se asemeja a una vía repleta de tráfico constante: los pensamientos y las narraciones fluyen sin cesar. Día tras día, esta actividad mental persiste, incluso por la noche. Mientras dormimos, la mente sigue activa, soñando, pensando y preocupándose por el porvenir.

En contraste, la meditación representa la ausencia de este tráfico mental. Consiste en un estado de consciencia pura sin interferencia mental y exenta de contenido. Cuando cesan los pensamientos, cuando los deseos dejan de surgir, se alcanza un estado de silencio total. Ese silencio es la esencia de la meditación y donde se revela la verdad. La meditación es, por tanto, trascendental a la mente o un estado no mental. La mente no puede conducirnos a la meditación, pues su tendencia es perpetuarse. La meditación solo se encuentra abandonando o renunciando a la mente, manteniendo la calma, la indiferencia, observando el pasar de los pensamientos sin identificarnos con ellos. La meditación implica el reconocimiento de que «no soy la mente». La meditación no es acción sino pasión; no es gobierno sino libertad.

Al contemplar la luna, interviene la mente, que la etiqueta de «bella» y desencadena así una sucesión de asociaciones que nos alejan de la luna y de su verdadera naturaleza. Perdidos en un mar de pensamientos, nos olvidamos de la noche estrellada. Al observar la luna reflejándose en un lago apacible, simplemente sé con ella; no la traslades a tu mente, déjala ser una luna observada y no una pensada. Evita que las palabras interfieran en tu encuentro con ella, tan solo observa su ser. Ningún pensamiento podría captar su esencia. En esa observación atenta y consciente, dejando de lado todo pensamiento o idea, la luna te revelará el misterio de su realidad. No pongas palabras por encima de ella. No la envuelvas con conceptos que la tornen más oscura. Déjala ser, siendo tú con ella. En esos momentos, estarás meditando sobre la luna llena. Puedes meditar sobre una flor, el mar, una nube, una gaviota o un amigo. Simplemente observando, permite que su mirada sea firme, intensa, penetrante, sin permitir que los pensamientos interfieran. Gradualmente, se gestarán pausas silenciosas que traerán consigo una profunda y fresca paz.

A medida que la consciencia se adentra o interioriza, surgen momentos de silencio, espacios puros, instancias de transparencia, donde nada se mueve y todo está quieto. Trascendiendo las barreras mentales se desmantelan las ataduras previas para acceder a una libertad genuina. No hay otra forma eficaz de trascender todo condicionamiento o programación. En esa quietud, es posible reconocer nuestra verdadera identidad y empezar a descifrar su misterio.

Capítulo 27

Simbolismo en la psicología: un sendero de integración

A fin de acercarnos a esta noción de la meditación, a la que también llamamos «intuición interior», recurriremos a la obra de Carl Jung, cuya autobiografía comienza de la siguiente manera:

> Mi vida es la historia de la autorrealización de lo inconsciente. Todo cuanto está en el inconsciente quiere llegar a ser acontecimiento, y la personalidad también quiere desplegarse a partir de sus condiciones inconscientes y sentirse como un todo. Para exponer este proceso de evolución no puedo utilizar el lenguaje científico; pues yo no puedo experimentarme como problema científico. Lo que sé, es según la intuición interna y lo que el hombre parece ser *sub specie aeternitatis* (desde la perspectiva de la eternidad) se puede expresar solo mediante un mito. El mito es más individual y expresa la vida con mayor exactitud que la ciencia. La ciencia trabaja con conceptos de término medio que son demasiado generales para dar cuenta de la diversidad subjetiva de una vida individual.[106]

Como bien ha esgrimido el psicoanálisis, dentro del inconsciente se almacena todo lo que ha sido reprimido, aunque este proceso de represión no se realice conscientemente. Cada individuo posee un «yo» consciente y un «yo» inconsciente. Jung aspiraba a unificar estas dos facetas de la realidad en una sola. Su objetivo era desentrañar

---

106. Carl Gustav Jung, *Recuerdos, sueños, pensamientos*, ed. Aniela Jaffé (Barcelona: Seix Barral, 2021), prólogo, 8.

lo que yace en el inconsciente y traerlo a la luz de la consciencia, es decir, hacer consciente lo inconsciente, a través de los símbolos. En los sueños se presentan imágenes que uno puede plasmar a través del arte o describir verbalmente, permitiendo así que pasen del estado inconsciente a integrarse en el estado consciente. Jung describió esta integración del inconsciente con el consciente con el término «Sí mismo», o en inglés, *Self*.

> Cuando hablamos ahora del hombre, nos referimos a su conjunto indefinible, una totalidad inefable que solo puede formularse simbólicamente. He elegido la expresión *Sí mismo* para designar la totalidad del hombre, la suma total de sus contenidos conscientes e inconscientes.[107]

El Sí mismo se refiere al epicentro fundamental de nuestro sistema psíquico, sirviendo como centro organizador desde el cual se origina la regulación. La función primordial de este núcleo radica en integrar o amalgamar las dimensiones tanto conscientes como inconscientes del Ser. Por lo tanto, consiste en una síntesis de contradicciones, es decir, fusiona los polos opuestos, lo que le confiere un carácter misterioso e inescrutable. Esto nos recuerda a Hegel y su dialéctica. La dialéctica de Hegel es una metodología filosófica que se desarrolla a lo largo de un proceso de tesis, antítesis y síntesis. Hegel concibe el cambio y el desarrollo en términos de la interacción constante entre opuestos que lleva a un avance o progresión en la comprensión y la realidad. Tesis es una afirmación o idea inicial. Antítesis es la negación o contradicción de la tesis. Síntesis es la reconciliación de la tesis y la antítesis en un nuevo estado que conserva y supera las contradicciones previas.

Este proceso dialéctico se repite continuamente: cada síntesis se convierte en una nueva tesis que genera una nueva antítesis, llevando a un desarrollo continuo. Diría que Hegel es el filósofo del conflicto entre la vida y la muerte y un soñador de una superación que no es de

107. C. G. Jung, *Collected Works of C. G. Jung, vol. 11, Psychology and Religion: West and East,* trans. R. F. C. Hull, 2nd ed., Bollingen Series XX (Princeton, NJ: Princeton University Press, 1969), 140. Traducción propia.

este mundo. Hegel, en su fenomenología, habla del Ser, lo positivo, la vida. Pero eso se enfrenta de manera constante y permanente con el no ser, lo negativo y la muerte. En ese choque dinámico aparece la «superación del conflicto» (*aufhebung*). Pero dicha superación es momentánea, porque la dialéctica sigue su movimiento. Para Hegel, la realidad no es una substancia o un conjunto de ellas, sino un conjunto de relaciones, una continua red de interacciones que tienen como momentos, que son identificados como sustancias. Y es justamente lo que dice la frase analizada. La síntesis de contradicciones no puede ser otra cosa que un misterio. Porque la superación de la muerte solo puede ser posible por la vida. Pero esa nueva vida, esa síntesis entre vida y muerte, pero ya no en el mismo plano. La muerte es asumida por la vida. Por ejemplo, cuando un individuo se cuestiona acerca de su capacidad intelectual, si es torpe o agudo, la parte consciente podría inclinarse a reafirmar su agudeza. Sin embargo, su lado inconsciente podría traer a la superficie recuerdos de momentos en los que se sintió inepto, mediocre, inútil o incluso idiota. Descartes dice al respecto en *Discurso del método* que todos los humanos creen poseer sentido común, incluso aquellos que están insatisfechos con todo lo demás. En el Sí mismo, ambas realidades se sintetizan. La realidad en la que uno se percibe como inteligente, y la realidad reprimida que reside en lo más recóndito de la psique, deben sintetizarse.

Dicho aún de otro modo, el Sí mismo es el constructo en el que se funden la consciencia y el inconsciente individuales, aglutinando la aprobación de la consciencia individual con la desaprobación del inconsciente individual. Así, la consciencia individual me aprueba, el inconsciente individual me desaprueba y en el Sí mismo, puedo sintetizar la consciencia y el inconsciente individuales. Por lo tanto, en el Sí mismo se da el ying y el yang, la integración, la síntesis, siendo este el espacio donde los opuestos se amalgaman y encuentran equilibrio. No obstante, esta integración del consciente y del inconsciente no es inmediata. Al contrario, según Jung, el equilibrio sucede cuando una persona puede sinceramente reconocer que no es ni un genio ni un ignorante, que no es ni un santo ni un villano. Es en este proceso gradual de reconocimiento y aceptación que la vida consciente y la inconsciente comienzan a integrarse y coexistir en armonía. El Sí mismo, según Jung, actúa como la matriz y el arquitecto de nuestras experiencias oníricas, y se le considera la encapsulación completa de la psique. Este concepto se distingue claramente del ego, el cual solo ocupa una fracción minúscula de nuestra totalidad psicológica.

Dentro de esta vastedad que es el Sí mismo, encontramos una identidad auténtica que abarca tanto la «consciencia individual» —un aspecto de nuestra identidad que a veces se siente distante de su verdadera esencia— como el «inconsciente individual» —considerado una parte del «inconsciente colectivo» más amplio. En su ensayo de 1916, *La estructura de lo inconsciente*, Jung establece una distinción meticulosa entre el «inconsciente personal» freudiano, el cual está impregnado de impulsos reprimidos y fantasías eróticas, y el «inconsciente colectivo», entendido como una especie de depósito universal de la psique humana. Ya desde los albores de su reflexión teórica, Jung postuló que el «inconsciente colectivo» sirve de matriz explicativa para discernir la consonancia de patrones psicológicos entre individuos de diferentes linajes culturales. Sin embargo, consideraba que el Sí mismo es inaccesible de manera directa y solamente puede entenderse a través de los símbolos, los cuales, como Mircea Eliade más tarde expuso, no pueden ser objeto de meros conocimientos cognoscitivos que operen mediante sistemas lógico-conceptuales.

> El pensar simbólico no es haber exclusivo del niño, del poeta o del desequilibrado. Es consustancial al ser humano; precede al lenguaje y a la razón discursiva. El símbolo revela ciertos aspectos de la realidad —los más profundos— que se niegan a cualquier otro medio de conocimiento. Imágenes, símbolos, mitos, no son creaciones irresponsables de la psique; responden a una necesidad y llenan una función: dejar al desnudo las modalidades más secretas del Ser. Por consiguiente, su estudio permitirá n mejor conocimiento del hombre.[108]

108. Mircea Eliade, *Imágenes y símbolos: ensayos sobre el simbolismo mágico-religioso*, trad. Carmen Castro (Madrid: Taurus, 1999), 12.

La viabilidad del pensamiento simbólico radica en que no se circunscribe exclusivamente al marco lingüístico al interpretar la realidad. Consideremos el caso de un infante en las primeras fases de su desarrollo cognitivo. Su comprensión aún no está afinada para discernir los entes en su autenticidad objetiva. En vez de ello, su percepción se encuentra esculpida por representaciones personales y deducciones que lo llevan a vivir en un mundo moldeado por sus propias imágenes e interpretaciones. Al hacer uso del término «papá», el infante no alude a la figura de un progenitor masculino en el sentido literal, sino que está evocando la semblanza de una entidad inquebrantable, la imagen de un héroe invencible. Es una predisposición intrínseca del ser humano edificar estas percepciones subjetivas antes de alcanzar la plenitud del dominio lingüístico y la razón lógica estructurada. De este modo, previo a que un infante articule coherentemente sus pensamientos, ya ha concebido en su psique a papá como una figura supremamente poderosa y a mamá como un símbolo de benevolencia y cuidado absoluto.

En este sentido, un símbolo no nos proporciona instrucciones sobre cómo preparar café o cómo alimentarnos, pero en cambio, sí que desvelará aspectos intrínsecos del ser humano que son de tal profundidad y magnitud que trascienden las limitaciones inherentes a la capacidad descriptiva de los conceptos. El símbolo, que actúa como ventana, nos permite acceder a dimensiones escondidas y enigmáticas del psiquismo. Cabe destacar que el inconsciente humano, en su vastedad y complejidad, comunica primordialmente mediante un repertorio de símbolos y manifestaciones oníricas. Por ende, al estudiar la dinámica entre los humanos y los símbolos, nos sumergimos en el análisis y la exploración de su vínculo con las regiones más recónditas del inconsciente. En este contexto, Jung postuló que el inconsciente se erige no como un ente hostil, sino como «el gran amigo, el consejero y guía de la consciencia». A diferencia del pensar simbólico, explica Jung:

> Basándose en esa prueba, los psicólogos supusieron la existencia de una psique inconsciente, aunque muchos científicos y filósofos niegan su existencia. [...] Nuestra

> psique es parte de la naturaleza y su enigma es ilimitado. Por tanto, no podemos definir ni la psique ni la naturaleza.[109]

Desde esta óptica, el estudio y análisis de los símbolos a través de la lente de la psicología, especialmente la psicoanalítica, demanda un interés por la humanidad y sus dilemas de índole psicológica, moral y espiritual. Desde tiempos remotos, los seres humanos han sentido intuitivamente la existencia de un núcleo interno, un centro interior. El término «Sí mismo», empleado por Jung, alude al arquetipo único de cada individuo, a la quintaesencia del ser humano, a cuya psique podemos acceder mediante el uso de símbolos. Jung, por ejemplo, y siguiendo su propia teoría de la individuación, recurrió al arte, específicamente a la pintura, como medio para explorar y entender su propia psicología. Él pintaba y luego estudiaba conceptualmente las pinturas que eran símbolos. En sus lienzos se representaban una variedad de símbolos que, para él, funcionaban como una especie de descompresión, liberando y evidenciando los contenidos inconscientes. Mediante la cuidadosa observación e interpretación de estas manifestaciones artísticas, Jung lograba adentrarse más profundamente en su propio universo psicológico. Para Jung, la pintura era lo que limpia la chimenea del inconsciente y expresa los símbolos, y estudiando esas pinturas se adentraba en las profundidades de su psiquismo. Un paralelismo puede trazarse aquí con los yoguis hindúes, quienes se convirtieron en los laboratorios de sus propios experimentos.

El proceso de estudio y desvelamiento de nuestra propia psique no responde a los patrones del pensamiento científico, porque como el mismo Jung explicó:

> En la estructura psíquica viviente nada sucede de un modo meramente mecánico, sino en relación con la economía del todo, referido al todo: tiene un objetivo y un sentido. Pero dado que la consciencia no posee nunca una visión panorámica

109. Carl G. Jung, *El hombre y sus símbolos*, trad. Luis Escolar Bareño (Barcelona: Ediciones Paidós Ibérica, 1995), 23.

> del todo no puede generalmente comprender este sentido. Hay que contentarse ante todo con la constatación de los hechos y confiar al futuro y en las posteriores investigaciones, para hallar una respuesta a lo que significa este choque con la «sombra del individuo».[110]

En este contexto junguiano, la economía se entrelaza intrínsecamente con el concepto de administración, un proceso que se despliega progresiva o secuencialmente, pero siempre teniendo en cuenta que se trata de una totalidad indivisible, un todo unificado, cuya estructura debe entenderse como una entidad holística. Paralelamente a la concepción junguiana, la escuela de la Gestalt, surgida en las primeras décadas del siglo XX en Alemania bajo la influencia de figuras preeminentes como Max Wertheimer, Wolfgang Köhler, Kurt Koffka y Kurt Lewin, defiende que, en lo concerniente a la percepción y otras funciones psicológicas, el conglomerado global sobrepasa la simple adición de sus componentes. Esto implica que un sistema completo puede manifestar propiedades que no están presentes en sus partes consideradas de forma singular. Este enfoque, además, repercute en cómo los seres humanos procesan la información y experimentan el entorno, centrando la atención en patrones y contextos en lugar de en elementos aislados. Por lo tanto, según la Gestalt, la cognición humana opera también principalmente en términos de totalidad.

En el terreno de la filosofía, Theodor W. Adorno sostiene, justamente, que la totalidad es la no-verdad. La humanidad se inclina a pensar en estructuras integradas, en las que cada parte es relevante para el conjunto y viceversa. Esto se debe a que poseemos una inclinación natural para conceptualizar en términos de sistemas cohesivos, donde cada componente ostenta una significación inextricablemente ligada al sistema global. En la mente humana, el concepto de totalidad es intrínseco: cada factor influye y es influenciado por el resto. Pensamos en estructuras que tienen que

110. Carl Gustav Jung, *Recuerdos, sueños, pensamientos*, ed. Aniela Jaffé (Barcelona: Seix Barral, 2021), 324.

ver con el todo, y todo tiene que ver con todo, porque todo afecta a todo. Dentro de este marco teórico, es esencial discernir la influencia del inconsciente, dado que, al constituir un segmento vital de nuestra totalidad, ejerce un papel determinante en nuestra constitución esencial. El inconsciente, como parte integrador del todo, también nos determina y nos configura.

La humanidad no fracciona su experiencia en compartimentos estancos, sino que todo está en constante interacción, es decir, el ser humano lo hace todo con todo. En su afán por comprender, no segmenta su experiencia en categorías rígidas; más bien, percibe todo como un flujo interrelacionado. No existen áreas separadas de nuestra vida que pertenezcan exclusivamente a arquetipos, conceptos o al dominio físico. Al contrario, todo es integral y está interconectado: los arquetipos se manifiestan en el cuerpo y, a su vez, el cuerpo es un recipiente de arquetipos. Es decir, cada aspecto está vinculado al resto y todo lo que hacemos implica la totalidad de nuestro ser. Por ende, dimensiones espirituales, materiales, simbólicas y cognitivas no se perciben en aislamiento, sino que se integran y convergen en nuestra realidad cotidiana. Nuestras vidas incluyen todos estos componentes, sin divisiones ni barreras bien delimitadas. Es por esta razón que el pensar simbólico no procede ni atiende a sus objetos del mismo modo que el pensamiento científico, pues como sostiene el mismo Jung, la mente humana no puede obtener una visión científica completa y total del psiquismo, limitándose a adquirir únicamente una comprensión parcial y fragmentaria, pues una visión integral equivaldría a una perspectiva total de nuestra psicología. Estamos en presencia de una mirada integral del ser humano, pero no ya al modo Aristotélico, sino desde el giro simbólico. En lugar de hacer hincapié en la delimitación de las partes, como hace el estagirita, nos centramos en las relaciones y su integración. Únicamente el símbolo puede acceder a la totalidad, pues eso implica obtener acceso al aspecto oscuro del individuo. Como hemos dicho en varias ocasiones en este libro, mientras que los conceptos separan y diseccionan, el símbolo unifica y totaliza. Así lo expone el mismo Jung cuando explica:

> Pero si el proceso de individuación es conscientizado, la consciencia debe enfrentarse al inconsciente para hallar un equilibrio entre los opuestos. Como esto no es posible a través de la lógica, se depende de símbolos que hacen posible la unión irracional de los opuestos.[111]

El ser humano vive inmerso en un mundo holístico compuesto de contrarios como la belleza y la fealdad, la altura y la brevedad, la obesidad y la delgadez, la profundidad y la superficialidad. Aunque estas polaridades son construcciones de nuestra mente consciente, en los recovecos del inconsciente colectivo, las dualidades se funden, revelándonos que lo que consideramos feo puede albergar trazos de belleza y, contrariamente, lo hermoso puede contener matices menos atractivos. En ese sentido, el símbolo se nos presenta precisamente como un medio a través del cual es posible reconciliar estas contradicciones y, de este modo, permitirnos ver el todo en toda su pluralidad y riqueza. Mientras que la mente consciente individual, fuente de segmentación, no puede sintetizarlas, el símbolo por su naturaleza integradora es capaz de amalgamar disparidades. Como sigue explicando Jung:

> Así es que una palabra o una imagen es simbólica cuando representa algo más que su significado inmediato y obvio. Tiene un aspecto «inconsciente» más amplio, que nunca está definido con precisión ni completamente explicado. Ni se puede esperar a definirlo o explicarlo. Cuando la mente explora el símbolo, se ve llevada a ciertas ideas que yacen más allá del alcance de la razón.[112]

En la esfera del pensamiento humano, es solamente mediante el uso del símbolo, y no del concepto, que podemos articular aquellas

111. C. G. Jung, *Psychology and Religion: West and East*, trans. R. F. C. Hull, *The Collected Works of C. G. Jung, vol. 11* (Princeton, NJ: Princeton University Press, 1958), 755. Traducción propia.
112. Carl G. Jung, *El hombre y sus símbolos*, trad. Luis Escolar Bareño (Barcelona: Ediciones Paidós Ibérica, 1995), 20.

dimensiones que trascienden la racionalidad. El símbolo actúa como una fuerza cohesiva, consolidando y armonizando aquello que parece disímil. Al intentar comprender ciertas realidades a través del prisma conceptual, nos encontramos con obstáculos insuperables, pues los conceptos nos presentan la realidad mediante aspectos que son incongruentes entre sí. Cuando categorizamos la realidad, esta se nos aparece a través de conceptos que parecen ser mutuamente excluyentes o se tornan incompatibles, y que por tanto no pueden ser reconciliados a través del lente conceptual. La conceptualización siempre nos devuelve una realidad fragmentada, a trozos, que se nos representa a través de categorías, ideas, individualizadas, que en última instancia y por paradójico que parezca, la hace realmente incomprensible. Este problema no es únicamente de carácter estrictamente epistemológico, sino que afecta a toda nuestra realidad. Por ejemplo, mientras que la mente científica del ser humano siempre ha insistido en la separación entre lo sagrado y lo profano, la religión no institucionalizada siempre ha subvertido dicho esquema. Así queda demostrado mediante la figura de Jesús, el cual, aun siendo considerado divino, no dudó en entablar comunión con aquellos etiquetados como transgresores o pecadores, desvaneciendo de este modo las fronteras entre aparentes polaridades mutuamente excluyentes. «No son los sanos los que necesitan de un médico, sino los enfermos. Y yo no he venido a llamar a los justos, sino a los pecadores» (Marcos, 2:17). De forma análoga, también podríamos concebir a la divinidad y a su devoto como entes absolutamente distintos. Sin embargo, y paradójicamente, el Señor Chaitanya encarna la divinidad manifestada en la semblanza de su fiel sirviente y perfecto devoto, una noción que, a primera vista, reta el discernimiento común.

Es en este contexto de opuestos, que Jung introduce los sueños y los símbolos como vía para acceder a una realidad integrada del ser humano, tal como él mismo afirma cuando dice:

> Pero para conocer y comprender el proceso vital psíquico de toda la personalidad de un individuo es importante darse cuenta de que sus sueños y sus imágenes simbólicas tienen un papel mucho más importante que desempeñar.[113]

Es decir, para Jung, los sueños constituyen un vasto almacén, un depósito inabarcable de simbolismos. Quienes logran decodificar lo que estos símbolos intentan comunicar en sus mensajes inherentes recibirán una valiosa herramienta, la llave maestra que abre el portón de acceso hacia su esfera inconsciente. Descifrar o decodificar dichos símbolos confiere un entendimiento agudo sobre las dinámicas subyacentes de nuestra psique, que se manifiesta de manera intrínsecamente simbólica. La vía más fidedigna y veraz para conocer la esencia de un individuo radica en el escrutinio de sus visiones oníricas. Si descorremos el velo de su inconsciente colectivo nos aproximamos a su personalidad genuina. No obstante, si solo conocemos su esfera consciente, nuestro entendimiento será solo superficial, parcial e incompleto. Hay una marcada disparidad entre conocer a una persona a través de las revelaciones simbólicas y meramente por sus propias afirmaciones. Si conocemos a un individuo solo por lo que dice acerca de sí mismo, seguramente nos veremos influenciados por sus cualidades, méritos y virtudes. Tal como lo expresara René Descartes:

> El buen sentido es la cosa mejor repartida del mundo, pues cada cual cree estar tan bien provisto de él, que incluso los más descontentadizos en cualquier otra cosa, no suelen apetecer más del que ya tienen.[114]

A diferencia de Freud, Jung concibe los sueños como una mina simbólica que expone la esencia humana. Por eso, escribe:

---

113. Ibid., 29.

114. René Descartes, *Discurso del método: para dirigir bien la razón y buscar la verdad en las ciencias,* trad., estudio preliminar y notas de Eduardo Bello Reguera (Madrid: Tecnos, 2008), 3-4.

> No pude nunca darle la razón a Freud de que el sueño es una «fachada» tras la cual se oculta su sentido; un sentido que es ya consciente, pero que está implícito en la consciencia, por así decirlo, de modo maligno. Para mí los sueños son naturaleza a la cual no es inherente ninguna tentativa de engaño, sino que expresa algo, lo mejor que puede —como una planta que crece, o un animal que busca su alimento—.[115]

Según la citación, Freud postula que los sueños constituyen anhelos y deseos inconscientes, pensamientos, realización de deseos y motivaciones, que la conducta humana está impulsada por esos anhelos suprimidos y deseos subyacentes que yacen en el inconsciente, destacando especialmente los instintos agresivos de naturaleza sexual. Bajo su óptica, el sueño actúa como un prisma que distorsiona la psiquis, revelando aspectos turbios del alma humana, dejando al descubierto las sombras negativas inherentes al individuo. Por el contrario, Jung considera al inconsciente como un guía y, por lo tanto, cree que es imperativo atenderlo sin reprimirle, pues brinda indicativos y señales sobre la dirección adecuada en la vida. Lejos de ser un adversario o una entidad hostil, el inconsciente emerge como mentor, consejero, compañero, amigo y aliado en el peregrinar humano. Por lo que Jung dice:

> En cambio, el símbolo presupone siempre que la expresión elegida es la mejor designación o la mejor fórmula posible para un estado de cosas relativamente desconocido, pero reconocido como existente o reclamado como tal.[116]

Es importante no confundir aquí el símbolo con el signo. Según L. Pinkus:

---

115. Carl Gustav Jung, *Recuerdos, sueños, pensamientos*, ed. Aniela Jaffé (Barcelona: Seix Barral, 2021), 219.

116. C. G. Jung, *Tipos psicológicos, t. II*, trad. Ramón de la Serna (Buenos Aires: Editorial Sudamericana, 1950), 281.

> Desde el principio, Jung precisa la definición conceptual del término símbolo distinguiéndolo de los signos, indicando (con los últimos) significados de realidades conocidas por la inmediata reflexión sobre los objetos significantes, mientras explica claramente el ser del símbolo como expresión de la creatividad humana.[117]

Desde la perspectiva de Jung, el signo hace alusión a una entidad tangible, mientras que el símbolo actúa como indicativo de una estructura inherente al ámbito psíquico. Incluso lo trascendente o Dios aparece en el símbolo a través de la imaginación del ser humano. Esta manifestación halla su paralelo en la tradición cristiana bajo la nomenclatura de «inspiración divina».

> Mientras un símbolo se mantiene vivo es que constituye la mejor expresión de una cosa. El símbolo solo se mantiene vivo mientras está cargado de significación. Mas en cuanto alumbra su sentido, es decir, en cuanto se encuentra la expresión que formula mejor que el símbolo la cosa buscada, esperada o presentida, puede decirse que el símbolo muere. Ya solo tendrá significación histórica.[118]

Al concretar y delimitar un símbolo en términos explícitos y unívocos, lo sometemos a una transformación conceptual. Es decir, si convertimos el símbolo en inteligible, univoco, y agotamos su significación, lo estaremos conceptualizando. Dicha metamorfosis elimina al símbolo despojándolo de su rica ambigüedad, su potencial, su polisemia y su multifacética esencia. En el ámbito de la religión institucional, conceptualizada y dogmática, se busca una homogeneidad y unidad en el pensamiento, relegando a la disidencia al margen, tildada de heterodoxia o incluso de herejía. Por su parte, una religión fundamentada en el simbolismo

---

117. Pinkus L., *La dimensione simbolica: aspetti psicodinamici* en *Studia Anselmiana* 64 (1974), 11-28, p. 16. Traducción al español por Iulian Butnaru.
118. C. G. Jung, *Tipos psicológicos, t. II*, trad. Ramón de la Serna (Buenos Aires: Editorial Sudamericana, 1950), 282.

favorece un espectro amplio de entendimientos y exégesis, permitiendo la polisemia o una amplia variedad de comprensiones e interpretaciones. La aparición de símbolos en los diversos escenarios de la vida humana dota al individuo de un puente sobre el abismo del materialismo, salvaguardándolo de quedar atrapado en el pragmatismo de signos tangibles y ayudándolo a trascender las restricciones de su condición limitada.

Jung y la psicología analítica sostienen que ningún símbolo surge por casualidad, sino que se originan en un contexto determinado por la naturaleza y su propósito es ir más allá de ella. El símbolo no se impone por la fuerza, sino a través de su esencia y su indiscutible claridad. Jung revela una sencillez inherente en la intuición: «que algo sea símbolo o no, depende por de pronto, de la disposición de la consciencia que lo considera».[119] Según Jung, los símbolos detentan una vitalidad inherente, dado que actúan y comunican intuiciones profundamente inspiradoras, presagiando fenómenos desconocidos. Sueños, símbolos y arquetipos son elementos recurrentes en su obra, que convergen de manera íntima y sistemática guardando una estrecha relación entre sí. Para el célebre psicólogo suizo, los símbolos no eran meras representaciones estáticas, sino que poseían un dinamismo propio que los convertía en capaces de evocar intuiciones sublimes y presagiar realidades aún no descubiertas. Aunque Jung asociaba los símbolos con imágenes arquetípicas, no los limitaba únicamente a dichas imágenes, porque el símbolo se estructura con una multiplicidad de componentes.

Desde una óptica filosófica, el símbolo se comprende desde una perspectiva de dualidades, en el intercambio y la dialéctica entre lo consciente y lo inconsciente, en una síntesis que ni siquiera pretende agotar la comprensión y definir sus límites. Esta tensión inherente, propia de la existencia humana, encuentra su resolución en la producción simbólica y la creatividad.

> Desde las opuestas tensiones arquetipales nace la exigencia de un elemento de coincidencia, de síntesis, que incluya los

119. Ibid., 284.

> aspectos opuestos de la solicitación arquetipo-existencial, los exprese a ambos, permitiendo a la energía psíquica pasar desde la expresión de tipo irreflexivo a modalidades más creativas… que trasforma el mismo instinto canalizándolo hacia objetivos específicamente humanos y creativos iniciando la historia del hombre.[120]

La postura teórica de Jung respecto a la integración de dicotomías, particularmente entre los dominios de lo consciente y lo inconsciente, encuentra su eco en el axioma oriental del yin y el yang. Esta premisa subraya la coexistencia de dos entidades que, a pesar de manifestarse como diametralmente opuestas, se interrelacionan de manera complementaria, constituyendo un pilar fundamental en la concepción cósmica. El yin está relacionado con lo femenino, la oscuridad, la inactividad, la pasividad y la tierra. El yang, por su parte, está asociado a lo masculino, la luz, la actividad y el cielo. De acuerdo con esta filosofía china, ambos poderes son indispensables para el mantenimiento del equilibrio cósmico. Esta visión proviene de la escuela Yin Yang, la cual formaba parte de las conocidas «100 escuelas de pensamiento», un grupo de corrientes filosóficas y espirituales que emergieron en China entre los años 770 a. n. e. y 221 n. e.

Más tarde, el taoísmo incorporó los principios de la Escuela Yin Yang para proponer que todo lo existente posee un complemento necesario para su existencia. Se niega la idea de lo inalterable, lo inmóvil, y se propone que todo está en permanente transformación, en un flujo incesante, armónico y equilibrado por las fuerzas del yin y el yang. De acuerdo con el taoísmo, el yin y el yang responden a ciertos principios universales que podemos resumir del siguiente modo:

- El yin y yang son contrapuestos, pero no son absolutos, ya que, en esta filosofía, todo es relativo en existencia.
- El yin reside en el yang, al igual que el yang habita en el yin,

120. Lucio Pinkus, *La dimensione simbolica: aspetti psicodinamici* en *Studia Anselmiana* 64 (1974), 11-28, p. 17-18. Traducción al español por Iulian Butnaru.

principio que respalda al anterior al afirmar que en cada fuerza reside su contraparte, incluso en potencia, lo cual nos reafirma que no son absolutos.

- Las dos fuerzas se crean y se agotan mutuamente: un incremento de energía yin conlleva una reducción de energía yang, pero este fenómeno no se considera un desbalance, sino parte del ciclo vital.
- El yin y el yang pueden subdividirse y metamorfosearse de manera infinita: la energía yang puede fragmentarse para generar energía yin y yang (y viceversa). De la misma forma, una de las fuerzas puede transmutar en su opuesta.
- El yin y yang son interdependientes: cada una de estas energías requiere de la otra para su existencia.

Dicho de otro modo, en el yin y el yang encontramos la coincidencia, es decir, que el negro no es totalmente negro al igual que el blanco no es totalmente blanco.

Esta teoría de opuestos no es ajena a la cuestión de la creatividad y el arte en cuanto que simbólico. Como ya hemos mencionado anteriormente, la creatividad y el arte juegan un papel fundamental en la psicología de Jung. Al generar símbolos a partir de su imaginación, el ser humano pavimenta el sendero hacia la esencia del Ser. No obstante, la generación de símbolos sucede mediante la creatividad artística que, según Jung, ejerce de fundamento para toda actitud epistémica. De esto se desprende que el arte emerja como un vehículo para comprender la esencia. Si conocer es crear, el arte es, sin lugar a duda, una manera de conocer el ser. No es casualidad que tanto Heidegger como Jung concedan una distinción elevada al arte: el primero lo hace con la oratoria o poesía, y el segundo con la representación visual o la pintura. Ambos le otorgan al arte un valor especial porque ambos concibieron que el arte, en su naturaleza simbólica, supera la mera conceptualización en la búsqueda del entendimiento esencial.

Al pintar, se instaura un acto de creación, pues la acción de pintar, en sí, es un acto fundacional. Al emprender el acto pictórico, uno da lugar a una entidad inédita e irrepetible. El proceso intrínseco de la pintura puede equipararse al acto de erigir los fundamentos primordiales de una estructura o al de concebir una idea desde su naciente inexistencia. Así, cada intervención en el lienzo no es sino un testimonio de la generación de un ente plenamente inédito y auténtico. No obstante, esta manifestación no se rige por caprichos ni subjetividades; es, en realidad, una revelación luminar de lo sacro, proporcionándonos representaciones de realidades que de otra forma permanecerían inaccesibles. Precisamente por eso, Jung sostiene que el verdadero conocimiento del Ser se obtiene por medio de esta facultad imaginativa y creativa en la que se amalgaman las dicotomías que conforman nuestra psiquis, a raíz de lo cual es posible el acceso al Sí mismo, ese yo coherente, integrado y no fisurado que rehúye la comprensión mediante conceptos. Así, la creatividad es considerada como el portal que conduce hacia el Sí mismo porque el arte actúa como el crisol donde convergen lo reflexivo y lo irreflexivo, lo deliberado y lo espontáneo. La obra de arte es el medio en el cual se sintetizan lo racional y lo irracional, lo intelectual y lo instintivo. Y esta facultad imaginativa, que Jung exalta, tiene sus cimientos en el pensamiento trascendental, específicamente en la imaginación trascendental articulada por Kant.

De manera parecida a Jung, pero ahora expresado a través de Heidegger, la relevancia del arte y la creatividad radica en que el símbolo, o lo que nos desvela la quintaesencia de la realidad invocando la noción de Ser, emerge de la facultad constitutiva del humano a través del arte.

Los símbolos no emergen intrínsecamente con la existencia individual, sino que son esculpidos dentro del entramado psíquico. Moldeados por una gama heterogénea de estímulos, estos elementos, en su transformación, adquieren una forma y capacidad comunicativa:

> A este respecto, los símbolos oníricos son los mensajeros esenciales de la parte instintiva enviados a la parte racional de la mente humana, y su interpretación enriquece la pobreza de la consciencia de tal modo que aprende a entender de nuevo el olvidado lenguaje de los instintos. […] Ningún símbolo onírico puede separarse del individuo que

> lo sueña y no hay interpretación definida o sencilla de todo sueño. Cada individuo varía tanto en la forma en que su inconsciente complementa o compensa su mente consciente que es imposible estar seguro de hasta qué punto pueden clasificarse los sueños y sus símbolos.[121]

Todo sueño está inherentemente vinculado al individuo que lo experimenta, espejando la singularidad ontológica de su ser. El psicoanálisis se opone firmemente al camino hacia la abstracción, pues lo llevaría a ser un mero constructo filosófico. Pretender disociar el ensueño del contexto tangible del soñador resultaría en un error conceptual, dirigiéndonos hacia una generalización imprecisa. Análogamente, el símbolo exige ser entendido en el contexto de lo que simboliza. Su decodificación debe ser inmanente a su esfera semántica, evitando su desarraigo o amalgama con entidades ajenas, sin extraerlo de ese marco ni fusionado con otras nociones. Mantener la integridad del símbolo y lo simbolizado es crucial para discernir el mensaje y su significado desde la óptica del soñador.

Dos aspectos clave reemergen en este punto. El primero es el de la luminosidad del Ser, y el otro el del lenguaje simbólico:

> Una síntesis entre consciente e inconsciente…, algo verdaderamente real que trasciende el entendimiento conceptual... cargado de una energía propia que es llamada (por Rudolf Otto) «numinosidad». Es símbolo en cuanto sugiere y estimula al ser humano a la realización de aquellas posibilidades que estarían destinadas a ser denegadas si se siguieran solamente la pura racionalidad y la lógica consciente.[122]

Como hemos visto a lo largo de la segunda parte de este texto, la conceptualización de los símbolos y el uso de un lenguaje formal ha

121. Carl G. Jung, *El hombre y sus símbolos*, trad. Luis Escolar Bareño (Barcelona: Ediciones Paidós Ibérica, 1995), 52-53.

122. Lucio Pinkus, *La dimensione simbolica: aspetti psicodinamici* en *Studia Anselmiana* 64 (1974), 11-28, p. 18. Traducción al español por Iulian Butnaru.

privado al ser humano de poder acceder a los niveles más profundos y numinosos de la realidad y que reposan en la esencia misma del Ser. El pensamiento simbólico no es en sí una innovación, por así decirlo. Al contrario, lo que estas reflexiones han querido mostrar es que, originalmente, el ser humano siempre ha pensado simbólicamente, utilizando la mitología y otras formas de expresión para explicar y comprender la esencia del Ser, de su ser. Es decir, la humanidad ha empleado el lenguaje simbólico para expresar realidades supremas que, aunque perceptibles, desafían la articulación directa y se resisten a ser articuladas en términos prosaicos. El símbolo es, podemos decir pues, consustancial al ser humano. No obstante, con el nacimiento de la filosofía occidental y posteriormente de la ciencia, el pensamiento conceptual ha colonizado gradualmente las formas de vida a través de las cuales el ser humano se relaciona con el mundo, con su historia, con su ser. Esta colonización se ha llevado a cabo lingüísticamente. La filosofía occidental se distingue por asumir que la realidad existe en su expresión lingüística. Este pensamiento, de carácter lógico-formal, solo ha construido una realidad basada en dimensiones ónticas, sin lograr descifrar la esencia de la vida.

La filosofía, en su naturaleza intrínseca, carece de la capacidad de sondear esta dimensión del Ser que solo se expresa simbólicamente. Esto no exige, sin embargo, el final de la filosofía como tal y su superación a través del pensamiento simbólico. Todo lo contrario, el giro simbólico no debe entenderse como el final o superación de ningún otro giro, sino más bien como una necesidad de desenterrar la dimensión simbólica del ser humano para, de este modo, poder acercarnos a lo más profundo de nuestro ser. Lo que esto expresa, dicho de otro modo, es la necesidad de que la filosofía occidental se fusione con la reflexión meditativa y simbólica para lograr una visión holística.

Esta solicitud o requerimiento ya aparece en ciertos autores, como por ejemplo es el caso de Paul Ricoeur, en cuya primera obra sobre simbolismo, titulada *La simbólica del mal*, sostiene que ciertas experiencias fundamentales como el mal, eluden la comprensión meramente conceptual y requieren la mediación de símbolos y mitos. Las dimensiones cardinales y otros aspectos fundamentales de la vida son simbólicos. Abordar dichas realidades a través del símbolo permite una aprehensión holística de su naturaleza. Las revelaciones obtenidas mediante el simbolismo pueden ser luego sometido a una reflexión filosófica. Así pues, el pensamiento simbólico y el pensamiento conceptual no se excluyen mutuamente, sino que ambos se necesitan. Entrelazar el pensamiento simbólico con el pensamiento conceptual implica tender puentes entre lo divino y lo terrenal.

El símbolo, por tanto, se nos revela como esencia para acceder a la vida humana en su más profundo devenir. Desde los albores de la humanidad, el símbolo fungió como puente hacia lo trascendente, lo inefable, que gradualmente el ser humano transformó en un instrumento para transmitir verdades adquiridas. En algunos casos, estas formas simbólicas se tomaron directamente de su entorno, de la naturaleza en sí; en otros, fueron creaciones humanas, o incluso recibidas a través de la revelación. Si bien su propósito original era eminentemente extraordinario, con el tiempo, su aplicación se diluyó hacia esferas más mundanas de la existencia y fue convertido en un medio para la vida ordinaria.

A fin de entender la importancia del mismo símbolo como tal, consideremos, por ejemplo, la cruz: su significado sacro no emergió hasta que Jesús fue crucificado en ella. Un razonamiento análogo se aplica al cáliz que Jesús utilizó y a las vestimentas que portó, dada su interacción simbólica. Asimismo, hace 500 años, en su viaje de Navadvipa a Puri, Śrī Chaitanya Mahāprabhu pasó la noche en Bhadrak, a orillas del sagrado río Salandi. Durmió en un antiguo templo de Śrī Śrī Rādhā Madana Mohana, situado en el pueblo de Santhiya. Antes de partir hacia Puri, bendijo al *pūjari* del templo dándole su manta personal. Esta manta ha sido venerada durante los últimos 500 años por los descendientes del *pūjari* original. La manta se mantiene oculta en el templo durante todo el año, pero una vez al año, en el aniversario de la visita de Śrī Chaitanya Mahāprabhu a Bhadrak, es expuesta al público y se celebra un gran festival. La sacralidad de la manta no emergió sino hasta después de haber sido utilizada por el Señor Chaitanya. En este sentido, cabe destacar que ciertos visionarios, como los profetas, vivieron el símbolo no solo como representación, sino como una auténtica epifanía. Mircea Eliade, una autoridad destacada en la investigación del pensamiento religioso, sostiene que el símbolo amplía la dialéctica de la hierofanía, el fenómeno mediante el cual lo sagrado se revela en el contexto profano: «todo lo que no está directamente consagrado por una hierofanía se convierte en sagrado por el hecho de participar de un símbolo».[123] Lo sacro se manifiesta simbólicamente, y un objeto o concepto puede adquirir esta sacralidad al participar del símbolo.

Similar a estructuras lingüísticas como las parábolas o las metáforas, el símbolo tiene como misión comunicar una visión del cosmos y de la realidad. Esta visión, aunque pueda manifestarse en diversas formas, conserva una esencia inmutable en la consciencia de diferentes culturas y épocas. Por eso, la historia de las religiones nos proporciona un valioso testimonio, ya que ha desempeñado un papel crucial en la revalorización y comprensión de la función y eficacia de los símbolos. En consecuencia, el análisis de estas representaciones simbólicas merece un escrutinio riguroso y especializado. En su obra *Imágenes y Símbolos*, Mircea Eliade postula que «el pensar simbólico hace estallar la realidad inmediata, pero sin disimularla ni desvalorizarla: en su perspectiva, el Universo no está cerrado, ningún objeto está aislado en su propia existentialidad».[124]

Ricoeur dice, cita a Eliade cuando este afirma que un símbolo posee múltiples interpretaciones y no está limitado a una única significación. Es decir, la riqueza simbólica es polisémica, y no unisémica, remitiéndonos a la multiplicidad interpretativa. En el marco epistemológico, un símbolo no se encuentra limitado a una sola connotación, sino que alberga un espectro vasto de interpretaciones. Confinar significados a una sola definición es efectivamente socavar su riqueza, dado que esto conllevaría su encapsulamiento conceptual. Así, postular que «no queda aislado» sugiere reconocer su carácter integral, insinuando su referencia a una totalidad.

---

123. Mircea Eliade, *Tratado de historia de las religiones*, vol. 2 (Madrid: Ediciones Cristiandad, 1974), 235.

124. Mircea Eliade, *Imágenes y símbolos: Ensayos sobre el simbolismo mágico-religioso* (Madrid: Taurus Ediciones, 1958), 191.

Las representaciones simbólicas ofrecen al ser humano una vía de acceso hacia las dimensiones más recónditas de las verdades universales. Dentro de esta dimensión latente, la Verdad emerge en su esencia como una constante inalterada, aunque susceptible de variadas configuraciones, expresiones y proyecciones. A pesar de las aparentes divergencias y variabilidad fenoménica en mitos, poesías y sistemas religiosos, todos convergen en un núcleo común de entendimiento. Este es el motivo por el cual una diversidad de religiones que emplean estas formas simbólicas y mitológicas, a pesar de sus manifestaciones particulares, transmiten enseñanzas esencialmente análogas. Mientras que el razonamiento lógico se ocupa de la superficie del Ser, son los símbolos, mitos y religiones quienes sondean las profundidades de la consciencia humana.

Capítulo 28

Una invitación a la trascendencia en la poesía de Rilke

Leamos atentamente las palabras de sabiduría de este poema de R. M. Rilke:

> En tanto no recojas sino lo que tú mismo arrojaste,
> todo será no más que destreza y botín sin importancia:
> solo cuando de pronto te vuelvas cazador del balón
> que te lanzó una compañera eterna,
> a tu mitad, en impulso
> exactamente conocido, en uno de esos arcos
> de la gran arquitectura del puente de Dios:
> solo entonces será el saber-coger un poder,
> no tuyo, de un mundo.[125]

El poema se enfoca en el autoconocimiento como una apertura a algo más amplio y significativo que nuestro yo separado.

«En tanto no recojas sino lo que tú mismo arrojaste»

Esta máxima propone que, al vivir focalizado en lo estrictamente personal, la existencia se despliega en una dimensión estrechamente limitada. Aquel que recolecta exclusivamente lo que él mismo ha arrojado permanece atrapado en la esfera de la maquinación, bajo el yugo de la habilidad técnica y el dominio del control. Habitar

125. Rainer Maria Rilke, citado en Hans-Georg Gadamer, *Verdad y método*, trad. de Ana Agud Aparicio y Rafael de Agapito, 5ª ed. (Salamanca: Ediciones Sígueme, 1993).

solamente desde y para nuestro ego autónomo se traduce en una vida centrada en la limitación.

Nuestro deseo, en este marco, se subordina a lo que nuestra mente anhela, y no es capaz de trascender los límites de lo que podemos conceptualizar. No procuramos alcanzar la verdadera dicha, sino nuestras propias ideas acerca de esta. Creyendo erróneamente que la felicidad reside en lo objetual, dedicamos nuestra vida a la consecución de metas tangibles. Al conceptualizar objetualizamos el paraíso, dios o la iluminación lo cual nos conduce a vivir persiguiendo nuestras nociones de lo conceptualizado.

Al analizar la etimología de ídolo, encontramos que puede interpretarse como una 'imagen conceptual'. Proviene del latín tardío *idolus*, derivado del griego *éidolon* (imagen). Su raíz *eidon* significa 'obra artesanal' y se relaciona con *eidos* (idea o forma). El ídolo no corresponde a una realidad en sí misma, sino a una proyección de nuestros anhelos y expectativas. Nos volvemos idólatras cuando, desde nuestra limitación egoica, reemplazamos ese fundamento con imágenes y conceptos. Pero esto quiere decir algo importante: el hombre no vive sin un fundamento. Por eso la idolatría es tan común. O descansamos en lo divino o nos creamos un ídolo según nuestra propia proyección. En definitiva, si nosotros ponemos el fundamento, cumplimos con aquello de querer ser como dioses. Consiste en la encarnación de los deseos, una figura creada a nuestra imagen y semejanza egoica. Dicha imagen nos mantiene sujetos en la esfera conceptual, obstaculizando una percepción más profunda de nuestra existencia. Esta misma idea ya aparece en las Escrituras, en esta ocasión vinculada al 'mal'.

לֹא יִהְיֶה בְךָ אֵל זָר וְלֹא תִשְׁתַּחֲוֶה לְאֵל נֵכָר:
(תהילים פ"א, י')

¡No habrá en ti dios ajeno, ni te encorvarás ante dios extraño!
(Salmos, 81:10)

אָמַר רַבִּי אָבִין: [...] ”לֹא יִהְיֶה בְךָ אֵל זָר וְלֹא תִשְׁתַּחֲוֶה לְאֵל נֵכָר“, אֵיזֶהוּ אֵל זָר שֶׁיֵּשׁ בְּגוּפוֹ שֶׁל אָדָם? הֱוֵי אוֹמֵר, זֶה יֵצֶר הָרָע.
(תלמוד בבלי, מסכת שבת, ק"ה, ב')

Rabí Avin dijo: [...] «¡No habrá en ti dios ajeno, ni te encorvarás ante dios extraño!» (Salmos, 81:10). ¿Cuál es el dios ajeno que existe dentro del cuerpo de una persona? Se podría decir que es la inclinación al mal.
(*Talmud Bavlí*, «*Shabát*», página 105b)

«Todo será no más que destreza y botín sin importancia»

La destreza, aplicada a la obtención de ideas y conceptos, no rinde más que un resultado de vacío, una perenne insatisfacción. La técnica nos confiere destreza, mas no maestría; nos fructifica el botín, ese fruto de la rapiña o lucro no merecido, pero se queda corta al intentar proveer la auténtica compensación, el galardón o la retribución justa. La técnica se erige como el mecanismo por el cual se manipula el ser humano; es la alquimia que engendra al ente a partir del mero concepto. La técnica nos permite arrancar, extraer, desprendernos de lo que está dado, sin que necesariamente nos asista el mérito de lo obtenido. Este es un «botín sin importancia», un objeto desprovisto de significado y trascendencia, fruto de nuestras propias generaciones. Trascendernos a través de la técnica es una quimera. No hay acción en nuestro poder para transcender nuestra propia conceptualización. Ninguna técnica posee la capacidad de llevarnos más allá de lo que pensamos ser o de la conceptualización que hemos esbozado de nosotros mismos. La verdad se sitúa en un ámbito trascendental, inaccesible a todo método. Ningún método de meditación puede conferirnos la iluminación, puesto que el esfuerzo del ego no puede llevarnos más allá de él. Es absurdo intentar levantarnos tirando de los cordones de nuestros zapatos o de la correa de nuestros pantalones. La ascensión no se logra por esfuerzo propio, sino por el abandono de la técnica y la apertura hacia lo trascendente.

«Solo cuando de pronto te vuelvas cazador del balón que te lanzó una compañera eterna»

La indagación genuina se centra en aquello que nos supera, aquello que nos trasciende como meras ideas. Específicamente, el *Homo sapiens* se halla comúnmente motivado a moverse por tres motivos fundamentales: el terror, la retribución o la inspiración. La generalidad actúa presa del pánico o por alguna forma de retribución pecuniaria o simbólica. Solo quienes luchan por un objetivo que sobrepasa su individualidad actúan bajo la égida de la inspiración. Nos convertimos en «cazadores del balón» en el preciso instante en que abandonamos la búsqueda de lo que nosotros mismos hemos generado y optamos por aceptar el esférico de la existencia que nos arroja nuestra compañera sempiterna.

Dicha «compañera eterna», inmutable y constante, que jamás nos abandona ni por un efímero instante, es la consciencia. Solo aquello que posee la capacidad de conocer y registrar cada una de nuestras experiencias puede ser denominado de este modo. Nos referimos a la «conocencia» o la «conoceidad», una presencia eterna que ha acompañado nuestro caminar desde siempre, pero que pasa desapercibida a causa de nuestro insaciable afán de recolectar fascinados aquello que nosotros mismos diseminamos.

«a tu mitad, en impulso exactamente conocido»

Esta línea sugiere que hay una conexión profunda y predestinada con esta «compañera eterna e inmutable», un vínculo profundamente arraigado que parece ser parte integral de la propia identidad. Nuestra eterna consorte comenzará a propulsar el balón de la existencia hacia nosotros en el momento en que cesemos el acto de recolección de lo que autogeneramos, remitiéndonos a un impulso meticulosamente conocido hacia nuestra mitad, una fuerza directriz que nos conduce a la integración y unión con nuestra eterna consorte.

«a tu mitad»

Como mencionamos, Aristóteles establece que *arjé hemisus panton*, o 'el principio es más de la mitad del todo'.[126] No obstante, esta sentencia encierra un dilema, pues aquel principio, ese primigenio fundamento que constituye la mitad de la totalidad, no recae bajo nuestra potestad, llevándonos esta afirmación a un profundo abismo de reflexión. Jean Paul Sartre, en su obra cumbre *El Existencialismo es un humanismo*, sostiene que «el hombre no es otra cosa que lo que él se hace».[127] En el marco de esta obra, Sartre sostiene que los seres humanos carecen de una naturaleza esencial preconcebida o un propósito predeterminado, siendo, por ende, libres para dar forma a sus propias vidas e imprimirles significado. Sin embargo, también acepta que la existencia individual está moldeada por una serie de factores externos, como son la cultura, la sociedad y la educación. En la encrucijada de estas dos aseveraciones, emerge una conclusión: el principio, ese origen que es la mitad del todo, no nos es inherente.

Aristóteles sostiene que la **naturaleza primera** es la identidad inalterable e inamovible. Según Heidegger, esta esencia es el existenciario al que llama «el claro», o «el estado de abierto» en el que el ser humano está, en su consciencia, abierto al ser. Pero la **naturaleza segunda** es aquella que nos concierne y podemos modificar. Por esta razón, podemos elegir ser seres auténticos o inauténticos. En el poema, la primera «mitad» es la relación con el Ser y «tu mitad» es nuestra elección entre una relación auténtica o inauténtica.

La primacía, la mitad inaugural, es dominio exclusivo de los dioses. El pensamiento mitológico-simbólico es un pensamiento no anclado en un ego que es origen y final de todo, como sucede con el pensamiento filosófico-conceptual, en el cual recoger lo que nosotros mismos hemos arrojado nos remite irremediablemente al fenómeno del ego, que intenta apoderarse de aquella primera mitad que no es suya a través del concepto. El ser humano, en su papel de

---

126. Aristóteles, *Ética a Nicómaco*, I.7, trad. Antonio Gómez Robledo (México: Porrúa, 2003).

127. Jean-Paul Sartre, *El existencialismo es un humanismo*, trad. Victoria Prati de Fernández (Barcelona: Edhasa, 2009), 31.

técnico, se transforma en el principio y fin controlador de todo, en un demiurgo de su propia realidad. La conceptualización, al reunir nuestras propias creaciones, desarrolla destreza y habilidad, pero solo produce un botín efímero e irrelevante debido a su superficialidad. «En uno de esos arcos de la gran arquitectura del puente de Dios»

El puente de Dios lo encontramos en *Likutei Moharán*:

> וְדַע, שֶׁהָאָדָם צָרִיךְ לַעֲבֹר עַל גֶּשֶׁר צַר מְאֹד מְאֹד, וְהַכְּלָל וְהָעִקָּר - שֶׁלֹּא יִתְפַּחֵד כְּלָל.
> (ליקוטי מוהר"ן, תנינא, מ"ח, ב', ז')

> Y sabe, que una persona tiene que cruzar un puente muy estrecho y lo principal es no temer en absoluto.
> (*Likutei Moharán*, *Tneina*, 48.2.7)

Este 'puente de Dios' aparece en los textos canónicos como la puerta estrecha o la senda angosta propuesta por Jesús (Mateo, 7:13), refiriéndose al delicado y tortuoso entramado que une lo relativo y lo absoluto, lo efímero y lo sempiterno, la conceptualización del Ser y la esencia del Ser en sí, lo humano y lo divino, la consciencia y lo que la transciende. Con nuestra percepción distorsionada por la sensación de un «yo» aislado, nos interpretamos como entidades independientes del cosmos en su totalidad. Pero nuestra verdadera esencia es inescapablemente una parte indivisible de una matriz mucho más amplia y significativa que la limitada perspectiva de nuestra vida egoica. Interceptar ese balón celestial, que ha sido arrojado por nuestra eterna compañera hacia nuestra propia mitad, es adentrarnos en el terreno de la gracia, la apertura, o lo que Heidegger denomina *ereignis*. Este término que se traduce como 'evento', 'acontecimiento' o 'devenir' se refiere a la manifestación del Ser en sí mismo y a través de la humanidad. Es el despliegue del Ser en el tiempo y el espacio, permitiendo a la consciencia humana atestiguar dicho despliegue. Para Heidegger, el *ereignis* es fundamental para la relación armónica del ser humano con su propia existencia y con la realidad. Esto lo lleva a afirmar que la gran mayoría de las personas viven atrapadas en una existencia cotidiana, en lo habitual, prisioneros de preocupaciones triviales y ajenos a la vivencia del *ereignis*. La donación es la apertura del Ser, mientras que la recepción es lo que la fenomenología ha llamado «la intencionalidad de la consciencia»; cuando ambos horizontes se fusionan, se da la *ereignis*. El acceso a una existencia auténtica es justamente lo que permite establecer una relación genuina con el Ser y con su propio ser-en-el-mundo, o *Dasein*. En *Ser y Tiempo*, Heidegger profundiza en el concepto de la «existencia auténtica», que implica la apertura al *ereignis*, es decir, al despliegue del Ser. *ereignis* representa una posibilidad de superar el olvido de la pregunta por el Ser.

«solo entonces será el saber-coger un poder, no tuyo, de un mundo»

El lírico concluye postulando que, en conjunción con el descubrimiento y el restablecimiento de los vínculos con nuestra compañera sempiterna, la consciencia que trasciende, la facultad denominada «saber-coger» se metamorfosea, ascendiendo a una estatura más poderosa y trascendental, despojándose de su mero carácter de habilidad o destreza individual.

Es menester detenerse en el origen de la locución *aceptar*, que se remonta a las lenguas clásicas, específicamente al latín *acceptāre*, matriz de términos tales como *acceptatio*, traducible como 'aceptación'. Configurado a partir de los prefijos *ad-* (hacia) y *capere* (tomar, coger), su semántica se desdobla en la idea de 'aprobar', y también de 'recibir'. En su estado germinal, este vocablo se utilizaba para expresar 'tomar algo hacia uno mismo' o 'recibir algo ofrecido'. En este sentido, saber coger o tomar emerge inseparablemente vinculado al acto de saber aceptar. La sabiduría necesaria para apropiarse de un evento implica el dominio en la aceptación de lo que nuestra consorte eterna nos arroja. Así, 'saber tomar' se manifiesta en 'saber recibir o aceptar'. La aceptación se erige como requisito fundamental para poder asir lo que la vida nos ofrece. El balón que nos lanza nuestra consorte eterna hacia nuestra mitad no es agarrado con el propósito de adquirirlo, sino de aceptarlo. A diferencia del pensamiento filosófico, que como hemos visto crea la realidad a la imagen y semejanza de sus propios conceptos desde una posición de dominio absoluto, el pensamiento mitológico es un pensamiento de apertura y aceptación de aquello que nos transciende, es decir, de lo divino. Mientras el primero ontifica la realidad y no deja que se nos muestre en su modo de ser, el segundo acepta el Ser sin ejercer violencia alguna sobre él. Este pensamiento mitológico-simbólico, no obstante, es mucho más que una mera técnica o método epistemológico diseñado para conocer cosas y acumular conocimientos de hechos empíricos. Aceptar y recibir es un modo de ser y desvelarse que requiere cierta actitud. Podríamos decir que este es el verdadero realismo, dejar ser a la realidad sin invadirla ni ontificarla.

La aceptación incondicional de la realidad en su totalidad se proyecta como el primigenio paso esencial hacia una transformación auténtica. La negación o represión de nuestras emociones ya sean estas negativas o positivas, tan solo nos conduce por la senda del sufrimiento. Si somos incapaces de aceptar la primera mitad de nuestro pasado con su aspecto agradable y su desagradable contraparte, será imposible habitar plenamente el presente.

Para existir de manera completa en el ahora, es crucial ser capaces de aceptar tanto los aspectos agradables como los desagradables de nuestro pasado. La aceptación de uno mismo, con todas nuestras cualidades hermosas y nuestras imperfecciones, se erige como condición *sine qua non* para encontrar la anhelada paz interior. De la misma forma, para entablar relaciones significativas, resulta necesario aceptar a los demás tal como son, sin emitir juicios ni intentar modificarlos. En el mismo sentido, para establecer vínculos de importancia cardinal, se torna esencial aceptar a las figuras humanas en su más auténtica e indomable esencia, sin ejercer juicio crítico o anhelar modificar su intrínseca naturaleza. Resulta de vital interés entender que nuestra felicidad, fenómeno subjetivo y multifacético, no gravita alrededor de los actores externos, sino que emana del epicentro de nuestro propio ser.

Nos encontramos aquí frente a un concepto de aceptación holística e incondicional, un abrazo a la totalidad de las manifestaciones vitales, cimentado en una fe inmutable en la trama de la existencia.

Esta postura de aceptación irrestricta simboliza la culminación del arte meditativo, por cuanto excede nuestras inclinaciones y repulsiones frente al devenir de la vida. Cuando alcanzamos la capacidad de aceptar la vida en su integralidad, se torna viable ser testigos u observadores serenos de los eventos que se despliegan en nuestra proximidad. La aceptación de las profundidades abismales de la realidad, del yo auténtico y de las entidades humanas, nos concede la facultad de experimentar una metamorfosis interior y acceder a un estado de tranquilidad más evolucionado. Junto con la renuncia a la resistencia y al prejuicio, nos entregamos a la plenitud del instante presente permitiendo que la vida fluya con la naturalidad de un caudaloso río.

> אָז אָמַרְתִּי הִנֵּה־בָאתִי בִּמְגִלַּת־סֵפֶר כָּתוּב עָלָי׃
> לַעֲשׂוֹת־רְצוֹנְךָ אֱלֹהַי חָפָצְתִּי וְתוֹרָתְךָ בְּתוֹךְ מֵעָי׃
> (תהלים מ', ח'-ט')
>
> Entonces dije: «Mira, traeré un pergamino relatando lo que me sucedió. Oh, Dios mío, deseaba hacer Tu voluntad y [tener] Tu ley dentro de mí».
>
> (Salmos, 40:8-9)

> וְהוּא בְאֶחָד וּמִי יְשִׁיבֶנּוּ וְנַפְשׁוֹ אִוְּתָה וַיָּעַשׂ׃ כִּי יַשְׁלִים חֻקִּי וְכָהֵנָּה רַבּוֹת עִמּוֹ׃
> (איוב כ"ג, י"ג-י"ד)
>
> Pero Él es inmutable, y ¿quién puede hacerle cambiar? y lo que su alma desea, incluso eso hace. Porque Él completará mi sentencia y hay muchas cosas así con Él.
>
> (Job, 23:13-14)

La penetrante comprensión de que la divinidad suprema es el único auténtico demiurgo, actuando desde su perfección inmarcesible y sin ser contagiado por ninguna energía externa, conduce al devoto a habitar en un estado de aceptación profunda. Bajo esta óptica, se reconoce a la deidad como una personificación del amor incondicional. Por tanto, se deposita una confianza sin fisuras en la premisa de que todas sus acciones son la óptima ecuación para nuestra existencia.

El reconocimiento de la supremacía absoluta de la deidad y su voluntad omnipotente nos convoca a disolver cualquier resistencia o intento de imponer nuestra autónoma volición sobre el curso de las circunstancias. En su lugar, nos rendimos ante la sabiduría y el amor divino, confiando en que todas las experiencias y situaciones que emergen en nuestro sendero tienen un propósito y un significado que trascienden nuestro limitado entendimiento. El acto de humildad que implica el postergar la maquinación sobre el Ser, para liberarlo supone la posibilidad de permitir que el Ser se muestre sin tejerle las premisas con las que tendría que mostrarse, no subsumir el Ser al deber ser prescrito desde la consciencia individual.

Esta actitud de receptividad en relación con la Divinidad implica una rendición ante su guía providencial y una confianza inquebrantable en que sus designios son siempre impregnados de benevolencia, y nos permite reconocer que el amor divino nos envuelve en cada momento de la existencia, incluso cuando nos vemos enfrentados a desafíos o dificultades que parecen insuperables. En este estado de aceptación profunda, nos abrimos a la gracia y la paz que brotan de la conexión con lo divino. Al reconocer que únicamente la deidad es el verdadero artífice y aceptar su voluntad como la mejor ruta para nuestra existencia, encontramos un refugio en la confianza plena y la entrega incondicional. Al vivir en sintonía con el amor divino, experimentamos una profunda aceptación que nos permite descubrir sentido y paz en cada faceta de nuestra existencia.

> Con Cristo estoy juntamente crucificado, y ya no vivo yo, más vive Cristo en mí; y lo que ahora vivo en la carne, lo vivo en la fe del Hijo de Dios, el cual me amó y se entregó a sí mismo por mí.
>
> (Gálatas, 2:20)

Mi vida ya no me pertenece, sino que ya ha sido entregada al Señor y por ende él puede hacer con ella lo que desee.

आश्लिष्य वा पादरतां पिनष्टु मामदर्शनान्मर्महतां करोतु वा ।
यथा तथा वा विदधातु लम्पटो मत्प्राणनाथस्तु स एव नापरः ॥

āśliṣya vā pāda-ratāṁ pinaṣṭu mām
adarśanān marma-hatāṁ karotu vā
yathā tathā vā vidadhātu lampaṭo
mat-prāṇa-nāthas tu sa eva nāparaḥ

No conozco a nadie más que a Kṛṣṇa como mi Señor y Él lo seguirá siendo, aunque me maltrate con su abrazo o me destroce el corazón al no estar presente ante mí. Él es completamente libre de hacer lo que quiera conmigo pues Él es siempre mi Señor adorable sin ninguna condición.

(*Śikṣāṣṭakam*, 8)

El genuino devoto, en su sagrada comunión de oraciones, no suplica por lo que es agradable a sus sentidos, sino que persigue, con anhelo febril, la devoción y entrega necesarias para poder aceptar y rendir tributo a lo que la divinidad le designa. Esta postura de receptividad y gratitud implica poseer la disposición para acoger y estrechar todo aquello que la vida nos depara, incluso si se tiñe de dolor o no concuerda con nuestras predilecciones. El devoto deposita su confianza en la premisa de que, aunque en el instante presente pueda parecer incomprensible, lo que se le confiere es óptimo para su propia evolución.

Este prisma implica reconocer que no siempre poseemos la capacidad para desentrañar completamente el propósito que se oculta tras las circunstancias que afrontamos. A pesar del velo de incertidumbre el devoto mantiene la certeza que toda experiencia, incluso las consideradas incómodas o desagradables, son precisamente las requeridas en su periplo de desarrollo. Es justamente a través de dichas experiencias que se nos conceden ocasiones de aprender, fortificarnos, crecer y desarrollarnos en nuestro sendero a la plenitud.

La aptitud para acoger y aceptar aquello que se nos despliega en la vida con aprecio y humildad resulta cardinal para el proceso retroprogresivo. Al despojarnos de nuestras propias expectativas y predilecciones, nos exponemos a recibir los dones y enseñanzas que se nos presentan en cada instante efímero. Esta receptividad nos permite fluir con mayor armonía y confianza en el transcurso de la existencia, sabiendo que nos encontramos en manos amorosas y sabias. Resulta imperativo ser capaces de acoger y aceptar con gratitud lo que la vida nos obsequia, incluso cuando se nos manifiesta como un obstáculo arduo o un desafío intransigente; esta es una característica inherente al verdadero devoto. Esta disposición nos posibilita confiar en la sabiduría divina y recibir precisamente lo que necesitamos para nuestro crecimiento y despertar espiritual. Solo entonces seremos capaces de saber tomar, saber aceptar.

Evidentemente, la aceptación no alude a una complacencia frente a situaciones de connotación negativa o perjudiciales en el desenvolvimiento de la existencia. Así, por ejemplo, cuando nos encontramos enredados en una relación de pareja de características tóxicas o desempeñamos nuestras labores en un ambiente laboral insatisfactorio, la aceptación no implica un resignado sometimiento a estas circunstancias perniciosas. En estos escenarios, resulta crucial la adopción de acciones determinantes para alterar o mejorar la situación preexistente. La terapia implica un buen diagnóstico y el diagnóstico examina el síntoma sin negarlo.

La noción de aceptación se aplica de manera más idónea en el contexto del presente etéreo, centrándose en el reconocimiento de la realidad en su forma más cruda y auténtica, tal como se presenta en el instante actual. Se torna crucial no acceder a nuestras narrativas mentales de tonalidad negativa que nos etiquetan de manera despectiva como fracasados o perdedores. El reconocimiento implica la liberación de estos pensamientos autodestructivos que erosionan nuestro ser interior.

La aceptación se ejerce de manera selectiva y consciente, ponderando la necesidad de tomar decisiones salubres y constructivas en situaciones de marcada desventaja. No se trata de adoptar una postura pasiva frente a cualquier circunstancia de tonalidad negativa, sino de fomentar una actitud de entendimiento y aceptación hacia el presente, mientras buscamos con diligencia crecer y mejorar nuestra calidad de vida. La aceptación se aplica de manera exclusiva al momento presente y no abarca la totalidad de una situación en el curso de la existencia.

Se torna esencial entender que nadie aspira a perpetuarse en una situación lesiva a largo plazo. No obstante, en el presente, podemos acoger la realidad sin generar resistencia, admitiendo la presencia de malestar o incomodidad. Consideremos el ejemplo de hallarnos bajo la inclemencia de la lluvia sin paraguas. Aunque la situación pueda ser desagradable, es ilógico incrementar el sufrimiento quejándonos del clima. La aceptación en este escenario implica adaptarse al momento presente, evitando cualquier resistencia innecesaria. Sin embargo, aceptar no implica permanecer pasivo bajo la lluvia. Podemos buscar un refugio o un paraguas.

La aceptación puede ser fácilmente confundida con la resignación pasiva, por lo que es importante identificar la primera como una actitud abierta que sirve de base saludable para tomar decisiones conscientes y constructivas. Esta facilita la adaptación a las circunstancias presentes y actúa como catalizador capaz de generar significativos cambios en nuestras vidas. La aceptación consiste en el abandono de nuestro apego por los resultados deseados, así como la renuncia a nuestro escape de las experiencias indeseables. La plena aceptación de lo que es, sienta las bases para una auténtica transformación. Se trata de una elección consciente y deliberada de relacionarnos con la realidad exenta de juicios y resistencias.

El abandono de nuestras expectativas nos libera de una pesada carga emocional que acompaña a la resistencia, permitiendo una apertura a una diversidad de perspectivas y posibilidades inexploradas. El reconocimiento y asimilación de la realidad de la existencia propia, en todas sus facetas, constituye el acto más audaz que un individuo puede emprender. Dicha aceptación forja en nosotros una fortaleza que abre las puertas hacia lo desconocido. Es a través de esta valentía que nos encontramos capacitados para aventurarnos en el vasto mar de lo inexplorado. Esta travesía no es una simple huida hacia lo desconocido, sino un movimiento deliberado hacia la comprensión y exploración de realidades y posibilidades que hasta ahora han permanecido ocultas o inaccesibles.

Al anclarnos obstinadamente en lo preestablecido, resistiéndonos a lo que no encaja en nuestros esquemas expectantes, restringimos nuestra capacidad de desarrollo y adaptación. La aceptación nos brinda una mayor receptividad a las experiencias tal como estas se nos presentan, permitiendo más claridad y decisiones mejor fundamentadas. Al liberarnos del yugo de nuestros deseos y resistencias, somos capaces de explorar nuevas alternativas, adoptar enfoques diferentes y encontrar soluciones más creativas y adaptativas.

Asimismo, la aceptación nos confiere la posibilidad de transgredir nuestros límites y propiciar una profunda transformación interna. Al cesar la resistencia y asumir la realidad en su esencia intrínseca, desencadenamos nuestra energía y potencialidad para generar cambios significativos y palpables en nuestras vidas. La aceptación se erige como el umbral hacia un itinerario de autodescubrimiento y una metamorfosis auténtica y perdurable. El desafío principal radica en desprendernos de la negatividad y eludir su proyección hacia la realidad objetiva, aspecto fundamental en la praxis de la aceptación.

En esferas como el matrimonio, la salud o la situación económica, poseemos la capacidad de reaccionar o actuar conscientemente. Si nuestra consciencia aspira a experimentar la desdicha mediante el drama, renunciamos al momento presente, lo cual nos conduce automáticamente hacia el sufrimiento. Incorporar la fatalidad a nuestra vida equivale a rechazar la existencia en su manifestación presente. La elección de la narrativa de nuestra vida, con sus giros y tormentos, es intrínsecamente personal y reside en nuestro ser más profundo. No obstante, en cualquier circunstancia, por más infausta o incómoda que resulte, siempre radica la posibilidad de instaurarnos en la aceptación. Incluso si el momento actual se manifiesta de forma extremadamente ingrata para ser disfrutado, siempre podemos optar aceptarlo. Al lograr aceptar el instante presente, pese a ser adverso, experimentamos una sensación de serenidad que nos permite discernir que las situaciones que resultan imposibles de disfrutar son mínimas en comparación con la inmensidad de la maravillosa realidad.

La excepcional realidad solo puede ser percibida en lo ordinario del instante aceptado, jamás en la totalidad de la situación vital. Siempre encontraremos en nuestro camino personas o situaciones que no se ajusten a nuestras preferencias. Si no practicamos la aceptación, viviremos en una constante decepción y persistente frustración. Al resistir y rechazar el presente, estamos repudiando la realidad y negando la vida misma.. Esa resistencia al presente, el rechazo del aquí y ahora, implica una suerte de autoexilio de la realidad. Por el contrario, la aceptación del momento actual, la acogida de este tal como es, significa permitir que simplemente sea, sin añadir nada, sin quitar nada. En ese preciso instante en que logramos aceptar plenamente el presente, experimentamos una consciencia ampliada y una mayor lucidez, lo cual nos proporciona una base firme para tomar decisiones y buscar soluciones eficaces.

En pos de hallar soluciones en la esfera vital, se torna imprescindible encontrarnos plenamente conscientes y vigilantes, percibiendo con absoluta claridad el panorama actual. La aceptación del instante presente nos libera de la resistencia, brindándonos la oportunidad de experimentar serenidad y agudeza mental. Al abrirnos, podemos dirigir nuestra atención hacia aquello que verdaderamente importa y emprender acciones acordes para el crecimiento y el desarrollo personal. Sin embargo, al recoger meramente aquello que nosotros mismos hemos lanzado al viento, al perseguir exclusivamente nuestros propios deseos y ambiciones, jamás conseguiremos más de lo que hemos conceptualizado. Únicamente al dominar la aceptación se nos presenta la posibilidad de acceder a algo que nos trasciende, que se encuentra más allá de nuestra limitada individualidad.

No tenemos la capacidad de conceptualizar o imaginar algo más grandioso de lo que la existencia sueña para nosotros. No podemos aspirar a algo que supere lo que la existencia nos tiene reservado. Solo al trascender la esfera de la conceptualización y aprender a aceptar, el saber-apoderarse o saber-aceptar se transforma en una fuerza, no de propiedad individual, sino universal. No busques apoderarte de pequeños rincones de la realidad producto de tus propias conceptualizaciones, sino que acoge aquello que verdaderamente te pertenece: el universo entero. Acepta la generosidad del cosmos, desprendiéndote de tus estrechas pretensiones, abriéndote al regocijo de la totalidad que la existencia te ofrece.

> Si uno no espera lo inesperado, no lo encontrará, pues es difícil de escudriñar y de alcanzar.[128]

Conocer-capturar o conocer-aceptar es aprender a apropiarse del fenómeno o acontecimiento. El aprender a apropiarse de tal evento apropiador implica hacerse accesible a través de morar en la aceptación. El mundo se define como el *ethos* o 'la morada', el espacio ontológico, donde los dioses y los seres humanos coexisten. La morada es la primera mitad, una creación divina, mientras que los humanos, siendo entidades moldeadas por los dioses, representamos el mito o la narrativa. No somos más que meros personajes, entes inscritos en la narrativa de los dioses en esta primera mitad. No es que los dioses sean una creación de los mitos humanos, sino que nosotros formamos parte de la construcción mitológica de los dioses. Somos el resultado, producto o consecuencia de la narrativa de los dioses. La segunda mitad es nuestra, y es aquí donde se inscribe el pensamiento de Sartre cuando afirma que «cada ser humano es lo que hace con lo que hicieron de él». El génesis representa la mitad divina, el símbolo; mientras que el *arjé* es el comienzo humano, la segunda mitad, el concepto. El acontecimiento apropiador pertenece a la primera mitad, a pesar de estar soterrado por la técnica. El *arjé* piensa más allá del tiempo, confiriendo dominio, técnica y control. La génesis concede poder espiritual, pero no manipulativo.

Dado que el poder no nos pertenece, sino que nosotros pertenecemos al poder, el saber tomar no es un poder individual, sino que emana del mundo. Al percatarnos de que la primera mitad no está a nuestra disposición, habitamos en lo sacro.

Los dioses pueblan la primera mitad, pero su presencia se manifiesta únicamente cuando nos hemos apropiado de la segunda mitad. En tanto continuemos como fabuladores autoconvencidos,

---

128. Heráclito, *Fragmentos presocráticos: de Tales a Demócrito*, introd., trad. y notas de Alberto Bernabé (Madrid: Alianza Editorial, 2008), DK 22 B 18, 130.

persistiremos en perfeccionar nuestra habilidad para recolectar lo que nosotros mismos proyectamos, un botín carente de significado trascendental. Al transmutar el mito en filosofía, en una tentativa de apropiarse del evento a través de la racionalidad del concepto, el ser humano inicia la tarea de recolectar lo que él mismo proyecta. Desde la perspectiva de la primera mitad, nos erigimos erróneamente como creadores del mito, mientras que en la segunda mitad participamos conscientemente en el mito, siendo actores conscientes de una narrativa más amplia. Solo al desligarnos del ayer, de lo que fue, del pasado, podemos habitar en lo sagrado de lo que es. Es en el horizonte de lo sagrado donde emerge la figura del Último Dios.

Capítulo 29

Rastreando los orígenes del lenguaje simbólico

A fin de recuperar la dimensión simbólica del pensamiento que determinados giros filosóficos han arrinconado y desvirtuado, el giro simbólico debe regresar al pasado casi oculto de sus términos y significados originales con el fin de rescatar del olvido su origen y esencia. Las palabras, no obstante, no son meras secuencias alfabéticas. Un término es más que un grupo de letras o sonidos. Todo constructo lingüístico responde a una motivación subyacente que da lugar a su manifestación. Por lo tanto, si deseamos entender realmente las palabras *signo* y *símbolo*, que son el foco de nuestro estudio actual, deberemos investigar primero cómo y por qué se comenzaron a usar desde su mismo principio.

Así, el presente capítulo se adentra en el estudio de la evolución semántica dentro del marco grecolatino, enfocándonos particularmente en la etimología y el desarrollo histórico de los términos griegos *semeîon*, *tékmor* y *symbolon*, todos ellos precursores de la semiótica moderna como analiza eruditamente Wenceslao Castañares en su famosa obra *Historia del pensamiento semiótico*.[129] Estos son conceptos fundamentales para entender la gestación del pensamiento científico-racional con el que, especialmente Occidente, ha dibujado, pensado y vislumbrado el mundo y la realidad que lo estructura. Dentro de este contexto, la arqueología semiótica que emprende el giro simbólico se presenta como un análisis formal de los signos, arraigado en el pensamiento filosófico. La importancia

129. Wenceslao Castañares, *Historia del pensamiento semiótico*. Vol. 1, La Antigüedad grecolatina (Madrid: Editorial Trotta, 2014).

del lenguaje en este proceso es incuestionable, actuando como el medio a través del cual el pensador científico-filosófico moldea sus ideas. La ausencia de un lenguaje preciso sería tan debilitante para la ciencia como lo sería para un artista la falta de herramientas para expresar su arte. La ciencia, desprovista de su medio lingüístico, perdería su estructura, de la misma manera que el arte se desvanecería sin su manifestación física.

Motivados por la necesidad de expresar la noción de «significar», de «querer decir», como acto de atribuir significado, los griegos crearon una amplia gama de palabras. En el riquísimo léxico de los helenos, ciertos términos emergen con una notable prominencia. Entre estos, *semeîon*, *tékmor* y *symbolon* son los que, por sus implicaciones y usos posteriores, demandan un análisis más pormenorizado.

En la conceptualización de los signos como entidades autónomas, debemos reconocer la influencia de pensadores de la talla de Hipócrates, Platón y Aristóteles. La comprensión de dicho significado original de su lenguaje surge del esfuerzo de introducirnos en sus mentes y corazones para intentar observar y comprender el mundo a través de las palabras que ellos escogieron. Aunque la semiótica académica moderna haya formalizado posteriormente la idea del *signo*, ya existían nociones y entidades que abordaban este concepto mucho antes. Para una comprensión cabal de este tema, resulta esencial retroceder y excavar los orígenes de dichas ideas, previas a la época de estos filósofos y las disciplinas académicas que ellos mismos inauguraron. Para ello será crucial realizar una exhaustiva indagación de las causas primordiales que cimentaron la inauguración de un término en el léxico y cuáles fueron sus impulsos determinantes. Para comprender la necesidad que motivó la creación de estos términos, debemos ser detectives de palabras y buscar pistas en la historia para acceder al significado de cada término en cierta época y a sus orígenes.

Los términos griegos *semeîon*, *tékmor* y *sýmbolon* están intrínsecamente ligados a la noción de *signo*. Simplificando, diremos que *semeîon* denota una señal, *tékmor* una prueba y *sýmbolon* un símbolo. Sin embargo, para comprender la profundidad de sus respectivos significados, debemos adentrarnos en su evolución histórica a lo largo de distintos contextos.

En el campo de la semiótica, existe una distinción evidente entre el análisis académico de cómo palabras y signos adquieren su sentido y la interacción inherente entre estos elementos y sus significados. Esta diferenciación tiene raíces que se extienden a mucho antes de la era de los estudios académicos formales. Desde nuestro enfoque, se hace necesario reconocer la existencia de una era preacadémica, una fase histórica en la que, a pesar de la falta de un enfoque sistemático, ya se manifestaban pensamientos reflexivos y se utilizaban palabras y signos en la comunicación.

Como veremos más adelante, en el ámbito semiótico contemporáneo, *signo* y *símbolo* ostentan definiciones cristalinas y delimitadas. No obstante, en textos predecesores a la obra de Platón y Aristóteles, dichas denominaciones se empleaban de una manera menos rigurosa y precisa, con contornos más difusos y generales, pero no por eso menos importantes. Somos testigos de cómo las palabras, al igual que las ideas, evolucionan, pasando de un estado semántico más fluido y amplio a uno más acotado y específico. Cabe subrayar que la genealogía semántica de *semeîon* y *sýmbolon*, aunque convergente en ocasiones, ha transitado por sendas distintas.

Originalmente, ambas palabras se usaban para referirse a aquello que representa o significa algo, pero con el correr del tiempo, tanto su uso como significado sufrieron cambios importantes. Esto sucede naturalmente por la propia naturaleza del signo, cuyo significante tiene un peso histórico.

Las palabras emergen como respuesta a la necesidad de expresar una idea específica. En este análisis, nos proponemos entender qué necesidades impulsaron a los antiguos a utilizar estos términos, así como discernir las sutiles diferencias entre ellos y los contextos en los que fueron empleados. Siguiendo la reflexión de Heidegger, la naturaleza primigenia de un término refleja una vinculación más auténtica con el objeto o concepto al que alude. Por eso, nuestro estudio semiótico-arqueológico nos lleva a buscar el origen del término *símbolo*, investigando en las escrituras más antiguas que han llegado hasta nuestros días.

(1) *Semeîon* - La genealogía de los términos de la familia *sem-*

En un análisis meticuloso de la etimología de las palabras que se derivan del prefijo *sem-*, el término *semeîon*, pese a su evidente preponderancia en discursos contemporáneos, no se alza como el primigenio representante de dicha estirpe léxica. En una época antecedente, *sêma*, que se traduce como 'significado', emergió junto con el verbo *semaínein*, alusivo al proceso de 'significar', antecediendo a *semeîon* y a otros derivados que abordaremos posteriormente en mayor profundidad.

(1.1) *Sêma* – 'señal' o 'tumba'

El término *sêma* ha sido interpretado de muy diversas maneras a lo largo del tiempo. Antes del análisis riguroso de Platón y Aristóteles, este término ostentaba una definición nebulosa y poco precisa, pero no por eso menos rica. En la obra de Homero, la palabra se despliega con múltiples acepciones, pudiéndose interpretar como 'signo', 'señal' o 'indicio' dependiendo de la realidad que se quiere trasmitir. Pero también como 'tumba', o mejor dicho, 'túmulo', siendo precisamente en este sentido que aparece con cierta recurrencia en *La Ilíada* y *La Odisea*, ambas obras escritas en el siglo VIII a. n. e. como parte de lo que hoy conocemos como el Ciclo Épico de la literatura helénica usualmente compuestas en versos de hexámetro, o alternativamente, en prosa, estas obras representan la esencia de la narrativa épica cuya estructura narrativa se despliega en la extensa descripción de hazañas legendarias, merecedoras de perdurar en el recuerdo colectivo, centradas en la figura de un héroe exaltado por sus virtudes. Dichas epopeyas capturan la esencia de la tradición oral helénica y se erigen como pilares en el estudio de la mitología y la moralidad antigua, reflejando la cosmovisión y los ideales de su tiempo. Lo que es importante para nuestro estudio, no obstante, es que en ellas encontramos casi por igual los dos sentidos de *sêma* como 'tumba' y 'señal' ya sea natural o convencional, consolidando así las múltiples dimensiones de este término.

Este múltiple significado del término no debería entenderse como confusión y, por tanto, como algo negativo. Al contrario, la etimología nos muestra justa y frecuentemente nexos inesperados entre palabras y conceptos. Es más, en este caso concreto, el término *sêma* se refería a una columna que marcaba el lugar de entierro de una persona. Con el paso del tiempo, esta designación se extendió al montículo o túmulo que cumplía con la misma función identificadora. Esta connotación nos conduce a la triangulación semántica entre los conceptos de tumba, túmulo y señal. En la señalización, se requiere la acumulación de piedras, configurando así un túmulo, que opera como indicador de la presencia subyacente de restos mortales. La certeza de la presencia del difunto es garantizada únicamente por esta señal de piedras. La riqueza lingüística se manifiesta en que el término *sêma* denota tanto 'túmulo' como 'signo' o 'señal'. Tal dualidad se extiende al término *símbolo*, que alude a la unión de partes, en semejanza al túmulo que reúne piedras. Este juego etimológico nos permite reflexionar sobre la unión de la diversidad hacia una singularidad.

El mismo término *sêma* también aparece en la obra de Hesíodo con las mismas variaciones etimológicas. En *Trabajos y días*, menciona el canto de la grulla, descrito como si de una 'señal' de algo venidero se tratara:

> Estate al tanto cuando oigas la voz de la grulla que desde lo alto de las nubes lanza cada año su llamada; ella trae la señal (*sêma*) de la labranza y marca la estación del invierno lluvioso. Su chillido muerde el corazón del hombre que no tiene bueyes.[130]

Por otro lado, en *La Teogonía* se incluye un fragmento que resalta por corroborar la previamente mencionada dualidad de *sêma* en su referencia a un túmulo y una señal. De modo parecido a las obras de Homero, *La Teogonía* de Hesíodo representa un pilar en el

---

130. Hesíodo, *Trabajos y días*, en *Obras y fragmentos*, trad. Aurelio Pérez Jiménez y Alfonso Martínez Díez (Madrid: Editorial Gredos, 1978), v. 450, p.147.

estudio de la mitología griega y ofrece una visión fascinante de la cosmovisión y la estructura narrativa de la antigüedad. Refleja las creencias y el imaginario de una era definida por sus relatos épicos y su rica tradición oral. Si examinamos el encabezado de *La Teogonía de Hesíodo*, se nos revela que *teo* se traduce como 'Dios', mientras que *gonia*, derivado de *genos*, denota 'origen' o 'génesis', lo que nos lleva a entender *La Teogonía* significa 'el origen de los Dioses'. En el siguiente pasaje concretamente, se narra cómo Cronos expulsa la piedra que había consumido erróneamente como si fuera uno de sus descendientes, eso es, Zeus. Posteriormente, el mismo Zeus sitúa esta piedra a los pies del monte Parnaso, instituyendo de esta forma un «hito para las generaciones venideras» o «monumento para la posteridad» (*sem'émen eksopíso*).

> Rápidamente crecieron luego el vigor y los hermosos miembros del soberano. Y al cabo de un año echó fuera de nuevo su prole el poderoso Cronos de mente retorcida, engañado por las hábiles indicaciones de Gea, [vencido por la habilidad y fuerza de su hijo]. Primero vomitó la piedra, última cosa que se tragó; y Zeus la clavó sobre la anchurosa tierra, en la sacratísima Pitia, en los valles del pie del Parnaso, monumento para la posteridad, maravilla para los hombres mortales.[131]

En los albores de la literatura griega, específicamente en las obras de Homero y Hesíodo, el término *semeîon* aún no figura con la prominencia que después alcanzará, especialmente a partir del siglo VI a. n. e., cuando escritores como Esquilo, Esopo y Anaxágoras comienzan a incorporar el vocablo con mayor regularidad en sus obras. En este contexto, no obstante, el vocablo *sêma* evoluciona, adquiriendo connotaciones distintas a las conocidas previamente.

La obra trágica *Los siete contra Tebas* (Ἑπτὰ επὶ Θῆβας), creación del dramaturgo Esquilo, data del año 467 a. n. e. y forma parte

131. Hesíodo, *Teogonía*, en *Obras y fragmentos*, trad. Aurelio Pérez Jiménez y Alfonso Martínez Díez (Madrid: Editorial Gredos, 1978), vv. 495-500, p.93.

de una tetralogía más amplia que incluye las tragedias tituladas *Layo y Edipo*, así como un drama satírico conocido como *La Esfinge*, encontramos un ejemplo ilustrativo en el que *sêma* es usado para describir los distintivos heráldicos de los escudos de guerra:

> Con razón, Hermes los ha juntado, pues nuestro hombre es enemigo del hombre al que va a enfrentarse, y ambos llevarán en sus escudos dioses que son entre sí enemigos: el uno lleva a Tifón, que exhala fuego; mientras que en el escudo de Hiperbio estará Zeus firme y dispuesto a lanzar con su mano un dardo encendido; y nadie ha visto jamás a Zeus vencido. Tal es la actitud amistosa de ambas deidades de los dos bandos. Y en tanto nosotros estamos del lado de los vencedores, ellos lo están del de los vencidos. Es natural que lo mismo consigan esos guerreros que van a enfrentarse, puesto que Zeus es en el combate más fuerte que Tifón. Así que para Hiperbio, de acuerdo con lo que indica su emblema, podrá ser Zeus su salvador, que casualmente se encuentra en su escudo.[132]

> No se va a retirar de la puerta lleno de miedo por el ruido salvaje de los relinchos de unos caballos, sino que o muerto abonará a su tierra lo que le debe por su crianza, o apoderándose de ambos guerreros y de la ciudad representada sobre el escudo, adornará con sus despojos la casa paterna. Muéstrame la jactancia de otro y no seas parco al hablar.[133]

Tal como mencionábamos anteriormente en Homero, identificamos la recurrente aparición de los términos *sêma* y *semaíno*, ambos con una gama semántica amplia y de contornos poco definidos. En su uso, *sêma* se despliega como una indicación, ya sea divina, natural o humana. Un ejemplo ilustrativo de ello sería cuando se alude a los relámpagos emitidos por Zeus, destellos que,

132. Esquilo, *Siete contra Tebas*, en *Tragedias*, trad. Bernardo Perea Morales (Madrid: Editorial Gredos, 1986; 1.ª reimp. 1993), vv. 505-520, p.290.
133. Ibid., vv. 475-480, pp.288-289.

en el marco de la tradición helénica, se interpretan como presagios, ya sean favorables o adversos, de algo venidero:

> ἀλλὰ Ζεὺς ἔτρεψε παραίσια σήματα φαίνων.
>
> Estaban dispuestos a dárselos y aprobaban sus propuestas, más Zeus los hizo mudar de idea al mostrar fatídicas señales. (*La Ilíada*, IV, 381)
>
> Ζεὺς δέ σφιν Κρονίδης ἐνδέξια σήματα φαίνων
>
> Zeus Crónida les muestra presagios favorables y relampaguea. (*La Ilíada*, IX, 236)

Asimismo, también se refiere a los signos escritos en una tablilla cuando dice:

> πέμπε δέ μιν Λυκίηνδε, πόρεν δ› ὅ γε σήματα λυγρὰ
>
> Pero lo envió a Licia y le entregó luctuosos signos, mortíferos la mayoría, que había grabado en una tablilla doble. (*La Ilíada*, VI, 168)

A veces se refiere a la marca que se hace en una tarja para echar a suertes, como cuando escribe:

> ὣς ἔφαθ›, οἳ δὲ κλῆρον ἐσημήναντο ἕκαστος,
> ἐν δ› ἔβαλον κυνέῃ Ἀγαμέμνονος Ἀτρεΐδαο.
>
> Así habló, y cada uno hizo una marca en su suerte y las echaron en el morrión del Atrida Agamenón. (*La Ilíada*, VII, 175-176)
>
> γνῶ δὲ κλήρου σῆμα ἰδών, γήθησε δὲ θυμῷ.
>
> La vio, reconoció la marca de su suerte y se alegró su ánimo. (*La Ilíada*, VII, 189)

En *La Odisea*, *sêma* se emplea en ocasiones para denotar una señal secreta o una marca que facilita la identificación de un individuo. Como la cicatriz que porta Ulises, legado de un encuentro desafortunado con un jabalí:

> εἰ δ› ἄγε δή, καὶ σῆμα ἀριφραδὲς ἄλλο τι δείξω,
> ὄφρα μ› [7ἐῢ γνῶτον πιστωθῆτόν τ› ἐνὶ θυμῷ,
> οὐλήν, τήν ποτέ με σῦς ἤλασε λευκῷ ὀδόντιΠαρνησόνδ›
> ἐλθόντα σὺν υἱάσιν Αὐτολύκοιο.
>
> Ven ahora, te mostraré algo más, una señal, una muy clara,
> para que me conozcas bien y confíes en mí de corazón,
> una cicatriz, la que una vez me hizo un cerdo con un
> diente blanco
> cuando fui al Parnaso con los hijos de Autólico.
> (*La Odisea*, XXI, 217-220)

Esta señal resultó fundamental para que Euriclea, la sirvienta leal, pudiera identificar sin lugar a duda a Ulises

> τὴν δ› ἀπαμειβόμενος προσέφη πολύμητις ’Οδυσσεύς:
> ὦ γρηῦ, οὕτω φασὶν ὅσοι ἴδον ὀφθαλμοῖσιν
> ἡμέας ἀμφοτέρους, μάλα εἰκέλω ἀλλήλοιϊν
> ἔμμεναι, ὡς σύ περ αὐτὴ ἐπιφρονέουσ› ἀγορεύεις.
> ὣς ἄρ› ἔφη, γρηῢς δὲ λέβηθ› ἕλε παμφανόωντα
> τῷ πόδας ἐξαπένιζεν, ὕδωρ δ› ἐνεχεύατο πολλὸν
>
> El hábil Odiseo le dijo en respuesta:
> «Anciana, eso dicen todos los que nos han visto a los dos
> con sus ojos, que los dos nos parecemos mucho,
> como incluso tú mismo dices perceptivamente».
> Así dijo él, y la anciana cogió la reluciente jofaina.
> con la que se lavaba los pies, vertió mucha agua en ella.
> (*La Odisea*, XIX, 386 ss.)

Asimismo, cuando Ulises señala un distintivo labrado en el lecho conyugal, emplea ese detalle como medio para desvelar su verdadera identidad ante Penélope:

> ῥεῖα μετοχλίσσειεν, ἐπεὶ μέγα σῆμα τέτυκται
> ἐν λέχει ἀσκητῷ: τὸ δ›' ἐγὼ κάμον οὐδέ τις ἄλλος.
> θάμνος ἔφυ τανύφυλλος ἐλαίης ἕρκεος ἐντός,
>
> [...] podría moverlo fácilmente, ya que se construye un gran cartel
> En la cama ingeniosa. Yo, y no otro, la construí.
> Dentro del muro crecía un arbusto de hojas largas de olivo [...]
> (*La Odisea*, XXIII, 188 ss.)

Siglos más tarde, concretamente en el siglo II n. e., encontramos un ejemplo del término *semeîon* en la obra *Stromata* de Clemente de Alejandría, en este caso entendido como 'señal' que debe ser atribuida a los dioses:

> Y Hesíodo, tomándolo textualmente del poeta Museo, dice sobre Melampo: «Pero dulce es también el conocer un claro indicio de todas las cosas malas y buenas que los inmortales distribuyeron a los mortales».[134]

(1.2) *Sêmántor* – 'Quien da ordenes'

Sêma a menudo se refiere a las señales de mando que hacen los jefes militares en, por ejemplo:

> τοῖσιν ἕκαστος ἀνὴρ σημαινέτω οἷσί περ ἄρχει,
>
> que cada uno dé la señal a aquellos de los que es jefe. (*La Ilíada*, II, 805)

134. Hesíodo, *Melampodia*, fr. 273 (Clemente de Alejandría, Stromateis VI 2, 26), en *Obras y fragmentos*, trad. Aurelio Pérez Jiménez y Alfonso Martínez Díez (Madrid: Editorial Gredos, 1978), 325.

σημαίνει φυλάκεσσι καὶ ’Ιδομενῆος ὀπάων

A él es a quien estarán más sumisos, pues es hijo suyo el que manda la guardia junto con el escudero de Idomeneo. (*La Ilíada*, X, 58)

Asimismo, aquel individuo que ejerce la función de dar directrices ya sea un jefe, líder o un conductor, se le identifica como *sêmántor*:

ἵππω δευέσθην σημάντορος: αἶψα γὰρ εὗρεν

mucho tiempo que los caballos iban sin cochero, pues pronto encontró uno. (*La Ilíada*, VIII, 127)

ὥς τ› ἐπιτειλαμένῳ σημάντορι πάντα πιθέσθαι.

y obedecer en todo a un amo que da órdenes. (*La Odisea*, XVII, 21)

Análogamente, el término *sêmántôr* se aplica a Zeus, descrito como el supremo jefe, líder y mentor de todas las demás deidades en la obra de Hesíodo *El Escudo de Heracles* y *Fragmentos*, así como también más tarde en el siglo V n. e. en los textos del historiador bizantino *Lido* y en los Papiros de Oxirrinco respectivamente:

Uno entregada al Cronión amontonador de nubes; Ificles, por el contrario, a Anfitrión incitador de ejércitos. Descendencia distinta: uno mezclada con hombre mortal; el otro, con Zeus Cronión, guía de todos los dioses.[135]

Pues bien, tras haberse asentado todos en Italia según fue mostrado, llamaban latinos a los que adoptaban las costumbres del lugar y griegos a los que tenían las de los

135. Hesíodo, *Escudo de Heracles*, en *Obras y fragmentos*, trad. Aurelio Pérez Jiménez y Alfonso Martínez Díez (Madrid: Editorial Gredos, 1978), vv. 54–56, p.178.

> helenos, tomando los nombres de los hermanos Latino, el recientemente mencionado por nosotros, y griego según dice Hesíodo en los Catálogos: «Agrio y Latino», y de nuevo: «Y en los palacios del ilustre Deucalión, una muchacha, Pandora, en amor unida a Zeus padre, de todos los dioses señor, alumbró a Griego, firme combatiente».[136]
>
> Una prole bien distinta: el uno, mezclada con un hombre mortal; el otro, con Zeus Cronión, guía de todos los dioses.[137]

(1.3) *Semeîon* – 'signo indicativo', 'indicio', o 'prueba'

A través de variados contextos literarios, tanto *semeîon* como *semaíno* evolucionan hacia un significado más estrecho y delineado. Esquilo, al emplear el término *semeîon*, introduce una rica polisemia en su utilización. En contextos específicos, lo alinea estrechamente con lo que, en una época posterior, se conceptualizaría como 'símbolo', como cuando se refiere al tridente de Poseidón o Neptuno como *semeîon theou* o 'signo de un dios'.

> Corifeo: «¡A qué divinidad invoco todavía?».
> Dánao: «Veo aquí un tridente, signo de un dios».
> Corifeo: «Como nos ha guiado bien, que nos acoja bien en esta tierra».[138]

En otras instancias, el término adquiere un matiz diferente, insinuando la idea de 'indicio', como se puede interpretar en la obra *Agamenón* (Ἀγαμέμνων), pieza inicial de la célebre trilogía *La Orestíada*, de Esquilo presentada en el año 458 a. n. e.:

---

136. Ibid., *Catálogo de las mujeres (o Eeas)*, frag. 5 (Lido, *De mensibus* I 13), pp.213-214.
137. Ibid., *Fragmentos*, frag. 195 (*Papiros de Oxirrinco* 2355 y 2494 A; *Escudo de Heracles* 1-56), p.288.
138. Esquilo, *Los suplicantes*, en Tragedias (Madrid: Librodot.com, s. f.), v. 218.

> Se ve lo que hay, pues se preludia como si se dieran los indicios (*sêmeion*) de la tiranía para la ciudad.[139]

Semeîon también significa 'prueba', como se sugiere en *Prometeo Encadenado*, 842 (Προμηθεὺς Δεσμώτης), tragedia tradicionalmente atribuida a Esquilo. Esta multiplicidad de significados que Esquilo confiere a *semeîon* no responde meramente a una cuestión de estilo, sino que más bien representa la complejidad del pensamiento antiguo y su expresión simbólica.

> Hete aquí la prueba de que mi mente puede ver más lejos de lo aparente.[140]

La tragedia Antígona (Ἀντιγόνη), obra emblemática de Sófocles basada en el mito de Antígona, nos sitúa en el contexto de la leyenda de Tebas, retomando la narrativa justo en el punto donde concluye *Los siete contra Tebas* de Esquilo. La importancia de Antígona radica en su posición dentro del ciclo tebano y en cómo articula temas de lealtad, justicia y el enfrentamiento entre las leyes humanas y divinas. Sófocles, con su habilidad narrativa, relata una historia que, aunque antigua en su origen, resuena con preguntas éticas y morales que siguen siendo relevantes en la actualidad. Sófocles, así como Esquilo, maneja *semeîon* con una sutileza que admite varias interpretaciones. Nos encontramos con que, en Antígona, utiliza el término *semeîon* para denotar 'indicio', y esta elección de palabras resuena con connotaciones investigativas:

> […] fue aquello obra de obrero que no deja señal.[141]

Sófocles le da al término *semeîon* el significado de 'prueba' en

139. Esquilo, *Agamenón*, en Orestíada: *Agamenón, Las Coéforas, Las Euménides*, trad. David García Pérez (Ciudad de México: Universidad Nacional Autónoma de México, 2021), v.1355, p.62.

140. Esquilo. *Prometeo encadenado*. Fundación Carlos Slim, traducción de dominio público, México, s.f., v.842, p.19.

141. Sófocles, Antígona (2000), v.252, p.14.

su tragedia *Edipo Rey*, con una certeza más firme y definitoria. En sus orígenes fue conocida sencillamente como *Edipo* (Οἰδίπους), denominación empleada incluso por Aristóteles en su *Poética*. La adición de 'tirano' a su título, según los eruditos, fue un esfuerzo por diferenciarla de otra obra sofocleana, *Edipo en Colono*. Cabe destacar que, en aquel entonces, el término *tirano* no implicaba de manera inherente una connotación despectiva; más bien, se refería a un gobernante carente de legitimidad dinástica.

> ΙΟΚΑΣΤΗ
> σύ νυν ἀφεὶς σεαυτὸν ὧν λέγεις πέρι
> ἐμοῦ 'πάκσνσον καί μάθ' οὕνεκ' έστί σοι
> βρότεισν συδέν μαντικῆς ἔχον τέχνης.
> φανῶ δέ σοι σημεῖα τῶνδε σύντομα.
>
> YOCASTA: Escúchame, y entérate de que no hay mortal alguno que posea en lo más mínimo arte adivinatoria. Y te voy a dar breves indicios de ello.[142]

Más allá de la tragedia ática, Heráclito y Parménides nos introducen también a un universo de 'señales' cuya atenta observación nos permite desvelar la esencia de la realidad. Un reflejo de esto lo encontramos concretamente en el enunciado filosófico *fysis criptesai filei*, o 'a la naturaleza le place ocultarse', con el que se subraya la propensión de la naturaleza a velar sus misterios. Lo mencionado queda en evidencia en las líneas iniciales del fragmento 8 del poema de Parménides, donde la diosa dice:

> Μόνος δ' ἔτι μῦθος ὁδοῖο
> λείπεται ὡς ἔστιν· ταύτῃ δ' ἐπὶ σήματ' ἔασι
> πολλὰ μάλ', ὡς ἀγένητον ἐὸν καὶ ἀνώλεθρόν ἐστιν,
> ἐστι γὰρ οὐλομελὲς καὶ ἀτρεμὲς ἠδ' ἀτέλεστον·
> οὐδέ ποτ' ἦν οὐδ' ἔσται, ἐπεὶ νῦν ἔστιν ὁμοῦ πᾶν,
> ἕν, συνεχές [...]

142. Sófocles, *Edipo Rey*, trad. Luis Gil (Madrid: Editorial Gredos, 2008), p.53.

Solo un relato de una vía
queda aún: que es. En ella hay muchísimos signos:
que siendo ingénito es también imperecedero,
total, único inconmovible y completo.
No fue jamás ni será, pues ahora es todo junto,
Uno, continuo. [...].[143]

Aquí, la diosa advierte de la existencia de múltiples señales (σήματα) que, para un individuo dotado de la fortuna y preparación adecuada como Parménides, sirven como ventana hacia la comprensión de la realidad en su estado más puro y sin distorsiones. Dichas señales, ofrecen al filósofo perspicaz una oportunidad única para trascender las percepciones superficiales y adentrarse en la esencia de lo que verdaderamente es.

En este tránsito semántico, es indispensable destacar la contribución de Heráclito, cuyo enigmático fragmento 93 (D-K) sigue generando análisis y discusiones eruditas hasta la fecha:

ὁ ἄναξ οὗ τὸ μαντεῖόν ἐστι τὸ ἐν Δελφοῖς, οὔτε λέγει οὔτε κρύπτει ἀλλὰ σημαίνει.

El soberano, cuyo oráculo es el que está en Delfos, no dice (*oúte légei*) ni oculta (*oúte krýptei*), sino da señales (*allá semaínei*).[144]

La clave para descifrar lo esencial a través del conocimiento universal reside en una comprensión más profunda de cómo las entidades se comunican acerca de sí mismas y, por ende, nos iluminan sobre nuestra propia esencia. El renombrado fragmento 93 de Heráclito resulta crucial para comprender el punto en cuestión. Este nos introduce en el oráculo de Delfos, el cual, representado por Apolo, no expresa de manera directa ni oculta su mensaje, sino que

143. Parménides, *El poema de la naturaleza*, trad. Alfonso Gómez-Lobo, en El poema de Parménides (Santiago de Chile: Ediciones Universidad Católica de Chile, 1999), frag. B8.
144. Heráclito, *Fragmentos presocráticos: de Tales a Demócrito*, introd., trad. y notas de Alberto Bernabé (Madrid: Alianza Editorial, 2008), DK B 93, 131.

más bien lo señala mediante símbolos. Este método hermenéutico es fundamental para interpretar a Heráclito y cualquier discurso o realidad, como arguyen Alcmeón de Crotona y Jenófanes cuando defienden que, en ausencia de conocimiento divino, los seres humanos debemos guiarnos por señales.

Heráclito, al referirse a Apolo, no lo menciona explícitamente, pero lo describe de manera inequívoca, aplicando el mismo método de indicación. Apolo, como figura de conocimiento y oráculo, nos enseña que la senda hacia la iluminación no se encuentra ni en lo manifiesto ni en lo oculto. Lo «no dicho» y lo «no oculto» en su enfoque sugieren que la realidad no es completamente inaccesible ni totalmente explícita; ambas son perspectivas limitadas y erróneas. En la ciencia, por ejemplo, se busca un conocimiento claro y directo de las cosas, pero a menudo se omite la indagación de su esencia y existencia, limitándose a explicar los fenómenos. Por otro lado, cuando nos acercamos a lo absoluto, la accesibilidad directa y literal se vuelve imposible, ya que la diferencia es un componente esencial de la realidad. Heráclito propone la analogía como un medio para entender la relación entre el signo y su significado, entre lo observable y su realidad intrínseca. Esta visión de la dialéctica y la analogía es central en su pensamiento. Finalmente, es notable que Heráclito no mencione directamente a Apolo por su nombre, reflejando su enfoque de indicar más que declarar abiertamente. A veces, el silencio es el mejor de los signos. Esta metodología se extiende a la forma en que entendemos la realidad: no mediante nombres exactos o visiones transparentes, sino a través de propiedades, relaciones y esencias. Así, al igual que entendemos un punto indivisible a partir de la circunferencia, accedemos a la sustancia última de la naturaleza a través de sus manifestaciones exteriores.

Lo divino jamás se comunica claramente ni se oculta por completo, sino que ofrece señales. Porque lo divino que se muestra no precisa información y si no muestra nada tampoco podrá ser conocido. Entonces, lo que hace es mostrarse por señales u otorgando indicios. Lo divino no otorga toda la información ni la oculta totalmente, sino que ofrece pistas para que el mensaje pueda ser comprendido.

(1.4) *Semaíno* – 'generación de signos o señales'

El término griego *semaíno* no debería reducirse meramente a 'significar', tal como se malinterpreta en traducciones bastante negligentes; más bien, su significado se inclina hacia la generación de 'signos' o 'señales'. Lo que Heráclito en realidad quería decir en el fragmento 93 es que el oráculo no habla o esconde por completo, sino que se comunica a través de señales, signos o indicios. Se trataría de algo así como un juego de adivinanzas donde lo que se comunica debe ser interpretado a través de ciertas pistas dadas. *Semaíno* entonces consiste en generar señales que sugieren una realidad subyacente. Dicho proceso de señalización implica dos entidades: el objeto señalado y la señal en sí. Esta dinámica evidencia una noción recurrentemente proclamada en el pensamiento griego: la claridad potencial del lenguaje humano y la naturaleza enigmática del lenguaje divino, el cual requiere exégesis. No obstante, incluso en esta especialización, la claridad absoluta es una quimera aún inalcanzable.

Heráclito en el mencionado fragmento, expone el dinamismo del término *semaíno*, que significa tanto señalar como indicar. Indicar, en este contexto, opera en dos planos: mostrar al mismo tiempo que oculta y ocultar mientras muestra. En el cristianismo, la figura de Jesús ejemplifica esta dualidad: porque Jesús encarna la revelación y él oculta al Padre simultáneamente. El error surge cuando se contempla a Jesús como el término último sin reconocer la trascendencia hacia el Padre, o cuando se busca al Padre prescindiendo de Jesús. En relación con *Alétheia*, que etimológicamente nos remite al descubrimiento o a la revelación de lo oculto, el mensaje divino se caracteriza por una naturaleza esotérica, ya que este no se entrega por completo en su razón de ser, ni tampoco se sustrae totalmente del entendimiento humano, sino que, en su lugar, se comunica mediante señales y símbolos que requieren desciframiento:

> Entonces, acercándose los discípulos, le dijeron: ¿Por qué les hablas por parábolas? Él respondiendo, les dijo: Porque a vosotros os es dado saber los misterios del reino de los cielos;

más a ellos no les es dado. Porque a cualquiera que tiene, se le dará, y tendrá más; pero al que no tiene, aun lo que tiene le será quitado. Por eso les hablo por parábolas: porque viendo no ven, y oyendo no oyen, ni entienden. De manera que se cumple en ellos la profecía de Isaías, que dijo:

De oído oiréis, y no entenderéis;
Y viendo veréis, y no percibiréis.
Porque el corazón de este pueblo se ha engrosado,
Y con los oídos oyen pesadamente,
Y han cerrado sus ojos;
Para que no vean con los ojos,
Y oigan con los oídos,
Y con el corazón entiendan,
Y se conviertan,
Y yo los sane.

Pero bienaventurados vuestros ojos, porque ven; y vuestros oídos, porque oyen. Porque de cierto os digo, que muchos profetas y justos desearon ver lo que veis, y no lo vieron; y oír lo que oís y no lo oyeron.

(Mateo, 13:10-17)

(1.5) *Semaínein* – 'señalar', 'indicar' o 'significar'

En el marco del pensamiento de Heráclito, el oráculo de Delfos no se dedica ni al mero mostrarse ni al ocultarse; sino que su acción se define más precisamente como *semaínein*, es decir, 'señalar' o 'indicar'. Este análisis refuerza el entendimiento del término en cuestión y, a su vez, ilumina el significado de los verbos asociados. Después de deliberaciones, se ha consolidado la perspectiva que *semaínein* adquiere un significado más concreto cuando se examina a la luz de los verbos que lo anteceden: *légo* y *krýpto*. «No dice (*oúte légei*) ni oculta (*oúte krýptei*), sino da señales (*allá semaínei*)». Permanecemos con los tres términos claves con los cuales Heráclito explica cómo el oráculo comunica: *légo*, *krýpto* y *semaínein*. Al abordar *légo*, comúnmente vinculado a la expresión o el *lógos*, no debemos pasar por alto sus connotaciones más arcaicas, que implican 'seleccionar', 'escoger', 'enumerar' o 'desvelar', lo cual se resalta por su contraste con *krýpto*, que significa 'ocultar'. La etimología de *légo* se remonta al término griego *logon*, que encierra en sí las nociones de palabra, verbo, razón y discurso. Así, *légo* hace referencia a un *logo*, entendido como la expresión articulada que se muestra o desvela. En contrapartida, la expresión *kripte sai* se traduce como el ocultamiento o la acción de esconderse. Por lo tanto, *légo* está relacionado con 'hablar' o 'mostrar algo', *krýpto* significa 'ocultar', y *semaínein* denota 'señalar' o 'dar pistas'. Estas ideas yuxtapuestas nos invitan a contemplar el dualismo inherente al lenguaje: la capacidad simultánea de revelar y de ocultar significado. El lenguaje posee la capacidad de revelar y ocultar simultáneamente, y al expresarnos es posible mostrar una porción al tiempo que escondemos otra. Esta aproximación al vocabulario de Heráclito nos ofrece una visión más profunda de su pensamiento, donde la palabra es una herramienta tanto para revelar como para seleccionar lo que permanece en la sombra.

Lo sagrado no divulga abiertamente sus fundamentos ni tampoco encubre hasta la inaccesibilidad, sino que, al contrario, solicita una hermenéutica que desentrañe verdades veladas, aludidas en la palabra *alétheia*, que señala una verdad que puede ser descubierta a través de tácticas de selección y ordenamiento. *Alétheia* se traduce comúnmente como desvelar o desocultar. Sin embargo, este concepto adquiere una complejidad dialéctica al estilo de Heráclito que va más allá de una simple contradicción. El 'ni... ni..., sino...' que Heráclito emplea debe interpretarse simultáneamente como un 'y... y..., es decir...': porque 'el dar señas' simultáneamente significa 'revelar' y 'ocultar'. Es decir que señalar conlleva tanto la revelación como el ocultamiento. El error interpretativo reside en la afirmación: no se muestra ni se oculta. La exégesis adecuada nos lleva a entender que el oráculo de Delfos se muestra y se oculta, a la vez que se indica. La indicación surge en mostrarse a través de la ocultación, y se oculta al mostrarse. Señalar, por tanto, es un proceso donde la revelación y el ocultamiento se entrelazan: se oculta en el acto de mostrarse y se muestra en el acto de ocultarse. Por ende, la acción de emitir señales, encierra en su seno tanto la ocultación como la manifestación. Las verdades concretas, incluyendo las creencias humanas, transmiten sus verdades mientras la disfrazan y la encubren en el mismo acto de comunicarla; esto es coherente, ya que la lógica reside precisamente en esa paradoja, siendo antagónica a la irracionalidad y, simultáneamente, idéntica a ella.

Consideremos un enunciado hipotético que declara a todos los chilenos como mentirosos. Si, siguiendo esta afirmación, yo, identificándome como chileno, sostengo esta aseveración, surge una paradoja: en cuanto a la veracidad o falsedad de mi afirmación. Al sostener que miento, paradójicamente, estaría anclando mi declaración en la verdad. Inversamente, si miento al decir que los chilenos mienten, por mi propia admisión, estoy siendo honesto. Aquí radica una dialéctica esencial: la veracidad se halla inmersa en la contradicción. No nos referimos a la divinidad en sí misma sino a la divinidad manifestada en el lenguaje. La divinidad hablada es frágil, no por la fragilidad de Dios sino por la del lenguaje. Entonces, la paradoja se da en la manifestación lingüística de Dios, no en Dios en sí mismo. No es Dios quien limita sino el lenguaje. Los humanos nos relacionamos con el Dios de la palabra y esta es la que muestra y oculta.

Lo divino puede ser aprehendido exclusivamente a través de la palabra, porque «nada existe fuera del texto», como sostiene Jacques Derrida. Esta declaración subraya la primacía del lenguaje en nuestra comprensión del mundo; según él, nuestra única vía para aproximarnos a la realidad es a través del texto. Derrida argumenta que aquello que no logra ser articulado, que escapa a nuestra capacidad de enunciar, pertenece a la esfera de «lo imposible». Este ámbito de lo imposible, aunque inalcanzable en términos de lenguaje, ejerce una constante presión hacia la posibilidad de ser simbolizado, de ser transformado en texto. Sin embargo, la divinidad que se muestra en el lenguaje simultáneamente se oculta en él. El ser humano se encuentra ante el desafío de interpretar, dado que la palabra codifica lo divino sin mostrarlo ni ocultarlo completamente. En esencia, la palabra es un gesto simbólico hacia lo divino. Esta reflexión nos lleva al corazón de la hermenéutica, el arte de la interpretación. Aunque este campo se extiende a múltiples manifestaciones lingüísticas, como la poesía, su aplicación es más acuciosa en el análisis de textos sagrados como los siguientes:

श्रीभगवानुवाच
अभयं सत्त्वसंशुद्धिर्ज्ञानयोगव्यवस्थितिः ।
दानं दमश्च यज्ञश्च स्वाध्यायस्तप आर्जवम् ॥

śrī-bhagavān uvāca
abhayaṁ sattva-saṁśuddhir
jñāna-yoga-vyavasthitiḥ
dānaṁ damaś ca yajñaś ca
svādhyāyas tapa ārjavam

Śrī Bhagavān dijo: Intrepidez, pureza de mente, constancia en el yoga del conocimiento, caridad, autocontrol, adoración, estudio de las escrituras sagradas, penitencia y rectitud.
(*Bhagavad-gītā*, 16.1)

अनुद्वेगकरं वाक्यं सत्यं प्रियहितं च यत् ।
स्वाध्यायाभ्यसनं चैव वाङ्मयं तप उच्यते ॥

anudvega-karaṁ vākyaṁ
satyaṁ priya-hitaṁ ca yat
svādhyāyābhyasanaṁ caiva
vāṅ-mayaṁ tapa ucyate

La austeridad del habla consiste en proferir palabras que sean ciertas, agradables, beneficiosas y que no agiten a los demás, y también en estudiar regularmente las Sagradas Escrituras.
(*Bhagavad-gītā*, 17.15)

ऋतं च स्वाध्यायप्रवचने च । सत्यं च स्वाध्यायप्रवचने च । तपश्च स्वाध्यायप्रवचने च । दमश्च स्वाध्यायप्रवचने च । शमश्च स्वाध्यायप्रवचने च । अग्नयश्च स्वाध्यायप्रवचने च । अग्निहोत्रं च स्वाध्यायप्रवचने च । अतिथयश्च स्वाध्यायप्रवचने च । मानुषं च स्वाध्यायप्रवचने च । प्रजा च स्वाध्यायप्रवचने च ।

प्रजनश्च स्वाध्यायप्रवचने च । प्रजातिश्च स्वाध्यायप्रवचने च ॥
सत्यमिति सत्यवचा राथीतरः । तप इति तपोनित्यः पौरुशिष्टिः । स्वाध्यायप्रवचने एवेति नाको मौद्गल्यः । तद्धि तपस्तद्धि तपः ॥

ṛtaṁ ca svādhyāya-pravacane ca. satyaṁ ca svādhyāya-pravacane ca. tapaś ca svādhyāya-pravacane ca. damaś ca svādhyāya-pravacane ca. śamaś ca svādhyāya-pravacane ca. agnayaś ca svādhyāya-pravacane ca. agnihotraṁ ca. svādhyāya-pravacane ca. atithayaś ca svādhyāya-pravacane ca. mānuṣaṁ ca svādhyāya-pravacane ca. prajā ca svādhyāya-pravacane ca. prajanaś ca svādhyāya-pravacane ca. prajātiś ca svādhyāya-pravacane ca. satyam iti satya-vacā rāthītaraḥ. tapa iti tapo-nityaḥ pauruśiṣṭiḥ. svādhyāya-pravacane eveti nāko maudgalyaḥ [...] *taddhi tapas taddhi tapaḥ.*

Lo correcto, así como el estudio y la enseñanza; lo verdadero, así como el estudio y la enseñanza; la austeridad, así como el estudio y la enseñanza; el autocontrol, así como el estudio y la enseñanza; la paz, así como el estudio y la enseñanza; los fuegos [de sacrificio], así como el estudio y la enseñanza; la ofrenda a los fuegos, así como el estudio y la enseñanza; [entretener a] los huéspedes, así como el estudio y la enseñanza; [buscar el bienestar de] la humanidad, así como el estudio y la enseñanza; la descendencia, así como el estudio y la enseñanza; engendrar, así como el estudio y la enseñanza; la propagación de la raza, así como el estudio y la enseñanza[...]. Eso, en verdad, es austeridad, sí, eso es austeridad.

(*Taittirīya Upaniṣad*, 1.9.1-2c)

כִּי עֶזְרָא הֵכִין לְבָבוֹ לִדְרוֹשׁ אֶת־תּוֹרַת יְהוָה וְלַעֲשֹׂת וּלְלַמֵּד בְּיִשְׂרָאֵל חֹק וּמִשְׁפָּט:
(עזרא ז׳, י׳)

Porque Esdras había preparado su corazón para inquirir la ley de Jehová y para cumplirla, y para enseñar en Israel sus estatutos y decretos.

(Esdras, 7:10)

> Toda la Escritura es inspirada por Dios, y útil para enseñar, para redargüir, para corregir, para instruir en justicia,
> (Timoteo, 3:16)

De ahí deriva el concepto de hermenéutica, como la exégesis o interpretación de los mensajes de Zeus por Hermes. La hermenéutica, término derivado del griego *hermeneutiké tekhne* (ἑρμηνευτικὴ τέχνη), se define como el arte de interpretar, explicar y traducir. Este campo se ocupa esencialmente de la comunicación escrita y verbal, y en un plano menos directo, de la comunicación no verbal. En su configuración moderna, se centra en el concepto de comprensión, particularmente en lo que respecta a textos de importancia sustancial.

La existencia de la hermenéutica como disciplina se justifica a través de las complejidades inherentes al lenguaje, que a menudo originan interpretaciones divergentes o incluso contradictorias acerca del significado de los textos. Bajo la influencia de Wilhelm Dilthey, su principal proponente en la era contemporánea, la hermenéutica persigue el objetivo de comprender a un autor con mayor profundidad de la que él mismo pudo haber alcanzado. Por aquello del genio del autor, el texto tiene una impronta propia una vez abandonado a la posible interpretación de otros. Se dedica a revelar los significados profundos, ocultos o no obvios presentes en el discurso, mediante un análisis minucioso y riguroso, una exégesis que indaga en la razón y su vinculación con el significado.

El análisis que hemos efectuado hasta ahora, si bien es esclarecedor, no abarca la totalidad del espectro semántico, ya que la genealogía de los términos *sem-* cohabita con la de los *tekm-*, estando ambas estrechamente ligadas mediante una relación intrínseca.

(2) *Tékmor* - La genealogía de los términos de la familia *tekm-*

Tékmar o *tékmor*, *tek-mérion* y *tekmaíno* son locuciones que, aunque conceptualmente distintas de la familia de *semeîon* y *semaíno*, se revelan como mutuamente explicativas. La comprensión íntegra de cada una de ellas presupone y exige la correlación con su contraparte, conformando un mosaico donde cada pieza adquiere sentido en relación con la otra.

(2.1) *Tékmor* o *tékmar* 'prueba', 'término', 'fin' o 'meta'

En una ocasión, encontramos el término *tékmor* en *La Ilíada* con el sentido de 'prueba':

τέκμωρ: οὐ γὰρ ἐμὸν παλινάγρετον οὐδ› ἀπατηλὸν

Puedo dar, y nada de lo que haga será vano ni revocable. (*La Ilíada* I, 526)

Sin embargo, generalmente significa 'término', 'fin' o 'meta', como en las siguientes citas:

σήμερον: ὕστερον αὖτε μαχήσοντ› εἰς ὅ κε τέκμωρ

ahora; volverán a luchar más adelante, hasta que presenciemos el final. (*La Ilíada*, VII, 30)

νῶϊ δ› ἐγὼ Σθένελός τε μαχησόμεθ› εἰς ὅ κε τέκμωρ

aun así, nosotros dos, Sthenelos y yo, lucharemos hasta que presenciemos. (*La Ilíada*, IX, 48)

οἴκαδ› ἀποπλείειν, ἐπεὶ οὐκέτι δήετε τέκμωρ

a casa de nuevo, pues ya no encontrarás ningún término puesto. (*La Ilíada*, IX, 418)

τρὶς μὲν ὀρέξατ› ἰών, τὸ δὲ τέτρατον ἵκετο τέκμωρ

Dio tres largas zancadas y a la cuarta llegó a su meta. (*La Ilíada*, XIII, 20)

En nuestra terminología, llamamos 'término' a aquel concepto que, aunque se revele al final, estaba ya latente en el inicio. Es imprescindible comprender la relación entre 'término' y *tekmo*, siendo este último un término afín que proviene de 'terminación'. En la mitología romana, el dios Terminus presidía sobre los límites territoriales, supervisando los mojones fronterizos. Estos hitos, denominados *terminus* en latín, eran objeto de su custodia. La reverencia a estos límites se manifestaba mediante ceremonias sacrificiales que santificaban cada piedra limítrofe. Cada 23 de febrero, se celebraba la Terminalia, un festival en honor a Terminus, donde los terratenientes se reunían para conmemorar y venerar los confines de sus propiedades.

Por lo tanto, *tekmo* y *terminus* son sinónimos, y ambos están relacionados con terminar, finalizar, definir o delimitar. No es posible entender una idea sino la definimos o delimitamos. Si nuestro jefe nos pide por favor que le traigamos «eso» sin definir a que se refiere no sabremos como cumplir con su petición. Solo al delimitar o definir la cosa es posible saber a qué nos referimos. En español, el término es 'delimitar' o poner límites, como en hebreo es *lehagdir* o levantar un *gader*, que es una 'reja', 'cerco' o 'valla'.

En este contexto etimológico, las tinieblas no permiten distinguir dónde algo comienza y dónde termina. En otras palabras, la oscuridad obstaculiza el definir o delimitar objetos. También la Biblia, desde el comienzo en Génesis, establece la importancia de la luz para crear una realidad conceptual y objetual. Así dice:

> בְּרֵאשִׁית בָּרָא אֱלֹהִים אֵת הַשָּׁמַיִם וְאֵת הָאָרֶץ: וְהָאָרֶץ הָיְתָה תֹהוּ וָבֹהוּ וְחֹשֶׁךְ
> עַל־פְּנֵי תְהוֹם וְרוּחַ אֱלֹהִים מְרַחֶפֶת עַל־פְּנֵי הַמָּיִם: וַיֹּאמֶר אֱלֹהִים יְהִי אוֹר וַיְהִי־
> אוֹר: וַיַּרְא אֱלֹהִים אֶת־הָאוֹר כִּי־טוֹב וַיַּבְדֵּל אֱלֹהִים בֵּין הָאוֹר וּבֵין הַחֹשֶׁךְ:
> (בראשית א', א'–ד')
>
> En el principio creó Dios los cielos y la tierra. Y la tierra estaba desordenada y vacía, y las tinieblas estaban sobre la faz del abismo, y el Espíritu de Dios se movía sobre la faz de las aguas. Y dijo Dios: Sea la luz; y fue la luz. Y vio Dios que la luz era buena; y separó Dios la luz de las tinieblas.
>
> (Genesis, 1:1-4)

El mismo significado emerge en el Nuevo Testamento, donde encontramos:

> En el principio era el Verbo, y el Verbo era con Dios, y el Verbo era Dios. Este era en el principio con Dios. Todas las cosas por él fueron hechas, y sin él nada de lo que ha sido hecho, fue hecho. En él estaba la vida, y la vida era la luz de los hombres. La luz en las tinieblas resplandece, y las tinieblas no prevalecieron contra ella.
>
> (Juan, 1:1-5)

(2.2) *Tekmérion* – 'señales' o 'síntomas'

En los siglos VI y V a. n. e., a lo largo de las colonias griegas que se extendían desde la Magna Grecia y Sicilia hasta la costa jónica de Asia Menor y la isla de Cos, se gestó un evento sin precedentes en la historia de la medicina: su evolución hacia una técnica (*tékhnē iatrikē*, *ars medica*) arraigada en una comprensión científica de los procesos naturales (*physiología*). La medicina que antes estaba mezclada con la mística pasaba ahora a basar su entendimiento en cómo funciona el cuerpo humano, convirtiéndose de este modo en una ciencia.

La exposición sucinta de Alcmeón de Crotona sobre su enfoque fisiológico de la salud y la enfermedad marca la primera constancia de tal transformación; no obstante, será la denominada «medicina hipocrática» la que prontamente heredará y difundirá este legado helenístico como un patrimonio de incalculable valor. En la práctica médica antigua, el término *tékmar* asume una forma y función refinadas al evolucionar hacia *tekmérion*. Se precisó así para distinguirse de las connotaciones que tenía en otros entornos, marcando un alejamiento deliberado de las prácticas de adivinación y acercándose más a un enfoque empírico y racional de la medicina.

Es en la epopeya homérica donde ya se vislumbra un claro delineamiento entre los roles del médico y del sacerdote. Mientras el sacerdote se sumergía en el misterio de lo divino suplicando, el médico, en cambio, operaba en el terreno de lo observable, empírico y concreto. En este contexto, *tekmérion* empieza a significar un indicio o signo de naturaleza diagnóstica, una marca de certidumbre en el tratamiento de dolencias, signo distintivo de una práctica que privilegia la evidencia y la observación sobre las conjeturas esotéricas. Así, el vocablo *tekmérion* se empieza a usar para referirse a las señales o síntomas que ayudan a diagnosticar y tratar enfermedades, basándose más en lo que se puede observar que en creencias místicas, tal como podemos ver en las siguientes citas:

> ἰητρὸς γὰρ ἀνὴρ πολλῶν ἀντάξιος ἄλλων
>
> Un médico es un hombre que vale más que muchos hombres por sus conocimientos. (*La Ilíada*, XI, 514)
>
> ἰούς τ› ἐκτάμνειν ἐπί τ› ἤπια φάρμακα πάσσειν.
>
> de cortar flechas y poner amables medicinas en las heridas. (*La Ilíada* XI, 515)

(2.3) *Tekmaíno* - 'signo interpretado' o 'símbolo'

A pesar de su cercanía en el espectro semántico, los términos *semaíno* y *tekmaíno* presentan diferencias sustanciales en su interpretación. *Semaíno* implica una conexión más directa, inmediata y comprensible entre el signo y su significado. Por ejemplo, el sonido de una tetera al hervir el agua es un indicador claro y sin ambigüedades de que el agua ha alcanzado el punto de ebullición. No se requiere de un análisis exhaustivo para comprender que el tronar de las nubes presagia potencialmente la llegada de la lluvia. En contraste, *tekmaíno* se refiere a una hermenéutica más compleja de los indicios, donde el significado no es inmediato, sino que emerge mediante un análisis reflexivo y minucioso. En la medicina, la importancia de tales signos es pragmática, puesto que los médicos interpretan síntomas para diagnosticar enfermedades, como la influenza, el asma o el sarampión, que no son visibles a simple vista.

(2.4) *Tekmaíretai* - 'fijar el término', 'limitar', 'solucionar un problema' o 'voluntad divina'

En la literatura homérica, *tekmaíretai* adquiere un matiz de demarcación o restricción al utilizarse con el sentido de 'fijar el término' o 'limitar'. Este sentido coexiste con otro, el de propiciar una 'solución' o 'remedio' a un problema, concepto que también encontramos tanto en *La Ilíada* como en *La Odisea.*

> τοῖο μὲν Αὐτομέδων δουρικλυτὸς εὕρετο τέκμωρ:
>
> pero ante esta lanza, Automedon vio lo que debía hacer. (*La Ilíada*, XVI, 472)
>
> ὡς δὴ δήθ› ἐνὶ νήσῳ ἐρύκεαι, οὐδέ τι τέκμωρ
>
> Llevas tanto tiempo retenido en la isla y no encuentras [una solución]. (*La Odisea*, IV, 373)
>
> ὡς δὴ δήθ› ἐνὶ νήσῳ ἐρύκομαι, οὐδέ τι τέκμωρ
>
> Llevo tanto tiempo retenido en la isla y no encuentro [una solución]. (*La Odisea*, IV, 466)

Hesíodo, por otro lado, utiliza el término *tekmaíretai* para referirse a la divina voluntad de Zeus como definitiva e indiscutible.

> Y nunca decreta contra ellos la guerra espantosa Zeus de amplia mirada.[145]
>
> A quienes en cambio sólo les preocupa la violencia nefasta y las malas acciones, contra ellos el Crónida Zeus de amplia mirada decreta su justicia.[146]

---

145. Hesíodo, *Trabajos y días*, en *Obras y fragmentos*, trad. Aurelio Pérez Jiménez y Alfonso Martínez Díez (Madrid: Editorial Gredos, 1978), v. 229, p.136.
146. Ibid., vv.238-239, p.136.

No obstante, a lo largo del tiempo, *tékmar* evoluciona hacia una noción de 'signo', 'señal' o 'indicio'. Es notable cómo Aristóteles en *La Retórica* asocia *tékmar* con *péras* (πέρας), igualándolos a la idea de 'un confín' o 'conclusión', un enlace lingüístico que ha confundido a eruditos durante eras:

> ὅ γὰρ τέκμαρ καὶ πέρας ταὐτόν ἐστι κατὰ τὴν ἀρχαίαν γλῶτταν. ἔστι δὲ τῶν σημείων τὸ μὲν ὡς τὸ καθ' ἕκαστον πρὸς τὸ καθόλου, οἷον εἴ τις εἴποιεν σημεῖον εἶναι ὅτι οἱ σοφοὶ δίκαιοι· Σωκράτης γὰρ σοφὸς ἦν καὶ δίκαιος· τοῦτο...
>
> Entre los signos [*sēmeia*], los que guardan una relación como la de lo individual a lo universal son del tipo, por ejemplo, de cuando se afirma que es un signo de que los sabios son justos el que Sócrates era efectivamente sabio y justo.[147]

Esta variedad de usos ilustra cómo los términos pueden evolucionar y expandirse en significado, reflejando la complejidad de la experiencia y la percepción humanas. La interpretación de estos términos es vital para entender el pensamiento y la cultura de la antigua Grecia. En general, es imposible comprender una cultura sin entender su lenguaje. Para una comprensión esclarecedora de los múltiples significados de *tékmor*, recomendamos la interesantísima obra de M. Detienne y J. P. Vernant, titulada *Las artimañas de la inteligencia*, en la que ambos autores representan una manera de interpretar la cultura y el pensamiento griego antiguo basada en la antropología estructural, la sociología histórica y la filología actual.

(2.5) *Tekmaíresthai* – 'conjeturar' o 'reconocer los signos'

El término griego *tekmaíresthai* se refleja en el ámbito marítimo antiguo y se traduce como 'conjeturar' o 'reconocer los signos'. Este vocablo encapsula la habilidad de deducir, inferir o interpretar

147. Aristóteles, *Retórica*, I, 1357b 9, en Retórica, trad. e introd. Quintín Racionero (Madrid: Editorial Gredos, 1990), 187.

indicios. En este sentido, *tekmaíresthai* se usaba para describir cómo los marineros, observando las estrellas o el comportamiento del mar, sacaban conclusiones acerca de dónde navegar. Esta idea encuentra un paralelo en la relación entre *peîrar* (límites) y *tékmar* (meta o señal), como lo expone Aristóteles. Es decir que ambos términos están interrelacionados porque entender dónde estamos ubicados y hacia dónde nos dirigimos están conectados. Detienne y Vernant, en su análisis, arrojan luz sobre cómo Heráclito empleaba *semaínein* (significar), sugiriendo que el significado va más allá de la simple identificación de signos. Porque entender algo no consiste solo en ver las señales, sino en comprender el verdadero mensaje y el auténtico significado de esas señales.

(2.6) *Tekmaíromai* - 'anunciar' o 'predecir'

La Odisea emplea el término *tekmaíromai* para denotar 'anunciar' (VII, 317) o 'predecir' un infortunio, (XI, 112) así como para 'indicar' un sendero o una dirección (X, 563).

> πομπὴν δ› ἐς τόδ› ἐγὼ τεκμαίρομαι, ὄφρ› ἐῢ εἰδῇς,
>
> Para que bien lo sepas, decreto esta vez para tu escolta. (*La Odisea*, VII, 317)
>
> εἰ δέ κε σίνηαι, τότε τοι τεκμαίρομ› ὄλεθρον,
>
> pero si les haces daño, predigo destrucción para ti entonces. (*La Odisea*, XI, 112)
>
> εἰ δέ κε σίνηαι, τότε τοι τεκμαίρομ› ὄλεθρον,
>
> pero si les haces daño, predigo destrucción para ti entonces, (*La Odisea*, XII, 139)

ἔρχεσθ›: ἄλλην δ› ἦμιν ὁδὸν τεκμήρατο Κίρκη,

pero Circe ha ordenado un viaje diferente. (*La Odisea*, X, 563)

Desde una perspectiva lingüística, las raíces de estos términos en la familia de los *sem* implican un proceso de significación más directo, mientras que *tekmaíno* introduce una capa de interpretación adicional. Es intrigante considerar cómo estos términos han evolucionado: *semaíno* se asocia con el concepto de 'signo', mientras que *tekmaíno* se ha desarrollado hacia la idea de 'símbolo', cada uno con su propio papel en el entendimiento humano. La hermenéutica propone que la comprensión no es un acto aislado, sino que forma parte de un proceso cíclico en tanto que aquello que buscamos ya forma parte de nuestro horizonte de entendimiento, siendo esta una noción que Heidegger denominó «precomprensión ontológica». Esto quiere decir que no podemos cuestionar la naturaleza del Ser sin poseer ya cierto grado de comprensión sobre el mismo.

(3) *Sýmbolon* - Explorando su evolución

En el extenso corpus de la terminología helénica, es el concepto de *sýmbolon* el que sobresale por su penetrante influencia y múltiples interpretaciones, asemejándose en esta característica al término latino *signum*, otro pilar fundamental en el arsenal semántico de los idiomas clásicos. La prominencia de una locución se mide por su amplia adopción y dispersión, así como por su vasta gama de aplicaciones. *Symbállo*, en sus orígenes como verbo, encapsulaba ideas de 'reunir', 'juntar' o 'poner juntos'. A lo largo del tiempo, su espectro semántico se enriqueció abarcando conceptos como 'lanzar una cosa contra otra', 'trabar un combate', 'cambiar', 'conversar', 'ponerse de acuerdo', 'convenir', 'interpretar'. Es de esta noción arcaica de 'unir' o 'juntar' de donde parece emanar la interpretación más auténtica de *sýmbolon*.

Observamos en los textos de escritores de finales del siglo VI y principios del V a. n. e., como Esquilo, el uso de este término en el contexto de un signo convencional. Un ejemplo de esto se halla en su tragedia *Agamenón*, donde la luz de las antorchas se interpreta como un anuncio de la llegada de un mensajero con noticias. Esta aplicación del término subraya su evolución semántica, adaptándose a contextos donde los objetos o acciones adquieren un significado simbólico y comunicativo más allá de su función literal:

> GUARDIA: A los dioses imploro la liberación de estas penas, de la vigilancia que dura un año, en la cual, recostado en los techos de los Atridas e hincado en los codos como perro, de los astros nocturnos conozco ya la conjunción, y los que traen invierno y verano a los mortales, radiantes señores que rayan en el éter, los astros, cuando se ponen y cuando se elevan. Y ahora estoy al acecho de la señal de la antorcha, el resplandor del fuego que traiga de Troya la voz y el anuncio de su caída.[148]

La reflexión sobre el término *símbolo* gana claridad al examinar su uso en obras como *El Banquete* de Platón, donde trata sobre el andrógeno original, y más específicamente, en el análisis de Aristóteles en *Perí Hermeneias,* donde se establece el concepto de 'símbolo' como un signo de naturaleza convencional, esencialmente un artefacto cultural. La palabra española *mesa*, así como sus traducciones al inglés *table* o al hebreo, *shulján*, son representaciones convencionales de un objeto, no inherentes a su esencia, sino acordadas socialmente. Aristóteles, así, nos introduce a la idea de que los signos lingüísticos son acuerdos colectivos, establecidos por los humanos para designar una gama de entidades y conceptos.

Sýmbolon se entiende también como signo convenido que sirve para transmitir rápidamente una noticia, lo que, curiosamente, es a la vez prueba segura de la verdad de la interpretación de la señal (*tékmar toiouton sýmbolon*). Como vemos a continuación, el término se usó para comunicar que Troya había sido conquistada:

148. Esquilo, *Agamenón*, en Orestíada: *Agamenón, Las Coéforas, Las Euménides*, trad. David García Pérez (Ciudad de México: Universidad Nacional Autónoma de México, 2021), vv.1-20, p.1.

> Para los portadores de las antorchas, éstas eran mis órdenes: uno a otro pase el relevo con plena conciencia, y vence el primero y el último en la carrera. Tal indicación y señal te digo que es la noticia enviada desde Troya por mi marido.[149]

En otro autor trágico como Eurípides lo encontramos también como signo convenido secretamente:

> Porque, si viviera mi esposo, nos reconoceríamos recurriendo a señales que solo él y yo sabemos. Pero eso no es posible ahora, y él ya nunca regresará.[150]

Es interesante observar cómo, avanzando en el tiempo hasta nuestra era, Plutarco, en su obra *Consolación a su esposa*, hace referencia a los símbolos místicos presentes en los ritos dionisíacos orgiásticos. Este uso de la palabra *sýmbolon* se conecta con su significado de un signo convencional:

> Κα ὶμὴν ἅτῶν ἄλλων ἀκούεις, ο ἳ πείθουσι πολλοὺς λέγοντες ὡς οὐδὲν οὐδαμ ῇτ ῳδιαλυθέντι κακὸν οὐδ ὲ λυπηρόν ἐστιν, οἶδ› ὅτι κωλύει σε πιστεύειν ὁπάτριος λόγος κα ὶτ ὰ μυστικ ὰσύμβολα τῶν περ ὶτὸν Διόνυσον ὀργιασμῶν, ἃσύνισμεν ἀλλήλοις ο ἱ κοινωνοῦντες. ὡς οὖν ἄφθαρτον οὖσαν τὴν ψυχὴν διανοο ῦταὐτ ὸταῖς
>
> Y además lo que has oído a aquellos otros que intentan persuadir a muchos diciendo que, para quien se ha extinguido, no existe en parte alguna ningún mal ni tristeza, sé que lo impide tu creencia en la doctrina de nuestros padres y en los

149. Ibid., vv. 310-315, p.14.

150. Eurípides, *Helena*, en Tragedias III: Helena, Fenicias, Orestes, Ifigenia en Áulide, Bacantes, Reso, ed. y trad. Carlos García Gual y Luis Alberto de Cuenca (Madrid: Editorial Gredos, 1999), vv. 290-291, p.28.

> símbolos místicos de las celebraciones en honor de Dioniso que conocemos quienes hemos participado mutuamente en ellas.[151]

Este matiz de *sýmbolon* como un signo convencional se mantuvo prevalente durante la época clásica, mostrando así la rica y diversa evolución de su significado a lo largo del tiempo. No obstante, la palabra también se aplicó en contextos donde representaba señales no convencionales. Por ejemplo, Anaxágoras, en su fragmento D-K 19, emplea el término para describir el arco iris como un 'símbolo' en relación con la tormenta:

> Llamamos Iris a lo que se refleja del sol en las nubes. Por tanto, es símbolo de tormenta. Pues el agua esparcida en torno a la nube produce viento que deja caer lluvia.[152]

Una faceta particularmente fascinante del término *sýmbolon* se revela en su función como mecanismo de identificación. Visualicemos una situación en la que dos individuos, ya sean amigos o socios comerciales, dividen un objeto en dos fragmentos distintos. Cada uno conserva una de estas partes como prueba tangible de su relación o acuerdo previamente establecido. Posteriormente, al reunir las dos mitades, validan y reafirman su vínculo o pacto. En este contexto, *sýmbolon* asume el significado de un emblema de identidad o, en ciertos casos, de un signo esotérico. Este uso del término encapsula la esencia de la conexión y el entendimiento mutuo, trascendiendo su mera función literal para adquirir un carácter simbólico profundamente arraigado en las interacciones humanas.

Dentro del amplio espectro de experiencias que componen nuestra existencia, los términos *semeion*, *tekmairon* y *sýmbolon* han encontrado aplicación en diversidad de contextos. A través de la historia, han surgido en disciplinas como la navegación, la medicina,

---

151. Plutarco, *Escrito de consolación a su mujer*, en *Obras morales y de costumbres* (Moralia), VIII, ed. y trad. Rosa María Aguilar (Madrid: Editorial Gredos, 2007), 611D 8.

152. Heráclito, *Fragmentos presocráticos: de Tales a Demócrito*, introd., trad. y notas de Alberto Bernabé (Madrid: Alianza Editorial, 2008), frag. 19 = DK 59 A87, p.257.

la astronomía, la filosofía y la profecía, pero siempre conservando su función esencial: indicar, simbolizar o definir algo con precisión. Analizaremos algunos de ellos.

Semeîon, *tékmor* y *symbolon* en navegación

Los marineros no divisan su destino desde el inicio de su travesía; en cambio, se guían por astros que brillan en la inmensidad del firmamento. Es claro que estas estrellas no son el puerto al que aspiran llegar, sino indicadores que les orientan hacia él. Así, el signo no es en sí mismo el objeto de llegada, pero su papel es crucial en la navegación hacia el objetivo. Dicho de otro modo, al encontrarse en el medio del océano, aunque las estrellas no constituyen su destino, sí que sirven como señales para encontrar la senda correcta. Por tanto, los conceptos de *semeion* y *tekmairon* se han empleado de manera intercambiable y en múltiples ámbitos. Estas palabras se refieren a lo que sirve como una señal o un indicador y ayuda a entender o a encontrar algo más, pero que no es el objetivo final. Su uso ha sido flexible y a veces arbitrario, ya que las palabras se han explorado en un espectro amplio y ambiguo, donde la precisión y el consenso absoluto sobre su aplicación específica a una sola realidad aún estaban en desarrollo.

En la antigua Grecia, el dominio del mar fue un pilar fundamental para su desarrollo cultural y civilizatorio. Los griegos, maestros en la navegación, establecieron una *thalassocracia*, es decir, un imperio marítimo basado en un eficiente sistema de colonización. Además, transformaron los barcos en herramientas cruciales de poderío militar. Sin embargo, la navegación, lejos de ser una práctica segura, estaba impregnada de un aura de religiosidad y superstición, dada la inmensidad de peligros que presentaba.

Este ámbito se caracterizó por significativos avances tecnológicos y científicos. Un hito destacado en su evolución fue la incorporación del hierro en la construcción naval. Este material permitió el uso de clavos y hachas, lo que a su vez facilitó la adopción del método constructivo «cuadernas primero». En este proceso, se construía inicialmente el esqueleto del barco, para luego revestirlo con tablazón.

Además, los progresos científicos jugaron un papel crucial en el éxito de las travesías marítimas y expediciones. A partir del siglo VI a. n. e., se comenzaron a establecer las primeras directrices de navegación y se elaboraron los primeros mapas. Estos mapas eran fundamentales, proporcionando información valiosa sobre las costas del Mediterráneo y los vientos predominantes, elementos esenciales para la planificación de rutas y la seguridad en el mar.

Precisar y contornear las entidades es fundamental para su comprensión. Si *tékmor* representa las fronteras que desgajan lo oscuro de lo claro, es por su inherente capacidad de iluminar. El término «concebir» lleva en su raíz la acción de 'dar a luz', y de este proceso etimológico nace la noción de 'concepto'. Así, *terminus*, *tékmor* y 'concepto' se encuentran entrelazados en un tejido semántico con la luminosidad.

> En el dominio de la primera, *tékmor* es el término espacial, el punto del horizonte que orienta el rumbo de un navío; en esa astronomía elemental incluida, como parece, en el arte del piloto la misma palabra designa la posición de los astros según la cual debe regularse el derrotero de la nave.[153]

Jamás un navegante emprende un viaje sin un destino definido, ningún barco zarpa sin una dirección establecida. Este principio alude a la noción de 'término' como el sitio o la finalidad que determina el fin de un viaje. Antes incluso de iniciar su travesía, el marino tiene conocimiento pleno del punto dónde concluirá. Término es el punto final de llegada que se encuentra intrínsecamente presente en el comienzo o el punto de partida. El marino, al levar anclas, tiene implícito su destino en la brújula; de esta manera, el rumbo se establece con antelación en tanto que el puerto al que se dirige ya forma parte del acto inicial de partir; está integrado en la planificación previa al viaje.

---

153. Marcel Detienne y Jean-Pierre Vernant, *Las artimañas de la inteligencia: La metis en la Grecia antigua*, trad. Antonio Piñero (Madrid: Taurus, 1981), 258.

La principal contribución de Hesiquio de Alejandría, destacado y notable gramático griego de Alejandría, activo posiblemente en el siglo V n. e., fue la creación de un diccionario excepcional que se centra en términos griegos raros y poco conocidos. Esta obra, de gran valor, nos ha llegado en una única copia que data del siglo XV n. e. y representa un recurso inestimable para comprender el léxico griego y su evolución a lo largo de los siglos. En este contexto de signos e inferencias, Hesíquio, en su *Léxikon* (alpha 7911), emplea la frase *ástrois semeioûsthai*, que se traduce como 'señales de los astros', un proceso crítico para la navegación de la época. De forma similar, en la obra enciclopédica *La Suda*, encontramos la expresión *ástrois tekmaí-resthai.* Aunque podría interpretarse como una suma astral, su sentido más acertado sería el de una comprensión sintética del firmamento, una especie de cartografía celeste implícita en los cuerpos estelares.

Apolonio de Rodas, destacado poeta griego nacido en Alejandría (295-215 a. n. e.), es reconocido principalmente por su poema épico *Argonáuticas*. Este relato, que se enfoca en las hazañas de Jasón y los Argonautas, es un ejemplo sobresaliente de la poesía épica de la Grecia antigua. Para Apolonio de Rodas, la conjetura es vital; él asocia también *peírata* y *tékmar* para referirse a cómo los marineros, discerniendo los signos, pueden trazar una ruta segura entre las rocas:

> Anciano, ya has enumerado los términos de los trabajos de nuestra navegación y el presagio conforme al cual a través de las horribles rocas penetraremos en el Ponto. Mas si de nuevo, escapando de estas, alcanzaremos después el regreso a la Hélade, también esto aprendería de ti con agrado.[154]

La comprensión de estos signos, tanto en la antigua navegación como en la moderna hermenéutica, es indispensable para la travesía a través del mar de la incertidumbre hacia la costa de la comprensión.

154. Apolonio de Rodas, *Argonáuticas*, trad., introd. y notas de Mariano Valverde Sánchez (Madrid: Editorial Gredos, 1996), libro II, vv. 411-15, p.169.

Semeîon, *tékmor* y *symbolon* en adivinación

Encontramos el término *tékmor* en el léxico de terrenos tan dispares como la adivinación, la astronomía y la navegación; asimismo, este término designaba los signos de origen divino, los cuales expresan una voluntad (*boulê*) celestial y, por ende, señalan una resolución inalterable. Detienne y Vernant han hallado la llave para desentrañar el enigma de *tékmor* en la cosmogonía delineada por el poeta espartano Alcmán en el siglo VII a. n. e., quien se distingue como un luminar de la poesía lírica coral. Este autor se consagra como el más vetusto dentro del célebre canon de los nueve poetas líricos codificados por los eruditos de Alejandría, un grupo que incluye a figuras eximias tales como Safo, Alceo y Anacreonte, entre otros. Su obra, inmersa en la esfera de la *mousikê*, abarcaba la composición de himnos y odas donde las jóvenes espartanas, integradas en los coros de *partenias*, celebraban con cantos y danzas los ciclos festivos en un entrelazado de devoción religiosa y arte performativo.

En su poesía coral, Alcmán otorga a la diosa y ninfa marina llamada Tetis (Θέτις) un papel creador, acompañada por Tékmor (signo) y Póros (vía, sendero, trayecto), quienes juntos desvanecen la oscuridad, personificada por Skótos (oscuridad).

> En el espacio marino en que ejercen sus poderes, [las divinidades] Tékmor (signo) y Póros (trayecto), definen la actividad de una inteligencia en plena tensión para escapar a la aporía de un mundo dominado por la confusión.[155]

Por su parte, Detienne y Vernant iluminan la función de estos entes mitológicos en la narrativa y lo hacen con la siguiente elucidación:

> Póros, que pertenece también a la familia semántica de *peráo*, 'atravesar', designa la estratagema, el ardid que

155. Marcel Detienne y Jean-Pierre Vernant, *Las artimañas de la inteligencia: La metis en la Grecia antigua*, trad. Antonio Piñero (Madrid: Taurus, 1981), 258.

> inventa la *metis* para abrirse un camino; *tékmor* por su parte —que significa no solo el fin que se desea alcanzar, sino también el plan o remedio a una situación difícil— es una noción construida en la confluencia de tres ámbitos complementarios: la navegación, la astronomía y la adivinación. [...] Pero estos dos planos son inseparables de un tercero: para toda la tradición mítica, de la cual la epopeya de los Argonautas es un punto de llegada novelesco, navegar según los puntos de orientación fijos en el cielo es también fiarse de los signos enviados por los dioses, revelados por la mediación de un adivino.[156]

El término «símbolo», derivado del griego *sýmbolos* y a menudo usado en plural como *sýmboloi*, adquiere un significado específico en el ámbito de la mántica, distinto de sus otros usos previamente discutidos. La *mantiké*, derivada de *mainomai* —lo que implica una conexión con el éxtasis o la posesión divina—, se refiere a un conocimiento o arte relacionado con la adivinación. En la antigua Grecia, al igual que en otras culturas, se reconocían dos formas de adivinación: una técnica o enseñada (*entechnós*, *techniké*) y otra natural o espontánea (*ateknós*, *adidaktón*). La primera se enfoca en la interpretación de signos externos y opera mediante inducción y conjetura; la segunda, en cambio, involucra la interpretación de mensajes divinos revelados en sueños o en estados de posesión, como los que se experimentan en los oráculos. Ambas formas desempeñan un papel crucial en el entendimiento griego de los símbolos como vehículos de conocimiento divino y misterio. Aunque historiadores como Filócoro, Crisipo, Esfero y Posidonio dedicaron esfuerzos a elaborar tratados sobre la mántica (*Perìmantiké*), lamentablemente, estos escritos no han sobrevivido hasta nuestros días. Sin embargo, a través de las obras de otros autores, como Plutarco, Cicerón y Diógenes Laercio, hemos podido vislumbrar el contenido esencial de estas creencias, que estaban profundamente entrelazadas con las prácticas religiosas de la época.

156. Ibid.

Antiguamente, se trataba de comprender y predecir a través de la sabiduría y la experiencia lo que no era seguro o evidente. La labor de «conjeturar» o *tekmaíresthai*, era una especie de hermenéutica celeste, un pronóstico de lo probable, intrínsecamente ligado a la figura mitológica de Metis. A diferencia del conocimiento certero atribuido a Tetis, el dominio de Metis es el de las posibilidades, un terreno de hipótesis frente a la certidumbre, característica del futuro impredecible. No se trata del conocimiento que nos permite afirmar lo sencillo y claro como que 2+2 son 4; tal certeza trasciende la conjetura para situarse en el terreno de lo axiomático. Los poseedores de Metis se distinguen por su astucia, su capacidad para tejer estrategias, hallar rutas inéditas y resolver enigmas que escapan al entendimiento común.

Tékmar comparte con *mêchos* una carga psicológica significativa, refiriéndose a la ingeniosa resolución de conflictos arduos. Esta clase de perspicacia se asocia con los practicantes de ciertas habilidades: constructores navales, cazadores, pescadores, pilotos, estrategas, médicos y sofistas. Entre estos, las figuras del médico y del sofista, este último a menudo relacionado con la esfera política, son de especial interés.

La centralidad de la adivinación en las prácticas religiosas de la antigüedad se evidencia al considerar que, etimológicamente, engloba todo lo divino, abarcando así los aspectos relativos a los dioses y a la propia adivinación. Esta última era especialmente vital en las creencias religiosas de los griegos antiguos y, de manera similar, en la religión judía durante el período de la Roma Antigua. En estas culturas antiguas, la adivinación y la medicina primitiva compartían varios puntos de intersección. Ambas disciplinas, en su conjunción, sentaron las bases para el desarrollo de las ciencias en la era cristiana.

A diferencia de los romanos, el interés griego se inclinaba más hacia la adivinación natural que hacia la artificial, posiblemente debido a una visión más racionalista del mundo. Esta perspectiva, más científica, consideraba los signos mánticos no como milagros o mensajes divinos, sino como fenómenos naturales sujetos a leyes explicables. Con filósofos como Platón y Aristóteles, el concepto del signo se fue refinando, convirtiéndose en un medio a través del cual los seres humanos acuerdan identificar objetos o ideas, una señal de identificación crucial para la comunicación y el entendimiento mutuo. La mayoría de los pensadores filosóficos, a excepción notable de los estoicos, manifestaban una actitud general de reserva, cuando no de escepticismo y rechazo, hacia la aceptación de fenómenos sobrenaturales. En contraste con Roma, en los estados griegos, la práctica de la adivinación no estaba formalmente institucionalizada ni regulada. Sin embargo, esto no niega la existencia de una tradición que vinculaba ciertos fenómenos naturales con lugares sagrados como Dodona o Delfos, centros de peregrinación para el mundo griego.

Surgen de este contexto las reflexiones sobre la necesidad de discernir entre los fenómenos puramente naturales y aquellos que, aunque disfrazados de naturalidad, constituían en realidad manifestaciones divinas. La necesidad de esta discriminación llevó a la formación de un léxico específico y diferenciado. En este sentido, Artemidoro, en su obra *Oneirocritica* (libro III, capítulo 28), referencia a Melampo, un adivino de renombre y estatus legendario en la Grecia clásica, como autor de un tratado titulado *Perí teráton kaì semeîon* o *Sobre los prodigios y los signos*. En dicho texto, se emplea el término *térata* para referirse a sucesos extraordinarios, asombrosos o incluso monstruosos, interpretados como señales enviadas por los dioses para advertir o guiar a la humanidad. La importancia de este tratado reside en su enfoque en la clasificación y entendimiento de estos fenómenos desde una perspectiva que busca trascender la mera observación superficial, adentrándose en la complejidad de su naturaleza y significado.

En la tradición filosófica antigua, *semeîon* se identificaba con un símbolo de origen natural, mientras que *teratom* era considerado un signo de carácter sobrenatural. Inicialmente, estos términos no poseían una demarcación tan precisa, probablemente debido a la fase primigenia de desarrollo en la práctica de la adivinación, donde los prodigios parecían manifestarse en todo sitio. Con el paso del tiempo, se fue desarrollando una distinción más clara entre los prodigios y los sucesos comunes y ordinarios de la naturaleza. Los adivinos de la época de Homero, por ejemplo, fundamentaban sus vaticinios en una gama de fenómenos; algunos verdaderamente excepcionales, como se describe en la Odisea:

τοῖσιν δ› αὐτίκ› ἔπειτα θεοὶ τέραα προὔφαινον:

Entonces los dioses no tardaron en mostrarles presagios. (*La Odisea*, XII, 394)

En este fragmento, los compañeros de Ulises cometen el grave error de sacrificar las sagradas vacas pertenecientes a Helios. A pesar de las advertencias de Ulises, sus esfuerzos resultan infructuosos pues las vacas ya habían sido sacrificadas. Como respuesta, los dioses desencadenan una serie de prodigios aterradores: las pieles de las vacas se mueven por sí solas y la carne, ya sea cruda o asada, emite sonidos similares a los mugidos. Más aún, este acto de sacrilegio no pasa desapercibido para Zeus, quien, como castigo, interviene para retrasar aún más el anhelado regreso de Ulises a su hogar en Ítaca. Por otro lado, vemos otros fenómenos tan cotidianos como el trueno.

φήμην τίς μοι φάσθω ἐγειρομένων ἀνθρώπων

haz que diga algún presagio cualquiera

ἔνδοθεν, ἔκτοσθεν δὲ Διὸς τέρας ἄλλο φανήτω.

de los que en el interior despiertan y muéstrese en el exterior otro prodigio tuyo.

ὣς ἔφατ› εὐχόμενος: τοῦ δ› ἔκλυε μητίετα Ζεύς,

Así dijo rogando. Oyóle el próvido Zeus

αὐτίκα δ› ἐβρόντησεν ἀπ› αἰγλήεντος ’Ολύμπου,

y en el acto mandó un trueno desde el resplandeciente Olimpo,

ὑψόθεν ἐκ νεφέων: γήθησε δὲ δῖος ’Οδυσσεύς.

desde lo alto de las nubes, que le causó a Odiseo profunda alegría.

φήμην δ› ἐξ οἴκοιο γυνὴ προέηκεν ἀλετρὶς

El presagio dióselo en la casa una mujer

πλησίον, ἔνθ› ἄρα οἱ μύλαι εἵατο ποιμένι λαῶν,

donde estaban las muelas del pastor de hombres.

τῇσιν δώδεκα πᾶσαι ἐπερρώοντο γυναῖκες

Doce eran las que allí trabajaban solícitamente,

ἄλφιτα τεύχουσαι καὶ ἀλείατα, μυελὸν ἀνδρῶν.

fabricando harinas de cebada y de trigo, que son alimento de los hombres;

αἱ μὲν ἄρ› ἄλλαι εὗδον, ἐπεὶ κατὰ πυρὸν ἄλεσσαν,

pero todas descansaban ya, por haber molido su parte correspondiente de trigo,

δὲ μί› οὔ πω παύετ›, ἀφαυροτάτη δὲ τέτυκτο:

a excepción de una que aún no había terminado porque era muy débil.

ἥ ῥα μύλην στήσασα ἔπος φάτο, σῆμα ἄνακτι:

Esta, pues, paró la muela y dijo las siguientes palabras, que fueron una señal para su amo:

Ζεῦ πάτερ, ὅς τε θεοῖσι καὶ ἀνθρώποισιν ἀνάσσεις,

—¡Padre Zeus que imperas sobre los dioses y sobre los hombres!

ἦ μεγάλ› ἐβρόντησας ἀπ› οὐρανοῦ ἀστερόεντος,

Has enviado un fuerte trueno desde el cielo estrellado

οὐδέ ποθι νέφος ἐστί: τέρας νύ τεῳ τόδε φαίνεις.

y no hay nube alguna; indudablemente es una señal que haces a alguien.

κρῆνον νῦν καὶ ἐμοὶ δειλῇ ἔπος, ὅττι κεν εἴπω:

Cúmplame ahora también a mí, a esta mísera, lo que te voy a pedir:

μνηστῆρες πύματόν τε καὶ ὕστατον ἤματι τῷδε

tomen hoy los pretendientes por última

ἐν μεγάροις 'Οδυσῆος ἑλοίατο δαῖτ› ἐρατεινήν,

y postrera vez la agradable comida en el palacio de Odiseo;

οἳ δή μοι καμάτῳ θυμαλγέϊ: γούνατ› ἔλυσαν

y, ya que hicieron flaquear mis rodillas

ἄλφιτα τευχούσῃ: νῦν ὕστατα δειπνήσειαν.

con el penoso trabajo de fabricarles harina, sea también está la última vez que cenen.

ὣς ἄρ› ἔφη, χαῖρεν δὲ κλεηδόνι δῖος ’Οδυσσεὺς

Así se expresó; y holgóse el divinal Odiseo con el presagio.
(*La Odisea*, XX, 100-120)

Sin embargo, no todos los sucesos, susceptibles de ser interpretados como señales mánticas o adivinatorias, conservaban este carácter extraordinario. Por ejemplo, mientras por un lado el historiador del siglo III a. n. e., Filócoro empleó con cierta ambigüedad el término *sýmboloi*, Aristófanes y Jenofonte por otra parte utilizaron esta nomenclatura de manera más precisa, refiriéndose a encuentros casuales interpretados como mensajes de los dioses, mostrando así la evolución en la comprensión y clasificación de tales fenómenos a lo largo del tiempo. Aristófanes, en un extracto de *Las Aves*, condensa los eventos que los griegos antiguos interpretaban como indicativos de augurios, positivos o negativos. Este pasaje sintetiza la visión helénica de leer signos en los fenómenos cotidianos, reflejando la interacción entre el hombre y lo divino en su búsqueda de comprender el mundo:

> Para todo negocio comercial, o compra de víveres, o matrimonios nos consultáis previamente y dais el nombre de auspicios a todo cuanto sirve para revelaros el porvenir; una palabra es un auspicio; un estornudo es un auspicio; un encuentro es un auspicio (*sýmbolos*). Una voz es un auspicio, el nombre de un esclavo es un auspicio; un asno es un auspicio. ¿No está claro que somos para vosotros el fatídico Apolo?[157]

Las personas interpretaban la aparición y actividades de las aves como señales divinas. Incluso en nuestros días es común escuchar expresiones como «es un pájaro de mal augurio». En la antigua Grecia, la palabra *áornos* o *averno* se utilizaba para referirse a los infiernos. *Aornos*, que se traduce como ‘sin pájaros’, designaba un lugar al que las aves no se acercaban, y *averno*, derivado del griego *a*,

157. Aristófanes, *Las aves*, trad. Luis Moya (Madrid: Editorial Gredos, 1999), vv. 715-721, p.165.

que significa 'sin', y *ornis*, que significa 'ave', lleva una connotación similar. El concepto de *averno*, por tanto, se asociaba con la ausencia de aves. Para los antiguos, esta ausencia simbolizaba un espacio donde la predicción del futuro era imposible o un lugar carente de futuro. Culturas tanto mediterráneas como del norte de Europa consideraban a las aves como emisarias divinas y les atribuían la habilidad de pronosticar eventos futuros, tanto benéficos como maléficos, mediante su presencia. Tradicionalmente, se ha percibido a las aves migratorias como encarnaciones de almas o espíritus.

La práctica del augurio, observar a las aves para predecir eventos, es una tradición enraizada en las civilizaciones antiguas, que mantenían una conexión más profunda con la naturaleza. El vuelo de las aves simbolizaba la conexión entre el cielo y la tierra. En la lengua griega, una misma palabra podía significar tanto un presagio como un mensaje celestial. En la cultura céltica, las aves generalmente eran consideradas mensajeras o ayudantes de los dioses y del más allá. Por ejemplo, el cisne en Irlanda, la grulla o la garza en la Galia, y la oca en Gran Bretaña, mientras que, en las tradiciones germánicas, el cuervo ocupaba este papel.

El entorno descrito en el texto original es particularmente ilustrativo: los sucesos casuales interpretados por expertos como manifestaciones divinas, a menudo son vistos como señales que los dioses transmiten a través de las aves. En consecuencia, gran parte de la adivinación deductiva se clasifica, en cierto sentido, como oionomancia, es decir, la práctica de predecir el futuro mediante la observación del comportamiento aviar. En este marco, el término *sýmboloi* se aplica de manera específica a encuentros inesperados, ya sea con personas, animales u objetos. Heidegger, en su filosofía, conceptualiza el suceso fortuito como el *ereignis* o 'evento'. En cierta forma –y como veremos más tarde de manera más detallada– se trata de un encuentro con nosotros mismos o nuestra seidad. A veces, incluso las palabras pronunciadas espontáneamente se consideran *sýmboloi*, lo que en la cultura romana equivaldría a *omina*.

Sin embargo, la distinción griega entre *kledón* —que se alinea más estrechamente con los *omina* romanos— y *sýmboloi* es notable, como se evidencia en las obras de Esquilo en su *Prometeo Encadenado*.

> Clasifiqué muchos procedimientos de adivinación y fui el primero en distinguir lo que de los sueños ha de suceder en la vigilia, y les di a conocer los sonidos de oscuro presagio y los encuentros del camino. Determiné exactamente el vuelo de las aves rapaces, los que son naturalmente favorables y los siniestros, los hábitos de cada especie, los odios y amores mutuos, sus compañías; la lisura de las entrañas y qué color necesitan para agradar a los dioses, y los matices favorables de la bilis y del lóbulo del hígado.[158]

La cledomancia, una forma de adivinación basada en reglas no sistemáticas representa un aspecto crucial de la mántica. En obras como *Memorabilia* y *Apología de Sócrates* de Jenofonte, *sýmboloi* se emplea en el sentido antes mencionado.

En *Memorabilia, Recuerdos de Sócrates* (Ἀπομνημονεύματα Σωκράτους) leemos:

> [1.1.1] Πολλάκις ἐθαύμασα τίσι ποτὲ λόγοις Ἀθηναίους ἔπεισαν οἱ γραψάμενοι Σωκράτην ὡς ἄξιος εἴη θανάτου τῆι πόλει. ἡ μὲν γὰρ γραφὴ κατ' αὐτοῦ τοιάδε τις ἦν· ἀδικεῖ Σωκράτης οὓς μὲν ἡ πόλις νομίζει θεοὺς οὐ νομίζων, ἕτερα δὲ καινὰ δαιμόνια εἰσφέρων· ἀδικεῖ δὲ καὶ τοὺς νέους διαφθείρων.

> [1.1.1] A menudo me he preguntado sorprendido con qué razones pudieron convencer a los atenienses quienes acusaron a Sócrates de merecer la muerte a los ojos de la ciudad. Porque la acusación pública formulada contra él decía lo siguiente: «Sócrates es culpable de no reconocer a los dioses en los que cree la ciudad, introduciendo, en cambio, nuevas divinidades. También es culpable de corromper a la juventud».

158. Esquilo. *Prometeo encadenado*. Fundación Carlos Slim, traducción de dominio público, México, s.f., vv. 485-494, p.16.

[1.1.2] Πρῶτον μὲν οὖν, ὡς οὐκ ἐνόμιζεν οὓς ἡ πόλις νομίζει θεούς, ποίωι ποτ' ἐχρήσαντο τεκμηρίωι; θύων τε γὰρ φανερὸς ἦν πολλάκις μὲν οἴκοι, πολλάκις δὲ ἐπὶ τῶν κοινῶν τῆς πόλεως βωμῶν, καὶ μαντικῆι χρώμενος οὐκ ἀφανὴς ἦν. διετεθρύλητο γὰρ ὡς φαίη Σωκράτης τὸ δαιμόνιον ἑαυτῶι σημαίνειν· ὅθεν δὴ καὶ μάλιστά μοι δοκοῦσιν αὐτὸν αἰτιάσασθαι καινὰ δαιμόνια εἰσφέρειν.

[1.1.2] En cuanto al primer punto, que no reconocía a los dioses que reconoce la ciudad, ¿qué prueba utilizaron? Porque era evidente que hacía frecuentes sacrificios en su casa, los hacía a menudo también en los altares públicos de la ciudad, y tampoco era un secreto que utilizaba la adivinación. Se había divulgado, en efecto, que Sócrates afirmaba que la divinidad le daba señales, que es la razón fundamental por la que yo creo que le acusaron de introducir divinidades nuevas.[159]

Y en la *Apología de Sócrates* leemos:

[11] Ἀλλ' ἐγώ, ὦ ἄνδρες,τοῦτο μὲν πρῶτον θαυμάζω Μελήτου, ὅτωι ποτὲ γνοὺς λέγει ὡς ἐγὼ οὓς ἡ πόλις νομίζει θεοὺς οὐ νομίζω· ἐπεὶ θύοντά γέ με ἐν ταῖς κοιναῖς ἑορταῖς καὶ ἐπὶ τῶν δημοσίων βωμῶν καὶ οἱ ἄλλοι οἱ παρατυγχάνοντες ἑώρων καὶ αὐτὸς Μέλητος,εἰ ἐβούλετο.

[11] Una cosa que me sorprende, ante todo, jueces, es en qué opinión se apoya Meleto para afirmar que no creo en los dioses que reconoce la ciudad, puesto que tanto los que se encontraban presentes como el propio Meleto, si lo deseaba, podían verme cuando hacía sacrificios en las fiestas de la ciudad y en los altares comunales.

159. Jenofonte, *Recuerdos de Sócrates*, introd., trad. y notas de Juan Zaragoza (Madrid: Editorial Gredos, 1993), 1.1.1-1.1.2, p.19.

[12] καινά γε μὴν δαιμόνια πῶς ἂν ἐγὼ εἰσφέροιμι λέγων ὅτι θεοῦ μοι φωνὴ φαίνεται σημαίνουσα ὅ τι χρὴ ποιεῖν; καὶ γὰρ οἱ φθόγγοις οἰωνῶν καὶ οἱ φήμαις ἀνθρώπων χρώμενοι φωναῖς δήπου τεκμαίρονται. βροντὰς δὲ ἀμφιλέξει τις ἢ μὴ φωνεῖν ἢ μὴ μέγιστον οἰωνιστήριον εἶναι; ἡ δὲ Πυθοῖ ἐν τῶι τρίποδι ἱέρεια οὐ καὶ αὐτὴ φωνῆι τὰ παρὰ τοῦ θεοῦ διαγγέλλει;

[12] Y en cuanto a nuevas divinidades, ¿cómo podría introducirlas al decir que una voz divina se me manifiesta para darme a entender lo que debo hacer? Pues también los que utilizan los gritos de los pájaros y las palabras humanas apoyan en voces sus conjeturas. ¿Discutiría alguien que los truenos sean voces o un presagio muy importante? Y la sacerdotisa que tiene su sede en su trípode de Delfos ¿no comunica también ella los oráculos del dios por medio de la voz?

[13] ἀλλὰ μέντοι καὶ τὸ προειδέναι γε τὸν θεὸν τὸ μέλλον καὶ τὸ προσημαίνειν ὧι βούλεται, καὶ τοῦτο,ὥσπερ ἐγώ φημι,οὕτω πάντες καὶ λέγουσι καὶ νομίζουσιν.ἀλλ᾽ οἱ μὲν οἰωνούς τε καὶ φήμας καὶ συμβόλους τε καὶ μάντεις ὀνομάζουσι τοὺς προσημαίνοντας εἶναι, ἐγὼ δὲ τοῦτο δαιμόνιον καλῶ, καὶ οἶμαι οὕτως ὀνομάζων καὶ ἀληθέστερα καὶ ὁσιώτερα λέγειν τῶν τοῖς ὄρνισιν ἀνατιθέντων τὴν τῶν θεῶν δύναμιν. ὥς γε μὴν οὐ ψεύδομαι κατὰ τοῦ θεοῦ καὶ τοῦτ᾽ ἔχω τεκμήριον· καὶ γὰρ τῶν φίλων πολλοῖς δὴ ἐξαγγείλας τὰ τοῦ θεοῦ συμβουλεύματα οὐδεπώποτε ψευσάμενος ἐφάνην.

[13] Es cierto que todos saben y creen que la divinidad conoce el futuro y lo anuncia a quien quiere, igual que yo lo digo. Pero mientras ellos llaman augurios, voces, encuentros fortuitos y adivinos a los que les dan advertencias, yo a eso lo llamo genio divino, y pienso que al llamarlo de esta manera me expreso con mayor verdad y más piadosamente que los que adjudican a las aves el poder que tienen los dioses. Y esta es la prueba de que no miento contra la divinidad: habiendo

> anunciado a muchos amigos míos las advertencias de la divinidad, en ningún caso resultó haberme equivocado.[160]

En ambas, el autor defiende a Sócrates de la grave acusación de impiedad, argumentando que realizaba sacrificios con frecuencia y también practicaba la adivinación. La acusación de introducir nuevos dioses se basa en una malinterpretación de la creencia socrática de recibir señales divinas para su interpretación personal. Jenofonte prosigue en *Memorabilia* con una declaración que refuerza esta visión:

> [1.1.3] ὁ δ᾽ οὐδὲν καινότερον εἰσέφερε τῶν ἄλλων, ὅσοι μαντικὴν νομίζοντες οἰωνοῖς τε χρῶνται καὶ φήμαις καὶ συμβόλοις καὶ θυσίαις. οὗτοί τε γὰρ ὑπολαμβάνουσιν οὐ τοὺς ὄρνιθας οὐδὲ τοὺς ἀπαντῶντας εἰδέναι τὰ συμφέροντα τοῖς μαντευομένοις, ἀλλὰ τοὺς θεοὺς διὰ τούτων

> [1.1.3] Pero nada introducía más nuevo que otros que por creer en un arte adivinatoria utilizan pájaros, voces, signos y sacrificios. Ya que estas personas suponen no que los pájaros o los encuentros fortuitos saben lo que conviene a los consultantes, sino que los dioses se lo manifiestan a través de ellos, y Sócrates también lo creía así.

> [1.1.4] ἀλλ᾽ οἱ μὲν πλεῖστοί φασιν ὑπό τε τῶν ὀρνίθων καὶ τῶν ἀπαντώντων ἀποτρέπεσθαί τε καὶ προτρέπεσθαι· Σωκράτης δ᾽ ὥσπερ ἐγίγνωσκεν, οὕτως ἔλεγε· τὸ δαιμόνιον γὰρ ἔφη σημαίνειν. καὶ πολλοῖς τῶν συνόντων προηγόρευε τὰ μὲν ποιεῖν, τὰ δὲ μὴ ποιεῖν, ὡς τοῦ δαιμονίου προσημαίνοντος· καὶ τοῖς μὲν πειθομένοις αὐτῶι συνέφερε, τοῖς δὲ μὴ πειθομένοις μετέμελε.

> [1.1.4] Sin embargo, la mayoría de las personas dicen que los pájaros y los encuentros les disuaden y les estimulan, pero

160. Jenofonte, *Apología de Sócrates*, introd., trad. y notas de Juan Zaragoza (Madrid: Editorial Gredos, 1993), vv.11-13, pp. 370-371.

> Sócrates lo decía como lo pensaba, es decir, que la divinidad le daba señales, y aconsejaba a muchos amigos suyos que hicieran unas cosas y no hicieran otras, según las indicaciones de la divinidad, y les iba bien a quienes le creían, pero los que no le creían se arrepentían.[161]

En su análisis, Jenofonte destaca tres tipos de señales fundamentales en la adivinación inductiva, una práctica igualmente atribuida a Filócoro: la observación de aves (*oionoi*), los eventos imprevistos (*sýmboloi*) y el examen de las entrañas de animales sacrificados (*thysíai*). Considerando el trasfondo etimológico discutido anteriormente, el uso de *sýmboloi* en este marco puede resultar inesperado. No obstante, existen interpretaciones razonables para esta elección terminológica. Estos incidentes fortuitos se relacionaban, al parecer, con Deméter en su búsqueda de Perséfone, quien fue raptada por Hades, llevando a la diosa a prestar especial atención a cualquier tipo de encuentro fortuito. La acepción de 'encuentro' vinculada a *sýmboloi* se alinea con el significado del verbo *symballein*, que implica 'reunir', 'juntar' o 'poner juntos'. La adivinación, a diferencia de la ciencia, no logra más que establecer vínculos convencionales y artificiales entre los signos y lo que estos representan, análogos a las relaciones que se forman entre las palabras y sus significados. El arsenal de símbolos empleados en la adivinación antigua se puede interpretar como un lenguaje elaborado, similar al humano.

Los griegos postulaban que los dioses tenían la autonomía de elegir distintos símbolos, estableciendo así lo que se podría denominar la gramática de su idioma simbólico. Este conocimiento, creían, fue luego compartido con los primeros adivinos —figuras como Melampo, Tiresias, Anfiarao, Mopso, Calcas— considerados los pioneros de la mántica nacional. La mántica, percibida como enseñable y científica, se fundamentaba en reglas

161. Jenofonte, *Recuerdos de Sócrates*, introd., trad. y notas de Juan Zaragoza (Madrid: Editorial Gredos, 1993), vv. 1.1.3-1.1.4, p.20.

divinas inmutables. Con las enseñanzas de Platón y Aristóteles, el concepto de 'símbolo' comenzó a evolucionar, adquiriendo la connotación de un suceso fortuito y utilizándose también en el intercambio entre dioses y humanos. Solo aquellos seres humanos inmersos en el significado de estos lenguajes simbólicos podían interpretar estos mensajes. Así, el símbolo se transformó gradualmente en el lenguaje de los dioses, accesible únicamente a quienes poseían la habilidad para realizar una hermenéutica del mensaje divino.

Semeîon, *tékmor* y *symbolon* en medicina

Para comprender el uso de estos términos en el contexto de la medicina, debemos hacer un breve recuento del origen de esta disciplina. En la antigua Grecia, los enfermos atribuían sus dolencias al castigo de los dioses y acudían al Templo de Epidauro con el fin de purificarse y recibir tratamiento de Asclepio, el dios de la medicina. Estos santuarios, estratégicamente ubicados en áreas montañosas o colinas cercanas a manantiales de aguas termales, atraían a multitudes de pacientes que eran atendidos por individuos que fusionaban la figura del sacerdote y el enfermero, personificando a Asclepio y supervisando los eventos milagrosos. En instalaciones clínicas que eran meras paredes utilizadas como dormitorios, se llevaban a cabo métodos curativos basados en el uso de aguas, hierbas, baños, purificaciones, masajes, fricciones y una combinación de sugestión, que incluía tanto exorcismos rituales como oraciones y sacrificios, buscando la perfección espiritual. Esta forma de medicina, con su enfoque mágico y supersticioso, llegó a dominar la práctica médica griega hasta aproximadamente el siglo V a. n. e.

Empédocles – El filósofo y médico de Agrigento, Sicilia

Empédocles (495-423 a. n. e) nació en Agrigento, en la costa de Sicilia, actual Italia, y fue un filósofo cuyos descubrimientos y reflexiones promoverán el surgimiento de una ciencia de la naturaleza y en especial de la medicina. Él fue quien propuso la existencia de cuatro elementos primarios que constituían la esencia misma de la naturaleza (*phýsis*): tierra, aire, fuego y agua. Se conoce como la «teoría de los cuatro elementos», integrando las perspectivas del *arjé*, o 'principio', de Tales de Mileto (agua), Heráclito de Éfeso (fuego), Anaxímenes de Mileto (aire) y Jenófanes de Colofón (tierra). Sostuvo que estos elementos coexisten en diversas combinaciones en las entidades terrenales y, al combinarse, dan origen a todas las manifestaciones del mundo. Según su visión, estos elementos eran influenciados por dos fuerzas cósmicas opuestas que explicaban el dinamismo del mundo: el amor, responsable de la unión y atracción, y el odio, encargado de la separación y repulsión. En consonancia con esta perspectiva, Empédocles consideraba al ser humano como una combinación de estos cuatro elementos, reflejando así la analogía entre el microcosmos y el macrocosmos, es decir, la *phýsis*. La naturaleza se concebía como una amalgama de energía y formas físicas, incluyendo cuerpos en estados sólidos, líquidos y gaseosos. De manera análoga, el ser humano estaba compuesto de los cuatro elementos primarios: el agua se asociaba con la orina y las lágrimas, la tierra con los músculos y los huesos, el aire con la sangre, y el fuego con el calor interno del cuerpo.

El cosmos está regido por patrones cíclicos y representa la totalidad de todos sus componentes. Dado que el cuerpo humano está constituido por los mismos cuatro elementos presentes en el cosmos, es posible explorar el cosmos a través del conocimiento de nuestro propio cuerpo. En consecuencia, el método analógico emerge como el enfoque más idóneo para comprender la *phýsis*, ya que a través de las realidades particulares se puede acceder al entendimiento de la totalidad. Esta perspectiva despertó el interés de Empédocles en comprender el funcionamiento del cuerpo humano. Definió la salud como equilibrio y la enfermedad como una consecuencia del desequilibrio de los cuatro elementos fundamentales, y creyó en la capacidad humana para intervenir y modificar el curso de una enfermedad.

Siendo tanto médico como filósofo, Empédocles fusionó sus conceptos cosmológicos con su enfoque médico, dando forma a la doctrina de los cuatro elementos. En esta teoría, el tratamiento se enfocaba en restablecer un equilibrio adecuado de los elementos al controlar dos conjuntos de cualidades antagónicas: calor y frío, humedad y sequedad, que determinaban la naturaleza de los elementos. El fuego se asociaba con el calor y la sequedad; el aire, con el calor y la humedad; el agua, con el frío y la humedad; y la tierra, con el frío y la sequedad. Por ejemplo, si un individuo padecía fiebre, se consideraba que requería un aumento de frío; si experimentaba escalofríos, se pensaba que necesitaba más calor. Es evidente que estas teorías carecían de fundamentos fisiológicos sólidos y resultaba difícil que una práctica médica basada en ellas tuviera efectos positivos.

Alcmeón – El filósofo y médico de Crotona, Italia

Alcmeón fue un filósofo pitagórico del siglo VI a. n. e. que nació en Crotona, una ciudad en la península itálica. Se enfocó en el campo de la medicina y reemplazó el principio de la analogía por un enfoque basado en la observación y la experimentación. Participó en la primera escuela médica, establecida en la ciudad de Cnido alrededor del año 700 a. n. e., donde se originó la práctica de observar detenidamente a los pacientes. Este enfoque marcó el inicio de una medicina laica que buscaba fundamentarse en razonamientos lógicos, desligándose de prácticas milagrosas. Se empezó a concebir la enfermedad como un trastorno desvinculado de fenómenos religiosos, lo que sentó las bases para una medicina basada en la razón y la ciencia. La teoría de Alcmeón sobre la salud marcó un quiebre con los métodos curativos rituales predominantes en la medicina griega de la época, como las plegarias (*eukhé*) a deidades sanadoras como Asclepio y las danzas o rituales curativos dedicados al dios Dioniso.

Las doctrinas de Alcmeón de Crotona, expuestas en su obra *Sobre la naturaleza* hacia finales del siglo VI a. n. e., que deliberadamente omite la controversia sobre el principio originario tan debatido por los *physiólogoi* presocráticos, es particularmente iluminadora en cuanto a su examen del conocimiento. Alcmeón propone que la percepción sensorial es compartida por todas las formas de vida, mientras que la comprensión analítica se presenta como una facultad exclusivamente humana que sintetiza la vivencia y se reconoce a sí misma como un proceso cognoscitivo. No obstante, quizás lo más impactante en relación con nuestra indagación sea su perspectiva sobre la epistemología humana. Alcmeón asienta que:

> Acerca de las cosas invisibles y acerca de las mortales los dioses tienen ciertamente evidencia, mientras que como hombres, el conjeturar (por indicios: *tekmaíresthai*), etc.[162]

La terapéutica tenía como objetivo primordial restablecer los equilibrios internos del cuerpo, promoviendo la eucrasia (un estado de armonía) y la isonomía (equilibrio). Se concebía la enfermedad como un desajuste en estos equilibrios y la terapéutica se centraba en restaurar el orden alterado por la enfermedad. Su enfoque terapéutico se basaba en el principio de curar mediante contrarios: cada exceso o desequilibrio se contrarrestaba con tratamientos que poseían cualidades opuestas a aquellas responsables de la enfermedad. Los registros históricos de la medicina conceden un valor determinante al trabajo de Alcmeón, considerándolo el punto de partida de la medicina clásica y técnica, y señalando su contribución como el quiebre fundamental con la medicina simbólica. Alcmeón abrió un camino hacia la práctica médica fundamentada en la observación de señales, la formulación de hipótesis y la validación a través de pruebas y evidencias.

La escuela de salud Cnidia de la Grecia Clásica

Siguiendo la línea de Alcmeón de Crotona, la medicina mágica fue desapareciendo y se originó la medicina laica. Esta evolución se desarrolló a través de diversas escuelas de medicina en lugares como Cirene, Rodas, Cnido y Cos, cada una con matices particulares, basadas en distintas filosofías. Se observa una ruptura teórica

162. Alcmeón de Crotona, *Fragmentos presocráticos*, ed. Hermann Diels y Walther Kranz, trad. e introd. Constantino Láscaris Comneno (San José: Universidad de Costa Rica, 2021), DK B1, 397.

que estaba marcada por los intentos de integrar el saber sobre el cuerpo humano y las enfermedades en un cuadro general de la explicación del mundo. Entre los siglos VI y V a. n. e., la medicina se transformó en un saber técnico (*téchne*), sistematizable en una serie de reglas y principios, fundado en el conocimiento racional de la naturaleza humana (*phýsis*).

Una de las primeras escuelas que surgió en la costa de Cnido, en Asia Menor, y posteriormente se estableció en Italia, se enfocaba principalmente en la enfermedad como una entidad independiente. Esta escuela no ponía énfasis en el estado general de los pacientes; su interés radicaba en la patología como objeto de estudio. Basándose casi exclusivamente en el empirismo, los médicos de esta escuela observaban los síntomas de los enfermos y las reacciones causadas por diversas plantas, archivando esta información en sus registros clínicos. Frente a un paciente, comparaban los síntomas con casos previos exitosos y aplicaban tratamientos similares, sin buscar explicaciones más allá ni desarrollar un marco teórico. No tenían un entendimiento definido de la enfermedad ni de por qué ciertos tratamientos funcionaban mientras otros no; su enfoque se basaba en las observaciones recopiladas por los médicos de la escuela. La importancia del diagnóstico detallado era enfatizada, similar a la labor de un detective que recopila pistas. Sin embargo, su excesivo enfoque en el diagnóstico llevaba a una acumulación caótica de signos clínicos que no permitía generalizar las características de las enfermedades y determinar tratamientos efectivos.

La escuela de salud Hipocrática de Cos

Hipócrates (460-377 a. n. e.) nació en la Isla de Cos, actual Grecia. Dice la tradición que descendía de una estirpe de médicos-sacerdotes, aunque claramente se vio influenciado por Empédocles y Alcmeón de Crotona. Es llamado el padre de la medicina moderna porque desarrolló un sistema racional basado en la observación y la experiencia, repitiendo las observaciones hasta conocer los signos distintivos de cada síndrome. Se le atribuye el salto de la medicina mágica a la científica. Además de fundar la medicina racional, fue el precursor de la ética médica. Su legado incluye el famoso juramento hipocrático, recitado en la actualidad por los graduados de las facultades de medicina al culminar sus estudios. Aunque no tuvo un encuentro personal con Sócrates, siendo contemporáneo suyo, estaba al tanto de los principios éticos difundidos por toda la Grecia antigua. Para Hipócrates, el concepto del bien se erige como el fundamento primordial y universal de la ética, siendo, por ende, el fin supremo del ser humano.

Los seguidores de Hipócrates también buscaron identificar en el individuo aquello que lo hacía singular e irrepetible, expresando la idea de que «no existen enfermedades, sino enfermos». Desde una perspectiva filosófica, se establece una clasificación del orden natural (*phýsis*) como el bien y el desorden (caos) como el mal. La salud prevalece cuando existe un orden físico (*physiologya*), mientras que la enfermedad emerge a partir de la falta de equilibrio o desorden.

Los hipocráticos creían que habían encontrado la clave para explicar el organismo. El médico griego propuso la teoría de los cuatro humores, vinculando estos humores a los elementos aire, fuego, tierra y agua, identificados previamente por el filósofo Empédocles como componentes fundamentales de todo lo existente. Los cuatro elementos están adaptados en los organismos como humores, que son los equivalentes fisiológicos de los cuatro elementos de la naturaleza. El equilibrio y desequilibrio en las cantidades de estas sustancias en un organismo determinan la salud de este. Cada uno de estos humores expresaba características físicas específicas, siguiendo la corriente de pensamiento de la época que buscaba describir la realidad basándose en propiedades cotidianas y fácilmente identificables. La bilis negra se asociaba al elemento tierra, caracterizado por el frío y la sequedad; la bilis amarilla se relacionaba con el elemento fuego, que presentaba calidez y sequedad; la sangre estaba vinculada al elemento aire, con sus propiedades de calidez y humedad; y finalmente, la flema se asociaba al elemento agua, representando sus propiedades de frío y humedad. Los tratamientos médicos consistían en restaurar el equilibrio de los humores e incluían prácticas como la sangría, el uso de eméticos, lavativas y otros métodos.

Además de su enfoque teórico, el hipocratismo se distinguió por su enfoque práctico en la atención clínica y sus minuciosas observaciones sobre la progresión de los síntomas. El médico hipocrático se concebía como un colaborador de la naturaleza, procurando no interferir violentamente con ella. Evitaba intervenciones que pudiesen forzar o perjudicar el funcionamiento natural del organismo. Describió la enfermedad a partir de sus fases: inicio, incremento, el clímax y la resolución. Cada fase exhibía síntomas específicos que, interpretados adecuadamente por el médico, facilitaban la selección acertada del tratamiento. El momento crítico se encontraba en el clímax o acmé, instancia en la cual la enfermedad alcanzaba su punto álgido, se producía una crisis o fase de cocción y se dirimía el enfrentamiento entre las fuerzas curativas inherentes a la naturaleza y las destructivas propias de la enfermedad.

Los teóricos de la metafísica, inmersos en sus reflexiones, a menudo elucubran sobre la naturaleza simbólica de la enfermedad sin interactuar con su manifestación tangible en el enfermo. Se sumergen en la abstracción, en un esfuerzo por comprender lo oculto, descuidando las pistas ofrecidas por las manifestaciones visibles. Esta tendencia refiere a los filósofos que invierten su tiempo en teorizar e idear conceptos sin que ello contribuya al proceso de curación del paciente. La perspectiva hipocrática, sin embargo, abraza tanto la fenomenología de los síntomas como la especulación teórica sobre la naturaleza de la dolencia y así evita los extremos al integrar la observación con la especulación, desviándose de la unilateralidad de otras escuelas.

En el tratado *Sobre la medicina antigua*, el autor hipocrático se posiciona con una habilidad, una *téchne*, que se desmarca tanto del saber filosófico abstracto, arraigado en principios deductivos, como de la praxis rudimentaria de los cnidios. Él usaba estos términos para hablar de señales y para describir un tipo de habilidad o técnica en medicina que era diferente de la filosofía pura y de los métodos más básicos de otros médicos de su tiempo

El término *tekmérion* puede ser rastreado hasta los textos de figuras como Esquilo y Esopo del siglo VI a. n. e. y alcanza una mayor sistematización en las obras del *Corpus Hippocraticum*, donde *tekmérion* se invoca con mayor recurrencia. La precisión en la aplicación del concepto de *tekmérion* es un testimonio de la consolidación de la medicina como una disciplina distinguida y meticulosa.

La distinción entre las prácticas de la medicina temprana y las de la adivinación emerge como piedra angular en los escritos hipocráticos. Esta bifurcación es evidente en el tratado *Prorrético II*, cuyo propósito principal es el de desafiar la irracionalidad de las predicciones precisas, descritas como «magníficas y maravillosas» en el primer capítulo. Su enfoque se centra en demostrar la base científica de los pronósticos que se derivan de un conocimiento exhaustivo del cuerpo humano. El autor se presenta como un racionalista, equipado tanto con sentido común como con un conocimiento profundo del tema. En sus palabras, que critican las absurdas predicciones populares, el autor declara su intención:

> Yo, por mi parte, no haré adivinaciones (*manteúsômai*) de esa clase, sino que describo los signos (*semeîa dè grapho*) por medio de los cuales hay que conjeturar (*tekmaíresthai*), de entre los individuos, los que sanarán o morirán y cuáles morirán o sanarán en breve o a largo plazo.[163]

El concepto de *logismós* presentado en *Sobre la medicina antigua* encarna una lógica estructurada, un discernimiento que va más allá del simple «conjeturar» u «operar por medio de signos» (*tekmaíresthai*) como sugiere el texto sobre *Predicciones II*. Tal enfoque constituye un salto metodológico significativo: se desvía de los principios aplicados de forma analógica o deductiva, percibidos como dogmáticos por los médicos cosios, hacia un meticuloso escrutinio e interpretación de los síntomas basado en reglas emergentes de la práctica y la experiencia.

En la tradición médica inaugurada por Hipócrates, se observa una innovación fundamental en el paradigma del pensamiento médico:

163. Hipócrates, *Predicciones II*, en *Tratados hipocráticos II*, introd., trad. y notas de J. A. López Férez y E. García Novo (Madrid: Editorial Gredos, 1983), cap. 1, p.219.

la adopción de un enfoque semiótico para la interpretación de las enfermedades. Esta metodología, caracterizada por su uso de signos y símbolos, representa un avance significativo en la comprensión de los padecimientos humanos. La adopción de este enfoque semiótico posibilitó una observación más minuciosa y un análisis más profundo de los síntomas, allanando así el camino para el desarrollo de diagnósticos precisos y la aplicación de tratamientos efectivos.

Esta nueva metodología médica se enmarca en el terreno semiótico: discernir entre un signo como mero presagio y otro en su papel de evidencia concreta. Mientras que el presagio señala hacia una posibilidad, la evidencia cimenta un axioma; mientras que el indicio sugiere una opción, la confirmación establece un hecho. En el ámbito de la medicina hipocrática, se evidencia una distinción crítica entre dos categorías de señales: aquellas que meramente insinúan una eventualidad, asemejándose a presagios, y las que aportan verificación, equiparables a evidencias. Esta dualidad conceptual era esencial en la praxis de los médicos de la era hipocrática.

La medicina semiótica

En la esfera de la medicina antigua, se introduce el término *hékaston* para referirse a un evento que aún no se ha correlacionado de manera definitiva con el conjunto sistemático de la patología. Esta palabra es empleada para referirse a observaciones en pacientes cuya relación con enfermedades específicas aún no se había determinado con claridad. Dicha aproximación era semejante a poseer una pieza de un rompecabezas sin conocer su posición exacta. Esta evolución en el pensamiento médico marcó un tránsito hacia una aproximación más científica, donde la interpretación de signos y símbolos se convertía en piedra angular para el diagnóstico y comprensión de las patologías.

Un evento aislado que todavía no se ha determinado no se integrará al marco diagnóstico de una patología, debido a la incertidumbre sobre su relación causal con la enfermedad en cuestión. Consideremos un estornudo: este puede sugerir una infección respiratoria, un resfriado o quizás denotar una reacción alérgica. Solo ciertos fenómenos que se encuentran bajo observación

—aún clasificados como *hékaston*— pueden ascender a la categoría de *semeîon*, indicativos visibles (*tàphainómena*) que insinúan la presencia de elementos no percibidos directamente (*tà ádêla* o 'algo que no se ve'), y que potencialmente podrían estar interrelacionados. El término *hékaston* era utilizado para referirse a aquellos fenómenos que, aunque eran perceptibles, permanecían envueltos en un velo de misterio debido a la falta de comprensión integral. Estos médicos, al profundizar en sus observaciones y análisis, podían transformar un *hékaston*, esta incógnita inicial, en un *semeîon*. Este proceso de transición de lo meramente observado a lo significativamente interpretado implicaba un avance desde un estado de ambigüedad inicial hacia una etapa de mayor claridad conceptual.

La metodología hipocrática dio forma a un enfoque semiótico mediante un procedimiento dialéctico que inicia con el *hékaston* dado en la observación. Este instante se reconoce como la incipiente experiencia científica, que se transmuta en *semeîon* por medio de un proceso inferencial lógico-conceptual (*logismós*). La transición posterior al *tekmérion* señala una culminación: el sellado de un ciclo de entendimiento y la habilidad para actuar sobre variados *hékasta*. Así, el *semeîon* sería indicio y el *tekmérion* la prueba contundente.

En la metodología hipocrática, el proceso comenzaba con una observación cuidadosa de los eventos clínicos desplegándose en cuatro etapas distintas. En primer lugar, la atenta observación (*sképtomai*) de la realidad, orquestado por la normativa de analogía. Seguidamente, los médicos determinaban si lo observado constituía un *semeîon*, interpretado como un indicador inicial, o un *tekmérion*, que era considerado una prueba más definitiva. Basándose en estas observaciones, formulaban hipótesis para explicar el significado del *semeîon*. En ocasiones, realizaban experimentos para comprobar la validez de sus hipótesis. Los textos hipocráticos distinguen claramente entre *semeîon* y *tekmérion*: mientras que el *semeîon* se considera una señal que puede sugerir la presencia de una enfermedad, el *tekmérion* se establece como una prueba más concluyente y específica de la misma. Este enfoque escalonado demuestra cómo los médicos antiguos avanzaban gradualmente desde la simple observación hasta alcanzar conclusiones firmes y fundamentadas sobre diversas enfermedades.

Existe una pluralidad de fragmentos dentro de los escritos hipocráticos que iluminan la diferenciación semántica entre los términos *semeîon* y *tekmérion*. Mientras que *semeîon* alude a un signo que potencialmente puede ser interpretado como un indicio sintomático de una patología, *tekmérion* asciende a la categoría de evidencia o prueba, prácticamente irrefutable, de dicha afección. Como ilustra el compendio final de *El pronóstico*, cuyo redactor sintetiza:

> Muy al principio tómense en consideración la fuerza de las epidemias, y la constitución del tiempo. Importa no olvidar las señales que suministran conjeturas ciertas y las restantes también, entendiendo que en todos los años y tiempos, el signo (*semaínei*) bueno indica bien, y el malo, mal. Porque en Libia, Delos y Scitia las señales (*aletheonta semeîa*) dichas son verdaderas.[164]

Frente a las realidades que se esconden de una percepción directa, existen aquellas que se manifiestan mediante mediadores. Identificamos un tipo de causalidad que se revela a través de sus consecuencias. Una noción análoga se halla en la epistemología vedántica, particularmente en sus instrumentos de cognición, conocidos como *pramāṇas*. Dentro de estos, destaca el *pratyakṣa*, o 'lo que es evidente', vinculado al conocimiento que deriva de la experiencia sensorial. El *pratyakṣa* sostiene que primero obtenemos datos a través de los sentidos y, mediante la deliberación, llegamos a comprenderlos. A su vez, la *anumāna*, o 'inferencia', se vale de la lógica para formular conclusiones a partir de premisas aceptadas. La medicina, como campo de conocimiento, adopta esta estrategia al estudiar la causa a partir del efecto, ya que el médico no entra en contacto directo con la enfermedad misma —condiciones como el resfriado, el asma o la peste son entidades indetectables a los sentidos por carecer de cualidades observables. Sin embargo, se tiene al paciente y, por ende, a través de los síntomas que este presenta, se pueden deducir las patologías subyacentes. Dicho proceso, el de deducir la causa subyacente mediante indicios, es un

164. Hipócrates, *Pronósticos*, en Aforismos y pronósticos de Hipócrates, trad. Manuel Carpio (México: Oficina de D. Mariano Ontiveros, 1823), vv. 35–36, pp.92-93.

método esencial de la semiótica médica. En resumidas cuentas, el síntoma funge como el signo indicativo de la enfermedad.

Los hipocráticos se consideraban científicos y despreciaban a los filósofos a quienes consideraban más cercanos a la poesía y la literatura, ya que carecían de rigor en su especulación. Por otro lado, los médicos poseían pruebas concretas de lo que afirmaban porque tenían contacto y experiencia científica con el ser humano. Dichas pruebas les permitían validar cada una de sus afirmaciones. La demarcación de la medicina como disciplina autónoma de la filosofía no surge de un objetivo divergente, sino de la búsqueda de un conocimiento veraz sobre la naturaleza. En la tradición hipocrática, la comprensión de la naturaleza humana emerge de la observación meticulosa y la experiencia práctica. Contrasta esta metodología con la filosofía, cuyo dominio radica en la reflexión profunda y en la construcción teórica. Hablar de la metodología epistemológica hipocrática es, pues, referirse a su técnica distintiva de acercamiento a la verdad. Esta técnica puede ser interpretada como simbólica: los médicos, a través del análisis de síntomas y signos físicos, descifran el idioma complejo de la salud y la enfermedad. Dicha interpretación permite a los médicos descubrir y comprender las realidades subyacentes del ser humano, similar a cómo un lector sagaz entiende el texto más allá de las palabras impresas. Por tanto, a pesar de que los hipocráticos rechazaban la especulación filosófica, su metodología revela una rica gama de significados implícitos en la corporeidad, que a su vez ilumina aspectos fundamentales de la condición humana.

Semeîon, *tékmor* y *symbolon* en filosofía y el desarrollo del conocimiento

Alcmeón de Crotona sostuvo, como hemos dicho, que «Acerca de las cosas invisibles y acerca de las mortales los dioses tienen ciertamente evidencia, mientras que como hombres, el conjeturar (por indicios: *tekmaíresthai*), etc.».[165]

165. Alcmeón de Crotona, *Fragmentos presocráticos*, ed. Hermann Diels y Walther Kranz, trad. e introd. Constantino Láscaris Comneno (San José: Universidad de Costa Rica, 2021), DK B1, 397.

Esta observación halla un paralelo en la reflexión de Santo Tomás de Aquino (1225-1274 n. e.), quien postuló que la evidencia de Dios es una verdad inmanente a la divinidad misma, pero esta no se presenta con la misma claridad a la comprensión humana. Por eso, su conocimiento se da de manera ascendente y empieza por el ente, como vemos en la crítica a Anselmo y su argumento ontológico. Ambos pensamientos, separados por milenios, destacan un elemento común en el trayecto intelectual humano: la verdad absoluta es dominio de lo divino, mientras que el hombre se enfrenta al reto constante de descifrar signos para alcanzar un entendimiento de su mundo.

El principio de analogía, tal como postuló Empédocles, descansa sobre la noción de la *phýsis* como un orden cósmico preestablecido, regulado por leyes que dictan una secuencia cíclica inevitable y que, en su esencia, remiten a un fundamento primordial o *arjé*. Este fundamento podría ser una entidad única —agua, aire o el ápeiron de los primeros pensadores jónicos— o una síntesis de los cuatro elementos clásicos. Este *arjé* es el que confiere sentido, tanto al cosmos en su magnitud, como a los entes singulares que lo integran. Cada ente observable encierra dentro de sí la razón de su existencia, su principio originario. De este modo, para penetrar en el conocimiento de la *phýsis*, el enfoque analógico se revela como el más acertado, pues la comprensión de entidades singulares facilita, por extensión, el entendimiento del orden cósmico integral. Empédocles sostiene una teoría que posiciona al ser humano como un 'microcosmos', es decir, una representación en pequeña escala de la *phýsis*. Este planteamiento se sustenta en la premisa de que «lo semejante conoce lo semejante»; las emanaciones que emanan de los objetos penetran los poros del ser humano hasta hallar correspondencia con elementos afines presentes en nosotros. Empédocles articula este concepto cuando afirma que:

> Con tierra, pues, vemos la tierra, con agua el agua, con éter el éter venerable, y con fuego, el fuego destructor;

> asimismo el amor lo vemos con amor y la discordia con discordia miserable.[166]

Empédocles sostiene que el cosmos es un reflejo de lo divino, del mismo modo que la humanidad, a su vez, refleja al cosmos. De esta forma, la existencia humana actúa como una manifestación del orden cósmico, y, de manera recíproca, el cosmos se convierte en una señal de lo divino. Alcmeón de Crotona arguyó que el conocimiento humano se ancla en la interpretación de signos, asignando al simbolismo un papel indispensable en nuestra comprensión del mundo. En ausencia de la humanidad, el significado de los símbolos se desvanecería perdiendo su resonancia. La propuesta de Alcmeón no es meramente una teoría sensorial basada en los opuestos; es, más bien, un preludio al conocimiento médico como lo concibieron los hipocráticos, que lo llevarían a su expresión más depurada, el razonamiento a través de signos, suposiciones y evidencias empíricas.

Este enfoque integra herramientas semióticas tan diversas como los íconos y los índices en la nomenclatura que Charles Sanders Peirce establecería veinticinco siglos más tarde, con sus correspondientes normas interpretativas, cuya primera requiere de inventiva, mientras que la segunda se funda en la experiencia. Como veremos más adelante en mayor detalle, en la década de 1860 Peirce inició sus reflexiones sobre el campo que él mismo denominó «semeiótica», término que alude al estudio filosófico de los signos. Sus ideas surgieron paralelamente al desarrollo de su sistema de tres categorías. A lo largo del siglo XX, *semiótica* se convirtió en un término paraguas bajo el cual se englobaron diversas corrientes en el estudio de los signos, entre las que se incluía la semiología de Ferdinand de Saussure. Esta última, originada en la lingüística, se desarrolló de manera independiente.

Peirce acuñó el concepto de *semiosis* (o *semeiosis*), definiéndolo como un proceso que involucra la interacción de tres entidades: un signo, su objeto y su interpretante. Este proceso triádico, según Peirce, es

166. Empédocles, *Fragmentos presocráticos: de Tales a Demócrito*, introd., trad. y notas de Alberto Bernabé (Madrid: Alianza Editorial, 2008), frag. 77 = DK 109, 222.

irreducible a interacciones binarias. Para él, esta relación era crucial para entender la «lógica como semiótica formal», refiriéndose aquí a la lógica en un sentido filosófico. Con el tiempo, dividió este campo en tres ramas: (1) la gramática especulativa, o estequiología, que examina los elementos fundamentales de la *semiosis* y las maneras en que los signos pueden significar, incluyendo la clasificación de signos, objetos e interpretantes y sus combinaciones; (2) la crítica lógica, enfocada en los modos de inferencia; y (3) la retórica especulativa, que contempla la teoría filosófica de la indagación, integrando su versión del pragmatismo. El método científico contemporáneo debe asignar un papel preciso a cada una dentro del proceso investigativo.

En lo que concierne a la repercusión de la praxis hipocrática sobre la filosofía, su influencia parece ser particularmente palpable en el enfoque socrático de enfrentar dilemas y desentrañar problemáticas. En la esfera de los fundamentos filosóficos, la inquietud compartida era más una reflexión sobre la esencia humana que una exploración exhaustiva del cosmos, al menos en la manera en que los antiguos naturalistas lo concebían. La tesis central sostiene que, al ser el ser humano la entidad más íntimamente conocida por nosotros es a través de su comprensión que podemos asir la realidad en su conjunto. En cuanto a la metodología, su firme inclinación hacia la inducción y su visión del conocimiento como una habilidad técnica, o *téchne*, resonaban con el enfoque médico. Estos preceptos fueron considerados lo suficientemente importantes como para ser inscritos en el Oráculo de Delfos mediante la máxima: *gnōthi sauton* (Γνῶθι σαυτόν), o 'conócete a ti mismo'.

Según Heidegger, es a través del estudio del *Dasein*, cuya supremacía ontológica es indiscutible, que podemos llegar a comprender el Ser en su totalidad. En esta línea, Sócrates emerge como un genuino clínico de la psique, pues su diligencia hacia la salud moral de sus discípulos era tan vehemente como su cuidado por su bienestar físico, erigiéndose primordialmente como el «médico del alma». En efecto, su método mayéutico es análogo al de la obstetricia, facilitando el alumbramiento de la verdad, aunque sin ahorrar los dolores de parto. Observando a Sócrates, Platón y Aristóteles, nos percatamos de que la práctica médica inicia su trayecto en el ámbito de lo perceptible y se dirige hacia lo metafísico, un tránsito que podría caracterizarse como una transfiguración simbólica. Existe una progresión dialéctica que asciende de lo concreto a lo abstracto, de la realidad fenomenal a la esencia oculta. En el discurso platónico, la dialéctica se erige como la vía regia del pensamiento, un tránsito del logos que nos lleva de un concepto a otro en una búsqueda ascendente de la verdad.

El dogmático y sectario, por su parte, confunde el símbolo con su referente, quedando atrapado en la inmovilidad y estancado en la superficie. En el ocaso de su vida, Sócrates encarga a Critón: «Le debemos un gallo a Asclepio, así que páguenselo y no lo descuides».[167] Esta deuda simbólica al dios Asclepio, patrono de la sanación y venerado en enclaves sagrados como Epidauro, refleja el lazo ancestral entre la medicina y lo divino. La estirpe de Hipócrates, según la tradición, se remonta a esta deidad. La interdependencia entre diferentes áreas del saber resalta un principio esencial: el conocimiento se construye de manera acumulativa y abarca múltiples disciplinas. Desde la medicina hasta la filosofía, cada especialidad aporta piezas clave para el entendimiento integral de la naturaleza humana. Este proceso, en el que se entrelazan campos diversos, enriquece nuestra percepción del Ser y su existencia. En este marco, el estudio histórico, más allá de ser un simple acopio de datos, se erige como un relato enriquecedor. Este relato nos permite explorar y entender las intrincadas realidades de la vida humana. Mientras la medicina se enfoca en sanar el cuerpo, la historia y la filosofía se adentran en el alma, proporcionando luces sobre cómo vivir de forma ética y tomar decisiones políticas conscientes.

En conclusión, la indagación en la medicina antigua y la historia trasciende el ámbito puramente académico y se convierte en un puente hacia las tradiciones y el conocimiento acumulado que han forjado nuestra civilización. Estos ámbitos del saber nos invitan a valorar las enseñanzas del pasado, aplicándolas para iluminar y mejorar nuestro futuro. Debemos considerar que Sócrates, junto con el enfoque empírico-médico, cataliza la transición hacia una

167. Platón, *Fedro*, en *Diálogos III: Fedón, Banquete, Fedro*, trad., introd. y notas de C. García Gual, M. Martínez Hernández y E. Lledó Íñigo (Madrid: Editorial Gredos, 1988), v.118b, p.141.

visión teleológica de la naturaleza y del ser humano, culminando en la perspectiva biológica que Aristóteles sostendrá del cosmos. Esta praxis dialéctica, empleada por Sócrates, Platón y Aristóteles, se destaca por su rigor y su capacidad de transmutar lo empírico en filosófico. La confluencia de la filosofía con la medicina, aunque parece circunstancial, es de considerable significación y se presenta como una coyuntura más que como una constante.

Pese al respeto que Platón asigna a la medicina en el extracto del *Fedro* (270b-d), su postura revela capas de mayor profundidad y sutileza. Platón, en dicho pasaje, traza un paralelismo comparando la medicina con la retórica. No sorprende, por tanto, que, en esta instancia, critique a la retórica como un arte que toca el alma, pero lamentablemente desvirtuado por «pero los autores actuales de artes oratorias», pues «son astutos y se disimulan, aunque tienen un excelente conocimiento del alma» (271c).[168] En su diálogo *Gorgias*, y más precisamente a partir del pasaje 464a, Platón adjudica a la retórica una posición ambigua. Mientras que, por un lado, la distingue de la medicina —a la que le reconoce un margen de legitimidad—, por otro lado, la asimila a la gastronomía. Esta última, en palabras de Platón (*Gorgias*, 465a), se desvanece como arte genuino, ya que no es *téchne*, dado que, según sus términos, «yo no llamo "arte" a lo que es irracional» (*álogon pragma*).[169]

En el pensamiento platónico, la esencia del arte se encuentra en la imitación lúcida y calculada de la naturaleza, o, lo que es lo mismo, en la utilización de la razón para reflejarla. Así, aquellas disciplinas que no emplean la razón para emular a la naturaleza no cumplen con el estándar del arte. La navegación y la gastronomía, al obviar el uso de categorías numéricas y medidas, no satisfacen este criterio artístico porque, en la visión de Platón, el arte está intermediado por la racionalidad. Y para él, la racionalidad se identifica con la razón matemática; la razón es equivalente a la idea, la idea a

168. Platón, *Fedro*, ed. bilingüe, introd., trad. y notas de Armando Poratti (Madrid: Ediciones Akal, 2010), 271c, p.199.

169. Platón, *Gorgias*, en *Diálogos II*, trad., introd. y notas de J. Calonge Ruiz, E. Acosta Méndez, F. J. Olivieri y J. L. Calvo (Madrid: Editorial Gredos, 1983), 465ª, p.50.

la forma, y la forma, a su vez, es interpretada como geometría. Sin embargo, esta disposición apacible es meramente superficial. En el *Filebo* (56b), Platón despoja expresamente a ciertas prácticas, entre ellas la medicina, la estrategia y la navegación, del estatus científico por su desvinculación del número, la medida y el peso. Platón, en su exploración de la retórica y la medicina, hace uso de argumentaciones que requieren una inmersión en su marco filosófico para ser plenamente aprehendidas.

No obstante, no debemos pasar por alto los argumentos adicionales que sí vinculan ambas disciplinas. La medicina y la retórica, históricamente, se han considerado dominios de aquellos poseedores de *metis*, o 'astucia práctica'. El navegante, el sofista, el médico y el político operan en esferas marcadas por el flujo y la transformación. Tanto la enfermedad como la oratoria se asemejan a entidades tan impredecibles y desafiantes como el océano o el metal fundido: abordarlos requiere anticipar la oportunidad efímera para sortear dichas fuerzas cambiantes. Además, esta relación explica por qué las estratagemas empleadas por deidades, hombres y ciertas criaturas se catalogan como *sophísmata*, o 'engaños'.

Esta conexión histórica, entre múltiples razones, fundamenta el rechazo al conocimiento especulativo de la conjetura en favor de la certeza de la episteme, el conocimiento firme, seguro y verdadero. Aristóteles, cuyo linaje incluye a un médico, adopta una postura que se desvía de la de su antecesor, Platón. Su filosofía ética, y más precisamente su interpretación de la prudencia, se alinea más íntimamente con la praxis médica —una arena que confronta la realidad tangible— que con el idealismo platónico de formas invariables. La virtud ética, según Aristóteles, se sitúa en un justo medio, definido no desde una perspectiva geométrica impersonal, sino desde la individualidad del sujeto en cuestión (*Ética Nicomaquea* II, 6, 1106ª, 29-33). Esta resuena más con la práctica médica, enraizada en el conocimiento tangible de la realidad, que con los principios eternos y estáticos de Platón. Ejemplifica con la nutrición diferenciada entre un atleta establecido y un novato, subrayando la singularidad de cada situación.

Además, Aristóteles rescata el conocimiento conjetural, que Platón desestimaba, reconociendo su validez en contextos específicos como la retórica, donde el razonamiento mantiene su valor incluso desprovisto de certeza empírica. Aunque desprovisto de certeza absoluta, sigue siendo un ejercicio de racionalidad. La interacción dinámica entre la filosofía, la medicina y la retórica, tal como la exploraron pensadores clásicos como Sócrates, Platón y Aristóteles, tiene relevancia hasta hoy. Profundizando en esta temática, resulta fascinante considerar cómo estas nociones antiguas se podrían recontextualizar para abordar las cuestiones éticas y pragmáticas contemporáneas. Por un lado, la perspectiva teleológica aristotélica, que interpreta cada aspecto de la naturaleza y la humanidad como parte de un propósito más amplio, ofrece valiosas perspectivas para el debate moderno sobre la sostenibilidad y la ética medioambiental. Dicha visión podría fomentar un manejo de los recursos y una conservación del entorno más integrados y enfocados en objetivos claros.

Por otro lado, las observaciones de Platón sobre la retórica, criticada por su desviación del verdadero arte a pesar de su potencial para impactar el alma, encuentran un eco en nuestra era, donde frecuentemente se manipula la información. La urgencia de un diálogo auténtico y transparente se hace imperativa en un mundo plagado de información falsa y publicidad engañosa. A su vez, Aristóteles, con su valoración del conocimiento conjetural y la práctica médica, nos invita a reflexionar sobre la importancia de la adaptabilidad y el pensamiento crítico en una época marcada por la incertidumbre y el cambio constante. En un contexto donde la certeza absoluta es una rareza, la habilidad para adaptarse a situaciones cambiantes y tomar decisiones informadas es crucial. Además, la noción aristotélica de que la ética debe ser contextual y basada en la individualidad es especialmente pertinente para dilemas éticos modernos. Son varias las áreas donde las decisiones éticas deben considerar principios universales y también las particularidades y complejidades de cada caso. Las reflexiones de estos filósofos sobre la sinergia entre distintas disciplinas nos ofrecen una perspectiva de su época y un marco valioso para enfrentar los retos éticos, filosóficos y prácticos que emergen en nuestro tiempo.

La distinción entre el conocimiento conjetural y el conocimiento verificado se personifica en las figuras mitológicas de Metis y Tetis. Así, el concepto de *semeîon* se engendra desde Metis, la cual personifica la sabiduría en su forma más probabilística, no absoluta. Metis encarna la sabiduría pragmática y probabilística, esa facultad astuta y adaptable que se nutre de la observación y la experiencia. Aunque carece de certeza absoluta, su agudeza reside en la capacidad de forjar predicciones basadas en un cúmulo de vivencias pasadas. Esta modalidad de conocimiento se asemeja a la labor de un chef o un navegante, quienes, enfrentados a la urgencia de las circunstancias cambiantes, deben confiar en su pericia y astucia para tomar decisiones críticas. Ellos no disponen de un manual infalible o un itinerario detallado que guíe cada paso, sino que su maestría se revela en la habilidad de adaptarse dinámicamente a los desafíos emergentes. En contraste, Tetis representa la certeza, la cual es la compañera ineludible del matemático, cuyos cálculos producen resultados invariables. Pero un estratega militar, a diferencia de un matemático, no puede garantizar la victoria en todas las batallas, ya que su arte se asienta en variables y conjeturas. Cada confrontación es un ente único, exigiendo del estratega una capacidad de adaptación y una perspicacia táctica que reconoce y responde a la singularidad de cada situación bélica. Un general se ve confrontado con la incertidumbre del conflicto, donde no todas las batallas se ganan con la misma fórmula. Aquí, la sabiduría no se halla en la rigidez, sino en la flexibilidad y la capacidad de navegar por el impredecible terreno del conflicto. Esta relación filial entre *semeîon* y *metis* sugiere que el conocimiento empírico, arraigado en la experiencia y en la inferencia, es, de hecho, descendiente de una inteligencia que prospera en la predicción y en la adaptación más que en la certeza inmutable.

La aplicación frecuente de analogías médicas en este y otros discursos no es meramente casual. Sin embargo, históricamente, el desarrollo filosófico y científico ha tendido a alinearse más con la visión platónica que con la aristotélica. Es importante no perder de vista que la medicina, a lo largo del tiempo, ha encontrado nuevos senderos para influir en el pensamiento. De manera significativa, el empirismo filosófico moderno debe más a la metodología pragmática de la medicina helénica que a la especulación abstracta de la filosofía antigua.

Históricamente, los dominios de la ciencia y la filosofía han tendido a emular la constancia de Tetis, en su búsqueda de verdades definitivas y axiomáticas. Esta aproximación se caracteriza por una inclinación hacia principios inmutables, reflejando un anhelo de certidumbre absoluta en el conocimiento. En contraste, la medicina, con su naturaleza inherente de fluidez y adaptación a las necesidades en constante cambio de los pacientes, resuena más con la esencia de Metis. En la contemporaneidad, observamos una evolución en las perspectivas científicas y filosóficas, una que se inclina progresivamente hacia esta flexibilidad y pragmatismo, reminiscente del enfoque metódico de la medicina helénica. Estas tendencias actuales marcan un desplazamiento significativo de la rigidez tradicional, abrazando en su lugar un paradigma más dinámico y adaptable en la búsqueda del conocimiento y la verdad.

En nuestro esfuerzo expositivo, hemos intentado ilustrar cómo *semeîon* y *tékmor* son instrumentos para discernir realidades que no se revelan de manera directa, sino indirectamente, a través de intermediarios. La condición del navegante, así como la del cocinero, el médico, el astrónomo, el adivino y el profeta, se ha analizado en el contexto de signos indicativos; signos que, en lugar de presentar el símbolo de forma inmediata, lo anuncian a través de sus propias manifestaciones. Visualicemos *semeîon* y *tékmor* como elementos análogos a las pistas en una investigación detectivesca, cuyo propósito no es revelar la solución de manera explícita, sino guiar hacia ella mediante un proceso deductivo. Esta metodología encuentra paralelismos en diversas profesiones: un chef interpretando los sutiles indicadores de sabor y textura, un médico diagnosticando a partir de síntomas no siempre evidentes, o un astrónomo descifrando los misterios del cosmos a través de señales celestes. En cada uno de estos ejemplos, la percepción aguda y el razonamiento inferencial son cruciales para trascender la superficie aparente y acceder a una comprensión más profunda de realidades ocultas o no inmediatamente perceptibles.

Explorando lo trascendental mediante el símbolo

En cierta forma, Hipócrates se dio cuenta de que pensar no conduce a ninguna parte, sino que nos lleva a movernos en círculos viciosos. Los filósofos, en su búsqueda de la verdad, avanzan con rapidez, pero a menudo sin alcanzar un destino definitivo. Es imprescindible entender esto a fondo, ya que, sin tal comprensión, la práctica de la meditación, que –como veremos más adelante– es el auténtico medicamento para nuestra enfermedad egoica, permanece inaccesible. La meditación, en este contexto, es antitética a la filosofía, pues no se basa en el acto de pensar. La filosofía se distingue de la ciencia y la religión por su naturaleza interrogativa perpetua; no busca respuestas definitivas, sino que se dedica al arte de cuestionar. Al analizar las respuestas filosóficas, uno se percata de que son meramente superficiales, desprovistas de contenido esencial. Las conclusiones de la filosofía, lejos de ser definitivas, abren puertas a nuevos enigmas. La filosofía, en lugar de experimentar con la realidad, se limita a la reflexión y especulación teórica.

Por otro lado, tanto la ciencia como la religión alcanzan respuestas concretas, no meramente a través del pensamiento, sino por medio de la experimentación. Este proceso experimental es fundamental, pues mientras el pensamiento sirve como un andamiaje, son los experimentos los que generan respuestas definitivas. En la ciencia, la experimentación se caracteriza por su naturaleza objetiva; el científico, armado con instrumentos y métodos, se mantiene alejado del fenómeno estudiado. En contraste, en el terreno de la religión, la experimentación adquiere un carácter subjetivo y profundo, en el cual el experimentador participa activamente y se convierte en el centro del experimento. Esta experimentación religiosa se manifiesta como una transformación total del individuo.

La especulación acerca de conceptos como el paraíso, la iluminación o la divinidad, desprovista de la vivencia directa, resulta infructuosa. La mera memorización de escrituras sagradas y la proyección de una imagen de devoción no equivalen a la experiencia religiosa auténtica, que es en esencia una vivencia directa profunda y transformadora en la que el individuo no solo es el observador, sino también el laboratorio y el objeto de estudio, conduciéndonos a una experiencia de cambio y reconocimiento interior. La vivencia religiosa, en este sentido, trasciende el mero experimento para convertirse en una experiencia auténtica. Al mismo tiempo, es crucial recordar que, mientras pensamos acerca de Dios, del alma, la iluminación o la realidad ultraterrena podemos generar la ilusión de conocimiento, siendo esta una representación inherentemente engañosa que poco tiene que ver con la auténtica vivencia religiosa. La noción de saber «acerca de» Dios es una empresa epistemológica fútil, sino que, como tal, subvierte la esencia misma de la sabiduría.

El verdadero conocimiento de Dios trasciende el marco conceptual ordinario; no es un «saber acerca de», sino un «conocer a» Dios. En esta distinción, sutil pero profunda, yace la génesis de la filosofía teológica: una exploración que reconoce sus propios límites conceptuales en la búsqueda de lo divino. La filosofía, en su intento por articular lo inefable, se revela como un diálogo continuo con lo desconocido, un esfuerzo por iluminar las sombras que envuelven las verdades últimas de la existencia. La noción de «conocer acerca» de Dios resulta paradójicamente distante. La aproximación conceptual a la divinidad nos distancia intrínsecamente de conocer a Dios. En realidad, es posible experimentar a Dios directamente, pero el conocimiento «acerca» de Dios es una contradicción en sí misma, de la misma manera que la autocomprensión genuina y la aprehensión del amor trascienden el mero conocimiento «acerca» de estos. Las diferentes organizaciones religiosas no adoran a Dios mismo, sino que al Dios del lenguaje. El Dios del lenguaje de los hebreos difiere del de los musulmanes o los cristianos. Cuando el lenguaje trata de apropiarse de Dios siempre fracasa, porque jamás podrá hacerlo de manera perfecta.

La experiencia de la meditación, por ejemplo, no puede ser encapsulada en una descripción objetiva. El riesgo inherente de acumular conocimientos superficiales «sobre» o «acerca» de uno mismo, el amor, Dios, la iluminación o la meditación radica en convertirse en un erudito sin experiencia vivencial. El conocimiento verdadero de estos aspectos conlleva una felicidad perdurable, mientras que una comprensión meramente teórica es intrínsecamente vacua. Es fundamental reconocer que los desafíos de la vida no son de índole especulativa, sino existencial y, como tales, no se resuelven a través de la deliberación, sino mediante la experiencia. La reflexión nos aleja de la realidad tangible, mientras que la experiencia nos sumerge en el ser mismo de la existencia. Cuanto más nos alejamos de la experiencia vivida, menor es nuestra capacidad para afrontar y resolver los dilemas de la vida.

Al trasladar nuestra reflexión al ámbito meditativo, nos encontramos ante el individuo que se enfoca exclusivamente en los signos, descuidando la revelación en sí. Alternativamente, algunos se abocan a la búsqueda de una entidad divina, que, desprovista de personificación y no evidenciada en el plano sensible, desatiende los indicios que podrían señalar hacia su presencia. La aspiración se cifra en la consecución de un equilibrio donde la experiencia inmediata, despojada del sujeto experimentador, se entrelace con la documentación intelectual en una congruencia ideal. Nuestro propósito es decodificar, mediante la semiótica, la metodología hipocrática. Dicha metodología constituye la clave hermenéutica que descifra integralmente el enfoque hipocrático.

Este principio se halla inequívocamente articulado en el *Īśāvāsya Upaniṣad*, dentro de la triada de sus aforismos duodécimo, decimotercero y decimocuarto:

अन्धं तमः प्रविशन्ति येऽसम्भूतिमुपासते ।
ततो भूय इव ते तमो य उ सम्भूत्यांऽ रताः ॥

andhaṁ tamaḥ praviśanti
ye 'sambhūtim upāsate
tato bhūya iva te tamo
ya u sambhūtyāṁ ratāḥ

Aquellos que adoran lo manifestado entran en la región de la oscuridad, y peor aún les sucede a los adoradores de lo no manifestado.

(*Īśāvāsya Upaniṣad*, Mantra 12)

अन्यदेवाहुः सम्भवादन्यदाहुरसम्भवात् ।
इति शुश्रुम धीराणां ये नस्तद्विचचक्षिरे ॥

anyad evāhuḥ sambhavād
anyad āhur asambhavāt
iti śuśruma dhīrāṇāṁ
ye nas tad vicacakṣire

Se afirma que se obtienen resultados diferentes de lo manifestado y de lo no manifestado. Esto ha sido escuchado de boca de los sabios que nos lo impartieron.

(*Īśāvāsya Upaniṣad*, Mantra 13)

सम्भूतिं च विनाशं च यस्तद्वेदोभयꣳसह ।
विनाशेन मृत्युं तीर्त्वा सम्भूत्याऽमृतमश्नुते ॥

sambhūtiṁ ca vināśaṁ ca
yas tad vedobhayaṁ saha
vināśena mṛtyuṁ tīrtvā
sambhūtyā 'mṛtam aśnute

Aquel que adora a Dios en su aspecto manifestado y en su aspecto no manifestado simultáneamente supera la muerte mediante la adoración a lo manifestado y realiza la inmortalidad a través de la adoración a lo no manifestado.

(*Īśāvāsya Upaniṣad*, Mantra 14)

Este viaje a través de la vasta y multifacética historia del símbolo nos ha llevado a un punto de reflexión profunda sobre su significado y su impacto en el espectro humano del conocimiento y la experiencia. Más que una mera herramienta de comunicación, el símbolo se nos ha desvelado como un portal que nos conecta con realidades que trascienden lo tangible y lo cotidiano. En la historia del pensamiento humano, los símbolos han servido como puentes entre lo conocido y lo desconocido, lo material y lo espiritual, lo humano y lo divino. Desde las antiguas prácticas de adivinación y los rituales religiosos hasta las complejas teorías filosóficas y los avances científicos modernos, el símbolo ha sido un constante compañero de la humanidad, ofreciéndonos una forma de interpretar y dar sentido a nuestro mundo. La evolución del concepto de símbolo refleja una evolución paralela en nuestra comprensión del universo y de nosotros mismos.

En la antigüedad, los símbolos eran vistos como conexiones directas con los reinos divinos o místicos. Los antiguos adivinos y sabios se veían a sí mismos como intérpretes de estos signos y como intermediarios entre el mundo terrenal y el celestial. Con el advenimiento del pensamiento filosófico racional, personificado por figuras como Platón y Aristóteles, el 'símbolo' comenzó a ser entendido de manera más abstracta y metafórica. Ya no era solo un mensajero de los dioses, sino una representación de ideas más profundas, una manera de explorar y explicar conceptos que estaban más allá de la comprensión directa.

En la era moderna, con la influencia de pensadores como Descartes y el surgimiento del método científico, la percepción del 'símbolo' ha seguido evolucionando. Descartes consideraba el símbolo tan engañoso como los sentidos. Esto ha llevado al símbolo a volverse más secular, pero no por eso menos significativo. En la ciencia, por ejemplo, los símbolos se utilizan para representar complejas fórmulas y teorías que describen las leyes del universo.

A pesar de esta evolución, el núcleo esencial del símbolo permanece inalterado. Sigue siendo un medio para conectar lo conocido con lo desconocido, lo concreto con lo abstracto. En el corazón de la experiencia religiosa, artística, filosófica o científica, el símbolo es aún una herramienta poderosa que nos permite explorar y expresar las verdades más profundas de nuestra existencia. El símbolo es un testimonio de la incesante búsqueda humana por la comprensión y el significado. Como hemos visto en esta primera aproximación a la historia etimológica del término, el símbolo ha demostrado ser una parte indispensable de nuestra continua exploración del mundo en el que vivimos y del universo que nos rodea. Al final, nos enseña que, en nuestra búsqueda de conocimiento, a menudo encontramos que las respuestas más significativas no se encuentran ni en la claridad de la evidencia concreta ni en la abstracción lógico-discursiva, sino en la contemplación profunda de los símbolos que conectan todos los aspectos de nuestra realidad. Sin embargo, aunque las religiones son todas fenómenos conceptuales, la religión genuina, aquella que nace de la auténtica experiencia o vivencia religiosa, sí que pertenece a la dimensión simbólica. Sin lugar a duda, la auténtica experiencia religiosa, en su más depurada expresión, será siempre simbólica.

Bibliografía de la sección VI

- Apolonio de Rodas. *Argonáuticas.* Introducción, traducción y notas de Mariano Valverde Sánchez. Madrid: Editorial Gredos, 1996. Biblioteca Clásica Gredos, 227.
- Aristófanes. *Las aves.* Introducción, traducción y notas de Luis Moya. Madrid: Editorial Gredos, 1999. (Biblioteca Clásica Gredos, 401).
- Aristóteles. *Ética a Nicómaco.* Traducido por Antonio Gómez Robledo. México: Porrúa, 2003.
- Aristóteles. *Retórica.* Introducción, traducción y notas de Quintín Racionero. Madrid: Editorial Gredos, 1990.
- Castañares, Wenceslao. *Historia del pensamiento semiótico. Vol. 1, La Antigüedad grecolatina.* Colección Estructuras y Procesos, Serie Filosofía. Madrid: Editorial Trotta, 2014.
- Cassirer, Ernst. *Filosofía de las formas simbólicas, I: El lenguaje.* Traducido por Armando Morones. México: Fondo de Cultura Económica, 2010.
- Descartes, René. *Discurso del método: para dirigir bien la razón y buscar la verdad en las ciencias.* Traducción, estudio preliminar y notas de Eduardo Bello Reguera. Madrid: Tecnos, 2008.
- Detienne, Marcel, y Jean-Pierre Vernant. *Las artimañas de la inteligencia: La metis en la Grecia antigua.* Traducción de Antonio Piñero. Madrid: Taurus, 1981.
- Eliade, Mircea. *Imágenes y símbolos: ensayos sobre el simbolismo mágico-religioso.* Traducción de Carmen Castro. Madrid: Taurus, 1999.
- Eliade, Mircea. *Tratado de historia de las religiones.* Vols. 1–2. Madrid: Ediciones Cristiandad, 1974.
- Esquilo. *Agamenón.* En *Orestíada: Agamenón, Las Coéforas, Las Euménides,* trad. David García Pérez. Ciudad de México: Universidad Nacional Autónoma de México, 2021.
- Esquilo. *Prometeo encadenado.* México: Fundación Carlos Slim.
- Esquilo. *Tragedias.* Introducción general de Manuel Fernández-

Galiano. Traducción y notas de Bernardo Perea Morales. Madrid: Editorial Gredos, 1986; 1.ª reimp. 1993.

- Eurípides. *Tragedias III: Helena, Fenicias, Orestes, Ifigenia en Áulide, Bacantes, Reso*. Edición y traducción de Carlos García Gual y Luis Alberto de Cuenca. Madrid: Editorial Gredos, 1999.
- Heráclito. *Fragmentos presocráticos: de Tales a Demócrito*. Introducción, traducción y notas de Alberto Bernabé. Madrid: Alianza Editorial, 2008.
- Hesíodo. *Obras y fragmentos: Teogonía, Trabajos y días, Escudo, Fragmentos, Certamen*. Traducción, introducción y notas de Aurelio Pérez Jiménez y Alfonso Martínez Díez. Madrid: Editorial Gredos, 1978.
- Hipócrates. *Aforismos y pronósticos de Hipócrates*. Traducidos al castellano por Manuel Carpio. México: Oficina de D. Mariano Ontiveros, 1823.
- Hipócrates. *Aforismos. Pronósticos. Predicciones I y II*. Introducción, traducción y notas de José Alsina. Madrid: Editorial Gredos, 1992. (Biblioteca Clásica Gredos, 168).
- Hipócrates. *Tratados hipocráticos II*. Introducciones, traducciones y notas de J. A. López Férez y E. García Novo. Madrid: Editorial Gredos, 1983. (Biblioteca Clásica Gredos).
- Homero. *La Ilíada*. Traducido por Luis Segalá y Estalella. Barcelona: Montaner y Simón, 1908.
- Homero. *La Odisea*. Traducido por Luis Segalá y Estalella. Barcelona: Montaner y Simón, 1910.
- Jenofonte. *Apología de Sócrates*. Introducción, traducción y notas de Juan Zaragoza. Madrid: Editorial Gredos, 1993.
- Jenofonte. *Recuerdos de Sócrates*. Introducción, traducción y notas de Juan Zaragoza. Madrid: Editorial Gredos, 1993.
- Jung, C. G. *The Collected Works of C. G. Jung, Vol. 8: The Structure and Dynamics of the Psyche*, 2nd ed. Princeton: Princeton University Press, 1970–1972.
- Jung, C. G. *Tipos psicológicos. Tomo II*. Traducción de Ramón de la Serna. Buenos Aires: Editorial Sudamericana, 1950.
- Jung, Carl G. *El hombre y sus símbolos*. Traducción de Luis Escolar Bareño. Barcelona: Ediciones Paidós Ibérica, 1995.

- Jung, Carl Gustav. *Recuerdos, sueños, pensamientos*. Edición a cargo de Aniela Jaffé. Barcelona: Seix Barral, 2021.
- Parménides. *El poema de la naturaleza*. Traducción de Alfonso Gómez-Lobo. Santiago de Chile: Ediciones Universidad Católica de Chile, 1999.
- Pinkus, Lucio. *La dimensione simbolica: aspetti psicodinamici* [*La dimensión simbólica: aspectos psicodinámicos*]. Roma: Astrolabio, 1985.
- Platón. *Fedro*. Edición bilingüe. Introducción, traducción, notas y comentario de Armando Poratti. Madrid: Ediciones Akal, 2010.
- Platón. *Fedro*. En *Diálogos III: Fedón, Banquete, Fedro*. Traducción, introducción y notas de C. García Gual, M. Martínez Hernández y E. Lledó Íñigo. Madrid: Editorial Gredos, 1988.
- Platón. *Gorgias*. En *Diálogos II*. Traducción, introducción y notas de J. Calonge Ruiz, E. Acosta Méndez, F. J. Olivieri y J. L. Calvo. Madrid: Editorial Gredos, 1983.
- Plutarco. *Escrito de consolación a su mujer*. En *Obras morales y de costumbres (Moralia)*, VIII, ed. y trad. Rosa María Aguilar. Madrid: Editorial Gredos, 2007.
- Ricoeur, Paúl. *Freud: una interpretación de la cultura*. Traducción de Armando Suárez, con la colaboración de Miguel Olivera y Esteban Inciarte. México: Siglo XXI Editores, 1980.
- Sartre, Jean-Paul. *El existencialismo es un humanismo*. Traducción de Victoria Prati de Fernández. Barcelona: Edhasa, 2009.
- Sófocles. *Edipo Rey*. Traducido por Luis Gil. Madrid: Editorial Gredos, 2008.
- Wittgenstein, Ludwig. *Tractatus logico-philosophicus*. Traducción, introducción y notas de Luis M. Valdés Villanueva. 4.ª ed. Madrid: Tecnos, 2002.

Apéndices

Prabhuji
S. S. Avadhūta Śrī Bhaktivedānta Yogācārya
Ramakrishnananda Bābājī Mahārāja

Sobre Prabhuji

Prabhuji es un fiel miembro oficial del hinduismo, así como un místico *advaita* universalista. Combina su profundo compromiso religioso con una destacada labor artística como escritor y pintor abstracto. Es reconocido por su línea de sucesión discipular como un maestro realizado. Como *avadhūta*, un título que le fue conferido como reconocimiento de su estado de realización, ha desarrollado el Sendero de Alineamiento Retroprogresivo, una contribución original enraizada en los principios inclusivos del *sanātana-dharma* (la religión hindú).

Su sólida formación incluye un doctorado en filosofía *vaiṣṇava*, otorgado por el prestigioso Instituto Jiva de Estudios Védicos en Vrindavan, India, y un doctorado en filosofía yóguica obtenido en la Universidad Yoga-Samskrutham. Estos doctorados reafirman su compromiso con las enseñanzas tradicionales y su conexión con las raíces espirituales de la religión hindú.

En el año 2011, con las bendiciones de su Gurudeva, adoptó el sendero del *bhajanānandī* recluido y se retiró de la sociedad a una vida eremítica contemplativa. Desde entonces, vive como un eremita religioso hindú cristiano-mariano independiente. Sus días transcurren en soledad, orando, escribiendo, pintando y meditando en silencio y contemplación. Prabhuji es el único discípulo de S.D.G. Avadhūta Śrī Brahmānanda Bābājī Mahārāja, quien es a su vez uno de los más cercanos e íntimos discípulos de S.D.G. Avadhūta Śrī Mastarāma Bābājī Mahārāja.

Prabhuji fue designado como sucesor del linaje por su maestro, quien le confirió la responsabilidad de continuar el sagrado *paramparā* de *avadhūtas*, designándolo oficialmente como gurú y ordenándole servir como sucesor Ācārya con el nombre S.S. Avadhūta Bhaktivedānta Yogācārya Śrī Ramakrishnananda Bābājī Mahārāja.

Prabhuji es también discípulo de S.D.G. Bhakti-kavi Atulānanda Ācārya Mahārāja, quien es discípulo directo de S.D.G. A.C. Bhaktivedānta Swami Prabhupāda. Podríamos afirmar que Gurudeva Atulānanda asumió afectuosamente la función de guía durante su etapa inicial de aprendizaje, y por ser el primer gurú de Prabhuji, es considerado el abuelo de la Misión Prabhuji. Por su parte, Guru Mahārāja fue el segundo y último gurú de Prabhuji y le proporcionó dirección durante su fase avanzada. Gurudeva actuó como el educador principal en los albores de su desarrollo espiritual, mientras que Guru Mahārāja ejerció con gran diligencia el papel de maestro en el nivel superior, acompañándole hasta su realización.

El hinduismo de Prabhuji es tan amplio, universal y pluralista que a veces, haciéndole honor a su título de *avadhūta*, sus enseñanzas vivas y frescas trascienden los límites de toda filosofía y religión, incluso la suya propia. Sus enseñanzas promueven el pensamiento crítico y nos llevan a cuestionar afirmaciones que suelen aceptarse como ciertas. No defienden verdades absolutas, sino que nos invitan a evaluar y cuestionar nuestras propias convicciones. La esencia de su sincrética visión, el Sendero de Alineamiento Retroprogresivo, es el autoconocimiento y el reconocimiento de la consciencia. Para él, el despertar de la consciencia, o la trascendencia del fenómeno egoico, constituye el siguiente nivel del proceso evolutivo de la humanidad.

Prabhuji nació el 21 de marzo de 1958 en Santiago, capital de la República de Chile. Una experiencia mística acaecida a la edad de ocho años lo motivó a la búsqueda de la Verdad, o la Realidad última, transformando su vida en un auténtico peregrinaje tanto interno como externo.

En su juventud (18 años), Prabhuji abrazó la disciplina monástica mediante largas estancias en varios aśrāms de diferentes corrientes hinduistas (*Gauḍīya* Vaishnavas, *advaita-vedānta* y demás) en Chile, Israel y la India. Allí se sometió a una rigurosa formación dentro de la religión hindú. Inmerso en la estricta observancia de la vida religiosa, recibió una educación sistemática, siguiendo los métodos tradicionales de la enseñanza monástica. Su formación incluía el estudio profundo de las escrituras sagradas, la práctica de austeridades, el cumplimiento de estrictos votos y la participación en rituales prescritos, todo ello bajo la guía de maestros o gurús. Mediante esta disciplina intensiva, interiorizó los principios fundamentales de la vida monástica hindú, adoptando sus valores, códigos de conducta y prácticas contemplativas. Esto le permitió aprender la teoría y también incorporar los ideales que caracterizan la espiritualidad del hinduismo.

Ha consagrado su vida por completo a profundizar en la temprana experiencia transformativa que marcó el comienzo de su proceso retroevolutivo. Ha dedicado más de cincuenta años a la investigación y la práctica de diferentes religiones, filosofías, vías de liberación y senderos espirituales. Ha absorbido las enseñanzas de grandes maestros, chamanes, sacerdotes, machis, shifus, roshis, sháijs, daoshis, yoguis, pastores, swamis, rabinos, cabalistas, monjes, gurús, filósofos, sabios y santos a quienes visitó personalmente durante sus años de búsqueda. Ha vivido en muchos lugares y ha viajado por el mundo sediento de la Verdad.

Desde muy pequeño, Prabhuji notó que el sistema educativo le impedía dedicarse a lo que era realmente importante: aprender sobre sí mismo. Reconoció que en el sistema educativo occidental de escuelas primarias, secundarias y universidades no encontraría lo que quería aprender. A los 11 años decidió dejar de asistir a la escuela convencional y se dedicó a la formación autodidáctica. Con el tiempo, se convertiría en un serio crítico del sistema educativo actual.

Prabhuji es una autoridad reconocida en la sabiduría oriental. Es conocido por su erudición en los aspectos *vaidika* y *tāntrika* del hinduismo, así como en todas las ramas del yoga (*jñāna*, *karma*, *bhakti*, *haṭha*, *rāja*, *kuṇḍalinī*, *tantra*, *mantra* y demás). Su actitud hacia todas las religiones es inclusiva y conoce profundamente el judaísmo, el cristianismo, el budismo, el islam, el sufismo, el taoísmo, el sijismo, el jainismo, el shintoismo, el bahaísmo, el chamanismo, la religión mapuche, y demás.

Durante su estancia en Oriente Medio, su estimado amigo y erudito, Kamil Shchadi, le transmitió profundos conocimientos sobre la fe drusa. También se benefició de su cercanía a otro ilustre conocido, el venerado y sabio Salach Abbas, que le ayudó a comprender en profundidad el islam y el sufismo. Estudió budismo Theravada personalmente del Venerable W. Medhananda Thero de Sri Lanka. Estudió profundamente la teología cristiana con S.S. Monseñor Iván Larraín Eyzaguirre en la Iglesia de la Veracruz en Santiago de Chile y con Don Héctor Luis Muñoz, diplomado en teología de la Universidad Católica de la Santísima Concepción, Chile.

Su curiosidad por el pensamiento occidental lo llevó a incursionar en el terreno de la filosofía en todas sus diferentes ramas. Profundizó en especial en la Fenomenología Trascendental y la Fenomenología de la Religión. Tuvo el privilegio de estudiar intensivamente por varios años con su tío Jorge Balazs, filósofo, investigador y autor, quien escribió *El Mundo al revés* bajo su seudónimo Gyuri Akos. Prabhuji realizó estudios particulares de mitología y filosofía durante cuatro años (1984-1987) con la Dra. Meira Laneado de la Universidad Bar-Ilan. Estudió en privado por muchos años con el Dr. Jonathan Ramos, reconocido filósofo, historiador y profesor universitario licenciado de la Universidad Católica de Salta, Argentina. Estudió también con el Dr. Alejandro Cavallazzi Sánchez, licenciado en filosofía por la Universidad Panamericana, maestro en filosofía por la Universidad Iberoamericana y doctor en Filosofía por la Universidad Nacional Autónoma de México (UNAM). Asimismo, estudió en privado con Santiago Sánchez Borboa, doctor en Filosofía por la Universidad de Arizona, EE. UU.

Sus estudios profundos, las bendiciones de sus maestros, sus investigaciones en las sagradas escrituras, así como su vasta experiencia docente, le han hecho merecedor de un reconocimiento internacional en el campo de la religión y la espiritualidad.

La búsqueda espiritual de Prabhuji le llevó a estudiar con maestros de diferentes tradiciones y a viajar lejos de su Chile natal, a lugares tan distantes como Israel, Brasil, India y Estados Unidos. Habla con fluidez español, hebreo, portugués e inglés. En su estadía en Israel, profundizó sus estudios de hebreo y arameo con el fin de ampliar su conocimiento de las sagradas escrituras. Estudió otros idiomas de forma intensiva como sánscrito con la Dra. Naga Kanya Kumari Garipathi, de la Universidad de Osmania, en Hyderabad (India);

pali en el Centro de Estudios Budistas de Oxford; y latín y griego antiguo con el profesor Ariel Lazcano y luego con Javier Álvarez, licenciado en Filología Clásica por la Universidad de Sevilla.

El abuelo paterno de Prabhuji fue un destacado suboficial mayor de la policía en Chile, quien educó a su hijo, Yosef Har-Zion ZT"L, bajo una disciplina estricta. Afectado por esa educación, Yosef decidió criar a sus propios hijos en un entorno caracterizado por una completa libertad y un amor incondicional.

En este contexto, Prabhuji creció sin experimentar ningún tipo de presión externa. Desde temprana edad, su padre manifestó un amor constante, independiente del desempeño académico o de logros externos. Cuando Prabhuji decidió dejar la escuela para dedicarse a su búsqueda interior, su familia respondió con profundo respeto y aceptación. Yosef apoyó plenamente los intereses de su hijo, animándolo en cada paso de su búsqueda de la Verdad.

A partir de los diez años, Yosef compartió con Prabhuji sabiduría de la espiritualidad hebrea y la filosofía occidental, creando un ambiente propicio para debates diarios que, a menudo, se prolongaban hasta altas horas de la noche. En esencia, Prabhuji encarnó el ideal de libertad y amor incondicional que su padre se había esforzado por cultivar en el seno familiar.

Desde muy temprana edad y por propia iniciativa, Prabhuji comenzó a practicar karate y a estudiar filosofía oriental y religiones de manera autodidacta. Durante su adolescencia, nadie interfería con sus decisiones. A los 15 años, entabló una profunda, íntima y larga amistad con la famosa escritora y poeta uruguaya Blanca Luz Brum, quien fuera su vecina en la calle Merced en Santiago de Chile. Viajó por todo Chile en busca de gente sabia e interesante de la que aprender. En el sur de Chile, conoció a machis que le enseñaron la rica espiritualidad y el chamanismo de los mapuches.

En junio de 1975, a la temprana edad de 17 años, se tituló por primera vez como Profesor de Yoga con S.S. Śrī Brahmānanda Sarasvatī (Dr. Ramamurti S. Mishra), el fundador de la World Yoga University, la Yoga Society de New York y el Ananda Ashram.

Dos grandes maestros contribuyeron en el proceso retroprogresivo de Prabhuji. En 1976, conoció a su primer Gurú, S.D.G. Bhakti-kavi

Atulānanda Ācārya Swami, a quien llamaría Gurudeva. En aquellos días, Gurudeva era un joven *brahmacārī* que ocupaba el cargo de presidente del templo de ISKCON en Eyzaguirre 2404, Puente Alto, Santiago, Chile. Años más tarde, dio a Prabhuji la primera iniciación, la iniciación *brahmínica* y finalmente, Prabhuji aceptó formalmente los sacramentos de la sagrada orden de *sannyāsa*, convirtiéndose en un monje de la Brahma Gauḍīya Saṁpradāya. Gurudeva lo conectó con la devoción a Kṛṣṇa. Le impartió la sabiduría del *bhakti-yoga* y le instruyó en la práctica del *māhā-mantra* y el estudio de las sagradas escrituras.

En 1996, Prabhuji conoció a su segundo maestro, S.D.G. Avadhūta Śrī Brahmānanda Bābājī Mahārāja en Rishikesh, India. Guru Mahārāja, como lo llamaría Prabhuji, le reveló que su propio gurú, S.D.G. Avadhūta Śrī Mastarāma Bābājī Mahārāja, le había dicho años antes de morir que una persona vendría del Occidente y le solicitaría ser su discípulo. Le ordenó aceptar solo y únicamente a ese buscador específico. Cuando preguntó cómo podría identificar a esta persona, Mastarāma Bābājī le respondió: «Lo reconocerás por sus ojos. Debes aceptarlo porque será la continuación del linaje». Desde su primer encuentro con el joven Prabhuji, Guru Mahārāja lo reconoció y lo inició oficialmente *como su discípulo*. Para Prabhuji, esta iniciación marcó el comienzo de la etapa más intensa y madura de su proceso retroprogresivo. Bajo la guía de Guru Mahārāja, estudió *vedānta advaita* y profundizó en la meditación. Debido a que su gurú era un gran devoto de Śrī Rāmakṛṣṇa Paramahaṁsa y Śāradā Devī, Prabhuji quiso ser iniciado en esta línea de sucesión discipular. Solicitó iniciación de Swami Swahananda (1921-2012), ministro y líder espiritual de la Sociedad Vedanta del Sur de California de 1976 a 2012. Swami Swahananda fue discípulo de Swami Vijñānānanda, un discípulo directo de Rāmakṛṣṇa. Le inició en el año 2008 y le concedió tanto el *dīkṣā* como las bendiciones de Śrī Rāmakṛṣṇa y la Madre Divina.

Guru Mahārāja guio a Prabhuji hasta otorgarle oficialmente los sacramentos de la sagrada orden de *avadhūtas*. En marzo del 2011, S.D.G. Avadhūta Śrī Brahmānanda Bābājī Mahārāja ordenó a Prabhuji, en nombre de su propio maestro, aceptar la responsabilidad de continuar el linaje de *avadhūtas*. Con dicho nombramiento,

Prabhuji es el representante oficial de la línea de esta sucesión discipular para la presente generación.

Además de sus *dikṣā-gurus*, Prabhuji estudió con importantes personalidades espirituales y religiosas como S.S. Swami Yajñavālkyānanda, S.S. Swami Dayānanda Sarasvatī, S.S. Swami Viṣṇu Devānanda Sarasvatī, S.S. Swami Jyotirmayānanda Sarasvatī, S.S. Swami Kṛṣṇānanda Sarasvatī de la Divine Life Society, S.S. Ma Yoga Śakti, S.S. Swami Pratyagbodhānanda, S.S. Swami Mahādevānanda, S.S. Swami Swahānanda de la Ramakrishna Mission, S.S. Swami Adhyātmānanda, S.S. Swami Svarūpanānda y S.S. Swami Viditātmānanda de la Arsha Vidya Gurukulam. Mientras que la sabiduría del tantra fue despertada en Prabhuji por S.G. Mātājī Rīnā Śarmā en India.

En Vrindavan, estudió el sendero del *bhakti-yoga* en profundidad con S.S. Narahari Dāsa Bābājī Mahārāja, discípulo de S.S. Nityānanda Dāsa Bābājī Mahārāja de Vraja. También estudió el *bhakti-yoga* con varios discípulos de Su Divina Gracia A.C. Bhaktivedānta Swami Prabhupāda: S.S. Kapīndra Swami, S.S. Paramadvaiti Mahārāja, S.S. Jagajīvana Dāsa, S.S. Tamāla Kṛṣṇa Gosvāmī, S.S. Bhagavān Dāsa Mahārāja, S.S. Kīrtanānanda Swami entre otros.

En 1980, Prabhuji recibió las bendiciones de S.G. Madre Krishnabai, la famosa discípula de S.D.G. Swami Rāmdās. En 1984, aprendió y comenzó a practicar la técnica de la Meditación Trascendental de Maharishi Mahesh Yogui. En 1988, realizó el curso de *kriyā-yoga* de Paramahaṁsa Yogānanda. Después de dos años, fue iniciado oficialmente en la técnica de *kriyā-yoga* por la Self-Realization Fellowship. En 1982 recibió *dikṣā* de S.S. Kīrtanānanda Swami, discípulo de Śrīla Prabhupāda, quien también le dio segunda iniciación en 1991 e iniciación *sannyāsa* en 1993.

Prabhuji deseaba confirmar los sacramentos de la sagrada orden de *sannyāsa* también con el linaje del *vedānta advaita*. Su *sannyāsa-dīkṣā*, o sacramentos, fueron confirmados el 11 de agosto de 1995 por S.S. Swami Jyotirmayānanda Sarasvatī, fundador de la «Yoga Research Foundation» y discípulo de S.S. Swami Śivānanda Sarasvatī de Rishikesh.

Prabhuji ha sido honrado con varios títulos y diplomas por muchos líderes de prestigiosas instituciones religiosas y espirituales de la India. El honorable título de Kṛṣṇa Bhakta le fue otorgado por S.S. Swami Viṣṇu Devānanda (el único título de Bhakti Yoga otorgado por Swami Viṣṇu), discípulo de S.S. Swami Śivānanda Sarasvatī y fundador de la «Organización Sivananda». El título de Bhaktivedānta le fue conferido por S.S. B.A. Paramadvaiti Mahārāja, fundador de «Vrinda». El título Yogācārya le fue conferido por S.S. Swami Viṣṇu Devānanda, el «Paramanand Institute of Yoga Sciences and Research of Indore, la India», la «International Yoga Federation», la «Indian Association of Yoga» y el «Śrī Shankarananda Yogashram of Mysore, India». Recibió el respetable título Śrī Śrī Rādhā Śyam Sunder Pāda-Padma Bhakta Śiromaṇi directamente de S.S. Satyanārāyaṇa Dāsa Bābājī Mahant de la Chatu Vaiṣṇava Saṁpradāya.

Prabhuji dedicó más de cuarenta años al estudio del *haṭha-yoga* con prestigiosos maestros del yoga clásico y tradicional como S.S. Bapuji, S.S. Swami Viṣṇu Devānanda Sarasvatī, S.S. Swami Jyotirmayānanda Sarasvatī, S.S. Swami Satchidānanda Sarasvatī, S.S. Swami Vignānānanda Sarasvatī, y Śrī Madana-mohana.

Llevó a cabo varios cursos sistemáticos de formación de profesores de *haṭha-yoga* en prestigiosas instituciones hasta alcanzar el grado de Maestro Ācārya en dicha disciplina. Completó sus estudios en las siguientes instituciones: World Yoga University, Sivananda Yoga Vedanta, Ananda Ashram, Yoga Research Foundation, Integral Yoga Academy, Patanjala Yoga Kendra, Ma Yoga Shakti International Mission, Prana Yoga Organization, Rishikesh Yoga Peeth, Swami Sivananda Yoga Research Center y Swami Sivananda Yogasana Research Center. Prabhuji es miembro de la Indian Association of Yoga, Yoga Alliance ERYT 500 y YACEP, la International Association of Yoga Therapists y la International Yoga Federation. En 2014, la International Yoga Federation le honró con la posición de Miembro Honorario del World Yoga Council.

Su interés por la compleja anatomía del cuerpo humano lo llevó a estudiar quiropráctica en el prestigioso Instituto de Salud de Espalda y Extremidades en Tel Aviv, Israel. En 1993, obtuvo el diploma de manos del Dr. Sheinerman, fundador y director del instituto. Posteriormente, obtuvo el título de masajista terapéutico en la Academia de la Galilea Occidental. Los conocimientos adquiridos en este campo agudizaron su comprensión del *haṭha-yoga* y contribuyeron a la creación de su propio método.

El Yoga Retroprogresivo es el fruto de los esfuerzos de Prabhuji por perfeccionar su propia práctica y sus métodos de enseñanza; se trata de un sistema basado especialmente en las enseñanzas de sus gurús y en las escrituras sagradas. Prabhuji sistematizó diferentes técnicas yóguicas tradicionales creando una metodología apta para el público occidental. El Yoga Retroprogresivo aspira a la experiencia de nuestra auténtica naturaleza, promoviendo el equilibrio, la salud y la flexibilidad a través de dieta apropiada, limpiezas, preparaciones (*āyojanas*), secuencias (*vinyāsas*), posturas (*āsanas*), ejercicios de respiración (*prāṇāyāma*), relajación (*śavāsana*), meditación (*dhyāna*), así como ejercicios con cierres energéticos (*bandhas*) y sellos (*mudras*) para dirigir y potenciar el *prāṇa*.

Desde su infancia, y a lo largo de toda su vida, Prabhuji ha sido entusiasta admirador, estudiante y practicante de karate-do clásico. Desde los 13 años, estudió en Chile estilos como el kenpo con el Sensei Arturo Petit y el kung-fu, pero se especializó en el estilo japonés más tradicional del shotokan. Recibió el grado de cinturón negro (tercer dan) de Shihan Kenneth Funakoshi (noveno dan). Aprendió también de Sensei Takahashi (séptimo dan) y de Sensei Masataka Mori (noveno dan). Además, practicó el estilo shorin ryu con el Sensei Enrique Daniel Welcher (séptimo dan) quien le confirió el rango de cinturón negro (segundo dan). A través del karate-do, profundizó en el budismo y obtuvo conocimiento adicional acerca de la física del movimiento. Es miembro de la Funakoshi's Shotokan Karate Association.

Prabhuji creció en un entorno artístico y su amor por la pintura comenzó a desarrollarse en su infancia. Su padre, el renombrado pintor chileno Yosef Har-Zion ZT"L, le motivó a dedicarse al arte. Aprendió con el famoso pintor chileno Marcelo Cuevas. Las pinturas abstractas de Prabhuji reflejan las profundidades del espíritu.

Desde su más tierna infancia, Prabhuji ha sentido una especial atracción y curiosidad por los sellos postales, las tarjetas postales, los buzones, los sistemas de transporte postal y toda la actividad relacionada con el correo. Ha aprovechado cada oportunidad para visitar oficinas de correos en diferentes ciudades y países. Se ha adentrado en el estudio de la filatelia, que es el campo del coleccionismo, la clasificación y el estudio de los sellos postales. Esta pasión le llevó a convertirse en filatelista profesional, distribuidor de sellos autorizado por la American Philatelic Society y miembro de las siguientes sociedades: Royal Philatelic Society London, Royal Philatelic Society of Victoria, United States Stamp Society, Great Britain Philatelic Society, American Philatelic Society, Society of Israel Philatelists, Society for Hungarian Philately, National Philatelic Society UK, Fort Orange Stamp Club, American Stamp Dealers Association, US Philatelic Classics Society, Filabras - Associação dos Filatelistas Brasileiros y Collectors Club of NYC.

Basándose en sus amplios conocimientos de filatelia, teología y filosofía oriental, Prabhuji creó la «Filatelia Meditativa» o el «Yoga Filatélico», una práctica espiritual que utiliza la filatelia como soporte para la práctica de atención, concentración, observación y meditación. Esta se inspira en la antigua meditación hindú del mándala y puede llevar al practicante a estados elevados de consciencia, a la relajación profunda y a la concentración que promueve el reconocimiento de la consciencia. Prabhuji escribió su tesis sobre este nuevo tipo de yoga, la «Filatelia Meditativa», atrayendo el interés de la comunidad académica de la India debido a su innovador enfoque de conectar la meditación con diferentes aficiones y actividades. Por esta tesis, fue honrado con el doctorado en Filosofía Yóguica por la Universidad Yoga-Samskrutham.

Prabhuji vivió en Israel por más de veinte años, donde amplió sus estudios de judaísmo. Uno de sus principales profesores y fuentes de inspiración fue el Rabino Shalom Dov Lifshitz ZT"L, a quien conoció en 1997. Este gran santo lo guio durante varios años por los intrincados senderos de la Torá y el Jasidismo. Le enseñó personalmente Tanaj, Talmud, Midrash, Shulján Arúj, Mishné Torá, Tanya, Cábala y Zohar. Ambos desarrollaron una relación muy cercana. Prabhuji también estudió el Talmud con el Rabino Rafael Rapaport Shlit"a (Ponovich), Jasidismo con el Rabino Israel

Lifshitz Shlit"a y la Torá con el Rabino Daniel Sandler Shlit"a. Prabhuji es un gran devoto del Rabino Mordejai Eliyahu ZT"L, quien personalmente lo bendijo.

Prabhuji visitó EE. UU. en el año 2000 y durante su estadía en Nueva York, se percató de que era el lugar más adecuado para fundar una organización religiosa. Le atrajeron especialmente el pluralismo y la actitud respetuosa de la sociedad americana hacia la libertad de culto. Le impresionó el profundo respeto tanto del público como del gobierno hacia las minorías religiosas. Después de consultarlo con sus maestros y solicitar sus bendiciones, Prabhuji se trasladó a los Estados Unidos. En el 2003 nació la Misión Prabhuji, una iglesia hindú destinada a preservar la visión universal y pluralista del hinduismo de Prabhuji y su «Sendero de Alineamiento Retroprogresivo».

Aunque no buscó atraer seguidores, durante 15 años (1995-2010), Prabhuji consideró las solicitudes de algunas personas que se acercaron a él pidiendo ser discípulos monásticos. Aquellos que eligieron ver a Prabhuji como a su maestro espiritual aceptaron voluntariamente votos de pobreza y dedican sus vidas a la práctica espiritual (*sadhāna*), la devoción religiosa (bhakti) y el servicio desinteresado (*seva*). Aunque Prabhuji ya no acepta nuevos discípulos, continúa guiando al pequeño grupo de discípulos veteranos de la Orden Monástica contemplativa Ramakrishnananda que fundó.

Según Prabhuji, la búsqueda del Ser es individual, solitaria, personal, privada e íntima. No se trata de un esfuerzo colectivo que deba emprenderse a través de la religiosidad organizada, institucional o comunitaria. Desde el año 2011, Prabhuji ha discrepado de la espiritualidad practicada de manera social, comunal o colectiva. Por lo tanto, no hace proselitismo ni predica, ni intenta persuadir, convencer o hacer que alguien cambie su perspectiva, filosofía o religión. Su mensaje no promueve la espiritualidad colectiva, sino la búsqueda interior individual.

En el 2011, Prabhuji fundó el Avadhutashram (monasterio), en Catskills Mountains, en el norte de Nueva York, EE. UU. El Avadhutashram es su ermita, la residencia de los discípulos monásticos de la Orden Ramakrishnananda y la sede central de la Misión Prabhuji y la Academia de Yoga Retroprogresivo en la que Prabhuji, enseña personalmente su método de yoga a discípulos y estudiantes, sin apartarse de su vida eremítica. El *āśram* organiza proyectos humanitarios como el «Programa Prabhuji de Distribución de Alimentos» y el «Programa Prabhuji de Distribución de Juguetes». Prabhuji opera diferentes proyectos humanitarios inspirado en su experiencia de que servir la parte es servir al Todo.

Prabhuji ha delegado a sus discípulos la elección entre mantener sus enseñanzas exclusivamente dentro de la orden monástica o difundir su mensaje para el beneficio público. Ante la petición explícita de sus discípulos, Prabhuji ha accedido a que se publiquen sus libros y se difundan sus conferencias, siempre que ello no comprometa su privacidad y su vida eremítica.

En 2022, Prabhuji fundó el Instituto de Alineamiento Retroprogresivo en el cual sus discípulos más antiguos pueden compartir sistemáticamente sus enseñanzas y mensaje a través de video conferencias. El instituto ofrece apoyo y ayuda para una comprensión más profunda de las enseñanzas de Prabhuji.

Prabhuji es un respetado miembro de la American Philosophical Association, la American Association of Philosophy Teachers, la American Association of University Professors, la Southwestern Philosophical Society, la Authors Guild, la National Writers Union, PEN America, la International Writers Association, la National Association of Independent Writers and Editors, la National Writers Association, la Alliance Independent Authors y la Independent Book Publishers Association.

La vasta contribución literaria de Prabhuji incluye libros en español, inglés y hebreo como por ejemplo *Kuṇḍalinī-yoga: el poder está en ti*, *Lo que es, tal como es*, *Bhakti yoga: el sendero del amor*, *Tantra: liberación en el mundo*, *Experimentando con la Verdad*, *Advaita Vedānta: ser el Ser*, *Yoga: unión con la realidad*, comentarios sobre el *Īśāvāsya Upaniṣad* y el *Sūtra del Diamante*, *Soy el que Soy*, *El giro simbólico*, *Ser*, *Cuestionando tus respuestas: la filosofía como pregunta*, *Más allá de las respuestas: filosofía en la búsqueda eterna*, *Fenomenología de lo sagrado: Fundamentos para una Fenomenología Retroprogresiva*, *Descubriendo el Último Dios* y *La espiritualidad Mapuche*.

El término Prabhuji por S. G. Swami Ramananda

Hace varios años, los discípulos, devotos y seguidores de Su Santidad Avadhūta Bhaktivedānta Yogācārya Śrī Ramakrishnananda Bābājī Mahārāja, hemos decidido referirnos a él como Prabhuji. En el presente artículo, deseo clarificar el profundo significado de este término sánscrito. La palabra *prabhu* en sánscrito significa 'maestro', 'señor' o 'rey' y en las escrituras, se refiere a Dios o al gurú.

Al igual que muchas palabras en el idioma sánscrito, este término tiene varios componentes y la comprensión de su etimología nos ayudará a descubrir sus diversos significados. La palabra *prabhu* es una combinación de la raíz *bhu* que significa 'llegar a ser, existir, ser, vivir' y el prefijo *pra* que es 'adelante o hacia adelante'; combinados sería 'quien hace existir, quien da la vida, de quien emana la vida, quien sostiene o mantiene'.

El prefijo *pra* también puede significar 'mucho o supremacía', y luego cuando se une a la raíz *bhu* significaría 'ser el amo, gobernar'. El sufijo *jī* es un título honorífico en hindi y en otros idiomas de la India. Se agrega después de los nombres de los dioses y de las personalidades estimadas para mostrar respeto y reverencia.

A lo largo de las escrituras védicas, se llama Prabhu ('maestro de la creación') a la divinidad, en sus varios nombres y manifestaciones. Grandes *rsis*, o 'videntes', y gurús también se llaman *prabhus* ya que son representantes de la divinidad. Por ejemplo, el sabio Nārada se refiere al *ṛṣi* Vyasadeva como *prabhu*:

जिज्ञासितमधीतं च ब्रह्म यत्तत्सनातनम् ।
तथापि शोचस्यात्मानमकृतार्थ इव प्रभो ॥

jijñāsitam adhītaṁ ca
brahma yat tat sanātanam
tathāpi śocasy ātmānam
akṛtārtha iva prabho

Has delineado plenamente el tema del Brahman impersonal, así como los conocimientos derivados del mismo. ¿Por qué deberías estar triste, a pesar de todo esto, pensando que no has concluido, mi querido maestro (*prabhu*)?

(*Bhāgavata Purāṇa*, 1.5.4)

Mahārāja Parīkṣit se dirige a Śukadeva como *prabhu* cuando se le acerca al sabio para pedirle guía espiritual, y así aceptarlo como su gurú.

यच्छ्रोतव्यमथो जप्यं यत्कर्तव्यं नृभिः प्रभो ।
स्मर्तव्यं भजनीयं वा ब्रूहि यद्वा विपर्ययम् ॥

yac chrotavyam atho japyaṁ
yat kartavyaṁ nṛbhiḥ prabho
smartavyaṁ bhajanīyaṁ vā
brūhi yad vā viparyayam

¡Oh, Prabhu, por favor dime qué debe un hombre escuchar, cantar, recordar y adorar, y también lo que no debe hacer! Por favor, explíqueme todo esto.

(*Bhāgavata Purāṇa*, 1.19.38)

El término *avadhūta*

Esta cita es del libro *Sannyāsa Darśana* de Swami Niranjanānanda Sarasvatī, un discípulo de Paramahaṁsa Swami Satyānanda.

Etapas del *sannyāsāvadhūta*

«El *avadhūta* representa el pináculo de la evolución espiritual; ningún otro es superior a él. *Avadhūta* significa 'aquel que es inmortal' (*akṣara*) y que ha cortado totalmente los vínculos mundanos. Él es verdaderamente Brahman mismo. Ha realizado que es la inteligencia pura y está despreocupado de las seis flaquezas del nacimiento humano, a saber: tristeza, falsa ilusión, vejez, muerte, hambre y sed. Él se ha liberado de toda esclavitud del mundo experimental y anda libremente como un niño, un loco o alguien poseído por espíritus.

Él puede ir con o sin ropa. No usa ningún emblema distintivo de alguna orden. No tiene deseos de dormir, de mendigar o de bañarse. Ve su cuerpo como un cadáver y subsiste con los alimentos que recibe de cualquier clase social. No interpreta los *śāstras* o los Vedas. Para él, nada es justo o injusto, santo o profano.

Él está libre de karma. Los karmas de esta vida y sus vidas pasadas se han quemado, y debido a la ausencia de *kartṛtva* (el hacedor) y *bhoktṛtva* (el deseo de disfrute), no se crean karmas futuros. Solo los *prārabdha-karmas* (inalterables) que ya han empezado a operar afectarán su cuerpo, contribuyendo a mantenerlo, pero su mente no se verá afectada. Él vivirá en este mundo hasta que los *prārabdha-karmas* se extingan y luego su cuerpo caerá. A continuación, logrará *videhamukti* (estado de consciencia del cuerpo).

Tal alma liberada nunca vuelve al estado encarnado. No nace nuevamente; él es inmortal. Él ha alcanzado el objetivo final del nacimiento en este mundo».

El *Bṛhad-avadhūta Upaniṣad* dice así: «El *avadhūta* se llama así porque es inmortal; es el más grande; ha desechado las ataduras mundanas; y está aludido en el significado de la frase "Tú eres Eso"».

Su Divina Gracia Śrīla Bhakti Ballabh Tīrtha Mahārāja en su artículo titulado «*Pariṣads*: Śrīla Vamśi das Bābājī» escribió: «Él fue un Vaiṣṇava Paramahaṁsa que actuó en la forma de un *avadhūta*. La palabra *avadhūta* se refiere a quien ha sacudido de sí mismo todo sentimiento y obligación mundanos. Él no se preocupa por las convenciones sociales, en particular el *varṇāśrama-dharma*, es decir, que es bastante excéntrico en su comportamiento. Nityānanda Prabhu se caracteriza a menudo como un avadhūta».

Del prólogo del *Avadhūta-gītā* de Dattātreya, traducido y comentado por Swami Ashokananda: «El *Avadhūta-gītā* es un texto del *vedānta advaita* que representa el *advaita* extremo o no-dualismo. Se le atribuye a Dattātreya, que es visto como una encarnación de Dios. Por desgracia, no poseemos datos históricos sobre cuándo o dónde nació, cuánto tiempo vivió, o cómo llegó a los conocimientos descritos en el texto.

Avadhūta significa un alma liberada, alguien que 'ha superado' o 'ha sacudido' todos los apegos y preocupaciones mundanas y ha alcanzado un estado espiritual equivalente a la existencia de Dios. Aunque *avadhūta* implica naturalmente la renuncia, incluye un estado adicional y más elevado aún que no es ni apego ni desapego, sino que está más allá de ambos. Un *avadhūta* no siente la necesidad de observar las normas, ya sean seculares o religiosas. Él no busca nada ni evita nada. Él no tiene ni conocimiento ni ignorancia. Después de haber experimentado que él es el Ser infinito, él vive en esta realización vívida».

Swami Vivekānanda, uno de los mayores advaitins de todos los tiempos, a menudo cita de este *Gītā*. Una vez dijo: «Hombres como el que escribió esta canción mantienen la religión viva. Ellos han experimentado. No les importa nada, no sienten nada que se le hace al cuerpo; no les importa el calor, el frío, el peligro, o cualquier otra cosa. Se sientan quietos, gozando de la dicha del Ātman, y aunque brasas quemen su cuerpo, ellos no las sienten».

El *Avadhūta Upaniṣad* es el número 79 del canon *Muktikā* de los *upaniṣads*. Es un *Sannyāsa Upaniṣad* asociado con el Yajurveda Negro (Kṛṣṇa): «Aquel que ha superado el sistema *varṇāśrama* y se ha establecido siempre en sí mismo, ese yogui, quien está por encima de las divisiones del *varṇāśrama*, se denomina *avadhūta*». (*Avadhūta Upaniṣad*, 2).

El libro de *Brahma-nirvāṇa Tantra* describe cómo identificar los *avadhūtas* de las siguientes clases:

Bramhāvadhūta: Un *avadhūta* de nacimiento, que aparece en cualquier casta de la sociedad y es totalmente indiferente al mundo o las cosas del mundo.

Śaivāvadhūta: *Avadhūtas* que han tomado a la orden de vida renunciante o *sannyāsa*, a menudo con el pelo largo enmarañado (*jaṭa*), o que se visten a la manera de shaivitas y pasan casi todo su tiempo en trance *samādhi*, o meditación.

Virāvadhūta: Esta persona se parece a un *sadhū* que se ha puesto pasta de sándalo de color rojo en su cuerpo y se viste con ropa color azafrán. Su pelo es largo y vuelan con el viento. Llevan en su cuello una *rudrākṣa-mālā* o una cadena de huesos. Ellos tienen en la mano un palo de madera o *daṇḍa* y, además siempre tienen un hacha (*paraśu*) o un *ḍamaru* (tambor pequeño) con ellos.

Kulāvadhūta: Estas personas se supone que han tomado iniciación de la Kaul *Saṁpradāya*. Es muy difícil de reconocer a estas personas ya que no llevan ningún signo exterior que pueda identificarlos. La especialidad de estas personas es que se queden y viven como la gente normal. Pueden manifestarse en forma de reyes o de hombres de familia.

El *Nātha Saṁpradāya* es una forma de *Avadhūta-pantha* (secta). En este *Saṁpradāya*, el gurú y el yoga son de extrema importancia. Por lo tanto, el libro más importante en este *Saṁpradāya* es *Avadhūta-gītā*. Śrī Gorakṣanāth se considera la forma más elevada del estado de *avadhūta*.

La naturaleza del *avadhūta* es el tema del *Avadhūta-gītā*, atribuido tradicionalmente a Dattātreya.

Según Bipin Joshi, las principales características de un *avadhūta* son: «Aquel que es un filósofo inmaculado y se ha desprendido de los grilletes de la ignorancia (*ajñāna*). El que vive en el estado sin estado y disfruta de su experiencia todo el tiempo. Se deleita en este estado dichoso, imperturbado por el mundo material. En este estado único, el *avadhūta* no está ni despierto ni en sueño profundo, no hay ningún signo de vida ni de muerte. Es un estado que desafía toda descripción. Es el estado de la dicha infinita, que el lenguaje finito es incapaz de describir. Solo puede ser intuido por nuestro intelecto. Un estado que no es ni verdad ni no verdad, ni existencia ni no existencia. Aquel que ha realizado su identidad con lo imperecedero, que posee una excelencia incomparable; que se ha sacudido las ataduras del *saṁsāra* y nunca se desvía de su meta. Eso eres tú (*tat tvam asi*), y otras declaraciones upanishádicas, están siempre presentes en la mente de tal alma iluminada. Ese sabio que está arraigado en la experiencia plenaria de «Verdaderamente, yo soy Brahman (*ahaṁ Brahmāsmi*)», «Todo esto es Brahman (*sarvaṁ khalvidaṁ brahma*)», y que «...no hay pluralidad, Yo y Dios somos uno y lo mismo...», y demás. Apoyado en la experiencia personal de tales afirmaciones védicas, se mueve libremente en un estado de dicha total. Tal persona es un renunciante, un liberado, un *avadhūta*, un yogui, un *paramahamsa*, un *brāhmaṇa*».

De Wikipedia, la enciclopedia libre

Avadhūta es un término sánscrito usado en las religiones de la India para referirse a místicos o santos antinómicos, que están más allá de la consciencia egoica de la dualidad y las preocupaciones mundanas diarias y se comportan sin tener en cuenta el estándar de la etiqueta social. Tales personalidades «vagan libremente como niños sobre la faz de la Tierra». Un *avadhūta* no se identifica con su mente, cuerpo o 'los nombres y las formas' (en sánscrito: *nāma-rūpa*). Esta persona se considera de consciencia pura (en sánscrito: *caitanya*) en la forma humana.

Los *avadhūtas* desempeñan un papel importante en la historia, los orígenes y el rejuvenecimiento de una serie de tradiciones como los *paraṁparās* del yoga, *vedānta advaita*, budismo y bhakti incluso estando liberados de las observancias estándar. Los *avadhūtas* son la voz del *avadhūti*, el canal que resuelve la dicotomía del *Vāmācāra* y *Dakṣiṇācāra* o 'tradiciones de la mano izquierda y derecha'. Un *avadhūta* puede continuar practicando ritos religiosos o abandonarlos, ya que está exento de la observancia ritual y afiliación sectarias.

El diccionario sánscrito Monier Williams define el término *avadhūta* de la siguiente manera: «अवधूत / अव-धूत – aquel que se ha sacudido de los sentimientos y obligaciones mundanas».

De *El hinduismo, una guía alfabética* por Roshen Dalal

Avadhūta: Un término que denota un alma liberada, quien ha renunciado al mundo. Totalmente ajeno a todo lo que es, un *avadhūta* no sigue ninguna regla ni prácticas fijas y no tiene necesidad de seguir las normas convencionales. Hay varios textos que tratan acerca de la vida y la naturaleza de un *avadhūta*. En el *Avadhūta Upaniṣad*, el Ṛṣi Dattātreya describe la naturaleza del *avadhūta*: tal persona es inmortal, ha descartado todos los lazos terrenales, y está siempre colmada de dicha. Uno de sus versos declara: «Deja que el pensamiento contemple a Viṣṇu, o deja que se disuelva en la dicha de Brahma. Yo, el testigo, no hago nada ni soy la causa de nada». (V.28)

El *Turīyātīta Avadhūta Upaniṣad* incluye una descripción del *avadhūta* que ha alcanzado el estado de consciencia más allá del *turīya*. En este estado, la persona es pura, desapegada y totalmente libre. Un *avadhūta* que ha alcanzado este nivel, no repite mantras ni practica rituales, no lleva las marcas de la casta, y cesa todos los deberes religiosos y seculares. No se viste, y come cualquier cosa que encuentra. Él vaga solo, observando el silencio, y está totalmente absorto en la no-dualidad. El *Avadhūta-gītā* relata descripciones similares. El *Uddhava-gītā*, que forma parte del *Bhāgavata Purāṇa*, describe un *avadhūta* como aquel que aprendió todos los aspectos de la vida y para quien cualquier lugar en el mundo es su casa. El término *avadhūta* puede aplicarse a cualquier persona liberada, pero también se refiere específicamente a una secta *sannyāsa*.

Avadhūta Upaniṣad: *Avadhūta Upaniṣad* es un *upaniṣad* pequeño que se compone de alrededor de 32 mantras. Pertenece a la categoría de los *Sannyāsa Upaniṣads* y es parte del Kṛṣṇa Yajur Veda. El *Avadhūta*

Upaniṣad consiste en un diálogo entre Dattātreya y Ṛṣi Saṁkṛti. Un día Ṛṣi Saṁkṛti le hace a Dattātreya las siguientes preguntas: «¿Quién es un *avadhūta*?; ¿Cuál es su estado?; ¿Cuáles son los signos del *avadhūta*?; ¿Cómo vive?». A continuación, las respuestas otorgadas por el compasivo Dattātreya:

¿Quién es un *avadhūta*?

Se lo denomina *avadhūta* porque ha superado toda decadencia; vive libremente según su voluntad, destruye la esclavitud de los deseos mundanos y su único objetivo es Ese eres tú (*tat tvam asi*).
El *avadhūta* va más allá de todas las castas (por ejemplo, *brāhmaṇa*, *vaiśya*, *kṣatrya* y *śūdra*) y *Āśramas* (como *brāmhacaryā*, *gṛhastha*, *vānaprastha* y *sannyāsa*). Él es el yogui más elevado que está establecido en el estado constante de autorrealización.

¿Cuál es su estado?

Un *avadhūta* siempre disfruta de la felicidad suprema. La dicha divina representa su cabeza; la felicidad, su ala derecha; el éxtasis, su ala izquierda; y la dicha es su naturaleza misma. La vida de un *avadhūta* se caracteriza por un extremo desapego.

¿Cuáles son los signos del *avadhūta*? ¿Cómo vive?

Un *avadhūta* vive según su propia voluntad. Puede llevar ropa o ir desnudo. No hay ninguna diferencia entre el dharma y el *adharma*, el sacrificio o la falta de sacrificio, porque él está más allá de estos aspectos. Lleva a cabo el sacrificio interior que forma su *aśvamedha-yajña*. Él es un gran yogui que no se ve afectado incluso cuando se ocupa de objetos mundanos y permanece en la pureza.

El océano recibe agua de todos los ríos, pero aun así no se ve afectado. Del mismo modo, un *avadhūta* no se ve afectado por los objetos mundanos. Él siempre está en paz y (como el océano) todos los deseos son absorbidos en esa paz suprema.

Para un *avadhūta*, no hay nacimiento ni muerte, esclavitud o liberación. Puede haber realizado distintas acciones para alcanzar la liberación, pero estas quedan en el pasado una vez que se hace *avadhūta*. Él está siempre satisfecho. La gente deambula con la intención de cumplir sus deseos, sin embargo, un *avadhūta* estando ya satisfecho, no corre tras ningún deseo. Otros realizan varios rituales por el bien del cielo, pero un *avadhūta* ya está establecido en el estado omnipresente y, por lo tanto, no necesita rituales.

Maestros cualificados invierten tiempo en enseñar las escrituras (los Vedas), pero un *avadhūta* va más allá de cualquiera de estas actividades porque él permanece sin acción. Él no tiene ningún deseo de dormir, de mendigar (*bhikṣa*), de bañarse o limpiarse.

Un *avadhūta* está siempre libre de dudas ya que vive en constante unión con la suprema realidad, por lo que ni siquiera necesita meditar. La meditación es para aquellos que aún no se han unido con Dios, pero un *avadhūta* está siempre en el estado de unión y, por lo tanto, no necesita la meditación.

Los que están detrás de los *karmas* (acciones) se llenan de *vāsanās*. Estas *vāsanās* los persiguen incluso cuando han acabado su *prārabdha-karma*. Los hombres ordinarios meditan porque desean cumplir con sus deseos. Sin embargo, un *avadhūta* siempre permanece a salvo de tal trampa. Su mente está más allá de destrucciones mentales y el *samādhi*, que ambos son posibles modificaciones mentales. El *avadhūta* ya es eterno y, por lo tanto, no queda nada que deba alcanzar.

Seguir las ocupaciones mundanas, es como disparar una flecha de un arco, es decir, que no puede parar de dar frutos buenos o malos que causan un ciclo de acción-reacción. Sin embargo, un *avadhūta* no es un hacedor a ningún nivel y no participa en ninguna acción.

Habiendo alcanzado una etapa de desapego, un *avadhūta* no se ve afectado, incluso si sigue una forma de vida según lo prescrito por las escrituras. Aun si se involucra en acciones tales como la adoración a Dios, el baño, la mendicidad, etc. permanece desapegado a ellos. Vive como un testigo y, por lo tanto, no realiza ninguna acción.

Un *avadhūta* puede ver claramente a Brahman delante de sus ojos. Está libre de la ignorancia o *māyā*. No le quedan acciones por ejecutar ni nada más que alcanzar. Él está totalmente satisfecho y no se lo puede comparar a nadie más.

नलिनी नालिनी नासे गन्धः सौरभ उच्यते ।
घ्राणोऽवधूतो मुख्यास्यं विपणो वाग्रसविद्रसः ॥

nalinī nālinī nāse
gandhaḥ saurabha ucyate
ghrāṇo 'vadhūto mukhyāsyaṁ
vipaṇo vāg rasavid rasaḥ

Debes saber que las puertas llamadas Nalinī y Nālinī son las fosas nasales, y la ciudad de Saurabha representa al aroma. El acompañante llamado *avadhūta* es el sentido del olfato. La puerta que recibe el nombre de Mukhyā es la boca, y Vipaṇa es la facultad del habla. Rasajña es el sentido del gusto.

(*Bhāgavata Purāṇa*, 4.29.11)

Significado de S.D.G. Bhaktivedanta Swami Prabhupada:

La palabra *avadhūta* significa «sumamente libre». La persona que ha alcanzado el estado de *avadhūta* ya no tiene que seguir ninguna regla, regulación o mandamiento. Ese estado de *avadhūta* es exactamente como el aire, que no tiene en cuenta ningún obstáculo. En el *Bhagavad-gītā* (6.34), se dice:

चञ्चलं हि मनः कृष्ण प्रमाथि बलवद्दृढम् ।
तस्याहं निग्रहं मन्ये वायोरिव सुदुष्करम् ॥

cañcalaṁ hi manaḥ kṛṣṇa
pramāthi balavad dṛḍham
tasyāhaṁ nigrahaṁ manye
vāyor iva suduṣkaram

La mente es inquieta, turbulenta, obstinada y muy fuerte, ¡Oh, Kṛṣṇa!, y pienso que someterla es más difícil que dominar el viento.

(*Bhagavad-gītā*, 6.34)

De la misma manera que nadie puede detener el aire o el viento, las dos fosas nasales, que están situadas en un mismo lugar, disfrutan del sentido del olfato sin impedimento alguno. Con la lengua, la boca saborea continuamente todo tipo de alimentos deliciosos.

अक्षरत्वाद्वरेण्यत्वाद्धूतसंसारबन्धनात् ।
तत्त्वमस्यर्थसिद्धत्वात् अवधूतोऽभिधीयते ॥

akṣaratvād vareṇyatvād
dhūta-saṁsāra-bandhanāt
tat tvam asy-artha siddhatvāt
avadhūto 'bhidhīyate

Dado que es inmutable (*akṣara*), el más excelente (*vareṇya*), puesto que él ha eliminado todos los apegos mundanos (*dhūta-samsāra-bandanāt*) y ha realizado el significado de *tat tvam asi* (Eso eres tú), se le llama *avadhūta*.

(*Kulārṇava Tantra*, 17.24)

De la Yogapedia

¿Qué significa *avadhūta*?

Avadhūta es un término sánscrito utilizado para referirse a una persona que ha alcanzado una etapa en su desarrollo espiritual en la que está más allá de las preocupaciones mundanas. Las personas que han alcanzado la etapa de *avadhūta* pueden actuar sin tener en cuenta la etiqueta social común o su propio ego. Este término se utiliza a menudo en los casos de místicos o santos.

Los practicantes avanzados de yoga pueden encontrar inspiración en la idea de alcanzar este estadio mediante una meditación y una práctica de *āsanas* más sostenidas.

Avadhūta se asocia a menudo con algún tipo de comportamiento excéntrico y espontáneo de una persona santa. Esto se debe en parte al hecho de que los místicos que han alcanzado este nivel de iluminación espiritual pueden renunciar a llevar ropa o a cualquier otro comportamiento social normal.

Sobre la Misión Prabhuji

La Misión Prabhuji es una organización religiosa, espiritual y benéfica hindú fundada por S.S. Avadhūta Bhaktivedānta Yogācārya Śrī Ramakrishnananda Bābājī Mahārāja. Su propósito es preservar el «Sendero de Alineamiento Retroprogresivo», que refleja la visión de Prabhuji del *sanātana-dharma* y aboga por el despertar global de la consciencia como solución radical a los problemas de la humanidad. Además de impartir enseñanzas religiosas y espirituales, la organización lleva a cabo una amplia labor benéfica en EE.UU., basada en los principios del *karma-yoga*, el trabajo desinteresado realizado con dedicación a Dios.

La Misión Prabhuji se estableció en el 2003 en EE. UU. como una iglesia hindú destinada a preservar la visión universal y pluralista del hinduismo de su fundador. La Misión Prabhuji opera un templo hindú llamado Śrī Śrī Bhagavān Yeshua Jagat Jananī Miriam Premānanda Mandir., el cual ofrece adoración y ceremonias religiosas a los feligreses. La extensa biblioteca del Instituto de Alineamiento Retroprogresivo proporciona a sus profesores abundante material de estudio para investigar las diversas teologías y filosofías exploradas por Prabhuji en sus libros y conferencias.

El monasterio Avadhutashram educa a los discípulos monásticos en varios aspectos del enfoque de Prabhuji sobre el hinduismo y les ofrece la oportunidad de expresar su devoción a Dios a través del servicio devocional contribuyendo desinteresadamente con sus habilidades y formación a los programas de la Misión. La Misión publica y distribuye los libros y conferencias de Prabhuji y lleva a cabo proyectos humanitarios como el «Programa Prabhuji de Distribución de Alimentos», un evento semanal en el que docenas de familias necesitadas del norte de Nueva York reciben alimentos frescos y nutritivos, y el «Programa Prabhuji de Distribución de Juguetes», que proporciona a los niños menos privilegiados abundantes regalos en Navidad.

Sobre el Avadhutashram

En el yoga tradicional, un *āśrama* es una ermita donde vive un maestro espiritual con sus discípulos. Desde los primeros tiempos de la civilización, los *āśramas* han existido en Oriente como centros de estudio y práctica espiritual bajo la guía de un maestro. La epopeya *Mahābhārata* describe a Śrī Kṛṣṇa, durante su juventud, viviendo en el *āśrama* de su maestro Sāndīpani Muni, quien le impartió enseñanzas y guía. El Rāmāyaṇa nos dice que el Señor Rāma y sus hermanos estudiaron del sabio Vaśiṣṭha en su *āśrama*, y Sītā vivió la última parte de su vida en reclusión en el *āśrama* del sabio Vālmīki.

El Avadhutashram (monasterio) fue fundado por Prabhuji en el año 2011. Es la sede central de la Misión Prabhuji y la ermita de S.S. Avadhūta Bhaktivedānta Yogācārya Śrī Ramakrishnananda Bābājī Mahārāja y sus discípulos monásticos de la Orden Monástica Contemplativa Ramakrishnananda.

Los ideales del Avadhutashram son el amor y el servicio desinteresado, basados en la visión universal de que Dios está en todo y en todos. Su misión es distribuir libros espirituales y organizar proyectos humanitarios como el «Programa Prabhuji de Distribución de Alimentos» y el «Programa Prabhuji de Distribución de Juguetes». El Avadhutashram no es comercial y funciona sin solicitar donaciones. Sus actividades están financiadas por Prabhuji's Gifts, una empresa sin ánimo de lucro fundada por Prabhuji, que vende productos esotéricos de diferentes tradiciones que él mismo ha utilizado en prácticas espirituales durante su proceso evolutivo con el propósito de preservar y difundir la artesanía tradicional religiosa, mística y ancestral.

Avadhutashram
Round Top, Nueva York, EE. UU.

El Sendero de Alineamiento Retroprogresivo

El Sendero de Alineamiento Retroprogresivo no requiere que formes parte de un grupo o seas miembro de una organización, institución, sociedad, congregación, club o comunidad exclusiva. Vivir en un templo, monasterio o *āśram* no es un requisito, porque no se trata de un cambio de residencia sino de consciencia. No te insta a creer, sino a dudar. No requiere que aceptes algo, sino que explores, investigues, examines, indagues y cuestiones todo. No propone ser como deberías ser, sino como eres realmente.

El Sendero de Alineamiento Retroprogresivo apoya la libertad de expresión, pero no el proselitismo. Esta ruta no promete respuestas a nuestras preguntas, pero nos induce a cuestionar nuestras respuestas. No nos promete ser lo que no somos ni lograr lo que no hemos alcanzado ya. Es un sendero retroevolutivo de autodescubrimiento que conduce desde lo que creemos ser a lo que somos en verdad. No es el único camino, ni el mejor, ni el más sencillo, ni el más directo, sino que es un proceso involutivo por excelencia que señala lo que es obvio e innegable pero que generalmente pasa desapercibido: lo sencillo, inocente y natural. Es un camino que comienza y termina en ti.

El Sendero de Alineamiento Retroprogresivo es una revelación continua que se amplía eternamente. Profundiza en la consciencia desde una perspectiva ontológica, transcendiendo toda religión y sendero espiritual. Es el descubrimiento de la diversidad como realidad única e inclusiva. Se trata del encuentro de la consciencia consigo misma, consciente de sí misma y de su propia realidad. En realidad, este sendero es una simple invitación a danzar en el ahora, a amar el momento presente y a celebrar nuestra autenticidad. Es una propuesta incondicional a dejar de vivir como víctimas de las circunstancias para hacerlo como apasionados aventureros. Es una llamada a volver al lugar que nunca hemos abandonado, sin ofrecernos nada que no poseamos, ni enseñarnos nada que no sepamos ya. Es un llamado a una revolución interna y a entrar en el fuego de la vida que solo consume sueños, ilusiones y fantasías, pero no toca lo que somos. No nos ayuda a alcanzar nuestro objetivo deseado, sino que nos prepara para el milagro inesperado.

Esta vía fue nutrida durante una vida dedicada a buscar la Verdad. Consiste en una agradecida ofrenda a la existencia por lo recibido. Pero recuerda, no me busques a mí, sino que búscate a ti. No es a mí a quien necesitas, porque eres tú lo único que realmente importa. Esta vida es solo un maravilloso paréntesis en la eternidad para conocer y amar. Lo que anhelas yace en ti, aquí y ahora, como lo que realmente eres.

Tu bienqueriente incondicional,
Prabhuji

Prabhuji hoy

Prabhuji está retirado de la vida pública

Prabhuji es el único discípulo de S.D.G. Avadhūta Śrī Brahmānanda Bābājī Mahārāja, quien es a su vez uno de los más cercanos e íntimos discípulos de S.D.G. Avadhūta Śrī Mastarāma Bābājī Mahārāja.

Guru Mahārāja guio a Prabhuji hasta otorgarle oficialmente los sacramentos de la sagrada orden de *avadhūtas*. Prabhuji fue designado como sucesor del linaje por su maestro, quien le confirió la responsabilidad de continuar la línea de sucesión discipular de *avadhūtas*, o el sagrado *paramparā*, designándolo oficialmente como gurú y ordenándole servir como sucesor Ācārya con el nombre S.S. Avadhūta Bhaktivedānta Yogācārya Śrī Ramakrishnananda Bābājī Mahārāja. Prabhuji es también discípulo de S.D.G. Bhakti-kavi Atulānanda Ācārya Mahārāja, quien es discípulo directo de S.D.G. A.C. Bhaktivedānta Swami Prabhupāda.

En el año 2011, con las bendiciones de su Gurudeva, adoptó el sendero del *bhajanānandī* recluido y se retiró de la sociedad a una vida eremítica contemplativa. Desde entonces, vive como un eremita religioso hindú cristiano-mariano independiente. Sus días transcurren en soledad, orando, escribiendo, pintando y meditando en silencio y contemplación. Ya no participa en *sat-saṅgs*, conferencias, encuentros, reuniones, retiros, seminarios, grupos de estudio o cursos. Les rogamos a todos respetar su privacidad y no tratar de contactarse con él por ningún medio para pedir encuentros, audiencias, entrevistas, bendiciones, *śaktipāta*, iniciaciones o visitas personales.

Las enseñanzas de Prabhuji

Como *avadhūta* y Maestro realizado, Prabhuji siempre ha apreciado la esencia y la sabiduría de una gran variedad de prácticas religiosas del mundo. No se considera miembro o representante de ninguna religión en particular. Aunque muchos lo ven como un ser iluminado, Prabhuji no tiene la intención de presentarse como una personalidad pública, predicador, difusor de creencias, promotor de filosofías, guía, *coach*, creador de contenido, persona influyente, preceptor, mentor, consejero, asesor, monitor, tutor, orientador, profesor, instructor, educador, iluminador, pedagogo, evangelista, rabino, *posek halajá*, sanador, terapeuta, satsanguista, apuntador, psíquico, líder, médium, salvador, gurú de la Nueva Era o autoridad de ninguna clase, ya sea espiritual o material. Según Prabhuji, la búsqueda del Ser es individual, solitaria, personal, privada e íntima. No se trata de un esfuerzo colectivo que deba emprenderse a través de la religiosidad organizada, institucional o comunitaria. Desde el año 2011, Prabhuji ha discrepado de la espiritualidad practicada de manera social, comunal o colectiva. Por lo tanto, no hace proselitismo ni predica, ni intenta persuadir, convencer o hacer que alguien cambie su perspectiva, filosofía o religión. Muchos pueden considerar sus reflexiones valiosas y aplicarlas de manera parcial o total a su propio desarrollo, pero las enseñanzas de Prabhuji no deben interpretarse como un consejo personal, dirección, asesoramiento, instrucción, guía, tutoría, métodos de autoayuda o técnicas para el desarrollo espiritual, físico, emocional o psicológico. Las enseñanzas propuestas no aspiran a ser soluciones definitivas a problemas espirituales, materiales, económicos, psicológicos, emocionales, románticos, familiares, sociales o corporales de la vida. Prabhuji no promete milagros, experiencias místicas, viajes astrales, sanaciones de ningún tipo, conectarse con espíritus, ángeles o extraterrestres, viajes astrales a otros planetas, poderes sobrenaturales o salvación espiritual.

Aunque el énfasis de Prabhuji no ha sido atraer seguidores, durante 15 años (1995-2010), consideró las solicitudes de algunas personas que se acercaron a él pidiendo ser discípulos monásticos. Aquellos que eligieron ver a Prabhuji como su maestro espiritual aceptaron voluntariamente votos de pobreza y dedican sus vidas a la práctica espiritual (*sādhanā*), la devoción religiosa (*bhakti*) y el servicio desinteresado (*seva*). Prabhuji ya no acepta nuevos discípulos, pero continúa guiando al pequeño grupo de discípulos veteranos de la Orden Monástica contemplativa que fundó llamada Ramakrishnananda.

El servicio y la glorificación del gurú son principios espirituales fundamentales en el hinduismo. La Misión Prabhuji, siendo una iglesia hindú tradicional, practica la milenaria tradición de *guru-bhakti* de reverencia al maestro. Prabhuji ha delegado a sus discípulos la elección entre mantener sus enseñanzas exclusivamente dentro de la orden monástica o difundir su mensaje para el beneficio público. Ante la petición explícita de sus discípulos, Prabhuji ha accedido a que se publiquen sus libros y se difundan sus conferencias, siempre que ello no comprometa su privacidad y su vida eremítica. Algunos discípulos y amigos de la Misión Prabhuji, por iniciativa propia, contribuyen a preservar el legado de Prabhuji y sus enseñanzas interreligiosas para las generaciones futuras mediante la difusión de sus libros, videos de sus charlas internas y sitios web.

La vía sacra

En la sagrada travesía hacia la trascendencia, Prabhuji consolidó hace ya un tiempo su resolución de no disturbar a quienes no mostrasen interés por compartir su senda. Este acto no es meramente un desprendimiento, sino una elección deliberada para preservar la esencia de la ruta migratoria: un compromiso hacia la autenticidad y la profundización en la autoinvestigación. Tal decisión, lejos de ser un abandono, es un respetuoso reconocimiento de la autonomía individual hacia la divergencia de destinos y aspiraciones.

Servicios públicos

A pesar de que el monasterio no acepta nuevos residentes, voluntarios, donaciones, colaboraciones o patrocinios, el público está invitado a participar en los servicios religiosos diarios y los festivales devocionales del templo Śrī Śrī Bhagavān Yeshua Jagat Jananī Miriam Premānanda Mandir.devocionales del templo Śrī Śrī Bhagavān Yeshua Jagat Jananī Miriam Premānanda Mandir.

Libros por Prabhuji

Lo que es, tal como es: Satsangas con Prabhuji (Spanish)
ISBN-13: 978-1-945894-27-5

What is, as it is: Satsangs with Prabhuji (English)
ISBN-13: 978-1-945894-26-8

Russian:
ISBN-13: 978-1-945894-18-3

Kundalini yoga: El poder está en ti (Spanish)
ISBN-13: 978-1-945894-31-2

Kundalini yoga: The power is in you (English)
ISBN-13: 978-1-945894-30-5

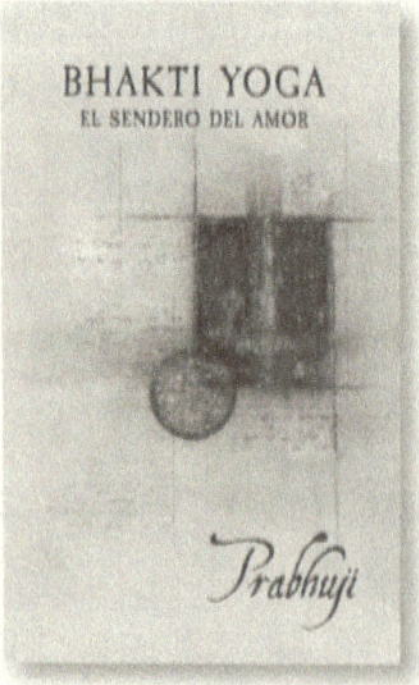

Bhakti-yoga: El sendero del amor (Spanish)
ISBN-13: 978-1-945894-29-9

Bhakti yoga: The path of love (English)
ISBN-13: 978-1-945894-28-2

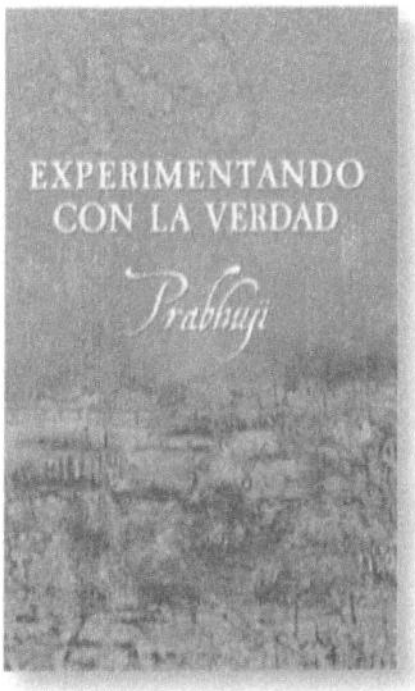

Experimentando con la Verdad (Spanish)
ISBN-13: 978-1-945894-33-6

Experimenting with the Truth (English)
ISBN-13: 978-1-945894-32-9

Hebrew:
ISBN-13: 978-1-945894-93-0

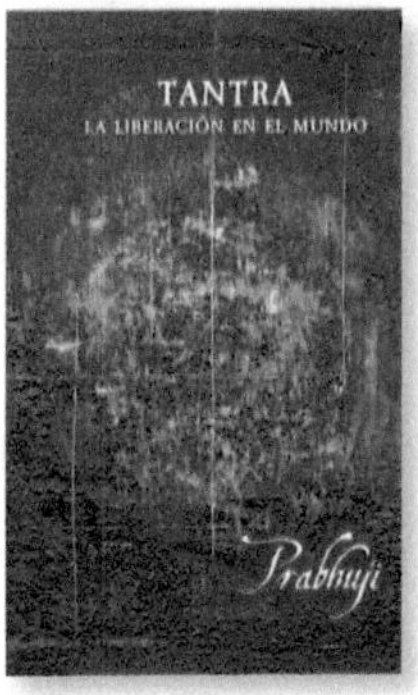

Tantra: La liberación en el mundo (Spanish)
ISBN-13: 978-1-945894-37-4

Tantra: Liberation in the world (English)
ISBN-13: 978-1-945894-36-7

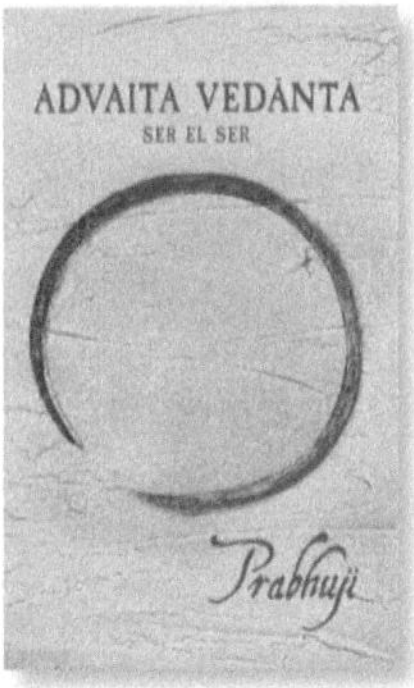

***Advaita Vedānta*: Ser el Ser (Spanish)**
ISBN-13: 978-1-945894-35-0

Advaita Vedanta: Being the Self (English)
ISBN-13: 978-1-945894-34-3

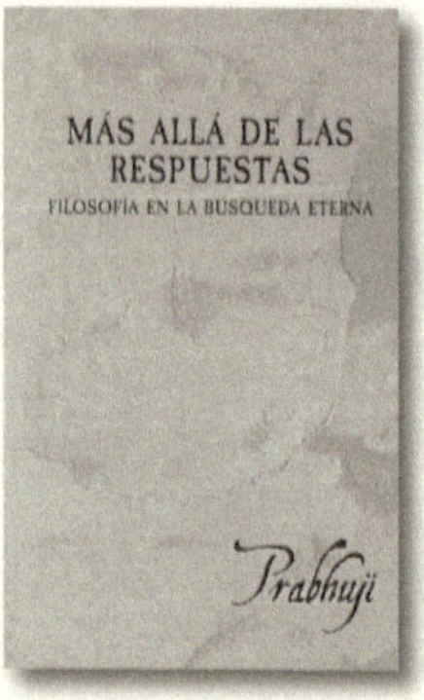

Más allá de las respuestas: La filosofía en la búsqueda eterna (Spanish)
ISBN-13: 978-1-945894-88-6

Beyond Answers: Philosophy in the eternal (English)
ISBN-13: 978-1-945894-91-6

Descubriendo al último Dios (Spanish)
ISBN-13: 978-1-945894-81-7

Discovering the last God (English)
ISBN-13: 978-1-945894-75-6

Cuestionando tus respuestas: La filosofía como pregunta (Spanish)
ISBN-13: 978-1-945894-77-0

Questioning your answers: Philosophy as a question (English)
ISBN-13: 978-1-945894-80-0

Īśāvāsya Upaniṣad
comentado por Prabhuji
(Spanish)
ISBN-13: 978-1-945894-40-4

Īśāvāsya Upanishad
commented by Prabhuji
(English)
ISBN-13: 978-1-945894-38-1

El Sūtra del Diamante
comentado por Prabhuji
(Spanish)
ISBN-13: 978-1-945894-54-1

The Diamond Sūtra
commented by Prabhuji
(English)
ISBN-13: 978-1-945894-51-0

Soy el que soy
(Spanish)
ISBN-13: 978-1-945894-48-0

I am that I am
(English)
ISBN-13: 978-1-945894-45-9

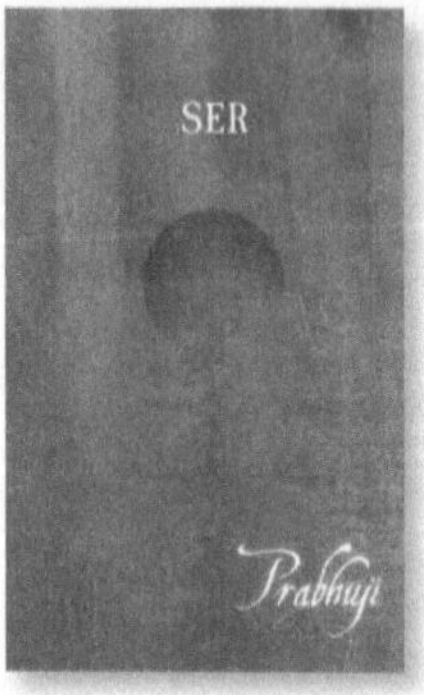

Ser - Volúmen I y II (Spanish)
ISBN-13: 978-1-945894-70-1
ISBN-13: 978-1-945894-94-7
Being - Volume I and II (English)
ISBN-13: 978-1-945894-73-2
ISBN-13: 978-1-945894-74-9

El giro simbólico (Spanish)
ISBN-13: 978-1-945894-58-9

The symbolic turn (English)
ISBN-13: 978-1-945894-61-9

La fenomenología de lo sagrado (Spanish)
ISBN-13: 978-1-945894-64-0

Phenomenology of the sacred (English)
ISBN-13: 978-1-945894-67-1

www.ingramcontent.com/pod-product-compliance
Lightning Source LLC
Chambersburg PA
CBHW020114240426
43673CB00001B/21
* 9 7 8 1 9 4 5 8 9 4 5 9 6 *